纪念毛泽东主席关于"西医离职学习中医班"批示 60 周年

# 中国中西医结合开拓者

主 编 吴咸中 李 恩 陈士奎

中国中医药出版社
·北 京·

**图书在版编目(CIP)数据**

中国中西医结合开拓者 / 吴咸中,李恩,陈士奎主编. —北京:中国
中医药出版社,2018.12
ISBN 978 - 7 - 5132 - 5205 - 8

Ⅰ. ①中…　Ⅱ. ①吴…　②李…　③陈…　Ⅲ. ①医学家
—生平事迹—中国—现代—文集 ②中西医结合—医学史—
中国—文集　Ⅳ. ①K826.2 - 53 ②R2 - 031

中国版本图书馆 CIP 数据核字(2018)第 219888 号

**中国中医药出版社出版**

北京市朝阳区北三环东路 28 号易亨大厦 16 层
邮政编码　100013
传真　010 - 64405750
保定市中画美凯印刷有限公司印刷
各地新华书店经销

开本 787×1092　1/16　印张 24.75　字数 596 千字
2018 年 12 月第 1 版　2018 年 12 月第 1 次印刷
书号　ISBN 978 - 7 - 5132 - 5205 - 8

定价　108.00 元
网址　www.cptcm.com

社 长 热 线　010 - 64405720
购 书 热 线　010 - 89535836
维 权 打 假　010 - 64405753

微信服务号　zgzyycbs
微商城网址　https://kdt.im/LIdUGr
官 方 微 博　http://e.weibo.com/cptcm
天猫旗舰店网址　https://zgzyycbs.tmall.com

如有印装质量问题请与本社出版部联系(010 - 64405510)

# 领导关怀题词

尚昆同志:

　　此件很好。卫生部党组的建议在最后一段,即今后举办离职学习中医的学习班,由各省、市、自治区党委领导负责办理。我看如能在1958年每个省、市、自治区各办一个70~80人的西医离职学习班,以两年为期,则1960年冬或1961年春,我们就有大约2000名这样的中西结合的高级医生,其中可能出几个高明的理论家。此事请与徐运北同志一商,替中央写一个简短的指示,将卫生部的报告转发给地方党委,请他们加以研究,遵照办理。指示中要指出这是一件大事,不可等闲视之。中国医药学是一个伟大的宝库,应当努力发掘,加以提高。指示和附件发出后,可在《人民日报》发表。

毛泽东
十月十一日

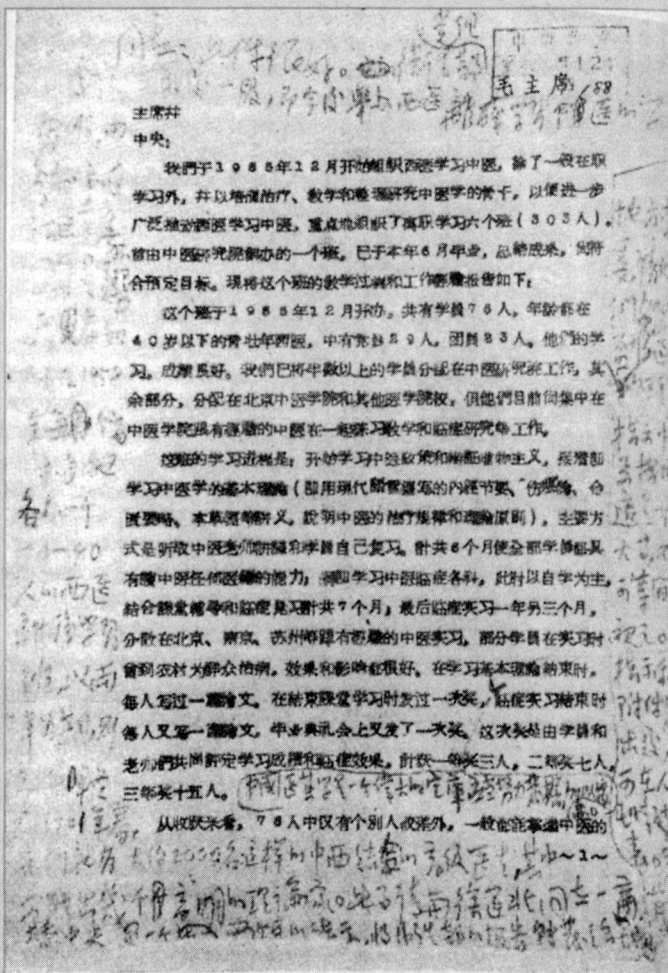

1958 年 10 月 11 日毛泽东同志关于举办"西医离职学习中医班"批示手迹

中国医药学是
一个伟大的宝库，
应当努力发掘，加
以提高。

毛泽东

中西医结合是我国
医学独特的优势之一，
必须努力发展这一
优势。

李先念

一九八八年三月十二日

把中西医结合工作继续推向前进

邓小平

中西医互相学习和结合将对人类医学作出重大贡献

彭真 一九八五

合结医中
务服民西
！合人医

结合为人民服务！

中西医结合为人民服务！

邓颖超 1985年

中西医结合，为中国和世界人民服务。

邓小平
一九八七年四月廿六日

中西医结合
之先行者

二〇一七年秋
百岁叟
邓铁涛

# 序 | Preface

　　中西医结合医学在我国已被确立为一门独立学科。中西医结合医学是综合运用中、西医药学理论与方法,在中、西医药学互相交叉综合运用中产生的新理论、新方法,是研究人体系统结构与功能关系、人体系统与环境系统(自然与社会)关系等,探索并解决人类健康、疾病及生命问题的科学。60年的实践证明,通过中西医结合研究,不仅可以产生医学新概念、新理论、新方法,而且在我国已有中西医结合医学、中西医结合药理学等新学科,形成了"综合统一中、西医药学知识"、有着确定性内容、相对独立的中西医结合知识体系。

　　2016年12月25日,第十二届全国人大常委会第二十五次会议审议通过了《中华人民共和国中医药法》,中医药法的通过是中医药发展史上具有里程碑意义的一件大事。中医药法第一次从法律层面明确了中医药的重要地位、发展方针和扶持措施,为中医药事业发展提供了法律保障,提升了中医药学的全球影响力,在解决健康服务问题上,为世界提供了中国方案、中国样本。为了确立中西医结合医学在我国医疗体系中的法律地位,《中华人民共和国中医药法》第三条规定:"中医药事业是我国医药卫生事业的重要组成部分。国家大力发展中医药事业,实行中西医并重的方针,建立符合中医药特点的管理制度,充分发挥中医药在我国医药卫生事业中的作用。发展中医药事业应当遵循中医药发展规律,坚持继承和创新相结合,保持和发挥中医药特色和优势,运用现代科学技术,促进中医药理论和实践的发展。国家鼓励中医西医相互学习,相互补充,协调发展,发挥各自优势,促进中西医结合。"在我国立法史上第一次从法律层面明确了中西医结合的重要地位、发展方针。基于此规定,我们不难读出本条的深刻含义:只有运用现代科学技术手段,坚持继承和创新相结合,中医与西医相结合,才能促进中医药理论和实践的不断发展进步,做大做强我国的中医药事业。中医、西医、中西医结合三者之间是"陆海空",不是"魏蜀吴"! 本条规定为中西医结合临床实践提供了法律保障。第三十六条规定:"国家加强对中医医师和城乡基层中医药专业技术人员的培养和培训。国家发展中西医结合教育,培养高层次的中西医结合人才。"此条对我国中西医结合本科及研究生教育乃至更高层次的教育提供了法律保障。第三十八条规定:"国家鼓励科研机构、高等学校、医疗机构和药品生产企业等,运用现代科学技术和传统中医药研究方法,开展中医药科学研究,加强中西医结合研究,促进中医药理论和技术方法的继承和创新。"此为开展中西医结合科学研究,以及其与中医药现代化研究的关系做了明确的规定和解析。

以上三条规定从临床、教育、科研三个维度系统全面地对中西医结合医学的地位和发展做出了明确法律规定。可以说,中西医结合医学事业又迎来了新的春天。

毛泽东主席于1958年10月11日对原卫生部党组关于"西医离职学习中医班"报告做了重要的批示,今年恰是60周年,是非常值得纪念的医学历史事件。以李恩教授为代表的老一辈中西医结合专家组织了全国"西医离职学习中医班"第一代老专家学者和第二代、第三代传承者、发展者,共同编写了这部《中国中西医结合开拓者》新时代力作。编者对60多篇稿件做了认真的编辑整理。大部分撰稿人不仅是中西医结合学科的顶级专家,而且也是为中西医结合事业发展呕心沥血、奔走呼唤的社会活动家。其中有我国自然科学领域第一位诺贝尔奖获得者屠呦呦教授,也有吴咸中、陈可冀、韩济生、陈凯先、张伯礼、陈香美、吴以岭学富五车的两院院士。他们为中西结合事业发展殚精竭力、开拓创新的思想品格,勇于实践的献身精神及其在中西医结合领域取得的辉煌业绩将载入史册。

《中国中西医结合开拓者》一书的出版无疑为我国中西医结合事业的又一个春天吹响了冲锋号。故,愿为此作序。

中国工程院院士 **丛斌**

2018年6月8日

# 前言 | Foreword

　　毛泽东主席于1958年10月11日对原卫生部党组向主席并中央写的《关于西医学习中医离职班情况、成绩和经验给中央的报告》做了重要的批示,于今年——2018年10月11日恰是60周年,在中国来讲作为一个"花甲之年",是非常值得纪念的医学历史事件。为此,我们组织了全国"西医离职学习中医班"第一代的老同志和第二代、第三代传承者、发展者,三代人共同编写了这部《中国中西医结合开拓者》的时代之作。

　　编者以喜悦和兴奋心情,对发来的60多篇稿件,做了认真的拜读和编辑。来稿中有我国在自然科学领域第一个获得诺贝尔奖的屠呦呦教授,这是我国目前中医药的最高奖赏,而且是以中西医结合思想和理论为指导实现的。在来稿中大部分的中西医结合专家不仅是本学科研究的中西医结合专家,而且是中西医结合事业的社会活动家。其中,吴咸中、陈可冀、韩济生、陈凯先、张伯礼、陈香美、吴以岭7位为院士,其他人也都是在本学科领域内卓有成绩的专家、教授。他们为了中西医结合事业探索创新的思想、勇于实践的献身精神,以及在中西医结合不同领域取得的辉煌业绩,感人肺腑,将载入史册。

　　历史实践证明,毛泽东号召"西医学习中医",培养"中西结合的高级医生",创建我国中西结合统一的新医学新药学的战略思想,具有伟大的历史意义和新时代的指导作用。

　　毛泽东在批示中提出"中国医药学是一个伟大的宝库,应当努力发掘,加以提高",为中西医结合明确了方向,而且指出"这是一件大事,不可等闲视之",具有迫切性的时代任务。

　　这些作者的业绩,具有很强的代表性。他们的中西医结合专著加起来有几百部,不仅为中西医结合追求者提供了宝贵的财富,而且为中西医结合学科建设奠定了牢固基础。

　　中西医结合工作者之所以能取得这么多的成绩,是因为他们的事业心和历史责任感,是因为他们深入研读并掌握了中医理论的真谛,并且得到了名老中医老师的指点。

　　这部书完整地体现了作者的中西医结合医学思想和业绩,希望该部书能成为纪念毛泽东主席关于"西医离职学习中医班"批示60周年的纪念之作。

　　党中央、国务院在卫生工作方针中一贯主张中西医结合,提出要"坚持中西医结合方针","促进中西医结合"。中西医结合在创建我国第三医学中,也为发展我国中医药学发挥了重要的作用,同时为我国中西医结合事业的健康发展提供了法律支撑。

以习近平同志为核心的党中央,提出了"文化自信"。习近平主席指出:"深入研究和科学总结中医药学对丰富世界医学事业、推进生命科学研究具有积极意义。"新时代的中西医结合科技工作者要不忘初心,勇于创新,沿着毛泽东主席当年指引的中西结合之路,在习近平新时代中国特色社会主义思想的指导下,传播和交流中西医结合学术思想,引领未来医学的发展和创新,这也正是我们编写这部书的根本目的。

编　者

2018 年 6 月 8 日

# 目录 | Contents

# 我的中西医结合之路
## ——抗疟新药青蒿素的发现

**屠呦呦**
中国中医科学院中药研究所

·············· 【 简 介 】 ··············

屠呦呦(1930.12—)，女，浙江宁波人，中国中医科学院终身研究员和荣誉首席研究员。1955年毕业于北京医学院(现北京大学医学部)药学系，分配到原卫生部中医研究院(现中国中医科学院)中药研究所工作至今。1959—1962年参加原卫生部全国第三期西医离职学习中医班。1973—1990年任中药所化学室主任，1979年任副研究员，1985年任研究员。1997年始任中药研究所青蒿素研究中心主任。1980年被聘为硕士研究生导师，2001年被聘为博士研究生导师。多年来从事中药和中西药结合研究，主要科学贡献是发现具有独特结构的新化合物青蒿素，对疟疾有高效、速效的作用，以青蒿素为基础的复合治疗疟疾疗法在全球得到广泛使用，挽救了数百万人的生命。1978年领导的原卫生部中医研究院中药研究所"523"研究组，受到全国科学大会表彰，1979年获国家发明二等奖；2011年获美国拉斯克临床医学奖，2015年6月获美国哈佛大学医学院华伦·阿尔波特奖，同年10月获瑞典诺贝尔生理学或医学奖；2016年获我国国家最高科学技术奖。

我于 1946 年染上了肺结核,被迫终止了中学学业,经过 2 年多的治疗调理,万幸好转并继续就学。这场重病使我对医药学产生了兴趣。1951 年高中毕业,我毅然报考了北京医学院药学专业。1955 年我大学毕业,被分配到正在筹建中的原卫生部中医研究院中药研究所,从事中药生药和炮制研究。从 1965 年起,我转而从事中药化学研究。1969 年,我参加全国"523"疟疾防治药物研究项目,被任命为原卫生部中医研究院"523"项目"抗疟中草药研究"课题组组长。从此,我踏上了研发抗疟新药的漫漫征途。

## 一、传承是创新的基础

1959—1962 年,我脱产参加了原卫生部中医研究院第三期"西医离职学习中医班"。2 年多的学习为我后来从事中医药研究打下了有利的基础。接受"523"任务后,我收集整理历代中医药典籍,走访名老中医并收集他们用于防治疟疾的方剂和中药,同时调阅大量民间方药,在汇集了包括植物、动物、矿物等 2 000 余内服、外用方药的基础上,编写了以 640 种中药为主的《疟疾单验方集》。这些信息的收集和解析铸就了研发抗疟新药的基础,这也正是中药新药研究有别于一般植物药研发的地方。

中国古代医籍中记载最详细的传染病就是疟疾,比如,古代中国最全的方剂书籍《普济方》,"诸疟门"中就收录了达四章之多的与疟疾相关的内容。青蒿为传统常用中药,具有清虚热、凉血热、除骨蒸、解暑热、截疟、退黄的功效,在中国有 2 000 多年的药用历史。中国现存最早的本草学经典——《神农本草经》以青蒿为草蒿之别名,列为下品,载明性味苦寒,主疗瘆痂痒,恶疮,杀虫,留热在骨节间,明目。关于青蒿单味药抗疟的记载,首见于 1 600 多年前东晋葛洪所著的《肘后备急方》中。其后,本草、方书屡有记载。比如,宋《圣济总录》、元《丹溪心法》、明《普济方》等著作均有"青蒿汤""截疟青蒿丸""青蒿散"截疟的记载。明李时珍在《本草纲目》除收录了前人的经验外,还载有治疗疟疾寒热的个人实践。清《本草备要》《温病条辨》也有相关记载。我国民间多地有应用青蒿抗疟的经验,如江苏地区有"用端午日采青蒿叶阴干,桂心等分为末,每服一钱,先寒用热酒,先热用冷酒,发日五更服之,切忌发物"的经验记载。

关于青蒿入药,最早见于马王堆三号汉墓的帛书《五十二病方》,其后的《神农本草经》《补遗雷公炮制便览》《本草纲目》等典籍都有青蒿治病的记载。然而,古籍虽多,却都没有明确的青蒿植物分类品种。我们研发药物的那个时候,青蒿资源品种混乱,药典收载了 2 个品种,还有 4 个其他的混淆品种也在使用,客观上增加了发现有效成分的难度。再加上药用部位、产地、采收季节、加工和提取纯化工艺的影响,发现有效成分实属不易。尽管如此,研读分析古代医籍中治疗疟疾的文献给我提供了丰富的信息和启迪,这是后来发现青蒿素的基础。事实说明,在中医药研究中传承是创新的基础。

## 二、多学科协作促成青蒿素的发现

中医研究院中药研究所抗疟团队的研究始于 1969 年。经过大量的反复筛选工作后,1971 年起工作重点集中于中药青蒿。当青蒿提取物实验药效不稳定时,我重温中医古籍,进一步思考东晋(公元 3—4 世纪)葛洪《肘后备急方》有关"青蒿一握,以水二升渍,绞取汁,尽服之"的截疟记载。这使我联想到提取过程可能需要避免高温。1971年9月,我们重新设计了提取方法,改用低温提取,用乙醚回流或冷浸,而后用碱溶液除掉酸性部位的方法制备样品,终于跨越了成功征途上的关键一步。1971年10月4日,青蒿乙醚中性提取物,即标号191♯的样品,以1.0 g/kg的剂量,连续3天,经口给药,鼠疟药效评价的抑制率可高达100%。同年12月到次年1月的猴疟实验,也得到了相同的抑制效果。古医籍的启迪加上合理的化学分离提取和药理学验证,确认了青蒿乙醚中性提取物是抗疟的有效部位,这是发现青蒿素的关键性突破。

1972年8月至10月,我们开展了青蒿乙醚中性提取物的临床研究,30例恶性疟和间日疟患者全部显效。同年11月,我们终于从该有效部位中成功分离得到抗疟有效单体化合物的结晶,后将其命名为"青蒿素"。

1972年12月,我们开始对青蒿素的化学结构进行探索,通过元素分析、光谱测定、质谱及旋光分析等技术手段,确定化合物分子式为$C_{15}H_{22}O_5$,分子量282,明确了青蒿素为不含氮的倍半萜类化合物,1973年4月27日经中国医学科学院药物研究所分析化学室复核了分子式等有关数据。

1973年9月下旬,我和我的同事发现青蒿素经硼氢化钠还原,羰基峰消失,佐证青蒿素中羰基的存在,并由此在青蒿素结构中引进了羟基。此还原衍生物的分子式为$C_{15}H_{24}O_5$,分子量284。这个还原衍生物就是双氢青蒿素(曾称还原青蒿素)。青蒿素分子引进羟基之后,可以制备多种衍生物,为研究构效关系创造了条件。

从1974年起,我们与中国科学院上海有机化学研究所和生物物理所相继开展了青蒿素结构协作研究的工作,最终经X射线衍射确定了青蒿素的结构,确认青蒿素是含有过氧基团的新型倍半萜内酯,其立体结构于1977年在中国的《科学通报》发表,并被化学文摘(C.A.)收录。青蒿素因来源于中药青蒿而得名,最初用的是Qinghaosu,曾经也用过Arteannuin,后因与植物属名 Artemisia 相关而称Artemisinine,但"ine"一般为生物碱或氨基酸等含氮化合物的后缀,而青蒿素并非含氮化合物,化学文摘推荐使用Artemisinin,现在经常使用的是Artemisinin与Qinghaosu。

## 三、勇于担当的全国大协作

1969年我是一个的年轻科研人员,接受"523"任务时,我深感国家对我的信任,也深感责任的重大和任务的艰巨。我决心不辱使命,努力拼搏,全力完成任务。尽管20世纪70年代的科研条件比较差,但我们团队的每个人都不畏艰辛勇于担当,将实验和临床紧密结合,几度深入海南疫区。为给临床提供足够的青蒿有效部位,我们曾用7个大水缸作为提取容器。在接触大量有机溶剂又缺乏通风设备的条件下,大家不顾健康夜以继日地工作。为了能使青蒿提取物尽快上临床,在动物安全性评价的基础上,科研团队成员争相以身试药。当青蒿素片剂临床试用效果不理想时,立即深究原因,迅速查明是崩解度的问题,及时改用青蒿素单体胶囊,立竿见影地观察到青蒿素的临床抗疟疗效。回顾往事,是当年中医研究院"523"团队的责任和担当引领了青蒿素的发现之路。

青蒿素的研究历程与成果表明,这是全国"523"项目大协作的产物。1978年11月28日在扬州召开青蒿素鉴定会时,主要研究单位列了6家,主要协作单位就有39家之多,参加鉴定会的人员达 100 多人。青蒿素鉴定书上有这样的记载：1972 年以来，全国 10 个省、市、区用青蒿制剂和青蒿素制剂在海南、云南、四川、山东、河南、江苏、湖北，以及东南亚等恶性疟、间日疟流行地区，进行了 6 555 例临床验证，其中青蒿素制剂治疗 2 099 例。这么大的工作量，在那个年代，靠几个单位是难以完成的，可见全国大协作对促进青蒿素的开发起到了至关重要的作用。而这个大协作的担当者，就是全国"523"办公室。全国"523"办公室是中药研究所的伯乐，并在青蒿素研发的过程中给予了不断的支持。当中药所发现青蒿乙醚中性提取物对鼠疟、猴疟模型疟原虫有 100％ 抑制率时，就指示当年开展临床验证；当中药所拿到青蒿素单体时，又指示尽快临床验证。1974 年 1 月 10—17 日，在北京召开的各地区"523"办公室负责同志座谈会上，指示"有关青蒿的研究工作，由中医研究院组织云南、山东等地一起讨论交流，协调下一步工作"。1974 年 2 月 5 日，全国疟疾防治研究领导小组转发的"523"办公室负责同志座谈会简报提到要交流青蒿抗疟研究经验，中医研究院根据这一安排，于 1974 年 2 月 28 日至 3 月 1 日在院里召开"青蒿素专题研究座谈会"，参加座谈会的有山东省中医药研究所、山东省寄生虫病防治研究所、云南省药物研究所及北京中药研究所的科研人员和北京"523"办公室的同志、中研院的领导。会议交流了 3 年来青蒿的研究进展情况，为了加强协作、避免重复、协调任务、加快速度，对下一步的工作进行了分工。中药所邀请参会的代表参观了青蒿素研究的各实验室，并做了详细介绍，从此拉开了全国大协作的序幕。1 年后的成都会议，有全国 8 个省市的相关单位参加，对开展青蒿研究的"大会战"进行了部署，使全国大协作达到了高潮，这对加快青蒿素的研究起到了至关重要的作用。青蒿素的研发历程中，全国"523"办公室的担当和组织功不可没。

青蒿素研发与应用的历史彰显了全国"523"项目的通力协作，包括山东省中药研究所、云南省药物研究所、中国科学院生物物理所、中国科学院上海有机化学研究所、广州中医药大学、中国科学院上海药物研究所以及中国人民解放军军事医学科学院等。在全国"523"办公室的组织下，全国的"523"同行们团结协作，确定了青蒿素的结构，研发了青蒿素多种衍生物，解决了青蒿素药品的生产流程问题，为国内外疟疾患者提供了临床服务。正是这个大团队的勇于担当和无私合作，才使得青蒿素在较短时间内改变了全球的抗疟形势。

历史的机缘让我有幸参与了抗疟药物的研发，青蒿素的研发是人类征服疟疾进程中的一小步，也是中国传统医药献给人类的一份礼物。研究过程中的艰辛无须多说，更值得一提的是当年全国"523"团队对于国家使命的责任与担当，正是这一精神力量，才有了奋斗与奉献，才有了团结与协作，才有了创新与发展，才使得青蒿素联合疗法挽救了众多疟疾患者的生命。

## 四、科研征途永在路上

中医药学是一个丰富的宝库，从神农尝百草开始，中医药传承几千年，先辈们为我们揭示了植物、动物、矿产等自然资源与人类健康的关系和奥秘；中医药凝聚了中华民族几千年来防病治病和养生保健的智慧。青蒿素的发现只是发掘中医药宝库的一种模式，继承与发扬中医药有多种模式和途径，需要中医药工作者努力探索，创新前进。

疟疾对于世界公共卫生依然是个严重挑战。根据 WHO 的调查报告显示，2016 年在 91 个国家和地区有 2.16 亿人感染疟疾，2016 年全球疟疾死亡人数达 44.5 万人，与上一年度相当。2000 年以来,虽然疟疾的发病率和病死率在不断下降,但近年来下降速度减缓,非洲地区 5 岁以下儿童患者的死亡率依然居高不下。WHO 已经提出消除疟疾的宏伟战略目标。为此,中国中医科学院青蒿素研究中心将竭尽全力,继续为人类的健康事业,为中医药的壮大和发展而努力。我们一方面继续揭示青蒿素的作用机制,另一方面要把论文变成药。我们正与国内外相关机构开展协作研发,以实现青蒿素科研资源和力量的整合与共享,让青蒿素和青蒿素复合疗法更好地造福于人类。

健康是美好生活的前提,这是党的十九大赋予我们新时代的历史使命,更是中医药工作者的责任与担当。我相信,中医药人撸起袖子加油干,一定能把中医药这一祖先留给我们的宝贵财富继承好、发展好、利用好。

# 殚精竭力半世纪
# 中西合璧一目标

**吴咸中**

天津市中西医结合研究院
天津市南开医院

【简　介】

　　吴咸中(1925—)，男，辽宁新民人。中西医结合普通外科学专家，中国中西医结合治疗急腹症的开拓者。1996年当选为中国工程院院士。1948年毕业于沈阳医学院。曾任天津医学院(现天津医科大学)院长和名誉院长、中华医学会副会长、中华中医学会副会长、中国中西医结合学会会长；现任天津市中西医结合研究院院长、天津市中西医结合急腹症研究所所长、天津市南开医院名誉院长。曾任WHO传统医学专家咨询团成员和世界外科学会会员。长期致力于中西医结合普通外科的临床与基础研究工作，创立了中国中西医结合诊疗急腹症的新体系，在重症胆管炎、重型胰腺炎和多脏器功能不全综合征等重大危急疾病的治疗上取得了重大突破；由他倡导的"抓法求理"研究思路实现了中医研究方法学的创新。主持的"通里攻下法在腹部外科疾病中的应用与基础研究"于2003年获国家科技进步奖二等奖；"多脏器功能不全综合征中西医结合防治的深入研究"2006年获天津市科技进步奖一等奖。由于在中西医结合领域取得了卓越成就，2007年获天津市重大科技成就奖，并被确定为国家级非物质文化遗产(疾病认知)代表性传承人。2009年获国家首批"国医大师"称号。2017年中国中西医结合学会授予终身成就奖。代表性著作有《中西医结合治疗急腹症》《新急腹症学》《腹部外科实践》《急腹症方药诠释》《证与治则的现代研究》和《承气汤类方现代研究与应用》等。

中西医结合是富有创新性的一个医学领域，既是中国医学的特色，更是中国医学的优势。50年来，我作为第一代从事中西医结合的医学工作者，一直在这一领域进行实践与探索，备尝创业的艰辛，亦获成功的喜悦。强烈的历史责任感和科学探索精神始终激励着我前进，殚精竭力，未敢辍步。多年来，我所从事的中西医结合工作，得到许多部门及领导的大力支持，使我既感到自豪和振奋，更感到任重而道远。

## 一、奋斗历程

1925年农历八月二十八，我生于一个满族知识分子家庭。长兄吴执中曾留学英国和苏联，以内科见长，后成为中国职业病学的先驱。二兄吴英恺曾留学美国，后以数项"亚洲第一"或"中国第一"而成为中国心胸外科的奠基人。他们既有兄长之位，更具师长之尊，我受他们感染与熏陶自不待言。我1948年从沈阳医学院毕业后，师从著名外科学家虞颂庭教授，在天津市立总医院外科工作，31岁时即被任命为外科行政副主任。当我刚在普通外科和血管外科崭露头角时，毛泽东主席号召"西医离职学中医"，培养"中西医结合医生"，并希望能出几个"高明的理论家"，我义无反顾地报名参加了"西医离职学习中医班"。

天津的"西医离职学习中医班"由天津中医学院哈荔田院长主持，津门中医名家多登台授课，他们学派各异，业有专攻，宏论既出，惊满四座。中医学富有哲理的理论框架，色彩纷呈的学派经典，蕴含丰富的临证经验，使我钦羡不已，深受教益。我们在学习期间，就中西医结合治疗急性阑尾炎、急性溃疡病穿孔和急性肠梗阻等进行了大胆尝试。在学习结束时，老师们给我的评语分别是："运用中医理论，能圆满无碍，结合临床辨证，能恰相符合，是学习经典文献深入有得者"（中医理论）；"辨证如老吏断狱，处方如老匠斫轮，令人起观止之叹"（辨证论治）；"学习认真，钻研深入，疗效卓越，能带动同学，是学中医而探骊得珠者"（临床）；"能于复杂证候中辨明标本，施治先后明晰，论理通畅，不浮，用药照顾周详，足见其学习中刻苦钻研，收获良多"（综合评语）。为期2年半的离职学习及初步的中医临床实践，对我后半生的专业发展起到了决定性作用。

1964年年底，我被调任天津市南开医院院长，天津市南开医院成为全国第一家中西医结合临床基地。到20世纪60年代的中期我们结束了初期探索，中西医结合治疗急腹症取得了以下几个方面的进展：初步形成了辨病与辨证相结合的急腹症诊断体系；根据急腹症患者的特点，注意手术与非手术适应证的划分，制定了非手术治疗中"中转手术"的指标，既提高了非手术率，又保证了中西医结合治疗的安全与有效；较快地从一方一剂的应用转向符合中医理论体系的辨证论治，创立了中医急腹症"八法"，对常见病种都提出了新的方剂；重视理论与规律的探索，发表了《急腹症辨证论治的几个问题》和《急腹症辨证论治的进一步探讨》等文章，都属于探讨理论与总结规律的文章，至今仍有临床指导意义；开始了实验研究与剂型改革工作，在全国揭开了中医理论实验研究的序幕。

从20世纪70年代初至80年代，中西医结合治疗急腹症处于逐步深入阶段，学术水平有所提高,科研思路不断扩展,以南开医院及遵义医学院为核心的全国协作研究网络逐步形成,使中西医结合治疗急腹症不论从广度及深度来看,都有所发展。在这一阶段,我的思考重点转向如何开展理论研究这个新课题上,提出了开展理论研究的三条原则和"以法(治则)为突破口,抓法求理"的研究思路,并根据中医"治病务求于本"及辨证论治的有关理论,提出了以研究不同药物和方剂对急腹症基本病理及病理生理改变的影响为重点的研究方法,为以后的实验研究及研究生培养提供了重要参考。一篇题为《中西医结合治疗急腹症理论研究的一些设想与初步体会》的论文发表在《中华医学杂志》1973年第1期,对于其他学科的中西医结合亦有一定的参考价值。

20世纪80年代初期,中西医结合遇到了新困难,出现了前景堪忧的局面。1982—1983年,由我带头组织了一个调研组,查访了十几个省市的几十个单位,写出了一份详细的调研报告。这个报告的主要内容以《光明的前景,广阔的道路》为题,发表在《中西医结合杂志》1984年第8期。文中所提西医、中医和中西医结合三支力量应是"海陆空协同作战",而不是"魏蜀吴鼎立三分"的比喻,至今仍为人称道。同年9月,我又在《医学与哲学》杂志上发表了题为《关于加快中医与中西医结合步伐的若干对策》的文章。这两篇文章对全国中西医结合队伍的稳定与事业发展起到重要推动作用。

20世纪80年代以后,随着内镜、B超、CT等新的诊疗仪器的引进,先进的实验研究手段与方法的掌握,再加上中西医结合硕士与博士研究生的培养,在高层次上开展中西医结合研究的条件已初步具备。较高层次的中西医结合临床研究在溃疡病急性穿孔、重症胆管炎、急性重症胰腺炎及阑尾周围脓肿等病种相继开展起来。在中医基础理论研究方面,先后对腹部外科患者中的脾虚证、胃阴虚证及血瘀证,应用先进的实验手段进行了多指标观察,较深入地阐明了这三个证的本质,受到国内外同道的重视。自1987年以来,对于治疗急腹症最常用的三个治则(即通里攻下法、活血化瘀法及清热解毒法),由急腹症研究所、天津医学院及南开大学合作攻关,取得了重要进展。

经过五六年的实践与思考,我在1990年《医学与哲学》杂志上发表了《在高层次上开展中西医结合的思路与方法》,我把高层次中西医结合内容概括为以下四方面。

1. 临床诊治上的高层次结合　采用先进的诊断技术,做出明确的定位、定性及定量诊断;采用中西医结合治疗后,取得优于单用西医或中医的治疗效果;通过临床及实验室指标的动态观察或实验研究,能说明其疗愈机制。

2. 医、理、药的系统结合　从临床治疗、剂型改革到机制探讨,形成经得起重复的较为系统的科研成果。

3. "难病"治疗中发挥中西医结合的优势　方法上有发展,疗效上有突破。

4. 在理论研究上有所发展,有所创新　1989年中西医结合外科被批准为国家级重点学科是学科发展的重要里程碑,当时是天津市地方院校中的第一个国家级重点学科,也是全国中西医结合领域仅有的两个重点学科之一。1991年,我从天津医学院院长岗位上退下来之后,得以把更多的时间和精力用于中西医结合工作,学科建设成为我关注的焦点。这个重点学科于1997年后连续被列入国家"211工程"建设项目,于2004年被列为天津市"重中之重"学科,中西医结合研究工作也进入新的丰收期。与此同时,天津市中西医结合研究院自1998年创立后,实行"兼容、开放、联合"的发展策略,已成为天津市中西医结合事业的发展平台,在全国起到示范作用。

## 二、成果撷粹

回顾 50 多年来的中西医结合探索历程,我所取得的学术成果可概括为以下三个方面。

### (一)创立并不断完善中西医结合治疗急腹症新体系

急腹症是腹部外科急性疾病的简称,以腹痛发热为主要症状。这些疾病的共同特点是发病急、痛苦大、变化快,如处理不当可导致不良后果。急腹症在西医外科早已形成了一套以手术疗法为主的治疗常规,有些病种甚至有"一经诊断立即手术"的戒律。手术固然可以有效地治疗其中大部分患者,但也有的病种疗效并不满意。对于重型胰腺炎,尽管采取了多种手术方法,用尽了价格昂贵的药物,仍很难使其病死率下降到希望的水平。对于原发性胆管结石,常常是"屡取屡发",患者痛苦,医生也感棘手。麻醉与手术也难免给患者带来一定的损害,甚至出现严重的术后并发症。即使在西方社会,外科医生也常被质疑"滥用手术"。如能扩大非手术疗法范围,又能提高疗效,无疑会受到医患双方的欢迎。

用中药治疗急腹症,在中国有着悠久的历史。由于急腹症很难做出明确的疾病诊断,多以证候为纲来分析各种腹痛或其他症状(如呕吐、便结、腹胀、厥逆等)的病因病机,根据脏腑部位与虚实寒热的不同,分别遣方用药。东汉张仲景所著的《伤寒论》与《金匮要略》为治则的形成与方药的应用奠定了基础,对后世医家治疗急腹症产生了重要的影响。隋唐期间,在《诸病源候论》《备急千金要方》《外台秘要》等划时代的临床巨著中,收载了大量急性腹痛的治法与方药。金元四家中的寒凉派与攻下派对热证与腹痛的治疗又有创新。温病学派为热性病的诊疗又提供了全新的思路与方法。清末唐容川与王清任重视血证的研究,为用活血化瘀法治疗胸腹疾病形成了独特的思路,丰富了急腹症的治疗。近人张锡纯提倡"衷中参西",在治疗急症及重症上经验丰富。但中医治疗急腹症并没形成独立的体系,多限于一证一方的经验阶段,而对于祛邪的重要手段——手术,却十分落后。

1. 辨证诊疗体系　我的目标就是要充分发挥中西医两法之长,创立完整的中西医结合急腹症诊疗体系,实现外科急腹症诊疗的新变革。

这个辨证诊疗体系包括:两个现代医学前提(即正确的西医诊断;正确地对疾病病理类型和轻重程度做出判断,还要对疾病发展趋势做出估计);三个中医辨证方法(包括八纲、脏腑和病因病机辨证);对于病情较复杂或病期较长的病例进行分期、分型,依此做出个体化的诊断,为提高疗效提供依据。中西医结合治疗方法强调中西医有机结合,优势互补。对急性阑尾炎、溃疡病急性穿孔、急性肠梗阻、胆道感染和胆石症,以及急性胰腺炎等几大类急腹症,均制定了分期分型和辨证论治的原则与方法,明确治则与方药的选定、手术指征与治疗过程中的动态观察指标等。

中西医结合诊治急腹症的主要特点在于在中医学传统的辨证基础上,结合每类急腹症的具体情况,参照西医学的病理解剖及病理生理学知识,进行了分型与分期的研究。分型与分期使急腹症的辨证论治逐步走向客观化及规范化,使立法、选方、用药有了共同遵循的标准,也为探讨治疗机制及进行剂型改革提供了有利条件。

分型是对同一类急腹症的横向区分,它们虽然在西医诊断上属于同一类疾病,但由于局部病理变化的不同及机体反应状态的不同,在中医辨证上就可能属于不同的病机与病态,因而在治疗上可以"同病异治"。相反,在不同疾病的某一阶段,可能出现相同或相似的见证,故不同的疾病也可以"异病同治"。以胆石症为例,未并发感染的胆绞痛仅表现为肝郁气滞,属气滞型,治宜疏肝理气、缓急止痛;当并发感染时,出现发冷发热、脉数舌红,属肝胆实热,宜用疏肝理气及清热解毒法治疗,热重者还应辅以通里攻下;当结石堵塞胆管出现黄疸时则属肝胆湿热,应以清热利湿为主,辅以疏肝理气或通里攻下;还有少数患者发病急剧,出现一派毒热炽盛之象,称之为脓毒型,对这类患者首先需要采取有效措施解除梗阻,如配合使用中药,应以清热泻火及通里攻下为主法。

分期则是根据同一患者在疾病不同发展阶段的特点进行的纵向区分。总的看来,凡病程较长的急腹症,都要经过初、中、后三个阶段。初期以某些早期症状或不典型症状为主,从发展趋势来看逐步加重,但尚未达到高峰阶段,如能采取有力的治疗措施,有可能控制病情的发展。中期是正邪交争、正盛邪实的疾病高峰阶段,症状及体征十分明显,辨证多属里实热证,治疗应以祛邪为主,祛邪以扶正。后期可有两种情况,一种情况是邪去正安,只若稍加调理即可痊愈;另一种情况是邪去正伤,还有某些残存症状,如出现气虚或血虚的见证,需进行滋补治疗,以善其后。有的患者还应针对其引起急腹症的原发疾病进一步检查及治疗,以防复发。每一类急腹症都有其自己的分期特点与标志,如溃疡病急性穿孔是以穿孔闭合及腹腔渗液的吸收作为分期的标志,急性阑尾炎则以热象的发展或消退作为分期的标志,分为瘀滞期、蕴热期和毒热期。当我们既掌握了各类急腹症在横向上的区别,又注意了每个患者不同阶段(即纵向)上的特点,辨证就会更符合患者的实际,施治也就会更具有针对性,从而有可能使临床疗效不断提高。

2. 急腹症分类与治法　我们将常见的急腹症分为三类,分别采用不同的治疗原则。

第一类:病情较轻,患者周身情况好,对该病已经积累了较为成熟的治疗经验,首选中西医结合非手术疗法者。

第二类:病理损害较重,病情变化较快,但患者周身情况尚好,可在严密观察及做好手术准备的条件下试用非手术疗法者。

第三类:凡病变严重,病情复杂及周身情况不佳者,均应在经过必要的术前准备后,及时采用手术或其他介入治疗。

以中药为主的非手术治疗方法是主要指运用我们创立的"急腹症"八法及其相应方剂。1961年夏,临床上就确立了急腹症的病因病机分类(气、血、寒、热、湿、食、虫),并依此提出八法的具体运用,表面看来这酷似于《伤寒论》中提出的汗、吐、下、和、温、清、补、消的八法。

1965年我在《急腹症辨证论治的进一步探讨》一文中,根据更为丰富的实践体会,进一步将急腹症常用八法列述为降逆止呕、通里攻下,理气开郁、健脾和胃,行气和血、补气养血,清热解毒、燥湿泻火这四类八法。

1988年出版的《急腹症研究》,则将急腹症常用八法最终确立为通里攻下法、活血化瘀法、清热解毒法、理气开郁法、清热利湿法、健脾和胃法、补气养血法和温中散寒法。

在八法中,通里攻下、清热解毒、理气开郁、活血化瘀及清热利湿法是祛邪的主法,在急腹症的治疗中起主要作用。在急腹症的初期,炎性急腹症的病情尚在进展,梗阻性急腹症的梗阻尚未解除,应以祛邪的治法为主;在中期,炎症开始消退,梗阻已经解除,腹痛减轻,但尚有胀闷及饮食欠佳等症状,此阶段应在继续采用祛邪治法的同时,兼用行气活血、消食导滞等治法,调理脏腑及疏通气血,加速残存症状的消退;在急腹症的病后恢复期,有些患者可出现气虚、血虚或阴虚、阳虚等病后体虚的病象,此时应采用健脾和胃、补气养血等方法。

实验研究结果表明,通里攻下、清热解毒、活血化瘀及理气开郁等法,都有一个主要作用,针对一个主要病理环节,但同时亦兼有其他作用,对其他病理环节亦有程度不同的影响。在临床应用这些疗法治疗急腹症时,可根据患者的主要病理特点(梗阻、感染、血运障碍及功能障碍),单独使用一法,或者多法并用,或者在不同的阶段先后采用不同的治法。急腹症的辨证论治,从本质上来分析就是找出起主导作用的主要病理环节。在这个基础上,制订出合理的治疗方案,选用与主要病理变化相适应的药物或其他治疗措施,进行积极的治疗,并充分调动与发挥患者的自身调节能力,体现"急则治其标""急病急治""重症重剂""速战速决"等原则,控制病情发展,促进病理改变的消退,使患者从病态转为常态。

经过几个周期的反复临床实践证明,对于诊断明确、病理损害较轻的急腹症如单纯性阑尾炎、阑尾周围脓肿、60%以上的溃疡病急性穿孔、绝大多数的胆系感染、急性水肿性胰腺炎和半数以上的非绞窄性肠梗阻,均可经过中西医结合非手术疗法取得良好疗效,某些急腹症可以变危险性较大的"急症手术"为风险较少的"择期手术",冲破了阑尾炎及其他急腹症禁用"泻药"的清规戒律,实现了外科治疗学上的重要变革。

3. 继承与方法创新结合　我始终注意把继承、创新有机地结合在一起,以实现中医西医的结合、医学药学的结合、传统方法与现代技术结合。在20世纪70年代初,B超、纤维胃镜与十二指肠镜在国外刚刚起步,我敏锐地感知这些技术对中西医结合的重大价值,立即派人到日本学习,并引进了相关设备器械,使中西医结合诊断达到先进水平。通过采用十二指肠镜进行胆胰管造影和引流联合中药清解灵治疗急性重症胆管炎(ACST),使这一困扰肝胆外科的危重性疾病的病死率由当时的20%左右下降到2%左右。这项工作可以说是中药、手术和微创技术三种治疗方法的完美结合。20世纪90年代初,世界上刚刚开展腹腔镜技术,我再次感到这项技术对中西医结合腹部外科的潜在影响,并在国内首批开展了腹腔镜胆囊切除术。其后,应用腹腔镜、十二指肠镜技术开展肝外胆管结石的两镜联合手术和应用腹腔镜、十二指肠镜、胆道镜技术开展肝内、外胆管结石的三镜联合手术,均取得了迅速的发展,居国内一流水平。

这一中西医结合急腹症诊疗体系经临床实践证明科学有效,已在全国推广,并已先后出版多部专著,并载入《黄家驷外科学》(1992)、《外科临床指导》(1993)等权威著作中。1982年WHO把中西医结合治疗急腹症列为中国五大世界领先医学项目之一。

(二)若干外科危重难症诊疗的重大突破

自20世纪80年代后期以来,在高层次上开展中西医结合的探索中,我们选择了国际公认的难症"急性梗阻性化脓性胆管炎""重型急性胰腺炎"和"多脏器功能不全综合征"等作为新的突破口和结合点进行了长期攻关研究,均获重大突破,不但提高了临床疗效,也说明了肠屏障功能障碍在多脏器功能障碍综合征发生发展中的重要地位。用通里攻下法干预肠道是一个独特的治疗方法,显著提高了中西医结合防治重大疾病的能力和研究水平,并得到国际同行的关注和赞许。

1. 重型急性胰腺炎　20世纪80年代中期,国内外对重型急性胰腺炎(SAP)的病理生理认识不一,治疗方法各异,曾一度纷纷进行"规则性胰腺切除"或早期实行"腐胰组织清除术",但不管哪种手术方式均未能改变治疗结果,病死率均在30%以上,以致有的作者感叹,现行的西医治疗方案只改变了患者死亡的方式,但未能改变死亡的命运。1993—1996 年,我们开始采用前瞻性研究方法,对该病进行了中医辨证分期论治。

我们将 SAP 病变规律划分为初期、进展期和恢复期。初期以非感染性多脏器功能不全综合征(MODS)为主要表现,中医辨证多属少阳阳明合证或阳明腑实证,严重患者则表现为结胸里实证。在治疗上除全身支持治疗外,重用通里攻下法,消除腹胀,保持大便畅通,以大承气汤或清胰陷胸汤为主,抓紧入院后前 3 天治疗,每天保持排便 3 次以上。进展期以控制细菌感染及防治感染性并发症为主要目标,此期以清热解毒、活血化瘀为主,辅以通里攻下,代表方剂为清胰汤及清胰承气汤。恢复期则根据具体情况进行适当的处理。全病程可出现两次 MODS 高峰(初期、进展期)。如初期治疗得当,不但能减少全身炎症反应综合征(SIRS)向 MODS 的发展,防止细菌及内毒素移位及胰腺胰周坏死组织感染,使半数以上的患者有可能不经过进展期而直接进入恢复期,从而缩短病程、提高治愈率、减少病死率和医疗费用。根据天津市南开医院 1993—1996 年 145 例重型急性胰腺炎中西医结合临床研究结果显示:初期死亡 9 例,占 6.2%,进展期死亡 15 例,占 10.3%,总病死率为 16.6%,与国内外同期报告的治疗结果比较,疗效显著。

重型胰腺炎的病程演化过程始终伴有器官功能状态的改变。本组全部患者在不同病理阶段中均出现一个或数个器官功能不全或衰竭。本组在初期共发生 78 例 108 个器官功能不全或衰竭,占 53.8%,其中肺损害为多见。进展期发生 89 例,共 170 个器官受累,其中肺损害 56 例,占 62.9%。患者入院的血氧分压为 8.29±0.19 kPa,经有效的通里攻下后血氧分压不断提高,治疗后第 3 天为 8.62±0.34 kPa,第 7 天为 9.36±0.31 kPa,第 14 天为 10.9±0.27 kPa,已恢复正常。根据临床与动物实验的观察,有效地通里攻下可明显减轻腹胀,改善心肺功能,对肠源性内毒素有直接清除作用,对肠道的机械屏障、免疫屏障和生物屏障均有保护作用,从而有效地抑制细菌和内毒素移位。相关研究还表明,大承气汤和大黄等可抑制单核与巨噬细胞产生的细胞因子,并减少这些细胞因子造成的瀑布效应,从而起到器官保护的作用。

随着研究的深入,最近报道(2000—2007)的 155 例 SAP 的死亡率又降至 11.6%,呈现出良好的前景。这一成果已在国内多家有影响的临床研究中心推广应用,全国重症胰腺炎治疗指南也予采用。2013 年,国家科技部的支撑项目"中西医结合治疗重症胰腺炎疗效评价标准研究"由天津市南开医院专家领衔,国内多家医学中心合作完成,进一步确认了中西医结合疗法的优越性。

2. 急性重症胆管炎(ACST)　在 20 世纪 80 年代中期以前,本病以急症手术引流为主,病死率为 10%~20%,施行经内镜鼻胆管引流和乳头括约肌切开后,疗效明显提高。1983—1990 年,我们共治疗 270 例,其中鼻胆管引流(ENBD)及中药联合治疗 200 例,手术及其他治疗 70 例。结果 ENBD 加中药组死亡 3 例,病死率下降为 1.5%;对照组死亡 10 例,病死率为 14.3%。

从 1992 年初到 1995 年 10 月,经调整中药处方和改革剂型,我们制成了活血清解冲剂,临床上根据该病的发展过程,制订了分期治疗方案。在完成 ENBD 初期,患者仍有阳明证或少阳阳明合证,选用大承气汤冲剂治疗,每日 2 次,每次 2 袋冲服。待大便畅通、腹胀消退、肠鸣活跃后,患者即转入缓解期。该期以内服活血清解冲剂为主,服用 3~7 天后,患者转入恢复期。恢复期则根据引发急性重症胆管炎的病因进行治本治疗。在此阶段治疗的 213 例

ACST 中,有 36 例手术治疗,其中 4 例术后死亡;177 例完成了鼻胆管引流加中药分期治疗,其中有 2 例死亡,病死率为 1.1%。

对 ACST 的病理生理基础研究表明,ACST 发病过程中,既存在胆源性败血症,又兼有肠源性败血症,同时投予清热解毒及通里攻下中药有利于促进两类败血症的消除,从而更利于患者的恢复,降低病死率。ENBD 加活血清解剂现已成为 ACST 的常规治疗方法,使该病不再是病死率很高的可怕疾病。

3. 重症腹内感染所致 SIRS/MODS　1993—1996 年,我们对符合 MODS 诊断治疗标准的 295 例腹内感染患者进行了以通里攻下法为主要治则的中西医结合治疗。全部患者均符合 1995 年全国危重病急救医学会 MODS 病情分期诊断及严重度评分标准,APACHE - Ⅱ评分均达 12 分以上。根据多脏器功能衰竭(MOF)的定义,本组符合标准者 108 例,其 APACHE - Ⅱ评分均在 15 分以上,获得较满意的治疗结果,病死率仅为 16.27%,而对照组为 33.33%。

在对原发疾病进行有效治疗的基础上,经给予有效的通里攻下治疗,随着通畅的排气排便,腹胀随之减轻,外周循环、心功能、呼吸功能及肝肾功能均开始好转,血浆内毒素水平亦迅速下降,再次说明下法具有多层面、多靶位的脏器功能保护作用。本组与同期国内外报道结果相比,疗效为优。

在以往证明通里攻下法对外科危重症所致多脏器功能不全综合征(MODS)确切疗效后,我又组织天津市四个大型医院就因外科、内科、创伤和烧伤引起的 MODS 的防治与机制探讨进行了攻关研究,历时 5 年。此课题着重对 MODS 状态下的神经-内分泌-免疫功能变化以及大承气汤的作用机制进行研究,取得了重要成果,被评为 2006 年度天津市科技进步奖一等奖。

该项研究的结论包括以下内容。

(1) MODS 发病机制的再认识:研究发现,无论是严重创伤、烧伤、感染还是各种内科危重病所导致的 MODS,在其发病机制中,肠道功能损害占有重要位置,它不但是 MODS 中的一个受累器官,也是通过肠源性内毒素血症导致 MODS 进一步加重的关键环节,即所谓"既是靶,又是源",不但严重腹腔感染及大型腹部手术后所致 SIRS/MODS 出现肠麻痹,其他各种原因所致 SIRS/MODS 均可在不同时期出现不同程度的肠功能障碍。实验表明肠内压升高对缺血再灌注肠管内内毒素转运有促进作用,且随施压时间的延长而增加。肠道内毒素可通过血液、淋巴及腹膜吸收等途径进入全身造成肠源性内毒素血症。内毒素不但激活单核细胞、巨噬细胞等炎症细胞通过各种信号传导途径启动炎性细胞因子高表达,释放以 TNFα、IL - 6 为代表的促炎因子和以 NO、ET、CGRP 等为代表大量炎症介质造成非特异性促炎反应过度,导致组织脏器损害,同时也分泌以 IL - 4、IL - 10 为代表的抗炎因子,共同作用于免疫细胞引起 Th1/Th2 比值和 HLA - DR 表达持续降低,导致严重特异性免疫抑制,使继发感染难以控制,进一步加重毒血症和炎症反应。此外,实验还进一步证实肠源性内毒素血症及其所引发的失控性炎症反应和免疫功能紊乱与神经内分泌网络相关密切。无论是下丘脑-垂体-肾上腺轴(HPA)还是甲状腺激素和生长激素都出现相应变化,而且会反过来影响炎症反应和免疫系统,从而形成了 MODS 时的神经-内分泌-免疫网络系统紊乱。研究不但通过临床和动物实验证实了肠源性内毒素血症所致 MODS 时神经-内分泌-免疫网络系统的存在和意义,也进一步通过大量的指标证据阐明其部分作用机制和发生规律。

(2) 大承气汤对肠源性 MODS 状态下神经-内分泌-免疫网络的影响机制:研究发现,

大承气汤和其主要药物大黄以及大黄的主要成分大黄素、大黄酸不但通过调节细胞内 ATP/ADP 水平,抑制细胞膜 KATP 通道活性,升高膜电位,促进胞外钙离子内流,增强兴奋收缩耦联功能,而起到增强肠道平滑肌收缩和电活动的作用,而且还对巨噬细胞具有双向调节作用。大承气汤颗粒剂可明显减少肠腔内毒素的入血转运,缩小内毒素池,减轻肠源性内毒素血症。体外实验证实大黄素通过抑制 NF-κB 的活化等一系列炎症细胞信号传导而抑制 LPS 激活单核细胞,从而发挥抗炎作用。通过对 TNF/IL-10、Th1/Th2、HLA-DR 等指标的观察分析发现,各种原因所致的 MODS 在较早期均出现了明显的免疫抑制,而大承气汤颗粒剂不仅能抑制重型脓毒症患者以 TNFα 为代表的促炎细胞因子的过度增加,还可对抗抗炎因子 IL-10,同时能促进 Th 细胞漂移和 HLA-DR 表达的恢复,其作用是多靶点的综合效应。大承气汤颗粒剂可显著改善 MODS 状态下的神经-内分泌紊乱,稳定和调整患者体内的神经-内分泌-免疫平衡,从而打断肠源性内毒素血症所造成的恶性循环,减少组织脏器损害,达到防治 MODS 的目的。总之,大承气汤调节免疫平衡的最重要机制是打断内毒素这一启动环节,促进患者免疫平衡的自身恢复;同时,它还通过抑制基因表达、直接清除等作用,降低促炎与抗炎介质的水平。临床与基础研究均证实,"内外兼顾""攻补兼备"是大承气汤相对于单纯西医治疗的最大优势。

### (三)首倡"以法为突破口、抓法求理"的中医理论研究的思路

我以一个治法的代表方剂作为研究对象,探讨治法的作用机制的研究始于 20 世纪 60 年代初。至 1973 年,我提出了用抓"法"求理的方法,深入开展中西医结合治疗急腹症的机制研究。中医的理、法、方、药是一个统一的整体。在中医的理论研究中,"理"固然要重,但"理"是否正确,还要看在"理"指导下的治疗原则(法)与方药是否有效。"方在法中,法从证出","法"要受"理"的指导,而"法"又直接指导处方用药,所以对代表"法"的方剂或药组进行实验研究,不但可能阐明中药的作用原理,也便于向上推断"理"的实质,故以代表"法"的方剂或药组为主要研究对象,可能是探讨中医理论研究的一个突破口。大量的工作显示,用"抓法求理"所获得的研究结果,不仅为中西医结合治疗急腹症提供了一定的理论依据,而且在阐明中医理论、丰富现代医学治疗方法等方面都有着重要意义。从 20 世纪 70 年代中期以后,中医治法的研究已成为全国中西医结合研究中最活跃的领域之一。

我们对通里攻下法、活血化瘀法、清热解毒法、理气开郁法的代表方剂和药组进行了长期的实验研究。用传统的中医理论来解释这些治则虽然也能说出道理,但仍然是从原则到原则,不能接触实质。我们的研究不仅在一定程度上阐明了中药的作用机制,也为提高中西医结合的理论水平提供了科学依据。

我主持的"通里攻下法在腹部外科疾病中的应用与基础研究"课题获国家科技进步奖二等奖,可以说是"抓法求理"科研思路的典型代表。

中医的通里攻下法(简称下法)是荡涤胃肠、攻实祛瘀及泻热逐邪的一种治疗方法,常用于温热病及危重病的治疗。自 20 世纪 60 年代初期起,我们根据急腹症出现的功能障碍、梗阻、感染及血运障碍等不同的病理变化,或单用下法,或与其他治则共享,辨证施治,形成了一套治疗常规。在不断改进下法临床应用的同时,我们也对下法的作用机制进行了深入的研究。

通过多年来的中西医对照研究,我们对各类急腹症与中医脏腑之间的关系已经取得了

较为一致的认识。在急腹症中,肝、胆、脾、胃、大小肠的见证最为多见,而且往往涉及两个以上的脏腑。在急腹症的发展过程中,各脏腑之间的传变更替亦有一定规律,我们以中医"六腑以通为用"的学说作为认识急腹症发生、发展及指导临床治疗的枢纽。中医学认为:六腑的生理功能特点是"传化物而不藏",实而不满,动而不静,降而不升,以通降下行为顺,滞塞上逆为病。任何病因引起其通降失常,就会出现以痛(腹痛)、呕(恶心呕吐)、胀(腹胀)、闭(大便秘结)及热(体温升高)为主要表现的六腑功能失常的症状,简言之即为"不通则痛"。在分清其病因并辨明其主要发病部位后,采用与病因病机相适应的通降治法,解其郁,通其结,寒者热之,热者寒之,就会恢复其"以通为用"的功能,达到"通则不痛"的目的。

　　不论是按现代医学的病理分类,还是按中医的病机归类,只要是属于实证,"通"的原则就应贯穿在整个治疗过程中。多种复杂病因和脏腑病变都可以引起升降失常的病理变化,这个具有共性的病理变化,就构成了急腹症范围内异病同治的前提。但通降有部位上下的不同,有轻重缓急的差异,因而在疗法的选择上就不能千篇一律。举凡通里攻下、活血化瘀、理气开郁、和胃降逆、舒肝利胆等都属于此类。正确运用"以通为用"的原则和充分了解脏腑相关的重要性,是治疗急腹症的首要环节。

　　尽管已经确定了"以通为用"作为治疗急腹症的首要环节,但深刻认识通里攻下法所具有的"胃肠效应""腹腔效应"和"整体效应",却经历了一个漫长的过程。

　　中医治法的代表方剂的药理作用是通过多途径、多靶点实现的,必须系统地、整体地认识中医治法,才可能真正揭示和阐明其作用机制。20世纪90年代初,在经过30年大量的临床与基础研究的成果基础上,我曾指出,"已有的研究进展,结合已获得的知识,可为下法对肠源性内毒素血症的防治作用勾画出一个初步的轮廓。机械性的导泻排便、肠道内的抑菌减毒、增强肠黏膜屏障功能以及对肝肺等免疫活性细胞的保护,可能是下法防治肠源性内毒素血症的多种功能的综合表现。这是当前腹部外科甚至其他危重患者治疗中的一个关键问题,值得集中力量进行深入研究"。当通里攻下法的深入研究完成后,我惊喜地发现,1800年前的大承气汤证和现代医学的肠源性内毒素血证联系在一起,一个经典方剂为防治肠功能不全/肠衰竭提供可能。这正是中西医结合创新的一例明证。

　　通里攻下法的临床与基础研究丰富了"六腑以通为用""肺与大肠相表里"等中医理论,揭示了中医"釜底抽薪、急下存阴"治法的科学内涵,提示了内毒素(LPS)可能是"肺与大肠相表里"的介导物质,并突破了《伤寒论》应用大承气汤应"痞满燥实坚俱备"和小承气汤"小试其间"的约定,在急腹症阳明腑实证的早期即果断应用峻下、急下通里法,疗效最著,并拓展了"伤寒下不嫌迟,温病下不厌早"的临床经验,这对中医学的理论和实践也是重要贡献。

　　近年来,我又将治则的研究从单个治则研究转向不同治则之间的协同或增效作用的研究,目前已进行了活血化瘀药物对通里攻下法的增效作用、活血化瘀药物对清解通下法的增效作用、活血化瘀药物对清热利胆药物的增效作用,以及活血化瘀药物对清解药物的增效作用等研究。活血化瘀药物的代表方剂为复方丹参方,通里攻下法的代表方剂为大承气汤,二者合在一起称之为活血承气汤。从不同角度的观察均表明,活血承气汤对肠管的运动及对肠缺血再灌注损伤的保护作用均明显优于大承气汤,更优于复方丹参方。该项研究不但有利于中医理论研究的深入,也将推进"按治则归类进行中药研发"项目的逐步落实。

　　经过长期研究与反复探索,以"法"为研究对象的治则研究开创了中西医结合理论研究的一条新途径,是研究方法学的创新,对临床研究、药学研究和基础研究都有巨大推动作用。

# 我的中西医结合 60 年

陈可冀

中国中医科学院西苑医院

·········· 【简　介】 ··········

陈可冀,男,1930 年生于福建。现任中国科学院资深院士,国医大师,中国中医科学院首席研究员及终身研究员,国家卫生健康委员会科技创新战略顾问,国家中医药管理局咨询专家,中央保健委员会专家顾问委员会委员,世界中医药学会联合会高级专家顾问委员会主席,中国中西医结合学会及中国老年学学会名誉会长,中国医师协会中西医结合医师分会会长,国家心血管病中心专家委员会资深委员,国家老年疾病临床医学研究中心专家委员会委员。曾任中国科学院生物学部副主任(1993—2001),WHO 传统医学顾问(1979—2009)。曾获首届立夫中医药学术奖(1994),国家科技进步奖一等奖(2003)、二等奖(2001,2014),求是科技奖(2001),何梁何利科技进步奖(2002),中医药国际贡献奖(2007),吴阶平医学奖(2009),中华中医药学会终身成就奖(2014)等奖项,是我国中西医结合医学的开拓者和奠基人。

### 一、跨入门槛,难忘师恩

小时生病,父亲领我去看中医,鼻炎用木笔花(辛夷)等中草药,处方笔迹洒脱,印象深刻、有效,不知其所以然;恰如有所谓"儿童不知春,春草何故绿"之问。

1949 年,我同时考取了福建医学院(现福建医科大学)、北京大学医学院及厦门大学,我选了离家很近的福建医学院就读,当然是学西医了。转眼 5 年毕业,组织分配我留本校附属医院担任内科助教(住院医师),向内科主任王中方教授报到。他早年毕业于北平协和医学院(1941 年),精于专业学术,曾是心脏学家黄宛教授当实习医师时的住院医师。我到他办公室报到时,见面他就只翻开厚厚的英文版 *Cecil Textbook of Medicine*(即《西塞尔内科学》)叫我解读一段,我就开始了病房工作。当年福建一些地方血吸虫病在流行,肝硬化腹水患者每有住院者,那时汞撒利茶碱等利尿药很是常用的,但王中方教授却常常也开半边莲等中草药治疗,这对初进临床工作的我,很有天然的影响。

1955 年 12 月我国成立中医研究院,同时举办原卫生部第一届"西医学习中医研究班",从每个省选派毕业 3 年以上的医生各两名参加学习。福建也要派出两名,其中一名来自福州协和医院骨科,这位医生来北京学习并工作了,现已去世。另一名应由我们医院派出,我们科里毕业满 3 年的一位医生不愿意来,王中方主任就找我了,我那时实际才工作 1 年半,但我服从组织分配就这样到了北京,一待就是 60 年,我拿青春和毕生献给了中医药和中西医结合事业。

我和素有"南冉(雪峰)北张(锡纯)"之称的名医冉雪峰老中医同一天在中医研究院高干外宾治疗室上班,开始了跟随冉老临诊 2 年半的岁月,冉老当年已 78 岁高龄。我当时并系统聆听了由中医研究院举办的中医理论系统讲座,记得有《内经知要》(陈苏生讲)、《伤寒论》(陈慎吾、刘渡舟讲)、《金匮要略》(岳美中讲)、《神农本草经》(朱颜讲)、《温病条辨》及《温热经纬》(蒲辅周讲)、《兰台轨范》(冉雪峰讲)、《医学心悟》及《笔花医镜》(王易门讲)、《中药大辞典》300 种中药(郭士魁讲)。他们一般多是全书逐条讲解的,大都对经典背诵如流,很是精彩。我对他们引领我进入中医药门槛,升堂入室,打下基础,十分感激,使我与中医药事业结下了不了情。"千里之行,始于足下",我对他们这些位名师的教诲,真可谓有不尽感恩之情。

我自知并不聪明,更无过目不忘之聪慧,但却实实在在很勤奋和苦读,绝无"水土不服"的感觉,我感到自己倒像是一口"麻布袋",这时拼命地往里边装货。岳美中老师在看病时多次提醒说:"对《金匮要略》《伤寒论》如能做到不假思索,张口就来,到临床应用时,就成了有源头的活水,不但能触机即发,左右逢源,还会熟能生巧,别有会心。"跟随岳老临证,他一般不给你一味一味药名说了你来写处方,而是只说方名,你必须能背诵记得并写得出来,然后他再议论每药多少剂量。60 年后的今天,我体会到这是他从医自如,"读书读经典、做人做君子"的传奇医学人生的天机,也是他的气质、知识与医疗能力的体现。

我国原卫生部为抢救名老中医经验,于 1957 年组织名师带徒的传承活动,我和郭士魁医师被领导指派拜冉雪峰老中医为师。我和冉老一起,接触治疗了大量患者,前后治疗百余名来华援助的各种不同专业的苏联专家患者,也治疗了一批我十分仰慕的各界人士,如华侨领袖陈嘉庚先生乌头中毒的治愈、郭沫若先生宴食过多腹泻的治愈、陈毅元帅父亲外感的治愈、福州老乡邓拓先生的慢性消化不良消瘦疾患的治疗等，现在回忆，仍历历在目。我协助整理并见证了冉老著作《八法效方举隅》中所列举的医疗案例。冉老仙逝后，领导指定我跟随岳美中老师临证学习，先后断续达20余年。岳老家中张贴有"治心何日能忘我，操术随时可误人"的座右铭。他堪称是业界高手，但他同时也很有宽容的学术精神，支持我从事中西医结合的临床研究，曾赠诗期许我"中西结合喜善收"。中医研究院党委为了鼓励我同时做脉诊客观化研究，按"一徒多师"原则，当时还安排蒲辅周老大夫指导我进行此项研究，使我在中医药传统路上有更加坚实的基础，步入金光大道。

我1956年10月加入中华医学会，当年适值中华医学会在东四旧址召开第18次全国会员代表大会，那是我第一次参加中华医学会的会议，当时傅连暲连任会长。在这次大会的第一天上午，最后的一个学术报告是周金黄教授和朱颜医师合作的"中药牛黄抗惊厥作用"的实验研究报告，这一报告对我日后研究方向和思路甚有启迪意义，使我认识到中医药学术进步，临床之外，还要搞清楚机制。

我对中西医结合的信念与很多前辈的教诲及友谊相关，曾任中华医学会常委的方圻教授就是其中的一位。他曾主持我的一位研究生"延胡索碱抗过早搏动临床研究"的学位论文答辩，其评论发言深刻而中肯，这个研究生现已任职多年加州大学洛杉矶分校（UCLA）教授。上述论文后来发表在《中华心血管病杂志》(1983年)。我自1979年起，受聘为WHO传统医学顾问，并几次续聘至2009年。很巧的是，1983年参加WHO科学研究会议时，我与方圻、毛守白教授一起参会，会后并由使馆人员带我们一起在马尼拉游览。我的一篇介绍中西医结合进展的英文讲稿（在WHO西太平洋地区另一会议上的发言），也得到了方圻教授的热情指点。

我也十分怀念扶植和支持我成长的几位我国杰出的医学科学家，包括邝安堃、吴英恺、陶寿淇、黄宛、钱贻简、张锡钧、翁心植等多位专家。吴英恺院士虽是胸心外科学家，但他是极为全面的临床医生，有关医疗卫生方面的政策水平很高，敢于出手支持中西医结合事业及其学术进步。1959年，他组织在西安召开的第一届全国心血管病学术会议，第一天上午只有三个大会学术报告，黄宛教授的动脉粥样硬化研究进展、邝安堃教授的高血压非药物治疗，以及我的高血压病中医分型与治疗展望。当年我才29岁，但吴英恺院士很鼓励我，要我去讲。1978年，在山西太原召开中华医学会全国心血管病学术会议期间，成立了中华医学会心血管病分会，吴英恺院士被选为第一届主任委员，我被选为常务理事，他指定我兼任心血管病分会秘书，并前后任第一届至第四届《中华心血管病杂志》副总编辑，总编辑先后为吴英恺、陶寿淇、方圻及顾复生教授。我记得在太原会议前2周，吴英恺院士曾在阜外医院召开一个小会，黄宛、方圻、蔡如升教授和阜外医院办公室的朱里同志及我等参会，讨论筹备创办《中华心血管病杂志》。吴英恺院士在会上给我们展示了原卫生部副部长兼保健局局长黄树则用毛笔书写的《中华心血管病杂志》刊名，这份杂志刊名题字现仍沿用。吴英恺院士事业心强，领导北京地区冠心病协作组也十分得力，可谓成果辉煌，我也在其中得到极大的锻炼和提高。

以上这些名师老当益壮的优良人品与学风，对我无疑是一系列"无言"的感召，进一步教导我能以更加理性与平和的心态，传承学习和理解有数千年光辉灿烂历史的中华民族文化和传统医药学知识的价值观与文化观，并进而能在"系统学习，全面掌握，整理提高"的方针指引下，合理对待中西医学间的异同，建立"爱其所同，敬其所异"的理念。天下的路很多，但实践教育我,不能没有中西医结合这条路。我在 20 世纪 80 年代应邀两次到香港讲学,曾会见来听讲的陈存仁先生,他是 1929 年 3 月 17 日被中医界推选为五名代表之一赴南京国民党政府抗议"废止中医案"者。今日追忆相晤,很是快慰。

## 二、弘扬传统,融汇新知

穿越 60 年的时空,我只能挑几项记忆深刻的来说说。

1. 血瘀证与活血化瘀研究以及冠心 2 号复方的面世 20 世纪 70 年代初,周恩来总理下达关于研究心血管病的医疗任务,北京地区十几家大型医院大协作,阜外医院院长吴英恺院士任组长,西苑医院与解放军总医院为副组长单位,黄宛、方圻、郭士魁、陈在嘉、寇文镕、顾复生等教授也都参加研究。由于我们需要结合任务深入理解和研究历代传统血瘀证及活血化瘀理论与医疗经验,以便很好地完成提高疗效的使命,目标十分明确,并且也有对其机制研究的明确目标,我认为我们应该有足够的研发情怀和力量,在严峻的挑战中前行才对。首先就应该做足功课,有备而来,兑现承诺,为社会谋福祉,既要中国化,更要现代化(Modern Chinese Medicine)。在中医药知识方面,我系统地精读 40 多部中医药有关活血化瘀经典名著及医方著作,做好一系列摘记,乃有后来与张之南教授等合作完成的《血瘀证与活血化瘀研究》一书的出版面世;后并组织科室同行,集历朝本草学著述,形成将活血化瘀药功能分类为和血药、活血药及破血药三大类之举,相关血液生理学及药理学实验研究证实了分类的合理性。这个时期最重要的是创新性地研发了基于郭士魁大夫临床经验的由丹参、赤芍、川芎、红花、降香组成的冠心 2 号复方。1980 年对此复方进行慢性稳定性冠心病心绞痛临床 RCT 观察研究,被公认为是我国中医药界第一篇循证医学论著,成为日后活血化瘀方药研究蓬勃兴起的祖方,此后有数十种源于此方的新药面世。随后我们又进而研发川芎总碱和川芎嗪,我亲自在中国科学院生物物理研究所所长贝时璋院士所在的实验室完成其抗血小板功能的电镜观察,证明其有抗血小板活性的作用。我院心血管科及基础研究室同道、中国医学科学院基础医学研究所的专家们,包括金荫昌、陈孟勤、陈文为、徐理纳、李连达、翁维良、刘建勋等教授,大家合作进行了一系列与动脉粥样硬化相关的生化及药理机制研究。此项系列研究被授予我国中医药界第一个国家科技进步一等奖。现在我们继续在进行相关活血药对血管新生等分子机制研究。此外,有关血瘀证诊断标准的制定,还获东北亚及东南亚国际会议认同应用。其他研究包括愈心痛复方、宽胸气雾剂、去甲乌药碱、芎芍胶囊研究等研究和开发,分别有一定进展。

2. 老年医学研究 我国人口老龄化发展很迅速。我于 1981 年打报告申请成立老年医学研究所,仅 1 周时间即获当年中医研究院季钟朴院长的批准。我当时兼任心血管病研究室及老年医学研究室主任,组织科室同道对我国 300 余种老年学及老年医药学专著和相关学说系统整理成《中国传统老年医学文献精华》一书,作为创新研究必先继承前人经验的重要行动。随后我们组织制定衰老证候分类及疗效评估标准,先后进行了补益脾肾复方对认知功能影响的研究、健脾复方八仙糕对小肠消化酶影响的研究、平安丹对大脑平衡功能影响的研究,以及应用核听诊器[99]Te 标记观察生脉注射液对心功能影响的研究。1978—1981 年,我的研究生在"六五"科技攻关时期,还率先应用 Swan-Ganz 漂浮导管观察了生脉注射液对肺楔压及射血功能的影响,因其属于较早期的创新性工作,受到了业界关注。

3. 清代原始医药档案的整理研究　少年时代,我就对文史知识有兴趣。20 世纪 50 年代我刚到北京,次日即参观故宫,见到展柜有清代大内原始医药档案展出,心想有朝一日应该做出整理研究才好。岁月无情,到北京从业 20 多年,直到 1980 年,我才提出了倡议,经中办及国家档案局批准,中国中医研究院与中国第一历史档案馆合作,由我组织领导清宫医案研究室,与徐艺圃、周文泉、江幼李、李春生教授等对现存的清代内廷原始医药档案 3 万余件进行整理研究,完成《慈禧光绪医方选议》《清宫医案研究》《清宫代茶饮精华》《清宫外治医方精华》《清宫药引精华》《清宫膏方精华》《清宫配方集成》《清宫医案集成》《清代御医力钧文集》等系列著述出版,有效地继承整理了清代中医药临床经验,其中《清宫医案集成》获得第二届中国政府出版奖。随后我对其中多种效方进行了与现代科学技术相结合的开发研究,包括寿桃丸(被评为国家级非物质文化遗产)、平安丹、长春丹等数种中成药的研究。以上几种药物研究,均属中西医结合的传承研发产品。清代原始医药档案整理研究工作获得季钟朴、岳美中、任应秋、邓铁涛、邝安堃、耿鉴庭、郑天挺、溥杰、戴逸等医学界及史学界专家的期许、好评或撰写序言。

## 三、励志结合,提高疗效

2015 年屠呦呦教授荣获该年度生理学或医学诺贝尔奖,这是中国科学技术界、中医药学界、中西医结合医学界的一个划时代的重大事件,引发了人们对我国绵延数千年的中医药学术蕴藏有丰富宝藏的再认识,尤其重要的是启发我们要认认真真应用现代科学技术研究和挖掘它,发展它,要进一步促进中西医结合,完善我们的在医学科学发展创新方面要有全球化、跨文化结合的哲学思维、文化观和相对主义的科学技术观,要像中西医结合发展青蒿那样研制出创新性药物,提高临床疗效,救人于水火之中,造福全人类。屠呦呦获奖后说的话多么好:"中医药是宝库,但拿来就用还不够。"如果死守着老祖宗的宝贝,故步自封,中药只能是"一筐草",无法变成"一块宝"。屠呦呦的成功是挫折和艰难的代名词,她的这些话,甚具启迪意义;临床疗效是医学的精髓,不可含糊其辞。我们的信仰是追求真善美,主客观结合、可评估、可重复,确切定位。屠呦呦的人生经历说明人生总可能有碰壁的时候,要具有低头的能力。人生路上,经常也无风雨也无晴,所以我常觉得《苦乐年华》歌词写得很好,爱听。路再难,也该走下去。

中西医结合临床创新发展在提高临床疗效方面,应该努力提高现代医学尚未能很好解决的问题,要有强烈的问题意识,尽力做到人无我有、人有我新、人新我特,具有国际标准的中国原创特色。

我们大家在病证结合诊疗方面有比较多的共识,但是科学技术进步永远不会停留在绝对层面上,今天基因组学、分子医学、代谢组学等的进步,精准医学的发展,中西医结合病证结合诊疗观点还应进而概括有分子分型,因为临床已经证明,基因分子靶点明确,确可以改变以前未能治疗的一些难治性疾病。我们有充分的理由坚定地发展宜古宜今、亦古亦今的中西医优势互补的结合医学。

中医药理论层面的中西医结合是一个公认的大难点,但是,50 年前,中西医结合前辈、上海的邝安堃教授关于阴阳学说的医学生物学研究、命门学说的肾上腺皮质关联的研究,广东的侯灿教授的八纲理论研究,是多么具有影响力的从整体论与还原论结合、宏观与微观结合，以及病证结合理论的探索研究，令人钦佩。我深信，"国有春风聚太和"，只要管理部门重视，举国协力合作，有特事特办、新事新办、方法全新的精神，经过几代人的共同奋斗，一定能够改变现状，戒绝平庸。研究人员应该有类似所谓"隆中三策"的创新思考，实现令人久久期待的高层次的中西医结合，进一步为实现更加完好的中医药学时代性的转化，为人类健康，做出崭新的征服疾病威胁的贡献。

# 我从针刺麻醉走上疼痛医学研究中西医结合之路

**韩济生**
北京大学医学部

············· 【 简 介 】 ·············

　　韩济生,男,1928 年生于浙江萧山,1953 年毕业于上海医学院,曾在哈尔滨医科大学等单位任教,1962 年入北京医学院生理系,曾任生理系主任。1993 年创建北京医科大学神经科学研究中心,1998 年创建北京医科大学神经科学研究所。1988 年创建北京神经科学学会,1989 年创建中华疼痛学会,曾任中华医学会疼痛学分会主任委员。1991 年任博士生导师,培养博士生 100 余名、博士后 20 余名、进修生 80 余名。研究领域包括针刺治疗疼痛、药物依赖、孤独症、不孕症等的作用原理。发表 SCI 论文 400 余篇。1993 年获选中国科学院院士。曾获国家自然科学奖二等奖,北京大学首届蔡元培奖,吴阶平医学奖,香港张安德中医药国际贡献奖等。主编《神经科学》大型教科书,《针刺镇痛的神经化学原理》论文集三卷及《疼痛学》专著(与樊碧发合著)。1995 年创办《中国疼痛医学杂志》。曾任 WHO 科学顾问、美国 NIH 顾问、国际神经肽协会中国分会主席。曾到 27 个国家和地区进行学术访问,做大会主题演讲 200 余次。

我是 1949 年秋季考入当时的国立上海医学院医疗系,学制 6 年,本应 1955 年秋季毕业。因为当时计划新建大连医学院,急需基础医学师资,所以学校把学医的时间缩短 1 年(我在中山医院临床实习的时间由 1 年缩短为 8 个月),腾出最后 1 年进行基础医学专科培养。我志愿选择做生理专业,所以被分配到大连医学院,师从吴襄教授学习生理学。从以上学历来看,说我是"西医",也符合实际,毕竟我学完了西医学院的全部内容,只是最后专业转为生理学。

## 一、如何走上中西医结合之路

1. 国家任务与个人志愿　我走上中西医结合之路,主要是基于时代的需要,服从领导决定。1965 年 9 月我在北京医学院(现北京大学医学部,简称北医)基础部生理系担任生理学讲师。北医党委书记彭瑞聪教授动员我参加针刺麻醉原理研究,说明是周恩来总理通过原卫生部部长钱信忠下达的任务。我的第一个反应是:我不信,我不能接受这个任务。彭书记说他亲自陪同我到北京通州结核病研究所,亲眼看看针刺麻醉的实际情况后再让我做决定。我们参观了由辛育龄所长亲自执刀完成的针麻下肺叶切除手术,医生在患者四肢上共扎入 40 根针,轮流提插捻转。手术的顺利完成使我心悦诚服,同意进行其原理研究。

2. 仓促上马,准备不足　可惜的是,由于任务非常紧急,我还没有对中医针灸进行系统学习,就仓促上马。当时的想法是,只要从北京中医学院请来针灸医师进行针刺操作,针刺的一方有了保证,我们只要专心从事其生理反应的观察,并研究其机制就可以了。这样的中西医结合,未免过于简单化了。为了弥补这个缺陷,我就自学针灸书,一边学一边问,为什么胃经这样走行?为什么肺经那样走行?三焦经是对应哪个脏器?……总想把中医的脏腑与解剖学的器官相对应。后来我才明白,如果先学解剖学再学中医,有一个先入为主的问题,学起来比较困难。我曾在北京中医学院生理教研室工作过 1 年(1961—1962),当时的医学生是先学中医,后学解剖,学术思想上不至于产生太大困难。

3. 看准方向,选好道路　要上路了,往哪个方向走,上级给的任务是要解释清楚针刺为什么能够止痛,或预防外科手术引起的疼痛,而我除了亲眼看到一次针麻手术的经验,还没有充分的事实来说服自己标准的可定量的伤害刺激引起的疼痛是否确实能被针刺所防止或阻止,更谈不上如果针刺确实有镇痛作用,其本身有什么规律性,镇痛的范围有多广,时程有多长,是否每人都有效,是否是人类所独有,抑或生物界所共有……由于针麻手术是在患者皮肤上做手术切口,所以我认为可以考虑在正常人皮肤上用伤害刺激测定痛觉阈值(反映痛觉的敏感性),观察其是否能被针刺所改变(痛阈升高表示痛觉敏感性降低),就可以上手开始研究了。

从方法学来看,可以定量的致痛方法种类很多,有热辐射、电刺激、钾离子透入等。我们经过初步比较,选取钾离子透入法在人体上进行测痛实验。第一轮观察的基本结果是,针刺可以提高痛阈,痛阈是在针刺开始后 20～30 分钟内逐渐升高,镇痛效果至少保持 50 分钟,拔掉针刺针以后痛阈则缓慢下降。针刺某一个穴位产生痛阈升高是全身性的,不是仅仅发生在体表一个点、一条线或一条带(同名经络线或带)上。针刺镇痛不仅发生在人身上,在多种实验动物身上都能观察到这种现象,镇痛效果大同小异。如果把针刺部位的神经去除(用局麻药麻痹神经末梢,向心端神经干受损,或通向中枢的传导通路受阻),针刺就不再产生镇痛效果。动物实验还证明,把接受针刺的家兔脑脊液抽出来注射到另一只家兔的脑室内,后者也会出现镇痛效果,说明这种生理效应是有其物质基础的。

4. 根据初步结果,提出工作假说　到了这一步,必须提出一个工作假说,便于测试或证明其真伪。有一种假说就是,针刺作用于神经末梢或神经干,传达中枢神经系统,产生酸麻胀重的"得气感",并在中枢神经系统产生一些具有镇痛作用的物质来抑制痛觉的发生。

起初我们把注意力聚焦于乙酰胆碱、5-羟色胺这些小分子神经递质上,确实得到一批阳性结果,说明上述神经递质在中枢神经系统内参与传递针刺信息。1973年国际上发现了中枢神经系统存在着能感受吗啡的特定受体,而且找到了它的拮抗剂(纳洛酮)。美国、加拿大和中国科学家都发现,给人或动物注射吗啡受体拮抗剂纳洛酮,可以大幅度降低针刺的镇痛作用,提示针刺可以通过穴位处的传入神经把信息传达至中枢神经系统,不仅产生乙酰胆碱、5-羟色胺这些小分子神经递质,还产生类似吗啡的物质。1975年英国人 J. Hughes 从猪脑中发现确实存在着作用类似吗啡的肽类物质,并将其命名为"脑啡肽"。至此可以描绘出一条可能的神经通路:针刺穴位刺激神经,信息传达到脑,产生小分子神经递质和脑啡肽等肽类物质,作用于脑的特定部位发挥镇痛作用。根据邹岗和张昌绍的发现,中脑的导水管周围区(PAG)对吗啡类物质特别敏感,可能是脑啡肽的一个重要作用部位。这是一套初步设想,可以认为是针刺麻醉原理研究中跨出的一大步,实际参与的物质和通路可能远较此为复杂。

5. 集中力量,锁定目标　这时,我们既可以把研究方向集中于经络研究(体表研究),也可以集中于中枢神经化学物质的研究(中枢研究)。如果针刺不同的穴位在特定部位产生镇痛效果(例如发现循经镇痛现象),我们可能会按此途径深入研究。但由于我们是在没有病痛的正常人或动物身上进行观察,而不是在有特定慢性痛患者身上进行研究,所以没有看到定点镇痛现象,自然把注意力转入中枢。所以说,把"针刺麻醉"作为大规模研究"针刺镇痛"的开端,既有利,也有弊,"利"是容易引起人们极大关注,"弊"是没有突出针刺治疗顽固慢性痛的特点(针刺特定穴位在特定部位发挥疗效)。这是20世纪中叶一段历史的实情记录。

## 二、解决三关,提高疗效

研究中枢机制,可以采用各种方法和途径。电生理方法和形态学方法具有成熟的历史,神经化学方法在当时是新兴的途径,分子生物学当时还不发达。但无论用哪种方法,都是为了达到某种目的而采用的途径。我们的研究目的是阐明原理后采取适当方法提高针刺镇痛的效率。当时临床实践中普遍反映,在针刺麻醉实际应用中有三个难关(三关)影响其大规模开展,分别是:① 镇痛作用不全,表现在切割组织时不能达到完全无痛,特别是牵拉内脏时产生的不适反应不能解决。② 个体差异太大,有些人有效,有些人完全无效。③ 针麻操作费事费时,影响外科手术的开展效率。

第一关"镇痛作用不全":这可以说是与生俱来的。针刺疗法本质上是对病痛进行生理性调节,使之减轻到可以承受的程度,而不是像药物那样可以完全阻断痛觉的传导通路,这是两者根本的区别。基于同样理由,针刺麻醉并没有将人麻倒,丧失知觉,接受针刺麻醉的患者处于完全清醒状态,其优点是可以配合医生的要求,例如进行甲状腺手术时不会损及喉返神经,但患者在手术过程中产生的恐惧感和忧虑感,肯定会对其心理产生不利的影响。

第二关是"个体差异太大"：对有一些人有效，对另一些人无效。其实这一难关是有希望加以解决的。我们的研究发现，人体内具有镇痛物质，同时也存在着它的对立面——抗镇痛物质。例如脑啡肽的作用类似于吗啡，是有助于镇痛的，但是体内同时也存在着另一些物质来对抗吗啡或脑啡肽的作用，被称为"抗吗啡（抗阿片）物质"。正如脑啡肽仅仅是内源性镇痛物质大家族的成员之一，抗吗啡物质也是一个大家族，其代表成员名为"八肽胆囊收缩素"（CCK-8）。中枢神经系统中脑啡肽多、CCK-8少的人不怕痛，针刺麻醉效果好，反之则效果差。明白了这个内情，就可以在手术以前对患者进行筛选，选择对针刺敏感（有镇痛作用）的患者进行针刺麻醉手术。这就是 20 世纪 70 年代外国元首、学者或记者来观摩针刺麻醉手术时，几乎每一例都圆满成功的原因之一。从理论上说，只要使用药物降低脑啡肽的酶促降解，延长其作用时程，或用 CCK 受体拮抗剂消除 CCK 的作用，针刺麻醉的作用是应该可以预测或加以强化的，其应用范围也应该可以再扩大，这在动物实验上已经得到证明。

第三关是"针刺操作费事"：在国外，一位医师必须经过数百小时的训练才有资格进行针刺操作，如果必须有针刺执照的医师来操作才能进行针刺麻醉，就会大大增加医疗成本。此外，在繁忙紧张的手术室，要让患者占用手术台进行针刺"诱导"20～30 分钟才能开始手术，时间成本也太高。单是这两条就难以大规模推广应用，更遑论手术中在特定部位针刺（提插捻转）可能干扰手术医师的操作。但是这些问题，经过研究均已一一解决。一是用电针代替手捻针可以达到同样效果，二是用带有黏性的皮肤电极贴在穴位上代替扎针（经皮穴位电刺激），可以达到与电针同样效果，均已得到确切的科学实验证明。但也应该指出，用皮肤电极代替针刺，这是一把双刃剑：电针的参数（电脉冲的频率、脉宽、强度）可以根据理论设计和在实际试验中得到优选，应该是优于一般针灸师的个人经验，但是对于国内外大众和宣传媒体来说，可能会失去了对针刺疗法的认同感。这也是必须承认的事实。因为西方早就有皮肤电极刺激法，只是他们将电极贴在神经干经过的部位，或者贴在明显的痛点上，而不是贴在特定的穴位上；他们所用的电刺激参数也没有经过如此周密的研究和设定。我们通过电针研究已经显著提高了外周电刺激产生镇痛作用的实际效果。其实，从科学的角度来看，从不同的出发点启程，最后走向同一个终点，中医和西医异途同归，是完全可以理解的。

## 三、回顾和前瞻

作为医学科学工作者，我们的任务是阐明针刺麻醉原理，提高其效果，这个研究是永无止境的。例如针刺对患者整体生理情况的调整，包括对免疫系统的良性影响等，都还有待深入研究。就镇痛而言，既然单独针刺麻醉难以达到手术期间完全无痛，那么是否可以利用针刺减少麻醉药物用量、减轻手术后痛、防止麻醉药物引起的呕吐及手术引起的胃肠扰乱等方面的优势，把改进和优化了的针刺麻醉与药物麻醉结合应用，这应该是有利于围手术期医学的发展的。

回顾我的一生，从大学毕业开始，有 12 年时间分别在 5 个单位（大连医学院、哈尔滨医科大学、中央原卫生部卫生干部进修学院、北京中医学院、北京医学院）从事生理教学工作。从 1965 年开始进行中西医结合科学研究，探讨针刺麻醉原理已超过 50 年，先后参加我们团队工作的人数超过 200 人。团队合作的研究成果至少在两个方面发挥了作用：① 在国际上促进了针刺疗法在全球的应用。② 在国内推进了疼痛医学的发展。我们不仅开展了围手术期镇痛的研究,并在临床上建立了"疼痛科",帮助慢性痛患者得到及时治疗。在 2017 年 7 月 15 日人民大会堂举办的"中国疼痛医学大会暨疼痛科成立十周年新闻发布会"上,国际疼痛学会主席(JA Turner 教授)指出,滥用吗啡类药物已经成为美国医学一个重大难题。美国总统也宣布鸦片类止痛药物危机使美国处于紧急状态。看来中国首创用针刺疗法动用人体自身的阿片肽的方法,不仅可应用于针刺辅助麻醉,而且对解决其他医学和社会问题(包括阿片类药物滥用)也将发挥重要作用。

# 我与中西医结合
## ——回顾与体会

**陈凯先**
上海中医药大学

陈凯先
上海中医药大学

················· 【 简 介 】 ·················

陈凯先，男，药物化学家，中国科学院院士。1982年和1985年先后在中国科学院上海药物研究所获硕士和博士学位。现任上海中医药大学教授、学术委员会主任，中国科学院上海药物研究所研究员、学位委员会主任，上海市科学技术协会主席，国家重大科技专项《重大新药创制》技术副总师，"973计划"中医专项专家顾问组副组长，国际标准化组织中医药标准技术委员会(ISO/TC249)主席顾问，国家药典委员会副主任，中国药学会监事长，中华中医药学会副会长；曾任中国中西医结合学会会长。

长期从事新药发现和药物研发，先后承担多项国家和地方重大科研项目。多方面地发展和改进了药物设计方法和技术；深入开展了药物设计和新药发现研究，并将这些研究运用于中药药效物质的计算挖掘和中医药特色的循证研究中。曾任"九五"和"十五"期间国家重大科技专项"创新药物和中药现代化"的负责专家之一，近十余年来参加组织、实施和承担了一批"973计划"中医专项项目和支撑计划中医药项目，促进了现代药学科学、中药学和生命科学、信息科学的交叉，推动了我国创新药物的研发和药物创新技术体系的建设，也为中医药现代化、国际化做出了贡献。

2018年是我国中西医结合事业发展历史进程中有特殊意义的一年。整整60年以前，1958年10月11日，毛泽东主席对原卫生部党组关于举办"西医离职学习中医班"做了重要批示，明确指出"这是一件大事，不可等闲视之。中国医药学是一个伟大的宝库，应当努力发掘，加以提高"，正式揭开了中西医结合事业发展的序幕。

60年来，我国一大批西医和中医工作者，通过"西学中"和"中学西"的方式，走上了中西医结合之路，涌现出不少中西医结合的高级医生和理论家，为中西医结合事业做出了辉煌业绩。回顾这一历史过程，总结取得的成就、进展、经验和存在的不足，对于把中西医结合事业更好地推向前进，造福中国和世界人民，具有重要意义。

虽然个人在奔腾向前的时代潮流中只是一朵小小的浪花，但也可折射出整个大潮多姿多彩的一个侧面。因此，我也愿借此机会对自己从事中西医结合事业的经历做些回顾和总结。

## 一、中西医结合科研工作

我1968年从复旦大学毕业后，先在安徽军垦农场劳动，后到湖南邵阳中南制药厂和湖南医药工业研究所工作。1978年夏季，我有幸考取了中国科学院上海药物研究所的研究生，从此在药物研究领域学习和工作至今。上海药物研究所是我国创建最早的药物研究机构，自老所长赵承嘏先生1932年建所开始，就以中药化学和中药药理作为研究的重点。中华人民共和国成立以后，药物研究所的几代科学家一直坚持用现代科学方法挖掘中医药伟大宝库，取得了许多在国内外有重要影响的成就。在研究所大环境的影响下，我虽然从事的是药物化学专业，但带领研究团队开展了许多和中医药相关的研究工作，逐步学习和积累了中西医结合的科研工作经验。2005—2014年期间，我受命担任上海中医药大学校长。工作的变动使我有机会更深入学习、了解中医药，同时也带领团队和学生开展了更多的中西医结合研究。回顾起来，这些研究工作主要有以下几方面。

1. 中药有效成分构效关系和作用机制的计算和分子模拟研究　自中华人民共和国成立以来，我国科技工作者从中药（天然药）中发现了大量有效成分，其中不少被陆续开发成新药，使该领域成为我国药物研究的亮点和优势领域。我们从20世纪70年代起，紧密围绕富有我国特色的中药有效成分，运用分子力学、量子化学和人工神经网络等多种理论计算方法，开展构效关系和作用机制的计算和模拟研究，获得了一批有意义的成果。

青蒿素是屠呦呦教授首先发现的抗疟有效成分，但存在溶解度差、复发率高的问题。上海药物研究所合成了300多个二氢青蒿素的醚类和酯类衍生物，从中发现化合物SM－224（蒿甲醚）全面优于青蒿素，后开发成新药在非洲推广应用。我们对这批化合物进行量子化学、构效关系等理论计算研究，建立了青蒿素及其衍生物的抗疟活性与分子轨道能量、油水分配系数、原子电荷、键级等参数之间的线性关系，阐明了构效关系规律，其系列论文发表后引起学术界关注。

石杉碱甲是中药千层塔的有效成分，于20世纪90年代开发成我国首创的抗早老性痴呆的药物，在国际上产生很大影响。我们以理论计算和分子模拟为工具，开展了一系列深入研究，包括石杉碱甲与乙酰胆碱酯酶（AchE）复合物中石杉碱甲的结构特征、石杉碱甲类化合物定量构效关系、基于酶三维结构的乙酰胆碱酯酶抑制剂构象等研究，发表了多篇论文。

四氢原小檗碱是传统中药延胡索的主要有效成分,具有镇痛和安定的作用。我们开展了四氢原小檗碱类与多巴胺受体相互作用的分子模拟研究,得到了构效关系的规律,提出了结合中心的模型。

此外,我们还对中药常山中抗心律失常有效成分常咯林、银杏内酯类似物的构效关系开展了理论计算研究。

我们还尝试运用计算机分子对接(docking)方法对中药复方中抗肝纤维化活性成分进行预测。中医药实验已经显示,中草药中许多成分具有明显的抗纤维化药理活性。我们针对肝纤维化发病机制中的关键激酶进行梳理,选定 TGFβ、ERK、FXR、PDGF、PPARγ 和 VEGF 受体 6 种蛋白作为肝纤维化信号通路的关键靶标,同时针对从临床常用的 27 味抗纤维化中药中分离得到的 918 个天然产物小分子,建立了三维(3D)结构数据库及相对应的中草药信息库,然后采用分子对接方法,对全部 918 个小分子化合物与 6 个靶标开展了分子对接计算研究,从中预测了一批可能具有抗纤维化活性的中药成分。作为对照,我们还搜寻了上述 6 个靶标蛋白的 136 种小分子的激酶抑制剂/激动剂,也进行了与 6 种靶标的分子对接研究。综合分析上述结果,最终挑选出了一批中药成分作为潜在高活性抗肝纤维化天然产物,为进一步研究奠定了基础。

2. 中药活性成分的化学和药理学研究 中药中活性成分的研究,是中西医结合研究的一个重要方面。它主要是根据中医药基本理论和临床用药经验,运用化学及其他现代科学的理论和技术方法,研究和阐明中药化学成分,从化学和药理学的层面揭示中药的各种特性。由于中药化学成分的复杂性和用药特点,这方面的研究具有相当大的难度和挑战性。

我们在中医药基本理论和临床用药经验的基础上,针对免疫炎症、代谢、肿瘤、中枢神经系统等重大疾病,将计算生物学、核磁共振技术、现代分离分析技术、生物学验证等多学科研究手段紧密结合起来,同时充分发挥我们在计算机虚拟筛选研究方面的优势,开展中药活性成分的多靶标确认、多成分协同和作用机制阐释研究,形成多学科交叉融合的中药药效物质基础研究方向。

(1) 中药中 HNE(中性粒细胞弹性蛋白酶)可逆性抑制剂的发现和研究:HNE 是引起 SARS、禽流感中急性肺部炎症的重要原因。国际上仅有日本研发了 HNE 抑制剂——西维来司钠,该药同抗病毒药联用治疗禽流感效果良好。但西维来司钠为 HNE 的不可逆抑制剂,有较大的副作用。我们建立了临床常用防治呼吸道感染中药的成分结构数据库,通过计算机虚拟筛选,发现五环三萜酸类成分为 HNE 可逆性抑制剂,更有趣的是发现这类成分在防治呼吸道感染的中药(如复方枇杷露、复方甘草片、桔梗止咳糖浆等)中广泛存在,其中的君药如枇杷叶、甘草、桔梗均含有各种五环三萜酸结构。这类成分对 HNE 共性的抑制作用,为进一步阐明它们在呼吸道炎症中的作用提供了思路。该研究结果已申请获得专利授权。

(2) 中药中 PPAR 激动剂的发现和研究:PPAR 是研发降糖降脂药物的一个重要靶点,著名的噻唑烷二酮类(罗格列酮等)降糖药、苯氧芳酸类(如非诺贝特)降脂药均为 PPAR 激动剂。我们针对 PPAR 靶点开展虚拟筛选,发现从补骨脂中得到的 Bavachinin 成分和 PPAR 受体有良好的结合性。通过体外和实验动物模型验证,证明它确实具有良好的 PPAR 多重激动作用和显著降糖降脂效果。我们还通过计算模拟和 X 光晶体衍射研究,揭示了 Bavachinin 与 PPAR 的结合位点,阐明了其产生协同作用的机制。该工作已获得中国和美国专利授权,并获得"十三五"国家重大新药创制专项的支持,有望研发出新的降糖降脂药物。

（3）基于中药活性成分黄连素的新药创制：黄连素（小檗碱，Berberine）是来源于中药黄连的一种异喹啉类生物碱。近年来研究发现，黄连素及其衍生物在治疗肿瘤、糖尿病、心血管疾病、脂血症、炎症、细菌和病毒感染、脑缺血性损伤、精神疾病、阿尔茨海默病、骨质疏松等多方面具有药理作用。

我们在黄连素的结构优化方面开展了持续研究，共设计合成了 5 个不同结构系列的 360 个化合物。其中首创合成获得的七元环系列化合物，在实体瘤（肺癌、结直肠癌）肿瘤细胞株上的 $IC_{50}$ 值达到 nM 级别，比小檗碱的体外抗肿瘤活性提高达千倍；口服生物利用度也较小檗碱有突破性的改善，从口服基本不吸收提高到 21.4%。另外，我们还发现了一种新型芳基异喹啉并噁唑季铵盐类化合物，可作用于 mTORC1/2 通路，在多发性骨髓瘤和弥漫性大 B 淋巴瘤细胞及动物体内均表现出良好的抗肿瘤活性，且毒副作用极低。这些研究结果已发表 7 篇 SCI 论文（总 IF>30），申请了 5 项发明专利，其中 PCT 专利 3 项，为继续开展基于黄连素的药物发现与结构优化工作打下了坚实的基础。

（4）中药毛裂蜂斗菜的化学成分研究：毛裂蜂斗菜为菊科千里光族款冬亚族蜂斗菜属植物，广泛分布于我国西南和西北地区，具有抗炎、抗过敏、抗肿瘤、抗氧化、抗菌、神经保护、降压、减肥等药理作用。其根茎民间用于解毒祛瘀，外敷可治疗跌打损伤、骨折蛇伤等。

我们对该植物进行了提取、分离、纯化和结构鉴定研究，从该植物中分离并鉴定了 46 个化合物。其中 8 个为新化合物，均为倍半萜类结构；1 个化合物为首次从天然产物中分离得到。此外，19 个化合物为首次从蜂斗菜属植物中分离得到；12 个化合物为首次从该植物中分离得到。

通过体外药理活性筛选实验发现，其中一些化合物具有杀伤肿瘤细胞、抑制细胞损伤和酪氨酸酶等多种作用，具有开发价值。

3. 中药有效成分群关键技术研究　中药复方是中医药理论和临床实践的重要组成部分，体现了中医药宝贵的原创思维，是中医药的特色和优势所在。我们针对中药复方研究中的关键科学问题和技术瓶颈，成功申请到了国家科技支撑计划项目"中药有效成分群关键技术研究"。此项目的主要承担单位有上海中医药大学（郑青山教授牵头）、北京中医药大学（乔延江教授牵头）、中国医学科学院药用植物研究所（孙晓波教授牵头），近 20 所中医药院校和研究机构的科研人员参加了本项目研究，我担任项目的负责人。

本项目以中药复方研究面临的关键技术难题为重点，开展了"有效成分群辨识技术""有效成分群功-效关联性评价技术""有效成分群组方定量设计技术"三个专题的研究。经过 4 年的不懈努力，项目在上述三方面取得了一批可喜成果，不但在理论上更加深入地揭示和阐释了中药复方的作用机制、配伍机制等科学规律，而且建立和发展了一套比较系统、完整和实用的技术方法，这些技术方法构成了中药复方研究的技术平台体系框架，成为中药复方研究的有力工具。本项目顺利通过验收，得到孙塑伦等验收专家的高度评价和赞誉，其中部分研究内容后来获得了国家科学技术进步奖二等奖。

4. 组织和推动上海中医药大学的中西医结合研究　除了带领自己的研究团队开展中西医结合研究外，作为上海中医药大学的校长，我还积极组织学校科技人员，通过多学科交叉合作，推动中西医结合的研究，促进中医药的现代化和国际化。

在上海中医药大学多年来开展中医脉象仪、舌象仪研究的深厚基础上，我组织相关团队与绿谷集团合作，创建了道生公司，在中医"四诊仪"的技术升级、产品研发和规模产业化方面,取得了显著成绩,研发的健康状态辨识信息系统在米兰世界博览会展出。我还多次带队到国家航天员训练中心洽谈合作,推动了中医"四诊仪"纳入"火星500"国际合作研究计划,在国内外都产生重要影响。在此基础上,我又与中国航天员科研训练中心进一步开展载人空间站航天员健康保障的合作研究。

我还参与973计划中医理论基础研究专项"肾藏精研究"和国家重大科技专项"人工培育熊胆粉研究"等一批项目的立项申请和组织实施工作。这些项目围绕中医理论的基础科学问题和重大需求,组织多学科精干力量开展攻关研究,取得了一批有影响力的成果和进展。其中"肾藏精研究"深入阐发了肾藏精理论的科学内涵,对肾精亏虚类疾病的防治提出了新的思路,受到医学界同行的广泛重视和关注;人工培育熊胆粉研究以鸡胆汁为原料,通过生物酶转化,得到的产物的组成和功能与熊胆汁高度相似,为解决珍稀濒危的动物类中药——熊胆的资源持续利用问题,开辟了令人鼓舞的前景。

## 二、中西医结合学会工作

2008年,中国中西医结合学会在北京举行第六次会员代表大会,大会选举我担任新一届的中国中西医结合学会会长。当我从陈可冀院士手中接下这份重任时,既深感荣幸,又倍感压力。学会在历届会长和理事会的领导下,做了大量卓有成效的工作,为推动中西医结合事业发展做出了重要贡献。我深知,只有努力继承和发扬中西医结合前辈的精神和传统,紧密团结和依靠学会广大会员,才能不辜负大家的希望,把中西医结合事业和学会的工作继续推动向前。

从2008年开始,到2015年1月学会召开第七次会员代表大会,我担任学会会长共历时6年半时间。在此期间,在全体会员的大力支持下,我和学会各位副会长,以及常务理事会、理事会、各专业委员会、学会秘书处的同志一起,努力地开展工作,为推动我国的中西医结合事业和学会发展起了一定的作用。

1. 贯彻学会宗旨,坚持中西医结合方向  第六届理事会成立伊始即制订了学会五年发展规划,明确了促进中西医结合学科发展的方向,并围绕这一目标开展各项活动。2008年学会举办了纪念毛泽东主席关于"西医离职学习中医班"批示发表50周年大会,从战略引领的角度明确方向、坚定信心、鼓舞士气,200多位专家、学者出席会议。中国科学技术协会主席韩启德院士为会议题词"西学中是推进中西医结合的有效手段,当前仍应大力提倡";原卫生部部长陈竺院士到会发表了重要讲话,有力推动了中西医结合事业的发展。2009年9月20日,学会在北京隆重召开"与新中国同行:陈可冀从医六十年周年学术座谈会",陈可冀院士是我国中西医结合事业的开拓者和杰出的组织者、领导者,他的精神和业绩对与会同志产生了巨大的鼓舞和深刻的启示作用。2011年学会召开了全国中西医结合战略研讨会,深入探讨发展思路与举措,引领学科发展。

2. 从宏观和战略的角度,积极建言献策,为中西医结合争取更大发展空间  针对中西医结合事业发展面临的问题和难点,我们多次利用"两会"和其他途径,提出有关中西医结合事业发展的提案和建议,不断完善中西医结合发展的政策和社会环境,扩大中西医结合的影响,推动中西医结合发展。

3. 以学术活动为重点,不断提高学术活动质量,推动学科发展  我在任期内组织开展全国、国际学术活动 270 次,参会人员 13 万余人次,这些活动彰显了中西医结合的巨大作用、丰硕成果和蓬勃的生命力。2012 年举办的第四届世界中西医结合大会,展示了结合医学的成就,推动了结合医学的国际化进程。

4. 努力加强学会自身的组织建设和思想建设　我们千方百计增强学会的吸引力和凝聚力,发展壮大会员队伍和健全组织机构。在我任期内,会员人数增长 25%,达到 8.2 万余人,新组建专业委员会 10 个,增长 22%,总数达到 54 个。自 2009 年起,我们首创在专业委员会内设立青年委员会,反响热烈,对培养青年人才和解决后继乏人问题意义深远。

5. 成功举办学会科技奖的评审表彰工作　学会强调要始终不忘弘扬科学精神、推动科技创新的初衷,坚持公平、公正、公开的原则,真正达到奖励优秀成果、激励人才成长的目的。学会通过争取社会支持和机制创新,解决奖励经费不足的实际困难。学会科技奖励不断发展,影响日益扩大,在行业内赢得了较高声誉。此外,学会还高度重视、努力做好举荐人才、鼓励先进的工作。2008 年学会向中国科学技术协会积极推荐陈香美院士、刘仲前教授和四川省中西医结合学会为"抗震救灾先进个人(集体)"的称号。学会还积极推荐国医大师、全国名中医和两院院士候选人,有力地促进了中西医结合优秀人才的成长和队伍的发展壮大。

6. 承接政府转移职能和委托任务,充分发挥学术性社会组织重要功能　学会努力提升自身能力,适应改革要求,积极承担和圆满完成政府委托任务。2009 年和 2011 年,学会先后接受国家中医药管理局委托,组织制定"中西医结合专业技术资格评审条件",对《国家职业分类大典》中西医结合职业的岗位设置、信息采集、职业培训及考核等内容进行修订。

7. 努力开展科普宣传,弘扬科学精神,扩大中西医结合社会影响　学会十分重视科普工作,采取多项措施积极推进。各地方学会、专业委员会发挥各自优势和特长,因地制宜,开展了大量形式多样、卓有成效的科普工作,受到群众的热烈欢迎。

8. 高度重视中西医结合教育和继续教育工作,组织编写全国高等院校中西医结合专业教材,对培养中西医结合人才发挥了重要作用　6 年的学会工作中,我学到了许多东西,留下了难忘的回忆。我有以下三点深刻体会。

第一,我国医疗卫生事业改革和发展的战略需求、广大人民群众防病治病的民生需求,是中西医结合事业和学会工作发展的出发点和落脚点。学会工作只有紧密围绕这个中心,自觉服务大局,努力贡献力量,才能彰显学会的作用和价值,使学会工作充满勃发的活力和不竭的动力。

第二,与时俱进的科学精神和开放合作的科学态度,是中西医结合事业和学会工作发展的基本要求和必要条件。中西医结合是一项前无古人的事业,古今中外没有现成的经验可以参照。只有站在时代高度,坚持开拓创新、与时俱进,同时坚持"百花齐放、百家争鸣"的方针,大力倡导学科交叉、团结合作的科学态度,才能促进中西医结合的学科发展和学术繁荣。

第三,学会是学术团体,是科技人员自己的组织。要搞好学会工作,必须虚心听取大家的意见和建议,坚持团结民主的作风,妥善处理不同意见,才能充分调动各级机构和广大会员的积极性,增强学会的凝聚力和战斗力。

6 年学会工作取得的每一点成绩,都是各级领导关心、指导、支持的结果,都是学会全体同志共同努力奋的结果。我谨借此机会,向他们表示由衷的感谢!感谢陈可冀院士的指导和支持,感谢陈香美、张伯礼院士和全体副会长、常务理事和理事们的支持和帮助,感谢穆大伟秘书长和学会秘书处各位同事的辛勤工作、通力配合和无私奉献!

## 三、对中西医结合的认识和展望

1. 深刻认识中西医结合事业的深远意义和历史使命 习近平总书记高度重视中西医结合事业,对中西医结合事业发展做出了一系列重要指示。这既体现了党和国家倡导和支持中西医结合事业发展的一贯方针,也体现了对中西医结合事业发展的新要求、新推动。我们要深刻认识新形势下中西医结合事业的深远意义和历史使命。

中西医结合事业走过了一个甲子的漫长历程。历史已经证明:"中西医结合"的方针是指导我国卫生工作健康发展的正确方针;中西医结合的道路是符合医学科学发展规律,具有我国特色和优势的卫生工作发展道路;它也将为解决当代医学面临的挑战提供"中国方案""中国道路",造福人类。

当代社会存在着两种不同的医学体系,一种是发源于西方、近 200 年得到快速发展的现代医学体系,另一种是发源于东方、已有数千年历史的传统医学体系。两种医学系统具有不同的理论和医疗方法,各有长处,也都存在着各自的不足。把两者从理论到实践很好地结合起来,实现优势互补,就能为患者提供更好的治疗和服务,更好地应对当代的健康挑战,同时创造出中西医统一的新医学。这是中西医结合医学发展的根本理念。

当代社会正在快速向城市化、老龄化社会过渡,人类疾病谱也发生了重大改变,多因素导致的复杂疾病已经成为当代人类面临的最严重的健康挑战。以治愈疾病为目标的高技术追求导致医疗费用飙升,引发全球性的医疗危机;以治疗疾病为目的的医学模式和以还原论为指导的医学思路遇到严重挑战,促使人们重新审视当代医学发展的方向。医学发展的背景和环境正面临着重大变化,医学目的调整和医疗模式转变成为当代医学发展必须研究和探索解决的重要问题。

在上述背景下,中西医学的汇聚和交融已经成为迅速发展的时代潮流,两个医学体系相互沟通、相互渗透、相互融合的趋势不断加强。中西医学优势互补,不仅将大大提升医疗卫生工作为人民健康服务的能力和水平,而且也已成为医学科学发展的强大推动力量,为在未来逐步形成中西医统一的新医学奠定基础、开辟道路。

2. 继承前辈开创的科学传统,争取中西医结合的更大发展 早在 20 世纪 50 年代,中西医结合事业的前辈就从零起步,为中西医结合事业开辟了前进的道路。60 年来,经过几代中西医结合专家的共同努力,中西医结合取得了一系列有代表性的优异成果。新概念、新观点不断涌现,一批中医药疗法的作用机制被用现代科技揭示和阐明,一批中西医结合的新疗法被发展、新药物被研制、新理论被创建出来。

60 年来中西医结合的大家和他们取得的成就,犹如灿烂群星,照耀着中西医结合发展的道路,大大增强了我们推动中西医结合发展的勇气,更加坚定了我们的信心。他们的开拓创新精神、献身事业的热情、潜心研究锲而不舍的治学态度,是中西医结合事业宝贵的精神财富,给我们以深刻的启示。新一代中西医结合科技工作者要承前启后、继往开来,弘扬他们的科学精神,学习和光大他们的科学眼光和智慧,不断创造中西医结合新的辉煌成就,把中西医结合事业推向新的高峰。

3. 对当前中西医结合发展的一点思考 1956 年毛泽东主席提出:"把中医中药的知识和西医西药的知识结合起来,创造中国统一的新医学、新药学。"我们今天更加感受到这一论断所显示的历史远见和科学价值。

创造中西医统一的新医学是一项长期的历史任务,要经历一个漫长的历史过程,需要长期不懈的努力。我们当前正处在并还将长期处在创造中西医统一的新医学的初级阶段,我们的任务是:大力推动中、西医学的独立发展,同时努力推动中西医学的融合和汇聚。

对于中西医结合,迄今仍有不少不同的看法,即使在学术界内部,也存在一些认识上的混乱。

首先一个问题是:中西医能不能结合?一些同志认为"中医和西医是完全不同的体系,不可能结合"。我认为这种论调是片面武断、不符合客观现实的。医生和医学有中医、西医之分,而患者并没有中医、西医之分。中西医不同的理论体系和医疗实践在患者身上获得了统一,这是中西医结合的最基本的科学逻辑。事实上,60年来,中西医结合的前辈学者已经创造了大量中西医结合的成功范例(恕我不一一列举),在这些事实面前,否定中西医结合的观点显然是站不住脚的。

其次,什么叫中西医结合?如何认识中西医结合的发展规律?

在60年来的实践中,中西医结合已经创造出许多理论和应用成果。但是,学术界一部分同志并不认同,他们认为这些根本不能算是"结合",只能算是"混合"。他们没有认识到中西医结合必然有一个由浅入深、由初级到高级的发展过程。我们的看法是:提倡百家争鸣,不做无谓争论;从解决实际问题出发,不从概念出发。

中西医结合的发展路径应该是:多层次探索,多路径并举;实践—积累,量变—质变。粗糙地说,中西医结合的发展大体要经历三个阶段:第一是兼容阶段,即中西医学的诊断、治疗方法、技术、药物的结合应用;第二是互补阶段,即中西医学的理论逐渐汇合(例如病-证结合等),促成中西医结合的理论体系逐步构建;第三是融合阶段,即中西医思维方式的融合(例如理念、哲学)。如果做一个形象的比喻,第一阶段好比是把绿豆和黄豆混合在一起,绿豆依然是绿豆,黄豆依然是黄豆,但人吃进去的时候是兼有黄豆和绿豆的营养。第二个阶段,好比是把砂糖和水放在一起,砂糖溶解了,和水形成了均一的溶液,水变甜了,但如果从分子层面去考察,水分子和糖的分子并没有变化。第三个阶段,好比是氢气和氧气燃烧,氢分子和氧分子都不再存在,一种新分子诞生了,这就是水($H_2O$)。这些比喻虽然并不完全确切,但可以帮助我们理解中西医结合的发展规律和历史进程。

中西医结合是伟大的事业,必将造福中国和整个人类,但中西医结合也是一个非常艰巨的事业。我们今天正站在中西医结合的一个历史新起点上。中国具有中西医学并存发展,特别是具有深厚的中医学传统优势的有利条件,理应走在世界前列,率先承担中西医结合、东西方医学汇聚发展的历史使命,为创造中西医结合的统一的新医学做出自己的重大贡献。中西医结合的同道们,让我们不忘初心,牢记使命,向着宏伟的目标继续砥砺前行!

# 中西医结合开拓了中医理论和中药复方的研究

**张伯礼**

天津中医药大学　中国中医科学院

【简　介】

张伯礼,男,生于1948年,中国工程院院士,中医内科专家,全国名中医,国家重点学科中医内科学学科带头人。现任天津中医药大学校长,中国中医科学院院长,国家科技重大新药专项技术副总师,国务院医改咨询专家委员会成员,国家药典委员会副主任委员,教育部高等学校中医学类教学指导委员会主任委员,世界中医药学会联合会教育指导委员会会长。兼任中国中西医结合学会名誉会长,中华中医药学会副会长,中华医学会副会长,世界中医药学会联合会副会长。

几十年来,主要从事心脑血管疾病中西医结合防治和中医药现代化研究。开展血管性痴呆(VD)研究,制定了VD证类分型标准和按平台、波动及下滑三期证治方案;明确了中风病证候和先兆症动态演变规律,建立了综合治疗方案;创立了脑脊液药理学方法,揭示了中药对神经细胞保护作用机制;完成了首个中药对冠心病二级预防大规模循证研究,建立了中医药循证评价系列方法。三次担任国家"973"计划项目首席科学家,创建了效应配伍理论和以组分配伍研制现代中药的关键技术;开拓中成药二次开发研究领域,培育了大品种群,倡导中药智能制造,推动了中药产业技术升级。

获得包括国家科学技术进步奖一等奖在内的国家奖 7 项,省部级科学技术进步奖一等奖 10 项,发表论文 350 余篇,出版专著 30 余部。培养毕业研究生 200 余名。所指导的 3 篇博士论文获全国百篇优秀博士论文,2 篇获全国百篇优秀博士论文提名荣誉。

学风严谨,富于创新,形成了采用现代科学技术研究中医药学的突出特色,取得了一批重要成果,贡献突出,成绩卓著。1991 年起享受国务院颁发的政府特殊津贴。被授予全国优秀共产党员(2011)、全国先进工作者(2005)、全国优秀科技工作者(2001)、国家级有突出贡献的中青年专家(1991)等荣誉称号,获何梁何利基金科学与技术进步奖(2006)、吴阶平医学奖(2015)及中医药国际贡献奖(2010)等荣誉。

# 一、开拓中医舌诊现代研究

舌诊是望诊的重要内容,是中医诊断疾病、辨证论治的主要依据之一。我用了十几年的时间,组织跨部门、多学科的中医舌诊研究课题组,开展了舌诊文献整理、健康人舌象调查、舌象实验研究、舌底诊法、舌象色度学研究、舌象红外线热象研究、系列舌诊仪器研制及多病种临床动态舌象观察和实验研究等中医舌诊规范化、客观化研究,研制了舌象、舌色检查仪器和评估方法,促进了舌诊研究的深入发展和学术水平的提高。1992 年,我组建了天津市中医医学工程研究所(全国第一个中医工程研究机构),开拓中医工程学研究方向,组织开展了中医诊断治疗仪器研制、磁疗标准化、证候标准化等研究工作。我们围绕四诊客观化开展了系列研究,培养专业研究人才,获得了多项国家和省部级科技奖励,现将重点成果介绍如下。

1. 首次阐释健康人群舌象分布特点、演变规律及影响因素　通过对 6 708 例健康人进行舌形、舌态、舌质、舌苔、舌脉及舌底小血管的流行病学调查及烟酒嗜好、刮舌等生活习惯对舌象的影响等,我们明确了健康人群舌象分布特点、演变规律及影响因素,填补了该领域的空白。健康人中,舌形荣润清爽、胖瘦适中,运动灵活者占 89.33%,异常舌形中以裂纹舌多见(6.32%),其次是胖嫩舌(4.95%)和齿痕舌(4.47%)。健康人中淡红舌占 56.75%,红舌占 24.26%,其中稍红舌占 13.58%,边尖红者 8.18%,正红舌占 2.50%。我们开展了系统的舌象实验研究,测量并分析了 4 387 例健康人舌面温度,研究了舌尖边处蕈状乳头数目及形态;采用激光多普勒组织血流计测定舌面血流灌注量,开展舌色与血液流变性、舌面 pH 值、舌面细菌培养等系列研究,丰富和发展了舌诊研究的内容。

2. 创立舌底诊法　在临床诊疗中我们发现不少患者舌底与常人不同,但历代医籍均无相关记载。通过大样本系统临床观察,我们总结了舌底血管、瘀斑及瘀点检查可以补充舌面诊法不足,并有其独特临床意义,创立了"舌底诊法"。我们进行了舌底异常变化与眼底动脉、血脂、血压、血液流变学、微循环障碍的相关检查分析,结果具有较强相关性。我们还应用舌底异常为粗筛指标,进行了缺血性心脑血管疾病普查,发现舌底瘀点及血管异常是一项较好的粗筛指标,具有临床实用意义。

3. 首次明确舌色度坐标　色度学是研究人眼的颜色视觉规律,颜色定量的理论和技术的科学。色度学核心理论格拉斯曼颜色混合定律指出,任何一种混合色可以由数量不同的红(R)、绿(G)、蓝(B)三原色组成。我们应用自行研制的色差式舌色仪对健康人舌象进行了色度学检测和分析,并确定了常见舌象在国际色度图(CIE)的坐标位置,使中医舌象第一次有了符合国际标准的科学定量的依据。

4. 研制系列舌诊仪　在深入开展舌诊研究的同时,我们带领团队还研制了舌色测色仪、舌津液测定仪和舌象摄影仪等系列舌诊仪器。

舌诊客观化研究被同行专家评价为:研究系统深入,富于创新,开拓了舌诊研究的新领域,丰富了舌诊研究内容,在中医诊断现代化方面取得了重要进展,显著提高了中医诊断水平,是舌诊现代研究的奠基者之一。此项研究获得国家科学技术进步奖三等奖,省部级科学技术进步奖二、三等奖 4 项。

## 二、建立中医药防治脑血管疾病研究技术体系

围绕中风、血管性痴呆等重大脑血管疾病,我们开展了多学科合作研究,系统研究了血管性痴呆、中风等疾病的中医证型演变规律,提出了诊治方案,提高了临床疗效。同时,我们也建立了中药脑脊液药理学研究方法,阐释了中药脑保护作用机制。

1. 首次明确中风病中医危险因素、证候特点和先兆症演变规律　通过大样本前瞻性病例观察研究和中风患者资料回顾性分析,对发病时的症状、诱因、发病时状态、发展过程、舌象、脉象、宿痰、饮食、吸烟、劳逸、情志、体质、中医证候、体格检查、西医诊断、中医诊断及辅助检查共 20 余大类近千项内容进行分析,我们发现:暴怒、紧张、过度疲劳、抑郁、用力过猛、思虑过度、用力排便、悲伤、过喜、惊吓等是中风病的主要诱发因素,其中情志因素作用尤为明显;气虚血瘀人群发病风险较高;中风先兆症状以肢体麻木、眩晕、一过性黑蒙较为常见,频发和发生程度较重是最重要的先兆症状。该项研究成果为中风病的预防提供了科学依据,该项研究获中华中医药学会科学技术奖一等奖。我们组织了中风病急性期临床常用治疗方法比较研究,建立了优化的综合治疗方案。我们采用多中心随机对照研究方法,以中风病常用的辨证论治、通治、西医治疗方法对 522 例受试者进行了平行对照研究,建立了汇集各种方法优势的综合治疗方案,并进行了临床再评价。

2. 发现血管性痴呆的分期特点　通过大样本的临床观察,我们总结了血管性痴呆病程演变规律,将 VD 分为平台、波动、下滑三期,提出重视稳定平台期、积极治疗波动期、综合救治下滑期的治疗策略,并建立分期诊治方案,显著提高了中医药干预的疗效。我们所建立的临床分型和诊疗标准已被国家药监局采用作为 VD 新药研制的指导原则。

3. 创建脑脊液药理学研究方法　为阐明中药干预 VD 的作用机制,我们的课题组创建了脑脊液药理学方法,建立了脑微血管内皮细胞-胶质细胞-神经元共培养的共建技术,发现了中药对神经保护作用是通过胶质细胞所介导的这一机制,研制了两种符合临床发病机制、复制成功率高的动物模型制备方法,并从行为学、神经递质、兴奋性氨基酸、皮层脑电功率、神经营养因子及基因表达等层次探讨了中药治疗 VD 的机制。此研究成果获国家科学技术进步奖二等奖、教育部高校科技奖一等奖,博士生论文获全国百篇优秀博士论文荣誉。脑脊液药理学研究方法的建立,为研究开窍中药药理作用、中药对血脑屏障功能的影响、中药脑保护作用机制等方面提供了研究方法和关键技术。

### 三、完成首个中医药防治心肌梗死的大规模循证研究,建立中医药循证评价技术体系

中医药的优势在于临床疗效,但疗效的确定需要高质量临床研究证据的支撑。我们引入循证医学的理念和方法,结合中医药的特色优势,主持开展了全国第一个中医药对心肌梗死二级预防的循证研究。本研究以心肌梗死恢复期患者为研究对象,采用中心随机、双盲双模拟的研究方法,以肠溶阿司匹林为对照,采用心血管死亡、非致死性再梗死、非致死性卒中为主要终点事件,开展芪参益气滴丸对心肌梗死二级预防的大规模临床研究。本研究在全国 16 个省市 88 家研究中心募集了 3 505 例合格病例,经过平均 37 个月的随访。研究结果表明,芪参益气滴丸对于心肌梗死二级预防的疗效与肠溶阿司匹林相当,且安全性好,无严重出血不良事件,且对阿司匹林抵抗者依然有效。基础研究证实该药具有抗血小板黏附、聚集、释放及活化等作用,并具有抗炎、增加动脉粥样硬化斑块稳定性及预防左室重构等综合作用。本项目建立了既符合国际通则又具有中医药特色的循证研究与评价方法及关键技术,包括中心随机关键技术、中央药品管理关键技术、三级监察质量控制方法、数据动态管理和过程控制关键技术、终点事件信效评估关键技术等一系列中医药大规模循证研究系统的关键技术方法,确保了随机隐藏、盲法实施和药品管理的顺利进行。

本项目是第一个中医界牵头组织实施的、在 WHO 试验注册平台注册、国际卫生研究机构参与评价的大规模临床研究,具有自主知识产权,是中医药循证研究的范例。此项目构建的中医药循证评价模式及技术规范,内容全面、严谨、详细、周密,既符合 ICH-GCP 等国际规范,又满足中医药临床评价特点,更适宜中医药疗效大规模的循证评价。其研究成果为中成药上市后再评价提供了技术支持,为客观评价中医药疗效奠定了方法学基础,促进了中医药临床研究质量的整体提升,在行业内起到了示范作用,并培养了一批中药循证研究的人才队伍。其成果获得国家科学技术进步奖二等奖。

### 四、创建以组分配伍研制现代中药的理论和方法

方剂是中医治疗的主要载体,是复方药物的典型代表。传统中药多由饮片配伍而成,其成分繁杂,质量难以控制,疗效机制难以说清。我带领团队连续承担了三个国家"973"方剂关键科学问题研究项目,通过多学科协同攻关,开拓了以"组分配伍"研制现代中药的模式和相关技术体系,建立了有效组分制备、分析及活性评价等共享技术,建立了基线等比增减、极性分段筛选、药对协同效应等组分配伍优选设计方法,建立了"标准组分、组效关系、组分配伍、优化设计"的组分中药研发模式和技术路线,实现了在经验基础上通过科学实验组方,诠释了中医配伍理论的科学内涵,提出了组分效应配伍理论。组分中药的特点是物质基础及作用机制"两个基本清楚",具有质量稳定可控、安全性、有效性证据较充分的特征,其作用模式是多途径、多靶点、多效应整合调节,故可根据"强化主效应,兼顾次效应,减少副效应"的效应配伍原则进行配伍配比优化研制组分中药的策略,这样既保持了中医配伍的优势,又提高了中药制剂质控水平和临床疗效。我们运用组分中药方法研究了复方丹参方防治冠心病心绞痛的作用机制,阐释了复方丹参方不同组分的作用和配伍效应,揭示了中药组分配伍整

合效应,除扩冠外,还启动了内源性保护物质释放,增强了心肌缺血预适应能力,同时回答了各个组分在缺血的不同环节所起的作用及相互关系,为复方丹参滴丸通过美国FDAⅡ期临床研究奠定了基础。应用组分中药研制理论和方法,搭建了关键技术平台,建立了包括6万个组分的中药组分库,以及包括化学信息、活性毒性信息及成药性研究的检索系统,研制成功了包括芪参益气滴丸、三叶糖脂清等多个组分中药新药。围绕组分中药研制,我们建立了天津现代中药国家重点实验室、教育部组分中药创新研究团队、现代中药协同创新中心等高水平研究平台,在中药现代化研究领域起到了示范作用,引领了现代中药发展方向,成为中药现代化的标志性成果,获得了"973"优秀成果表彰,和国家科学技术进步奖二等奖。

## 五、开拓中成药二次开发领域,建立核心技术体系

传统中药产业科技基础薄弱,生产技术落后,品种多、市场销售额小,上市中成药4 000余种,但销售额过亿元的不到50个,严重影响临床用药和产业发展。针对制约中成药做大做强的共性问题,我们率先提出了中成药二次开发策略、方法和关键技术,创立了基于系统工程学的中成药二次开发模式。其主要技术创新点包括:建立基于循证评价的中成药临床定位方法和关键技术;构建基于系统药理学和网络药理学的中药作用机制多层次研究技术平台;建立基于整体观的中成药化学组成、药效物质、体内过程及有害杂质系统辨析技术;创建中药制药工艺品质调控与优化技术,提高药品批次间的一致性;提出中药制药过程质控技术理论,创建药材—成药质检、制药过程质控与制药工艺品质控制相融合的"三位一体"全程质量控制技术;将过程参数检测、工艺品质调控、质量风险管控、数字化平台与制药工艺设备等同步进行系统优化设计,构建基于绿色制药理念的中药制药工程体系。

历时8年攻关,我们完成了天津市30个中药品种的二次开发研究,销售过亿元品种由3个增加到12个,销售额由开发前的12.5亿元增加到2014年的56亿元,30个品种累计销售额超过230亿元。该项目历经理论创新、技术突破及推广应用,为促进中药产业向科技型、高效型和节约型转变,闯出了一条投入少、见效快的途径。其研究方向被纳入国家科技重大专项、发改委和工信部医药卫生产业发展规划。其核心技术应用于全国19个省市近百家企业,培育了中药大品种群,使过亿元中药品种从40余个增加到500余个,过十亿元品种从0个增加到50余个。通过二次开发,中药行业集中度大大提高,中药大品种群产值约占中药工业总产值的1/3,推动了中药企业技术升级换代,产生了显著的经济效益和社会效益。

科技部组织第三方评价认为:中成药二次开发项目形成了包括临床优势再评价、制备工艺的规范和优化、药效物质及作用靶点与作用机制的研究等内容的中成药二次开发模式,为名优中成药二次开发提供了科学依据和技术支撑,推动了产业技术进步,产生了重要经济社会效益,值得深入研究和推广应用。此研究成果获得2014年度国家科学技术进步奖一等奖。

# 赤子仁心开创世界认可的
# 中西医结合之路

**陈香美**
中国人民解放军总医院

·············【 简 介 】··············

　　陈香美,女,中国工程院院士,著名肾脏病专家和中西医结合专家,中国人民解放军总医院肾脏病科主任医师、教授。现任中国人民解放军总医院肾脏疾病国家重点实验室主任、国家慢性肾病临床医学研究中心主任、国家肾脏病医疗质量管理与控制中心主任,中国中西医结合学会会长,中国中西医结合学会肾脏疾病专业委员会主任委员,中华医学会常务理事,中华医学会肾脏病分会第七、第八届主任委员,中国医师协会常务理事、中国肾脏内科医师协会会长。作为我国肾脏病领域的领军人才,先后担任2次国家"973"项目首席科学家、"十二五"国家科技支撑计划项目首席专家,获得国家自然科学基金创新群体及重点课题、全军重大课题、北京市科技计划重大项目等20余项。以第一或通讯作者发表论文1 151篇,其中SCI收录273篇。主编专著16部,主持撰写指南和专家共识12部。以第一完成人获国家科学技术进步奖一等奖1项、创新团队奖1项,国家科学技术进步奖二等奖4项,中华医学科技奖一等奖3项,北京市科学技术奖一等奖3项,中国中西医结合学会科学技术奖一等奖1项,中国人民解放军全军科学技术进步奖一等奖1项。获何梁何利基金科学与技术进步奖。荣立中央军委个人一等功

1次,二等功2次。第十三届人大代表,获得"全国三八红旗手"、总后"科技金星"、全国优秀科技工作者、全国创新争先奖。

## 一、初窥中医堂奥,赤子情怀报国

我于1951年出生在朝鲜,16岁(1967年3月11日)回到祖国。回国当年9月,我到白城地区卫生学校学习,毕业后进入吉林省九台县西营城子公社卫生院工作。当时卫生院有3位老中医,他们待我像对自己孩子一样亲切,手把手地教我针灸,带我下乡巡诊,传授我医学实践知识特别是中医药知识。从那时起,我在几位老中医的教导下努力地学习成长,激发了对中医药的兴趣和挚爱。回首往事,我由衷感谢3位老中医、老先生,是他们指引我走进中医的奥妙世界,为我今后的中西医结合事业奠定了基础。

1973年我作为工农兵学员考入白求恩医科大学。我依然记得,1977年刚刚毕业进入长春市医院心肾科工作时,中国虽然肾脏病多发,但临床科学研究几乎还是空白。我诊治的第一位患者就是一位尿毒症患者,由于没有血液透析设备,我只能眼睁睁地看着患者慢慢死去而束手无策!那天,我心中暗暗发誓一定要学好肾脏病专业,不让这样的悲剧重演。因此,我一直立志探究两个课题:一个是让患者不用做肾活检也能诊断肾炎,另一个是尿毒症患者不做透析也能够延续生命。

1979年我成为硕士研究生,1983年留学日本攻读博士,1987年特招入伍到中国人民(以下简称为"解放军总医院")解放军总医院工作,2007年当选中国工程院院士,多年来一直从事肾脏病临床研究工作。我将最绚丽的青春岁月投身于医学科研与临床实践工作中,持之以恒地向着医学科技前沿领域进发,夜以继日,义无反顾。"虽然直到今天,我们还是没能完全实现'不做肾活检就能诊断肾炎'的梦想,但是离梦想已经非常接近了。"

解放军总医院肾病科1986年成立时仅有12张病床,无论规模还是学术地位,在总医院都属于扶持类学科。1987年国内肾脏病学还处于起步发展阶段,我从日本留学回国,特招入伍进入解放军总医院并担任肾脏病科主任,开始了从医报国的长征之路。30年来,我带领团队将全部智慧和心血都倾注在我国肾脏病学发展事业上,克服基础研究薄弱、设施设备奇缺、临床技术滞后、人才力量不足等困难,从零起步、艰苦创业、率先垂范、集智攻关,实现了肾脏病科由小到大、由弱到强的跨越式发展。目前我院肾脏病科有5个病区158张病床、2个血液净化中心100余台血液透析机,年收容量5 500人、门诊量10万人次,并建立了8个亚专科门诊和国际首个IgA肾病中西医结合临床生物信息资源库,发展成为集国家重点学科、国家重点实验室、国家临床医学研究中心和国家医疗管理与质量控制中心"四位一体"的肾脏病学领域公认的领先学科,被评为解放军肾脏病专科中心、解放军肾病重点实验室"重中之重"、解放军肾脏病研究所,是国内外最具影响力的肾脏疾病救治中心和临床科学研究基地,为国家和军队肾脏病学事业发展做出了杰出贡献。我带领的团队获得"国家科学技术进步创新团队奖",科室被表彰为"全军为部队服务先进单位""全军医德医风先进单位""总后先进基层党组织",荣立集体二等功2次、三等功3次,而我个人于2017年荣立一等功1次,二等功2次。

## 二、致力于尿毒症防治，铸就"天使工程"

40 年的医者生涯，诊治数以万计的肾脏病患者，我始终抱有强烈的社会责任感，思考着如何让众多尿毒症患者的家庭重温往日的欢乐，如何推动我国尿毒症救治达到国际领先水平。我国尿毒症患者数量多，基数不清，治疗不规范，透析费用高昂，许多家庭因病致贫、因病返贫。针对这种实际情况，我牵头创建国际上信息最为完整的三级管理的全国血液净化病例登记系统，首次获得中国 5 000 余家透析中心的基本数据，截至目前共登记血液透析患者 60.9 万例，腹膜透析患者 8.5 万例，明确了我国尿毒症患者的临床特征、死亡原因和疾病经济负担等重要信息，为国家制定相关政策提供了科学依据，推动尿毒症进入大病医保，从根本上解决了尿毒症患者无钱医病的状况。全国人大陈竺副委员长称赞其为"天使工程"。

针对我国透析产品 95％依赖进口，费用居高不下的现状，我领衔开展了国产透析设备与产品的多中心随机对照研究，使进口产品降价约 20％，显著降低了医疗费用，提高了中国尿毒症治疗率。我牵头建立覆盖全国的肾病学专业医疗质量管理与控制网络体系，建立 31 家腹膜透析培训示范中心和 28 家培育基地，对基层医疗机构进行培训帮带，引领我国尿毒症诊疗达到西方发达国家水平；组织专家编写《血液净化标准操作规程》等诊疗规范、临床路径，作为国家卫生行业法规公布在卫生计生委网站；制定我国首部《中国血液透析充分性临床实践指南》；组织开展"万名肾科基层医生培训"活动，受众 20 000 余人。由于为保障血液净化医疗质量和安全发挥了不可替代的作用，我荣获国际血液透析学会"Belding Scribner 开拓者奖"。

## 三、仁心无畏赴险，勇对灾害危难

2008 年汶川地震发生后，我冒着余震危险，带领团队第一时间奔赴灾区参加医疗救治工作。看到很多好不容易从废墟里解救出来的伤员，因为挤压伤和急性肾功能衰竭夺取生命，我们迅速建立了全国首个地震伤员 CRRT 病房。在灾区的 50 多天里，我带领团队夜以继日地工作，抢救了大批危重症伤员的性命，保全了伤员原本需要截肢的肢体，使致残率降低 20％，死亡率减少 15％。

2013 年 4 月 20 日四川芦山县发生 7.0 级地震后，我作为国家医疗专家组组长，再次带队冲向灾区一线，按照"快速评估分诊"和"四集中"原则领导科学救治，成功实现了后方医院地震伤员救治"零死亡"，"中国模式"救治水平明显优于其他国家，获得中国科学技术协会和国家卫生计生委表彰。我组织开发了地震伤员信息管理系统，全面分析七级地震导致的伤情及相关救助人员和物资配置，在国内外推广、示范和引领，为 2014 年 8 月云南鲁甸地震的成功救治提供了重要的借鉴，也为今后类似地震灾害的救助和政府相关政策的制定提供了数据支持。我牵头开展地震挤压综合征及急性肾损伤（AKI）的救治和流行病学研究，首次明确地震伤导致 AKI 的危险因素，带领多学科团队创建重症器官损伤的综合救治方案，制定《地震伤病情评估及管理共识》和《挤压综合征急性肾损伤诊治的专家共识》，应美国 Nova 出版社邀请为地震伤专著撰写《地震综合救治方案》，为世界地震伤员救治建立了标准和范例。由于为地震伤员救治和科学研究做出的突出贡献，中国科学技术协会授予我"抗震救灾先进个人"。

在军队"十二五"项目支持下,我们建成了急性肾损伤临床信息与生物样本资源库和全国多中心急性肾损伤协作网络,明确我国急性肾损伤危险因素和病因构成,以及死亡率、预后及其危险因素,明确我国持续性肾脏替代临床应用的流行病学特征,并提出持续性肾脏替代治疗前应评估患者残存肾功能的创新观点。我带领团队率先开展了成体间充质干细胞治疗急性肾损伤研究,发现间充质干细胞通过减少中性粒细胞浸润可以抑制炎症因子分泌,减轻急性肾损伤,为灾害相关肾损伤的治疗开辟了新的途径。我带领解放军总医院器官损伤与修复综合救治创新团队获得国家科学技术进步创新团队奖,并荣膺"军队科技创新群体奖",是全军临床医学领域唯一获此殊荣的单位。

## 四、IgA 肾病诊疗,创研中西之路

IgA 肾病是我国最主要的慢性肾脏病和国际医学难题。我国约有 1.2 亿慢性肾脏病患者,其中最常见的是 IgA 肾病,大约占慢性肾脏病患者总数的 30%～40%。这是一种难治的疾病,患者往往是青壮年,临床疗效差,如不尽早治疗,等待他们的将是更为严重的尿毒症。

我从攻读日本医学博士期间撰写 IgA 肾病病理研究方面的学位论文,到数十年坚守在以 IgA 肾病为主的慢性肾脏病基础和临床研究一线,不断探寻中西医结合诊疗 IgA 肾病的新理论。我带领研究团队一路心怀使命,攻坚克难,以干事拼搏的加速度,向着世界高水平的竞速场迈进。我牵头开展全国多中心、前瞻性、中西医结合循证临床研究和系统深入的基础研究,在国际上首次提出并验证"凝血纤溶异常活化导致免疫炎症促进肾脏硬化"的创新性学术观点,发现了新的治疗靶点,提出了新的治疗方案,并应用于临床实践,疗效提高了20%,极大延缓了重症 IgA 肾病发展成尿毒症的进程,研究成果《IgA 肾病凝血纤溶与细胞外基质代谢异常的分子机制及干预》和《慢性进展性肾病炎症与硬化的细胞分子机制及临床意义研究》,分别获得国家科学技术进步奖二等奖。

临床实践中,很多 IgA 肾病患者既看中医又看西医,却很难收到满意的效果,还浪费医疗资源。我希望把中西医结合起来,探索出一种结合中医和西医优势的系统诊疗方法,并且进一步指导制订治疗方案,从而减少患者的求医负担。基于一切从患者出发、为患者减轻病痛的心愿,我带领团队潜心研究,从中西医结合的角度,揭示 IgA 肾病进展新机制,首次提出"风邪扰肾、致虚、致瘀、致毒"中西医结合创新理论,与中医证候的"益气补肾、化瘀、祛风除湿"五型分治,多种组合的中西医结合序贯方案,并系统揭示了生物学机制和科学内涵;建立了国际上首个 IgA 肾病中西医结合临床生物信息资源库,创建了 IgA 肾病中医、西医与生物标志物相结合的辨证评价体系;建立了中西医结合治疗 IgA 肾病新方案,其疗效优于国际上通用的治疗方案;对中药复方(肾华、复方积雪草等)和植物药(黄葵)开展国际注册循证医学研究,证实植物药黄葵的疗效优于指南推荐药物,并将其推广,推动其实现产业化;牵头制定《IgA 肾病西医诊断和中医辨证分型的实践指南》等指南、标准和路径,被国家中医药管理局推荐应用至全国三甲医院,使广大患者受益。我们的研究成果《IgA 肾病中西医结合证治规律与诊疗关键技术的创研及应用》获 2016 年度国家科学技术进步奖一等奖。

2017 年 1 月 9 日,我代表团队走上国家科学技术奖励大会的领奖台,获得习近平主席亲自颁发证书的殊荣。领奖台上,习主席亲切地对我说:"你是治疗肾病的院士。"2017 年 7 月

25 日,中央军委主席习近平签发通令,授予我一等功。每每回想起这些难忘的时刻,我心潮起伏:"习主席的肯定,是肾脏病领域的荣耀,将激励我继续努力为人民的健康而奋斗!"

## 五、力行言传身教,坚持匠心传承

"8 小时内出不了科学家"是我最常说的一句话。在科研的攻坚阶段,我每天的休息时间仅有四五个小时。在肾脏病科刚成立的前 3 年,我在医院吃了整整 3 年的夜班饭,只为能挤出更多时间用在工作上。这些年,我带领并鼓励团队成员从基础到临床,再从临床到基础,从临床发现问题,带着问题去研究;并强调医生要向患者学习的事业观,因为书页上只有一页纸,患者的表现可以千种万种,定要把患者放到第一位,要做到在科学面前、患者面前不能有一丝侥幸心理,追求做事情的精益求精。

"培养人才传承匠心精神"是我始终坚持的重要责任。我愿意以广博的学识、严谨的态度和满腔的热情帮助和扶持青年人成长成才,积极为青年科技工作者成长进步创造条件。每次有重大任务或疑难诊治,我都把年轻人往前面推,自己当好指导,当好幕后英雄;每次发表学术论文或申报科研成果,我尽量把年轻人放在前面,有时自己干脆不署名。我注重利用学术交流、专业带教、病例讨论、集中会诊等机会,把自己的独特经验无私传授给年轻人。我坚持既以高超的医术培养人,更以过硬的作风引领人;坚持始终关注患者病情,做到每天上午、下午和晚上三次查房,遇有重急诊患者随叫随到;坚持始终维护患者利益,做到精打细算,以最少的医疗花费达到最好的疗效,为团队树立良好的榜样。

正是凭着分秒必争的精神力量,解放军总医院肾脏病科艰苦创业,励精图治,从成立之初仅有 12 张病床的小科室,建设成为今天的集国家重点学科、国家重点实验室、国家临床医学研究中心和国家医疗管理与质量中心"四位一体"的学科团队。岁月见证 30 多年时光,我们在慢性肾脏病、灾害相关急性肾损伤、老年肾损伤、尿毒症替代治疗等方面屡屡取得国际领先的学术成果,这些成果推广应用至全国 3 000 余家医院,已让数千万患者受益。我也因此捧得一项项沉甸甸的殊荣——解放军总医院第一个"973"项目首席科学家、国家科技支撑计划首席专家、国家自然科学基金重点课题"创新研究群体"学术带头人,承担国家"863"计划、国家自然科学基金重点课题、全军重大课题等多项科研课题,以第一完成人 6 次获得国家科学技术进步奖,2016 年获得"全国三八红旗手"荣誉称号,2006 年获何梁何利基金科学与技术进步奖,曾获得总后勤部"科技金星"和解放军杰出专业技术人才奖、全国优秀科技工作者等称号。进入解放军总医院 30 年来,我带领学科向国际领先水平挺进的同时,也为业界培养了一支优秀的学术队伍。我先后培养博士后 16 名、博士研究生 92 名、硕士研究生 23 名,其中有 10 人次担任国家"973"和"863"项目的首席科学家和课题组组长,50 余人成长为全国多地医院肾脏病科的学科带头人,成为引领全国肾脏病学发展的生力军。

## 六、不懈千里行,情系健康中国梦

"健康中国梦"是我追求的夙愿。2006 年 3 月 9 日,我作为共同发起人之一,将第一届"世界肾脏日"科普宣传与学术研讨活动带到了中国,此后,连续 13 年组织实施了国际上最大规模的"世界肾脏日"科普宣传活动,显著提高了肾脏疾病的知晓率和早期诊治率。2018

年3月8日,我再次站在这个平台,带领200余名北京肾脏病医务工作者,结合这次活动主题和自己的人大提案,呼吁政府从政策和宣传层面给予女性慢性肾脏病更多关注,让广大人民群众了解肾脏病、重视肾脏病、远离肾脏病。整整13年间,我带领团队为肾脏病的科普和宣传做了大量的工作,共向全国发送了100多万份宣传手册,编制了许多肾脏病防治手册、行动指南、透析的标准程序等,显著提高了肾脏病知晓率和早期诊治率。我们终于摸清了"家底",中国慢性肾脏病患者超过1亿,这样一个庞大的患者人群需要诊治。我们希望通过这样一项有意义的公益性活动,结合科普知识的推广和肾脏病诊治的科技创新,共同打造中国人民的健康生活。

我倡导开展"西部行西部情"慢性肾脏病防治活动,足迹遍布贵州、云南、广西、山西、甘肃、新疆、宁夏、青海、西藏等地区。作为中国医师协会肾脏内科医师分会会长单位,我们在全国开展"万名肾科基层医生培训"活动,服务新时期国家医改,提高基层诊疗水平。为了及时将最新的成果推广至全国,2015年起我坚持亲自去全国各地对基层医师进行推广培训,足迹遍布祖国大江南北,使全国的基层医师足不出户就能聆听到最权威专家的讲课,累计受众近3万人。当母亲病重时,面对基层医师的期待,我坚持按计划如期参加了培训,因此没有见到母亲的最后一面也成了我终生的遗憾。"舍小家、顾大家,牺牲个人为事业、为患者"是我一直坚持的宗旨。

2018年对于我来说是不平凡的一年,我光荣当选第十三届全国人民代表大会代表。我虽然年纪大了,但是能把军人、医务人员、科技工作者多个群体的呼声带到全国"两会"上,是荣誉,更是义务和责任,我倍感振奋。作为一名军队医务工作者,我一直关注着国家的医疗制度改革问题,我把自己的思考和建议带到了全国"两会"上。我认为,实现健康中国梦,需要在多方面继续下功夫,如加大对医护人员尤其是基层医生的培养力度,加强全科医生、儿科医生的队伍建设,落实分级诊疗制度等。除此之外,我还就军队院校需培养更多适合保障打仗的全科军医提出了具体建议,包括要进行教学体制改革,在军队院校里增加全科医生的班系,从已经入伍的战士中选拔人才到医疗教学单位的全科医生系进行培养等。这些建议来自我日常工作中时刻思考的积累。"房间里坐不出好代表",下一步我还要继续到基层部队调研,拿出更多切实可行的科学方案,向有关部门提出较为完善的建议。

我必须与时间赛跑,争分夺秒投入到工作中去,中西医结合探索出一种不需要活检、不需要受创就能够诊断肾病,并且能够进一步制订治疗方案的创新系统,从而造福广大的肾病患者;传承并创新祖国伟大的中医药瑰宝,继续走出"中医认可,西医也认可",更得到"世界认可"的中西医结合之路,为战士的健康、儿童的健康,为健康中国梦多做贡献。

# 从络病理论研究走上
# 中西医结合之路

**吴以岭**
河北省中西医结合医药研究院

·············【简　介】·············

　　吴以岭，男，1949年生，中国工程院院士，络病研究与创新中药国家重点实验室主任。著名中医心血管病专家，中医络病学学科创立者和学科带头人，国家"973"计划项目首席科学家，国家心血管病中心专家委员会副主任委员，国家中医药管理局络病重点研究室主任，中国中西医结合学会副会长，中华中医药学会副会长，世界中医药学会联合会副主席，中华中医药学会络病分会主任委员，第三、第六批全国名老中医。继承创新首次形成"络病证治"体系和"脉络学说"，创立中医络病学新学科，以络病理论为指导开辟心血管疾病治疗新途径。以第一完成人获国家技术发明奖二等奖1项、国家科学技术进步奖二等奖3项、省部级一等奖5项及何梁何利基金科学与技术创新奖。主编《络病学》《脉络论》等专著，其中《络病学》专著获中华中医药学会学术著作一等奖；主编新世纪全国高等中医药院校创新教材《络病学》（在国内40余家高等医学院校开课）。

我于 1949 年中华人民共和国成立那年出生，出身于中医世家。高中一年级时正赶上 1966 年"文化大革命"停课闹革命，父亲交给我两部沉甸甸的医书——《医学衷中参西录》和《陈修园医书四十八种》，自此便日夜沉浸在那些木刻本竖写的繁体字中。至 1970 年我不仅把这些书读得烂熟，还背诵了《伤寒论》《金匮要略》《黄帝内经》的部分章节，并自学了中医学院教材，在乡卫生院当起了医生。1977 年恢复高考后，我以优异的成绩考入河北医学院中医系，1978 年入学后短短一年内便考取了南京中医学院首届《金匮要略》专业硕士研究生。1979 年至 1982 年在南京中医学院研究生期间，我开始思考处于中医药低谷期的中医学人该如何学习近代名医围绕某一理论或领域进行专题突破性研究，故而结合专业选择络病理论作为主研方向。1982 年夏天，我回到滋养我成长的燕赵故土，到河北省中医院心血管内科作了一名普通的医生。报到当天正逢内六科建立，该科发展方向是中医药治疗心脑血管病，故而开始研究冠心病、心律失常、心力衰竭的中医治疗，以中医络病学说指导心脑血管病防治为重点，进行广泛而深入的研究，从此便走上了中西医结合之路。

络病是中医学术的独特组成部分，中医络病涵盖了广泛存在于多种内伤疑难杂病和外感重症中的病机状态与过程。络病理论奠基于《黄帝内经》，通络药物肇始于张仲景《伤寒杂病论》，该书络病证治微露端倪而未成体系，清代叶天士进一步丰富发展络病治法方药并提出"久病入络""久痛入络"，从而形成了络病理论发展史上三个重要的里程碑。但由于受到社会历史环境和科学技术条件的限制，络病理论始终未形成系统完整的理论体系，不能不说是历史的遗憾。清代喻嘉言《医门法律》有"十二经脉，前贤论之详矣，而络脉则未之及，亦缺典也"之感叹，清代叶天士疾呼"遍阅医药，未尝说及络病"，"医不知络脉治法，所谓愈究愈穷矣"，可惜的是叶天士批评的现象在其身后并未引起充分重视，通络治疗虽屡有验案，不乏善陈，但并未形成系统完整的络病学说理论体系。传承创新发展络病理论与通络治法是历史留给当代医药工作者的重大课题，系统建立完整的络病学说对提高多种难治性疾病的临床疗效具有独特学术价值和重要临床指导意义。此外，络病以络脉为依托而发生，容易找到和西医学在难治性疾病研究上的结合点，深入进行多种难治性疾病的病机演变及治疗规律的研究，将有可能产生新的理论并开辟有效的治疗途径。如在脉络学说研究中提出"脉络-血管系统病"概念，在气络学说研究中提出"气络-NEI 网络"概念，从而开辟应用络病学说指导心脑血管疾病、神经、内分泌、免疫类疾病治疗的全新学术研究领域。故而我开始了长达近 40 年的络病理论研究，前撰《络病学》首创"络病证治"体系，续撰《脉络论》系统构建脉络学说指导血管病变防治，再撰《气络论》系统构建气络学说指导神经、内分泌、免疫类疾病的防治。至此，以"络病证治"为学科理论基础，以脉络与气络为学科分支研究方向，由络病证治、气络学说、脉络学说共同构成的络病研究三大理论框架初步形成。

## 一、络病证治

络病包括"久病入络"和"新病入络"两种类型，前者是指病程较长、疼痛反复发作、迁延难愈的一类疾病，涵盖心脑血管、肿瘤、糖尿病等重大疾病，后者则常见于外感温热病引起的脏器损伤，如流感等。我围绕系统构建络病证治体系进行广泛深入的探讨，提出络病学说研究的理论框架"三维立体网络系统"，指出络病与血瘀证在病机概念与治疗上的不同，同时开展关于络病历史发展三个里程碑、病因病机、治疗原则等系列研究，至 2004 年《络病学》正式出版,标志着"络病证治"体系建立。2004年由国内中医、中西医结合、西医专家共同参与完成的国家中医药管理局课题——"络病理论及其应用研究"经专家鉴定认为:"该项研究按中医学术自身发展规律对络病学说进行了全面系统研究,初步建立'络病证治'体系,首次形成系统络病理论,为络病学学科建立奠定理论基础,属国内外创新性科研成果,提高了中医药学在国内、国际的重大影响和地位,对推进学科进步和产业发展奠定了基础。"

2003年非典肆虐,根据SARS病毒侵犯人体后的临床症状特点,我提出外感温热病"阳络—经脉—阴络"的传变规律,针对该病早期短暂恶寒,迅发高热,损伤肺络导致呼吸衰竭的发病特点,制订"卫气同治、表里双解、先证用药、截断病势、综合调节、多靶治疗"的积极干预治疗观,将张仲景《伤寒论》麻杏石甘汤、温病学之银翘散、吴又可《瘟疫论》治疫病用大黄的经验荟萃于一方,研制出国家创新中药连花清瘟胶囊。现代药理学研究表明连花清瘟胶囊广谱抗病毒,对流感病毒、副流感病毒、SARS病毒、禽流感病毒、甲型流感病毒H1N1均有明显抑制作用,并可抑制金黄色葡萄球菌、肺炎球菌、流感杆菌及甲、乙型溶血性链球菌,同时具有退热、抗炎、止咳、化痰的作用,有助于迅速缓解症状,还能调整免疫增强机体抗病康复能力。2009年甲型流感爆发期间,与达菲对照进行的临床随机、双盲、多中心循证研究证实,该药病毒转阴与达菲相等,退热及缓解咽痛、咳嗽、乏力等症状均明显优于达菲,且未见达菲的副作用。连花清瘟胶囊治疗流行性感冒研究获国家科学技术进步奖二等奖,该药列入国家原卫生部与国家中医药管理局甲流、乙流、人禽流感、埃博拉、中东呼吸综合征等呼吸道传染病的诊疗指南或专家共识。此外,连花清瘟胶囊研究获得国际医学界重视,该药目前正在进行美国FDA新药二期临床试验,将为世界的呼吸道疾病防治发挥积极作用。

## 二、脉络学说

基于中医学"脉"在解剖形态上与西医学血管具有同一性,运行血液的脉相当于人体的大血管,从脉主干依次分出、逐层细分的脉络则相当于从大血管依次分出的中小血管、微血管包括微循环,据此提出"脉络-血管系统"相关性。同时"脉络"作为维持血液运行的"心(肺)-血-脉循环系统"的重要组成部分,同时将分布于心、脑、周围组织等全身不同部位的脉络视作一个独立的器官,其形态学特点中空有腔、与心肺相连、动静脉有别,生理学特点"藏精气而不泻",保持血液量和质相对恒定,运动状态为伴随心脏搏动而发生舒缩运动,功能特点为运行血液至全身脏腑组织并发挥营养代谢作用,因此从解剖结构与生理功能上,中医的脉络与西医的血管系统具有高度相关性。常见的脉络病变涵盖了心脑血管病、心律失常、慢性心力衰竭及周围血管病变等严重危害人类健康的重大疾病。脉络学说即是研究上述"脉络-血管系统病"发病规律、基本病理、临床证候、辨证治疗的系统理论,对上述重大难治性疾病的防治具有重要指导价值。围绕脉络学说研究,我先后主持承担了2项国家"973"计划项目——脉络学说构建及其指导血管病变防治基础研究(2006—2010年)、基于心脑血管病变的脉络学说理论研究(2012—2016年),出版了《脉络论》专著,系统构建了对于血管病变防治具有重要指导价值的脉络学说。从"络病证治"体系的建立到"脉络学说"的形成,体现了络病学理论研究的不断深入,也使络病学学科发展进入到一个新的历史阶段。

"脉络学说构建及其指导血管病变防治基础研究"首次提出经脉包括经络与脉络,两者相互联系又相对独立,共同形成以藏象为核心、以经脉为枢纽、以气血为基础的中医学术理论框架,提出脉络学说的核心理论——营卫理论:"营在脉中,卫在脉外"(《灵枢·营卫生会》)、"营卫不通,血凝不流"(《伤寒论》)、"血脉相传,壅塞不通"(《金匮要略》)、"损其心者,调其营卫"(《难经·十四难》),在生理上营卫脉外脉内相携而行以助血运;在病理上,"营卫不通,血凝不流",指出了营卫运行壅滞而导致血液凝滞失于流通的病机变化;在疾病传变上,"血脉相传,壅塞不通"是对营卫失调引起(血)脉络病变发生发展病理演变过程的概括,其发展与由来概而言之可分为由"壅"到"塞"的病理演变过程,"不通"精辟地揭示了(血)脉络病变的病理实质;在治疗上,"损其心者,调其营卫",通过调整营卫之气的盛衰、协调与运行,从而起到调节血运的治疗作用,反映了人体作为复杂巨系统、血管病变作为复杂性疾病在生理、病理、治疗、转归不同阶段的内在规律。

为进一步推动脉络学说及其在微血管病变性重大疾病防治中的深入研究,2011 年我再次承担了国家"973"项目——基于心脑血管病变的脉络学说理论研究。此研究以脉络末端之孙络作为研究微血管病变的切入点,提出假说——"孙络-微血管"营卫交会生化异常引起渗灌气血、濡养代谢、津血互换障碍,与以微血管 EC 为核心和启动因素、神经体液调节与血液成分共同参与、脏腑组织细胞功能结构损伤的多维时空动态演变的微血管病变密切相关,是心、脑、肾重大疾病临床疗效难以提高的核心机制,通络药物开辟微血管保护成为心脑肾异病同治和阻抑心血管事件链的有效新途径。结题验收专家组意见(2016 年 10 月 31 日)指出:"脉络学说的营卫由络以通、交会生化理论,首次形成指/导微血管病变性重大疾病防治的新理论,通络药物通过保护微血管取得心脑肾异病同治、阻抑心血管事件链确切疗效,实现中医药治疗微血管病变的重大突破,产生重大国际影响,属于中医药学术研究的原创成果。"

我围绕血管性疾病开展脉络学说指导临床心脑血管重大疾病病因病机、干预策略、治疗方药研究,如在缺血性心脑血管病治疗方面提出"搜剔疏通"的组方特色,首次将"搜风解痉"药用于冠心病治疗,研制治疗缺血性心脑血管病的通心络胶囊;在心律失常治疗方面提出"整合调节"——心律失常药物干预新策略,实现由"抗律"到"调律"的思维转变,提出"络虚通补"治疗原则,研制治疗心律失常的参松养心胶囊;在心力衰竭治疗方面则提出"气血水同治分消"的组方原则,研制治疗慢性心力衰竭的芪苈强心胶囊等。同时我将中医药与现代循证医学方法相结合,采用中央随机系统、第三方设盲与统计分析、国际注册、中心实验室检测、三级监察等国际公认又能体现中医特色的循证医学临床研究方法,开展多项通络药物治疗缺血性心脑血管病、心律失常、慢性心力衰竭等临床循证研究。

在"973"计划项目系列研究成果的支持下,通心络胶囊先后列入《冠状动脉痉挛综合征的诊断与治疗中国专家共识》(2015)、《急性心肌梗死中医临床诊疗指南》(2016)、《冠脉微血管疾病诊断和治疗的中国专家共识》(2017)、《动脉粥样硬化中西医结合诊疗专家共识》(2017)等多项指南/共识中,"通络药物防治急性心肌梗死再灌注后心肌无再流的作用和机制"获得 2015 年度中华中医药学会自然科学奖一等奖;参松养心胶囊成为《心房颤动:目前的认识和治疗建议》(2015)、《心房颤动抗凝治疗中国专家共识》(2016)推荐维持窦律的首选中成药,《室性心律失常中国专家共识》(2016)唯一推荐治疗室性早搏的中成药,并被《心律失常合理用药指南》收录,"参松养心胶囊治疗心律失常研究"获 2009 年国家科学技术进步奖二等奖;芪苈强心胶囊成为《中国心力衰竭诊断与治疗指南》(2014)唯一推荐的复方中药、《心力衰竭中西医结合诊疗专家共识》的首选中成药,"芪苈强心胶囊治疗慢性心力衰竭研究"获得 2014 年中华中医药学会科学技术奖一等奖,为临床重大疾病防治提供了新的药物选择。

"973"项目循证研究取得的系列成果使通络中药多次登上国外高影响因子权威学术期刊。通心络胶囊治疗冠心病、心梗无再流研究,参松养心胶囊治疗心律失常研究,芪苈强心胶囊治疗慢性心力衰竭循证研究先后被《自然评述·心血管》(*Nature reviews cardiology*,影响因子 14.299)、《美国心脏病学会杂志》(*JACC*,影响因子 19.896)、《循环研究》(*Circulation Research*,影响因子 13.965)杂志收录。其中芪苈强心胶囊循证研究成果被列入 *JACC* 2013 年度学术亮点,编辑部同期配发述评《让衰竭的心脏更加强劲——中国传统医学给我们的启示》,文中指出:"现在这项富有前景的研究表明,利用最新科技研究传统中药活性成分开启了心力衰竭治疗协同作用的希望之门,这是一个挑战,对此我们应该热烈拥抱。"迄今为止,络病理论及通络药物相关研究发表 SCI 论文 300 余篇,显示了络病理论正在世界范围内不断扩大其影响力。

## 三、气络学说

将于 2018 年出版的《气络论》,对中医络病学科又一学科分支——气络病变进行了深入的探讨,气络学说的系统建立将对神经内分泌免疫类疾病的防治具有重要指导价值。气络学说研究气络病变发生发展规律、基本病理变化、临床证候特征及辨证治疗用药,提出其核心理论——承制调平。该书重点探讨了气络与神经、内分泌、免疫三大系统相关性,提出气络与脑神督络-脏腑络气-皮肉筋脉骨系统,形成以脑为气机升降之巅的神经调控高级中枢,以脊髓督络为气机升降之通路,以脑髓督络之气络内调脏腑外控肢节的复杂生命运动的神经系统调控机制;提出气络与形气转化-气血津液精-内分泌代谢系统,形成以气络司开阖功能为调控机制,以脉络末端之孙络为营养代谢处所,以"孙络-玄府"为"物质-能量-信息"通路的多维时空动态演变的复杂生命运动的营养代谢系统;提出气络与防御卫护-免疫调节-自稳监视功能系统,形成以气络元宗卫气、脏腑经络之气为人体正气的防御卫护与免疫防御、免疫自稳、免疫监视密切相关的人体免疫系统;进而提出气络与神经-内分泌免疫网络(NEI 网络)在多维立体网络系统、生命运动的稳态机制、整体系统的生命观、生命运动的功能状态研究、符合生物心理社会医学模式的转变等共性特征方面高度相似,揭示气络与 NEI 网络具有高度相关性,由此提出"气络-NEI 网络"概念,为从分子水平研究气络及其功能提供了新思路。

综上所述,在络病学学科发展和科研工作中,从中医理论、基础实验、临床循证研究中不断探索形成独具特色与优势、符合转化医学的中医药科研思路的"理论+临床+新药+实验+循证"科研模式,即络病理论的创新由临床组方原创来实现,基础研究结果由临床循证研究加以证实,临床研究结果由基础研究数据加以诠释,理论科学价值由临床实验数据加以佐证。中医络病学作为中医药学科独特的组成部分,在近 40 年的螺旋发展、科学求证过程中,使得在中医药 2 000 多年发展史上未能系统建立的络病理论体系焕发出新时代的光芒。以中医络病理论指导血管病变、神经内分泌免疫类疾病防治,均是以中医为主体的多学科交叉的结果,希冀未来在以中医为主体、中西医结合、多学科交叉的国内外专家团队共同努力下,络病理论指导通络药物治疗上述疾病研究能不断深入,为提高临床的防治水平做出有益贡献,不断推动络病学科的发展和中医药现代化。

# 从中医世家学了西医
# 走上了消化病研究的
# 中西医结合之路

**姚希贤**

河北医科大学附属第二医院

## 【简　介】

姚希贤，男，1929 年生。河北医科大学内科学教授，主任医师。首届全国名中医，河北省十二大名中医，全国老中医药专家学术经验继承指导老师，中医高徒、博士及博士后研究生导师，中、西两医兼长内科消化病专家；第九届全国人大代表，省政协第六、第七届常委；中国工程院两届院士候选人，河北省消化病研究所所长，河北省消化病重点实验室主任，享受国务院特殊津贴；中华医学会、中国中西医结合学会消化系统疾病专业委员会第三、第四、第五、第六届常委、常务理事、顾问，世界胃肠病学会会员。历任《世界华人消化杂志》《胃肠病学和肝病学杂志》等 15 家杂志编委、常务编委、副主编和名誉主编。从事内科与消化专业临床、科研、教学工作 60 余年，在国内外发表论文 200 余篇，主编出版《临床消化病学》《衷中笃西消化病治疗学》等专著 7 部，获省（部）级科技进步奖二、三等奖 10 余项，获国家发明专利 2 项。

## 一、幼萌学医决心

我幼居河北衡水这个"糠菜半年粮"的贫苦农家,时值乱世饱尝饥饿看病难之苦,在叔叔(村医开有中医小药铺)家传中医的影响下,8岁就从叔叔学医,开始背诵《药性赋》《汤头歌诀》,10岁在药铺"抓药",认药背诵脉诀。其间我经常看到缺医少药的乡亲们请来巫婆,烧符、喝香灰治病,又目睹年幼的弟妹竟因高热、抽搐得不到良好医治,先后死在母亲怀里……这些燃起我强烈的学医愿望。白日我在药铺工作,刻苦阅读,不久叔叔带我出诊,边实践边学习中医的"望、闻、问、切"四诊八纲,深化把脉、看舌(舌诊)诊断治疗疾病。看到中医药能治病、能解除病痛,我对中医药更产生了很大兴趣,志做良医。每逢空闲或晚间叔叔为我讲授阴阳五行、气血津液、脏腑经络、病因病机等中医学基础,在叔叔的耐心教导下,我克服了年幼、文化水平低等重重困难,收获多多,具有了一定基础。此后,叔叔经常结合患者教我针灸技术。

## 二、志学中西两医

1942年,由于饥饿、战乱的影响,我们举家迁京。当时在京开一自做自销木匠铺的父亲患了肾炎,看病花光了家中积蓄,所以家中一贫如洗。为了生活全家上阵,母亲做手工活,摆小烟果摊,艰难度日,我承受常人难以想象的生活困难半工半读,卖肥皂,学木匠……坚持读书学医。超负荷运转带来的极度疲惫磨炼着我的意志,我经常洗一把冷水脸又挑灯夜读,终于获得了优异的成绩而免除了学费。生活的艰辛未能动摇我学医的志向。不久我结识了名中医孙瑾广恩师。我经常去他门诊主动做些杂活,并细心地观摩孙老诊病方法。慧眼识才的孙老师看我年纪不大却中医功底扎实,破例给我讲解疑难问题并允我利用假日到门诊学习。其间叔叔经常来京关注我中医《黄帝内经》《伤寒论》的学习。在生活中我也看到一些发热、腹痛、腹泻、水肿及某些心肾疾病,西医却有良好疗效,这使我滋生了欲为良医须同时学习中医、西医的愿望。高中二、三年级我加入了育英中学课外选修的"医预班"。

1950年,随着中华人民共和国成立,大学报考当时尚乏中医院校,已经具备较好中医学基础和一定诊疗能力的我,实现了夙愿毅然报考,踏进了河北医学院这座高等学府学习西医,其间业余在本校药理学科开设的针灸门诊学习深造针灸技术。如鱼得水的5年大学生活,我目不窥园、殚精竭虑,牢固掌握了西方医学各学科专业知识,同时继续自修中医学。

## 三、中西医结合治疗疾病与学术传承

1955年大学毕业,适值毛主席号召"西医学习中医",指示"要把中医中药知识和西医西药知识结合起来",提出中西医结合两条腿走路。我被分配到河北医学院附属医院内科做"西学中桥梁工作":拜名中医李和为师,跟师看病抄方多年,诊治能力不断长进;为李老全院"西学中"讲课做辅导;组建针灸科培训人才,开展针灸门诊并在全院推广针灸;1957年开设内科肝病门诊为众多肝病患者进行中西医结合治疗。

1958年随校(院)迁石家庄市后,在内科工作的我,关心中医药事业发展,帮助我院筹建中药房与中医科。1959年国家举办"西医离职学习中医班"时,我被破格晋升为主治医师,采用中西医结合的方法为患者治病。"三年困难时期"肝炎患者增多,医院里有很多慢性肝炎(肝病)、肝硬化腹水的患者,绝大多数来自农村。一个个骨瘦如柴、腹大似鼓的肝硬化腹水患者,单用西医治疗未能收到良好疗效。我怀着沉重的心情想治愈患者,于是尝试配合中医药健脾(肾)益气利水胃苓汤、真武汤辨证论治,适时施用峻下法,研制了健脾利尿的"消水祛胀丹"、峻下排水的"破瘀泻水丹",又联用输人体白蛋白与自身腹水回输法治疗了不少患者,看到了中西医结合的光明前景。

1969年我带领教学连队到河北邯郸永年的城关镇下乡,当时正值夏天,周围有大片芦苇,当地每天都有10多位患乙型脑炎的高热、昏迷重症孩子送到这里的县医院。限于对这种虫媒感染的病毒性疾病尚无特效方法,目睹每天都有不少孩子在无奈中逝去,我就果断采用中西医结合治疗,夜以继日,用西医支持方法赢得治疗时间,再根据本病属中医"暑瘟",辨证应用白虎汤、犀角地黄汤(安宫牛黄丸)治疗,抢救了众多患儿的生命。

自1972年开始,我脱产学习中西医结合班3年,其中田永叔老师的精辟讲课与临床实践树立了我学习经典继续深造的信心。

在党的培养教育及名师李和、田乃庚、高濯风的指教下,我成为一名中医、西医、中西医结合的有用人才。我从医执教60多年,对肝胆脾胃胰等有关研究治疗患者10多万人次,抢救危重患者1万多人次,亲自带出中医高徒、博士和硕士研究生46名,在全科普及了中医学基础及有关病的中西医结合治疗。1986年我创建了河北省第一个中西医消化病研究室,完成了三项中西医研究课题;1996—1997年在校(院)关怀及全科室共同努力下,获得国家消化专业河北省第一个临床博士授权点并担任博士及中医高徒导师;1998年创建了河北省消化病研究所、消化内科重点实验室和河北省内科重点学科,建立起一支结构合理、具有较高水平的中西医结合医疗教学和科研梯队。

我带领团队承担"十五"国家科技攻关——姚希贤学术思想及临床经验研究。鉴于西医对慢性肝炎(病)、肝纤维化以及慢性胃炎萎缩性病变尚无有效办法,我们分别应用干扰素与核苷类药物抗病毒,并以"瘀血证"立论重用丹参、黄芪和当归尾、赤芍、牡丹皮等一组活血化瘀药研制"益肝康"辨证加减治疗大量患者,在降酶、恢复肝功能,消除肝细胞炎症、坏死、肝纤维化,恢复肝细胞器等病变方面具有确切疗效。对于慢性胃炎萎缩性病变系一治疗难点,我们研制出中药"胃忧康",创用中西医结合"灭HP(幽门螺杆菌系本病主要病因之一)四联疗法",提高了HP的根除率,使慢性胃炎急性炎症病变及消化性溃疡的愈合质量明显提高,减少了复发率,对慢性胃炎萎缩性病变具有良好的作用,而且"胃忧康"辨证论治对慢性胃病具有消除症状快、病变愈合率高的优势。

## 四、学术思想

1. 中医的理论基础与辨证医疗体系　在中医废存问题上经过多年口水战喜见"中西医并存"大政方针已定,但仍不时有些不协调的声音,究其原因,核心问题是中医科学性和能不能治病问题。要理清这个问题,首先要解决对中医的认识和中医诊疗工作中的作用问题。

中医药学历经数千年的探索、实践和经验积累,名医辈出,保证了中华民族的繁衍昌盛,至今仍在临床医疗和预防保健工作中发挥着重要作用。

认识和理解中医须把握中医的独特思维,如阴阳五行是中医辨证医疗体系的理论基础,阴阳对立、统一、相互依存的平衡关系维系着身体健康,即所谓"阴平阳秘,精神乃治"。阴阳的消长、转化、偏盛、偏衰等变化,以及五行相生、相克、相乘、相侮和传变等是用以说明机体组织结构、生理功能、病理变化和并发症的诊断、治疗的医学思想,体现了唯物辩证法。

中医在诊断、治疗上具有明确、良好的措施方案。中医根据四诊八纲诊断疾病,并据五行生克乘侮规律及气血津液、脏腑、六经、卫气营血与三焦辨证对脏腑疾病等病情做出进一步推断。辨证论治是中医的精髓。调整阴阳平衡(虚则补之,实者泻之,寒者热之,热者寒之)是中医治疗的基础。中医在治疗方法上有医门八法,在辨证治疗法则上有培土生金法、滋水含木法、扶土抑木法等系统的治疗方案,科学性毋庸置疑。简单地一看到"阴阳五行"就将之污为落后、糟粕并试图用西医理论、方法来规范中医是极端浅薄、不当的。

2. 中医能治病有着不可替代的作用　临床实践表明,非但中医能治病,而且对不少西医治疗乏效的疾病,中医、中西医结合也能起到良好治疗作用。

一是对一些病毒性疾病,例如麻疹、腺病毒肺炎、流行性腮腺炎、传染性单核细胞增多症、乙脑及肝炎等,西医并无良好治疗方法,中医却治之有效。

二是对一些细菌感染性疾病,例如气血两燔的败血症,辨证应用清瘟败毒饮(由清阳明经大热的白虎汤、清营凉血解毒的犀角地黄汤及清热泻火解毒的黄连解毒汤三方加减而成)加减清热凉血、泻火解毒,对防治中毒性休克、抢救重症患者,有时会起到单用三代头孢菌素起不到的作用。此外,我在 60 多年临床医疗体中曾遇到 10 多例高热、腹痛、血水样便,甚者意识障碍、血压下降的患者,中医诊为湿热疫毒,热毒深陷,气阴具损重症,辨证使用芍药汤、白头翁汤和犀角地黄汤结合参附汤加减清热解毒、凉血化湿、回阳固脱多获满意疗效。

三是对一些功能性疾病,例如梅核气(癔球)、呃逆、五心烦热、自汗、盗汗证,面对患者痛苦,找不到器质性损害,西医无从下手,中医药治疗却很好。就拿平时多见的口臭、舌与口腔溃疡、牙龈肿痛来说,往往找不到致病原因,久治不愈,中医诊之有口干咽燥、舌红苔黄、脉数等"胃火"表现,应用清胃散加减清胃泻热能获佳效。值得注意的是,我在临床工作中曾遇"寒疝(积)"20 余例,兹举病情严重一例:女性,34 岁,以胃脘胀痛、隐痛作冷,若巨形冰块堵塞胃中,呕恶频频痛苦难当 8 个月来诊。当时患者极度消瘦,体重仅 70 斤,面色㿠白,神疲乏力,少气懒言,肢冷,舌淡薄小,苔白剥、裂纹,脉沉细乏力。胃镜仅为轻度慢性胃炎,诊为功能性消化不良,中西医药久治不愈。初诊时我认为此患者属脾肾阳虚,脾胃虚寒,阴寒极盛,试予温补法附子理中汤治疗乏效。据《金匮要略·腹满寒疝宿食病脉证》阴寒结块,隐痛、轻压痛当属"寒积"实证,遂改用温下法,温脾汤(附子、大黄、干姜、人参、甘草)加减,重用大黄、肉桂(以肉桂加附子)为君通阳补火攻积导滞,用白术、枳实、厚朴等健脾理气强化消积导滞药为臣,佐以干姜、荜茇加强温中散寒,使以甘草治疗获病愈。

3. 中西医结合是创造"中国医学"的重要力量　我国有中医、西医、中西医结合,我倡导中西医结合,创建集中西两医精粹的"中国医学"。在诊断上我主张"辨病与辨证相结合",既要知患何病,还要知得何证,借以弥补西医只知病不知证、中医只知证不知患有何病的不足。在治疗上西医有其长处,但也有不少短板,因此我们要"适中则中,宜西则西,中西两医联治有效者则中西医结合治疗",选优应用以期良效。兹举数例如下。

(1) 慢性乙型肝炎、肝纤维化:当前西医能对导致本病的乙肝病毒、丙肝病毒有效控制从而制止本病的恶化发展,但对本病毒导致的肝炎、肝纤维化(症积)尚乏有效治疗方法。我们在应用西药抗病毒的同时辨证使用我研制的中药"益肝康"治疗本病千余例,获得了85%以上的有效率,82.6%的炎症、坏死得到了改善,肝纤维化逆转总有效率92.8%。

（2）急腹症：中西医结合对急性阑尾炎（肠痈）毒热壅结、血瘀肠中,辨证应用大黄牡丹汤加减；对急性胰腺炎（结胸症,肝气郁滞,湿热蕴结于肝胆）辨证应用清胰汤（柴胡、大黄、芒硝、黄连、黄芩、白芍、木香、延胡索）加减,可提高治愈率。

中西医结合临床治疗价值不胜枚举。中西医各有所长,中西医结合工作者是"中国医学"的重要创建者。我倡导中西医结合,创建"中国医学",振奋精神,勤于经典古训、平脉辨证、中西医融贯,倾毕生所学、所用、所研、所悟,编辑出版《衷中笃西消化病治疗学》之后,继续编写出版《衷中笃西内科治疗学》,为创建"中国医学"做增砖添瓦、抛砖引玉的奠基工作,为继承和发展中医药美好前景而鞠躬尽瘁。

# 创建中西医结合理论体系和教育体系的足迹与感悟

李 恩

河北医科大学中西医结合研究所

·············【简 介】·············

李恩，男，1929年生于河北武清。1957年毕业于河北医学院医学系。曾先后任河北医科大学生物化学教研室主任、教授、中西医结合研究所所长、中西医结合博士研究生导师、博士后科研流动站负责人，省管优秀专家，澳门科技大学荣誉教授，享受国务院政府特殊津贴。

曾任中国中西医结合学会常务理事、基础理论研究专业委员会主任委员、教育工作委员会主任，河北省中西医结合学会会长。

曾任国家自然科学基金委员会生命科学部中医中药学科评审组成员，原卫生部视听教材高等医学教育中医学学科专家组组长，《中国中西医结合杂志》等10多种杂志的编委或顾问。

60年来，主要从事中西医结合"肾-骨-髓-血-脑"一体论有关中医肾本质基础与临床研究。培养硕士26名、博士28名（包括10名韩国留学生）、博士后3人。出版了《李恩中西医结合学术思想研究》，并致力于中西医结合思路与方法理论体系和教育体系探讨；主编、编写专著和科普等书目41种，4 000余万字。曾获"河北省科普事业贡献奖"，河北省中西医结合学会授予的"发展中西医结合事业特别贡献奖"，中国老教授协会授予的"开拓进取为人师表先进个人"。

毛泽东主席于 20 世纪 50 年代号召"西医学习中医"培训中西结合高级医生,创造我国统一的新医学新药学,至今已经半个世纪过去了。"西医学习中医"促进了我国中西医结合学科的开创和发展,指引我走上了中西医结合之路。今年,2018 年 10 月 11 日恰是毛泽东主席对原卫生部党组关于"西医离职学习中医班"批示 60 周年。回首 60 年从事中西医结合事业所走过的路程,作为一个老兵,我有许多感悟,今日写出来,希望能对后来者有所启发和借鉴。

## 一、我是怎么走上中西医结合之路的

1957 年,我毕业于河北医学院临床医学专业,分配到基础部生物化学教研室,从事教学和科研工作。

1958 年,全国各地兴办"西医离职学习中医班"。因为我从小喜欢中医,于是积极参加了"西学中班"的活动。开始时是听学校举办的"西学中讲座",后来参加了省中医处举办的"西医离职学习中医班",学制 3 年,2 年基础,1 年临床实习,拜全国知名老中医田乃庚教授为师。我从原来姓"西",嫁给了中医,成为复姓"中西",从此走上了中西医结合之路。

1. 从"肾"入手开始了中西医结合研究　我 60 年经历的沿革大致上可分为四个阶段。

第一阶段:生物化学与中医学"联系"(1969—1978)。因为我从事的医学专业是生物化学,通过临床研究了肾病与高脂血症、佝偻病与钙磷代谢,所以我通过中医补肾法调节研究,与生物化学建立了"联系"。

第二阶段:中西医"结合点"探索(1979—1983)。此阶段我主要研究中医"肾"与西医肾脏的内分泌功能,探讨中西结合思路与方法,寻找"结合点"。

第三阶段:"肾-骨-髓-血-脑"一体论相关性研究(1984—1992)。此阶段我主要研究中医学"肾主骨生髓、髓生血、髓通脑,脑为髓之海"理论与西医学骨质疏松、肾性高血压、肾性贫血、精神分裂症、老年性痴呆等疾病的关系,研究补肾中药系列复方配伍。

第四阶段:中西医结合肾本质哲学层次研究(1993 年至今)。我校对中西医结合研究组织,从中西医结合基础理论研究室扩大为中西医结合研究所。此阶段我主要探讨中西医结合内涵和模式、分析方法与综合方法结合,以及中西医结合医学教育体系与人才培养模式,可谓是"秋收"阶段。

2. 国家自然科学基金的支持为学科发展提供了物质基础　确立了中医肾本质的研究课题,我首先得到了国家中医药管理局,特别是国家自然科学基金委员会的立项资助。从肾主骨与骨质疏松的研究,到补肾方药防治骨质疏松新型药物的开发,曾 3 次立项获得支持。通过科研我培养了 26 名硕士、28 名博士(包括 10 位韩国留学生),发表了学术论文近百篇,并开发了防治骨质疏松的新药——"丹杞颗粒"。

3. 创建中西医结合一级博士学科点,使中西医结合研究进入了高层次　1990 年,国务院学位委员会批准了河北医科大学中西医结合基础博士点,继后又批准了中西医结合临床博士点。

1999 年,教育部批准河北医科大学中西医结合 7 年制本硕连读专业,这在河北省高校中尚属首家。

2001 年,国家人事部博士后科研流动站管理委员会批准河北医科大学中西医结合研究所为博士后科研流动站。

2002年,教育部批准中西医结合基础为国家重点学科。

以上四个方面的工作,为河北医科大学创建中西医结合特色学科树立了一个典范。

## 二、中西医结合医学的形成和发展在于创建理论体系和教育体系

中西医结合的提出,从中西医结合研究会开始,争论一直就没有停止过。中西医结合的领军人季钟朴会长曾和我谈:中西医结合要想成为一门新的医学,关键在于创建中西医结合医学理论体系和中西医结合教育系统。季会长希望我能担当此重任,同时这就为我从事中西医结合事业明确了方向。

1. 中西医结合医学的内涵  中西医结合是怎么提出来的? 什么叫中西医结合? 在我国"中西医并存""中西医并重"的历史条件下,根据我国的卫生工作方针,于20世纪50年代,毛泽东主席号召"西医学习中医",发展我国中西医结合医学,创建我国统一的新医学新药学。

什么是中西医结合医学? 它有广义和狭义的内涵。

从广义上讲,中西医结合医学是一门理论医学或"医学学",是研究中西医结合医学是一门医学。中西医结合医学就是要研究中医和西医的哲学思想、内容和方法,取二者之长优势互补,实现毛泽东主席提出的把中医药学的知识与西医药学的知识结合起来,创建我国统一的新医学新药学。中西医结合是研究未来医学发展方向的。

从狭义上讲,中西医结合医学在中西医结合理论思想指导下产生的一门与西医学、中医学并存的第三医学。

作为一门新的医学,它应有它自己的定义。根据它的内涵,并通过多年的实践,其定义可概括为:"中西医结合医学是一门研究中医和西医在形成和发展过程中的思维方式、对象内容和观察方法,比较二者的异同点,吸取二者之长,融会贯通,创建医学理论新体系,服务于人类健康和疾病防治的整体医学,简称为中西医结合"。"研究、比较、吸取、创建、服务"10个字概括地说明了中西医结合医学的性质、内容、方法和目的,并代表了未来医学发展的方向——整体医学。

应当指出,中西医结合医学不是单纯的方法学,其本质是一门新的医学。中西医结合医学也是研究和发展中医药学的重要组成部分,因此,被纳入《中华人民共和国中医药法》,得到了法律的支撑。

2. 成立中国中西医结合学会基础理论研究专业委员会  1988年,中国中西医结合学会让我负责组织筹建基础理论研究专业委员会。1988年10月19—23日我们在石家庄召开了"中国中西医结合学会基础理论研究专业委员会"成立大会,我被推选为首届主任委员,其会议纪要发表于《中西医结合杂志》1989年第9卷第6期。

基础理论研究专业委员会注重临床实践经验的总结,着眼于理论探讨,先后召开了"中西结合基础理论研究思路与方法研讨会"(1990年)、"整体医学学术研讨会"(1992年)、"中西医结合研究回顾与反思学术研讨会"(1994年)、"中医藏象古今论学术研讨会"(1996年)等重要会议,引领中西医结合在前进中提出问题并进行探讨。

中西医结合基础理论研究得到了国家自然科学基金委员会的重视。我曾受聘担任国家自然科学基金委员会第五、第六届中医中药学科评审组成员;被原卫生部聘为视听教材高等

医学教育中医学学科专家组组长。

3. 教育是中西医结合的根本　中西医结合医学作为一门新的医学,如没有教育作为保证,则会成为无源之水、无本之木。

当年在我国教育部没有中西医结合学科目录。在中国中西医结合学会和全国中西医结合同道的支持下,我以河北省中西医结合学会的名义,于 1988 年 9 月 1 日创办了我国第一所民办的"河北中西医结合学院",开创了我国中西医结合医学教育的先河,原卫生部钱信忠部长为学校题写了校名,被当年《卫生年鉴》收录,《人民日报》(海外版)做了专题报道。在建校 10 周年时,我们已为全国基层培训了中西医两法治病的中西医结合初级医生 3 000 多名。

通过中西医结合教育实践,我们提出并总结了"两个基础(中西医基础分开上),一个临床(中西医对照着讲、结合着讲),先西后中"的教学模式,为后来全国兴办中西医结合学院提供了参考和借鉴。

教材是学科课程之本。1996 年,我与陈贵廷、傅景华任担任主编,组织全国 30 余名中西医结合专家编写了《中国中西医结合临床全书》(包括 11 个学科 700 多万字)。此书由中国古籍出版社出版,第一次印刷 6 000 册,后多次重印已逾万册,为中西医结合教育提供了大型参考书,并获得了中华中医药学会科学著作奖。

4. 中西医结合实践基础重在基层　基层是中西医结合工作的坚实基地。为了普及中西医结合宣传工作,我当时受《中西医结合杂志》之约编写了十二讲发表于该杂志的 1986 年第 3 期至 1987 年第 3 期。其中前七讲包括《从基层如何开展中西医结合》《从证入手是开展临床研究的突破口》《做好科研设计提高基层中西医结合水平》《中药是中西医结合临床研究的重要手段》《辨证与辨病,中西药结合》《注意医学模式的转变,发挥中医的特点》《让单方、验方、秘方放异彩》,后五讲则是对中西医结合常用生化指标含义及评价做了论述。

我国基层的广大医生基本上是采用中西医两法防治疾病的,因此基层是开展中西医结合研究的基地,中西医结合也要走"农村包围城市"之路。

## 三、中国中西医结合学会是中西医结合学术发展的组织者和领导者

1. 加强中国中西医结合学会组织建设　我所做的中西医结合工作,都是在中国中西医结合学会的支持下和老一辈中西医结合同道的鼓励和帮助下完成的,特别是中国中西医结合学会开拓者季钟朴、吴咸中、陈可冀老会长,他们的敬业思想和献身精神是我学习的楷模,带领我也成为中国中西医结合学会成立的发起者和参与者。

中国中西医结合学会最早叫"中国中西医结合研究会"。1980 年,我参加了在广州举办的"全国自然辩证法讲习班"会议,其间由季钟朴、吴咸中、侯灿等发起,我和参会人员都签名,成立了中国中西医结合研究会。1981 年 11 月,中国中西医结合研究会在北京正式成立。

1981 年 9 月 4 日,河北省率先成立了"河北省中西医结合研究会"。时任省卫生厅厅长的傅大为被推选为首届会长,我为副会长兼秘书长。

中国中西医结合研究会,于 1990 年经中国科学技术协会批准,更名为中国中西医结合学会。

学会给了我参与工作的机会,我曾担任了教育工作委员会主任、基础理论研究专业委员会首届主任委员。1996 年学会还推荐我代表中国中西医结合学会参加了中国科学技术协

会第三次全国代表大会。

2. 开展"全国中西医结合现状调查" 由中国中西医结合学会吴咸中会长任组长,我为副组长,向国家中医药管理局申报了科研基金课题——"全国中西医结合现状调查"(1993—1996)。经批准后历经2年多的时间,我们对全国13个省市自治区、40个中西医结合机构、640个科室、6 497名中西医结合人员做了抽样调查,对存在的218条问题进行了分析,提出了195条建议。该调查报告发表于《中国中西医结合杂志》1996年第16卷第9期,对研究我国中西医结合医学如何发展具有一定的指导作用。

## 四、弘扬我国中医药学是中西医结合的理论基础

毛泽东主席在为"西医离职学习中医班"的批示中指出"中国医药学是一个伟大的宝库,应当努力发掘,加以提高",为中西医结合研究明确了方向。只有中西医相互学习,相互补充,协调发展,发挥各自优势,才能促进中西医结合,创建中西医结合医学理论新体系。

我一直把中医药学的发展为己任,主要做了以下几件事。

1. 为恢复河北中医学院独立建制而奔波 河北省是全国最早成立中医学院的省之一,1957年建校;1958年成立了河北省中医研究院,当时是全国唯一的省级中医药研究机构。

但是,在全国"合校之风"的影响下,1995年,河北省率先把中医学院、石家庄医学专科高等学校与河北医学院合并为河北医科大学,河北中医学院变成了医科大学的二级学院。10年的结果证明这是一次失误,学科萎缩,人才流失。

有鉴于此,2004年,我发起组织河北省中医药学会、针灸学会、中西医结学会70名专家教授,以河北省科技工作者名义,给时任省委书记的白克明和省长季允石写了报告,要求恢复河北中医学院独立建制。我又于2005年借"第二届中医药现代化国际科技大会"在成都开会期间,邀请了参加会议的全国15位中医药院校和研究机构的院、校长签名,得到了他们的支持,又给国务院总理温家宝写了报告。

河北省是历史上名医辈出的省,在我国中医药学发展的历史长河中做出过杰出的贡献,在新的历史情况下应得到进一步继承和发扬。但正如报告中所说的,河北省成为全国唯一没有独立建制的中医学院的省。我国在20世纪50年代先后成立的中医学院相继发展晋升为中医药大学,而河北中医学院反而与西医院校合并成为一个系,严重地限制了中医药学的发

支持河北省恢复中医学院
独立建制人员名单

展。河北省中医界的忧虑和担心出于历史责任感,望能得到温家宝总理的关注,通过各级政府部门的努力,加以解决,改变现状。

此报告得到了温家宝总理的重视,温家宝办公室把建议转给了河北省政府。经过8年的努力,终于在2013年河北省政府决定把中医学院从河北医科大学分离出来,恢复了河北中医学院。

2. 主编《黄帝内经理论传承与现代研究》 对《黄帝内经》中《素问》《灵枢》162篇,每篇我都做了解读和总结了现代研究的成果,并译成英文,以中英文对照的形式,编成了《黄帝内经理论传承与现代研究》。全书340万字,历经5年完成,由中国中医药出版社出版发行,成为研究《黄帝内经》的时代之作。

3. 积极为《中华人民共和国中医药法》征集稿献言 我为《中华人民共和国中医药法》征集意见稿写了《中西医结合一章》共9条建议。在全国人大常委会为《中华人民共和国中医药法》定稿时,综合全国提的意见,采用了中西结合的3项条款。

## 五、提出中西医结合发展模式,创建中西医结合理论新体系

1. 根据中医肾本质的内涵和50年的工作实践,提出"肾-骨-髓-血-脑"一体论假说 中医肾的内涵比较广泛,如肾主骨生髓,髓生血,髓通脑,肾主生殖、开窍于耳,肾藏志、其华在发等。我通过基础和临床结合联系了相关疾病,如骨质疏松、肾性高血压、肾性贫血、精神分裂症、老年性痴呆、不孕不育、早秃头和脱发等,并通过不同补肾组方开展了临床研究,并开发了防治骨质疏松的新药——丹杞颗粒冲剂。

我编写的《中医肾藏象理论传承与现代研究》专著于2007年由人民卫生出版社出版,为中医藏象研究提供了一个范例。

2. 提出医学发展新的思维模式 随着中西医结合的研究和实践,我对恩格尔的"生物-心理-社会"医学模式做了修改和补充,增加"自然"和"个体",并把"心理"和"社会"位置做了调整,成为"生物-自然-社会-心理-个体"医学模式,体现了天人合一的自然观、形神统一的整体观、辨证施治的治疗观,收录于2000年由孔德娟等主编,中国医药科技出版社出版的《李恩学术论文选——论中西医结合思路与方法》书中。

2009年,由我的学生蔡辉等主编的《李恩中西医结合学术思想研究》,由北京科学技术出版社出版,在人民大会堂召开了"中国中西医结合高端论坛暨《李恩中西医结合学术思想研究》首发式"。中国中西医结合学会副会长张伯礼院士主持了大会,三届会长吴咸中院士、陈可冀院士、陈凯先院士与李连达院士、陈香美院士等参加了大会。吴咸中老会长在讲话中说:"李恩同志是我国中西医结合老一代专家的优秀代表之一,是一位富有战略思想的中西医结合专家,是一位从基础走向临床的中西医结合专家,也是一位着眼全局及思考长远的中西医结合专家。李恩同志对中西医结合教育是实实在在的,可写一部中篇纪实小说。"吴老对我的高度概括和评价,使我感到不安,这也更加激励我要为中西医结合事业而奋斗!

3. 总结中西医结合研究的思路 我从肾的藏象研究得到启发,提出了中西医结合研究的思路。该思路为:以中医学形象思维思辨学为指导,以中医基础理论为"体",以现在科学技术方法为"用",以临床疾病为切入点,以"法"求"理"。

4. 提出创建人体科学理论新体系的框架 人体是一个复杂的有机体,是一个开放的巨系

统。如何体现天人合一的自然观,身心统一的整体观,辨证施治的治疗观? 人体的科学体系研究应从"五性"入手,搭起框架。"五性"即:人体结构的相互依存和制约的整体性,体现"五行"生克的理论;生理平衡调节的动态性,体现阴阳平衡;人与人之间的个体差异性,为治疗个体化的基础;天人合一的相应性,体现人与自然的关系;人体超长功能的潜在性,调动人体代偿功能的依据。

通过以上"五性"的研究,全面认识人体生命的本质,树立正确对待健康和疾病的防治新理念,真正贯彻以人为本和天人合一的整体性,同时也为未来的医疗改革提供主导思想。

## 结束语

以上回顾了我半个多世纪所走过的中西医结合之路。虽然我为中医药现代化和中西医结合医学的形成和发展做了一些铺路的工作,但作为从事中西医结合教育的教师,我总是把生命的延续、事业的继承和发展都寄托在学生身上。我是一个没有拿到世界冠军的教练,但要让学生去拿世界冠军。

我已进入耄耋之年,不知老之将至,愿与同道和青年朋友一起继续奋斗! 目前我正在编写一部《医学向何处去: 未来医学与中西医结合医学》,寄希望于中西结合医学能成为引领未来医学新时代的医学,实现习近平主席提出的"深入研究和科学总结中医药学对丰富世界医学事业、推进生命科学研究具有积极意义"。只有这样,才能让中医药学再现一次历史辉煌,为人类做出新的贡献。中西医结合医学工作者要勇敢担负起未来医学新时代的历史重任。

# "清热解毒法"研究的
# 中西医结合之路

**李鸣真**
同济医科大学中西医结合研究所

【简　介】

李鸣真，女，1930年生，湖北武汉人。1955年毕业于中南同济医学院，1958年底至北京中医学院离职学习中医2年半，历任同济医科大学中西医结合研究所教授、副所长、所长。主要应用现代医学手段研究中医"清热解毒法"的科学内涵，为中西医在理论上的结合找到了一个结合点。科研成果曾获国家教委科技进步奖二等奖1项，中国中西医结合学会科学技术奖一等奖1项，湖北省及省卫生厅科学技术进步奖6项。曾任中国中西医结合学会常务理事，暨急腹症专业委员会、管理专业委员会委员；湖北省中西医结合学会理事长，暨急腹症专业委员会副主任委员。曾担任《中国中西医结合杂志》等6份杂志的编委。享受国务院政府特殊津贴。

## 一、开始踏上中西医结合之路

就在毛主席做出关于西医学习中医的"10·11"批示的次月,即1958年11月,我这个工作了近4年的妇产科住院医生,在医院领导的指派下,进入由原卫生部组织的北京中医学院全国第一届西医离职学习中医班学习中医。在2年半的时间里,我聆听到如任应秋、秦伯未、陈慎吾、王绵之等中医药名家的谆谆教诲,让只接受过西医学教育的我受益匪浅。但直到结业,我对祖国传统中医药学是否科学仍心存疑虑,尤其是对中医理论的一些基本概念和学说,如阴阳、五行、病因学说等,总感到玄而又玄,"缺乏实证科学依据",甚至还暗下嘀咕:虽说中医药有一定疗效,但再怎么有能耐,若来个宫外孕患者,仍得靠手术刀解决问题!我心想结业回去后,还是干我那西医老本行!

1962年春,我回到武汉医学院第二附属医院妇产科,时任妇产科主任的全国著名专家金问淇教授指示我"出了家不能还俗",于是我只得从命参加他刚组建不久的妇产科中西医结合门诊及病房的工作。其时他这个早年留学于德国的妇科知名专家,已相当相信中医了,不仅已承担了2项原卫生部中西医结合的科研课题,而且还在《中华妇产科杂志》上发表了胶艾四物汤治疗功能性子宫出血的论文。自此,我们在本院老中医的指导下,对西医治疗效果不佳的一些功能性子宫出血、痛经、习惯性流产、不孕症等患者,经过中医辨证施治,其疗效之好出乎我们的意料,且副作用少,很受患者欢迎。此外,我们还用中医活血止血法治愈了数十例腹腔出血不多的宫外孕患者,有的还能再度孕产,这令我从内心佩服中医药治疗的优越性。"实践是检验真理的标准",中医辨证施治取得了良好的疗效,让我逐步相信中医药学确实是一个宝库,使我坚定了信心走中西医结合的探索之路。

## 二、建立中医科实验室,开始实验研究

1965年我被调入中医科。根据中医科主任、名老中医蒋洁尘之所长,我将临床科研选项集中在中西医结合治疗急腹症方面。急腹症按中医辨证属热证者居多,遵照《黄帝内经》关于"热者寒之"的治疗大法,常用清热解毒方药。为了加大清热解毒方药治疗炎性急腹症的力度,我与师兄弟们以《医宗金鉴》中所载五味消毒饮古方加减化裁,改革其原有剂型,与本院药剂科共同研制成"抗炎6号"(后改名为"热毒清")肌肉/静脉注射液,曾总结治疗急性阑尾炎、胆道感染、急性水肿型胰腺炎等共计200例,总有效率达82.5%。当时正遇物质匮乏、抗生素供应严重不足的年代,我院的内、外、妇、儿、五官、皮肤、神经等科室也采用"抗炎6号"注射液替代抗生素治疗一些细菌或病毒感染性疾病,取得了相当满意的疗效甚至其声名远播至湖北省一些兄弟医院,他们纷纷仿制并用于临床,疗效也很不错。

经过多年临床研究的积累,我认为毛主席关于"中国医药学是一个伟大的宝库,应当努力发掘,加以提高"的指示精神,理应包括三重意思:首先,是肯定中国医药学的科学性;其次,是应当学习、继承这一中华文化的瑰宝;而最关键的是如何通过发掘"提高"中医药学,使之发扬光大。为了更好地发掘、提高中医药学,"关键在于西医学习中医",西医有必要向中医虚心学习,开拓医学临床的思路。另一方面,不论是从事中医的还是做西医的,都应考虑应用现代科学(包括现代医学)的研究手段,努力探索发掘并更进一步阐明中国传统中医药学的科学内涵,

在中、西医药学之间架设起一座学术的桥梁,使它们发挥各自的优势,互相补充,互相结合,进而在理论上融会贯通,从而丰富和发展人类生命科学体系。

这一认识使我深感从事中西医结合工作其实背负着重大的历史使命。在 20 世纪 70 年代初,我院中医科既没有一分钱的科研经费,又没有固定的实验室,没有任何仪器设备,没有实验技术,就在这"一穷二白""四没有"的艰苦条件下,由我牵头迎难而上,组建了中医科实验室,与叶望云师兄等一起就此开始了初步的实验研究。我们在"热毒清"注射液良好临床疗效的基础上,初步探讨其疗病的内在机制:经实验发现,"热毒清"注射液具有抗炎、解热、明显减轻家兔大肠杆菌腹腔感染等作用(此家兔腹腔感染模型制作技术,是到天津市南开医院向吴咸中院士学习来的)。当时全国中西医结合治疗急腹症,以天津市南开医院及遵义医学院为首创,但多由外科来实施。而我们武汉医学院第二附属医院中医科能既有临床观察又开展了实验研究,在全国确属崭露头角。

通过白手起家,初战告捷,于是我院领导对我们中医科开始刮目相看,给我们调拨了一间实验室及 3 000 元的科研经费。1980 年原卫生部中医司又拨给我科 7 万元"特殊补助经费"予以支持。这样,我们就有条件开展进一步的实验研究了。

当时我们拟深入研究中医"清热解毒法",通过反复实验优化,最终确定"热毒清"注射液的组方,即由四味清热解毒药——金银花、蒲公英、鱼腥草、大青叶组成为清热解毒法的代表方。在研究过程中,我们想到:该注射液所解之"毒"究竟是什么毒?可否与西医学所认为的毒取得一致的共识?通过科研协作关系,由兄弟单位负责做"热毒清"注射液的抗菌和抗病毒实验。通过实验发现,在抗菌方面,"热毒清"注射液体外对金黄色葡萄球菌、肠道杆菌(包括大肠杆菌、副大肠杆菌、伤寒杆菌、痢疾杆菌)、呼吸道病原菌及共生菌均有一定的抑制作用;而在抗病毒方面,"热毒清"注射液对流感病毒、呼吸道合胞病毒、单纯疱疹病毒、巨细胞病毒及人类免疫缺陷病毒(HIV)均有一定的抑制作用。但实验也发现,"热毒清"注射液体外抑菌的作用并不强,所需药物浓度较高,甚难解释其在临床的良好疗效,可见"热毒清"注射液另有尚未发现的、更为复杂的疗病机制存在。

通过进一步研究选题,我注意到炎性急腹症如胆道感染、阑尾炎及腹膜炎等多是由致病性大肠杆菌感染所引起,而危害最大的是其释放的内毒素,患者一旦出现内毒素血症,易引起过度全身炎症反应综合征(SIRS),甚至弥散性血管内凝血(DIC)、多脏器功能失常综合征(MODS)等,极易危及生命,而抗生素对内毒素血症几乎无能为力,因此,研究"热毒清"注射液是否具有抗细菌内毒素的功能就是很有意义的探索。回顾在做家兔解热实验时,"热毒清"注射液能减轻伤寒杆菌死菌苗所引起的发热程度,并使典型的双峰热型转变为低平的单峰状,这显然在提示"热毒清"注射液具有抗内毒素作用的可能。果然,经过我们做体外实验,发现"热毒清"注射液能使加入内毒素的鲎试验转阴;且通过电镜观察,发现"热毒清"注射液能使大肠杆菌内毒素典型的网状结构崩解成小片状。体内实验则利用大肠杆菌 $O_{111}B_4$ 内毒素制作 DIC 家兔模型,通过生化学指标,以及光镜、电镜对肺、肝、肾病理改变进行观察,结果发现"热毒清"注射液能明显减轻内毒素对模型家兔所造成的 DIC 生物效应,并能减轻重要脏器的损害。因此,我们发现,"热毒清"注射液所解之"毒",除细菌、病毒之外,还包括能解内毒素之毒这一重要功能。

### 三、成立中西医结合研究所，深入研究清热解毒法实质

1986年，在原卫生部和校领导的鼓励和支持下，我们在原有的工作基础上，又成立了同济医科大学中西医结合研究所，从而扩大了实验室，增添了仪器设备，先后承担了国家自然科学基金、原卫生部、国家中医药管理局、湖北省科委等多项科研课题。

20世纪80年代，氧自由基的危害性是医务界研究的重点课题之一。人体因遭受创伤、中毒或疾病侵袭，组织缺氧，能量代谢发生障碍后会产生过多的氧自由基，氧自由基会破坏细胞膜的结构和功能，损伤机体，危害甚大。可以说，过量的氧自由基可视为人体在病理条件下内生的一种"毒"。我们的实验研究结果表明，"热毒清"注射液能明显抑制内毒素性DIC模型家兔血清和肝组织中氧自由基所产生的过氧化脂质（LPO）的异常增高，且能抑制氧自由基的生成酶——黄嘌呤氧化酶（XOD），增加氧自由基的清除酶——超氧化物歧化酶（SOD）和谷胱甘肽过氧化物酶（GSH－Px）的含量，从而有效减轻氧自由基对机体的损害。

20世纪90年代，炎性细胞因子和炎症介质在感染型疾病中的影响是医务界研究的又一重要课题。因为细菌释放的内毒素并不主要直接针对机体组织细胞造成损伤，而是通过激发体内的某些炎性细胞因子和炎症介质的失控性释放而产生损害作用的。我们又开展了这方面的实验研究，其结果表明："热毒清"注射液能抑制内毒素性DIC家兔模型多种炎性细胞因子和炎症介质的过度释放，如肿瘤坏死因子－α（TNF－α）、白细胞介素1－β（IL－1β）、白细胞介素－6（IL－6）、白细胞介素－8（IL－8）、一氧化氮（NO）、血小板活化因子（PAF）等，从而减轻内毒素对模型动物的病理损害。在诸多细胞因子和炎症介质中，肿瘤坏死因子－α出现最早，它能活化有关细胞释放其他细胞因子和炎症介质。进一步的实验表明，仅分泌型肿瘤坏死因子－α（sTNF－α）才具有毒性作用，而"热毒清"注射液则能明显抑制其转换酶（TACE）mRNA的高表达，从而阻断炎性细胞因子的级联反应。这对临床上治疗内毒素血症无疑具有重要意义。

我中西医结合研究所的上述一系列研究，不仅探讨了"热毒清"注射液对感染性疾病的疗病机制，且因它是中医清热解毒法的代表方之一，故也对中医之清热解毒法的实质做了初步且重大的揭示，即中医的"清热解毒"治法和方药，乃是通过解毒以清邪热，其所解之毒，不仅包括外源性之"毒"——细菌、病毒、内毒素，还包括内源性之"毒"——氧自由基、炎性细胞因子、炎症介质。可见，中医清热解毒法所解之"毒"的范围已超出了我们以往的认知，而具有更为深广的内涵。由此，中、西医从各自的理论范畴出发却找到了一个结合点，使中医和西医两大理论体系突破了各自原有的认识范畴，为有望形成一种崭新的、既能各自生发又能交织互补、具有深远意义的中西医学理论共识，迈进了实证性的关键一步。

### 四、清热解毒法研究的"颠覆性"发现

《黄帝内经》谓"邪之所凑，其气必虚"，"正气内存，邪不可干"，对于疾病的治疗，不仅应着手于"祛邪"，还当着眼于"扶正"，祛邪与扶正并举，才能取得更好的疗效。扶正与祛邪在临床实践中密不可分。清热解毒属于祛邪之法，但是我们进一步的实验研究发现，"热毒清"注射液不仅能解内、外源性之"毒"以"祛邪"，还具有重要的"扶正"功能。

首先,我校的有关研究单位曾观察过"热毒清"注射液对机体免疫功能的影响。如微生物教研室实验发现"热毒清"注射液能激活小鼠巨噬细胞,提高其吞噬指数与吞噬率,促进小鼠腹腔巨噬细胞的呼吸爆发,增强巨噬细胞的杀菌能力,而且能增强血清补体和溶菌酶活性,这些均显示"热毒清"注射液能增强机体的非特异性免疫功能;另以绵羊红细胞(SRBC)免疫小鼠,采用溶血空斑试验、特异性玫瑰花结形成试验和抗红细胞抗体测定等方法,实验结果表明其能增强机体的特异性免疫功能。病理生理教研室观察到"热毒清"注射液能促进中性粒细胞的趋化运动。当链霉素、氯霉素单用或合用时,常会抑制中性粒细胞和巨噬细胞的趋化运动和随机运动,而"热毒清"注射液则能解除或部分抵消此抑制作用。这些实验均表明"热毒清"注射液具有显著的增强机体免疫功能的作用。

在我研究所观察"热毒清"注射液体内抗内毒素功能时,我们在电镜下观察到其对肝脏的亚细胞结构溶酶体和线粒体均具有明显的保护功能,于是我们选用相关指标做进一步实验研究,以印证其对细胞器的保护作用:① 分离肝线粒体:测定其反映功能状态的呼吸控制率(RCR),以及线粒体参与细胞能量代谢的 ATP 酶活性,其结果表明,"热毒清"注射液能明显保护内毒素性 DIC 模型家兔的"细胞动力厂"——线粒体。② 分离肝溶酶体:测定其标志酶即酸性磷酸酶(ACP)活性,其结果表明"热毒清"注射液能保护 DIC 模型家兔的"细胞消化器"——溶酶体。③ 分离肝微粒体:测定其细胞色素 $P_{450}$ 酶(Cyto. $P_{450}$)含量和苯胺羟化酶(aniline hydroxlase)活性,其结果表明"热毒清"注射液能保护 DIC 模型家兔的"细胞解毒器"——微粒体。"热毒清"注射液能保护机体此三种重要的细胞器,这一"扶正"功能,对临床治疗内毒素血症具有非常重要的意义。

另外,机体许多生理功能的发挥有赖于钙离子在细胞内外浓度的动态平衡,钙内流、钙稳态失常易触发细胞结构和功能损伤,而线粒体在调节胞浆钙中起着重要作用。我们的实验表明,内毒素性 DIC 模型家兔肝细胞线粒体膜流动性显著降低,与线粒体钙隔离作用密切相关的 $Ca^{2+}$ - $Mg^{2+}$ - ATP 酶和 $Ca^{2+}$ - ATP 酶明显受到抑制,从而导致钙稳态失调。而"热毒清"注射液能保持模型家兔肝细胞线粒体膜流动性接近正常,上述二酶的活性亦明显高于模型组,可见"热毒清"注射液能维护细胞钙稳态的平衡。这同样具有重要的临床意义。

上述研究表明,"热毒清"注射液不仅能"祛邪"解内、外源性之"毒",而且还具有明显有效的"扶正"作用,包括增强机体免疫功能、保护重要细胞器和维护细胞钙稳态。这些研究结果,确实颠覆了对清热解毒法的传统认识。通过以"热毒清"注射液对中医"清热解毒法"实质所做的研究,从另一方面增加了崭新的科学内涵。

对于感染性疾病,西医惯用抗生素治疗,但许多抗生素都有明显的毒副作用,或对肝、肾,或对消化道等造成一定损害,且对病毒性感染及内毒素为害的治疗几乎无能为力。此外,对于重症感染患者,西医治疗常加用肾上腺皮质激素以助抗炎,虽在抢救过程中确能发挥一定作用,但它却是一柄双刃剑,其对心血管、胃肠道、内分泌及代谢等方面的副作用亦不容忽视。此两类药均不具"扶正"之效用,相反还会抑制机体的免疫功能。故而我们在临床上治疗重症感染时采取抗生素与清热解毒中药合用可发挥两方面的优势,即既能加强"祛邪"以解内、外源性之毒,使细菌、内毒素、炎性细胞因子并治,又能"扶正"增强机体免疫功能,保护细胞器,维护细胞钙稳态,尤其是对抢救危重患者,能全面有效地大大降低病死率。

本人通过对中医"清热解毒法"实质的长期系列研究,于中、西医理论之上找到了一个非常出色的结合点，并在传统中医与西医的经验之外有所发现、有所创新，有幸能为具有中国特色、自主创新的中西医结合医学研究添砖加瓦。回顾历史，虽以一己绵薄之力仅取得了阶段性的成果，更有待后学者能将有关研究进一步向纵深推进，希望在临床上扩大中医"清热解毒法"解内源性之"毒"的应用范围，如在治疗一些非感染性疾病中应用清热解毒的黄连素治疗糖尿病即是一例；在实验研究方面，探索建立更多靶点的实验指标，将研究深入到分子、基因水平，使中西医结合对中医清热解毒法的研究取得更多、更大的成果。

# 从中医骨伤学临床研究
# 走上中西医结合之路

**谭家祥**
广西中医药大学

········· 【简　介】 ·········

　　谭家祥,男,1930 年 11 月生,广西武鸣人。1955
年于广西医学院医疗系毕业;1961 年于广州中医学院
原卫生部主办的全国首届"西医离职学习中医班"学习
结业(3 年);1976 年于中国中医研究院骨伤研究所主
办的全国第二期新医正骨疗法学习班结业。广西中医
药大学教授、主任医师、博士研究生导师,中国中西医
结合骨伤医学家,全国名老中医药专家学术经验继承
工作指导老师,世界手法医学与传统疗法大师,《现代
中西医结合杂志》编委。

　　1955—1984 年在广西医学院附属医从事教学、医
疗工作;1984 年调广西中医学院工作至今,1984—1992
年曾任广西中医学院副院长;1985—2000 年参加广西
中医学院本科骨伤学的教学,硕士、博士研究生的教
学、导师工作;2000—2016 年退休后在广西中医药大学
专家门诊工作。

　　历任广西科学技术协会副主席,中国中西医结合
学会第一至第四届理事、教育工作委员会委员;广西中
西医结合学会及南宁市分会第一至第三届副理事长、
骨伤专业委员会主任委员。编写著作 8 部,发表论文
120 多篇。

### 一、走上中西医结合之路，初心不变

1. 党的关怀，因缘际会，喜逢学习机遇　少年时代我曾患上多种疾病，如绣球风（阴囊湿疹）、腋痈、荨麻疹等，都是经当地乡村民间医生用中草药医治好的，这使我对民间的医术和中草药的疗效十分敬佩。

1955 年我在广西医学院工作，1956 年我参加广西卫生厅举办的"中医业余学习班"学习了 1 年，学了《内经知要》《金匮要略》《神农本草经》等。这次学习，使我对中医药有了初步的认识，也培养了我对学习中医的兴趣。

1958 年我参加了卫生厅组织的考察小组，对广西玉林制药厂生产的正骨水、云香精两种中成药进行考察工作。在工作中，我先后学习了《本草便读》《中成药炮制工艺》等参考书，边学习边应用。

1958 年广西医学院选送我参加广州中医学院原卫生部主办的全国首届"西医离职学习中医班"学习中医。1961 年学习结业后，我回广西医学院附属医院，分配在中医科从事中医教学、医疗及中西医结合科研工作。

2. 四易专业志不移，坚定走中西医结合之路　1955 年大学毕业后我在广西医学院附属医院工作，先后从事外科、骨科的医疗、教学。由于工作需要，从 1958 年起，我先后经历了四次专业工作变动。

第一次：1958 年，我从外科调出，参加"西医离职学习中医班"学习中医，1961 年结业后至 1963 年在中医科从事中医教学、医疗工作。

第二次：1963—1978 年，我从中医科调到西医骨科工作连续 15 年之久，系统学习骨科学及中医骨伤学的基础理论知识、操作技能，参加骨科教学、医疗、带进修生并参加大、中、小各种类型的手术。同时，根据人员分工，我负责医院大外科（包括腹部、胸科、颅脑、泌尿及骨科）五个病房的中医会诊并开展中西医结合研究工作。我体会到：在骨科工作的 15 年是我从事骨科专业学习和临床医疗工作时间最长、收获最大、骨科专业已比较成熟的关键时期；大外科专业多、疾病复杂、疑难病症多，我深感中医临床经验少，治疗难度大，但我仍能克服困难，坚持在工作实践中边学习边应用，也取得了一定疗效，对自己有很大的鼓励，使我对中西医结合更加有信心。

第三次：1978—1984 年，我又从已工作 15 年的骨科调到中医科从事中医教学、医疗工作，兼任中医科副主任。为了开展中西医结合治疗骨关节及软组织损伤的科研工作，我在中医病房开设骨伤病区开展工作。

第四次：1984 年，我调至广西中医学院工作，1984—1992 年任广西中医学院副院长，主管教学、科研、医院的工作。

这四次专业工作变动，是一个从变动—适应—再变动—再适应的多次变动、多次适应的漫长过程，尽管对专业的学习和发展会受到一定影响，但我在思想上正确对待，服从组织安排，克服困难，安心努力工作，坚持四易专业志不移，中西医结合不忘初心，做到调到哪里就在哪里开展中西医结合工作。60 多年来，尽管工作变动多，但由于我已经有一定的骨科临床基础，又经过"西学中"，特别是 1976 年学习新医正骨疗法经验后，使我对骨伤疾病诊治的思路方法发生了根本性的转变，将过去以手术治疗为主改变为以手法治疗为主。我深深地

感悟到"西学中"是我一生事业成功主要的转折点,没有"西学中"也就没有我的今天,有感于此,即兴赋词一首,以表我对党的感恩之情。《忆江南》:"'西学中'深情颂党恩,走上中西结合路,一生事业铸成功,能不'西学中'"。

## 二、研究的方向和取得的业绩

1. 研究的方向　我先学西医,后学中医及新医正骨疗法中西医结合治疗骨关节及软组织损伤经验,这使我对骨伤科疾病诊疗的思路方法有了新的认识,同时也转变了过去以手术治疗为主的观点。我认识到新医正骨疗法不仅有很好的疗效,而且有些治疗方法是药物和手术所无法替代和比拟的。为此,从 1978 年起,我就确定:以手法治疗为主,中西医结合非手术综合治疗方法为辅,治疗骨伤病,并以此作为学习和研究的主要方向。

2. 主要的学术思想　第一,提出新观点、新理论补充、完善"脊柱相关疾病""整脊疗法"的理论和手法作用机制。通常认为,"整脊疗法"手法治疗"脊柱相关疾病"的理论和手法作用机制是"使脊柱内在与外在力平衡达到协调"。我认为这一论点仍未能充分阐明脊柱内外在力平衡的生物力学的作用机制。为此,我提出运用"力平衡达到平衡中的运动和运动中的平衡"的"运动和平衡的活的统一"(《自然辩证法》恩格斯)的观点补充和完善"整脊疗法"生物力学作用机制,最后更改为"通过手法使脊柱内在与外在力平衡的生物力学达到协调和控制、平衡中的运动和运动中的平衡活的统一",并于 2001 年发表了《脊柱软组织损伤与脊柱相关疾病研究进展评述》的论文。

第二,提出"腰臀疼痛综合征"或"腰臀疼痛四联症"新论点、新概念,为腰臀腿疼痛疾病的诊断、鉴别诊断提供新的思路方法。我认为腰椎间盘突出症的发病机制与第三腰椎横突综合征、臀上皮神经损伤综合征及梨状肌损伤综合征这三种疾病具有一定共性和相关性特点,即这四种疾病都是由于脊柱的外作用力使内在力平衡控制失调所引起的,只是由于外作用力的大小、强弱和应力集中点部位的不同而引起这四种不同的病症。这一论点是提出新论点、新概念的理论依据,并为腰臀腿疼痛病症的诊断及鉴别诊断提供了新的思路方法。诊断腰臀腿疼痛疾病时,必须系统检查,判断单纯是一种疾病还是多种病症同时存在,必须将这四种病症同时加以诊断和鉴别诊断,以避免漏诊和误诊。

第三,补充、完善"股动脉按摩术"的理论依据、作用机制及临床应用。我提出股动脉按摩术的理论——温阳、活血、祛瘀、消肿、止痛,主要是根据临床经验总结及中医正骨理筋机制——按摩可以疏通经络、激发经气,使气血流通,因动则通、顺则通、温则通而达到"温则不痛,通则不痛,顺则不痛"的治疗目的。其作用机制为:根据血液动力学的原理,当股动脉按压、暂时性阻断血流后,血液在管腔内形成较高的内压力,当放通后内压力形成较强的冲击力,并向下肢远端动静脉网络冲击,从而促进血液循环,增加静脉回流,降低下肢静脉压力,起到"活血、祛瘀、消肿、止痛"的作用。

3. 临床应用　股动脉按摩术是一种安全、有效、无损伤性的治疗手法,为下肢骨关节及软组织损伤性的瘀血、肿胀、疼痛病症的治疗提供了一种新的思路方法。为此,我撰写了《股动脉按摩术及其临床应用》的论文。

关于腰椎间盘突出症治疗的思路方法,通过 40 多年的临床医疗实践、经验总结,我认为:以手法治疗为主,中西医结合非手术综合治疗方法为辅,是腰椎间盘突出症的基础治疗方法,这种治疗方法已经被事实证明是有效的和成功的,而且达到"既能治标,也能治本"。因此,诊治腰椎间盘突出症时应坚持这样的指导思想:要尽一切努力应用以手法治疗为主、中西医结合非手术综合治疗方法为辅的基础治疗方法,力争获得治愈,从而避免手术和过多手术的弊端。

关于如何避免误诊为腰椎间盘突出症,我认为应注意以下几方面:① 要坚持正确的辨证思维方法,防止先入为主、主观、片面的思考和分析方法,不要过多地强调特征性的症状和单项检查的结果。② 要详细询问病史,系统检查,认真区分腰腿痛的疼痛定性、神经定位,是神经根性、干性疼痛还是丛性疼痛,是上位神经元性症状还是下位神经元性症状。③ 努力克服对仪器检查过多依赖和不重视常规检查的思想,并正确认识 X 线、CT、MRI 三种检查各自的不同功能和优缺点,三者之间的功能不可替代。④ 要严格区别椎间盘"膨出""轻度突出""突出症",并应着重在有无"症"的辨证是关键,因为只有"膨出"或"突出"但没有"突出症"的症状,就不等于有"突出症"。因此,诊断腰椎间盘突出症时,必须进行系统检查,再结合 X 线、CT、MRI 的检查结果进行综合分析,如果临床检查结果与 X 线、CT、MRI 检查结果相符合,方可诊断腰椎间盘突出症,否则不可罔加诊断。有报道称,臀上皮神经损伤综合征误诊为腰椎间盘突出症并误治手术,其误诊率竟高达 50%。

4. 主要业绩

(1) 为中医药院校教育管理、人才培养与院校、医院的建设和发展做出贡献。

(2) 为中西医结合事业的发展做出贡献:① 参加广西中西医结合学会及南宁市分会的组建工作,历任中国中西医结合学会第一至第四届理事、教育工作委员会委员,广西中西医结合学会及南宁市分会第一至第三届副理事长、骨伤专业委员会主任委员。② 1970 年参加广西医学院教师"西医离职学习中医班"教学工作,共 5 期,每期 1 个月;参加中西医结合治疗急腹症学习班的教学,共 2 期,每期 1 个月;参加新医正骨疗法推广中西医结合治疗骨关节及软组织损伤经验学习班,共 3 期,每期 1 个月。③ 参加广西卫生厅统编、广西医学院主编的《中医学》教材编写工作。

(3) 编写著作 8 部,发表论文 120 多篇。

(4) 获奖项目:2001 年获中国中西医结合学会"中西医结合贡献奖";2006 年获广西南宁市电视台主办的"快乐老人"风采大赛"健康奖";2013 年获广西老教授协会颁发的"科教优秀奖";2016 年获广西中医药大学专家门诊"敬业奉献模范"荣誉称号。

## 三、感悟与希望

1. 毛泽东主席批示"西学中"是英明的决策 此批示对我国中医药学的发展具有伟大的历史意义和现实意义。自此批示实施 60 年来,我国广大西医和中医工作者,通过"西学中"和"中学西"走上了中西医结合道路,取得了辉煌的成就。如我国药学家屠呦呦获得了 2015 年诺贝尔生理学或医学奖,说明了我国中西医结合事业取得了辉煌的业绩,为我国中西医结合工作者树立了光辉的典范。我深信今后我国中西医结合工作将取得更加辉煌的成就。

2. 对中西医结合"骨折疗法四结合"科研成果的应用和发展前景的思考 这项成果在我国推广应用已半个多世纪,取得了很好的疗效。其原理主要是根据对立统一的辩证观点,总结提出"动静结合""筋骨并重""内外兼治""医患结合"16 字骨折疗法四结合的新观点、新理论、新学说,从而打破了西方医学"广泛固定,完全休息"的传统观念。国内专家对这项重大科研成果的评价为:中西医结合骨折疗法不仅是方法上的改进,更重要的是治疗原则上改变了西医的传统观念。中西医结合骨折疗法的新论点已形成了独特的、有效的、完整的理论科学体系。

但当前我国对这项成果的推广应用及发展前景是喜是忧值得反思。从发展的观点看,我们都应坚持这样的指导思想,对这项成果不应只满足于拥有而停止不前。今后,应加大科研力度,认真总结经验,找出存在的主要问题,在原有理论科学体系的基础上,继续深入研究,要有所创新、突破和发展,使这项成果更加充实和完善。通过加强学术交流,加大学术推介力度,使这项成果能真正走上世界,为全人类服务。

3. 展望中西医结合医学研究的前景　中西医结合医学研究是一项科学性、开创性、研究性和探索性很强的工作,其研究和发展的成败,除与国家有关方针、政策是否正确外,理论和方法是重要因素。在研究思路方法上,我们应该遵循科学是理论与方法的结合,科学研究上的突破往往与方法学上的突破相应的规律。展望今后的研究工作,应充分发挥中西医结合的优势,认真总结经验,广开研究思路,不断突破旧的理论思想、方法的束缚,吸收更加先进的思路方法,创造新的思维方法,不断提出新见解、新观点、新假说、新概念、新理论,早日构建中西医结合学科体系和理论体系,使中西医结合科学理论得到创新的发展。

4. 展望中西医结合发展的前景　我国开展中西医结合研究工作已 60 多年,经过几代人的努力耕耘与艰苦奋斗,取得了蓬勃的发展和辉煌的成就。中西医结合为发展中医药、促进中医药现代化发挥了重要作用。这充分说明:① 发展我国医学科学,必须在继承和发扬中医药的工作中,实行中西医结合。② 实现中医药现代化需要中西医结合,中西医结合是中医药现代化的方向和目的。屠呦呦获得诺贝尔奖的伟大意义在于她为中医药走向世界打开了通道,是采用了现代先进的科学技术和方法研制出青蒿素抗疟的有效成分而获得成功,充分体现了中西医结合的优势,促进了中医药的现代化,其从思维方式到研究方法,也可以说是中医药通过中西医结合研究而获得的医学奖。

当前,我国中西医结合事业走向世界,已经迈开了可喜的第一步,今后,如何发展中西医结合医学去完成我国独具特色的医学是摆在我国中西医结合医学界一项重要的历史任务。为此,我们必须注意的几个问题。

(1)应当把握好机遇,进一步提高对中西医结合医学的思想认识,正确处理好中西医结合和中医药现代化的各种关系,坚持中西医结合是中医药现代化的目的和方向的思想。

(2)坚定走中西医结合发展的道路,明确中西医结合医学的地位和作用,加强和改善组织领导工作。

(3)坚信中西医结合与中医药现代化最后殊途同归。展望未来,中西医结合事业发展的前景是无限广阔的,我们有信心为实现中西医结合的远大目标——"中西医结合医学发展成为我国独具特色的新医药学"而努力奋斗。

# 从脾胃论开拓中西医结合消化病学研究

危北海

北京市中医医院

............ 【简 介】 ............

危北海，男，1931 年 6 月生。全国名中医，第二、三、四批全国中医药专家学术经验继承工作指导老师，首届国家中医药管理局中医传承博士后指导老师，第二届首都国医名师，享受国务院政府特殊津贴，国家有突出贡献专家。

1955 年毕业于解放军第三军医大学，1959 年参加北京第一届"西医离职学习中医班"。主要从事消化疾病的中西医结合基础与临床研究，在中医脾虚证本质与中医脾胃学说理论与临床应用研究工作中做出突出成绩。曾参加和承担国家"七五""八五"和"九五"等攻关项目，获得各级科技成果奖 24 项，代表性专著有《中医脾胃学说应用研究》《中西医结合消化病学》等。曾任北京市中医研究所所长，北京中医医院副院长，中国中西医结合学会副会长，中国中西医结合学会消化系统疾病专业委员会名誉主任委员、主任委员，北京市中西医结合学会会长，《中国中西医结合消化杂志》主编，《北京中医杂志》副主编等。曾荣获全国群英会特邀代表、北京市劳动模范等。

## 一、从脾气虚证踏上中西医结合之路

我在 1949 年后自愿参军入伍,先后在华中医学院、第七军医大学学习。1955 年,从军医大学毕业后,我被分配在部队当军医,踏踏实实地为部队指战员的健康服务。工作了将近 4 年之时,毛主席和党中央号召"西学中",组织上安排我去参加北京第一届"西医离职学习中医班"。我把组织的决定当作自己义不容辞的光荣使命,从此便走上了系统学习中医和从事中西医结合工作的道路。本着军人服从命令的天职,我做好了刻苦学习的思想准备,在脱产学习中医的过程中,学习勤奋紧张,上课自习,背诵经典,默记方药,把全部精力都集中在学习中医经典医籍之中。如此经过 2 年的勤奋学习与刻苦钻研,结业时我因成绩优秀,名列第一,获得原卫生部授予的"西学中"一等奖。由于党和政府对"西学中"非常重视,1960 年我被评为全国群英会特邀代表。党和政府的重视给了我莫大的精神激励和工作鞭策,促使我把毕生的精力和心血献身于伟大的中西医结合事业。

从"西医离职学习中医班"结业后,我服从组织决定,被分配到北京中医医院,先是从中医临床实践开始,跟随当时北京市的名老中医拜师学习,临诊抄方,逐步掌握了辨证论治的能力。经过一年多的锤炼后,在著名中医大师关幼波的亲自指导下,我采用中医辨证、西医辨病的方法,总结中医药治疗病毒性肝炎和慢性肝病的疗效,首次在中医杂志上发表了有关中医药治疗病毒性肝炎的论文。由于 20 世纪 60 年代肝病高发,西医无有效治疗药物,我便把掌握的现代医学方法和关老丰富的中医临床经验结合起来,解决临床上一些疑难病的治疗问题,发扬了中西医结合的优势,也有力地推动了全国广泛开展中西医结合治疗肝病的研究工作。1979 年以后,全国掀起了中西医结合基础理论研究和重大疾病临床疗效研究的热潮,如中医研究院的冠心病和血瘀证研究,天津的急腹症、上海的肾虚证等研究。因此我领导北京市中医研究所和北京中医医院选择脾气虚证作为研究重点。自 1982 年以来,此项研究 20 多年来一直作为北京市科委在中医药领域的重点研究课题。在国家科委"七五""八五"到"九五"攻关课题支撑下,我们开展了较为深入而系统的理论、实验和临床研究,取得了突出的成就。

## 二、脾胃病研究及成果

1. 脾胃理论与文献研究  脾胃学说是中医理论体系的重要组成部分。自金元以来,经过历代医家的不断发展、完善,脾胃学说在中医界已形成一个著名的学术流派。经过中医临床实践检验,脾胃学说已被证明不仅是阐明机体生理活动与病理机制的中心环节,而且也是临床治疗的理论依据;其不仅在消化系统疾病防治方面有重要指导意义,而且在各科疾病防治中也得到广泛的应用。采用现代计算机技术,我们对自秦汉至明清的历代著名医籍 36 部中有关脾胃学说的理论阐述、临床证治方药进行了全面系统的整理归纳和分析研究,深入阐述了脾胃学说的学术渊源、形成和发展的演变过程,提出了新的观点,系统制定了脾胃疾病的辨证论治纲要,研制成 300 多万字的"脾胃理论知识库"和"脾胃方药知识库",这是对中医文献中脾胃理论和诊治经验进行的一次深入系统的研究工作。同时,我们从中西医结合角度,侧重于用现代科学手段研究中医脾胃病学,在脾胃学说的历代文献研究、临床证治研究、实验研究、健脾益气方药研究等各方面进行了深入探索,取得了许多有重要价值的研究成果,相继获得了原卫生部和省、市级的科研成果奖。在此基础上,我主持编写了专著《中医脾胃学说应用研究》,包括中医脾胃学说的文献研究、中医脾胃学说的现代研究、脾胃疾病临床证治研究、中医脾胃学说在临床各科的应用研究以及附篇——北京地区老中医关于脾胃学说的理论与实践。此专著突出临床医学,注意理论与实践的结合,突出实用性,保证科学性,是中医脾胃学说领域的重要专著之一,是对中医脾胃学说研究的系统总结,充分反映了中医脾胃学说的理论认识、治疗经验和实验研究成果,较为全面、系统地反映了我国脾胃学说研究的整体水平和现代科学水平,具有很大的理论意义和实用价值。

2. *脾虚证本质研究* 在建立脾气虚证发病理论的假说指引下,我们应用现代科学方法(包括现代医学方法)进行临床和动物两方面的实验,观察指标包括反映胃肠道的消化吸收、运动和分泌功能、胃肠激素神经介质及细胞因子等 16 个方面,在全国率先复制成功大黄和利血平两种类脾气虚证的动物模型。以上临床观察和动物实验研究的结果,基本上验证了我们原先提出的理论假说。实验结果说明,脾气虚证是在胃肠道有消化吸收、分泌和运动等功能的低下或紊乱表现为主的基础上,伴发或继发全身性适应调节紊乱和营养代谢失调以及免疫能力下降等所致的一种疾病反应状态,包括功能、代谢和组织形态的综合概念,也是一个中医诊治的临床体系。

在领先开展脾虚证本质研究中,我们把中医对脾的认识与西医学脾的病理生理学认识结合起来,寻找其结合点。在脾虚证发病理论的指引下,我们应用现代科学方法从临床和基础两方面进行研究。研究显示:脾虚证木糖吸收降低,全消化道运动排空时间明显加快,胃电频率和振幅均明显降低,唾液 pH 值和唾液淀粉酶活性明显降低,胃肠黏膜充血水肿,溃疡形成,慢性炎症和黏膜萎缩性病变,血浆胃泌素(GAS)水平较低,降钙素基因相关肽(CGRP)和上皮生长因子(EGF)无明显变化,乙酰胆碱和胆碱酯酶含量明显增高,血 5-羟色胺和组胺含量增高不显著,胃黏膜 SOD 含量低,局部抗氧化能力弱,血清甘胆酸降低,血 PGE2 水平明显升高,PGF2 明显降低,尿中 PGE2 水平和 PGE2/PGF2 比值明显升高,Zn、Fe、Mn 含量下降,铜含量升高,肠道致病菌(包括志贺氏痢疾杆菌、宋内氏痢疾杆菌、迟缓爱得华菌、肠炎耶尔森菌)检出率增高,革兰氏链球菌增高最明显。通过系统研究,我们发现木糖吸收试验和唾液淀粉酶活性测定能较好地反应脾虚证,并且在临床上得到了广泛的验证和应用。

本着辨病和辨证结合的需要,我融中西医理论于一体,提出一个新的病证概念,认为可以把脾虚看作是一个综合征,称之为"脾虚综合征",并提出了"脾虚综合征"的诊断标准:① 面色淡白无华。② 全身易于疲乏。③ 四肢无力酸软。④ 食欲不振进食减少。⑤ 脘腹经常胀满。⑥ 大便溏薄或失调。凡具备以上 6 项中的 4 项,而舌象具有舌质淡红、舌体胖肿、舌苔薄白(或有齿痕,或有细裂纹),脉象沉缓或细软者方可诊断为脾虚综合征,其中舌象为必备条件,同时参考诊断指标木糖吸收试验和唾液淀粉酶活性测定。"脾虚综合征"既是中医辨证论治中的一个证型,同时又是类似现代医学中的一个综合征(症候群),是中西医结合辨病和辨证结合中的一个新的诊断学概念。"脾虚综合征"的建立,加深了对脾虚证病理生理学紊乱状态的认识,临床上出现"脾虚综合征"应用健脾类方药就能收到相应的良好的疗效,有利于提高临床疗效。

3. *四君子汤及其加味方药的药化学及药效学研究* 我们进行了四君子汤的药化学分析,包括对其水煎液中糖和黄酮化合物的薄层分析鉴定和高效液相色谱法测定及微量元素、氨基酸含量测定等。同时我们对四君子汤加味方的异病同治进行研究,对 HP 相关性慢性胃病、慢性萎缩性胃炎及胃癌前病变、慢性阻塞性肺疾病、呼吸睡眠暂停低通气综合征、功能性消化不良等运用健脾益气、升清降浊、祛痰化湿的法则,以四君子汤为基础进行加减治疗,不仅使临床症状明显缓解,而且观察指标也有了同步改善,取得了良好的疗效,从而验证了脾气虚证的中医异病同治的理论。

4. 消化系统疾病中西医病证结合治疗研究　现代医学认为消化性溃疡的发生是由于防护因子与攻击因子的失衡所致,防护因子减弱是消化性溃疡发生的内在因素,而中医学认为脾胃虚弱是其主要证型,也是发病的根本内因。健脾益气药可以增强防护因子,促进消化道黏膜上皮细胞再生,改善黏膜的血循环,说明了消化性溃疡的发病机制中脾气虚弱与消化道防护作用减弱和黏膜屏障功能减弱有共同点。而攻击因子如幽门螺杆菌感染、不当饮食、精神情志刺激等的作用,与中医感受外邪、饮食情志病因的认识具有相同点,因此在消化性溃疡的治疗和预防中针对外邪、饮食情志进行干预,可以提高消化性溃疡的治疗效果。胆汁反流性胃炎是各种原因导致胆汁反流对胃黏膜的损伤。中医学认为,肝木克土导致的肝胃不和证表现与胆汁反流性胃炎的表现相似。通过中医舒肝和胃治疗可以调节胆汁的排泄、幽门括约肌的舒缩功能,改善胃肠道的功能失调,从而起到很好的治疗作用。通过中西医结合研究进行微观辨证,并与宏观辨证结合,可以提出解决疑难疾病的中医治疗方案。慢性萎缩性胃炎伴癌前病变(肠化、上皮内癌变)是现代医学的难点。采用在辨证论治的基础上,以益气活血、清热解毒为主要治法,选用薏苡仁、半枝莲、白花蛇舌草、鱼腥草、黄芪、肉桂、蒲黄、五灵脂、川芎、莪术等药物,能有效逆转癌前病变。此外,针对胃黏性炎症,实热证可选用清热解毒药如连翘、蒲公英、败酱草等,虚热证可选用养阴清热药如麦冬、石斛、知母、地骨皮等,实热夹瘀证可选用清热凉血化瘀药如鲜生地黄、牡丹皮、赤芍、白花蛇舌草、半枝莲等。针对胃酸缺乏,在辨证论治的基础上,可加用酸甘化阴的药物,如山楂、乌梅、白芍、麦芽、鸡内金等。

5. 胃肠复元理论　我较早提出"肠胃复元"理论,并将其用于指导临床。"肠胃复元"理论是指在全身疾病,尤其是胃肠疾病的发病及治疗过程中,从康复被损伤的胃肠功能这个发病之本的基础上进行治疗,使整个胃肠功能复元,从而有利于全身疾病得到痊愈,这就是胃肠复元的本意。所谓"有胃气则生,无胃气则死",即是说人身的健康及疾病的康复与人的胃气有明显的联系,若是胃气好即胃肠功能健全或胃肠运化正常,则能维护人体的健康。所谓"胃肠复元"可以说就是鼓舞胃气、振作胃气,使已衰退的胃气恢复起来,其临床意义就是从治病之本上培补脾胃,消除脾胃内伤的发病内因,增强人体正气,参苓白术散是其主要代表方剂之一。对参苓白术散进行的药效学研究表明"胃肠复元"的作用体现在增强人体体质和抵抗力,有抗疲劳和增加耐力的作用;增强免疫功能,增强和激活网状内皮系统吞噬功能,增加血清溶血素抗体生成;调节人体能量代谢,升高血糖,降低肝糖原,降低组织过氧化物;双向调节胃肠动力,当胃肠道处于兴奋或易激状态时,可以抑制胃肠道收缩,当胃肠道处于抑制状态时则可以促进胃肠道动力。在"胃肠复元"理论的指导下,我们应用参苓白术颗粒等方药进行疗效观察,对慢性胃病(包括脾虚证的慢性胃炎、消化道溃疡及功能性消化不良等)、慢性肠病(包括慢性溃疡性结肠炎、肠易激综合征及慢性腹泻等)、糖尿病及手术放疗、化疗后的肿瘤患者均有很好的临床疗效,可促进患者康复。

6. 胃病舌诊研究　舌与消化系统的关系最为密切,胃的生理功能、病理变化和疾病状态可以在舌上反映出来,观察舌象的变化,可以诊断胃部的疾病。我们率先开展了"舌为胃之镜"的研究,通过研究胃病与舌诊的关系,揭示胃病诊断的规律。我们将舌象与胃黏膜的胃镜表现和病理活检的资料进行了直接的对比分析,结果显示舌象变化没有疾病诊断的特异性,但与胃内的病理形态变化有明显的相关性,是反映胃黏膜病变的一个有参考意义的指标。一般从病理学来看,可将胃内病理变化分为炎症、溃疡、萎缩和生长(包括肠化、非典型生长和癌变)等,将舌象与这些病理变化加以对比,则可看出各种病变有其相对的舌象特异性表现。苔黄厚主要见于胃内炎性病变严重的患者,尤以慢性胃炎为明显,例如急性胃炎、慢性胃炎急性发作、胃溃疡或胃癌伴有明显充血、水肿、糜烂等炎症病变,并可随病情加重而逐步发展,舌苔表现由白转黄,由薄变厚,由厚变腻,当炎症好转或静止,则舌苔亦发生逆向转化。慢性胃炎合并溃疡时,腻苔的发生率可从 27% 增加到 63%。胃黏膜呈复合性病变者亦多腻苔。胃病出现淡红舌多表现病情转轻,但在慢性萎缩性胃炎中可达 47%~50%。胃癌晚期当有贫血和营养不良时,则常见淡红舌伴有舌体胖大和齿印。若胃病患者的淡红舌变为暗红、紫暗、瘀紫、紫斑或有褐色点舌者,则应警惕癌变的可能。慢性浅表性胃炎以鲜红舌为多,萎缩性胃炎以褐色点为多,胃溃疡以暗红舌为多。若舌质由红变紫,或由鲜红突然变淡白而厚腻苔不退,反而加重,或光剥苔处长出腻苔者亦有病变恶化之可能,应加强随访。花剥苔和裂纹舌对鉴别胃部疾病的良性或恶性病变有一定意义。胃良性疾病出现花剥苔和裂纹舌者在 5% 以下,与胃癌相比,有非常显著的差异。舌体胖大是机体营养不良的早期指标,在慢性胃炎、溃疡病、萎缩性和增生性病变中均有较高的发生率。舌象还可以反映消化道的功能变化和代谢状态。胃酸过多者,舌质常呈暗红,舌面湿润,舌苔薄白。胃酸过低者,则常出现舌尖伴有乳头萎缩。长期便秘者,舌苔多较厚,经通便后,舌苔可转为正常。长期慢性腹泻者,因胃肠运动紊乱和营养不良,可见舌苔厚腻和舌质淡白,临床观察证实舌体胖嫩和舌边齿印是消化营养不良的早期预兆。消化道功能障碍而导致各种维生素缺乏时,亦可引起一系列的舌象变化,如舌炎和口角炎等,B 族维生素缺乏可出现红绛舌和光滑舌。

## 三、中西医结合研究感悟

我们长期致力于中西医结合事业,取得了突出成绩和贡献。中西医结合之路是艰难而曲折的,有愉悦,也有苦涩,有畏难,也有毅力,有挫折,也有信心。中西医结合之路必须具有刻苦钻研、探索求实的精神,融于青春年华和奉献事业的意志,从年轻力壮到白发苍苍,穷尽一生的岁月时光。时至今日,年逾古稀,我可以充分自信地说,中西医结合的研究方向是正确的,中西医结合的结果是富有成效的。中西医结合之路是完全正确的,是会不断发展的,这是人民健康的需要,是医学前进的方向,是历史发展的规律,是不以人们的意志为转移的。

# 我在内地和香港 60 年的中西医结合之路

**张大钊**
暨南大学医学部

·········· 【 简 介 】 ··········

张大钊,男,1931 年出生,广东省南海县人。青少年时期在香港、澳门等地读中小学。1949 年在广州市培正中学毕业。1949 年后,先后在岭南大学医学院、燕京大学新闻系与医预科学习。1951—1956 年,在上海第一医学院医疗系内科学习。1956 年 8 月,统一分配到湖北省武汉市武汉医学院第二附属医院内科教研室工作。1959—1962 年参加湖北省中医院举办的"西医离职学习中医班",1962 年毕业,毕业时获得原卫生部颁发的奖状。1962—1964 年参加编写和修订全国中医学院第 2 版中医教材。1965 年调入湖北中医学院附属医院,主要从事中西医结合防治急性病的研究工作。1982—1989 年在广州暨南大学医学院工作,主要从事中西医结合的教学、医疗和科研工作,并担任暨南大学医学院副院长、附属华侨医院院长等行政职务。

1989 年 7 月退休回香港定居后,继续在香港从事临床和教学工作。曾担任香港大学专业进修学院的中医课程主任。1991 年以来担任过香港中医药咨询委员会、中医药发展筹备委员会、中医药管理委员会的委员、中医专家小组主席,到 2005 年全部退休。1997 年 6 月获 MBE 勋衔,表彰在香港地区为发展中医药工作所做出的努力和贡献。

我从事中西医结合工作已有 60 年,回顾这一段人生的历程,虽然仅属管中窥豹,但也可以从一个侧面反映我国中西医结合工作的一些情况。

## 一、初进杏林

我是在 1950 年从香港回到内地升读大学的。由于当时对社会一无所知,我凭着青年人的热情和对文学的爱好,考入了燕京大学的新闻系。北京是政治文化的中心,我和同辈的青年一样,以饱满的政治热情投入到各项运动中,但同时又未能完全"割掉尾巴",还喜欢和一些同学在未名湖畔的草坪听听古典音乐,考试结束后在宿舍打上一晚桥牌。这种情况被我一位老革命的亲戚察觉,他和我严肃地谈了一次话,认为像我这样的家庭出身,又有这样多海外关系的人,不适宜读这样政治性强的新闻系,并且通知了我在香港的母亲。于是在 1951 年暑假,我就告别了燕园,重新考入了上海第一医学院(现复旦大学上海医学院)。我的母校是比较重视中医的,我们在四年级就曾听过姜春华老师的讲课,姜老师气宇轩昂,他穿着全套旧装出现在讲台上的形象给我留下了深刻的印象。

1956 年我从上海第一医学院医疗系毕业,服从统一分配来到武汉医学院第二附属医院内科基础教研室工作。除了临床、教学等工作外,在教研室主任过晋源教授、王兆椿教授的指导下,我参加了实验室"蛋白电泳"的研究工作。1957 年发表了我的第一篇论文《血吸虫病患者的血清蛋白电泳变化》。

假如没有毛主席 1958 年 10 月 11 日的批示,我是不会踏入中医的大门的。因为在当时的西医院校,中医是没有什么席位的,我们只是一心埋在西医内科上,有看不完的国内外文献和做不完的临床、教学,科研工作,我甚至根本都没有注意到我院还有一个中医科的存在。

毛主席 10 月 11 日对原卫生部党组 9 月 25 日关于组织"西医离职学习中医班"总结报告的指示"中国医药学是一个伟大的宝库,应当努力发掘,加以提高"打动了我的心,一种民族自豪感油然而生,爱国主义的激情在我的心中荡漾。两三天后,医院就扩大了中医科,除了原来几位老中医外,内、外、妇、儿科都选派一名年轻的住院医生参加,内科就选派了我。

中医科的蒋洁尘、宋之桢老师都是中医专科学校毕业的,有理论知识也有实践经验,他们很高兴添了我们这几位新兵,白天带着我们看病,晚上给我们上课,只用了不到 2 个月的时间,就学完了风靡一时的南京中医学院主编的《中医学概论》,开始懂得了一些中医治疗疾病的理论和方药。

我院贯彻中医政策非常得力,把图书馆的阅览室缩减了一半,成立了一个中医病房,有 24 张病床。为了打响第一炮,蒋洁尘主任决定只收一个病种——急性阑尾炎。那时医院还没有中药房,中药都是从市区的中药店煎好送来,因此只能采用比较定型的处方——大黄牡丹汤加减。

我们几个徒弟主要负责诊断和观察,诊断一个急性阑尾炎对我们来说绝不成问题,困难的是观察。从学生时代起我们就清楚地知道,急性阑尾炎一经确诊,就应该立即进行手术治疗,但现在却换了一种治疗方法。开始我们可以说是将信将疑,我们希望中医能创造奇迹,治好这种非手术不可的病,但又担心万一中药不能控制病情,就会对患者造成损害。为此,我们都要求亲自看着患者服药,每隔一两个小时就检查一遍患者,夜班几乎都是通宵达旦地守候在患者身旁。当看到患者体温、白细胞下降,局部体征消失,就如释重负,好像和患者一起闯过了这一关。仅仅一个多月的时间,我们就收治了 100 多例阑尾炎患者,取得了 90% 以上的近期疗效。

这个铁的事实坚定了我学习中医的信心,同时一件悲伤的往事涌上我的心头。我有一个比我只小 2 岁的弟弟,每天我们一起上学,可说是形影不离。有一天早上起来他因为腹痛没有去上学,下午我放学回来,父母已把他送进当时香港颇有名气的法国医院,诊断据说是急性阑尾炎,很快做了手术,但仅仅 3 天,我仅有的小弟弟就去世了,那时是 1940 年。这多少也是促使我学医的一个因素。我真后悔当时家中为什么不给他用中医药治疗。用这么简单的方法就能解决问题,为什么不能得到普遍的重视和应用?

我在中医科只工作了两三个月,又有新的任务,带着一批毕业班学生,到湖北浠水白莲河水库工地参加"除害灭病"工作。工地医院是用芦苇临时搭建的,有五六十张病床,要担负几万民工的医疗任务,除了应用西医的方法外,我还用刚学到手的中医和针灸技术来治疗患者。有一天傍晚,一个年轻的民工因急性胃痉挛被抬送来工地医院,我给他扎了一针足三里,十几分钟后他就自己起来走回去了。痢疾、肠炎、黄疸型传染性肝炎这些疾病使用中医药治疗都很能解决问题,这使我从自己的医疗实践中又加深了对中医学术的信任。

## 二、"三载寒窗"

1959 年春节前夕,医院用急电把我调回,要我脱产参加湖北中医学院举办的"西医离职学习中医班"的学习。这是各省市积极贯彻《中共中央对卫生部党组关于组织西医离职学习中医班总结报告的批示》的一项具体行动。我反复多次学习了这个批示,我认为自己基本符合批示中所要求的条件,也颇有"野心"想当一个"高明的理论家",行装甫卸就满怀信心重新开始学生生活。

我们学习的时期正处于"三年困难时期",所以说是三载寒窗,一点也不过分。湖北中医学院是新建院校,条件比较艰苦,我们和本科的学生一样,住的是 6~8 人一间的宿舍,睡的是双层板床。作为学生,粮食的标准提高了,但由于没有什么油水,晚上读书时常常感到肚子作怪。但人总是要有一点精神的,我对这些都毫不计较,一点也没有影响我们的学习热情,夜以继日,真有焚膏继晷之风。内经、伤寒、金匮、温病,这些堡垒一个个被我们攻克下来。在这 3 年当中,我因患急性肝炎和结核性胸膜炎 2 次住院,但都顺利康复了,胜利地完成了学习任务,并获得中央原卫生部颁发的奖状。

其间发生过一件事,就是在湖北中医学院建校一周年的时候,学院举办了一次征文。我写了一篇学习中医的体会,我认为内经、伤寒、金匮这些都是中医学的瑰宝,我们应该努力学习,但现在毕竟是 20 世纪 60 年代了,我们不应该以此为满足,不能言必称伤寒、金匮,不敢逾雷池半步,我们应该把这些知识和西医知识结合起来,这样中医学才能发扬光大。这篇文章刊登在学校大门口的黑板报上,但不到 3 天,就给别的文章覆盖了。当时我意识不到什么,也没有人找我谈话。现在回想起来,却颇有所领悟。因为如何看待和处理中医学和现代医学的关系,历来就是一个很敏感的问题。

## 三、脏腑学说

1962 年在《人民日报》摘要刊载,在《光明日报》《健康报》《中医杂志》全文刊载的《从脏腑学说来看祖国医学的理论体系》一文,是我们研究班毕业时的集体创作,由许自城、李瑞臣和我负责执笔成文,这篇文章引起中医学术界一次规模颇大的学术争鸣,对整个科学界也有一定的影响。《中国建设》英文本也做了摘要报道。溯根寻源,其实这篇文章是由当时原卫生部郭子化副部长和中医司吕炳奎司长亲自组织撰写的。在我们毕业的前夕,郭老和吕司长来到湖北视察中医工作,和我们一起开了一个座谈会,听了我们经过系统学习中医后的发言,觉得还颇有见地,就建议学校领导在毕业后留下几个人来负责撰写这篇文章。时隔 20多年,现在没有必要再来讨论研究这篇文章的观点,我只是感觉到我在撰写这篇文章的半年当中,进入了一个新的学术境界。因为要系统阐述中医的基本理论,又要有科学性、逻辑性,这就逼着我们阅读大量的中医典籍和现代书籍,要使文章写得条理分明、立论有据,阅读的深度和要求自己理解的程度都和一般的泛读不一样。文章发表前后,我们开了 10 多次座谈会,请教了很多中医老前辈和自然科学工作者,到北京原卫生部修改稿件 2 次。没有组织的领导和安排,个人是没有能力完成这样的工作的。我清楚地记得郭老有一次语重心长地对我们说:"吾人所知之多,不如所不知之多。"教导我们不要以为现在科学文化已经高度发展了,就看不起中医,其实在科学领域里,我们对很多问题还是知之甚少或一无所知。这种用哲学的高度来概括认识和研究中医,将永远是我应该遵循的治学方法和态度。《从脏腑学说来看祖国医学的理论体系》一文的最后一段,有几句话是郭老和吕司长亲自加进去的:"例如我国武术家能运气于掌,手碎巨石,运气后能经受鞭挞而不受伤,中医学认为这是'气'的作用,但在现代科学上也还没有得到说明,所有这些,均值得我们每一个医学科学工作者和有关的科学工作者深入思索钻研,也是我们在继承发扬民族遗产方面应尽的责任。"当时我们都不太容易接受这些耸人听闻的事实,怕在文章上写出来会损害"科学性"。但过了几十年以后的今天再来看一下这段话,气功辉煌的事例和近代研究的成果正在震惊整个世界,这段文字不正闪耀着科学预见性的光辉吗?

## 四、庐山之行

1962 年 6 月,中央原卫生部在江西庐山召开了全国中医教材会议,修订中医学院第 1 版试用教材,这是我国中医界的一次盛会,主编教材的北京、南京、上海、广州、成都、湖北的 6个中医学院都派出了庞大的代表团。原卫生部还邀请了全国有名的老中医和各个中医学院的代表参加,黄星垣、许自诚、谭家兴和我也作为西医学习中医的代表被邀请参加了这次会议。我在那里有幸结识了秦伯未、黄文东、吴考盘、李重人、邢锡波、曹鸣皋等中医老前辈,他们渊博的学识和丰富的临床经验使我如沐春风,每天清晨和晚饭后的闲谈使我从这些老前辈中获得大量的教益。他们都非常愿意提携后进,看到我们这些"西学中"的新兵来参加中医的队伍感到非常高兴,秦伯未、李重人老先生还即景赋诗送给我们。如今哲人其萎,这些都已成为极其珍贵的回忆和纪念。

修订教材的要求非常严格,除了要继续保持"既全面,又简明"的特点外,特别要求增强中医理论的系统性；各个学科都增加了总论这一章，对各科各个病证要求做到概念清楚、指标明确、理法有据、体例统一、前后呼应；要求与会的中医老前辈，将自己在临床切实可用、行之有效的经验加入各科教材中去，使理论更密切联系实际。郭老亲临坐镇，每一门教材修订完毕后，都要经过中心组审订，认为满意通过的才能下山，我们每天工作均在 12 小时以上，几乎连续工作了 2 个多月。虽然庐山风光秀美，气候宜人，但我们也没有太多感受。由于长时间紧张的脑力劳动，记得当最后我和黄星垣同志下山到上海去参加统稿工作时，一到船上我们就连续睡了 20 多个小时，充分体会到了"疲不能兴"这四个字的意义。

这次庐山之行和同年 11 月在合肥举行的第 2 批教材修订会议，对我学习中医来说，也是一次难得的机遇。我参加编写了《内科学》《儿科学》《诊断学》的部分章节，和曹鸣皋、金寿山、裘沛然几位中医前辈，还有黄星垣同志等参加了全部 18 门教材的统稿工作，这等于我又上了一次大学，再加上有这么多名师益友指点帮助，我对中医学术有了更深刻的认识和体会。

## 五、中医急症

在合肥会议的时候，原卫生部的领导就意识到中医治疗急症的问题。由于我国近百年来的历史状况，逐渐形成了急性病找西医、慢性病找中医的不正常情况，假如再不注意和提倡中医治疗急性病，中医学在这一方面的特点和专长将会湮没失传。对当时刚刚筹建起来的几个中西医结合研究基地，国家也特别强调要做好这方面的工作。1965 年初，我从武汉医学院第二附属医院调到湖北中医学院附属医院，筹组内科和建立病房时也主要开展这一方面的工作。1965 年底、1966 年初，我们先后在重庆、南京召开过中医药治疗急性肾盂肾炎、针刺治疗急性细菌性痢疾的专业会议，为中医治疗急性病鸣锣开道。我们在湖北中医学院附属医院短短的一年间，也用中医药的方法治疗了数百例急性病，取得了满意的效果。我们要求收治的每一例患者都要尽量做到明确两套诊断（中医、西医）、一套治疗（中医），严密观察，掌握火候。我们希望能充分利用现代科学和医疗技术确定每例患者的西医诊断，这样就便于我们掌握病情和判断预后，但在治疗上为了观察中医药的疗效，就希望尽量不要使用西药，同时由于我们中医学术水平不高，经验不足，所以要求一定要严密观察，掌握火候，力求做到不要由于我们的失误而造成患者不必要的损害。现在有这样的论调，认为西医学多了，懂得多了，就会影响学习中医，就自然会多用西药而少用中药。我看关键还是一个对中医的信心问题，对中医的学术有信心，西医学得越好，越能为中医服务，因为您可以有这样的水平掌握火候到最必要的时候才用西药，也有信心在中医疗效不够满意的时候去深入钻研。

1966 年，武汉市流行性脑脊髓膜炎（简称"流脑"）大流行，我们采用由轻到重、先易后难的办法，选择性地收治了 264 例轻型患者，单纯采用中药汤剂口服，取得了 78.4% 的疗效。这个数字比之 20 世纪 60 年代的西医水平当然相去甚远，但应该看到我们沿用的仍然是 19 世纪叶天士、王孟英治疗温病的方药和剂型，还应看到，这个疗效比之 30 年前西医未有磺胺药物和抗生素以前，那又大大地胜过西医了。

之后的多年里，我们克服了种种困难，继续从事这项临床研究工作。每年流脑流行季节，我们都到武汉市传染病医院工作。我们首先从改革剂型入手，把口服汤剂改为肌内注射，1970 年又进一步改为静脉剂型，治疗的患者也逐渐从轻型过渡到重型，终于取得了 90% 的疗效。这个复方中药静脉剂型在当时还属首创，为了保证患者安全，在进行猿猴动物实验以后,我们都亲自做过自身人体试验。这项中西医结合的科研成果参加了1971年在北京由周总理亲自接见的全国第一次中西医结合工作会议,并由人民卫生出版社出版了《中西医结合防治流行性脑脊髓膜炎》的专书。以后我们又继续开展了中西医结合治疗乙型脑炎、急性细菌性痢疾、急性肾盂肾炎、流行性出血热等临床研究,也都取得了可喜的成效。几十年来大量的实践证明,中医不但能治慢性病,也能治急性病。只要我们认真学习,细致观察,勇于探索,敢于创新,充分利用现代的科学方法和技术来进行研究,就一定能使中医学发扬光大,更好地为全世界人民的健康服务。

## 六、电脑研究

用控制论的思想方法来研究中医学,在我国开展得比较早。武汉医学院卫生系任恕同志在学习中医以后,1960年2月就在《中医杂志》上发表了《祖国医学的基本理论与控制论》一文,引起了医学界广泛的兴趣。武汉医学院的领导非常重视这个工作,专门从武汉大学等单位借调人员,成立了一个研究室。那时我刚从湖北中医学院毕业回来,和蒋洁尘主任一起参加了这个工作。我对控制论一无所知,但看到有这么多的自然科学工作者关心中医工作,感到非常高兴。我们的任务是帮助他们把中医的常见症状整理出来,并按照临床辨证的规律,给予适当的评价。用现在的话来说,就是进行医理设计和对各个症状给予一个合适的"逻辑量"。20世纪60年代初期,武汉没有电子计算机,所以我们只能采用模拟电子计算机的方法,用电路的通与断来标志1和0,或以输出电后的高低来表示,全部电路结构均由研究室的同志亲手制成。由于线路有限,我们只进行了八纲辨证的研究。我们把八纲辨证分为表虚、表实、里虚、里实、表寒、表热、里寒、里热、虚寒、虚热、实寒、实热、半半表半里13个证型,将构成这些证型的症状、脉象、舌象用＋、＋＋、＋＋＋、＋＋＋＋等来表示构成上述证型的强度级数。1965年我国第一台中医辨证论治模拟电子计算机研制成功,并通过了国家科委的鉴定。上述13个证型的辨证,和湖北省武汉市的名老中医对照,诊断符合率在90%以上。由于模拟电子计算机容量小,精确度差,只能采用数理逻辑的方法来进行运算,但已初步说明中医辨证论治的思想方法是完全符合逻辑推理的,是可以重复的,是科学的,遗憾的是这项研究工作由于"文化大革命"的影响被迫停顿下来了。

事情是那样凑巧,10年以后,这项停顿下来的工作又被一位自然科学工作者重新推动起来了。武汉数学研究所专门搞控制论研究的宋瑞玉研究员1977年因病在我院住院,他看到中医治病和控制论的思想方法非常类似,提出要和我们一起进行研究。他是控制论的专家,我们也有一定的经验,而且到了20世纪70年代,武汉市已有几台大型电子计算机,所以很快就做出成果,完成了中医内科40个病域的单门病型编码、双门病型编码的研究工作。湖北人民出版社1980年出版了我们合著的《控制中医学》。这本书很快就引起日本医学界的注意,1982年由粟冈佑伉和王淑珍翻译成日文出版。承蒙关照,翻译方还给我们寄了几本译本来。对于这项现在已在全国较普遍开展的中医电脑研究,我是这样认为的:电子计算机在辨证论治中的应用,雄辩地说明了中医学理论的科学性,也说明了应用现代方法研究中医学的可能性和必要性。但在目前更为重要的还是要深入临床,提高中医的治疗效果。因为不论电脑和中医的思维是多么一致吻合,但假如还不能治好这个疾病,那么电脑再好也是无能为力的。

由于工作需要,1982 年我回到了广州暨南大学医学院工作。这是一所国务院侨办领导的华侨大学,学生主要来自海外华侨子弟和港澳同胞。医学院是 1978 年复校时才筹建的,学生主要是港澳同学,他们对学习中医非常热心。由于是一所侨校,和海外有较多联系,有不少国家和地区和我们交换教师、医师和留学生,他们来到我们学校主要也是学习中医。看到这些同学不远千万里来到我国,孜孜不倦地学习中医,我由衷地感到高兴。在那个时期我除了继续从事临床工作外,更多的是做教学工作。利用业余的时间,我参加了《实用中医内科学》《传统老年医学文献精华》的部分编写工作。面对当时中西医结合的一派大好形势,我虽然已届知命之年,但仍然有信心和决心和同志们在一起,坚决沿着中西医结合之路走下去,光明灿烂的前景即将呈现在我们眼前。

## 七、香港 30 年

1989 年底,我离开了暨南大学医学院副院长、附属华侨医院院长的工作岗位,退休回到我的生长之地——香港。"少小离家老大回,乡音无改鬓毛衰",我的一口乡音未改的广东话,给了我一个在香港活动(讲课、看病)非常有利的条件。那年我 60 岁,鬓上有一些白发,也多了一点"老中医"的风采。当时在香港当中医是不用考试注册的,只要进行商业登记就可以了,于是我就开设了一个中医诊所,干起个体户、坐堂行医的工作。既然已经退休,我就订下了每星期工作五个上午的时间,余下的时间可以打打网球、桥牌,听听音乐,看看小说,过一些比较悠闲的生活。

有些事可以说是机缘巧合,1962 年我在"西医离职学习中医班"毕业,就参加了由当时原卫生部主管中医工作郭子化副部长主持的全国中医学院第 2 版教材的修订会议,最后并由郭老指派黄星垣、曹鸣皋、金寿山和我四个人一起,在上海最后编审整套教材。1964 年第 2 版教材 18 本全部出版,但不久即进入"文化大革命"阶段,使用的时间不长,但这版教材却在香港地区、台湾地区及东南亚一带多次翻版,销路广泛,因此刊印在每本教材首页的我们这几个系统学习过中医的高级西医的名字就有了很高的知名度。20 世纪 60 年代的中国是非常提倡集体主义著作的,其间出版的书籍大多不写上编者、作者的名字,而把我们这几个人的名字写上去是郭老特别批示的,这个批示还在我处保存,作为纪念。

当他们知道我原来是香港人,又已回归故里,就纷纷请我讲课,以后更是欲罢不能。这30 年来,我为香港各所大学、学院讲授中医基础理论、中医诊断学、中医内科学,学生大概有近千人。此外,我还组织了一些中医课程和举办了中西医结合讲座,邀请国内知名专家学者例如陈可冀、陈维养、邓铁涛、黄星垣、许自诚、罗致强、周文泉、熊曼淇、章如虹、毛树松等来香港讲学授课,对提高香港中医的学术水平做了一些工作。

1990 年 5 月,香港中医药咨询委员会成立,我以中医师的身份被委任为委员;1995 年 4月香港中医药发展筹备委员会成立,我继续被委任为委员,并兼任中医专责小组的主席。1996 年 8 月委员会就有关中医药各方面的问题组成了北京访问团,受到当时任国家中医药管理局局长、原卫生部副部长张文康教授的会见。1997 年 3 月,委员会发表了报告书,就香港中医药今后的发展情况,向香港卫生福利司提出意见。香港回归后特别行政区政府继续任命这个委员会工作到 1999 年 5 月,协助特别行政区政府进行一系列中医药规章制度的工作,可以预期,香港特别行政区的中医药工作将会逐步走上一条康庄发展的道路。

　　30年来，我在香港以个体户的身份行医，共积存了一万份病历，这些患者我都坚持用中西医结合的方法进行诊断和治疗，就是在诊断上尽量搞清楚西医是什么病，中医是什么证，坚持在中医理论指导下进行辨证施治。我可以大胆地说一句，我这个中西医结合的医生比任何中医都更为中医，这一万个患者，没有一个患者在我的手上用过一点西药，由此可以充分验证出中医药治疗的效应。

　　我从1958年开始学习中医，一直很严肃认真地把中医作为一门科学看待，尽量从中医的历代经典著作中充实自己的学识，又尽量从临床实践中来验证中医的理论。60年来，在临床、教学、科研、编写教材方面，我都做了一些工作，可以无愧地面对我们民族这个伟大的宝库。我深信，只要我们实事求是地对待我们中医这门科学，既不贬低它也千万不要把它神化，那么我们这门比较古老的传统医学，一定能在中西医结合的道路上，继续发出强大的生命力，为中国人民和世界人民的健康服务。

# 理论创新是医学进展的重要标志

匡调元

上海中医药大学

·················【简　介】·················

　　匡调元，男，1931 年生，江苏无锡人。上海中医药大学教授，专家委员会委员。中国中西医结合学会第一届至第四届理事，基础理论专业委员会副主任。享受国务院政府特殊津贴。

　　1956 年毕业于上海第一医学院，后一直从事中西医结合临床病理研究。1984—1985 年间在美国 Wake-Forest 大学 Bowman Gray 医学院病理科工作；1985 年任四川省中医药研究院副院长、研究员；1988 年调入上海中医学院（现上海中医药大学）。主要研究方向为运用现代病理学知识和技术探究中医病因病机学，提出了"体质病理学""整体制约论"及"人体新系猜想"等新理论，其中"体质病理学"和"整体制约论"被载入《中国医学百科全书》（1989 年版）；将中医体质病理学与现代体质人类学、遗传学、生态学、心理学、气象学及现代医学结合起来探究人体体质的辨认规律，并将中医体质病理学与传统食疗学相结合，探索人类饮食结构改革的方向。

　　近几年，在无锡郊区深居简出，一直潜心研读《黄帝内经》，从中悟到了"神本论"才是《黄帝内经》的核心思想，且推出力作《太易心神学》。"无极哲学"从理论角度深入探究了无极与易学、道家、释家和医家《黄帝内经》的关系,对传统文化提出了一些新的哲学思考,对中医学理论亦希冀有所启发。

著有《中医病理研究》《中医病理研究丛书》《中医病理学的哲学思考》《人体体质学——中医学个性化诊疗原理》《辉煌中医学》《中华饮食智慧》《体质病理学与体质食疗学实验研究》《匡调元医论》《生命微观意象艺术》等专著,其中《人体体质学》曾得到钱学森的高度赞许,被誉为人体科学的基础学科——人体学,是一个里程碑。上海博物馆原馆长陈燮君称《生命微观意象艺术》是一个新画种。

## 一、深不可测的中医理论吸引了我

自 1951 年考进了上海第一医学院,1956 年毕业后,在老师的熏陶下,我认为病理解剖学是研究人类疾病物质基础的学科,看得见,摸得着,一是一,二是二,丝毫不爽,于是由组织决定把我留在本校从事病理解剖学的医、教、研工作。1957 年底我被派去支持重庆医学院建院。1960 年,当时国家号召西医学习中医,我本无动于衷,但一个偶然的机会,我在图书馆书架上随意翻了一下南京中医学院编的《中医学概论》,原想了解一下中医学究竟是怎么回事,粗略一读,却觉得其中有关病因病机部分有五运六气、藏象经络等与西医病理学完全不同的理论体系。在好奇心的驱使下,我把书借回了家,专心一致地读了一整天,令我茅塞顿开而若有所悟,从此开始了自学中医之路。在四川农村巡回医疗时,我读了不少中医教科书,1972 年到重庆市中医研究所跟 6 位名老中医学了 1 年中医临床。

## 二、中西医结合临床病理研究述要

中医界前辈有句颇为自豪的名言,说中医学"详于气化而略于形迹",即详于人体藏象经络正气运行的功能变化,但对于解剖学的形态结构则不甚了了。这是历史事实。我的专业是病理解剖学,是专门从人体形态结构变化去研究病理过程的。我始终认为:在人体中只要有功能变化,则一定能找到相应的结构变化,反之亦然。中医学若能"既详于气化又详于形迹"岂非更好! 于是,我用自己掌握的病理学知识和技术对中医的证和藏象进行了研究,一搞就搞了 58 年,很幸运,略有所得,现逐项简要汇报如下。

1.《中医病理研究》 1980 年,第 1 版《中医病理研究》一问世后即引起了中医界的重视,尤其是在校研究生几乎人手一册。此书首先对中医病因病机学进行了现代研究,提出了不少新观点,如中医学的多病因多病机学说、气象病理学、体质病理学、整体制约论等,尤其重要的是对八纲辨证、虚损病机、温病传变的规律性、急病及肾、肺与大肠相表里和舌象形成机制等基本原理都找到了明确的显微镜下结构变化的证据,这些都为中医学的"略于形迹"填补了空白。在此书中,我同时提出了一些中西医结合的思路与方法,我这一辈子就实践着这一套理想,闯过了一个甲子!

迄今为止,回顾医学院中从事病理解剖学的专业人员中,一边在实验室里喂小鼠,看显微镜,探索生命的结构变化,一边在临床上望闻问切,辨证论治,一边还在钻研中国传统哲学和中医古籍,仰望青天,绞尽脑汁,著书立说者,恐怕为数不多。

2.《人体体质学——中医学个性化诊疗原理》(2003年) 1975年,我写《中西医结合途径探索》时,曾按中医学传统文献浮光掠影地提了一下"中医体质学说"。1976年在四川农村巡回医疗时我悟到了"体质是异病同证和同病异证的基础"后,1977年正式发表了《体质病理学研究》,明确了人体体质的概念、临床分型及其标准、辨质论治的理法方药。1984—1985年我特地去美国调查研究白种人和黑种人的体质类型。1988年经原卫生部联系,我调到上海中医学院从事实验研究,1989年出第1版《体质食疗学》(今已出7版),1991年出版《人体体质学——理论、应用与发展》,1996年出版了《中医体质病理学》,2001年出版了《体质病理学和体质食疗学实验研究》,2003年出版了《人体体质学——中医学个性化诊疗原理》。在2011年出版的《匡调元医论》第2版中我对此项研究做了二次系统回顾,并对当前学术界的不正之风提出了质疑。在此再摘录几句国内著名学者对此人体体质学的评语,愿和大家分享。

钱学森:"您积14年的工作写成这部书是个里程碑!您的人体体质学可能就是我说的人体科学的基础科学——人体学。"(1993.9.15)"我很同意您说的食与药有相同的改善体质、保养防病的作用。"(1993.12.12)

陈可冀:"中医体质病理学的建立,在中西医结合领域应占有比较重要的位置,至少通过新的视角发展了中医,即在中西医结合思路上开拓了一条新途径,也是对现代主流医学挑战的一个回答。"(1997.6)

姜春华:"匡教授首先提出中医体质与体质病理学理论,先后经14年之探索写成《人体体质学——理论、应用与发展》一书,指出独特的体系、新的体质分型及辨质论治等观点,形成人体体质学的一个新学派,为中西医学史上的杰出成就。"(1991.5)

邓铁涛:"这(《人体体质学——理论、应用与发展》)是一本从传统理论派生的新学说,积十多年之探索已初具规模。"(1991.12)

颜德馨:"体质病理学是研究体质现象及其病理机制的一门学科,她使中医学从辨证深入到辨质,不能不说是一件了不起的事。匡调元教授的《中医体质病理学》使我们从体质这一视角打开了门户,厥功大矣……我辨证先辨体质,虽是我行之有素的治病思想,但作为一项诊断决策,还是受匡氏学说的影响。"(1997.11)

刘炳凡:"时下,中医西化的潮流,见了炎症就概用清热解毒以消炎,按这一观点治疗,有许多慢性疾病是治不好的。此书(《中医体质病理学》)一出不啻当头棒喝以醒群迷,诚苦海之慈航、昏渠之智塔也。"(1998.6)

3. 人体新系猜想 自从1972年到重庆市中医研究所进修中医临床以后,我的脑子里时时转着"以临床功能变化为主的证如何与以局部结构变化为主的病相结合的问题",但百思不得其解!正如《管子》所言:"思之复思之,鬼神来通之。"1979年9月9日凌晨,我于蒙蒙眬眬将醒未醒之际,突然心血来潮:"对了,功能和结构都是以生命物质的新陈代谢为基础的,人体内一定有一个以代谢功能为主的新系统在!我们可以把证和病结合起来。"我马上穿衣起床,奋笔疾书,写了一个提纲,然后再加推敲,步步论证,写出了"人体新系设想",收进了第1版《中医病理研究》中。此时,有些中医专家说这是胡思乱想,但钱学森看了却说"人体新系设想,我很赞成",这对我是很大的鼓舞,于是在此基础上进行补充,写成了"人体新系猜想",收入了1989年的第2版书中。很显然,如果没有以解剖结构连属为基础的西医学的神经系统、消化系统、生殖系统等,就不可能有今天的西医临床各科;如果没有以整体功能变化为基础的藏象经络系统,就不可能有辨证论治的临床中医学。同样道理,如果没有建立一个猜想中的人体新系,就不可能形成真正意义上的病与证完全统一的中西医结合的新医药学。如此庞大的工程,在过去是难以想象的,现在有了超级的计算机和大数据分析技术,则探索并创建人体新系就大大地前进了一步。

4. 天地人三才医学　这是对中国古代"天人合一"整体观的现代阐述,是以整体的人为本的思想的具体体现,是对西方医学局部定位论的批评,是对中国传统文化充分自信的体现。这应该说是对人类医学指导思想的一项贡献,可惜国人对此尚未引起足够的注意。

5.《太易心神学》　2014年,我来到了太湖之滨,闭门研读《黄帝内经》和易、道、释诸经,从过去40余年研究人体内形而下的物质过程,转到研究人体内形而上的道的内涵。对此,我略有所悟,提出了一些重要的创见,出版了这本论文集。今简述几个很少有人深入研究过的重要观点

(1)"神会上古天真论"提出了"恬惔虚无,真气从之,精神内守,病安从来"是《黄帝内经》所说的"知其要,一言而终"的"一言"。

(2)《黄帝内经》神本论研究提出了"神本论"是《黄帝内经》的核心思想,反复强调"得神者昌,失神者亡"是《黄帝内经》的精髓,是形而上的道,藏象经络、气血津液等是形而下的器。

(3)"人类生命与元神作意"一文提出了人类生命的新概念——"人类生命是元神作意令精气顺逆行止的现象和过程",如深入研究这个命题可为人类健康长寿之道做出新的建议和贡献。

(4)"情绪及其调控"一文是鉴于当今世界人心浮躁,贪得无厌,心理障碍日益严重而所做的分析和提出的对策,并由此而悟到了太极和无极的关系。文中指出了争取将阳性情绪和阴性情绪调控到"零"情绪的方法和意义,提出了醒态、睡态和定态的三态学说。

(5)2017年,我从易、老子、庄子、释家理论中发现了大量的无极思想,从而提出了"无极哲学",并对此做了全面的分析和论证,从而使人类多了一门哲学,可以借此重新认识宇宙人生的本质,这无疑地对医学研究和长寿之道亦将有所启发。

6. 中西医结合的方法学探讨　显然,创立史无前例的中西医结合学靠的是人才,人才的关键是掌握正确的观点和方法。我觉得,到目前为止,这个问题还是没有很好地解决,所以进展不能尽如人意。为此,我曾和钱学森先生进行过较为深入的探讨,他曾给我写了10封重要的信,已尽载在《匡调元医论》第2版中。

(1)"形而上"与"形而下"的对待——论中西医学的交流和结合:自1979—1980年在广州召开了全国自然辩证法研讨会至今,这个问题并未很好解决,仍然是几派意见争论不休:有认为二者不能结合的,有认为二者可以结合的,还有不少走极端的,全部否定中医学,还有极少数全部否定西医学的。我是坚定地支持中西医可以结合而且应该结合的。如果不从哲学思想上提高,那么,这个问题永远无法解决。如果对生命过程中结构、功能、代谢三者的辩证统一这个关键没有正确的理解,那么中西医结合也是不得其门而入的,只能永远徘徊,彷徨于门外而空忙一场!

(2)"新实践、新概念和新学派":事实上,广大中西医结合者都辛辛苦苦地亲自在进行着新实践,都在夜以继日地苦干巧干着,国内外那么多的杂志发表了那么多的论文就事证明。但是,这些论文大多数是就事论事,用什么方法、仪器、药品,观察了多少人群或动物,看到了什么就报道什么,至于新概念,那确是凤毛麟角,少之又少。没有形成新概念,则无法形

成新学派。我在此愿意和同道们分享几个实例,请多指正。

1984—1985 年,我在美国 Bowman‐Gray 医学院病理科工作时,观察了 90 例死于车祸、枪杀和吸毒等患者的睾丸病理组织切片,从中发现了规律性的病理演变过程。这是他们原病理记录中完全忽视了的,没有描述的内容。对此,我写成了论文在科内做了专题报告。我回来后做了"恐伤肾"的动物实验。中医病因病机学中有"久病及肾"的理论,我则由此而提出了"急病及肾"的新概念,可惜当今很少人关心及此。

在探讨病理体质形成和饮食的关系时,我发现了"长期饮食不当可以形成病理体质,反之,病理体质可以用饮食加以调整"的事实。为什么?机制何在?思索很久之后,我悟到了中国古代"天人合一"的哲理。《黄帝内经》有"天食人以五气,地食人以五味"之论。人与食都来自天地之气,"同气相求"。在此之前提下,我到上海做了系统的动物实验,证明了这个理论的正确性,于是提出了"人食同气"的新概念。新概念多了,成了系统,即形成"体质食疗"新学派。

众所周知,西方医学的指导哲学观点是"局部定位论"。这是 Virchow 于 1858 年在其名著《细胞病理学》中提出的,认为"一切疾病的形成全在于局部的细胞,无须邻近细胞参与"。我在 1980 年按现代系统论原理分析了中医学辨证论治的全过程以后,提出了由 8 条原理组成的"整体制约论",并以此与"局部定位论"相对立、相补充,颇得同道们的好评。

(3)"多学科、多途径、多指标、同步测试、相关分析":《黄帝内经》是中国古代文明的集中体现,不仅受《易》《老子》《庄子》等哲学思想的指导,而且包含了大量天文学、地理学、人类学、心理学、生物学、化学、物理学、社会科学等内容,更经得起用现代控制论、系统论、信息论等方法进行分析。基于中医药有多学科的渗透,必然随之而来的是多途径和多指标。关于这三点,大多数中西医结合的研究工作却已做到,但对于同步测试则不尽然。"同步测试"要求对证的不同阶段各做多指标的整体测试,然后对所得数据按证型进行相关分析,然后得出此证此时特定的本质性反映。

## 三、几点感悟

俗话说:上山的路怎么走,要去问下山的人。我在中西医结合的山上走了很久,趁此机会,略抒感悟,供同道们参考。

1. 先秦哲学应先行,否则难入中医之门　1991 年国家中医药管理局在北京召开了一次中医院校教材会议,学院派两位教务主任和我参加。在会上,我们提出了把先秦哲学从选修课改为必修课程。十分遗憾,此建议未被采纳。最近,我在深山老林里闭门重温了《黄帝内经》,感到其中处处都浸润着易、老、庄的卓越思想,有些是逐字逐句移过来的。但是据我所知,当前年轻的中医学院师生中能悟到这点者,似乎寥若晨星,更别论"西学中"的朋友们了,建议朋友们早日迎头赶上!

2. 中国文字关必须过好　中国文字是世界奇迹,举世无双。我们 80 岁上下的人已经深感功底不够,很多字不认识,一本《新华字典》解决不了读《黄帝内经》的问题,更别论年轻人了。文字过不了关,怎么能读懂中医古籍?更别说融会贯通了。

3. 临床实践是基础　每一个中西医结合工作者,特别是搞基础理论研究的人,必须熟悉中医临床辨证论治的全过程,否则,我们的中医理论是空洞无物的,仅是无源之水、无本之木,对望问闻切、理法方药、辨证论治根本没有什么实际体会和领悟,所做的研究只能得到一堆物质层面的实验数据而已。有些研究则与中医基础理论关系不大,甚至是南辕北辙,不知所云的。我自1972年上临床迄今46年对此是深有体会的。或许,有些中医同仁反对这种脱离临床的中西医结合方式,恐怕和我们不会中医临床不无关系。这是日后应该深思,逐步妥善解决的。

4. 一点展望——关于"治未病" "圣人不治已病治未病,不治已乱治未乱",出自《黄帝内经·四气调神大论》。几年前,"治未病"被推行到全国,作为全国卫生工作的一个重要方针,我认为这是非常英明正确的。但当前全国人民的健康情况确不如人意,患者越治越多。

何谓治未病? 如何治未病? 我根据自己的实践经验认为:"未病"就是我所说的,介于健康与疾病之间的,"脉病人未病"的"病理体质"状态。其主要原因有两个:一是情志上出了问题,源于贪欲;二是饮食不当,饮食过多或过少,或乱吃食性不符合体质类型的东西。针对其一,有《太易心神学》和《情绪及其调控》;针对其二,有《体质食养学》和《中华饮食智慧》。我觉得,如果能对此两项采取及时的、切实的、正确的措施,就可以有效地达到治未病的目的。

# 不忘初心　努力
# 走好每一步

陈维养

中国中西医结合杂志社

【简　介】

陈维养,女,籍贯福建省莆田市。1932 年 9 月出生,1949 年 7 月参加革命工作,中共党员。1955 年 8 月毕业于福建医学院(现福建医科大学)医疗系,留校任内科临床助教。1956 年 9 月调入原卫生部中医研究院(现中国中医科学院),先后在医史研究室(研究实习员)、情报资料室(组长,助理研究员)、科研处(负责人,副处长,处长,副研究员)以及中国中西医结合杂志社(常务副主编,编审)工作。1956 年 9 月参加原卫生部举办的高等医学院校医学史师资进修班学习。1958 年参加原卫生部第二届"西医离职学习中医班"学习结业。曾受聘任原卫生部科学技术委员会委员,并兼任中国中西医结合学会理事,中国中西医结合学会编辑工作委员会主任(现为顾问);福建中医药大学及广州中医药大学、广东省中医院客座教授。还先后兼任《中国中西医结合消化杂志》《中国中西医结合急救医学杂志》《浙江中西医结合杂志》《山东中医药杂志》《中医药通报》等期刊编委或顾问。先后在《中华医学杂志》《医学史与保健组织》《中华医学杂志》《科学史集刊》《百科知识》《中医杂志》《国外医学·中医中药分册》《中国中西医结合杂志》等多种期刊发表数十篇有关医学史、中医药及科研管理等学术论文。参加主编《中西医结合思路与方法》《中西医结合急难重症诊治》《中医药现代研究》等专著,以及主编《陈可冀——中西医结合医学家》等,合作译著有《美国科学家与发明家》(*American Men of Science and Invention*)。曾应邀到美国、韩国、日本、朝鲜及我国香港、台湾等地做学术报告与交流。2002 年获中国科学技术期刊编辑委员会授予的编辑人员最高奖项"金牛奖",2009 年又荣获国家新闻出版总署颁发的中国出版荣誉纪念章。享受国务院政府特殊津贴。2005 年离休,现为《中国中西医结合杂志》顾问,*Chinese Journal of Integrative Medicine* 副主编。

1955 年我毕业于福建医学院医疗系,留校工作 1 年后,即 1956 年 9 月被调到原卫生部中医研究院。从此,我与中医药结下了不解之缘,加入了继承发扬中医药的行列。至今 61 年过去了,在这一甲子多一点的时日里,我的工作经历了四个阶段,即医学史研究和脱产学习中医阶段(1956—1961 年)、中医药情报工作阶段(1961—1976 年)、科研管理阶段(1976—1985 年)和医学编辑工作阶段(1985 年至今)。下面就这四个阶段做一简要回顾。

## 一、医学史研究和脱产学习中医阶段

1956 年 9 月我到中医研究院报到后,被分配到医史研究室,师从研究室主任、我国著名的医学史专家陈邦贤教授进行医学史的研究工作。我是 9 月份报到的,当年 10 月份,恰逢原卫生部委托中医研究院医史研究室举办的全国高等医学院校医学史师资进修班开班,我有幸参加了这个班的学习,同学都是各高等医学院校讲授医学史课程的老师,老、中、青都有,有的已在国内相当知名。进修班除讲授中外医学史外,还开设了相关学科的历史课程,授课老师都是国内一流专家,如中国医学史是由陈邦贤、马堪温讲授,西洋医学史是由北京医学院医史教研室主任李涛教授和程之范老师讲授,此外还有中国科学院学部委员袁翰青教授、冯友兰教授,以及贾兰坡教授、龚育之教授等多名专家讲授化学发展史、北京猿人的发现及其意义(其间还到北京郊区周口店参观北京猿人遗址)、中国哲学思想史、图书馆学等。该班于 1957 年 4 月结束,我当时对该班的授课内容原来是知之甚少或一无所知,因此收获很大,开阔了视野,为尔后的医学史研究打下了良好的基础。

1958 年 8 月医史研究室让我参加中医研究院举办的原卫生部第二届"西医离职学习中医班",学员除本院的一些西医人员外,还有中国医学科学院的协和医院、阜外医院、药物研究所、儿科研究所、基础所,以及北京医学院基础部与临床医院等单位的医生等。记得当年一起参加学习的同学有协和医院的张之南、朱预、葛秦生、谭蕴学、史济招、张育轩、陆仲琦、左舜琴,阜外医院的刘力生(丽笙)、郑德裕,药物研究所的雷海鹏、陈先瑜、童玉懿,儿科研究所的张梓荆,基础所的畲铭鹏,北京医学院的李家秦、徐光伟、马万香、李顺成、庞宁海、彭宪忠、谢伍凤、赵思敏、姚岫岚、秦德筠等。他们中大部分是各单位学科带头人、科室主任。授课老师的阵容也很强大,如讲《黄帝内经》的任应秋、讲《伤寒论》的陈慎吾、讲本草学的杨树千、讲方剂学的沈仲圭、讲《金匮要略》的谢仲墨,讲授临床各科的老师有方药中、傅东凡等,讲针灸的老师有魏如恕、孙振寰等。第二届这个班的学制比第一届短,但这并不影响学习效果,在学完理论课后是 3 个月的实习,结业后回原单位安排继续实习。我的学习班安排的 3 个月实习是与刘力生、陆仲琦等在密云县西田各庄卫生院跟一位老中医学习,结业后的实习是安排在本院内外科研究所门诊,由王文鼎及朱颜老师指导,每周3个半天,数月后我还到西苑医院跟郭士魁老中医门诊随诊抄方一段时间,有时也到病房听朱颜及徐季含等老大夫查病房学习。我原来对中医药是很陌生的,通过这一段对中医基本理论及临床的实习,我对中医药学理论及实际有了比较系统的认识,从另一方面为研究传统医学发展史打下了重要的基础。

这个班虽然时间不长,但由于老师的阵容强大,学员的西医水平较高,对授课内容的理解与接受程度较高,大部分同学回单位后,可用中西两法治病,其中还涌现出一些中医药成果。如药物研究所的雷海鹏教授与阜外医院的刘力生教授根据课堂上所学知识,受《伤寒论》中的"项背强几几,葛根汤主之"的启示,结合临床观察,研发出愈风宁心片,现已广泛应用于临床相关心血管疾病及眩晕等的治疗。因此,我认为"西学中"由有一定年资、有较多临床或科研经验的西医学习中医,效果会更好。

在医史研究室工作期间,我主要侧重于古代医学史的研究,先后发表了多篇学术论文。如对古籍《山海经》一书与医药关系的研究,我对书中所列疾病、医药及其与《神农本草经》的关系做了考证、分类与梳理,撰写了"从医学史角度试论《山海经》"一文,发表于《中华医学杂志》[1962,48(7):437-474]。又如对敦煌石室旧藏《伤寒论辨脉法残卷》(原件存英国大不列颠博物馆)与国内现存的赵开美重刻宋本《伤寒论》及康熙年间重刻的《金匮玉函经》中的辨脉的比较研究,我与陈可冀合作,对这三者逐字逐句做了认真的比较,花了整个春节假期,我们的结论是康熙年间陈世杰重刻的《金匮玉函经》并非过去人们所认为的是他人的"伪托",该文发表于《人民保健》[1959,(5):477-481]。

中医研究院建院初期,朝鲜保健部曾派遣3位医生来我院学习,在学术交谈中,我发现他们很重视古代人体"四象"体质理论。于是我与陈可冀合作,对《东医寿世保元》和《东医四象新编》这两本被朝鲜奉为经典的医籍与我国《黄帝内经》中相关论述做了系统的比较考核,发现朝鲜的"四象"理念与我国的《黄帝内经》及其后张仲景、宋金元时期的体质理念极为一致,有从源到流的影响关系,因而撰写了"朝鲜《东医寿世保元》与《东医四象新编》中的体质概念及其与我国医学的关系"论文,发表于中国社会科学院出版的《科学史集刊》[1963,(5):63]。该文的发表,目的是想对我国中医体质研究敲敲边鼓。

《太平惠民和剂局方》为我国两宋时期盛行200余年的官方药局方书,其所载的著名方剂如至宝丹、苏合香丸、二陈汤、四君子汤、参苓白术散、十全大补汤、紫雪丹、凉膈散、八正散以及四逆散等,历久不衰,至今还为临床医生所广泛应用,其对煮散法制剂的创新、倡导与发展,有重要的技术创新及方便病家应用的意义。在学习该书成就的同时,对于书中对温燥药过度提倡的流弊,我与陈可冀都有同感,因之合作完成了对该书的读后感——"试谈《太平惠民和剂局方》的成就",发表于《上海中医药杂志》[1963,(5):33-38]。

此外,我还应约在一些媒体介绍几位医史人物,如王叔和等,也翻译了一些国外医学史发展的文章,如"西方近百年医学进展"(《中华医史杂志》连载2期),"阿维森纳"(《中华医史杂志》)等。

在这期间我被选为中华医学会北京分会医学史学会委员。虽然后来我调离医史研究室,但我对医学史研究工作仍是恋恋不舍,陆续还参加过一些有关医学史的工作。如1965年前后我参加翻译伍连德、王吉民编写的《中国医学史》(英文)英译中工作;20世纪90年代末我参与编写《中国医学通史》一书中的中西医结合医学部分;1986年应《中国传统老年医学文献精华》一书编委会之约，我对《老老恒言》及《冷庐医话》二书对老年医学的贡献做了梳理成文；2007 年我两次参加在井冈山召开的学术会议，其间，通过参观与访问老红军及实地考察等，与陈可冀合作，撰写了"井冈山——中西医结合的发源地"一文，发表在《中华医学史杂志》[2008,38(1)：48 - 49]。

## 二、中医药情报工作阶段

1961 年 4 月，组织上调我到中医研究院情报组任组长（后与资料室合并，称情报资料室），在此期间，除了日常工作，我主要做了三件事。

一是与全组同志一道建立中医药资料库，开辟阅览室。所谓中医药资料库，即尽量不断搜集国内外，主要是国内各期刊（包括内部资料）中有关中医药的资料，分门别类建立卡片库与资料库，供院内外医疗、科研人员检索、借阅、参考。因之，全组同志每人每天要阅读大量的期刊文献，从中挑选出所需文献，由专人剪贴、归类、入库，当时没有电脑、互联网，只好用这笨办法。

二是创办并主编《中医药研究参考资料》。此为不定期内部发行的刊物，主要刊登院内及国内中医药研究论文及信息，以便与国内相关单位及期刊进行交换，并为临床及科研人员提供参考资料。这本刊物至今还继续在出版。

三是恢复出版《中医文摘》。该期刊原由我院编审室编辑出版，1960 年前后因故停刊。我认为《中医文摘》是刊登国内各期刊中医药论文的摘要，信息量大，对临床及科研人员有很大的参考价值，于是提出由我组承担，重新恢复出版。这项工作得到全组同志的支持与参与。该期刊刊名是我请当时的院长鲁之俊同志题写的，文摘是组织院内几个院所的十几位主治医师以上人员负责，内容涵盖国内数十种主要医学期刊中有关中医药的论著。由于当时在北京找不到印刷单位，我们就从天津的期刊上寻找印刷单位，最后联系到天津市河西区的一家印刷厂，他们愿意承印这本期刊（一段时间后又联系到北京美术出版社出版）。这样，《中医文摘》的复刊任务就算落实了。这是一本内部刊物，季刊，自己发行。《中医文摘》的复刊为从事医疗、科研人员提供了一本信息量较大的中医药参考读物，具有一定的实际意义。

当时情报组的工作强调服务，全组同志团结一致，既为本院医疗、科研人员服务，也尽可能地为全国中医药界医疗、科研人员服务，记得我们还安排组内相关同志定期将最新资料提到两个医院摆摊（因为那两个医院远离我们办公的东直门），上门服务，方便有关人员阅读借阅，尽量做好服务工作。在此期间，我们也尽可能开展一些研究工作，记得我曾对我国中医药治疗系统性红斑狼疮做了系统的综述（内部刊物发表）。

如果说前一阶段我更多的是从纵的角度学习中医药知识（侧重于历代医籍文献），在情报组这阶段更多的则是学习新鲜出版的中医药文献，从横的角度学习中医。但不久"文革"开始，一切业务处于停顿状态，我也于 1975 年初到干校去了。

## 三、科研管理阶段

1976 年 6 月，我结束了在"五七干校"的生活，又被从情报资料室调到中医研究院科研处工作，先后任负责人、副处长、处长，技术职称也由助理研究员晋升为副研究员。作为负责人之一,我相当一段时间是在中医研究院季钟朴院长的直接领导下,与郑学文、王佩、陈绍武等同志一道工作。当时郑学文、陈绍武也是科研处的负责人,这些同志工作能力强,充满热情与激情,科研管理思路一致,工作中能相互理解与支持,他们的为人和处事风范对我帮助与影响很大。我在这样的环境中工作得益匪浅,可惜这几位同志已先后去世,我非常怀念这段工作紧张而又愉快的时光,也非常怀念这些当年朝夕相处、苦乐与共的同志。

在科研处工作期间,回想起来,在季钟朴院长的领导下,全处同志主要抓了以下几项值得一提的工作。

一是恢复科研秩序,制订一系列科研工作的规章制度。如关于研究课题的管理条例、成果鉴定条例、研究室建立条例等。

二是新建与恢复研究室。按照研究室建立条例的要求标准,全院共建立 60 余个研究室,为科研任务的落实、科研计划的实施提供了必要的平台和稳定的人力、物力保证。

三是重视发挥院内外同行专家学者在科研工作的作用,科研的一些主要环节实行同行评议,听专家的意见。如对科研课题的开设、成果的评价鉴定、人才的学术水平评价均实行院内外同行专家学者评议,使我院的科研水平步入国内前沿水平。

四是建设全院科研管理队伍,提高科研管理水平。季钟朴院长倡议,科研管理人员不要满足于完成事务性工作,而要把科研管理当作一门学科看待,要求在工作中注意总结经验,发现问题,加以研究,并及时交流探讨。为了保证这一倡议的实施,院科研处定期召开全院科研管理经验交流会,每年 1~2 次,会上各院所科研管理人员互相交流工作经验,探讨存在的共性问题,提高了全院科研管理水平。

1981 年我参加原卫生部科教司在天津召开的科研管理经验交流会,会上我报告了我院实行聘任客籍专家的经验,其后这个发言稿被《健康报》以题为"聘任客籍专家——加速科研的好方法"发表(1981 年 11 月 22 日第 3 版)。

在中医药科研管理的思路上,我们都赞同季钟朴院长的主张,即采取多元的模式,既可采用传统的方法发展中医药,使中医药学术提高到新的水平,也强调应用现代科学(包括现代医学)知识和方法研究中医药,即中西医结合方法。我们实行两条腿走路的方式,并在实践中努力贯彻这一理念。如在研究室建立中,全院既有以现代科学(包括现代医学)方法为主的研究室,也有以传统方法为主的研究室,后者如"赵锡武学术经验研究室""岳美中学术经验研究室""朱仁康学术经验研究室""钱伯煊学术经验研究室""韦文贵学术经验研究室"以及"赵心波学术经验研究室"等。在成果鉴定方面,除了用现代科学方法研究的成果鉴定外,也有多项以传统方法为主研究的成果得到鉴定与获奖,如《朱仁康临床经验集》《赵锡武医疗经验集》《钱伯煊妇科医案》《韦文贵眼科临床经验》《郭士魁老中医杂病证治》《慈禧光绪医方选议》等。在这种思路的指引下,经过几年的上下努力,全院的科研工作有了较大的进步。自 1977 年至 1983 年季钟朴院长离休时,全院获原卫生部甲、乙级奖的成果有 19 项,院级成果 38 项,各院所成果有 130 余项,其中青蒿素的研究获国家发明二等奖,2013 年获国际腊斯克奖,2015 年又获诺贝尔奖。

回想在科研处工作的近 10 年中,是我职业生涯中重要的 10 年。我在科研管理实践中,坚持在中医药研究中采取两条腿走路的主张,即既重视应用传统方法研究中医药,也强调采用现代科学(包括现代医学)知识和方法研究。我深深地体会到中西医结合方法是发展中医药的重要途径,更体会到认真贯彻中西医结合方针的重要性与现实意义。但这被认为与当时一些人的"学术观点"不同,1985 年初夏,我被调离科研处,由我自选到医史文献研究所任所长或到《中西医结合杂志》(1992 年更名为《中国中西医结合杂志》)编辑部(当时尚未成立杂志社)担任常务副总编,我选择了后者。从此,我可以名正言顺地进行中西医结合工作了。

## 四、医学编辑工作阶段

《中西医结合杂志》那年已创办 4 年了,拥有了广大的读者及大批作者,稿源充足,文章刊登率不足 15%,编委会阵容强大,几乎囊括了当时国内中西医结合知名专家及部分知名中医药学家,杂志质量上乘,反映了我国最新、最高的中西医结合学术水平,已被美国"生物医学检索系统"(Medline)收录,在国内外享有良好声誉。我来到这样一个单位工作,当时总是处于"战战兢兢,如履薄冰"的心态,生怕因自己的工作不力或失误给杂志造成不良影响。虽然早前我也曾编过一些刊物,如前面提过的《中医药研究参考资料》及《中医文摘》等,但那都是内部发行的,对编辑水平的要求与这里是不可同日而语的。因此,我下决心从头学起,除了履行副主编职责外,我自愿承担了助理编辑、编辑的工作,从退修稿件、改稿、清稿、版面设计、画版式、校对、下印厂核红,直至全年度每期报道重点计划、约稿、各期主编终审前的审核等,我都认真对待。我一共当了 5 年(每年 3 期)的全期或栏目的责任编辑,目的是学习、了解杂志编辑工作的全过程,体验编辑工作的苦与乐,打好编辑工作的基础,更好地履行常务副主编的职责。

从那以来,32 年过去了,虽然其中我也尝到了酸甜苦辣各种滋味,庆幸的是杂志社在不断克服重重困难中坚持办下来了,保持了办刊初衷,且不断有所发展。杂志的版面从原来每期 64 面逐渐增加至目前的 128 面,增加了整整一倍,栏目的设置也有所增加,在国内外的影响也更加广泛,除被 Medline 收录外,国际上先后被美国《化学文摘》(CA)、荷兰《医学文摘》、俄罗斯《文摘杂志》、日本《科学技术文献速报》(JST)、英国《国际农业与生物科学研究中心》(CABI)、WHO 西太区医学索引(WPRIM)等知名数据库、文摘及索引所收录,国内也被中国科学引文数据库(CSCD)、中国科学核心期刊数据库(ISTIC)、中国科技论文与引文数据库(CSTPCD)、中国学术期刊综合评价数据库(CAJCED)、中国生物医学文献数据库(CBMdisc)等所收录。在历年国内各级期刊评比中,我们的杂志屡有获奖,如"中国出版政府奖"(2017 年)、"中国最具国际影响力期刊"(2012—2016 年)、"中国百种杰出学术期刊"(2002—2016 年)、"中国精品科技期刊"(2008 年,2011 年,2010—2017 年,2017—2020 年)、"百强期刊"(2015 年),并 4 次获得"国家自然科学基金重点学术期刊专项基金",5 次获得"中国科协精品科技期刊工程项目"资助期刊等,被引频次在千余种自然科学期刊中始终保持在前 30 名之内,在中医药期刊排名中也始终名列前茅,影响因子也有所上升。杂志的这些成就当然是杂志社全体同仁、编委会共同努力的结果,同时也与广大作者、读者的支持分不开。

为了加大对外宣传我国中西医结合成就的力度,加强与海外的交流,我们始终坚持着创办杂志外文版的愿望。1988 年,我们得到日本东方医学会谷美智士会长托人带来的口信,有意与我们合作出版《中西医结合杂志》日文版,这正合我们的愿望。在上级的支持下,经过调查了解与多次的商谈,双方终于在 1989 年 3 月签署了合作协议书,稿件由我方提供,日方负责翻译出版发行,刊名定为《中西医结合》,季刊。1989 年 10 月在东京日本东洋医学会年会期间,日方举行了《中西医结合》杂志首发仪式(正式发刊是 1990 年 3 月),邀请编辑部两位主任和我出席,还邀请我在会上做了我国中西医结合现状的学术报告。日文版《中西医结合》共发刊 12 卷,但 2002 年因日本经济不景气,经我方同意停刊而终止合作。

1992 年中韩建交后,韩国"一中社"社长全胜雄先生也托人向我们表达合作出版韩文版《中西医结合杂志》的意向。经过数次的接触与商谈,双方同意合作出版韩文版《中西医结合杂志》,韩方负责将我国出版的《中国中西医结合杂志》每期一篇不漏译成韩文,与我国同时间出版,因而我方需提前 2 个月将当期校样交给对方,供韩方翻译出版。韩文版《中西医结合杂志》于 1993 年 1 月出版第 1 期,合作出版发行 1 年(1 卷,12 期)后,由于金先生得了严重的心肌梗死,"一中社"业务受损,杂志的合作也告终。

两次的合作经验告诉我们,与外国合作不确定因素较多,如果想要稳定长期坚持出版,还是得自力更生,自己创办,且日文版、韩文版的受众终究有限,要广泛宣传我国的中西医结合成就,必须得自己创办英文版。经过多方的努力,我们得到香港保健协会主席周文轩先生的支持,他们愿意出资支持我们创办英文版杂志。杂志社在不增加编制的情况下,内部调整,成立英文版编辑部,创刊初期聘请院内外相关专家为特约编辑,1995 年第一季度出版创刊号,英文版杂志最初定名为 *Chinese Journal of Integrated Traditional and Western Medicine*,季刊,80 面,2003 年更名为 *Chinese Journal of Integrative Medicine*,目前为月刊,仍保持 80 面,编委会由国内外相关知名学者组成,最新一届编委会由 124 名专家组成,曾聘请吴阶平院士和周文轩先生担任名誉主编。英文版杂志至今已发刊 22 卷,在国内外有一定影响,2009 年已被 SCI 期刊收录,还被美国 Medline 等 10 余种数据库所收录。在期刊评比中英文版杂志也屡有获奖,如获 2014—2016 年"中国最具国际影响力学术期刊",2012 年获中国科学技术协学会能力提升专项"优秀国际科技期刊奖"等。在大家的努力下,2017 年英文版杂志续被评为"中国最具国际影响力学术期刊",论文刊出率在 7％左右,现任名誉主编为韩启德院士及陈竺院士。

2005 年我办理了离休手续,但仍被杂志社返聘,担任中文版顾问、英文版副主编,做一些力所能及的工作,继续为中西医结合事业尽一己之力。

# 奋斗在中药复方的
# 传承创新之路上

**严永清**
中国药科大学

严永清
中国药科大学

················· 【简　介】·················

1934 年 7 月出生于上海，小学毕业后随父母迁居无锡，1949 年 7 月于江苏省无锡师范学校初中部毕业。

1949—1951 年于无锡市辅仁中学高中学习，1951 年 1 月抗美援朝时参军。

1951—1955 年于沈阳中国医科大学药学院（后改名为东北药学院，即今沈阳药科大学）药剂系学习并毕业。

1955—1958 年 10 月于华东药学院（1956 年易名为南京药学院）任助教。

1958 年 10 月—1961 年 5 月于南京中医学院"西医离职学习中医班"学习并毕业。

1961 年 6 月—1997 年于南京药学院（今中国药科大学）工作，先后任助教、讲师、副教授、教授，管理工作先后任科研处长、系主任、副院长、院长、副校长、常务副校长等职务。

1998 年至今，任中国药科大学教授。

2001—2007 年兼任国家科技部"973"项目咨询专家组专家。

我于 1951 年 1 月抗美援朝时参军，被安排到沈阳中国医科大学药学院药剂系学习，1955 年 7 月毕业。因国家经济建设需要，我被分配到华东药学院（后更名南京药学院，即今中国药科大学）工作，担任过药理学、药剂学、药事组织等学科教学工作。1958 年 10 月，为贯彻毛泽东主席对原卫生部党组关于举办"西医离职学习中医班"的批示，江苏省举办首届"西医离职学习中医班"，学制 2 年半。经院党委研究决定，学院委派 6 名教师去学习中医，其中有我一个。当时学校里党员还不多，但为了贯彻毛主席的批示，党委派出的 6 名教师中有 5 名是党员，可见党委的重视程度。

## 一、学有所思，传承弘扬中药复方

党委要我学中医，我有使命感，也有责任感，但由于自己对中医不了解，缺乏兴趣，所以思想上有些纠结。

学习一开始就是学《黄帝内经》的"阴阳""五行"学说，我觉着有些玄虚，把一切事物都可归入阴阳和五行，像算命八卦一样，难以理解，学习后也没有写出什么像样的心得体会。

接着学习"藏象"理论，刚开始我也产生不少疑问，例如不仅讲心、肝、脾、肺、肾五脏功能十分广泛，还把"神""魂""魄""意""志"与五脏功能相联系，这怎么理解呢？经过反复思考分析，我的脑海里逐渐形成了一个观点，认为古人在长期医疗实践中，可能已经发现了人体有某些神经系统的表现，但由于客观条件的限制，不可能像后世从解剖学、生理学角度认识有神经系统的存在，所以就把这类功能分别归到五脏。从这一角度看"藏象"，是符合当时的社会和哲学、医学状况的，有一定的合理性。于是，我就把这些想法和观点写成了学习"藏象"的心得体会，没想到这篇心得体会得到了老师的赞赏和表扬，这也激发了我学习中医理论的兴趣。后来，我就"中药四气五味""气血理论"等写了多篇心得体会，党委书记还要我到全省各市做了"西学中"的体会和学习方法的报告，受到了很多鼓励。在临床实习期间，我特别注意到补气药、理气药在临床应用很广泛的情况，用心搜集了多位临床老师的有关病案病例进行统计分析，进一步理解了中医对"气"的认识和调理气机的重要性，并完成了毕业论文《论调理气机》。

我自己确实没有想到，我最初只是领受党组织的决定学中医，后来在 2 年半的学习中会真正地引起兴趣，而且想着自己未来的工作愿意把弘扬中医药作为自己义不容辞的责任。在毕业典礼上，领导宣布了奖励名单，居然授予我一等奖，而且是南京中医学院首届"西医离职学中医班"唯一的一等奖。

"西学中"毕业回校后，我自愿先后承担了中医学基础、中药学、方剂学等教学任务，同时考虑着科研方向。作为药学专业出身的教师，我认为我的研究方向应该重在如何弘扬传统中药的理论和应用。通过大量文献查阅，我发现直到 20 世纪 60 年代初，研究单味中药的报道甚多，但是对中医临床治疗主要应用的中药复方的研究极少，几乎是空白。复方是中医临床应用的主要形式，包含着丰富而深刻的中医药理论内涵，发挥着特殊疗效。我清楚地知道，长期以来许多人不愿意做复方研究是因为研究难度太大，特别是成分太复杂，药理研究也困难重重。经过深思熟虑，我选择了当时还没有被重视的、研究难度大的中药复方研究作为我将长期坚持不懈的研究方向。

## 二、开拓新路，系统研究中药复方

中药复方是由两味或两味以上药物组成的方剂。从中医理论角度看，复方方剂从药物组成、用量、用法、功效、主治、禁忌等都有理论依据。在治疗方面，它还有方证相应的原则，一个方剂所治之"证"可以包括现代认识的多种病，所以可以用同一方剂达到异病同治之效。但虽用同方，各病用药的用量用法又有所不同。这些情况说明中医临床用药用方都必须有据可循。在一般研究报道中，往往只从某一两个药效试验或某个成分含量测定，就肯定或否定一个方剂的药效或质量的优劣，这样以一概全、以偏概全等方法对开发新药有不利影响。

为了更好地发扬方剂的优越性，我认为应该对一些经过长期临床证明疗效确切，现代仍常用的著名古方进行系统研究，从多方面、多角度发掘其优越性，进而研制开发现代新药，达到阐明—发现—发展的目的。我说的"系统研究"是指从方剂的来源开始研究，从组成药物的品种、资源、配伍原理、配伍用量比例、有针对性（确定的主治病或证）的药效及其物质基础（有效部位、有效成分）、科学的质控指标、毒理、剂型、制剂工艺、用法用量、临床研究等方面进行研究。在各阶段研究过程中会有不同的新的发现，这将对传统方剂的科学内涵的理解有重要意义，对研发新药有重要的启示作用。

早在1983年，我有幸主持了国家攻关项目中第一个中药复方项目"生脉散新制剂研究开发"。当时是全国8个单位90多人参加的大协作组，在国内首次设计开展了对生脉散的系统研究，并有多项发现和创新，对生脉散的深入研究和发展有较大影响。例如经文献考察发现，生脉散出自金代张元素的《医学启源》，比以往认为的李杲的《内外伤辨惑论》提早45年，并明确只有人参、麦冬、五味子三药组成，没有用量记载。鉴于历代文献对药材品种和炮制与否均无明确记载，课题组经研究后确定，以冠心病心绞痛为功能主治的生脉散，组成药材品种应为红参而不是生晒参，麦冬应为百合科植物麦冬 *Ophiopogon japonicas* (L.f) Ker-Gawl.（川麦冬），五味子应为木兰科植物五味子 *Schisandra chinensis* (Turcz.) Baill.（辽五味子、北五味子）。此外，我们还发现三药的用量以 1∶3∶1.5 的比例配伍药效最佳，优于原药典方比例。在配伍原理研究中我们发现，无论是整体动物还是离体心脏，对于冠脉流量和心肌收缩两个指标的变化，三药配伍组优于任何单味药或两药配伍的六个组。对于当时研制的生脉散口服液，我们从动物整体水平、器官水平、细胞水平，广泛开展了药理活性研究，结果发现其有显著的抗心肌缺血活性、抗心律失常、改善心力衰竭、对抗各种休克及负性肌力作用，并能有效改善血流动力学，抑制动脉粥样硬化斑块形成，影响中枢神经系统功能，调节免疫功能等，这也从多层次、多角度部分阐释了其异病同治的作用特点和科学内涵。在制备工艺研究中我们发现，三个组成药物合煎液（传统应用）和三药分煎后的混合液（当时各生产企业应用）药效作用强度有差异，合煎液优于分煎混合液。这一发现为后续物质基础研究提供了新的有意义的发现和成果。在质量控制研究中我们也有一些有意义的发现。当年的研究成果获得了国家科技攻关大会的表彰奖励。20世纪80年代末、90年代初，我们先后研制成了益气复脉口服液、粉针剂等新制剂。当时的研究结果，为后来延续至今的深入研究奠定了良好基础。

## 三、敢于探索,研究复方物质基础

众所周知,中医临床用药,基本都用复方(很少情况下用单味药方)。实践证明,复方的疗效优于单味药。其原因何在? 我认为复方中的化学成分不是单味药化学成分的简单相加,而是在煎煮过程中可能产生有利于提高疗效的某些成分的量或质的变化。复方疗效的优越性,可能就是由于复方中药效物质基础的特异性。

文献查阅到 20 世纪 60 年代初时,一直鲜见复方化学研究的报道。个人认为,必须开展复方的化学研究,否则中药复方的优越性及其内涵的科学性就揭示不了、阐明不了,更谈不上创新发展了。

为此,我在主持"七五"国家攻关项目"六味地黄汤的方剂学研究"中,斗胆开始了复方化学研究的探索。当时什么气相、液相等仪器都没有,课题组只用了薄层分析技术手段,发现全方的合煎液组及三补(熟地黄、山茱萸、山药)、三泻(牡丹皮、茯苓、泽泻)合煎液醇提组均有新峰出现,初步分析合煎液可能在煎煮过程中使某些成分发生量的增加或新成分产生,提示多药共煎可能导致某些物质基础发生变化。回顾在生脉散研究中曾发现合煎液临床疗效优于分煎液的结果,所以我就提出了一个假说:"在煎煮过程中,中药复方可能存在物质基础和药效之间的动态变化。"

1. 复方化学成分动态变化与药效关系 以这个假说为基础,我获得了国家自然科学基金的支持,开展了"生脉散复方化学成分动态变化与药效关系的研究"。研究结果有多项新的发现。

(1) 组方中三药在合煎过程中,人参总皂苷含量无明显变化;某些人参皂苷($Rb_1$,$Rb_2$,$Rc$,$Rd$,$Re$,$Rg_1$)发生转化而消失,某些人参皂苷含量明显增高($Rg_2$,$Rg_3$,$Rh_1$,$Rf$);分煎混合液未见上述变化。

(2) 在合煎过程中产生一种三药中都没有的成分 5 -羟甲基- 2 -糠醛(5 - HMF)(单一五味子水煎后有微量存在):首次发现 5 - HMF 有抗氧化作用,有利于抗心肌缺血。

(3) 首次提出了三药配伍的最佳比例为人参:麦冬:五味子=1:(3~4):(1.5~2),研究所用的生脉散中人参:麦冬:五味子为 1:3:1.5 属于最佳比例范围内。

(4) 在生脉散及其不同配伍组中,甲基麦冬黄烷酮 A 和 B 的含量变化趋势是一致的,麦冬在与人参、五味子合煎过程中,五味子能降低麦冬黄酮的含量,而人参能减少这种作用。

(5) 五味子与人参、麦冬合煎后,五味子木脂素成分溶出增加,总木脂素含量增高,五味子醇甲溶出增加。

上述研究成果得到有 5 位院士和 2 位教授组成的鉴定专家组的高度评价,一致认为"该课题的研究当时在国内外尚属首次,选题及研究思路新颖,是在阐释复方优越性的方法和途径中的有意义、有价值而且是非常成功的探索,并取得突破性进展,有很高的学术意义和重要的实用价值,对我国方剂研究的深入发展将有很大的推动作用,对中药复方的研究将起到良好的示范作用"。

该成果于 2000 年获国家中医药管理局基础研究一等奖,并入选 1996—2000 年《国家自然科学基金资助项目优秀成果选编》,是其中唯一一项中药研究成果。

2. 中药复方有效成分与中药复方增效 在经过近 20 年的研究实践,结合国内外许多文献分析,我提出了一个观点,即中药复方中有些化学成分的变化是中药复方的增效因素,可归纳为以下 6 个方面:① 化学成分间的水解转化,促使某些成分发生量或质的变化。② 某些化学成分促使提高有效成分的溶出率。③ 某些化学成分的变化减低了复方中主要成分的毒性。④ 某些化学成分可形成复合物。⑤ 复方煎煮过程中有产生新成分的可能。⑥ 复方煎煮过程中对无机成分有影响。

上述观点的发表引起了较多关注,日本《日中医学》全文译载,《亚洲医药》(2001 年第 5 期)进行转载,对促进中药复方药效物质基础的研究有一定影响。

## 四、创新思维,复方研究方法途径

在研究实践中我深深体会到对复方研究的困难多多,从 20 世纪 60 年代没有直接可以借鉴的方法和经验的状态下起步,边思考边探索边实践,逐渐积累经验和教训。幸运的是在进程中,我们连续得到国家攻关项目和国家自然科学基金的支持,一直在坚持前行。

受生脉散研究进展的鼓励,我们对不同的方剂采用不同的思路设计研究方案,主观上希望用不断创新的思路探索获取更好的方法、途径和研究成果。举例如下。

在配伍原理研究方面,早期普遍用的都是拆方分组观察某些药理指标的方法,我们在生脉散最初的研究中也是用了这个方法。但对多于 3 味药的方剂,我们探索了新思路、新方法。例如,在六味地黄汤的研究中,我们采取了以中医理论和功效为基础的思路,按中医补泻理论,方中熟地黄、山茱萸、山药为"三补",牡丹皮、茯苓、泽泻为"三泻",主要观察其补益作用,分析各药在方中君臣佐使的位置,所以采取了三补、三泻各 1 组,相对应的一补一泻组合成 3 组,再加熟地黄单味药 1 组,共 6 个组,很好地达到了研究目的。又如在做当归芍药散(以下简称 DSS)防治老年性痴呆新药开发研究时,为了解该方剂对阿尔茨海默病(AD)、血管性痴呆(VD)的作用强弱,我们用另一种思路考虑,结合配伍原理进行,将 DSS 的 6 味药物按中医理论分为两组,一组是活血补血药组(当归、川芎、芍药,简称 DCS),另一组是健脾利湿药组(茯苓、白术、泽泻,简称 FBZ),观察对模拟 AD 模型和模拟 VD 模型的作用差异,然后通过对 VD 模型的两次 $L_9(3^3)$ 正交设计实验,最终选定了防治 VD 的 DSS 精简方(由茯苓、白术、当归组成)及其最佳配伍比例依序为 10∶5∶3,该组方已获专利授权。

在传承创新的路上,我还设想从疗效确切的中药复方研究的基础上,进一步研制具有自主知识产权的现代中药。1995 年我就提出了有效部位群的概念,从中药复方中分离出若干有效部位,组合创制新药。1997 年我们获得"七五"国家攻关项目"生脉散细粒剂的研究开发",课题组克服许多困难,群策群力,针对当时尚无良药的难治性疾病——病毒性心肌炎,从生脉散合煎液中分离制备分别富含皂苷、多糖、氨基酸的三类化学部位,采用国际通用的病毒性心肌炎模型,深入做了许多研究开发工作,2000 年,用新思路、新途径研制成了有效部位群组成的原属二类新药"心得康颗粒剂",并获得了国家新药审评通过的、我国第一个来源于复方的有效部位组成的新药临床批件,Ⅰ期临床试验结果表明未发现明显毒副反应。

弘扬中药复方的工作除了学术研究工作以外,还有一些其他方面的工作,例如:在日本、意大利、美国、德国、印度等国家及我国香港、台湾地区的学术会议上积极宣扬中药复方的优越性和内涵的科学性;在国内积极参与中药现代化的倡导和实践,参加了国家科委起草的《中药现代化科技行动纲要》的讨论;主持筹办了 1998 年 7 月科技部、原卫生部等 8 个部委、学会主办的"全球华人中药现代化学术研讨会",科技部领导在会上宣布这个会也是《中药现代化科技行动纲要》执行的开始。

60 年来,我对中西医结合事业虽然只做了些微不足道的工作,但我是满怀深情地努力了,奋斗了。我先后获国家级表彰 1 项,部级一等奖 3 项、二等奖 2 项、三等奖 2 项及其他国际、国内奖励 10 多项,先后发表论文 140 多篇,报载 6 篇,出版著作、译著 14 部,获授权专利 17 项。

# 我的中西医结合防治
# 心血管疾病之路

**雷忠义**
陕西省中医医院

·········· 【简 介】 ··········

雷忠义,男,1934 年出生。主任医师,第三届"国医大师",中国中医科学院中医师承制博士生导师,首批"陕西省名中医"。第四批、第六批"全国老中医药专家学术经验继承工作"导师。曾任中国中西医结合学会心血管病专业委员会委员,陕西省中医、中西医结合学术委员会委员,陕西省中医药学会心血管与活血化瘀专业委员会副主任委员,中华医学会陕西分会老年医学学会常委,《实用中西医结合杂志》编委等职。从事中西医结合内科临床科研工作 60 余年,提出冠心病胸痹痰瘀互结新理论,发明中药新药丹蒌片、复方羊红膻片,并主持多项研究课题。通过临床、科研带教,先后带学生 9 名,其中博士研究生 2 名,硕士研究生 5 名。退休后仍主持立项并参与课题 6 项。1988 年获中国中西医结合研究会(1990 年易名为中国中西医结合学会)"坚持中西医结合 30 年贡献奖";获"首届陕西省优秀科技工作者"称号;以第一完成人获陕西省科学技术进步奖二等奖、陕西省卫生科技成果二等奖各 1 项。发表专业论文 30 余篇,主编专著 3 部。

## 一、我是怎样走上中西医结合之路的

20世纪50年代初,我中学毕业,恰逢中华人民共和国初建,百废待兴。我服从国家需要,考上了陕西省第一卫生学校学习西医3年,毕业后被分配到电针研究室(所)工作,初步开始了中西医结合工作。1961年我由组织选送参加了陕西省第二批"西医离职学习中医班",在陕西中医学院开始了3年的学习生活。怀着对中西医结合的美好憧憬与执着,我坚信"有疗效就有存在的价值和科学内涵"的理念,专心致志,珍惜一切学习机会,全身心投入中医理论与典籍的海洋,勤求古训,博采众方,熟诵经文汤头,圆满地完成了3年学业,也从此走上了中西医结合之路。

## 二、从事中西医结合工作,要有较高的业务素质,更要拜中医为师

虽然系统学习了中医理论,但我觉得这仅仅是个开头,搞中西医结合,必须要有较高的业务素质,西医知识要全面,中医理论实践技能也不能弱,需要静下心来,刻苦学习,钻研中医药学。要传承、创新、发展好中医药学,就需要先拜中医为师,拜中西医结合大家为师。我先后在西苑医院、阜外医院、北京大学人民医院、解放军第二军医大学、第四军医大学、上海医学院、西安医学院等处,跟随中、西医名家王文鼎、赵锡武、郭士魁、吴英恺等研修学习。同时,我积极参加国内外学术交流活动,为中西医结合临床、科研、教学工作打下了坚实的基础。

## 三、组建心血管病组,矢志中西医结合防治心血管疾病

1970年,周恩来总理在主持召开的全国中西医结合工作会议上,明确提出要加强冠心病的防治研究。我所在的医院上下积极响应周总理的号召,在大内科的框架下成立了心血管病组,抽调医护人员组建专业队伍,我担任负责人,从此将自己的研究方向确定为中西医结合防治心血管疾病。

1. 从"肾"治心,心肾同治开始中西医结合防治心血管疾病之路  20世纪70年代,我和我负责的心血管病组,在建组伊始,以响应国家号召,送医送药下乡,选择在农村设点调查心血管病的发病率,搞群防群治为工作开端。在巡回医疗期间,陕北民间草药羊红膻引起了我的注意。羊红膻在当地用于补肾、壮阳,也用于治疗克山病、哮喘、慢性阻塞性肺疾病等老年性疾病。受此启发,我组方研发了复方羊红膻片和单味羊红膻片,针对冠心病心绞痛、高血压、高脂血症、心功能不全、心律失常进行临床观察,先后在关中地区四县八个大队、两个酿酒厂建立防治点,健全病案,定期送医送药上门,定期复查,坚持十余年之久,受到群众的欢迎,治疗组疗效明显优于对照组;药理等基础研究也证实羊红膻具有扩张血管、降压、降黏、抗氧化、抗血小板聚集、抗心律失常、正性肌力作用,结果与临床观察吻合。《羊红膻治疗高血压及冠心病466例分析》发表在《中医杂志》(1991年8月总第480期),获得了陕西省中医药及陕西省自然科学优秀论文奖,受到同行的肯定和专家讲学引用。

复方羊红膻片(后称舒心宁片)最终获批陕药准字,作为地标产品,无偿交给西安国药厂

生产多年,获得了可观的社会、经济效益;该研究 1978 年获陕西省卫生科技成果二等奖。

羊红膻的研究在一定程度上验证了中医关于心本于肾的理论,开启了"从肾治心",即从补肾中药中筛选防治心血管疾病药物的新思路,为我从事中西医结合事业明确了方向。

2. 溯本求源,理论创新,建立胸痹痰瘀互结体系 医学的发展依靠于理论创新,新理论的提出又来源于临床实践。20 世纪 70 年代,我通过临床汇总,发现冠心病心绞痛患者临床症状除了有"心痛","胸闷"也不少见,常常"闷""痛"并见。我和团队一起大量翻阅经典,并结合临床摸索,首倡把胸痹心痛的痰浊说与瘀血说融为一体,提出胸痹心痛的主要病机是痰瘀互结证,并以此理论为基础,为当时的西安地区冠心病协作组提供了加味瓜蒌薤白汤治疗冠心病(痰瘀互结型)的观察治疗方案,临床入组 200 例进行观察,疗效满意,相关论文多次在全国会议(南京、福州、太原、上海)交流,并刊登在《陕西中医》上。1987 年,以此为基础,我将加味瓜蒌薤白汤改进重组方药、剂型,改名为丹蒌片,申请并主持陕西省科委课题"胸痹痰瘀交阻理论及丹蒌片的临床和基础研究",历时 16 年,从传统中医理论及现代药理学、毒理学、药物化学、病理学、生理学、生物化学、血流动力学、血液流变学等不同角度,论证了胸痹心痛痰瘀互结证的证型特点、诊断要点,也证实了丹蒌片疗效的有效性和安全性。丹蒌片最终获批国家级新药,成为胸痹痰瘀互结证型唯一用药,2003 年该项目获陕西省科学技术进步奖二等奖。

3. 胸痹痰瘀互结新论、新药"丹蒌片"被同行肯定 20 多年以来,我欣喜地看到,胸痹痰瘀互结证逐渐受到了越来越多同行的重视与关注,理论和实践都取得了可喜的成果。2000 年以来,邓铁涛国医大师、张伯礼院士等都对胸痹痰瘀互结证发表了系列重要论述。中国中医科学院王阶教授牵头的国家重点研究发展计划"973"项目子课题(2003BC517103),重新对丹蒌片在稳定动脉硬化粥样斑块、抑制炎性反应、降低心血管事件进行了临床及基础研究,研究结果显示丹蒌片明显优于西药对照组,再一次肯定了胸痹痰瘀互结理论和丹蒌片疗效的科学、有效性。我国著名中西医结合心血管专家、解放军第二军医大学上海长征医院心内科主任吴宗贵认为:(陕西省中医院)对胸痹痰瘀互结证及丹蒌片的研究具有"里程碑"意义。

值得庆幸的是,丹蒌片作为国家食品药品监督管理局(CFDA)唯一批准治疗痰瘀互结证的临床用药,以国家医保目录品种入选 2015 版《中华人民共和国药典》。阜外医院经过 3 年系统临床观察,在 2014 年《急性心肌梗死中西医结合诊疗专家共识》中,将丹蒌片作为急性心肌梗死(AMI)痰瘀互结型中唯一推荐的中成药。

4. 痰瘀毒互结和痰瘀毒风新论的探究 近年来,我观察到部分胸痹心痛患者,特别是久病迁延不愈或急性加重者,不仅有痰瘀互结证,还可兼见较明显的热象。治疗上单纯给予化痰宣痹、活血化瘀,虽然有效但多不尽如人意。我在思索:治疗哪里出了问题? 这些热象是如何来的? 通过仔细观察与总结分析,我提出了痰瘀毒互结证的假说,即痰瘀互结日久,生热化毒,郁热毒邪内伏,致营卫不和,气血亏虚,形成痰瘀与热毒互为因果的恶性循环,促进了胸痹心痛病证的迁延不愈和恶化。依据病机特点,我创制丹曲胶囊,现已获批院内制剂,并申报省级科研课题多项。从已有的临床基础资料来看,丹曲胶囊对胸痹痰瘀毒互结证的治疗已显示出较好的苗头。

依胸痹心痛心悸动多变化的特点,我提出痰瘀毒风理论。我认为胸痹痰瘀互结证,日久化热成毒,还可以生风,痰瘀毒风相交为患。痰瘀毒互结,既可以阻碍气机,使气机不畅而逆乱,也因痰瘀毒本身耗气伤阴,阴虚而生风,同时由于正气不足不能抵御外邪,风邪易外受,所以患者除了表现出胸痹心痛病本身之胸痛、胸闷,也还有心悸怔忡、乏力气短、恶风多汗等症状。痰瘀毒风互结,正气不足,虚实夹杂,依据此理论,如对冠心病急性心肌梗死、急冠综合征等伴发的心律失常采用祛风解毒、活血化痰的治法,联合西医先进技术,中西医结合,临床则每每收效。

## 四、薪火相传,甘为人梯

在我数十年的从业生涯中,我始终乐意把自己所知所学无私奉献出来,供大家学习借鉴提高。20 世纪 70 年代我从北京进修归来,先后多次举行学习汇报会,分享大师经验,无私出借跟师笔记本,先后有数本珍贵笔记资料借出后无法追回,十分可惜。我带教学生 9 名,其中博士研究生 2 名、硕士研究生 5 名。我经常在看到学术新进展后就把内容复印下来,分发给年轻医生,希望他们尽快掌握,早日超越老师,青出于蓝。我的学生之中绝大多数成长为主任医师、教授、科室骨干,多人成为陕西省突出贡献专家、"陕西省名中医"、国家重点学科与重点专科的学术带头人,他们是中西医结合事业的现在和未来。

我从事中西医结合临床和科研、教学工作 60 余年,为中西医结合医学,特别是中西医结合防治心血管疾病方面做了一些工作,虽然道路艰辛,但不曾后悔,坚信中西互补能解决更多重大疑难重症,为人民健康保驾护航。我也有幸被评为"国医大师",肩上的责任更重,今后还要坚持走中西医结合之路,愿更多的年轻朋友投身到中西医结合事业中来,一起创造更加辉煌的明天!

# 中西合璧只为女性健康

**俞 瑾**
复旦大学附属妇产科医院

················【 简 介 】················

　　俞瑾,女,1935年生。复旦大学附属妇产科医院教授、博士研究生导师,全国名中医,上海市名中医。曾任中国中西医结合学会妇产科专业委员会主任、名誉主任,现任顾问。60年来从事生殖内分泌学和中西医结合妇科医、教、研工作,阐明"肾主生殖"与"女子以肝为先天"的科学内涵;创立动态性"女性生命网络调控观"理论,指导临床达中西医融合的新高度,为女性健康和诊治妇科疑难杂症做出重要贡献。发现3个新病种及有效对策,其中多囊卵巢综合征(PCOS)诊断分型和治疗方法开创了中西医融合诊治PCOS的先河。曾获上海市三八红旗手(2次),上海市劳动模范,中国医学论坛年度医师奖,中国中西医结合学会荣誉证书及中西医结合贡献奖(2001年),中国妇产科医师奖(2013年),中华中医药学会终身成就奖(2014年),世界中医药学会联合会"中医生殖医学"流派传承与贡献奖(2015年),中国中西医结合学会妇产科专业委员会终身成就奖。

我国新兴的中西医结合学已走过 60 年了,有着自己的医学会和杂志,临床上受到广大人民的热烈欢迎,学术上也正在飞速发展,国际上都惊讶于中西医结合观念之新、疗效之好。全国中西医结合医学的成万大军,从一砖一瓦到辉煌业绩的背后饱含着大家励志坚持、淡泊名利、艰难苦学前进的无数日夜,这不仅将记入历史,也是对世界医学发展的极大奉献。

我自幼立下为民从医之志,1951 年考入上海医学院(现复旦大学上海医学院),1955 年毕业后留在附属妇产科医院工作。老师们的教学育人、患者的殷切期望及繁忙的医疗实践,给了自己渴望学习、勤于思考、努力钻研、敢于为患者而承担和创新的动力。

1958 年院里选我去学中医,我毫不犹豫地参加了探索中医学宝藏的 2 年半研究班。实习中我受到盛梦仙、姜春华、唐吉父等前辈们的中医辨证论治特色传授,开始认识了西医和中医之间治病和治人的区别。此外还学习了哲学,这对我以后的思维方法有极大帮助。结业后正值全国中医低潮,许多"西学中"人员都回西医了,我想中医治病有效必有其潜在的科学内涵,所以决心学习前辈们不计名利为患者的精神,为讲清中医"道理"而坚持下去,将心得和思考的问题写在我的"临床思考本"(下称"本",从 1955 年至今)上。

1970 年院里要我搞针麻工作 3 年,我借机自学神经生物学、统计学和电生理等。"文革"后,我觉得有希望了,主动去西藏 2 年,白天吸着氧气看病、教学、做妇科普查和手术,夜间苦读父母寄来的内分泌学、受体学、免疫学等方面的书籍。回沪后,我决心继续做处于低潮的中西医结合工作,研究"本"上的问题。除认真搞好科内工作、帮年轻医师和研究生更好成长外,我下班后读文献,读国际权威的《生殖内分泌学》,从第 1 版到 2014 年的第 7 版,我每版必读。工作中接触什么就学什么——中医学、电镜学、实验动物学、胚胎学、免疫组化学、心理学、应激学等。夜休了我就去听课,生理、生化和分子生物学等,不懂就问,默默积累和充实自己的医学基础。

1989 年葛秦生教授寄给我伦敦国际论坛资料,主席 Cooke 教授的全部开场白就是说读了我的文章才知道中国在 1450 年就注意了多囊卵巢综合征(PCOS),比西方医学的 1935 年认知早多了,葛教授说这是中医第一次在国际会议上被提出。在医学实践中,我以中西医结合女性健康事业作为了自己活着的目的,肠癌、肺癌手术并发症和身痛折磨我至今,但我如饥似渴追求知识之心不变,病房、实验室、门诊、病床旁、工作室和家中都是我学习交流之处。1989 年我被日本妇产科权威菅井正朝教授称为"妇产科中西医结合第一人",2000 年被国际生殖医学权威葛秦生教授认为我"是打开了妇产科中西医结合大门的人",国内外患者称我为"世界外婆",21 世纪我提出的"女性生命网络调控论"观点及临床验证也受到国内外学术界的重视和赞扬。

## 一、60 年来我在学术上经历的三个阶段

1. 辨病和辨证及审因相结合,1958—1979 年临床探索的宝贵阶段  我对多囊卵巢综合征(PCOS)、子宫内膜异位症(EMS)、更年期综合征(PMS)、卵巢早衰、输卵管积水、宫腔粘连、不孕症、针刺促排卵、神经性厌食、痛经等 30 余个病都做了中西医结合的观察与小结,"本"上记了不少,感到自己方向明确,能把神经生殖内分泌和中医肾主生殖两个强项拧在一起是我的运气。

2. 宏观与微观相结合,1980—2000 年是临床和实验相互促进的可喜年代  我感谢郑怀

美教授在我最初的针刺促排卵和 PCOS 动物模型 9d – ASR 两个课题上签了名，课题得以上报，先后我共获得 40 多个课题。也感谢当时科内医师、护士、患者和我的研究生们，以及三个国家重点实验室——生殖生物学、分子生物学和医学神经生物学的教授们为我提供高的研究平台，让我对中医和西医结合的领悟既扎实又不断提高。

3. 21 世纪我提出了"女性生命网络调控论"和再验证，是中西医融合妇产科的开端　由于综合原因，我想抓紧整理、总结、提高、验证自己的工作以实现自己的初衷，于是婉拒了资深院士宋鸿钊教授及前辈苏延华教授等劝说和推荐我申请院士的好意，离开了我工作了 45 年的医院，也推辞了国内外几个著名大学的高职聘请，静下心来培养研究生，创立了"女性生命网络调控论"，将中西医两种思想体系通过找出的节点而融合起来，并在学术上做更高的探究，于诊治中反复验证了这一理论确实存在。

这三个阶段，可以用古诗分别概括："昨夜西风起凋碧树，独上高楼，望断天涯路"；"衣带渐宽终不悔，为伊消得人憔悴"；(柳永《蝶恋花》)"众里寻他千百度，蓦然回首，那人却在灯火阑珊处"。(辛弃疾《青玉案》)当然，路还在走下去。

60 年中，我在国内外核心期刊发表论文 200 余篇(2000 年的一篇是中国中医第一次登载于影响因子 4.96 的杂志)，出版国内外著作 42 本(国内及美、英、法专著 9 本，国内及德、意、日主编和编著 33 本，德国版教育录像 1 个，盘片 1 个)。我在国内主办和参与学习班讲课 30 余次，为外国医生办学习班 11 次。被邀出国 60 次中有 21 次是以我为主的学习班，著名大学讲学 18 次，国际学术会议报告 33 次，受聘国外大学客座教授 4 次。我共培养国内外博士后 2 名、博士研究生 8 名、硕士研究生 11 名、带徒 21 名，国内共获国家级、省部级奖 18 次。1997 年后相继有国际产科妊高症学会和国际妇科内分泌学会指定我为在中国举行大会的主席，并且 WHO 批准我建立"中西医结合女性健康中心"，但均因国内各种原因未成。

## 二、中西医结合在于理论创新

我最大的体会是做中西医结合工作，必须踏实地把课题做到讲出所以然，研究可以交叉进行，互相借鉴，但不能像猴子摘苞米——摘一个丢一个。

1. 从针刺促排卵到"女子以肝为先天"的思路　1958 年我读到《黄帝内经》中针刺三阴交穴位可调经、治不孕，当时就思索"针刺能否促排卵"，于是就在十四经 309 个常穴和 110 个奇穴中筛选出补肝肾及"胞宫"的 4 个穴，经过 10 多年的观察，在"本"上写着"为何只 30% 有效？"。在 1980 年后的临床和动物实验研究中，我发现了体内雌激素通过雌激素受体(ER)和中枢 $\beta$-内啡肽($\beta$ – EP)水平的正相关；针刺可使中枢 $\beta$ – EP 释放到低水平而去除了对 GnRH 脉冲释放的抑制，取得了促排卵的证据和道理；选青春期功血为针刺主要适应证，疗效高达 80%。1997 年我受邀去美国 NIH 针刺听诊会，进行了大会唯一的通过针刺调节生殖内分泌的报告，也促进了美国政府将针刺纳入医保范围。1980 年一位神经性厌食患者，血 FSH、LH 受高皮质醇(C)严重抑制，我联想到用清肝补肾法做针刺，2 周后果然血 C 水平下降，有进食、排卵等效果，血瘦素水平也升至正常，提示了针刺可通过神经-内分泌-代谢系统治病及肝肾同治的粗道理。联系中医叶天士提出的"女子以肝为先天"，心想为何不提男子？于是我就从中医男女有阴阳之别而细读男女间解剖与功能的资料，如女性和雌性动物在应激时,中枢促肾上腺皮质激素释放激素(CRH)增多,不仅直接抑制卵巢轴、对抗下丘脑视前区亲吻素的分泌而间接影响排卵,而且对免疫及交感神经系统都有影响,并可使胰岛素受体后途径异常而造成代谢综合征。男性肾上腺轴和睾丸轴有相协调之处,且中脑 5 -羟色胺的产生比女性快 52%,故情绪易于控制。我探出了"女子以肝为先天"的科学内涵,提示诊治男女患者中当有所别,确立了新病"女性应激综合征"的诊断和级别,说明了"肝肾同源"的所以然,用心理交谈、生活指导、针刺和中药缓解了患者的情绪,发挥其主观能动性,治好不少疑难病。

2. PCOS 的研究和"女性生命网络调控观"的产生和验证　中医没有 PCOS 诊断,细读寻觅,1962 年,我在清代舒驰远《伤寒集注》中读到"闭经,肾气不足,无以气化,湿痰积集胞宫,见腹大(肥)无胎息",领悟到这和 PCOS 的高雄激素(A)特征相近,做出肾虚痰阻冲脉的辨证,组成补肾化痰方,排卵率达 70%。1971 年我联系神经生物学,在"本"上写下补肾化痰与下丘脑的关系。

1980 年后,东京大学的教授验证了上述结果,并以"俞氏温补方"命名而生产为成药。但生活条件的改变又出现了有高胰岛素的 PCOS,前方效果下降了,再按肾阴虚痰瘀交阻辨证和天癸方取得高于西医的 60%排卵率。我在临床和 9d - ASR 模型上反复观察,发现此方以降低体内的高 A 和高 AR 为主要节点,降低中枢刺激食欲、抑制 GnRH 的递质 POMC 及 NPY 水平和胰腺内胰岛素的分泌,从而逆转高胰岛素、高瘦素、低 GnRH 的三个恶性循环,神经、内分泌、代谢系统得到调整而排卵或妊娠。我否定了金元刘河间"女子二七天癸之后治肝"的看法,认为 PCOS 是中医"女子二七"后,因冲脉受阻,天癸行而尚未至,是性腺轴未成熟而无排卵的中医和西医相合的新观点,故必须以补肾为主和养促结合为治。1997 年我向美国关教授要瘦素受体抗体时,他惊讶于中国医学的高水平。此方近期可降雄激素、排卵、妊娠和减肥;瘦素过高可使血小板凝聚力增加,成为中医瘀和痰相结的证据,分段服用当有减少 PCOS 远期心血管病、糖尿病和肥胖等并发症之功。

在前 40 年哲学和中医的指导思想及中西医结合扎实工作的前后贯通,让我在科研上有了预见性,提示我是走在符合科学发展规律的道路上。考虑到患者都是"社会人",结合过去中药治疗 PCOS 以降 A 为节点、治疗 PMS 以提高 ER 为节点,以及治疗子宫内膜异位症以降前列腺素为节点和策略性治疗法而获显效等的收获,我认为:人体当是以脑为核心,各个系统、器官、组织、细胞、分子、酶系、因子等各自形成的亿万个具有各种功能的大、中、小、微等网络的联合整体;各网络间有亿万个同源异流的节点联系而相互影响着;整个网络又随时代外环境和内环境的变化("三因"),不断进行相对平衡("阴阳")、涟漪反应("五行"),一遇异常(病的切入点)就发生多米诺骨牌式效应,使原来的网络失控。从而我提出"女性生命网络调控论",并以此指导临床,都取得了明显效果,为此学说赋予了生命力。2003 年我发表了将 PCOS 分为高雄激素(PCOS Ⅰ)与高雄激素合并高胰岛素(PCOS Ⅱ)两型,各型又按 A 来自卵巢或同时来自卵巢和肾上腺分为二大型四小型(PCOS Ⅰ a、PCOS Ⅰ b、PCOS Ⅱ a、PCOS Ⅱ b)的文章。如 PCOS Ⅱ b,肾上腺初现时过度分泌雄激素,过早抑制乳头旁毛囊及乳腺中雌激素受体,故乳晕无长毛,乳头小,乳腺少,却刺激头皮和小腿毛囊皮脂腺而见油发和粗毛,这与经典的国际多毛分类法就不同。长期雄激素刺激脂肪和肌肉生长,故有水牛肩、壮实肥体,阴蒂也稍有增大;因 C 高,皮下组织稀疏而见白色皮纹。肾上腺雄烯二酮转为雌酮,故开始口不干、子宫内膜偏厚而卵泡小;高胰岛素和高雄激素恶性循环,故颈后、腋下、皮折处见黑色素沉着,有口干渴,舌暗。这些临床新发现和实验室雄烯二酮、雌酮、睾酮、皮质醇以及瘦素的水平升高相一致。再从胚胎学看 PCOSb 型,人从受精卵到三个胚层,一直是同源异流地发育,如卵巢与肾上腺均起于中胚层上皮,是形态与功能上有不同又密切相关的两个腺体,何况实践已证实了中医肾和肾上腺的关系。在中西医融合诊治方面,我对前述补肾化痰祛瘀做修改,制成坤泰 1 号、2 号,加入女性肝郁辨证、心理引导、针刺和辨证地使用激素的综合治疗下,排卵率稳定在 90% 左右,妊娠率也在 70% 以上,其他医师学习后也能得出相似效果。2017 年中国中西医结合学会妇产科专业委员会和中华中医药学会妇科分会等召开了对此 PCOS 中西医结合分型模式的听证会,并以英文发表,当然工作还在开展。长年来不论国内外的变动,我坚持了 PCOS 三个必备症的诊断,从而对曾被西医诊为 PCOS 治而无效者,做出了新诊断"小卵泡综合征",以调肝补肾法获效。学习—实践—科学思维在我的中西医融合工作中有很重要的意义。

3. "女子生命网络调控论"带来诊治 EMS 中的策略性　结合过去我治月经过多症的祛瘀以前列腺素为节点的经验,在 EMS 的中西医融合治疗中,我以人为本,按不同年龄和要求,活用益气补肾化瘀治则,使患者能得其所需。如有囊肿而不孕者,策略性地先求排卵而妊娠,妊娠率提高到 80%,并让妊娠的过程将异位灶消除,得出了前列腺素-神经-内分泌-免疫-溶纤维网络调控的所以然。实践更启发自己对其他病做策略性中西医融合治疗,取得了更明显的效果。在以上指导思想及实践中,我能进一步验证临床的第六感觉,使以后的工作进行得较顺利。近 15 年来,我将宫腔手术后等的子宫内膜变薄,诊断为"子宫内膜微纤维化症",发明了四管齐下法(中药口服、灌肠、腹部热敷方和子宫热敷法),效果明显,患者满意,就必有科学道理。

4. PMS 和卵巢储备功能下降的关键　1989 年后我在 PMS 按辨证用益气阴、清心肝之火的"更年春"方后,临床上 90% 有效,本方加减也提高了牙周炎的治疗效果。服药后高 FSH、LH 水平下降,但雌激素水平不升高,我马上想到中药是否作用于 ER？实验发现在人和动物的卵巢功能下降前,先有体内 ER 及 ERmRNA 表达的衰落——这个"肾虚"的现象,给予"更年春"方后,ER、ERmRNA 明显上升,脑内递质增加,神经细胞凋亡下降,机体衰老显著延缓。ER 成为本方对神经、内分泌、免疫、代谢各系统正向调节的一个节点,此思路同时灵活用于当今普遍的卵巢储备功能下降、亚健康和不孕中而获效,"卵泡方"能使 14 月龄老年大鼠正常怀胎,而西药不能。这些反复检验出的结果为中医药潜在的生命网络调控提供了更多线索。

## 三、体会与建议

在做好中西医结合工作中,我有以下两点体会。

1. 中医治病是有效的,而且在某些方面是有特效的　中医和西医是两个不同的系统,中医是有症就是病,在用中医治疗西医的疾病时,必须扩大到中医整体辨证主客观所需内容后,再组合一个症候群,从而获得辨证论治方向。除上述例子外,如输卵管积水,我有近 10 例是在"女性生命网络调控观"指导下,顾及卵巢网络和输卵管网络的交叉,治后得生育的。成功的关键在于必须细致观察,在实践中领悟,因势利导,敢于为患者思考,不迷信教条,最大化地为患者解决问题。

2. 中西医结合不只是用中药加西药看病效果就优于中医或西医,而是一场医学思想和实践的革命　中医受自然哲学的渗透,承认环境和精神对人体的影响,将几千年的临床经验以阴阳五行来框架,把复杂的关系明朗化、系统化,它是包罗万象、博学的,望到了人体医学真谛的模糊彼岸,这个方向是正确的,但由于它说不清其所以然,有的框架较生硬,如五行中的五色、五音等,再者中医为古籍,后人可能难于读懂,故需要发掘、存精去粗地整理,随时代而提高。西医是先进、具体、细致的科学,但过于集中在细胞、分子、基因上,它否认医学要讲意识,受科学而刻板的思想束缚,对人的许多现象讲不清,故国外医学家已开始对中医感兴趣。

中西医结合在充分学习中医理论中,以整体观和辩证观,科学、具体而细致地接受和鉴别中医效果,着重环境、意识和人之间的相互作用,宏观结合微观,从多门学科渗透中来研究中医精华,将中医的"知其然"中讲出其所以然;实事求是而辩证地结合西医理论和方法,你中有我、我中有你,谋求人们身心健康,形成了以人为本的新医学苗子,所以它将是一场医学思想和实践的革命。如治疗卵巢早衰,我用中药和针刺提高卵泡颗粒细胞的 ER 和 FSH 受体等的细胞反应,改善免疫功能,增加盆腔血流,调节患者情绪,并辩证地跳出了教条式的激素使用法,周期使用大量而安全的炔雌醇帮助降调中枢 GnRH/LH、FSH 的负向调节,中西医药共同引起了卵泡发育、排卵,使患者获得妊娠。

国家需要有长远而切实的规划,组织和聚集优秀力量,多方配合,耐心沉着,艰难攀登,才能使新医学脱颖而出,其时间是漫长的,但国际竞争也是激烈的,最好是我们中国自己来完成。

# 坚持 60 年做一名与时俱进的中西医结合工作者

**李廷谦**
四川大学华西医院

........................【简 介】........................

李廷谦,女,1935 年生于贵州。1957 年毕业于四川医学院(1985 年易名为华西医科大学,即今四川大学华西医学中心),一直从事中西医结合临床、科研、教学工作。曾任中医教研室、中西医结合科及国家药品临床研究基地(中药)主任、教授。兼任中国中西医结合学会呼吸病专业委员会副主任委员,四川省中西医结合学会副会长,中国中西医结合呼吸病专业委员会和循证医学专业委员会顾问。现任四川省中西医结合学会呼吸病专业委员会名誉主任委员,当代中医药发展研究中心顾问。

20 世纪 50—60 年代,分别跟师李克光、任应秋学习中医临床和经典著作,并系统整理研究老中医临床治疗的经验和成果。20 世纪 70 年代后长期从事中西医结合防治慢性支气管炎、肺心病的研究。

1998 年以来主要从事中药临床药理及循证医学的研究。在国内率先引进、实践和推广循证医学在中医药临床领域的应用,包括对中医药杂志的循证医学文献评价、临床研究和系统评价以及专题的审评工作。重点进行学科建设,人才培养和中医药临床研究。

先后发表论文 202 篇,撰写著作 22 部,主编《中西医结合循证医学》《中西医结合》。获国家科学技术进步奖二等奖 1 项；四川省科学技术进步奖一等奖 3 项；中国中西医结合学会科学技术奖二等奖 1 项。

享受国务院政府特殊津贴。四川省首届名中医。2001 年获中国中西医结合学会授予的"中西医结合贡献奖"；2016 年获"四川省医疗卫生终身成就奖"。

我从小立志学医，1952 年考入四川医学院（原华西医科大学），毕业留校成为一名内科医生。1956 年，在毛主席"把中医中药的知识和西医西药的知识结合起来，创造我国统一的新医学、新药学"的指示下，我院邀请全国及四川省名中医李斯炽、李克光等 10 位老中医来院工作，组建了中医教研室，计划开设中医病床，急需西医学习中医的人才。1957 年学校党委批示我等四名西医调至中医科学习和工作。1958 年，毛主席指出"中国医药学是一个伟大的宝库，应努力发掘，加以提高"，党中央号召西医学习中医，建立中国的"新医学派"。为加强队伍建设，我院调入全国和四川第一期"西医离职学习中医班"的医生以及本院毕业生分来我科工作，并开始组织了部分西医临床学习中医。

中医对于我来说是一个全新的开始，也是一场全新的挑战。因为对于从来没有吃过中药的我来说，自己感兴趣的是西医而非中医，所以我对中医真是既无感受，又一无所知，怀疑中医的疗效。1958 年正值成都流感大流行，通过跟师对大量流感患者治疗的疗效，以及通过科室中医老师对 1 例经全院会诊确诊为严重的再生障碍性贫血患者的成功治愈，转变了我对中医的认识，我开始热爱中医，并逐步开始了系统的中医教学、临床和科研工作。

## 一、师从名中医和临床实践走上中西医结合之路

长期以来我一面坚持工作，一面跟李克光老师潜心学习中医 6 年，并到北京中医学院跟任应秋老师学习中医经典著作 1 年。20 世纪 60 年代，我观察和整理了科内中医老师临床治疗的优势病种及经验，包括流感、再生障碍性贫血、肺脓肿、肾病、风湿病、血小板减少性紫癜等疾病。在党的十一届三中全会精神的指导下，原卫生部提出了"中医、西医、中西医结合三支力量共同发展、长期共存"的方针。为了培养中西医结合骨干力量，为中西医结合的科研提供技术保证，在医院的领导下，由中医科负责，我具体安排举办的"西学中班"共 18 期、359 人。这些学员大都是我院具有相关专业基础的主治医师、讲师以上的高年级西医，通过 3 个月的系统脱产学习，他们掌握了一定的中医基础知识，形成了一支骨干力量，分散于各科室，从事于本专业的中西医结合工作，并且都在各自的专业上做出了较大成绩。

20 世纪 70—90 年代，我从事中西医结合防治肺心病基础与临床诊治、益气活血治法和舌诊的研究工作共 20 年，先后承担了原卫生部、省卫生厅、省中医管理局的多项重大课题，观察和治疗肺心病 2 900 多例，对肺心病的病因病机、辨证分型以及治则、治法进行了系统的总结，提出了"肺心病以肺心脾肾气虚兼有不同程度痰饮和瘀血为其主证"，总结了"急性期以清肺化痰兼以益气活血，缓解期以益气活血、补肾化痰治本"的经验。

自 1998 年以来，我主要从事中药临床药理、医学伦理以及循证医学的研究，带领科室人员开展循证医学中医药临床研究领域的引进、实践和推广，并进行学科建设以及人才培养。

作为全国最大的综合性教学医院，来我院就诊的患者数量大、病种多、病情重，这就要求

我科医务人员必须熟练掌握中、西医两种专业知识诊治患者。我科不仅承担着繁重的医疗工作，还承担着全院各专业各层次的中医教学任务，而我科医务人员分别来自西医或中医院校，必须进行中医或西医的再教育。为了改变科室的落后面貌，我们首先重点加强学术梯队的建设。在院领导及科室全体人员的努力下，我们采取了综合措施，尤其是通过循证医学（EBM）培训，推动了我科的学科建设和梯队建设。

## 二、探讨循证医学与中医学现代化

中医学是在长期医疗实践中发展起来的，具有几千年的历史，积累了丰富的临床经验。中医的理论体系是确定在临床实践积累的基础上，结合我国古代朴素的思想而逐渐形成的。历代中医重视个人临床经验的积累，而前瞻性研究基本缺如，许多疗效的可重复性较差，是一种典型的经验医学。使中医药现代化更好地与实际接轨，使经验医学向循证医学转变是当今发展的必然。循证医学尤其强调证据的可靠性，即证据必然是来源于设计严谨、方法科学、结论可靠、国际公认的临床研究报告。因此通过循证医学收集中医质量可靠的随机对照试验结果做出系统评价，将所获得的最佳成果（证据）用以指导提高临床诊治实践，发扬中医学，并科学地将中医的成就向国际介绍，是当前非常重要的任务。

我组织全科人员全部参加循证医学培训，中青年医师 92.3% 通过了一级培训，30.8% 通过了二级培训，15.4% 通过了三级培训，并对全科的研究生、进修生进行宣传教育普及，使大家初步了解循证医学的重要性，为全科运用循证医学奠定了基础。在全科同志的努力下，我们初步建立中医文献资料库，较全面地了解了中医药研究的动向和信息，为今后临床应用和系统评价打下了基础。

我科首先组织全科医务人员对《中国中西医结合杂志》1~17 卷进行手检、评价，初步了解了中西医结合的临床研究概况，锻炼了队伍，培养了骨干，发表了国内第一篇有关中医临床研究现状的循证评价文章。在此基础上，我们按 Cochrane 协作网的要求，在中国 Cochrane 中心注册，有计划地组织科内人员逐期手检，共查阅 1978—1998 年的国内 13 种中西医结合、中医核心期刊 2 315 期，文章 90 421 篇，并将 RCT 文章全部复印建立中医文献资料库，且对其中的 3 312 篇 RCT 文献资料进行整理翻译输入软件，为病因研究、诊断性试验、防治评价和研究及新药筛选进行系统评价打下了基础。同时我们对 RCT 论文中存在的问题，包括缺乏具体的随机方法、组间基线资料不一致、样本含量少、缺乏观察指标进行统计分析等整理出来，为杂志及领导决策部门提供了决策依据。

通过参加循证医学工作，我们有以下几点体会和收获。

1. 促进科室学术队伍的建设　通过组织我科人员的培训和大量的检索工作，我们增强了临床研究方案设计的科学性、严谨性，提高了撰写、分析和综述论文的水平，促进了学科梯队的建设，培养了科研骨干人才，提高了科研人员临床科研设计、方案制定、选题依据、质量控制的能力。我科室发表的论文数量逐年增加，质量亦不断提高，获准中医局以上科研课题的数量和质量也在不断增加。我们运用循证医学进行临床试验方案的设计，不断提高中医药临床研究的系统评价，通过文献检索和评价，发表了"中西医结合临床研究的现状及评价""中医临床研究存在的问题"，其相关评述的论文，如《循证医学与中西医结合现状主导设想》《循证医学与中医药现代化》《我国临床研究的现状和设想》《循证医药与心血管中药》《循证医学与中药上市后再评价》《药品临床试验中的伦理学现状和思考》《临床试验研究中伦理学与循证医学》《国外药品临床试验中的伦理学和思考》等,分别发表于《中国中西医结合杂志》《中国循证医学杂志》《中国医院》等杂志,并受邀在中药国际技术大会、全国中西医结合学会、海峡两岸学术交流会、GCP 学术班及全市学术会、大学进行专题讲座和交流 23 次,且受上海科学技术出版社邀请主编了《循证医学在中西医结合的应用》一书。

2. 促进中药临床药品研究基地的建设 我科是国家药品监督管理局 1998 年批准的中药临床药品研究基地,也是首批西医院校被审批成立的两家中药临床药品研究基地之一。在基地的建设中,除严格在 GCP 规范的指导下对基地成员通过国家 GCP 培训外,全部参加临床研究的人员均要通过循证医学的培训。促进加强基地内涵建设,要使研究人员明确、重视药品研究,所提供的药物疗效具有真实、实用和可靠性的意义;不断完善操作规程及质控规范,尤其重视对药品的不良反应的临床观察;对药品的有效性及安全性提高研究水平。随着质量和信誉的不断提高,我们在实际中也培养及锻炼了一支骨干队伍。

3. 将循证医学引入中药注射液的临床应用和不良反应研究 我们系统检索评价了参附注射液、生脉注射液、鱼腥草注射液、刺五加注射液、葛根素注射液从上市以来的所有文献报道,运用循证医学对文献进行了归纳、分析,揭示了其临床应用病证和不良反应的发生率,并探讨了可能产生药物不良反应的原因。同时我们结合对其他注射液的检索,进行了总结、整理、分析与上市后的评价,提出并发表"不良反应和合理用药""合理用药"等相关论文及参编《中药注射剂临床应用指南》《中药注射剂合理使用手册》等著作。

4. 探索循证病房管理 我们针对病种实施循证医疗,制定规范诊疗常规,已完成中西医结合治疗急性胰腺炎临床路径文本版及临床版。

5. 拓宽教学改革出路 我们注意改变教学中存在的内容陈旧、方法过死、模式单一及以教师、教材为中心的现象,拓宽改革思路,建立了考试题库,不断改进教学方法,提高教学效果。

通过在国内率先引进、实践和推广循证医学在中医药临床领域的应用,包括对中医药杂志的循证医学文献评价、临床研究和系统评价以及专题的审评,重点进行学学科建设和人才培养,为中医药临床工作者和编辑提出具体的中医临床循证研究方法,倡导应用循证医学理念和方法进行临床实践,严格在 GCP 法规指导下,规范地进行临床试验和报告论文,对提高中药新药临床试验研究质量起到了一定的作用。

## 三、感悟与建议

通过 60 年的中西医结合的坚持和实践,我们坚信中医学是一个伟大的宝库。中医以它的天人合一、整体观、系统论、辨证论治并且用复方的药物治疗,通过多种途径、多靶点发挥患者的主观能动性,达到治疗的目的。我们的实践证明:中医在再生障碍性贫血、呼吸系统疾病、重症胰腺炎、肿瘤及其他急慢性病的治疗及养生方面起着重要的作用。

创新,是科学发展的生命力,能推动历史的前进。中医药有数千年的积累,有精华也有糟粕,可以说是一个"尚未充分开发的宝库"。中医药学从来不是封闭的,它也是与时俱进、不断发展的,吸收不同时代的新认识和技术方法为我所用。中医研究不应太过强调传统,中医要想得到发展,必须做到"取其精华,去其糟粕",还要做到中西医结合,以病为依托,以传统辨证结果为依据,突出中医辨证的特色和优势;运用现代科学技术提供的手段、方法,规范病证结合的临床疗效评价指标和方法,尤其重视宏观辨证与微观辨证相结合,从微观方面认识机体的结构、代谢和功能的特点,更完整、准确地阐明证的物质基础;重视探索疾病的基础证型,疾病的基础证型是疾病发生后出现的共有信息群,是该疾病发生的根本和疾病中多个证型病机产生的核心,研究疾病的基础证型有利于进一步探索疾病的发生、发展、预后及防治规律。

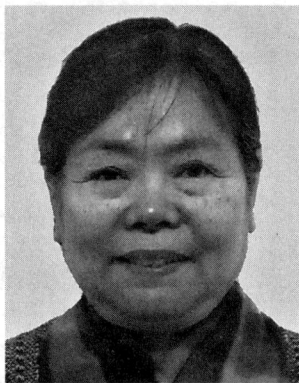

# 从皮肤病的诊疗实践中
# 走上中西医结合之路

**林元珠**
河北医科大学第四医院皮肤科

··········【 简 介 】··········

林元珠,女,1936年生于福建莆田。河北医科大学第四医院主任医师,教授,硕士研究生导师。

历任中国中西医结合学会皮肤性病专业委员会委员,中华医学会皮肤性病学分会委员,全国儿童皮肤病学组组长,河北省医学会皮肤性病学分会主任委员,河北中西医结合学会皮肤病专业委员会主任委员,中国菌物学会医学真菌专业委员会委员,《中华皮肤科杂志》《中国皮肤性病学杂志》《临床皮肤科杂志》《中国真菌学杂志》《中国麻风皮肤病学杂志》《河北医药》《美中皮肤科杂志》等杂志编委或特约编委。

在国内外发展学术论文106篇,包括13篇中西医结合论文和4篇SCI论文。主编《现代儿童皮肤病学》《实用儿童皮肤病学》《皮肤病学及性病学》《皮肤性病的诊疗与康复》等6部著作;副主编《变态反应病学》《皮肤性病学》等4部著作;参编《现代真菌病诊断治疗学》等9部著作。

培养硕士生研究生6名、进修医生数十余人,完成了儿科系皮肤病学和十几个本科班级见习教学任务。在医疗上全心全意治疗了数十万例的皮肤病患者,深受患者表扬。在科研上获省科技成果二等奖和三等奖各1项,省卫生厅科技成果奖4项,省医学会科技成果一等奖 1 项。

1992 年被国务院授予"有突出贡献专家",享受国务院政府特殊津贴。2009 年获河北省中西医结合学会"突出贡献奖"。2014 年获中国医师协会颁发的"杰出贡献专家"奖。

## 一、如何走上中西医结合之路

1. 环境的影响和个人的爱好　我出生在一个贫穷的教师家庭,从我出生后至 17 岁高中毕业,就从来没有踏进过医院的大门。记得我小时候得麻疹、水痘或发热等病,就由我母亲带我到附近的私人中西医诊所看病,经过医生号脉,开点中药或西药服后就好了。我父亲患有肺结核,拍 X 光片,发现肺部有空洞,在当时没有"雷米封"等抗结核药的情况下,是一直服用中草药和每天喝点自制的杏仁露,大约 1 年半治好了。我母亲是福建省有名的田径运动员,身体健康。她生育了九个儿女,由于她是教师,不能按时给孩子喂奶,患了几次乳腺炎,都是私人诊所的中西医用中草药热敷或开刀治好的,所以我父母从我上小学时起就时常嘱托我长大后要学医,要做一名既会西医又精通中医的医生。

1953 年我从蜚声中外的福建省立莆田中学毕业,并以较好的成绩考取上海第一医学院医疗系,那届医疗系本科共招生 300 人,学制为 5 年,入学后就分为内、外、妇、儿、皮肤花柳科五个班,我被分到皮肤花柳班。第一学年五个班一起上课,学习一年后由于原卫生部学制改革,认为本科生过早分科有弊端,随即将内、外、妇三个班合并,儿科班归儿科系,唯独皮肤花柳科的人才紧缺,经杨国亮教授的申请同意保留该班并将学制改为 4 年制。1955 年我被选上班级的共青团支部组织委员,我听党的指挥,除做好团支部的工作外,还参加医学院学生会组织的写宣传稿和抄写黑板报等社会活动。

1957 年 7 月我从上海第一医学院医疗系皮肤性病专业本科毕业,经国家统一分配到保定河北医学院附属医院皮肤科当住院医师。当时皮肤科教研室和中医科教研室在一个办公室办公,河北省名老中医李和教授的博学多才和他们的书架上大量的中医经典著作吸引着我。那时李和教授已经 70 多岁,每次周三的政治学习会或空余时间,他会给我们讲解一些中医学的知识。他说在中医学宝库中,中医外科学和儿科学取得了较大成就,鼓励我们皮肤科医生应该好好学习中医。我记住了他的教导,暗下决心将来要向儿科和中医科的方向发展。

2. 勤奋学习与二次脱产参加"西医离职学习中医班"　20 世纪 50 年代末和 60 年代初,党和政府十分重视中医事业的发展,号召并选派了一大批的西医脱产 3 年学习中医理论与实践。虽然我没有被选上,但我仍积极参加医院内定期举办的 3 个月脱产的"西医离职学习中医班",并参加中医学的考试,获得了可以开中医处方的资格。

1961 年由于河北医学院建立了儿科系,为了迎接儿科系皮肤病的教学任务,皮肤科领导派我赴上海新华医院皮肤科学习儿童皮肤病的教学法和诊疗。我认真地聆听了儿童皮肤病学的创始人杨天籁教授的讲课并参加了杨教授亲自带领的 3 个月的见习。由于儿童头癣和念珠菌病很多见,当时他亲自推荐我回母校华山医院参加医学真菌学习班(学期为 2 个月)。学习班结束后我又挤出 2 个月的时间,到华山医院病房向施守义和韩堃元老师学习结缔组织病、药疹等皮肤病的中西医结合诊疗方法,并定期去上海中医学院附属曙光医院观摩该院的中医外科手术疗法——酒渣鼻的切割疗法。回第四医院后我在科内一名外科医生的协助下,开展了数例酒渣鼻切割疗法,取得了显著的疗效。1961—1964年我科曾邀请石家庄有名的修脚师刘士太师傅到我科门诊开展修脚术,中西医结合诊治寻常疣、跖疣、胼胝和鸡眼数百例,信访了352例,并写出"应用修足术治疗寻常疣、跖疣、胼胝和鸡眼的经验"一篇论文,刊登在《天津医药杂志》(1964年)。

1964—1968年我4次下乡,每次下乡时间少则2个月,多则半年,其中到正定曲阳桥和井陉南蒿亭镇下乡均为半年。1967年我到南蒿亭下乡,那年南蒿亭镇流脑流行,一天夜里一个60多岁的老大娘头痛发热,卧床已3天,当时我随家属赶到她家时,老人已口吐白沫,昏迷过去。眼看患者危在旦夕,我赶快放下药箱,经过简单的问诊和体检,立即采用中西医结合方法治疗流脑。西医治疗:有心力衰竭的给予静脉推注葡萄糖加西地兰,有呼吸衰竭的给予肌内注射可拉明,高热者采取物理降温,有肺部感染的给予抗生素,当时大多输青霉素。中医治疗:根据初步的辨证,卫气证用清瘟败毒饮或银翘散加减;气营证(即高热、口渴、面赤气急者),用白虎汤加减。抗病毒采用板蓝根、大青叶等煎汤从鼻饲管内注入。有脑水肿者,采用山莨菪碱加葡萄糖注射液静脉滴注脱水疗法或短程的输糖皮质激素(2～3天)。其中有一个6岁男孩也是在患流脑昏迷后被我救活的,我还为他用中药硫黄洗头,口服灰黄霉素治好了头癣。在1967—1968年的半年时间里,我几乎踏遍了蒿亭的山山水水。在南蒿亭下乡的日子里,在巡诊中我看到农村的男女老少求诊最多的是腰疼、腿疼和关节疼,而且他们最欢迎的疗法是针灸、拔火罐、穴位按摩以及中草药疗法。乡村医生一般接受过赤脚医生的培训或本身是祖传的中医,都经常采用中西医结合治疗。通过4次的下乡,我向当地的赤脚医生学习,经常给当地的患者扎针灸、拔火罐和做穴位按摩等,体会到上述疗法的确有立竿见影的疗效,这使我更坚定了要学好中医的信心。

"文革"期间,我院皮肤科负责人林培泉医师被下放到农村,医院科室改成"连队制",皮肤科等科室被取消,1973年恢复各科门诊后,皮肤仅我一人应诊,由于门诊量大,医院先后派刘亚娴、刘建德中医师协助我看门诊。在与中医师共同应诊的1年多里,我受益匪浅,总结写出一篇《352例银屑病的临床分析》,未署名发表在《河北新医药杂志》(1974年)。

1976年和1978年我再次被通知脱产参加河北省卫生厅举办"西学中班",该班规模庞大,包括省里几个大中医院的副院长,以及内、外、妇、儿、五官、皮肤科的主任,如孙素芳、孙以喻、魏桂庭、方克明、范爱玲、诸葛培信、王君一、胡绍果等共100余名学员。我们正规地学习中医理论课1年,实习8个月,其中后面3～4个月还被安排去上海、北京、南京等地跟着当地名中医实习。我的实习安排是最初4个月在石家庄市中医院跟着中医内科和中医外科老师学习辨证施治,最后4个月我分别赴上海中医学院附属龙华医院和北京中医学院师从顾伯华教授、马绍尧副教授和赵炳南教授。在两位名老中医和一位中青年医师的悉心教导下,我对中医治疗皮肤病的知识增长很快。在跟他们看门诊或查房时,目睹了许多西医看不好的患者经中医诊治1～3个月就奇迹般地痊愈了。

1976年8月28日,当我们在"西学中班"上理论课时,传来了唐山丰南一带发生强烈地震的消息,省卫生厅立即紧急通知该班学员报名参加抗震救灾医疗队。我想起1960年我曾在神经体液科工作过1年,1967—1971年我分别在普外科工作2年半和急诊科工作1年半,救治过外伤患者和参加大小外科手术200余例,所以就大胆地报名参加赴唐山抗震救灾医疗队。由于任务紧急,我回家取了几件衣服,并和托儿所阿姨交代一下就把 8 岁的女儿交给医院托儿所看管。当天我们乘大巴到了唐山灾区,看到唐山整个地区都成了废墟,到处都是断墙破壁的半截楼房和堆积成小山样的瓦砾堆。最早来到的解放军战士在清理或挖开沉重的砖墙和水泥框架寻找被压的尸体,并探查废墟下层是否还有尚存的存活者,而我们医疗队的人员主要是检查和搬运伤员,发现有外伤伤口给予清创包扎,有骨折的给予上简易的夹板。开始几天我们转战在郊区的几个医疗站,在大部分伤员被转移到省内各大医院后,我和其他一些医生被调回第四医院的医疗站,四院的医疗队女同志多些,负责市区内一些内科和轻伤患者,如感冒发热、应激性胃肠炎、应激性牛皮癣、荨麻疹、虫咬皮炎等皮肤病。当时各地运来的救灾药品中有不少中成药,如风油精、清凉油、藿香正气水、板蓝根冲剂、龙胆泻肝丸等。这对我们"西学中"的学员来说是一次实战大演练,让我们学习了如何在困难条件下求生存的知识。在刚到灾区的头几天,没有水,没有电,食物匮乏,医疗队自带的水一天只敢喝几口,自带的西红柿六个人分一个吃,给患者治病也只能应用廉价的中西医结合治疗。在唐山救灾 1 个月后我们返回学校,重新上中医理论课。大家均感到这短短的 1 个月比通常半年学习的收获还要大,真是实践出真知。

自从参加了正规的省办"西学中班"后,由于有恩师的指导再加上自己勤奋的学习,我掌握了两套本领,并应用科学方法进行了一些中西医结合治疗儿科病症的研究,如《眼上额部褐青色母斑 50 例临床分析》发表在《中华皮肤科杂志》(1981 年)上,《婴儿头皮念珠菌病(附 24 例)病例分析》《婴儿头皮念珠菌病的临床和实验室研究》等在《河北医学院学报》《临床皮肤科杂志》和《中华皮肤科杂志》上发表(1982、1983 年),《中药为主治疗黑变病 14 例的临床观察》刊登在《中医杂志》(1985 年)上,《姜黄油抗真菌作用的超微结构研究》等刊登在《中国皮肤性病学杂志》(1990 年)上,《瘙痒症的中西医诊疗进展》刊登在《实用疼痛学杂志》(2012 年)上,《银屑病 511 例临床分析》刊登在《河北医药》(2005 年)上。

1982 年 9 到 12 月,我受河北省政府委派赴日本信州大学附属医院进修,师从信州大学附属医院院长高赖吉雄教授,他研究皮肤病理和生理学,专长是抗衰老化妆品的研究。在该院学习期间,我在科室的细胞培养室和学校的动物实验室里经常看到一批批化妆品厂家的研究员和工作人员,他们用厂里研制的含有中草药成分化妆品在培养的人纤维细胞上做抗衰老试验,以及在大量小白鼠身上做光敏感实验,有严格的阳性和阴性对照,只有前者阳性、后者阴性者,才能获得批准投入生产,值得我国借鉴。

## 二、点滴成绩

夕阳无限好,桑榆耀余晖。2000 年 12 月我办理退休手续,接受了医院的继续返聘。因为我想到许多皮肤科老前辈如杨国亮、于光元、王光超、林秉瑞等,他们都工作到了 90 余岁,还有中国中西医结合学会的老前辈李恩老师,我在退休以前写的许多著作中,如《临床医学问答》《青少年智力生理与健康》《百病家庭防治》《皮肤性病的诊疗与健康》等,均是他做主编或总主编,分配给我写的皮肤性病章节。李恩老师的提携、督促和鼓励,加上杨国亮、王光超等老前辈的榜样作用,我感到我应该向他们学习,发挥我的余热,为皮肤科的事业多做点贡献。因此,我除了每天上班外,还利用节假日时间到图书馆、新华书店和图书批发市场购书、看书、收集资料,写出了《皮肤病学及性病学》诊断与鉴别诊断系列专著。近 6 年来为了抢时间早出版,我和我科室的主编助理李美洲、张燕、张国强博士等经常夜以继日地重写或一遍一遍修改到深夜,有时到凌晨1点多。

自1984年以来,我科团队共荣获省科技成果二等奖、三等奖各1项,省卫生厅科技二等奖3项,三等奖1项,省医学会科技成果一等奖1项。2002年在临床工作中我和朱敬先主任发现一种罕见的地霉——林生地霉致儿童脓癣1例,2004年我和高顺强主任发现另一株林生地霉致大疱性表皮松解症伴林生地霉感染1例,该例患者是应用大蒜素静脉点滴加口服伊曲康唑的中西医结合治愈的。上述论文中有4种真菌病和姜黄油抗真菌作用的超微结构均在国际上首先报道。以上的发现,特别是婴儿头部念珠菌病类型的发现以及念珠菌和林生地霉可以感染人类头发均是国内外首次报道。估计国内可能有数以千计的婴幼儿念珠菌病患者,该病如能早期诊治,对降低婴幼儿头皮念珠菌病的发病率和死亡率有重要意义。

在担任全国儿童皮肤病学组组长期间,我曾组织过2次全国性儿童皮肤病学术大会,会议期间也接纳了不少有关中西医结合治疗皮肤病的文章,供大会交流。在担任河北省中西医结合学会皮肤病委员会主任委员期间,我主持召开过1次"中西医结合诊疗皮肤病新进展"学习班,参加人数40余名,邀请了北京、天津等地著名的中西医结合专家到石家庄传经送宝。1986年我科成立医疗美容室,我协助梁祖琪主任举办了3期以中西医结合为主的医疗美容学习班,为河北省培养了100余名皮肤科医疗美容的工作者。

## 三、回顾和感悟

回顾我从大学毕业后来到石家庄工作已60年,虽然经历曲折,有苦,有难,有累,亦有乐。不论调我到哪一科,我总是兢兢业业,经常加班加点,顾不上家人和孩子。有些同事说我傻,甚至1988年10月在广州召开的第二次全国儿童皮肤科学术大会结束的前一天,因头痛服镇静剂过量出现过度兴奋、谵语,被误传我得了精神病,我均坦然处之,开完会后一天也不休息继续工作。

皮肤病的病种达2000多种,有些疾病的临床表现很相似,而且大多数皮肤病的病因不明,容易误诊。尤其是皮肤病的中西医结合研究难度更大,虽然中医学的经典著作不少,但都是用古文表达,难以全面正确地理解。一系列的难题摆在面前,我们该如何迎难而上?

科技在前进,时代在召唤。在党的"要坚持中西医结合"方针指导下,特别是近年来在习近平的"中西医并重""健康扶贫""医疗改革"等新时代中国特色社会主义思想的引领下,我国的中西医结合基础理论和临床研究取得了可喜的成果。传统医学与现代医学结合成为医学发展的一种趋势,因为它反映了中医学和西医学发展的需要和时代的要求。要使中西医结合得到飞速进展和突破,需要中医、西医和中西医结合工作者三支队伍的共同努力,摆在我们面前的任务任重而道远。如何精准传承、高质量创新、快速发展、逐步超越?这是需要那我们几代人的齐心协力、团结奋进才能完成的。

近年来许多发达国家和发展中国家,如英国、美国、日本、韩国、印度等,都在大力研究和开发传统医学和药学。作为拥有中医学的中国,更应该全力以赴,团结务实,努力创建世界一流的中西医结合的新的医学体系。

我个人在中西医结合事业上虽然做了点滴的贡献,但它好比是建设中国特色社会主义的大道上的一颗小石子,是辽阔草原上的一棵小草,微不足道。我所取得微薄的成绩,也只是我们科室集体努力奋斗的成果,也是党组织对我培养教育的成果。我努力了,因为我有信仰,我是一名共产党员,曾在党旗下宣誓"为共产主义奋斗终生,随时准备为党和人民牺牲一切"。在党的十九大精神鼓舞下,我一定会不忘初心,继续前进! 人生无失败,信心创精彩,我要充分利用我的晚年多学习,发挥我的余热!

# 从眼科神经系统疾病研究
# 走上中西医结合之路

**杨树立**
河北省人民医院

**杨树立**
河北省人民医院

·············【 简 介 】·············

　　杨树立,男,1936年生于河北省唐山市。1958年毕业于河北唐山医学专科学校,后被分配到河北省人民医院工作。1960—1962年于天津医学院专科班学习,1980—1982年于石家庄河北医学院中西结合研究班在职学习。曾任中国中西医结合学会眼科专业委员会委员,河北省中西医结合学会眼科专业委员会主任委员、常务理事,河北省眼科学会副主任委员,河北省干部保健局专家,享受国务院政府特殊津贴。发表论文50余篇,专著和参编《常见病手术治疗手册(眼科部分)》《常见头痛症》《眼科常见病防治问答》《中国中西结合临床全书》《现代眼科学》《抗感染药物治疗学》《现代疼痛学》等。获省部级、市级科学技术进步奖15项。

## 一、通过眼科从事了中西医结合工作

自1958年响应党中央号召参加"西医离职学习中医班"后，我深刻地理解了毛主席的格言"中国医药学是一个伟大的宝库，应当努力发掘，加以提高"，倍受启发和鼓舞。由于从事西医多年以来，有许多西医中的慢性疾病和复杂的疑难病症未能收到较好的治疗效果，但用中医药治疗却有显著的疗效，所以我自己立誓要学习中医中药，坚持走中西医结合的道路。经过苦读经典，广泛涉猎，我渐渐地对中医中药产生了浓厚的兴趣，从此之后加倍努力学习中医中药，让自己坚定信念走中西医结合的道路。

在工作期间我努力工作，利用工作之外的业余时间，刻苦学习中医中药，不怕艰难困苦，翻阅各种有关中医中药和中西医结合的大量书刊，并且阅读多种中西医的相关资料，坚持边工作边学习总结经验，积累知识。由于我坚持学习不止步，对复杂难治的眼病不断地研究和改进对泪道再造术、眼球震颤、真菌性角膜炎、青光眼术后浅或无前房、顽固性眼部湿疹、睑缘炎等的中西医结合治疗不仅疗效提高而且疗程缩短明显，下颌瞬目连带综合征、顽固性眼痉挛、泪腺炎、蚕食状角膜炎和新生血管性青光眼、玻璃体猪囊虫病、甲状腺功能亢进性突眼症和麻痹性上睑下垂等复杂眼病的手术治愈率显著提高。功夫不怕有心人，就这样日复一日，年复一年，经过了20余年的时间，再加上不间断地探索中西医结合治疗眼部疾病，并对一些慢性病，如慢性消化不良、神经系统病症等进行比较系统的研究和治疗方法的改进，初步收到了既高于西医，也高于单纯中医的治疗效果，逐渐尝试到中西医结合的优越和价值，基本上达到了眼科领域的中西医结合。

由于自己爱好对"头痛症"的治疗和研究，经过十几年的专研，攻克了迄今国内外尚无较好疗效的顽固性"血管性头痛"的治疗，编写了《常见头痛症》一书。该书于1980年发行，影响较大，深受读者欢迎。与此同时，我的经验被编入电子计算机程序供临床应用。计算机程序的应用，在一定程度上代替了人的思维，也在一定程度上代替了望闻问切的传统诊断方法。应用该软件系统，可快速做出比较正确的诊断和治疗方案，避免了由于工作繁忙和疲劳导致误诊误治的发生，此为全国第一个把计算机软件系统应用于临床的项目。

## 二、研究方向和取得业绩

1. 眼科神经系统疾病的中西医结合治疗　神经性头痛的病因多以外感风寒引起眶上神经炎（中医称外感风寒性头目痛），其临床特点是以眼眶部头痛为主，指压上神经切迹处有明显疼痛。西医治疗常用镇静剂，但对重症患者无明显疗效，中医用清肝解郁汤则有特殊疗效。方剂：防风10g，荆芥10g，黄芩9g，柴胡9g，清半夏9g，香附12g，夏枯草18g，白芷15g，川芎15g，藁本10g。一般3～6剂即可缓解症或治愈。

2. 血管性和神经性头痛的中西医结合治疗　血管性头痛，现代医学通过多普勒检查发现颅内血管有扩张的表现。重症患者除了有较难以缓解的头疼外，多数患者症状易有复发。我采用中药郁脉灵治疗：桂枝24g，白芍24g，柴胡9g，清半夏9g，石菖蒲18g，瓜蒌30g，黄连须30g，延胡索15g，白芷15g，赤芍10g，远志12g，茯苓18g，川芎15g。一般1～14天可以见效且不复发。

与此同时我还研究出清肝解郁渗湿汤、增辐汤、润眼汤、病毒宁口服液、糖网合剂等应用于临床,效果较佳。

## 三、感悟与建议

中西医结合的道路要想在传承的基础上发展,要想与时俱进,就要不断地改变知识结构,吸取现代医学的新进展,必须培养一批有能力、有才华、有远见卓识的研究中西医结合医学的学科带头人。

通过自己多年对中西医结合道路的研究与取得的成果,我更有信心坚持自己当时的选择是正确的。此时此刻,我想对未来的接班人说:你们一定要珍惜现在的美好的时光,要紧紧地抓住现在学习的大好机会,努力学习,有想法就要敢于尝试和研究,不怕失败,因为失败是成功的基础。希望能够有更多的人坚持选择走中西医结合的道路,使中西医结合医学后继有人,长盛不衰。

# 为中西医结合神经科学科建设发展 我走上中西医结合之路

**孙 怡**
中国中医科学院西苑医院

········· 【简 介】 ·········

　　孙怡，女，1937年出生，黑龙江省佳木斯人，主任医师、硕士研究生导师。1963年毕业于哈尔滨医科大学医疗系本科。毕业后分配在黑龙江鸡西矿务局总医院从事内科临床工作，其间前往哈尔滨医科大学附属第一医院神经内科，在著名神经科教授葛茂振和胡维铭老师指导下进修1年，后从事神经内科临床工作。1971年参加黑龙江省煤管局鸡西煤矿卫生学校举办的全国煤炭系统"西医离职学习中医班"学习中医1年。调到中医研究院（现中国中医科学院）西苑医院工作后，又参加中医研究院举办的"西医离职学习中医班"学习中医2年结业。曾任中国中医科学院西苑医院神经科副主任、中国中西医结合学会神经科专业委员会主任委员、北京中西医结合学会神经科专业委员会委员、中华中医药学会急诊医学分会委员等。主编出版《实用中西医结合神经病学》（第1版及第2版）、《中西医结合神经科手册》等。参加编写的著作10余部，在国内10余种医学杂志发表100多篇医学论文。

130

我学医没有"家传",完全出于个人志向、爱好和对医生仁慈、博爱、洁白和"神圣"感的认识。医科大学毕业后,在全心全意为人民服务和救死扶伤,实行人道主义的做医生的生涯中,恰逢毛泽东主席和国家号召西医学习中医,继承发扬中医药学,我又成了幸运者,获得医院领导安排两次参加"西医离职学习中医班"。是通过"西学中班"的学习和培养教育以及临床实践,使我真正认识到毛泽东主席在1958年关于"中国医药学是一个伟大的宝库,应当努力发掘,加以提高"的伟大论述,以及周恩来总理讲的"中医好,西医好,中西医结合更好",学习和掌握了中医药基本知识,培养了我对中医药学的热爱和钟情。我认为一个西医,能学习、吸取和运用中医药学的防治疾病、保护健康的理论、方法、知识,增强为人民健康服务的本领,由只会"一手"(西医)变成会"两手"(中医和西医)的人民爱戴、患者称赞"有两下子"的医生,何乐不为! 所以很简单,是时代和机遇让我幸运地学习了中医,走上了中西医结合之路。

## 一、在临床科研实践中认识中医药及中西医结合

我是一个学西医的神经内科医生,自"西学中"以来,在几十年的临床实践中,深感发挥中、西医两者之长,中西医结合防治神经科疾病的必要性、重要性和有效性。中西医结合防治神经系统疾病,不仅为我们增多了西医所没有的有效地防治疾病手段,如中医辨证论治、针刺疗法、推拿按摩疗法等,关键是大量的临床实践观察证明中医药治疗神经系统常见病如脑血管病、重症肌无力、多发性硬化、神经性头痛、神经症等均可取得良好疗效,中西医结合防治神经系统疾病更可明显提高临床疗效。能提高疗效,这就是我们研究中医药及中西医结合防治疾病的目的和追求之一,也是激励和吸引我不断深入开展中医药和中西医结合治疗神经系统疾病研究的动力。

为了进一步研究中医药治疗神经系统疾病的疗效和机制等,我们从一般应用中医药辨证论治或中西医结合治疗神经系统常见病、多发病的临床研究,积累病例,分析规律性,深入到专题或专病专方的临床与实验相结合研究。我除了参加科内临床科研项目如"秦归活络口服液治疗缺血性中风的临床和实验研究""脑血康治疗高血压性脑出血临床与实验研究"等,选择了我临床上重点观察多年、运用中医药辨证论治有效的世界难治性疾病"多发性硬化(MS)"作为专题研究。根据临床观察(有关MS中医辨证论治的临床研究报告均发表于《中医杂志》《世界中医药》杂志等),MS的中医辨证多为肾虚证(肾阴虚,肾阳虚,或肾阴阳两虚,或兼见血瘀证,肾虚为本,血瘀为标,病位在脑)。又根据中医理论"肾主骨生髓""肾通于脑""脑为髓之海""髓海有余,则轻劲多力,自过其度;髓海不足,则脑转耳鸣,胫酸,眩冒,目无所见,懈怠安卧"等论述,以及临床常用的补肾生髓、补肾健脑等治法,而MS则为中枢神经系统原发性脱髓鞘性疾病,通过中西医相应理论的中西医结合研究分析,针对MS的"脱髓鞘"病理特点及其"肾虚"为本的中医病因病机,我们确立了治疗MS的"补肾固髓法",并在总结临床辨证论治MS的用药规律基础上,相应研制出院内制剂"补肾固髓片",我和我的研究生作为课题负责人,开展了国家中医药管理局科研基金资助课题"补肾固髓片治疗多发性硬化的临床及实验研究"。临床研究表明,补肾固髓片(治疗43例MS患者)能减轻MS患者临床症状及神经系统受损体征,减轻激素的副反应,减少激素用量,减少MS复发,总有效率为88.37%。治疗后患者的诱发电位、MRI、脑脊液IgG和寡克隆区带等亦有不同程度的改善。我们按照经典方法研制成功国内外研究MS的实验性变态反应性脑脊髓炎(EAE)

豚鼠动物模型,观察补肾固髓片对 EAE 豚鼠的影响,发现大剂量补肾固髓片可抑制或延缓 EAE 动物发病,并能减轻病情,抑制脑和脊髓的炎症反应和脱髓鞘改变,抑制血清 IL－2、IL－6、TNF、MBP 的活性(与模型组比较 $P<0.01$),与醋酸泼尼松组比较差异无显著性($P>0.05$),说明补肾固髓片可具有通过调节细胞因子改善机体的免疫功能及抗炎等作用,证明补肾固髓片治疗 MS 有较好疗效,具有临床应用和深入研究价值。由于病例数少,无随机对照研究,该课题获得中国中医科学院科技成果三等奖,然而该课题鉴定委员会的鉴定意见还是认为这项研究"已达到国内同类研究的领先水平"。一个仅获得中国中医科学院科技成果三等奖的科研就"已达到国内同类研究的领先水平",可见我国中医药及中西医结合界对 MS 研究工作的状况了,值得深思! 我一直在呼吁和宣传重视 MS 的中医药及中西医结合研究,所以 2012 年,我应日本中医学研究会邀请,在大阪举行的学术会议上针对日本 MS 患者也有逐年增多的趋势,又做了"多发性硬化的中医及中西医结合治疗探讨"学术报告,受到日本中医界同行高度重视。因为我亲身经历过世界各地特别是欧洲的 MS 患者来信咨询或不远千里来我院寻求中医或中西医结合治疗,所以我盼望着我国中医药及中西医结合防治 MS 的研究能取得更好的高水平研究成果以贡献世界。显然我们对中医药及中西医结合防治 MS 的研究仅仅是一块小"砖",在此抛砖引玉而已。

我参加中西医结合临床、科研工作以来,曾获国家中医药管理局科技成果奖三等奖 2 项,获北京市科学技术奖三等奖 1 项,获中国中医科学院科技成果奖二等奖 2 项、三等奖 2 项。虽然研究水平不高,但我体会深刻,尤其是在开展科研过程中,通过研究中医药文献,我发现中医药学这一伟大宝库蕴藏着极其丰富的防治神经系统疾病的中医理论、方法、方药和临床实践经验,应当努力发掘,继承发扬,加以提高。

## 二、首倡创建中西医结合神经科专业委员会

为了更好地开展神经科中西医结合防治疾病的研究和学术交流,全国神经科中西医结合同道能互相学习,及时交流工作经验,不断提高中西医结合神经科的中西医结合临床及科研水平,我首先联络了全国中医和中西医结合界神经学科的同志、同仁、同道,发起成立中国中西医结合学会神经科专业委员会并得到全国中医及中西医结合神经科学界的拥护和支持。1996 年 4 月 24—26 日,经中国中西医结合学会批准,中国中西医结合学会神经科专业委员会成立大会暨首届学术研讨会在北京召开。出席会议的代表 200 余名,会议收到论文 232 篇。其间大会成立了第一届神经科专业委员会,我当选了主任委员,2002 年换届又被选为第二届主任委员,届满之后为名誉主任委员。如今神经科专业委员会已成立 22 年,在总会的领导和专业委员会认真负责组织及全国中西医结合神经科同道的团结合作、大力支持与呵护下,神经科专业委员会不断成长壮大,如第一届委员为 30 名,第二届为 41 名,第三届为 70 名,第四届为 74 名,第五届达 90 名。2010 年我们成立了神经科专业委员会青年委员会,青年委员会委员由初建时的 30 名增加到 52 名,显示着神经科专业委员会的兴旺发达,后继有人。同时,神经科专业委员会自其成立以来,为国内外神经科中西医结合学术交流,发现和培养中西医结合人才,树立献身中西医结合事业、自主创新的科学精神,加强神经科中西医结合研究,促进神经科中西医结合临床、科研、教学、管理以及中西医结合神经学科的学科建设与发展等,均做出了鼓舞人心的巨大贡献! 我作为神经科专业委员会的发起人之

一,倍感欣慰!

## 三、重视和加强中西医结合神经科的学科建设

中西医结合及中西医结合医学已成为我国首创的医学新学科。在此前提下,我们神经科专业委员会紧紧围绕着中西医结合神经科的学科建设开展了一系列工作。

1. 举办中西医结合神经科的学科建设专题研讨　如2004年召开的"第五次全国中西医结合神经科学术会议",重点开展了中西医结合神经科的学科建设专题讨论。10多位委员在大会做了有关学科建设的学术报告,"浅谈中西医结合神经科的学科建设"(孙怡)、"中西医结合神经科学科建设"(高利)、"中西医结合睡眠疾患专科专病建设的重要性和特色性"(湛剑飞)等论文报告又发表于《深圳中西医结合杂志》"学科建设栏目"[2005,15(5)]。我们组织有关学科建设的研讨产生了良好学术影响,使大家对中西医结合神经科的学科建设的重要性、思路方法等有了明确认识。

2. 为中西医结合著书立说　学术著作或学科著作,是学科建设的基石或铺路石,又是学科建设发展的记录。我们神经科专业委员会为促进中西医结合神经学科的建设发展,提出大力为神经科中西医结合研究"著书立说"号召,并积极组织神经科专业委员会委员及全国中西医结合神经科专家著中西医结合之书,立中西医结合之说。

1999年,我们组织神经科专业委员会委员及全国中西医结合神经科专家,编著出版了我国第一部143万多字的《实用中西医结合神经病学》(孙怡、杨任民主编,人民卫生出版社,1999年),获中华中医药学会2004年度科学技术著作奖二等奖。我国著名中西医结合医学家、中国科学院院士、国医大师陈可冀教授,在为本书写的序中评价本书"实为编著者几十年对神经系统疾病进行中西医结合防治研究的结晶,她不仅为临床提供了一部新的中西医结合神经病学专著,更为推动中西医结合神经病学的学科建设与发展打下了基础,铺垫了基石。同时也体现了中西医结合医学研究的时代特点"。我国著名中医学家、中医神经科专家、中国工程院院士王永炎教授在《中国中西医结合杂志》发表了为本书写的书评"切合临床实际,探幽发微"。其评论说:"本书内容有如下3个特点:① 内容翔实,全面反映了神经系统疾病的诊疗概况,注重新诊疗技术和药物治疗进展的介绍。② 切合临床实际,详细论述了神经系统疾病中医、中西医结合的具体诊断方法和临床治疗经验。③ 针对临床神经病学科发展的现状和方向,阐发中西医结合治疗的思路和方法,多能给人以启示。""注重临床实际,阐发病证施治幽微,是本书论述具体疾病治疗的一个显著特点。"更为重要的是王永炎院士实事求是地指出:"由于神经系统疾病的中西医结合研究尚属开创阶段,本书主要是对中华人民共和国成立以来临床研究的初步的系统整理,无论在研究深度或广度上都还需要进一步提高,特别是有关中西医结合基础理论研究……本书尚有不足。"这不仅仅是为我们将来再版提出了更高要求,实际也为中西医结合神经学科乃至整个中西医结合医学研究的科研工作指出了研究方向。

2008年,又组织神经科专业委员会委员及全国中西医结合神经科专家近百位,根据近10年来中医、西医及中西医结合神经科临床、科研新进展,修订第1版《实用中西医结合神经病学》,编著出版了180多万字的《实用中西医结合神经病学(第2版)》(孙怡、杨任民、韩景献主编,人民卫生出版社,2011年)。天津中医药大学校长、中国中医科学院院长、中国工程

院院士张伯礼教授在《中国中西医结合杂志》发表了为本书出版写的书评"荟萃中西新成果，诠释临床结合点"，对此书给予很高评价。他说："该书高度重视内容的与时俱进，全面收集了近10年中医、西医、中西医结合防治神经系统疾病研究的新理论、新方法、新技术、新知识、新进展，系统全面阐述了神经系统疾病的中医病因病机、西医病理、临床表现、辅助检查、诊断、鉴别诊断及中西医治疗，是对我国50余年中西医结合防治神经系统疾病的全面总结，并具有以下特点：① 理论阐述注重继承与创新。② 研究方法与时俱进。③ 突出中西医结合特色，注重疗效的提高。④ '中西医结合思路'高屋建瓴，为本书点睛之笔。"这些评论对我们神经科专业委员会及100多位作者是极大鼓舞！

我非常希望《实用中西医结合神经病学》这部著作能像《实用内科学》那样，随着中西医结合神经病学研究的发展，不断修订，出版新版本，永远永远坚持不懈！让她永远伴随和记录着我国中西医结合神经病学科的建设发展变化，在中西医结合医学发展道路上深深驻留中西医结合神经科的科学发展历史足迹和中西医结合思维记忆！

## 四、组织神经科专业委员会积极开展中西医结合神经科标准化的建设研究

标准化，是一个学科成熟程度的重要标志。标准化建设包括建议、规范、指南、标准等，其中"标准"是最具影响力的高层次的标准化研究成果。为了促进中西医结合神经科的学科标准化建设与发展，我们神经科专业委员会本着实事求是的原则和敢于啃骨头的精神，2004年就着手研究制定中西医结合神经科的标准问题。经过2年多的调查研究，我们系统查阅文献，分析研究中西医结合防治神经系统疾病的诊断和治疗规律，最后决定首先从中西医结合诊断入手，研究临床最多见的脑梗死和脑出血的中西医结合诊断标准。经过2年多的反复研究讨论，我们终于在2006年召开的山东泰安会议上定稿《脑梗死和脑出血中西医结合诊断标准（试行）》，并在《中国中西医结合杂志》［2006，26（10）］发表，为中西医结合神经科标准化建设开了个头，迈出了可喜的一步。

回顾我和我们神经科专业委员会的委员们为中西医结合神经科学术及学科建设发展共同团结奋斗的十多年，我终生难忘！

今年我们迎来了毛泽东主席1958年10月11日对原卫生部党组《关于西医学习中医离职班情况、成绩和经验给中央的报告》做出重要批示和我国开创中西医结合研究60周年大庆！60年来，在毛泽东主席的批示和党中央制定的一系列方针政策的指引下，我国开创的中西医结合事业取得了举世瞩目的辉煌成就！2017年我国又颁布和实施了《中华人民共和国中医药法》，"加强中西医结合研究""促进中西医结合""国家发展中西医结合教育，培养高层次的中西医结合人才"写进了庄严的《中华人民共和国中医药法》，成为国家意志、人民意志，极大地鼓舞着我们"不忘初心，牢记使命"——不忘成立中西医结合神经科专业委员会的初心，沿着中西医结合道路继续前进！

# 全面贯彻中医药法
# "不忘初心,牢记使命"
## ——加强中西医结合人才培养的思考与探讨

**陈士奎**

中国中医科学院

【简　介】

　　陈士奎,男,1938年生,山东省博兴县人,主任医师。1962年毕业于哈尔滨医科大学;1971—1973年参加黑龙江中医学院"西学中班"结业;1981年毕业于中医研究院首届中医研究生班,获医学硕士学位,导师为全国著名中医学家、中医研究院副院长赵锡武先生。毕业后留院工作,职务多易。任《中国中西医结合杂志》创刊期间编辑时即结合学术动态发表评论性文章,被学术界广泛引用,并有日本《中医临床》杂志译成日文转载者。任中国中西医结合学会副秘书长、副会长兼秘书长期间,主编出版我国第一部《中国中西医结合医院管理》;在原卫生部中医司医政处的委托和领导下,组织调查研究并执笔完成国内第一个《全国中西医结合医院建设检查标准》;在国家中医药管理局领导下,依托中国中西医结合学会管理专业委员会,组织全国专家首次编制了《中西医结合医院分级管理办法(试行)》,并执笔《中西医结合病案书写规范(试行)》等。任中医研究院研究生部主任期间,首先将原开设的《黄帝内经》《伤寒论》《金匮要略》《温病条辨》《神农本草经》《中医各家学说》等课程,改为《黄帝内经研究》《伤寒论研究》《金匮要略研究》《温病条辨研究》《神农本草经研究》《中医各家学说研究》,推动了教学改革;在全国率先开设和主讲"中西医结合医学导论"课,主编出版了我国首部"新世纪全国高等医药院校规划教材"《中西医结合医学导论》。这门课程1991—2016年间在中国中医科学院研究生院讲授了25年,深受历届研究生欢迎。任国家中医药管理局医政司司长期间,继建设"全国示范中医医院"基础上,首次提出建设"现代化综合性中医医院"发展方向,并纳入1996年党中央国务院召开的全国卫生工作会议上的部长报告;在前任司长工作基础上组织完成并出版《中医病证分类与代码》等第一部中医药国家标准等。主编、副主编、编著或参与编写的著作20多部,代表性著作有主编《中西医结合医学导论》《发展中的中西医结合医学》《中国中西医结合医院管理》等。发表论文150余篇。

《中华人民共和国中医药法》(以下简称《中医药法》)第四章第三十六条第二款明确法定"国家发展中西医结合教育,培养高层次的中西医结合人才",抓住了新时代中西医结合事业发展的核心问题——发展中西医结合教育,培养高层次的中西医结合人才。特别是《中医药法》把"中西医结合教育"法定为"国家发展"的事业,不仅用法律充分肯定了我国开创的中西医结合教育,使我国中西医结合教育和培养中西医结合人才获得法律保证,而且使我国中西医结合教育及中西医结合人才培养成为国家意志,表达了人民意愿。有了"不忘初心,牢记使命,永远奋斗"的中西医结合人才,方能担当起《中医药法》明确的"加强中西医结合研究""促进中西医结合"法律规定。

"国家发展"的"中西医结合教育",应当包括中西医结合本科、研究生等学历教育、毕业后教育以及"西学中"或"中学西"继续教育等。其中本科中西医结合人才的教育培养,则是保障中西医结合事业科学发展后继有人的根基和源泉;按照人才培养和成长的规律,中西医结合研究生、中西医结合专家、学术与学科带头人等"高层次的中西医结合人才",理应主要来自中西医结合本科生,这样才能达到设置本科中西医结合(医学)专业的水准和目的,不能只认为"高层次的中西医结合人才"仅来自"西学中"班。

百年大计,教育为本。中西医结合事业在新时代的科学发展和可持续发展,关键在于有真心实意地热爱中西医结合事业,忠诚于中西医结合事业,坚贞不渝献身于中西医结合事业的代代后继人才的培养。尤其要培养像开创中西医结合医学研究的先驱者、老前辈们那样的"咬定青山不放松,任尔东西南北风"的坚定不移、雄心壮志、意气风发地为中西医结合事业科学发展闯出一条前人未走过的道路的、具有追求科学真理、坚持科学真理的科学精神和创造精神的中西医结合人才。

## 一、当前中西医结合教育存在的主要问题

1. 思想包袱　就既往官方设置的专业名称"中医学(中西医结合方向)"专业或"中西医临床医学"专业看,显然带有"思想包袱"。如认为中西医尚未结合,甚至认为中西医难以结合或根本不能结合,或"中西医结合医学"尚未形成自己的理论体系,称"中西医结合医学"不成熟,为时过早等诸多观念。"观念引导行为"。因此,回避"结合"二字,不肯称为"中西医结合临床医学""中西医结合医学"或"中西医结合"专业。这些"思想包袱"或思想观念,迷雾般笼罩着、影响着学生和教学人员的自信,甚至出现了这两个专业毕业者难以求职的困惑,或

通过了中西医结合执业医师考试，而不给注册中西医结合医师……

然而，原设置的这两个专业，在我国已"摸着石头过河"试办了20多年，且有一点透明共识：试办这两个专业的初心和目的即为探索中西医结合人才教育和培养的路径和方法等。不管专业名称如何称谓，培养的方法、路径如何，人们心目中的目标是确定的，即培养适应我国中医药及中西医结合事业发展需求的"中西医结合"人才。

特别是国务院学位委员会以及国家标准《学科分类与代码》早在1982年和1992年即分别将"中西医结合"与"中西医结合医学"确立为相对独立的学科，而且国务院学位委员会从1978年即招收了中西医结合研究生。国务院颁布的《医疗机构管理条例》和原卫生部制定的《医疗机构管理条例实施办法》中将"中西医结合医疗机构"列为法定的一类医疗机构；我国实行执业医师考试制度和执业医师注册制度以来，早在1999年，中西医结合助理执业医师、执业医师考试和注册与中医助理执业医师、执业医师考试和注册已同步起动。

今天又有了"国家发展中西医结合教育，培养高层次的中西医结合人才"的《中医药法》保障，应当丢掉包袱，依法坚定不移地大力发展我国的中西医结合教育事业了！因此，建议教育部等有关部门放下包袱，深入调研，依法设置"中西医结合医学"或"中西医结合"专业，名正言顺地招收中西医结合医学或中西医结合专业本科生。

2. 教材问题

（1）版本多种。关键是编写的质量和水平参差不齐，凸出中西医结合思维、思路与方法需加强等。

（2）对于中西医结合教材尤其要强调精准掌握中医药学理论概念。已出版的中西医结合教材中医概念不统一、不规范，不仅不同版本教材的中医概念不统一、不规范，同一本教材或不同教材的同一个概念都不统一、不规范。如"辨证论治"就有"辨证施治""中医治疗""中医辨证治疗""内治""分型论治"等不同称谓。另外，由于对"证""证型""证候"等概念的内涵理解不同，因此在教材中的运用不统一。例如：××××证，有的称××××型，或称×××××证候等。特别是在同一本教材，前后或不同篇章称谓都不统一，这最让学生及教学人员无所适从。

（3）同一个西医的疾病，在不同教材的中医"辨证论治"的"辨证分型"不一致。如脑梗死的辨证分型，在《中西医结合危重病学》中分为两"型"四"证"，在《中西医结合内科学》中分为九"证"；慢性溃疡性结肠炎的"辨证分型"，在《中西医结合外科学》中分为湿热蕴结证、肝脾不和证、脾胃虚弱证、脾肾阳虚证、瘀血内停证5个证型，在《中西医结合内科学》中则分为湿热内蕴、脾胃虚弱证、脾肾阳虚证、肝郁脾虚证、阴血亏虚证、气滞血瘀证6个证型。以上提示学科间应互相沟通讨论，尽量一致。

（4）尚未重视或较少重视引进中西医结合研究重大成果。如"病证结合诊断""病证结合治疗"等中西医结合诊疗术语及模式，在现今中西医结合临床及临床科研的学术论文中已普遍应用。学术界越来越重视"病证结合"研究，认为中西医"病证结合"是中西医两种医学体系交叉融合的切入点等；中西医结合助理执业医师、执业医师等认证考试，都已把"病证结合诊断""病证结合治疗"列入考试，并将其作为与中医认证考试不同的显著标志之一，而中西医结合教材却未加以应用。又如我国著名中西医结合专家、中国科学院院士沈自尹教授，通过对中医学"肾"本质的系统的中西医结合研究，提出了具有普遍性或普适性"隐潜证"新认识、新理论概念，不仅创新发展了中医辨证理论与方法，从"证"这一结合点上找到了中、西医学的一种新的联系，创立了"宏观辨证与微观辨证相结合"诊断方法。应当认真研究如何把这些实用性、科学性均较强的中西医结合创新研究标志性新理论概念，引用于各学科的中西医结合教材。

3. 师资问题

(1) 中西医结合临床教学的师资及教师队伍极度缺乏。尤其是中医临床及学术水平站在前沿，现代医学水平跟踪得上国内外发展，又掌握中西医结合研究进展，热爱并致力于中西医结合临床教学研究的师资更较缺乏。

(2) 中西医结合临床教学师资总体水平(包括临床、科研、教学水平等)需要努力提高。

(3) 中西医结合师资培训尚不到位。

(4) 重视和加强中西医结合师资队伍建设，制定相应措施，保持中西医结合师资队伍相对稳定性问题亟待解决。其中对中西医结合的科学认识问题，提高对中西医结合必然性、必要性、科学性等认识，通过临床实践真正认识到中西医结合医学是当前最佳医学模式！对中西医结合临床研究充满信心，产生浓厚兴趣和执着追求的献身精神，是保持中西医结合师资队伍稳定的最重要因素之一，也是解决中西医结合师资问题的首要任务。

4. 教学基地问题

(1) 中西医结合医疗机构特别是中西医结合医院是我国中西医结合重要的教学基地，而医院层次的中西医结合教学基地数量严重不足。既往"中西医临床医学"专业学生甚至只能到综合医院或中医医院进行临床实践和临床教学，而目前的综合医院或中医医院(虽然有些医院也有中西医结合科室)对中西医结合临床教学则较缺少充分准备，缺乏经验，甚至很陌生，或者学生只能"入乡随俗""客随主便"，造成理论与实践相脱节，直接影响中西医结合人才的培养效果和质量。

(2) 中西医结合的教学水平参差不齐，难以保证中西医结合临床教学、临床实践的需求。当前，中西医结合医院作为我国中西医结合临床、科研、教学最重要的基地之一，是我国中西医结合临床教学最有依靠、最有指望的中西医结合临床教学基地，是最负重望的中西医结合临床教学的"娘家"。即便如此，但中西医结合医院对中西医结合临床教学尚缺乏较系统、深入研究，缺乏规划、规范研究，缺乏对什么是中西医结合人才、如何提升学生中西医结合服务能力、如何培养教育等研究，更缺乏示范性中西医结合临床教学基地的培育。

(3) 综合医院中西医结合科建设问题。1982年原卫生部召开的石家庄会议明确提出综合医院成立"中西医结合科"，之后很多综合医院相继成立了中西医结合科，成为我国重要的中西医结合科研及临床教学基地。而2008年8月18日，国家中医药管理局、原卫生部、总后原卫生部联合发布的《关于切实加强综合医院中医药工作的意见》却只字未提"中西医结合"，按此文件精神即只建中医科，这无疑削弱了中西医结合临床教学基地。另外过去的文件涉及"中医药"概念时，均在"中医药"之后加"()"注为"(含民族医药、中西医结合，下同)"；而该文件却是"中医药(含民族医药，下同)"，没有了中西医结合(见《中国中医药报》2008年8月27日第3版)。这不仅给综合医院的中西医结合工作带来困惑，也给整个中西医结合工作带来困惑，同时也是直接影响中西医结合临床教学工作的大问题。

(4) 中西医结合临床教研室问题。临床教研室多设在医院的各科室，开展与本科室相应的临床教学活动。目前即便是中西医结合医院的临床科室都不全是中西医结合科室，尚做不到每个临床科室都设有相应的中西医结合临床教研室(组)，更何况其他类型的医院了。

即便中西医结合科设立一个教研室，也是承担多专业的教学任务，甚至一位老师承担多专业的教学任务，没有专门的中西医结合教研室或教研组或教学人员，尤其是缺乏或较少有对中西医结合临床特点、临床思维、临床要求、临床规律等进行系统研究，并与西医、中医进行比较研究的中西医结合临床教研室或教研组……以上问题均直接影响了中西医结合教育及中西医结合本科人才、研究生、留学生、进修人员的培养。

据报道，有中西医结合医院院长在谈学习贯彻《中医药法》的文章中，却只字未讲《中医药法》有关中西医结合的法律规定；有的中西医结合医院办了"纯中医病房""国医堂"，却未强调贯彻落实《中医药法》规定的"加强中西医结合研究""促进中西医结合"，并未发挥中西医结合优势、凸出中西医结合特点、强中西医结合实力、重中西医结合临床、办好中西医结合病房、办好中西医结合专家门诊，或只设立"名老中医学术思想和经验工作室"，传承名老中医学术经验，却不设立著名中西医结合专家学术经验工作室，传承著名中西医结合专家学术经验等。千万别忘了我国创建中西医结合医院的初心！历史经验证明：冷落、淡化、边缘化中西医结合，都会对我国中西医结合事业的发展带来严重损失！

## 二、关于加强中西医结合教育工作的几点建议

**1. 加强中西医结合师资与教师队伍建设**　强化中西医结合师资与教师队伍建设是中西医结合教育事业和教学工作的首要任务。

（1）建立全国中西医结合师资培训及教师研修基地，持续开展中西医结合师资培训及教师研修，特别是实施中西医结合教学能力培训，这是促进中西医结合教育可持续发展与科学发展的重要环节。可与"中国中西医结合学会继续教育基地建设（单位）"结合起来，从中遴选出条件、设施、设备较好，教师队伍优秀者，将其建设成全国中西医结合师资培训或教师研修基地。

（2）中国中西医结合学会及其教育工作委员会特别要发挥教育工作委员会的主导作用，在取得各地政府部门和各高等医学院校、系的支持下，选择数家三级甲中西医结合医院合作，建立全国中西医结合师资培训及教师研修基地。

（3）值得提醒的是全国中西医结合师资培训及教师研修基地，绝不是举办"西学中"或"中学西"班。要突出中西医结合科学思想、信念及中西医结合科学思维、科研方法、科学发展的培训和研修，培养具有坚定不移的中西医结合思想、信念，"不忘初心，牢记使命，永远奋斗""加强中西医结合研究""促进中西医结合"等高素质的师资、教师、导师等。

**2. 加强中西医结合教材编写工作**　建议中国中西医结合学会教育工作委员会组织专家开展中西医结合教材研究、教材应用状况调查、教材评论等学术研讨会，增强各学科教材编写的相互协调，与时俱进地组织中西医结合教材修订工作，不断提高中西医结合教材编写质量和水平。

**3. 加强中西医结合教育基地建设**　目前，应在获得各级政府的支持下，集中精力、人力、物力、财力把中西医结合医院建成中西医结合临床教学基地，是最为现实的。因为中西医结合医院建设中西医结合临床教学基地乃是顺理成章、名正言顺之举，而且还有党和国家的中西医结合方针政策的保障。然而，临床和科研工作是开展教学工作的先决条件和基础，只有把中西医结合医院建成中西医结合临床、科研、教学三结合的基地，才能保证中西医结合教

育、教学基地具有坚实的基础。

（1）把中西医结合医院建成中西医结合临床基地，其内涵有三：一是中西医并重，继承和发扬中、西医两个医药学的优势，并不断研究其有机结合服务于临床，服务于人民健康，服务于健康中国建设。二是通过临床实践及病种质量管理等，不断探索和研究中西医结合治未病、中西医结合诊疗方法、诊疗规范（指南、专家共识）、临床路径、诊疗体系、康复医疗、护理规范及中西医结合临床学科建设等；规范中西医结合病案书写、三级医师查房制度、护理查房制度等，保障患者的利益，促进全院中西医结合临床标准化、规范化建设。三是为中西医结合本科生、研究生、留学生、进修人员等提供标准化、规范化的中西医结合临床实践（实习、教学）基地。其关键是真正突出中西医结合优势和特点。只有紧紧围绕中西医结合运行整个临床工作，才称得上中西医结合临床科室或中西医结合医疗机构。

（2）把中西医结合医院建成中西医结合临床医学研究基地。由于中西医结合临床医学尚处于初创阶段，所以具有更大的探索性和研究性。中西医结合医院特别是三级中西医结合医院，要承担起中西医结合临床医学研究任务，承担起以获取中西医结合临床防治疾病的新知识、新原理、新方法为目的临床应用基础研究任务，为此必须贯彻《中医药法》提出的"加强中西医结合研究"，加强实验室、中西医结合研究室或研究所等建设，不断开展科学层次中西医结合临床研究，以促进经验层次的中西医结合临床向科学层次的中西医结合转变，不断促进中西医结合临床医学理论及理论体系的建设发展，从而不断提升中西医结合医院的医疗品质和水平，为中西医结合临床教学水准的提升带来保证。

（3）把中西医结合医院建设成中西医结合教学基地。建议首先建设好中西医结合教学示范引领基地。① 设立中西医结合教育或教学管理部门，制定中西医结合教学管理制度，完善制度设计，建立中西医结合教学管理系统。② 建立中西医结合（临床）教研室或教研组，除制定中西医结合教学大纲、计划、方案等常规工作外，强调经常开展中西医结合教学研究、问题讨论、教学演示等活动。③ 建立健全老、中、青三结合的中西医结合教师队伍，发扬传帮带和团队精神。不断组织继续教育和师资培训。建立考核制度和激励机制，保证教师队伍的相对稳定。④ 建立中西医结合教学病区及以中西医结合为主线的教学查房、临床带教、案例教学、答疑交流、专题讲座等教学制度。⑤ 建立与中西医结合教学工作相应的教学质量评估、监控体系和考评激励机制，大力表彰对中西医结合教学做出突出贡献的优秀教师、导师或教学管理人员等。⑥ 建立中西医结合教学资源信息库。广泛收集、积累典型示范中西医结合病案，建立中西医结合病案案例库，建立全国著名中西医结合专家特别是中西医结合临床专家库，建立中西医结合临床各学科研究进展信息库、适宜中西医结合技术推广应用项目信息库、继续教育项目信息库等。⑦ 结合全国重点中西医结合医院建设项目，推动建立和培育全国中西医结合示范临床教学基地。⑧ 最为关键者还是强调凡中西医结合医院必须坚持中西医结合办院方向，坚持打造中西医结合品质和品牌。无论党委书记、院长怎么更换，中西医结合办院的方向必须坚定不移、毫不动摇！要代代传承坚守中西医结合办院方向，坚持贯彻执行党中央国务院制定的各项中西医结合方针政策，遵照《中医药法》法定的"国家发展中西医结合教育，培养高层次的中西医结合人才"，坚持不懈地努力培养中西医结合的各级各类人才。⑨ 建议中西医结合医院在设立"国医堂""名老中医学术经验工作室"，传承名老中医学术思想和临床经验的同时，设立"著名中西医结合专家学术经验工作室"，传承著名中西医结合专家学术思想和临床经验。⑩ 根据《中医药法》规定的"国家鼓励中医西医相互学习，相互补充，协调发展，发挥各自的优势，促进中西医结合"举办"西学中"和"中学西"班等，实施有关中西医结合继续教育。

建设好中西医结合教学基地，是关系着中西医结合人才培养的大问题；培养中西医结合人才，不仅是中西医结合医院责无旁贷的历史使命之一，而且是提升医院中西医结合品质和医疗水平的重要保障和措施之一。中西医结合医院需充分发挥中西医结合临床、科研、教学、管理相互促进、相辅相成的效应，高度重视中西医结合教学工作。因此，建议中国中西医结合医院联盟把促进中西医结合教学基地建设作为一项重要任务，建立中国中西医结合教学联盟。

## 三、中西医结合(医学)专业学生的培养教育

"师资-教材-实践基地-学生"，是构成中西医结合教学体系和中西医结合教学工作的四大要素。针对目前中西医结合教育、教学工作中存在的一些问题，提出如下几点建议。

1. 明确中西医结合(医学)专业本科教育的性质　本科教育既属普通人才或一般人才的培养教育，即为人才成长打基础的教育，又是培养"高层次的中西医结合人才"的摇篮。应以人为本，德育为先，培养德才兼备、思维敏捷、思维创新、会学习、善思考，能适应新时代中国经济社会发展、医疗卫生改革发展、中西医结合事业发展及健康中国建设发展需要，中西医结合基础知识扎实、实践能力较强的高素质的中西医结合人才。因此，学生需要获取的应是以中西医结合医学知识为主的多元化知识；培养学生形成以中西医结合为主体的多元化交叉文化知识结构。

中西医结合(医学)本科生的培养教育过程是"师傅领进门"的过程。

(1) 怎样才能领进门？ 多元化的课程教学及多临床学科的轮转实习，首先要紧紧围绕对中西医结合医学治学兴趣的引领。

(2) 领进什么门？ 多元化的课程教学及多临床学科的轮转实习，均要引领学生走进中西医结合临床大门，千万不能领错了门！

(3) 本科教育培养的是掌握中、西医药学及中西医结合基础知识、基本理论、基本技能的人才，学生不能好高骛远，老师不能要求过高。

(4) 鼓励个性发展，鼓励独立思考。

(5) 深化从入门，到过程，到出门的中西医结合人才培养机制改革。

2. 引导学生把自己培养成中西医结合人才

(1) 立志(立志向、志趣、志气)。如前述凡是攻读中西医结合(医学)专业者，必立志向我国开创中西医结合事业的老前辈学习，以他们为榜样，立志为中西医结合事业及中西医结合医学的科学发展而奋斗终生！ 应"咬定青山不放松，任尔东西南北风"，并抱有"有志者，事竟成"的雄心壮志，为中西医结合事业发展而献身。

(2) 培养对中西医结合临床工作(包括临床科研)的志趣、兴趣。兴趣是推动学习、钻研的重要内在动力，它能让人产生对研究对象的迷恋和"爱情"。因此教师要帮助、学生要主动培养对中西医结合工作的兴趣、"爱情"和痴迷。兴趣来源于实践(临床、科研、教学、管理等)，来源于读书、启发、问题、好奇心……作为中西结合(医学)专业的学生，在老师的指导下多读书，多临床，多实践，多观察，多接触患者，多与患者与家属沟通，多运用中西医结合方法

为患者健康服务……在实践中培养对中西医结合临床工作的兴趣。人生就要干你所感兴趣的事。

（3）中西医结合临床人才的能力和素质培养。除了人品、文化、道德、身心素质等以外，在各种具体医学实践活动中，如临床诊断，当前是实行"病证结合"诊断，临床治疗是"病证结合"的"中西医结合"治疗，就需要培养中西医结合临床观察、思维、判断、推理、概括能力。需强调和说明的是学生（或医生）在临床上并不是以空白的头脑去观察、认识患者的，总是以自己已经拥有的知识和理论去观察和认识的。因此，观察和认识活动，不可避免地渗透着理论和理论思维。培养中医人才，强调中医临床思维能力的培养；培养西医人才，强调西医临床思维能力的培养；培养中西医结合临床人才，则必须强调中西医结合临床思维能力的培养！中西医结合理论思维必须贯穿于整个中西医结合教育过程。

（4）其他能力的培养。如中西医结合的联想能力，思考能力，创新能力，临床实践、实验研究等科研能力，研读中医经典著作等自学能力，语言、文字、数理统计、病历书写、实验报告、学位论文、学术论文、工作总结等表达能力和撰写能力，团队精神、计划、决断或决策等组织管理协调能力，均需贯穿、渗透中西医结合理念和理论思维，注意中西医结合思维方式和思维能力的培养和训练。特别是在中西医结合教学和带教过程中，要爱护、鼓励学生的独立思考和创新思维能力，善于诱发、激发和培养学生的中西医结合独立思考和创新思维能力。因为中西医结合医学是我国自主创新的医学学科，其科学发展尤其需要创新型人才。所以我们培养的本科、研究生中西医结合人才，应当是善于独立思考，具有创新思维能力的人才，这关系着中西医结合事业的未来。

## 结束语

多少年来，我国有志于中西医结合教育事业的高等医学院校及中西医结合工作者，通过实践努力探索着如何培养中西医结合人才，造就了中西医结合师资及教师队伍，编写了中西医结合教材，建设了中西医结合教学基地，创办了中西医结合学院，研究中西医结合教育理论，逐步完善中西医结合教育体系等，为我国中西医结合教育事业的科学发展做出了极大贡献！

今天，我们有《中医药法》的保障，有党的十九大精神指引，要立足新时代，坚定中西医结合教育自信，担负起新使命，努力开创中西医结合教育新局面！

# 为儿科事业献身　我
# 走上中西医结合之路

**时毓民**
上海复旦大学上海医学院附属
儿科医院

·········· 【简　介】 ··········

时毓民，男，教授、博士研究生导师。1962年毕业
于上海第一医学院医疗系，1968年师从上海名老中医
顾文华教授，1978年在上海中医学院七届西学中研究
班学习2年。从事中西医结合诊治小儿各种疾病56
年，擅长小儿哮喘、反复呼吸道感染、紫癜性肾炎及性
早熟的诊治。已带教博士、硕士4名，全国名老中医
承师班学员2名及上海市高层次中医临床人才跟师
培训班学员1名。2012年成立上海市时毓民名老中
医工作室，2015年通过验收，师带徒3名。2016年被
评为上海市名中医，国家中医药管理局批准成立全国
名中医工作室。

发表论文96篇，科普文章1 250余篇，主编和参与
编写专著26本，如主编《儿科病的中西医治疗》《儿童
支气管哮喘》，参编《中医治疗疑难病秘方》《中国中医
秘方大全》《活血化瘀新编》等。先后获得上海市科委、
上海市卫生局、国家中医药管理局、上海医科大学、中
国中西医结合学会等科技类奖8项，科普论文奖4项。
1993年获国务院政府特殊津贴，1999年获上海市中西
医结合优秀工作者奖，2001年获中国中西医结合贡
献奖。

现担任中国中西医结合学会儿科分会顾问，上海市

中西医结合学会儿科专业委员会名誉主任委员,《中国中西医结合杂志》编委。1997 年被美国柯尔比科学与文化信息中心医学部推荐为著名国际替代医学儿科专家。

## 一、名师指引,投身杏林

1956 年,毛泽东主席提出中西医结合,创造中国统一的新医学、新药学的任务,在全国范围内挑选一批有一定基础的西医来学习中医,儿科医院也积极响应,儿科医院主治医师以上的医务人员均参加过"西学中"。我师从上海名老中医顾文华教授学习中医,并参加中医肺炎病房的医疗工作及肾病中西医结合病房查房,在跟随顾老查房过程中,耳濡目染,发现采用中西医结合的方法治疗儿科疾病比单纯采用中药或者西药有更好的疗效,某些疾病用中药效果更好,便逐渐对中医产生了浓厚的兴趣。顾老师是徐氏海派中医传承人,医理渊博,医术精湛,医德高尚,仁心敬业,这更坚定了我跟随顾老学习及终生从事中西医结合儿科的信念。1975 年儿科医院成立中西医结合肺炎病房,我担任住院医生工作,由顾老指导。当时我与上海卫生防疫站合作采集了大量标本,证实小儿肺炎大多数由病毒引起,采用中药口服及静脉注射、外敷中药治疗小儿病毒性肺炎取得了 90% 以上的痊愈,效果较抗生素好,此项报告材料得到全国中西医结合肺炎交流会议的好评。

1978 年,经过本人申请和医院及顾老推荐,我脱产 2 年,参加上海中医学院"文革"后办的第一个西学中主治医生进修班,专攻中医。我先后跟随金寿山、徐蔚霖、朱瑞群、贾福华等上海市内儿科名中医抄方学习,并结合自己的临床经验加以应用,毕业论文《小儿舌诊研究》获评"西学中班"优秀论文二等奖。毕业后我转入中医科,从事中西医结合临床及科研工作,继续跟顾老学习,在随师侍诊的同时,发掘总结和提炼老师的临床经验,帮助老师著书总结,把老师的临床经验发扬光大。

## 二、继承先辈,敢于创新

20 世纪 70 年代末,改革开放伊始,我国的医学水平相对较落后,当时西医科偶尔碰到有乳房肿块的小女孩就诊,西医对性早熟认识不多,也没有什么经验,排除肿瘤的可能后,常常推荐患儿到中医科就诊。顾教授根据自己多年的临床经验和扎实的中医理论基础,观察发现这些年来就诊的"乳房发育"的性早熟儿童,其中医辨证还是有一定的规律,存在"肝肾阴虚、相火偏旺"的临床诸多证候,于是开始尝试采用以滋阴泻火为主的中药方剂进行治疗,当时心中也没有底,尝试治疗。我随师抄方,敏锐地感觉到性早熟的中医辨证诊疗是前无古人的事,于是帮助顾老师收集病例,每天到门诊病史室翻阅登记病历。为系统准确随访病情,我在七八月的酷暑天气骑着自行车整个上海跑,到患儿家中随访病情的转归和效果,历经寒暑,终于在 1981 年总结提炼了顾老采用中医辨证"滋肾阴泻相火"法则治疗儿童性早熟的临床经验,在当时的《辽宁中医杂志》发表了论文,使全国中西医结合同仁了解了儿童性早熟的中医辨证诊疗经验。此相关论文和临床总结还获得了当年上海市中医、中西医结合成果奖。顾教授退休后,由于身体问题,基本淡出临床。我继承顾文华老教授的经验,和中医科其他医生一起成立了性早熟中西医结合专科研究小组,先后研制出早熟1号、早熟2号、儿早丸等一系列治疗儿童性早熟的院内制剂,并且规范总结了儿童性早熟的中西医结合诊疗方案,最早提出性早熟阴虚火旺证的八大证候特点,为中医诊疗性早熟开辟了新途径,临床治疗小儿性早熟获得了良好疗效。1987年我院开始开设性早熟专科门诊,目前成为全国性早熟中西医结合诊疗中心之一,吸引了大量来自全国各地,甚至北美、欧洲、日本的患儿,专科和专家门诊年平均诊治性早熟患儿3万余人次。1995年该门诊被上海市卫生局认定为"上海市性早熟特色门诊"。2001年又经过擂台被上海市卫生局中医处挂牌"上海市中医性早熟特色专科"。我在继承先贤的基础上,提出"小儿治病重在健脾助运""小儿性早熟源于肾的阴阳失调"等一系列新理论,汇通中西,古为今用,将传统医学与现代医学相结合,建立了具有自己独特创新的思维模式和诊疗方法。近年来我又牵头,通过举办国家级继续教育项目、全国性会议学术交流及接受专业进修等方式,已将我院的儿童性早熟诊治方案在全国多家省市级各大医院推广使用。

在几十年的临床实践中,我体会到不少儿童服用汤药有困难,而且增加家长的麻烦,于是根据临床实践创立了近10种中成药,为儿科医院留下了多个有效的院内制剂。如开发的射干合剂已经成为儿科医院和新华医院应用最广的院内制剂之一,用于治疗支气管炎、过敏性咳嗽、哮喘;我说与儿童医学中心、儿童医院共同对150例过敏性咳嗽的随机研究证明射干合剂效果优于急支糖浆;动物实验证明射干合剂有祛痰、平喘、镇咳、抑菌、消炎及加强免疫的作用,急性及慢性毒性试验证明该药安全。其他尚有遗尿合剂、利胆合剂、清热利湿合剂、增液合剂等,也成为我院常用的院内制剂。

## 三、创立学会,提携后学

1982年,我与一批有名的中西医结合儿科学者,包括福建省立医院的叶孝礼教授、湖南湘雅医院的虞佩兰教授和北京友谊医院的阎田玉教授,创立了中国中西医结合学会儿科小组,每年举行相关的学术交流,互相切磋,以提高中西医结合诊疗和科研水平。同时学会专家共同编写了《儿科疾病研究》《中西医结合儿科临床》等多部著作,全国与会者从20余人到每年数百人的规模。我于1981年在上海中西医结合学会的领导下创立了上海中西医结合学会儿科小组,以后改为上海中西医结合学会儿科专业委员会,我担任主任委员,直至2001年由我的学生俞建教授接任主任委员。1986年中国中西医结合学会儿科专业委员会成立,我担任学会副主任委员,同时担任上海市中西医结合学会委员及上海市中医学会委员,至今我仍担任中国中西医结合学会儿科专业委员会顾问。我曾先后荣获1999年邝安堃中西医结合奖励基金优秀工作者奖以及2001年中国中西医结合贡献奖。

## 四、薪火相传,桃李芬芳

作为教学医院,培养接班人是一项非常重要的工作。分配到儿科医院后,我每年都负责上海医学院的学生见习、实习带教以及医学院的儿科临床教学。1980年后,我兼任中山医院中医系副主任,负责中医学的系统理论教学和临床带教,由于精通中西,临床经验丰富,所以常常能把西医院校学生多感乏味的中医理论课程上得生动精彩,获得学生好评。我认为培养高水平的中西医结合人才是今后中西医结合事业发展的关键,在当今信息技术如此发达时代,如果一个老师只是对已有的知识进行了梳理和传授,那只起到了一个知识传递者的作用,医学知识在不断地更新,需要我们不断地学习新知识和技能,推陈出新,我是这样要求自己和学生的。我培养的学生已成为医、教、研的骨干,如俞建教授和汪永红教授已培养了大批研究生。俞建教授成为学科和学会带头人,在国内儿科界享有盛名,在国外也多次讲学和交流。汪永红教授对儿科中西医结合事业做出了贡献。

## 五、热衷科普,奉献社会

我认为向广大市民群众普及医学知识也是十分重要的。不少家长在生活中迫切需要了解医学科学知识,但是医学期刊太专业,大多数百姓看不懂,要提高全民医药卫生素质就需要我们把高深的医学道理转化成人们能接受的科普知识。我每年都抽空撰写几十篇医学科普文章,先后主编了5本科普著作,在期刊上发表文章1 000余篇,多次被评为上海市优秀科普作者,现在还是全国和上海的许多知名科普杂志和报刊如《大众医学》《家庭用药》《上海幼托杂志》《聪明宝宝》《为了孩子》《家庭医生报》《大众卫生报》等的特约撰稿人。近来我在微信创立了个人公众号,宣传中西医结合治疗及护理小儿的知识,并与家长互动,得到了儿童家长的好评,短短2个月已有1 000多名读者。

## 六、仁心仁术,医患和谐

在从医56年生涯中,我深深地体会到医患关系的重要性。有的患儿家长出于对小儿病情的不了解和焦虑,会对医生发牢骚或提出种种不合理的要求。此时,我常常会反向思考,如果我是患儿家长,就诊时遇到的有的医生对我的提问不耐烦,态度生硬,我当然会不高兴,这促使我看病时对患儿家长有耐心,态度和蔼,对家长不合理的要求尽量解释清楚,以取得他们的理解。为了方便患儿家长,对病情较复杂或部分外地来的家长,我会把我的邮箱告诉他们以便联系或解答他们的问题。我每天可收到3~10份家长询问的邮件,对此我都作一一解答,特别重点解释应用中西医结合治疗疾病的好处,介绍家长关心的疾病常识,我认为这是医生应有的医德。

"人生有夕阳,事业无黄昏",我将为中西医结合儿科事业贡献出毕生精力。

# 中医世家和学习西医使我
# 走上了中西医结合之路

**裴正学**

甘肃省医学科学研究院

········· 【 简 介 】 ·········

　　裴正学,男,生于 1938 年 2 月,甘肃省武山人。
1961 年毕业于西安医学院医疗系,主任医师,教授,博
士研究生导师。现任甘肃省医学科学研究院首席专
家,甘肃省中医院首席专家,中华中医药学会终身理
事,中国中医科学院博士研究生导师,甘肃中医药大学
博士研究生、硕士研究生导师,《中国中西医结合杂志》
编委,《世界中西医结合杂志》顾问,甘肃省文史馆馆
员;曾任甘肃省医学科学研究院副院长,甘肃中西医结
合进修学院院长,《中西医结合研究》杂志总编辑,第
三、四届中国中西医结合学会理事,第六、七、八届甘肃
省政协委员。1991 年享受国务院政府特殊津贴,2004
年获甘肃省名中医称号。2014 年获甘肃省道德模范
奖,2015 年获甘肃省陇原十大骄子奖。编著有 27 部
医学专著,代表作《中西医结合实用内科学》全书 200
万字,获第三届世界传统医学大会金奖、全国优秀科
技图书一等奖、甘肃省科学技术进步奖二等奖,发表
90 余篇医学论文,曾获省部级科学技术进步奖 3 项。
曾应邀赴日、美、德、法等国讲学、交流,业余爱好文
学、诗词、书法,著有《裴正学小说散文集》《裴正学书
法集》等 7 部作品。

我出身于三代中医世家,祖父是前清秀才,在家乡行医,名重陇南各县;父亲肄业于中央大学文科,后改文从医,医名遍及秦陇。我于1961年由西安医学院医疗系毕业后,虽然长期从事西医内科临床,但因从小接受家传中医思维的熏陶,耳濡目染,对中医产生浓厚兴趣,在临床上遇到西医西药一时难以奏效的患者,经常采用中医方剂配合应用,如再生障碍性贫血、白血病、红斑狼疮、慢性肾炎、类风湿关节炎等均能取得了一定疗效。

## 一、从治愈一例白血病开始

记得在1967年元月,当时我在甘肃省天水地区医院任内科主任,一例急性单核细胞性白血病患者马某(男性,16岁)在兰州某医院化疗后未见缓解,血红蛋白仅为30 g/L,病情垂危。我采用中药"扶正固本"疗法后,患者病情逐渐好转,再用化疗后骨髓象呈现部分缓解。此后中药与化疗配合,经治1年,患者病情完全好转,骨髓象达到痊愈。此病案曾在1973年苏州血液病会议上报告,受到全体与会者的重视,大会主持人陈悦书教授建议将治疗该例患者的主方定名为"兰州方",在国内广泛推广使用。该患者至今健在,儿孙满堂,生活幸福。这例患者给了我巨大的启示,我对学习中医学产生了更进一步的追求和渴望,从此,我便决心在中西医结合这条道路上知难而进。

## 二、系统继承,开拓创新

从20世纪60年代起,我便自学了《伤寒论》《金匮要略》《黄帝内经》《温病条辨》等经典著作,同时对近代中西汇通派唐容川、张锡纯、施今墨、余无言、时逸人等大师的代表论著均精心阅读。他们的学说和实践给了我新的启迪,我发现前人受历史条件的限制,对现代西医的认识尚未达到精通,虽然实践中产生了较好的疗效,但不能形成系统的中西医结合理论,对后世中西医结合的事业不能产生更加巨大的影响。施今墨遗著很少,几种由门人总结的医案经验疗效好,组方中渗透了一些中西医结合观点;张锡纯衷中参西同样偏于实践,疏于理论;余无言、时逸人等均具理论结合实践之探索精神,但因操之过急,牵强之处在所难免;只有唐容川在血证论中隐约可见一些对中西医结合的真知灼见。于是我利用"文化大革命"被下放农村的2年时间,写出《〈血证论〉评释》一书,该书于1980年由人民卫生出版社出版。1973年,我奉调甘肃省新医药学研究所,在省"西医学习中医班"任教,先后主讲过《伤寒论》《金匮要略》《中医方剂学》《中医内科学》《中国医学史》等课程,教学相长,我的中医学基础较前更为提高,达到了新的境界。我开始认为"方剂"是中医学术之核心,它上贯理法,下系药物,位居中医临床之前哨,无怪有"背熟汤头走天下"之谚语。我在方剂方面着重钻研,1980年写成《新编中医方剂学》正式出版问世。此书融理法方药于一体,在中医方证的规范化方面做了大胆的尝试。在繁忙的教学及临床实践中,我积累了丰富经验和体会,10多年时间内,先后主编出版了《乙型肝炎的诊断与治疗》《新编温病学》《裴慎医案选编》《大黄的药理与临床》《糖尿病的诊断及中西医结合治疗》《胃脘痛的诊断及中西医结合治疗》《高血压的诊断及中西医结合治疗》《肝病的诊断及中西医结合治疗》《裴正学医学经验集》《裴正学医案医话集》《裴正学医学笔记》等。从20世纪90年代开始,我的学生开始系统地整理我的说教和经验,出版《裴正学医学荟萃一辑》《裴正学医学荟萃二辑》《裴正学微博问答一辑》《裴正学微博问答二辑》《裴正学微博问答三辑》《裴正学微博问答四辑》《国医名师裴正学医学经验集》《裴氏中西医结合实用肿瘤学》《裴正学中医学》、《裴氏临床方药研究》等共 27 部中西医结合医学论著,合计 1 000 余万字,并在国内外医学杂志发表中西医结合论文 90 余篇。鉴于 20 世纪 80 年代我国西北地区乙型肝炎大流行,我于 1983 年率先主持成立了甘肃省新医药学研究所"乙肝科研课题组",完成了甘肃省重点科研攻关项目。该课题获省级科学技术进步奖二等奖。我研制出"裴氏生血冲剂""裴氏妇科冲剂""裴氏胆胰冲剂"等 20 余种临床中药制剂,在省内外患者中大量应用,获得了好评。

## 三、提出了中西医结合的临床十六字方针

通过长期的临床实践,我认识到中医和西医是两门完全不同的医学科学,中医是农业和手工业的产物,西医是现代大工业的产物。16 世纪以前,东西两半球都没有现代化的大工业,东方的中医和西方的古希腊、古罗马医学都没有现代大工业的支持和帮助,二者都是采用逻辑推理和审证求因的方法进行医学实践,二者之间没有太大的区别。16 世纪以后,西方由采矿业、冶炼业、玻璃工业到机器制造业,形成了现代化的大工业,在这种大工业所产生的先进工具的支持下,西方医学从古罗马医学的母体内脱颖而出,逐步发展为现代的西医,它们凭借现代大工业所提供的先进工具(病理、生化、微生物、X 线、B 超、CT、PET 等),大大增强了对疾病的局部、微观、病原的致病性方面的认识。而我们的中医却始终沿着逻辑推理和审证求因的思维缓慢前进,只能在整体、宏观、机体的反应性方面积累经验,完成创新。让我非常高兴的是,这两种医学之间形成了非常显著的互补性,我在 50 多年的临床实践中体会到,如能充分地发挥这种互补性,就能提高临床疗效。如何使中医的整体、宏观、机体的反应性与现代医学的局部、微观、病原的致病性相互结合呢? 这就是中西医结合的核心。为了达到这一目的,我在 20 世纪 80 年代提出了"西医诊断,中医辨证,中药为主,西药为辅"的十六字临床法则,曾先后为此撰写了 10 余篇论文,从不同角度阐发这一法则,并曾应邀在国内 10 多个城市宣讲这一法则。甘肃省卫生厅还委托中西医结合学会举办了四期全省中医院主治医师学习班,专门学习十六字法则的理论和临床应用。20 世纪 90 年代初,我在全国中西医结合学术会议上做了关于中西医结合的必要性和必然性的发言,从两种医学的发生、发展谈到了两种医学结合的必要性和必然性,最后提出了中西医结合的十六字法则,得到与会同志的好评。参加会议的陈敏章部长对此非常关注,在大会总结讲话时,他说十六字法则可以作为发展中西医结合的十六字方针。会后他建议我组织西北五省中西医结合专家以十六字方针为指导,编写我国第一部《中西医结合实用内科学》。该书经过 3 年的努力,完成付梓,1996 年获得世界传统医学大会突出贡献国际金奖,同时荣获全国优秀科技图书一等奖。目前甘肃省大多数市、县级中医院将十六字方针作为临床指导方针思想,在西北其他省内中医院中医科也有以此方针作为指导思想的。

## 四、注重正虚发病

我认为:《黄帝内经》"正气存内,邪不可干"是认识一切内伤、外感病的总纲,所有的内科疾患的诊断治疗都应该以此观念为准绳,其治疗理应以扶正固本为大法,活血化瘀、清热

解毒、凉血止血等均为治标之法,不可与扶正固本同日而语,一个真正的中医应该准确恰当地把握这一规律。当前的一些"西学中"人员常常忽视了这一理念他们把重点放在一方一药上,如何杀敌破阵是他们考虑的主要方面,扶正固本则视为可有可无之物,这就丢掉了传统中医的优势,使之临床疗效大为减色。这一理念尤其在肿瘤和血液病方面更为重要。古人说:"积之成者正气之虚也,正气虚而后积成。"基于这一观点,我在50年前就拟定了治疗白血病和肿瘤的专方"兰州方",该方一派扶正固本,无一味杀伐之剂,但却能使血液病、肿瘤患者出现明显疗效。M5(急性单核细胞性白血病)患者马某,L2(急性淋巴细胞性白血病)患者刘某就是以此方为主方而治愈的。

## 五、注重脏腑气血的相互关系

我认为脏腑之间、气血之间的相互关系是中医的独特治疗方法,也是中医对世界医学的突出贡献。疏肝就能和胃、培土即可生金、攻下显著泻肺、补气才可生血……我在治胃药中恒加数味疏肝之品,常使疗效倍增;在治肺药中酌加健脾益气药四君、六君,则疗效更加显著;治疗肺癌大咯血,常以凉膈散涤荡大肠,西药久治不止的咯血往往奇迹般消失;胆汁反流性胃炎的治疗,恒用柴胡疏肝散加味,通常手到病除。"见肝之病,知肝传脾",胆汁反流性胃炎其本在肝,其标在胃,疏肝则治其本,本治则标自安矣!对于血液病的治疗,我尤其重视补气,我很赞赏李时珍"有形之血难以骤升、无形之气须当急补"的论述,我治疗白血病的主方"兰州方"就是一派补气药。

## 六、辨证施治的结果就是治本

我认为疾病的任何一个症状的减轻,对根治这种疾病都是有力措施之一。譬如治疗肺炎时,止嗽散的止嗽,二陈汤的祛痰,枳壳、桔梗的宽胸理气,对肺炎的痊愈都起着很重要的作用。治疗再生障碍性贫血时,无论是升白细胞还是升血小板,或者是升红细胞,都能使骨髓的造血功能得到改善。我在肿瘤临床一线工作50余年,对肿瘤的治疗非常注意临床证候的辨证施治,每每应用扶正固本、清热解毒等法,未用活血化瘀、软坚散结之剂,却经常使肿瘤指标下降、瘤块缩小。鉴于此,我经常对学生宣讲中医学理论之博大精深:"积之成者正气之虚也,正气虚而后积成。"正因为我对肿瘤患者重视各种细微的临床表现,因此,不仅明显地改善了肿瘤患者的生存质量,而且也明显地延长了肿瘤患者的生存时间。许多胃癌、肺癌、肝癌患者不用手术,也不需要放疗、化疗,单独服用中药治疗,生存期在3～4年以上者比比皆是。我的名声远播西北各省,新陕宁青的肿瘤患者纷至沓来,应接不暇。

## 七、对甘肃中西医结合事业的贡献

20世纪70年代末,省卫生厅要求我和许自诚、刘宝厚3人筹备"中国中西医结合学会甘肃省分会",经过一年的工作,该会于1980年10月正式成立。在第一届会员代表大会上,我当选为副理事长兼秘书长。在以后的第二、三、四届代表大会上,我均当选此职,在第五届大会则改任名誉理事长。我长期主持学会工作,为甘肃省中西医结合学会工作赶上兄弟省市花费了心血。为活跃学术气氛,加强省内外学术交流,我于 1980 年经过多方筹措,创办了当时西北地区唯一的中西医结合学术刊物——《中西医结合研究》杂志,我任总编辑。该刊发行 20 余年,在国内产生了一定影响,2000 年我改任学会名誉会长后,因经费不济而停刊。1991 年,我以学会名义创办了"甘肃省中西医结合进修学院",我兼任院长。在甘肃省教委批准和支持下,该院现已毕业学员 9 期,为社会造就中西医结合初级人才 300 余人。1998 年 2 月 23 日,正当我年届 60 周岁生日之际,在甘肃省卫生厅的安排下,甘肃省医学科学院为了表彰我在中西医结合事业方面的贡献,专门组织了规模较大的"裴正学先生从事中西医结合医、教、研 40 周年座谈会",省内许多领导及同道出席了这次会议。在我 65 岁、68 岁生日时,这样的会议还举办过 2 次。另外,甘肃省中医药管理局还前后为我举办过 2 次"裴正学教授临床经验学习班",每次为期 5 天,参加人数均在 200 人以上,学员来自全省各地。我本人感到这是党和政府对我的鼓舞和鞭策,我虽然年进耄耋,但仍要加倍努力报答党和人民的殷殷期望,为中西医结合事业继续发光和热,做出新贡献,这正是"老牛自知夕阳短,不用扬鞭自奋蹄"。

# 中西医结合研究单味大黄 42 年的足迹与感悟

**焦东海**
上海市卢湾区香山中医医院

······· 【简　介】 ·······

焦东海，男，1938 年 10 月出生于浙江长兴，1962 年 8 月在上海第一医学院毕业前夕参军到第二军医大学长海医院内科任军医兼助教。1975 年 11 月复员到上海市卢湾区中心医院，1971—1980 年 3 次参加"西学中班"学习中医共 2 年，1984 年在上海第二医科大学附属瑞金医院进修西医 1 年余，1985 年 11 月调入卢湾区香山中医医院任中西医结合科主任，被破格晋升为中西医结合内科主任医师。1993 年被上海中医药大学聘任为教授及硕士研究生导师，被上海第二医科大学附属瑞金医院聘为博士研究生导师。1991 年开始享受国务院政府特殊津贴，1994 年被国家人事部授予有突出贡献中青年专家。曾任中国保健科学技术学会肥胖病分会会长，1990 年荣获全国优秀医务工作者称号并获五一劳动奖章，1995 年被评为全国先进工作者。1992 年被选为中共上海市党代会代表、上海市第十届人大代表。获得原卫生部科学技术进步奖一等奖 1 项，省部级科学技术进步奖二等奖 4 项、三等奖 2 项，厅局级科学技术进步奖 10 项。主编图书 16 部，发表论文 164 篇、科普文章 112 篇，并参与拍摄科教电影片和电视主题片。

毛泽东主席于 1958 年 10 月 11 日指出：“中国医药学是一个伟大的宝库，应当努力发掘，加以提高。”这一指示指引我走上了研究单味中药大黄之路。回首我如何在一所 80 张病床的中医院，从曲折的原野小路攀上了高山之峰时浮想联翩，有许多感悟供后来者启迪和借鉴。

## 一、我曾在 3 所西医大学学习、工作与进修，同时在西安、北京与上海举办的 3 次“西学中班”学习，为中西医结合奠定了良好基础

我父亲是中医，儿时耳濡目染影响深刻。1957 年我考入上海第一医学院，次年全国兴起了西医学习中医的热潮，学院经常请名老中医授课，我都积极参加并经常到中医教研室向国医大师姜春华主任请教。1962 年我大学毕业参军，到第二军医大学长海医院任内科军医兼助教。1971 年我参加了西安的“西学中班”学习，接着又到了西苑医院“西学中班”学习，有幸随赵锡武、王文鼎、郭士魁、方药中、王伯岳等国医大师临诊，旁听了陈可冀院士主持的冠心 II 号研究计划讨论会。我还有幸与吴世华代表全班同学向国医大师岳美中老师汇报学习中医的心得体会，他听后做出指示：“中西医结合要出成果必须搞急病、重病、大病，因此你们的中医与西医两套本领都要过硬。”我牢记教导，于 1980 年、1984 年分别到上海中医学院和上海第二医科大学附属瑞金医院进修中医和西医。

## 二、是我怎样走上中西医结合研究单味大黄治疗急症与肥胖病之路的

1975 年 11 月我复员到上海市卢湾区中心医院，院领导要我开设中西医结合病房，因该院曾两次开设都失败了。1976 年 3 月，我被迫立下“军令状”：先搞 1 年，不成功就放弃。次年我们用单味大黄治疗急性胃十二指肠出血获上海市重大科技成果奖，但不久大黄止血疗效骤降，引起了很大风波。在卢湾区委向叔保书记的支持下，我们成立了调查组到我国大黄产区进行调查，证明疗效下降的原因是大黄品种的问题。1979 年 8 月国际大黄类草药研讨会的主席与秘书长特来上海找到我，我向他们介绍了用单味大黄治疗胃出血的情况，他们认为这是研究大黄的新领域，特把我写的论文送到某临床药理学杂志发表。次年市卫生局拨款 1 万元科研补助，但医务科长反映我上报了虚假材料，大黄止血效果差，我不服而向原卫生部反映。原卫生部批示上海市卫生局组织调查，调查结果证实我上报的材料属实，于是又重新拨款支持我们的研究。1985 年我们用单味大黄治疗急性胃十二指肠出血的研究获得了原卫生部甲级科技成果奖，我抓住机遇，立即用单味大黄治疗急性胰腺炎、黄疸型肝炎及高脂血症的临床与实验研究向原卫生部科研投标，被中标后进一步做了大黄的生药、制剂、临床、毒理、药理、药化的综合研究。

## 三、本人任组长的协作组，对大黄研究做出了开拓性贡献

1. 治疗胃十二指肠出血　我们用单味大黄多种制剂治疗急性胃十二指肠出血 1 055 例，止血有效率达 96.6%，平均 2.2 天止血，每人平均药费 4.77 元，而且吸收热消退快，康复提早所产生的经济效益难于估算。同时我们用数十个数据证实大黄具有活血止血作用，还从大黄中分离到两个有效止血单体。

2. 治疗急性胰腺炎　我们采用5种单味大黄制剂治疗急性胰腺炎314例,含水肿型289例(占92%),10所协作医院重复验证了477例,总计791例,水肿型的有效率100%,平均2天尿淀粉酶恢复正常,3.5天腹痛消失。我们建立了4种动物模型,从亚细胞水平阐明了疗效原理,并从大黄中分离得到3个有效单体。据上海华山医院与长征医院统计,如果在全国推广应用我们的研究成果,每年可节省8亿~10亿元人民币。

3. 治疗肝炎　1988年上海肝炎流行,我抓住机遇,采用精制大黄片治疗208例,其疗效超过复方西药($P < 0.01$),并做了大黄对酒精、乙基硫氨酸及半乳糖胺致大鼠肝中毒治疗的实验研究,从组织化学、细胞水平到超微结构上证实了经大黄治疗后肝组织病变明显好转,病灶消失。

4. 治疗肥胖病　我们在用精黄片治疗肥胖病的临床与实验研究中,我的学友金惠铭教授(上海医科大学病理生理教研室主任)团队通过实验研究,从细胞、细胞受体与基因水平阐明了大黄具有源头减肥、源头上治疗并存病症的作用。新近国外研究证明急性胰腺炎与肥胖都存在着高瘦素血症(肥胖基因的表达产物),而大黄能降低高瘦素血,故大黄治疗急性胰腺炎与减肥、同治并存病症都有显著疗效,具有必然性,绝非偶然。

5. 治疗金疮出血　我在文献中发现了明朝陈实功用桃花散(大黄与石灰同炒)治金疮出血不止的经验,于是与章启尧主任药师合作,成功研制了治疗胃十二指肠出血的新药——精黄片。

## 四、42年研究单味大黄治疗急症与肥胖病的几点感悟

1. 思路、方法领先　明代大医学家张景岳指出:"人参、附子、生地、大黄为药中四维。"顾炎武云:"礼义廉耻,国之四维,四维不张,国乃灭亡。"民间又把人参、大黄、生地黄、附子誉为佛教中的四大金刚,有了它们才能保障风调雨顺,国泰民安。我深信毛泽东主席关于中药是一个伟大宝库的论断就联想到大黄应属宝中之宝。"神农尝百草,一日而遇七十二毒",但神农未被毒死,可见我国繁衍昌盛,人口居世界之首,与中医中药能治疗急症紧密相关。晋朝葛洪撰写的《肘后备急方》中第一味急救药就是大黄,于是我选中了用大黄治疗急症为突破口,以中医药理论为指导,组织不同学科协作研究,优势互补,不断取得重大的科技成果。

2. 实践是检验真理的唯一标准、"实践第一"　我常帮助胃出血的住院患者倒大便盆,观察大便量、颜色变化,从中发现了与生命相关的重大问题。如一位诊断胃出血的患者,我在倒大便盆时发现大便颜色鲜红(胃十二指肠出血患者的大便应呈黑色柏油样),给他做了肛指检查,发现是直肠癌出血。又有1例入院时诊断胃出血,我在倒大便盆时发现大便颜色呈豆沙样,进一步做肠镜检查,确诊是结肠癌出血。这两例都及时进行了手术治疗而转危为安。

3. 精准的研究课题来自下列五方面

(1) 以病房为基地(我27年未离开病房)。根据医院的实际情况,我从常见病、多发病中寻找课题,举一反三扩大课题。如我们用单味大黄治胃出血成功后,就联想到肺咯血也可用大黄止血,因为胃与肺出血都是血管破裂出血,并非凝血机制发生问题。又如我们治愈了胆源性胰腺炎后,又联想到用单味大黄可以治疗胆囊炎及胆结石症。

(2) 文献开路,信息先行,从文献中找课题。从文献中得知华山医院用白及加大黄治疗胃出血,我请教了陈泽霖老师,他说白及主"堵",大黄主"泄",白及为主,大黄为辅。清代唐

容川的《血证论》述:"大黄是一味止血不留瘀的圣药、妙药。今人不敢用,惜者! 惜者!"但西医的《药理学》教科书(1973 年 8 月第 1 版)上明确地写着:"大黄属于化学刺激性泻药,对消化道出血患者应禁用。"两者截然相反。我认为西医药理学来自动物实验,但古人书中的记载来自患者服用后得出的结论,应该比动物实验更可靠,古人不会输血、输液,更不会手术止血,而今都能做到。于是我开始了单味大黄治疗胃出血的研究。

宋代《太平圣惠方》中有单味大黄治疗黄疸的记载,我们使用单味大黄醇提片治疗 338 例黄疸患者(含肝炎后小黄疸与妊娠期肝内胆汁郁积性黄疸等)的退黄作用都优于西药对照组($P<0.01$)。

(3) 实践出真知,从实践中发现课题。我为用大黄治疗急性胰腺炎的患者倒大便盆时,发现有油脂排出,就联想到大黄可能有降脂减肥的作用。1987 年我与钱耀贤学长有幸受澳大利亚阮宜吾医师邀请去讲学,发现她用大黄复方减肥。1988 年我与朱长民院长被意大利大黄饮料厂邀请去讲学,获知他们用大黄降血脂。回国后,我就开始筹办大黄降脂减肥的门诊与病房。

(4) 从动物实验中发现新课题。北京师范大学魏开元教授告诉我,他用大黄做动物模型时,发现有疏通肝内胆小管的作用。我就联想到大黄能治疗妊娠期肝内胆汁郁结性黄疸,于是在协作医院治疗了 100 例妊娠期肝内胆汁郁结性黄疸取得了佳效,突破了妊娠期禁用大黄的禁忌。

(5) 从前人成果的基础上确立新课题。我在吴咸中院士用大黄等 8 味药组成的清胰汤基础上逐渐精减,当精减至 2 味药时,一例急性胰腺炎患者在 12 小时内排泄 14 次大便后病情迅速缓解,便激发了我的灵感,从此开始了单味大黄治疗急性胰腺炎的研究。

4. 抓住机遇,狠抓科研投标　我们的研究课题曾 2 次被上海市科委中标,一次被原卫生部中标,一次被国家中医药管理局中标,4 次被市卫生局中标,多次被区卫生局中标。1985 年至 1995 年的 10 年中我做到手中拿一个课题,嘴里含一个课题,眼睛盯着一个课题,获得了中标课题,就获得了经费与政策的支持。

5. 地道药材是基础　我们用统一的正品大黄作为治病与实验研究的统一药源是保障研究成功的基础与关键。

6. 组织大协作团队　毛泽东主席指出:"马克思讲过,首先研究近代社会,就容易理解古代社会,这是倒行的,却要快些,就医学来说要以西方的近代科学来研究中国的传统医学的规律。"因此,我在研究大黄的疗效时采用了随机对照,甚至双盲随机对比的近代科学研究方法,同时组织了以国家级单位为主的不同学科的大协作研究,从动物模型中研究疗愈机制并努力寻找以中医理论为指导的中西医结合点,还对大黄进行了药化分析,寻找有效单体。搞好协作并非易事,我用做事的过程也是做人的过程来要求自己处理好院内、外的协作关系。遇到垂危患者我自告奋勇地代值夜班,曾有一位重症胰腺炎患者原是陆大夫值班,我请他休息由我代值班,结果患者死亡后打官司时,我作为第一责任人应诉。同时在做实验研究时,我自己插胃管留置数小时以身试药。在科研经费分配等方面,我尽可能照顾协作方的利益。

7. 忠言逆耳利于行　有人说:焦东海用单味大黄及从大黄中提取有效成分治病,不讲辨证论治,完全是废医存药。岳美中老师对我说:"现在有人动辄讲辨证论治,漫无边际,抓不住重心,这是没有真正读懂读遍中医的典籍,还限于一知半解之中。我认为中医治病,必须辨证论治与专病专药相结合,专方专药能起沉疴大病,古人有'气死名医海上方'之说,我支持你研究单味大黄治急症。"

我第一次参加专家评审大黄治疗急性胃十二指肠出血成果时，有专家提出胃出血是自愈性疾病，不用药也会止住，你必须拿出大黄对大量胃出血止血疗效的随机对比研究数据，拿出活血止血的实验数据与止血有效成分（单体）的数据，再来评审。我完成了专家们的上述要求，拿出了有效数据，并获得了原卫生部的甲级科技成果奖。

8. 百折不挠，勇往直前　中医药学是一个伟大的宝库，但不是展览馆，琳琅满目，伸手可得，可以说每前进一步都会遇到阻力，使人不能忘怀的是我的第一次科研课题报告通不过，是中医处王翘楚处长亲自来主持会议才获通过，同时二次科研经费受阻，科研被迫中止。1977年市卫生局拨款500元，被领导挪作他用；1980年再次拨款1万元，有人反映本人上报了假材料而被停发。更使我刻骨铭心的是3位患者的突然病故而引起了大黄吃死人的风波。

一是1977年在用大黄治疗胃出血时，1位患者突然死亡，当时的工宣队队长指着我的鼻子指责我："你为名为利搞科研，走白专道路，用患者做实验，治死了患者，你当心坐牢。"后经过尸体解剖证实我诊断正确、治疗无错而罢息。

二是1986年用大黄治疗急性胰腺炎的患者死亡，家属上告法院。由于本人在患者未发生休克时已做抗休克防治，并在深夜亲自到瑞金医院请了权威外科专家会诊，故家属败诉。

三是2002年一位减肥患者突然死亡，又引起了一场大黄吃死人的第三次风波，经司法鉴定后排除了大黄减肥吃死人的误传。

9. 各级领导的支持是事业成功的关键　我有幸在各个关键时期都得到了领导们的支持，才有我的今天，这是我终生不会忘怀的。我的经历证实了"政治路线确定后干部是决定因素"。

10. 协作研究团队成员的思想统一、步调一致、团结协作，也是事业成功的关键　在此，我谨向协作团队的所有老师、学友、同事及关心、支持的同仁与病友们致以衷心的感谢。

## 结束语

1. 我研究大黄42年，用单味大黄治疗了12种病症（含急性细菌性痢疾110例），深感大黄既能治便秘又能治腹泻、既能活血又能止血的双向调节作用，是一味破癥瘕结聚、清洁肠胃、净化血液、推陈致新、抗衰延年的良药，在疾病的各个时期都可服用，关键是服用剂量，中医有不传之秘在于剂量之说。因人而异的精准剂量，大黄能发挥祛邪不伤正、一过而不留的神奇功效。

2. 国家原卫生部于1982年发出第86号文件，支持大黄研究，在全国掀起了研究大黄的热潮：我们筹办了3次全国大黄学术研讨会，参办了第一次国际大黄学术研讨会。我渴望国家能加大力度支持对大黄的深入研究，特别是对大黄有效单体提取的支持，日本目前从大黄中分离出100余种单体，已走在我们前头。

3. 中医药科技成果丰硕，有一种大黄产品每年销售额达10亿人民币，另一种大黄产品已进入美国市场。但科技成果转化成产品的还不多，望能成立机构，推动成果转化，造福人民。

# 为攻克癌症 我走上了
## 中西医结合之路

**张士舜**
石家庄市世舜中医肿瘤医院

············【简　介】············

张士舜,男,1939年9月生,主任中医师,第三批、第四批全国老中医药专家学术经验传承工作指导老师,河北省首届名中医,石家庄市名中医,石家庄世舜中医肿瘤医院(原石家庄华光中医肿瘤医院)首席专家,2014年10月在石家庄市中医院成立张士舜国家名老中医传承工作室。

1962年毕业于河北中医学院医疗系,从事中医治疗肿瘤55年,专著有《食管癌研治集成》《胃癌研治集成》《肠癌中医研究》《中医现代化研究》《张士舜论文集》《张士舜医学思想汇总》《攻癌之路》《张士舜癌症治验录》《中医名家张士舜谈长寿与抗癌》《张士舜医案》《医学参西衷中录》等,发表论文百余篇。首倡"三辨治癌"理论,多年来临床获显著疗效。学术思想主张传承中医原创思维,参西衷中,发展中医,主张实现中医现代化。

## 一、通过"衷中参西"走上了中西医结合

1962年考入中医学院之后，我读到了毛主席的名言"中国医药学是一个伟大的宝库，应当努力发掘，加以提高"，受到了巨大的启发，立誓要当一个名中医。首先我要学习这个伟大的宝库，我苦读经典，广泛涉猎，有钱必买中医书，藏书过万册，后又学习西医等现代科学和《黄帝内经》等，上知天文，下知地理，中知人事，优良传统更要努力发掘加以提高。对我影响最大的当属张锡纯的《医学衷中参西录》，100年后我又写出《医学参西衷中录》，并与人工智能结合，推出三辨论治与人工智能的结合。习近平主席曾指出：我们要继承好、发展好、利用好传统医学，用开放包容的心态促进传统医学和现代医学更好融合。因此，我们力主的应是中西医结合，而不是中西医的简单配合。

历史上河北是名医辈出之地。近代有河北盐山名医张锡纯，是中西医汇通学派的代表人物之一，著有《医学衷中参西录》。当今，河北仍是名医辈出，我也算是其中代表之一。

我是国家培养的第一批中医本科毕业生，1962年毕业后被分配至河北南部的癌症高发区，下定决心用中医攻克癌症，至今已55年。1998年我获世界华人医坛风云人物奖，学术成果载入《世界名医论坛》，同年被《世界名医论坛》杂志邀为编委兼课题教授；2000年1月被香港名医学会授予"紫荆花医学发展最高成就奖"，同年4月应邀出席国际传统医药大会，并宣读论文"三辨治癌"；2000年被载入《东方之子》《中华名医百绝精华》；2002年11月，被评为第三批全国老中医药专家学术经验继承指导老师，带徒有华光中医肿瘤医院门诊部主任、副主任医师任增海；2003年4月，被评为石家庄市名中医；2008年，被评为第四批全国名老中医药专家学术经验继承指导老师，带徒有井陉县人民医院主任医师王根民、新乐市中医院副主任医师安国辉；2008年12月，被评为河北省首届名中医；2012年7月，被评为第四批河北省老中医药专家学术经验继承工作指导老师，带徒有井陉县医院中医科主任、副主任医师李录花、世舜中医肿瘤医院主治医师李辉；2013年8月又招收各县市徒弟共计19人；2014年10月，在石家庄市中医院成立张士舜国家名老中医传承工作室；2015年12月被聘为唐山市古冶区中医院名誉院长。

自癌症被发现之日起，医学界从未停止过与其艰苦卓绝的斗争。为帮助患者解除病痛，上大学时我就已经熟读中医四大经典，在毕业后又开始一字一句地认真研读中医经典中治疗癌症的有关篇章，开始尝试用所学的传统中医辨证论治理论体系指导癌症治疗。

为学习借鉴他人的治癌经验，还认真研读名医名案，搜集大量民间治癌单方、验方、土方、经方、时方、奇方，并对800多个治疗食管癌方、900多个治疗胃癌方、800多个治疗大肠癌方的用药配伍和君臣佐使一一进行了认真分析，从中汲取有益精华为我所用。但是在临床观察中我却常常发现，按照传统的中医辨证论治理论体系指导治疗，虽然辨证无误，但单纯地根据辨证施治，气虚加补气药，血虚加补血药，阴虚加滋阴药，阳虚加补阳药，有的却治疗无效，或疗效甚微，不能令人满意。

为搞清楚原因何在，我花费了几十年时间认真进行临床治疗观察。通过深入总结临床经验教训，我逐渐认识到，中医辨证论治体系从根本上说是科学的，但并非尽善尽美，还需要在此基础上进一步发展、完善和创新。要推动中医学术的发展，必须构建起新型中医学术发展模式。

## 二、创立"三辨论治"新理论

为了探索中医科学治癌规律,进行更精准、更有效的治疗,我大胆解放思想,在继承传统中医辨证论治理论体系的同时,博采现代科技,广泛借鉴吸收现代医学对抗癌中草药的研究成果,深入开展中药抗癌的实验研究,认真探索各种癌症发病的病理机制。

我这种咬定青山不放松、深入开展中药抗癌研究的敬业精神,引起了新华社记者的密切关注。1973 年,新华社在《内参》报道了应用中草药抗癌的动人事迹,并引起了相关领导的高度重视。

鉴于癌症是正虚邪实之症,在采用中药抗癌过程中,我一方面坚持以中医辨证论治理论为指导,同时还根据"正虚邪实"这一癌症的病理机制,坚持中医辨证论治与辨病理论治相结合,扶正与祛邪并举,精选祛邪(抗癌)和扶正类中药组方,研发出中药抗癌新配方。经临床验证,这种新配方疗效较为理想。有一例被确诊为肺鳞癌晚期的患者经用此方药治疗 3 个月,做气管镜检查未发现癌细胞。

按照抗癌新思路研发的这种中药抗癌复方制剂,抗癌效果显著,先后于 1986 年通过市级鉴定,1987 年通过省级鉴定,于 1988 年获得石家庄市科学技术进步奖二等奖,于 1992 年获得国家食品药品监督管理局二期临床批件。

该制剂的研制成功启发了我,判定癌症毕竟是非常复杂的疾病。它不是一种病,而是一类病,其病理分型多达 130 多种,常见的癌症就有 62 种,想用一个配方解决所有的癌症是不现实的,也是不可能的。

为对每一种癌症都能更加精准地进行治疗,我又历经 10 余年时间,分析研究各种癌症的病理机制,并研发出系列相关中药配方,用于临床治疗观察。我还通过对自己和他人治癌相关信息的搜集、总结、分析和实践,系统地总结归纳出辨证论治加辨病论治的"两辨治癌"新思路。

在此基础上,考虑到有些癌症虽然病理机制相同,但因癌细胞生长的部位不同,表现为不同的癌症,如很常见的鳞癌,生长在皮肤的是皮肤癌,生长在口腔的是口腔癌,生长在鼻咽的是鼻咽癌,生长在食管的是食管癌,生长在子宫颈的是子宫颈癌等,我在辨病证、辨病理治疗鳞癌的同时,还根据癌症所处不同位置,有针对性地进行治疗,即辨病位论治,引药到疾病的病位,并收到了更好的疗效,从而在中医辨证论治理论体系的基础上,完整地形成了辨证论治、辨病理论治和辨病位论治相结合的"三辨论治"抗癌新理论。

为进一步提高治癌疗效,我还在这一创新理论指导下,利用近 20 年时间,通过临床实践和深入研究,系统地研发出抗鳞癌、抗腺癌、抗小细胞癌、抗胃癌、抗肝癌的中医方药,并根据患者病情的不同、瘤体大小的不同、年龄的不同、体质强弱的不同,将这些方药分为一线抗癌药和二线抗癌药,进行有针对性的治疗,收到了更为理想的治疗效果。

我总结创立的"三辨论治"治癌新理论得到了中医肿瘤学界专家们的充分肯定。从 2000 年开始,由我撰写的"三辨论治"中药治癌的论文被学术杂志正式发表 14 篇;其论著《张士舜癌症治验录》出版并向全国公开发行。在 2016 年 8 月 6 日举行的专家鉴定会上,由我带领课题组开展的"三辨论治治疗晚期肺癌临床应用研究",通过了由中国中医科学院、中国医学科学院肿瘤医院、河北医科大学、河北省中医药科学院专家组成的鉴定委员会的技术鉴定。

该研究通过对 2000—2016 年经病理检查确诊并随机选取的 122 例晚期肺癌患者(包括小细胞肺癌和肺鳞癌、肺腺癌及其他病理类型的肺癌患者)施以"三辨论治"后 1 年、2 年、3 年、4 年、5 年的生存率,与单纯辨证论治的对比组进行循证医学观察对比,证明"三辨论治"治疗晚期肺癌比单纯辨证论治疗效效果好,患者生存期更长。鉴定专家一致认为"三辨论治"理论已达国内同类研究领先水平,是对中医辨证体系的一种创新,也使中医药配合西医现代药理研究进展对抗单病种癌症有了更新的思路,真正地做到了中西医结合。

## 三、研究的方向和取得的业绩

作为中医现代化革新派领军人,早在 20 世纪 80 年代我便写了《中医现代化研究》一书,成为最早的探索中医发展方向的成熟作品,并在各种报刊发表论文数百篇,为中医向何处发展、中医应如何发展指明了道路。我先后出版了 11 部著作,其中,《张士舜癌症治验录》《张士舜医案》《医学参西衷中录》世人评价颇高。医案,乃临床经验之纪实,我所录之医案皆为疑难杂症,或人们所谓不治之症。我摒弃传统医案之书写格式,强调其绝对真实的身份、确凿的诊断,病理旁证;强调治疗之有效、生存之时间,随访的记录时间跨度近 30 年。诸案皆来自实践,由我的数位徒弟整理成篇。书中介绍了 30 年的肺鳞癌患者,十几年的胃癌患者、乳腺癌患者、大 B 细胞型淋巴瘤患者等,内有近百例癌症成功病例,均有明确的病理分型。愿读者阅后相信:中医药对癌症的治疗是有希望的,中医药正在开启一扇治疗癌症的大门,将为人类寿命之延长做出巨大的贡献。

我取得的成就和勤奋是分不开的。我 50 年如一日,每天工作、学习十几个小时,潜心钻研,晨昏不倦,刻苦认真,以坚忍不拔的毅力苦苦探求,把中医理论同数学理论相联系,从哲学角度提出"三辨治癌"理论,为发展中医基础理论做出了贡献;总结癌症十大治则,为广大临床工作者提供借鉴;研制系列抗癌药物,让众多肿瘤患者得到了方便有效的治疗。

为求得博学多识,学贯中西,我勤求古训,博采现代众长,从古典医籍到中医现代研究,从西医基础理论到临床诊疗技术,无不涉猎,并自学英语、日语、俄语,甚至高等数学、系统论、信息论、耗散结构理论、模糊数学、协同论、泛系理论、混沌理论等,这些为自己理论的形成起到了巨大的作用。在临床实践中,我不仅娴熟地运用中医理论方药辨证施治,而且还恰当地利用西医知识协助鉴别诊断,所谓"双重思维",故治疗效果显著,屡起沉疴,声誉鹊起。

中医学与数学有着密切的关系。在 21 世纪的今天,当代数学的最新成就必将对中医学的发展产生重大的影响。而中医学不能没有数学,中医学同数学不断地结合,正是中医学现代化的具体内容之一。随着人类对客观世界的认识和改造的不断深化,数学在各门学科中的应用越来越广泛和深入。20 世纪 80 年代出现的信息革命、计算机的飞速发展、人工智能的飞速发展,已经对整体科学起到了巨大的推动作用,对生产力的提高起到了巨大的推动作用。中医学应该抓住这个历史的机遇与人工智能相结合,从而推动中医学产生飞跃式的发展和提高。

三辨理论框架现在完全可以输进人工智能的专家系统,它的优点表现为以下几点。一是把西医对疾病研究的最新进展,尤其是西医近数十年来对中药药理药效学研究的最新进展,能够融进中医的临床治疗中来。二是由于辨证论治的复杂性和多样性,此专家库可以将中医学两千年来的各种学派,以及目前各国医大师及中医学的各种流派的经验融入专家库中。三是将辨证论治和辨病论治相结合,将中西医理论有机融合。此专家系统暂时命名为"张士舜三辨论治人工智能(AI)疑难病临床会诊中心"。它虽不能代替医生,但它是医生的有力助手,可以有效地为临床医生提供咨询、经验、研究成果和各种最新信息,并最终提出供医生参考的最优解处方组合供医生抉择。它将不断更新,吸收最新信息,因此它又是动态的。它初步体现了钱学森教授所指出的中医学是一个复杂的巨系统,具有自组织、自学习、自积累、自记忆的功能。当然,中医学与人工智能的结合,我们是刚刚开始切入,迈出了一小步,但这对于中医学的前进来说可能是一大步。

## 四、感悟与建议

中医要在传承的基础上发展,中医的传承与发展是一个伟大的系统工程。中医要想与时俱进,就要不断改变知识结构,吸取现代科学新进展。一些有数理化基础的博士、硕士要学习高等数学、非线性数学的最新进展,要了解宏观物理学的最新进展,如复杂性科学、混沌理论、量子力学等,进行深入的交叉学科研究,发展中医边缘学科,培养的学科带头人。要有远见、卓识,走在发达国家研究中医的前沿,才能出成果。如果四大名医的徒弟超不过四大名医,四大名旦的徒弟超不过四大名旦,那只是"传承",但是没有生命力。

笔者看到某中医药大学成立理工学院,深感意义重大,希望进一步加大力度,不要粗浅谈量子物理学与中医学发展的文章,而要深谈、深入研究,才能出更大的成果。

朱清时校长在 2004 年、2005 年写出了数篇影响巨大、大快人心的中医现代化文章,震惊了中医界。他用宏观科学现代物理学的最新成果诠释了中医,对中医界影响深远,遗憾的是中医界能看懂、看透的医家太少,继续研究的人更少。控制论发明人维纳说过交叉学科、横断学科是科研的沃土,一经耕耘,就可收获,遗憾的是传统中医并不懂得这一点。我们应该真正地明确中医学的发展方向,即中医学现代化,促进中西医结合理论的形成和发展,为人类健康服务。

# 对中医、西医科学思维差异的认识

**王文健**
复旦大学中西医结合研究所

······· 【简 介】 ·······

王文健,男,生于 1947 年 1 月,复旦大学附属华山医院教授,博士研究生导师,上海市名中医。享受国务院政府特殊津贴,获全国优秀科技工作者荣誉称号。国家重点学科复旦大学中西医结合临床学科负责人。现任复旦大学中西医结合研究所所长,复旦大学上海医学院中西医结合系主任,上海市中医药研究院中西医结合临床研究所所长,上海市中西医结合心血管病研究所名誉所长,美国 UCLA 东西方医学中心客座教授。兼任中国中西医结合学会副会长,中国中西医结合学会虚证与老年学专业委员会名誉主任委员,上海市中西医结合学会名誉会长、监事长。担任《中国中西医结合杂志》《中西医结合学报》《疑难病杂志》《中成药》与 *Journal of Integrative Medicine* 等杂志副主编,以及 10 余种学术期刊编委。获国家科学技术进步奖二等奖 1 项,省部级以上科学技术进步奖 9 项,发表论文 100 余篇。

中医、西医是两种不同的医学体系,诊疗技术各有特色,理论架构自成系统,但两者最大的差异应该是科学思维方式的差异。开展中西医结合的研究不能不了解两者在科学思维方式方面的差异。

西方科学在我国的传播始于明清之际,教会人士在传教的同时,带来了包括天文学、数学、地理学、物理学等科学知识及水利、火器制造、采矿等科学技术。中国古代在科学技术领域也曾有不少骄人的成就,随着东西方科学的交流,实现了中西汇通,各个学科逐步形成统一的科学体系,天文学没有西方天文学和东方天文学之分,数学也没有中国传统数学和西方现代数学的区别。唯一的例外就是医学,西医传入中国已有几百年的历史,但至今发源于西方的现代医学与中医学仍然是两个独立的医学体系,这一现象值得我们做一番深入的思考。

## 一、"中西医汇通"思想的产生

明代万历年间至清乾隆时期,利玛窦、汤若望等一批来华的传教士携带的大量科技书籍中介绍医学的专著只有《人身说概》《人身图说》和《主制群征》等,主要是介绍人体解剖学和脑主记忆的学说,倒是西方人同期翻译了不少中医书籍介绍到欧洲,包括脉学、针灸、药物等至少有70余种。由此可见明清之交在西方其他科学技术大举东进的时候,西医东渐之影响微不足道,其原因主要是当时西医知识水平较低,尚不具备冲击中医的实力。17世纪后,文艺复兴所产生的科学思想为西医学奠定了理论基础。在自然科学发展的带动下,西医的发展突飞猛进,例如哈维(1578—1657)通过动物实验提出了血液循环理论,魏尔啸(1821—1902)系统地创立了细胞病理学理论。此外,解剖学、实验生物学、生理学、病理学、病原微生物学等分支学科也逐步形成,构筑了以基础医学、临床医学、预防医学为主体的现代医学体系。此后西方医学才以较系统的形式传入我国,并引发了"中西医汇通"思潮。

然而迄今为止,在中西医交流频繁且西医整体占有优势的状况下,中医仍然以其独特的理论体系和显著的临床疗效在世界医学领域独树一帜,西医并没有也不可能将中医取而代之或同而化之,其根本原因就在于中医同西医相比,其科学思维具有鲜明的中国古代哲学和传统文化的印记,在这一科学思维的基础之上,中医构建了自己独特的理论体系和临床治疗体系。中医和西医好比是为识别人体的生命活动和病理变化而采用两种不同的编程语言编制的软件系统,在没有找到一个合适的接口以前,两者并不兼容或者说兼容性不大。因此比较中西医在科学思维方面的差异,对于从本质上了解两种医学体系各自的长处和不足,帮助确立中西医结合的切入点和结合途径,发挥两种医学各自的优势,更好地为人类健康服务,具有重要的意义。

1. 中国文化是中医学的载体  中医学是一门诞生在中华文化母体基础上的学科,它受中国古代哲学思想的影响,具有深厚的中国文化底蕴。中国传统系统论思维认为世界的物质本原是混沌未分的统一体。《周易》对世界和物质起源的看法是"易有太极,是生两仪,两仪生四象,四象生八卦,八卦定吉凶"。《老子》称"道生一,一生二,二生三,三生万物"。易经和道家学说是中国古代哲学思想的重要源头,两者都认为世界本原是一个混沌未分的统一体,万物是由这个混沌未分的统一体分化产生出来的,这一点和宇宙大爆炸理论不谋而合。大爆炸理论认为,宇宙诞生以前只是一个体积为零而质量、能量为无限大的奇点,不存在时间和空间,经过大爆炸才产生了宇宙。中医学在古代朴素的系统论的指引下,形成了以整体观为特色和阴阳学说为基础的理论体系，认为对生命活动和人体病变都要从其本源，即作为整体的人来认识。有了整体，才分出阴阳，阴阳平衡人才健康，阴阳偏盛偏衰就产生疾病，即所谓"阴平阳秘，精神乃治"，"阴阳离决，精气乃绝"。

2. 西医的原子论　西方原子论认为，整体是由部分组合而成的，复杂的高层次是由简单的低层次组合而成的，最终都是由最小的、作为本原的"原子""元素"组合而成的。西医受还原论的影响，注重分析局部病理组织细胞的改变，观察细致入微，在研究疾病发展的过程中，尽量用现代仪器检测，从而对致病因素（如细菌、病毒、肿瘤细胞）进行界定，客观而精确。其治疗手段主要针对病变环节，靶标明确，但这些看似科学而精确的理论却至今还未能解决从整体着手调节人体生命活动的难题。即使是精准医学，也只是从基因序列水平确定了疾病发生的可能原因，但对表达基因调节在疾病发生和发展过程中的影响还无法确切把握。因此精准医学的治疗只能说是传统靶向治疗的源头化，还是没有解决疾病的系统性问题，这也是精准医学的局限性所在。

3. 中西医学两种思维模式　因此中西医科学思维的重要区别之一是对世界本原的认识和对事物发生机制的理解不同，一个偏于系统论，认为是由分而生，一个偏于还原论，认为是由合而成；在具体的认识途径和方法方面，一个注重综合研究，一个注重分析研究。这种说法至少从两种医学的起源、产生的背景和实践特点来看是有根据的。但事物是复杂的，中医也注重人体局部的变化，当然更关注局部改变与整体的联系，观察局部目的是了解整体，为综合研究服务的。如中医特有的舌诊，对舌质、舌色、舌体、舌苔的观察就非常仔细，但舌诊并非用来了解舌的微观结构和局部病变，而是作为观察病情深浅、轻重、进退和整体气血阴阳盛衰的标尺。中医根据其特有的理论可以撇开对事物细枝末节的把握而对整体属性做出判断，并据此进行有效的治疗。当然西医也并非只注重局部而全然不顾整体，随着神经-内分泌-免疫网络理论的提出，对整体调控机制的研究也越来越深入，不过其最终着眼点还是调控系统中细胞与分子水平的具体物质在信号传导中的变化和作用，还是分析研究为主；而在整个网络调控的物质基础完全阐明之前，西医理论体系的固有特点决定其仍然难以从整体上把握生命活动的规律。

诊断和治疗是临床医学的两个基本步骤。诊断是利用各种手段收集信息并最终得出病变的结论，治疗则是根据诊断采取相应的措施。中医和西医在这一基本医疗实践中各具特色。中医有其特有的信息收集方法，依靠望闻问切四诊合参，再进行综合判断。西医则依靠体格检查、实验室检查及各种特殊检查，分析病变的各种细节。随着科学技术的发展，新型医疗设备不断涌现，西医的诊断手段在不断更新，带动了西医学在近现代的快速发展。尽管在方法、手段上两者有很大不同，但两种医学体系的最大差异还是体现在科学思维方面。如果不考虑一些非药物的治疗措施，那么无论是中医还是西医，诊断和治疗实际上是医和药的统一，问题是这种统一是怎样取得的。

西医强调以物质为基础，以分析的方法为手段，从基础医学到病因学、病理学，都以阐明物质的结构、物质的变化为内涵。解剖是讲人体的宏观物质结构，组织学和胚胎学是讲组织微观层面的结构以及胚胎发生、发育过程中的结构和变化，生理学是讲人体器官、组织乃至细胞等物质在正常生命活动中发挥的作用，生物化学则是在分子水平阐明生命活动的变化。就是病因学也要搞清是物理性的，如烧伤、冻伤、辐射损害；还是化学性的，如化学中毒、药物反应；还是生物性的，细菌、病毒、寄生虫等，进一步还要搞清各种致病因素对人体物质结构和功能损伤的机制。再看与之对应的药学：药物化学是讲药物的结构，药理学是阐明这种结构的药物的作用机制，药效学是讲具体药物对人体的作用，最终也落实在对人体形态、功能和代谢的物质影响，而药代动力学则是阐明药物这一具体的物质在体内吸收、分布、代谢、降解、灭活和排泄的过程。所以西医和西药，都离不开事物的物质性，离不开对物质（人体或药物）的定量或定性的研究。医和药之间的关系，是人体与药物在物质层面的互动。西医治疗就是用药物这种物质去纠正和改善人体物质的异常变化。

再看中医，尽管在中医的经典著作《灵枢》中也有"五脏六腑可剖而视之""若夫八尺之士，皮肉在此，外可度量切循而得之，其死可剖而视之"等关于人体结构解剖的记载，但中医后来的发展逐渐偏离了刚刚处于萌芽状态的这种实证研究的轨迹，走上了一条重思辩、重哲理而不重实体的道路。中医学以整体观和综合的方法来认识疾病，这种整体特征的思维方式表现为意象思维和实用的类比思维。意象思维是以具体形象作为认识对象，将直接的外观与感受当作检验自己认识对错的标准，这种认识往往只停留于宏观层面。意象思维的另一个特点是不受严密的逻辑限制，只根据意象的相似性来推理，它实际上是一种实用而理性的类比思维，是以事物表象的相似性作同一认定，是一种模糊思维，这种思维方式决定了中医在认识事物的时候，关注的是事物的属性而不是其物质性，因为即使是同类事物，也只有抽象的属性是类似的而具体的物质性是不同的，放在属性层面具有可比性，而放在物质层面就缺乏可比性。最具代表性的就是五行学说，其认为自然界最常见的五种物质木、火、土、金、水是构成世界的基本要素，是其他事物属性的分类标准。世间万物，包括气候、方位、颜色、口味，乃至人体脏腑、五官、情志、药物、生理功能、病理变化，都可以采用"取象比类"的方法，按其性质、作用和形态分别归类于五行之中。如木的特点是生发、柔和，凡是具有这种体征的事物其属性便为木；肝在五脏中主疏泄，也就是调节情志的舒畅，和树木生长需要舒达的属性一致，因此肝属木。土的特点是生长养育、化生万物，凡是具有这种特征的事物便为土；脾在五脏中主运化水谷和水湿，吸收营养物质后化生出人体需要的各种精华物质，因此脾属土。余依此类推。中医在临证中对疾病的描述无确切的物化的定量或定性指标，但是有属性的判断。中医的诊断（或称之为辨证）以八纲为基本要素，八纲中的阴阳、表里、虚实、寒热都是对机体功能或病变属性的描述；气血津液并不完全等同于呼吸的气体或体内的血液或体液，而是对体内某些功能的属性概括；即使是脏腑辨证，也并非是落实在具体的器官，而是对某一组功能所出现的偏差的属性判断，如胃气上逆、脾气下陷。这里的"胃气"是指消化系统接纳和传送食物的功能属性，按常理食物进入人体内后应向下输送，故从表象来认识，胃气以降为顺，如不降反升，则出现呃逆、恶心、呕吐等症状，胃气上逆就是对其功能偏差的属性判断。"脾气"的作用是将食物消化吸收后升华为精气或维系脏器在体内的正常位置，故从表象看脾气应以升为主，如果脾气不升反降，就会出现慢性泄泻或脱肛、崩漏等症状，称之为"脾气下陷"，同样是对功能偏差的属性判断。

中医的病因，外感有六淫，内伤有七情。六淫和七情都是对致病因素的属性判断，而不是指具体的致病物质。拿最常见的感冒来说，西医简称"上感"，病变部位明确，位于上呼吸道；病因清楚，是感染引起；根据临床表现和病原微生物的种类，还要进一步判断是细菌性还是病毒性，了解得非常具体。同样是感冒，中医称之为"伤风"，一个"伤"字表明，中医首先认为在人体和病邪的抗争中，正气受了伤害，即使对这样一个局部的小毛病也要从整体来认知。具体致病原因是因"风"而受"伤"，而不考虑是细菌还是病毒或其他病原微生物。为什么认为"风"是病因,因为"伤风"的临床表现与自然界的"风"具有共同或相似的属性。各种自然现象中风最为常见,而伤风也是临床最常见的疾病;"风性好动,善行而速变",伤风发病突然,似风不期而至;"木秀于林,风必摧之",说明风首先作用于物体的上部或突出部位,对人体来说"风首犯颠顶",患者最先出现的也是头痛等症状;"风为百病之长",易合并热、寒等不同气候,临床上伤风也有风寒、风热等风邪与寒邪,风邪与热邪联合致病的不同类型。

中医的主要治疗方式是应用中药。中药虽然是治疗的物质手段,但中医对中药的认识或分类并不考虑其成分组成或化学结构,同样是按照其属性来区分。

中药有四气五味,四气就是寒、热、温、凉四种药性。药性的寒热是于病性的寒热相对而言,治疗热证的药物人都属于寒性或凉性,治疗寒证的药物大都属于热性或温性,即所谓"寒者热之,热者寒之"。中药的五味是指辛、甘、酸、苦、咸五种味道,这里所说的味道并不一定是味觉感受的结果,而是根据药物对人体生理、病理所产生的影响,对其功效的属性所做的归纳。不同味道的药物有不同的作用重点,味辛的药物大多能散能行,如砂仁、木香有行气宽中的功效;味甘的药物大多能缓能补,如甘草、饴糖缓急止痛,党参、黄芪补中益气;味酸的药物大多能收能涩,如五味子、乌梅收敛止汗,诃子、石榴皮涩肠止泻;味苦的药物大多能燥能泻,如黄连、苍术燥湿止泻,大黄、龙胆通便泻火;味咸的药物大多能软能下,如牡蛎、海藻软坚散结,芒硝、肉苁蓉润肠通便。五味之外,还有一类味淡的药物,大多能渗能利,如茯苓、薏苡仁渗湿,通草、灯心草利水。性味不同药物的功效不同,因此药物的性味是临床治疗选择用药的重要依据。

除了四气五味,中药药性还有升降沉浮的不同,药性的升降沉浮与药物的气味及质地的轻重有一定联系。温热药大多能升浮,寒凉药大多能沉降;辛甘之药大多能升浮,酸苦之药大多能沉降;质地轻飘的,如花叶之类,大多能升浮;质地重实的,如籽、实、金石之类,大多能沉降。升浮的药物有上升和向外发散的作用,能升阳、发表、散寒,用于治疗表现为向下(如泻痢、崩漏、脱肛)和内陷(发疹不透而内攻)的一些证候;沉降的药物有下降和泻利的作用,能降逆、清热、利水,用于治疗表现为向上(如呕吐、咳嗽、喘息)和向外(如发热、汗出)的一些证候。

4. 中西医优缺点比较   西医是用还原的分析的方法尽量追索至病变局部的变化来做出诊断,而中医则综合各种因素后对整体属性的偏差判断后做出诊断;相对于西医的医和药在物质层面的互动,中医的医和药之间的关系是人体与药物在属性层面的互动。中医治疗就是用药物的属性去纠正人体病变时出现的属性偏差,所谓"寒者热之,热者寒之","虚则补之,实则泻之"。因此,中西医科学思维的差异在临床具体诊断和治疗方面,西医偏物质观,中医偏属性观,西医重视"器",中医重视"道"。

西医的物质观本身并无不妥,但问题是我们对人体生命活动的细节还有大量的未知部分,离开对事物的全面了解,仅凭对局部的认识就难以综合判断,也难以采取相应的措施。而中医的属性观可撇开对细节的把握而对整体的失衡倾向做出判断,并选择针对性的中药进行纠偏,SARS 的治疗就是一个例子。在 SARS 出现的初期,病因不明,后来通过现代医学手段很快查明其病原体是一种冠状病毒,还拍到了病毒的电镜照片,对其物质结构有了比较清晰的了解,但迄今对 SARS 病毒引起严重呼吸道炎症的机制仍然不是十分明了,只是知道病毒能破坏人体的免疫系统。由于没有特异性的抗病毒和调节免疫功能的药物,西医的治疗只能是对症处理和采取一些支持疗法。如给患者吸氧,用大剂量的激素抑制炎症反应,用抗生素对付继发性细菌感染，用胸腺肽、干扰素、γ球蛋白或新鲜血浆增强患者的免疫能力。即使采取了这么多措施，仍然有一部分患者不能幸免于难；而那些逃过一劫的患者，有的因肺纤维化而肺功能严重减退，有的因当时大剂量激素的应用而留下了股骨头坏死等严重后遗症。中医又是怎样认识 SARS 的呢？中医没有病毒的概念，但这并不影响中医对 SARS 患者的辨证和治疗。患者高热不退，此属于热毒亢盛，应治以清热解毒；患者呼吸道充满了又黏又稠的炎性分泌物，是痰湿与热毒交结而成，故在清热的基础上应治以化湿祛痰；患者呼吸不畅，发绀，属血瘀之证，应治以活血化瘀；在恢复期，患者脏腑多方面受损，正气虚弱，则应辅以益气扶正的治疗。北京友谊医院在西医治疗的基础上，按照上述原则加上中医治疗，患者使用呼吸机抢救的时间明显缩短，应用激素的剂量大大减少，总体疗效显著高于单纯西医治疗组，证明中医整体观的思维方式和属性观的方法论是科学的，但遗憾的是中医也未能确切地阐明这几种疗法的作用机制。

中医从整体观出发，认为人体病变最终是归结于阴阳的失衡，治疗的目标是重新建立阴阳平衡；这种平衡可以是恢复到疾病前的状态，就像西医要求的那样，各项检测指标都达到正常，病灶要去除或消失。但中医倡导"法于自然，和于阴阳"，即要遵循自然界事物的发展规律来达到平衡。机体的阴阳平衡是一种属性的平衡，没有绝对的量化标准，只有相对的和谐。人与人不同，健康人、患者，青年人、老年人，他们的阴阳平衡就不可能处在同一水平。得了病能完全恢复健康当然最好，但这只是阴阳平衡的理想状态，对更多的人或在更多的情况下，则要结合个体的情况来维护阴阳平衡。例如对老年人，你不可能要求他们的各项生理指标达到青年人的水平，他们的阴阳平衡主要体现在老年机体功能衰退的前提下做到气血调和。再如对肿瘤患者，西医视病灶为大敌，即使不属早期病变，也必欲斩草除根而后快，手术切除之后不论患者体质如何还要大剂量的化疗，但事实上很多肿瘤患者的癌细胞是难以做到彻底根除的。结果造成一部分患者肿瘤尚未抑制，人体的正气反遭到摧残，这样治疗实际上是破坏阴阳平衡，患者生活质量下降，存活时间反而缩短。中医则不然，有手术指征能切除当然最好，不能切除就带瘤生存，同时用中药来维护患者的正气，实际上这是在瘤体存在的状态下帮助患者重建阴阳平衡。事实证明，这样能提高患者的生活质量，生存期也得以延长。两者比较，西医是将"人"和"病"分开，治疗的侧重点是将病从人体去除，是"治病"；中医是将带病的人看作一个整体，"与病共舞"，治疗目的是帮助患者纠正偏差，重新构建机体的和谐与平衡，是"治人"，这是中医和西医科学思维的不同在临床实践中的集中反映。

## 二、中医现代化研究是中西医结合的基础

西医的物质观是建立在现代科学基础之上的，随着科学的发展，西医不断地吸收人类积累的知识和创造的成果来推动自身的进步。X 光机、CT、磁共振、PET 等影像学诊断设备的出现，大大提高了对病变定位和定性诊断的水平；生物化学和免疫学检测技术的进步，成为阐明病变功能基础的重要手段；各种高精度的分析技术的出现，使我们能够了解体内微量，甚至痕量物质的变化；各种介入治疗手段的问世，对病变的治疗更加精准，对病变以外组织的损伤大大减少；基因组学、蛋白质组学和代谢组学的问世，使我们在分子水平对疾病发生的机制和遗传及环境因素对人体健康和疾病的影响有了深刻的认识，为采取相应的措施防病治病奠定了基础。近百年来是现代科学不断有所突破的一个世纪，也是现代医学迅猛发

展的一个世纪。反观中医,崇尚原始的系统论、重"道"轻"器"的属性观、取象比类的思维方式都存在明显的不足:对事物的认识难免失之笼统,缺乏规范。对同一个患者,不同的中医往往可给出不同的辨证结论;即使辨证结论相同,遣方用药也会出现很大差异。在中医的理论框架中也不乏牵强附会之处,例如四时季节为了和五行对应,硬是加进了一个长夏,变成五个季节;而五行之间的相生、相克,也不能全盘照搬来解释脏腑之间的内在联系。更为突出的是,中医独特的理论体系和固有的思维方式使其游离于现代科学技术体系之外,难以直接吸纳现代科学创造的最新成果,各种先进的仪器、设备、方法、技术不能代替中医的整体思维,也无助于中医对病变做出属性的判断。在生产力和科学技术水平低下的年代,中医的这一弱点显现尚不充分;但人类一旦进入高科技时代,与快速进步的西医相比,中医的发展就显得十分迟缓了。

1. 寻找中西医的结合点　有识之士在西方医学传入之初,就自觉或不自觉地觉察到中医和西医在科学思维方面的差异,意识到中医学必须和现代科学,特别是和现代医学融合。明末清初方以智(1611—1671)在研读《主制群征》等西方医书后,在其所著的《物理小识·人身类》中就将中医的脏腑气血理论和人体的解剖结构一并描述,并据此来阐述中医脉诊的机制;在其后来所著的《医学会通》一书中,首先明确提出了中西医汇通的观点。但在很长的一段时期,中西医汇通只是停留在西医人体解剖结构和中医脏腑血脉的对照比较上。直至清末民初,张锡纯(1860—1933)倡导在医学理论上衷中参西,把中西医汇通深入到了生理和病理的层面。他将中西医对于人的思维功能的认识做了比较:"中医谓人之神明在心,西医谓人之神明在脑,及观《黄帝内经》,知中西之说皆涵盖其中矣。"又将中西医对于脑卒中和心力衰竭等论述做了对照:"《黄帝内经》谓血之与气并走于上,则为大厥……原与西人脑充血之议论句句相符,此不可谓不同也""心力衰竭与肾不纳气之相通""肺为五脏六腑之所始终,相当于西说小循环""西人脑贫血可致痿废之说,原与《黄帝内经》相符也",说明中西医对某些病变的描述是相通或是相符的,只是囿于各自理论体系和术语用词的不同而导致表达方式不同。张锡纯的另一个创新思路是临床治疗的中西医结合,其典型代表是"阿司匹林石膏汤",对温病初起者用阿司匹林解表,用生石膏清里,达到表里双解的目的;此外他还用阿司匹林与玄参、沙参合用治疗肺结核发热。张锡纯并不仅仅停留在应用层面的中西药合用,他还试图用中药的性味理论来解释西药的药性和指导西药的应用,认为"阿司匹林,其性凉而能散,善退外感之热,初得外感风寒,服之出凉汗则愈"。虽然张氏提出的一些观点在今日看来并不成熟,但他所主张的"道器合一,为物不二,冶古今中外于一炉"的中西医结合思想是值得肯定的。

2."西学中"研究和创建中西医结合新理论　中华人民共和国成立后,党和国家领导人高度重视中医和中西医结合事业。毛泽东主席在20世纪50年代就提出"中国医药学是一个伟大的宝库,应当努力发掘,加以提高",并号召西医学习中医,强调"就医学来说,要以西方的近代科学来研究中国传统医学的规律,发展中国的新医学""中国的和外国的要有机地结合""中西医一定要结合起来",并期望"出几个高明的理论家"。以后历届党和国家的领导人都对中西医结合工作非常重视。在党和政府政策的支持下,中西医结合事业有了快速的发展,出现了一批高水平的科研成果,如陈可冀院士领衔的活血化瘀治疗冠心病的研究、吴咸中院士牵头的中西医结合治疗急腹症的研究和以沈自尹院士为首的中医理论肾本质的研究等。这些成果虽然分属于不同专科,但都有一个共同点,那就是较好地处理了中医和西医在科学思维方面的差异,尽量吸收两者的长处。以活血化瘀防治冠心病为例,西医对冠心病的认识是心肌供血不足,中医因其心前区疼痛,舌质紫暗或有瘀点、瘀斑等宏观表现而辨证为胸痹,即心脉闭塞不畅的血瘀证,认为其病因主要有气虚、阳虚、痰浊等。血瘀证只是一个属性的结论,到底涵盖了哪些具体的病变,传统中医没有回答这个问题,但气虚、阳虚和痰浊为其病因的看法又表明中医意识到胸痹这一局部病变根源是在整体的功能失调。通过中西医结合的研究,发现冠心病血瘀证不仅有血液的高凝、高聚、高黏这些狭义的导致血脉闭塞的病理基础,还有血流动力学、血液流变学的改变与血脂的异常、内皮细胞功能损伤、心肌细胞外基质增殖、炎症反应等的参与,深化了对中医血瘀证的认识。西药治疗冠心病的药物很多,但一种或一类药物往往只针对单一或少数靶目标,如阿司匹林只是降低血小板的聚集;中医的活血化瘀结合病因标本兼治,通过整体的调节同时改善血流动力学、血液流变学,以及构成冠心病的多个病理环节。临床实践证明,中西医结合活血化瘀治疗冠心病疗效明显、稳定而巩固,具有一定的优势。

随着社会的发展和生活方式的改变,中心性肥胖的患者越来越多。中心性肥胖既是糖尿病前状态,又是心脑血管疾病的高危因子,一般认为胰岛素抵抗是其基本病理环节。西医对这一人群只是建议限制饮食和增加运动,缺乏理想的药物干预措施。传统中医没有胰岛素抵抗和炎症因子的概念,但认为这些患者是"气化"功能出了障碍。"气化"的作用之一是将饮食物通过"气"的作用转化为人体能利用的精微物质。患者吸收食物后不能有效转化,以脂肪的形式堆积在腹部成了中心性肥胖,以糖分、脂质的形式停留在血液中成了高血糖、高血脂。原来糖和脂肪都是营养物质,一旦在体内过多蓄积,就成了致病因素,"正气"就转化成了"邪气"。中医将这种在气化功能不足的基础上邪气留驻形成的病证辨为"聚证",采用益气化聚法治疗。实践证明,益气化聚治疗能明显提高这些患者的胰岛素敏感性,抑制炎症因子的释放,降低血糖和血脂,减轻肥胖程度。中医科学思维的整体观和属性观为我们治疗中心性肥胖提供了有效手段,弥补了西医药物干预的不足;而依靠现代医学的研究手段又能使我们对中医聚证的内涵和中药治疗的作用机制有更深入的了解;而这一研究又为我们深入探讨胰岛素抵抗的机制和开发新型的胰岛素增敏剂提供了重要线索。

## 三、结束语

现代医学和传统医学并存是我国医学事业得天独厚的优势。中医和西医都是科学。西医发展很快,可以说是日新月异,但也并不是所有的疾病它都有办法;中医学有自己的优势和特点,可以起重要的补充、完善作用,但也不能"包治百病"。中医要与时俱进,既要在自身理论框架之内有所发展,更要注意吸收现代科学,包括现代医学的先进理论、技术和方法来丰富和充实自己。否定中医是片面和错误的,但故步自封,不思进取同样是阻碍中医发展的重要障碍。讨论中西医学科学思维的差异,是试图从认识的源头来分析两者的优势和不足,要理性地对待这一问题,实现中西医结合的包容性发展,以更好地为人类健康服务。

# 我的中西医结合之路

## ——探索活血化瘀的科学内涵

**廖福龙**

中国中医科学院中药研究所

························【 简 介 】························

廖福龙，男，1942 年 7 月生，北京人。1965 年毕业于中国科学技术大学生物物理专业，其后在中医研究院中药研究所工作至今，1990 年被晋升为研究员、博士研究生导师。1980—1982 年在澳大利亚悉尼医院进修生物流变学与血液流变学，其后以生物流变学、生物力学与中药药理学科交叉方式研究活血化瘀中药与血瘀证。曾任国际临床血液流变学会主席（2005—2008 年），中国生物物理学会理事，中国药理学会理事，中国微循环学会理事和副秘书长，《中国血液流变学杂志》副主编，《生物物理学报》常务编辑等。发表文章百余篇，主编与参编专著 12 种。曾获国家中医药管理局科技进步奖 2 项和北京市科学技术奖 3 项。1997 年获国家人事部"有突出贡献中青年专家"称号。近年，提出新边缘研究领域——生物力药理学，并于 2006 年在药理学权威刊物 *Trends in Pharmacological Sciences* 撰文发表。1992 年参与 WHO 制定《传统药安全性与有效性研究指南》。2010 和 2012 年两度任世卫组织西太区传统医药 2010—2020 年发展战略临时顾问。现任中国中医科学院学术委员会委员，中国中医科学院青蒿素研究中心学术委员会副主任，中国中医科学院中药研究所生物力药理学研究中心主任，国际生物流变学会副主席

(2005—)，国际学术刊物 *Clinical Hemorheology and Microcirculation* 中国编委(1984—)。2016—2017 年执笔撰写国际知名医学教材 *Oxford Textbook of Medicine* 其中章节"Traditional Medicine exemplified by Traditional Chinese Medicine"。

1965 年我毕业于中国科学技术大学生物物理专业，并主动申请到中医研究院工作。我祖母家世代行医，在清末福建的一场瘟疫中，祖上以中医药挽救了不少生命。这段往事，让我做了这个郑重的决定——把现代科学与古老中医药结合起来，从此走上了探索中医药奥秘之路。

20 世纪 70 年代，我开始从事中药药理工作，参加过西苑医院主持的冠心Ⅱ号活血化瘀治疗心血管病项目的药理研究，该项目于 1979 年获全国科技大会奖。1980 年，由著名生物物理学家贝时璋先生推荐，经教育部选派，我到澳大利亚悉尼医院肯尼麦休研究所研修，师从著名生物流变学家丁坦法思(L.Dintenfass)，专修生物流变学。生物流变学研究体液(血液、淋巴液、关节液等各种生物流体)、软组织、骨骼、肌肉、细胞及亚细胞生物组分的流动和变形规律，从力学的一般原理出发，通过实验确定不同条件下生物活组织的力学性能和本构关系。丁氏学术思路十分活跃，研究组不大，但凝聚力十足。当年研究所年鉴中的研究组合影，被医院同事们戏称是"缗线状红细胞聚集"。丁氏还主持澳大利亚与美国宇航局的空间细胞流变学项目，侧重研究零重力下红细胞聚集等问题。丁氏对于中医药很有兴趣，在讨论血液流变学问题时，常常问我"中药会有什么作用"。由于手边没有中药可进行实验，我只能介绍一些国内的临床和实验文献。丁氏后来在他的专著《血液黏度，高血黏度和高黏血症》序言中引用了《黄帝内经》有关血循环的论述。留学期间，中医研究院院长生理学家季钟朴先生的一封新年慰问信表达了对我的关怀和厚望，也极大地鼓舞了我用生物流变学研究中药的信念。

1982 年回国后，在刘静明所长等同志的支持下，中药所从国外引进了国内第一台空气轴承流变仪等设备，一个采用生物流变学研究中药的小组就此诞生。中国中西医结合学会活血化瘀专业委员会于 1982 年成立，我参加了在上海举行的成立大会，并成为专业委员会委员。包括心脑血管病在内的中医血瘀证严重威胁着人民的健康，活血化瘀是中医临床针对血瘀证的治则。在中国药典中，活血化瘀药占中药总数的 10% 以上。当时，上海医学院梁子钧教授研究团队已经开展血瘀证与活血化瘀的血液流变学研究，采用血液流变学研究活血化瘀蓄势待发。我和翁维良翻译的丁氏的经典之作《血液流变学在诊断及预防医学中的应用》已于 1981 年由科学出版社出版，这是国内出版的第一部血液流变学专著，顺应了活血化瘀研究的需求，也促进了该学科在国内的发展。中国中西医结合学会于 1986 年制定了血瘀证的临床诊断标准，包括主要临床表现、辅助临床表现和实验室指标三个方面。一般地说，中医药学术语的内涵往往难以被西医学术界所理解，但是，"血"的概念在中西医之间是大致相通的，主要指体内循环流动的血液。正因为如此，血瘀证诊断中的实验室客观指标基本都是血液循环的相关指标，由微循环、血液流变学、凝血与纤维蛋白溶解、血小板聚集、血流动力学、组织病理观察及血管阻塞七个方面组成。血液流变学是研究血液和血管流动与变形的一门学科，因此，从广义上讲上述实验室指标都与血液流变学密切相关。

## 一、血液流变学的研究

血液流变学(Hemorheology)是研究血液及其成分(如红细胞、白细胞、血小板、血浆等)和血管的流动与变形性质的学科,涉及宏观、细胞、亚细胞及分子等多个层次以及血流与血管间的相互作用,旨在阐明血液和血管的流变规律。1981年,国际临床血液流变学杂志 *Clinical Hemorheology*(近年更名为 *Clinical Hemorheology and Microcirculation*)创刊,由生物流变学创始人考普利(Alfred Lewin Copley)担任主编。1984年,我出面邀请考普利到北京访问,在中医研究院中药研究所做专题学术报告,北京地区的生物流变学工作者受益匪浅。考普利对于中医药研究采用流变学方法也十分关注,他邀请我参与临床血液流变学杂志的编辑工作,当年我成为该杂志的编委。为了适应国内血液流变学的迅速兴起和活血化瘀研究的需求,我于1988年主编了《临床血液流变学》(天津翻译出版公司)一书,并于1989年参编了《血液流变学研究方法及其应用》(科学出版社)一书。1993年,国际临床血液流变学会在维也纳成立,并召开首届国际会议。1995年,国际生物流变学会与国际临床血液流变学会联合在美国召开第九届国际生物流变学会议暨第二届国际临床血液流变学会议,参加那次会议的中国学者有20多人,其中不乏中医药研究者。2005年,在重庆举办的第十二届国际生物流变学会议暨第五届国际临床血液流变学会议上,我担任会议组委会主席,并担任第五届国际临床血液流变学大会主席。该届大会的主题是"Biorheology/clinical hemorheology: advancing with time and focusing on human health"(生物流变学/临床血液流变学:与时俱进,关注人类健康)。参加大会的代表共有300余人,国外代表142人,国内有160名学者和学生参加了会议。大会专题报告158篇,墙报展讲131篇。为了促进新边缘学科的发展,会议组织了"生物力学与药理学"专题讨论会,中药药理与生物力学的结合引起与会代表的广泛兴趣。其后,在每3年一届的国际临床血液流变学大会上,我们都组织了同类的专题讨论会。

## 二、血流剪应力与血管内皮的保护与调节

从1988年起,我的团队得到国家自然科学基金会多个项目支持,包括面上项目、重点项目、重大项目与重大研究计划项目等。我们建立了剪应力评价凝血早期过程的方法,揭示了活血化瘀药物的药性规律,也探讨了某些中药成分抗血栓的机制,获得了几项部级科技成果奖和专利。在此过程中,我逐步认识到,把血液看成宏观流体以降低黏度改善血流的思路只是血液流变学和活血化瘀研究中的一个方面,而血管、血液和血流相互间的作用对于生物效应具有举足轻重的作用。例如,现代医学逐步认识到血管内皮细胞的多方面功能,它在血管舒张与收缩状态、血栓形成与溶解、血管新生、炎症反应和免疫反应方面都具有调节作用。因此,血管内皮细胞的损伤与功能失调参与了多种疾病过程的发生和发展机制,例如高血压、动脉粥样硬化、血栓形成、糖尿病、心脑血管病等。因此,血管内皮的保护与调节倍受医学界关注,也成为血液流变学与生物力学的新热点。研究表明,血流剪应力(血流对于血管壁的摩擦力)可影响内皮细胞分泌一氧化氮(NO)、内皮素(ET)、组织型纤溶酶原活化剂(t-PA)、血管性血友病因子(vWF)、前列环素(PGI2)、血管细胞黏附分子1(VCAM1)、细胞间

黏附分子1(ICAM1)及内皮细胞生长因子(ECGF)等的水平。所以,血流剪应力参与了血管收缩与舒张、血栓形成与溶解、细胞黏附与运动以及血管新生等多方面的病理生理过程。从药理学角度看,剪应力既然具有多种生物学调节功能,可考虑相当于一个多靶点药物。活血化瘀药物既然可以影响血流状态,也必然改变血流剪应力,从而产生一系列相应的生物效应。因此,仅从药物引起的生物力学效应考察,活血化瘀方药已经具有多靶点性质。它的作用靶点与强度则需要通过细致的药理学量效研究来确定。

## 三、血流循环与运动相关性

中医描述正常的血液循环为"血行",强调了血液流动.而血流瘀滞及血液溢出血管外,被认为是血瘀证。从血液流变学的角度考察血瘀证,其关键所在就是血流剪应力低下。当读到名医华佗的名言"血脉流通,病不得生",我联想到血脉的流通无疑会提高血流剪应力的水平,进而可以改变血管内皮细胞的一系列分泌功能,为机体带来防病治病的生物效应。回顾我国中医古代实践经验,活血化瘀药与保健运动时常结伴应用。基于"流水不腐,户枢不蠹"的朴素认识,中医学在保健防病治病方面一向主张"动以养生"的理念。当然,对于保健与治病而言,中医学认为运动量要适度,即量力而为,所谓"动而不劳"。秦汉时期及以后,太极运动、八段锦、五禽戏及动功等,也广泛用于健身防老。马王堆汉墓出土的《导引图》,彩绘了导引动作44种,包括模仿熊、猿、鸟等动物形态,在相关文字中则阐述了导引运动与治病的对应关系,同时出土的药物中不乏活血化瘀医药用品,可见当时对医药与运动是并重的。这也使后人认识到,运动之效可与药物相当。唐代孙思邈在《备急千金要方》中指出"一身动则一身轻",强调要经常性地肢体主动运动和被动运动,不但要出庭散步,摇动肢节,导引行气,而且要采用全身按摩等,也符合这一思路。在糖尿病的治疗中,中医不仅采用药物治疗,还提出体育疗法;《外台秘要》主张消渴患者应"食毕即行步,稍畅而坐"。尽管古人并不了解药物与运动和血管内皮细胞功能的关系,但内皮细胞的生物学效应已不期而至。因此,从临床效果来看,朴素的生物力药理学实践古已有之。中医先贤们在流变学问世两千年前就应用了剪应力的生物效应原理,我被他们的创举所折服!

## 四、创立"生物力药理学"

2002年,我提出"生物力药理学"的概念。这一边缘学科从血流剪应力/血管内皮细胞/活血化瘀药物相互作用为切入点,采用多通道蠕动泵、细胞培养箱、多个平行板流动室、调压缓冲瓶等部件组成多通道剪切系统,研究药物成分与体内力学因素的联合效应。生物力药理学研究中常涉及力学因素与药物的联合作用,此类实验宜采用多因素多水平的统计学设计。结果分析时,我们常用二元二次曲面方程等模式拟合两因素的联合生物学效应,例如描述相关指标与药物剂量和力学因素幅度间的复杂关系。2006年,我们在国际药理学权威杂志 *Trends in Pharmacological Sciences* 撰文论述生物力药理学,提出该学科的内容包括生物力学因素对于药效与药物代谢的影响,也包括药理学因素(药物)对于体内生物力学因素的干预,以及药物与力学因素的联合生物学效应。生物力药理学转变了药理学研究中忽视力学因素具有生物学效应的现状,也为疾病的机制研究与治疗开拓了新的探索领地。2012

年,我们在《科学通报》专题介绍了生物力药理学,引起国内学术界进一步的认同和关注。力学环境对于药物疗效的影响是近年生物力药理学的新关注点,中国科学院国家纳米中心韩东等发现,肿瘤细胞力学环境(杨氏模量)显著影响肿瘤细胞对抗癌药的敏感性。

## 五、针刺机制的生物力药理学

以生物力药理学研究中医药正在起步,中医药学既采用活血化瘀药物治疗血瘀证,又应用多种运动形式促进血脉流通。我们的实验研究表明,运动保健(游泳锻炼)配合中药干预可以改善血液流变学、血脂等指标,抑制动脉粥样硬化的进程。环顾当下,广场舞比比皆是,服用益气活血中药防病的也大有人在。这些都是值得研究的生物力药理学课题,也必将为实施中医"治未病"等理念带来广阔的探索空间。用药物与运动的定量结合,调整血管内皮细胞功能,仅是采用生物力药理学维护健康的途径之一。当然,药物与剂量以及运动的形式与运动量都有待今后的研究来确定。针刺、按摩、拔罐这些非药物中医治疗手段都施与机体以力学因素,最终产生治疗生物效应(疗效),中间的力学信号传递与转化过程则尚不明了。然而,总体而论,这显然是一个力学因素如何转化为生物效应的生物力药理学问题。一些文献表明,针刺治疗可在效应器官引起微循环的改善,由此推论,针刺可以提高局部血流剪应力水平,调节内皮细胞功能,以生物力药理学模式干预效应器官。因此,血流剪应力调节可能是针刺治理机制途径中的一个环节。基于以上思考,我在2017年中国—瑞典"一带一路"针灸中医药高峰论坛提出针刺机制的生物力药理学假说。展望未来,生物力药理学容易作为预防医学手段,这正符合中医"上工治未病"的思路。我们相信,采用生物力药理学研究活血化瘀机制和本质,在缺血性心脑血管疾病、糖尿病和肿瘤等重大疾病的防治中,有望取得具有创新意义的进展。

## 六、沟通中西医文化和交流为人类健康服务

医学是预防和治疗疾病、维护和增强人类健康的科学实践活动。尽管西方医学和中医药学的理论体系不同,医疗实践各异,但其共同点是都为人类的健康做出了各自的贡献。在西医、中医各自的发展道路上,两者缺乏沟通,更缺乏共识。为此,身处中西医结合领域,不仅需要做好结合的事,还需要为中西医的沟通尽一己之力。1992年,我参与WHO制定《传统药安全性与有效性研究指南》;2010和2012年两度任WHO西太区传统医药2010—2020年发展战略临时顾问。牛津医学教科书 Oxford Textbook of Medicine 是一部国际著名的西医学教材。2016—2017年,我有幸执笔撰写第六版其中章节"Traditional Medicine exemplified by Traditional Chinese Medicine",为增加西医界对于中医药的了解贡献绵薄之力。在政府支持和中医药人的努力下,中医药目前已传播到183个国家和地区,中国已同外国政府、地区主管机构和国际组织签署了86个中医药合作协议。中医针灸列入联合国教科文组织"人类非物质文化遗产代表作名录",《本草纲目》和《黄帝内经》列入"世界记忆名录"。国际标准化组织(ISO)成立中医药技术委员会(ISO/TC249),并陆续制定颁布10余项中医药国际标准。以中医药为代表的传统医学首次纳入WHO国际疾病分类代码(ICD-11)。事实表明,中医药作为国际医学体系的重要组成部分,正在为促进人类健康发挥积极作

用,形势令人鼓舞。

中医药的迷人之处在于它认识客观事物的整体观。中医用望闻问切手段对于机体的状态从整体上加以识别,区分正常与异常,异常状态又有以不同的"证"分门别类,继而用中药或针灸等手段加以调整,使异常状态逐步回归正常状态。广而言之,不论中医和西医都是为人类健康服务的应用学科,医学的发展必然与当时的科技结合,吸纳当时的科学认知和技术手段。西医无须多说,其检测手段与认知紧跟科技的发展。中医其实也如是,以针刺为例,金属时代用金属针,现代则出现了电针和激光针。中医对于机体的状态识别也有四诊现代化的尝试,但还需要诸多努力才能出现实质性的进展,用一组现代的"状态函数"描写机体状态的愿景是可能实现的。创新是科技发展的必由之路。"坚持中西医并重,传承发展中医药事业"对实施健康中国至关重要。中医药的发展离不开创新,关注中医药与其他科技领域的边缘交叉有可能碰撞出新的火花。我以为,边缘领域是中医药创新发展的沃土之一。

# 进西医之门学中医之道
## 走中西医结合之路
## 57 年感悟

**尹光耀**
无锡市第三人民医院

······【 简 介 】······

尹光耀,男,江苏无锡人,教授、研究员、主任医师、博士研究生导师。毕业于南京医学院(今南京医科大学),工作于无锡市第三人民医院(无锡市中西医结合医院)。江南大学教授、中国中医科学院研究员,兼南京医科大学教授、南京中医药大学教授。《中国中西医结合杂志》编委,《中国中西医结合外科杂志》编委,《中国中西医结合消化杂志》编委,《中国中西医结合肝病杂志》编委,《江苏医药》特邀编委。长期从事中西医结合在脾胃疾病、胆道疾病和亚疾病食物疗法等方面的研究,获江苏省人民政府科学技术进步奖 7 项。主编专著作 4 部,参编 7 部;发表论文百余篇。18 次作为访问学者被邀赴美国、法国、德国和东南亚诸国大学进行访问与演讲。2001 年 10 月应上海 APEC 技交会秘书处邀请参加"二十一世纪生物工程技术与中药(天然药物)论坛"做"二十一世纪中西医结合研究的发展趋向"的专题报告,2007 年应孙逸仙基金会邀请、2012 年应李嘉诚基金会邀请在香港与澳门的大学做专题报告等。

## 一、父母指点我入医门

1. 南京医学院奠定基础　我在"家学"读书，古文启蒙，母亲督促非常严格。我进了无锡最好的一家私立学校锡光初中，开学那天母亲只告诉我要学范仲淹"不为良相则为良医"！我在初中三年级时自学高中课程，每天只睡 5 个小时，打瞌睡，用指背敲打台角，疼痛醒脑。1959 年我初中毕业考取了南京医学院医疗系本科，进西医之门。在这里我最爱的是图书馆、实验室，以及学校后面的清凉山尼姑庵（明末清初李香君在此出家，我敬佩她的气节），在幽静的尼姑庵里我深深思考书本与见闻的异同与相关联系。

二年级时，我自学南京中医学院编写的《中医学概论》，暑假回无锡拜名老中医陈豫康为师，又走中医之道，从此每年寒暑假都在陈师家学习，直至"文革"老师仙去。

二年级时，我的实验论文《肌肉完全强直性收缩的电生理学机制》完成，业师葛志恒教授看了十分高兴；三年级时病理学老师薛婉芬（她终身待字闺中未出阁）语重心长地对我说："希望你踏上工作岗位后一见患者就能在你脑海里见到他们病灶上细胞的变化，成为一个真正的好医生。"葛志恒教授、薛婉芬老师对我的励志，是我日后在担任临床工作的同时，有能力兼任中心实验室主任和病理科主任起到积极的奠基作用。在上临床课时，我遇到了陈钟英教授（常熟人，我家与常熟翁家季家有五世情谊），她讲课口吐莲花，妙语连珠，她手把手教我触诊"平轻紧"三字诀。妇产科杨怀恭教授对我情有独钟，可能因为我妇产科学考试是全年级第一名的缘故，我毕业时，他特地找我说："产妇分娩一脚在棺材内一脚在棺材外，你一定要小心谨慎啊！"因此，我走上中西医结合之路是自然而然水到渠成的自觉自发过程，就像1933 年杨则民提出"辨证辨病相结合"的学术观点一样是自发的。

林克老师是南京医学院党委书记，"文革"后任清华大学第一书记，后调任复旦大学书记，在清华、复旦都有我做实验研究的足迹，我与复旦大学还签订了协作合同（合同号 92148，项目名称《胆胃综合征"脾虚证课题延伸"》）。我每次成果鉴定林克老师一般都会来无锡参加旁听，因此吴咸中、陈可冀、裘法祖、过晋源、江绍基、沈自尹、李连达和吴孟超都与他在我的鉴定会上相见过。季钟朴是万万不可忘却的导师。邓铁涛、姜春华、邝安堃诸先生都是脚踏实地真正的学者，永远会在学术界受到尊敬。他们是在我西中医两条道路上起着奠定我日后坚实学术基础的恩人。

2. "祸兮福之所倚，福兮祸之所伏"　饥饿灾难刚刚过去不久，又爆发"文化大革命"。"文革"时我的临床工作是非常艰辛的，出身成分好的医生有的不愿意好好工作，尽量偷懒，指手画脚批评别人，这倒给我带来了走"白专道路"的机会。"文革"期间，我拼命从道义与医疗上救助患者，从而结识了很多中国文化艺术大师如张仃、张正宇、曹涵美、叶圣陶、冯其庸、蒋风白等诸先生，他们的人生经历激励了我的奋斗意志和毅力。

我在放射科学习 1 年，然后在内外妇儿四科轮转 2 年，其间"西学中"1 年，最后定于内科，担任副主任。1981 年因组织上有开展中西医结合事业的需要，我被调离第一人民医院进入第三人民医院，任消化科常务副主任，兼病理科主任和中心实验室主任。这个消化科是集消化内科、普外科、中医科为一体的，当时称为中西医结合消化科，实际上就是手术加西药和中药。

3. "工欲善其事，必先利其器"　我在无锡市所有医院中首先建立放射线免疫检测工作室。1981 年我首先在猪小肠黏膜中提取胆囊收缩素（CCK）获得成功，并完成 CCK 胆囊造影术临床研究，用于兔子实验未发现明显的副作用，才在志愿者身上做 CCK 胆囊造型术研究。《CCK 胆囊造影术临床研究》一文发表于《中华消化杂志》，震动了现代肝脏病之父西德人汉斯·帕波；1983 年 11 月耄耋之年的汉斯·帕波赴沪与我晤谈，从此我有了一些国际声誉。

我学会扫描电镜、透射电镜和能量色散 X 射线分析仪（能谱仪）操作技术，在"地质部江苏省无锡市地质石油实验中心"进行扫描电镜和能谱仪观察胃黏膜变化及其微量元素和氧化物测定。后来这个工作转移到上海复旦大学，这里的仪器设备更全面更先进：可以检测人体胃黏膜 cAMP 和 cGMP，人体胃黏膜、上皮细胞核、线粒体及其微量元素和氧化物，以及上皮细胞核 DNA；可以检测胃黏膜和血 SOD，胃黏膜免疫组织化学染色、基因表达染色和生物化学等现代科学技术手段的 38 项指标。

我如车轮一样不断地在消化科、病理科和中心实验室工作，直到 41 岁才结婚，婚后我的工作仍然非常繁忙，根本照顾不了家庭，我的妻子是非常贤惠婉淑、大气美丽的护士，人们可以忘记我，但不要忘记她对我工作的支持，她叫沈小静。

## 二、我的中西医结合研究之路

西方近代文明，每一个重要的阶段，都有中国文化的影子或中国实体的参与。中国承载的传统文化，值得东西方学者选择、采撷。对传统文化的筛选、改组和诠释工作是最重要、最艰巨的，中国人必须自觉地、努力地去做。经过再创造的中国文化，必定能矫正和弥补西方近现代文明的缺失，彼此融合为一而成为全人类共有地球社会的未来文明。

"结合"的概念是含糊而混淆不清的，结合可能为一，可能仍然是各自为一；"整合"的概念是在有条件选择的情况下产生的有机融合，即合二为一，成为一个整体。《中华人民共和国中医药法》确定沿用"中西医结合"这个名词，免得当前用词争辩，不是没有道理的，相信凡是科学都会与时俱进。

1935 年胡适在评论"本位文化"时说："我们肯往前看的人们，应该虚心接受这个科学工艺的世界文化和它背后的精神文明，让那个世界文化充分和我们的老文化自由接触，自由切磋琢磨，借它的朝气锐气来打掉一点我们的老文化的惰性和暮气。将来文化大变动的结晶品，当然是一个中国本位的文化，那是毫无可疑的。"胡适是非常有远见的学者，他这句"将来文化大变动的结晶品，当然是一个中国本位的文化，那是毫无可疑的"，我把它诠释为："中国古代'四大发明'长期停留在狭窄的实用范围，而没有展开上升到科学层面的理论研究；'四大发明'传到西方，在实用过程中进行了理论层面的研究，出现热兵器、喷气力学，从而引起第一次、第二次工业革命，世界进入了近现代社会。"中国传统医疗技术中确实存在的宝贵发明不能重蹈"四大发明"的历史，我们一定要努力使中西医在新的起点上融合创建"世界通适现代医学"这个结晶品，当然是以一个中国本位的文化为主的。

1. 中西方文化差异中的认同与归属感　世界古代文明（古巴比伦文明、古埃及文明、古印度文明、古代中国文明），都有过各自发展科学和技术的历史。现代科学和现代技术是现代文明的产物：第一，现代科学思考的方式，如培根［Francis Bacon（1561—1626），英国现代实验始祖］指出的通过"假设、思辨、实证"三步法，才能将一个个观念联系成为科学理论。古代科学家大多从形而上学的方法或者直接的观察,得出一些对自然现象的解释。这种哲学的探讨方式没有经过实验的过程,无法走上现代科学之路,所以现在必须做到:不造假不胡说,虚假的假设不能靠虚假的实验来支撑;在验证假设中,不能固执己见,任何假设都要屈服于验证所得证据,要有容纳另一种假设的胸襟而抛弃旧途、另辟新径的勇气。第二,科学与技术发展有密切的关联性。

2. 中国传统文化对世界科学技术、医学与社会的影响　张之洞在《劝学篇》中说:"四书、五经、中国史事、政书、地图为旧学;西政、西艺、西史为新学。旧学为体,新学为用,不使偏废。"这就是清末当时对东西方文化认同与对接的见解。在西方观念中,凡是提升为原则性的东西都必须经得起理性的严格检查,又必须在经验中获得证验。

中国古人虽然不说"理性",但同样重视"理",因为"理"是公共性质的东西。孔子说:"德之不修,学之不讲,闻义不能徙,不善不能改,是吾忧也。"《孟子·离娄上》说:"天下之本在国,国之本在家,家之本在身。"《大学》:"自天子至于庶人,皆以修身为本。"墨家、道家、管子皆对此认可。中国同样严于公、私之辨。朱熹讲文化"生命"是循着"创新"("动")和"保守"("静")互相交替的方式而"流行"的。

王安石《三经新义》说:"天命不足畏,人言不足恤,祖宗不足法。"文化不仅是"除旧开新",而且也是"推陈出新"或"温故知新"。创新和保守是不容偏废的。无论是爱因斯坦也好,还是 Allan Bloom 也好,他们都主张"保守"和"激进"或"创新"是需要随时随地相平衡的。孔子的有"因"有"革"乃是常态。朱熹曰:"若不濯去旧见,何处得新意来?"杜甫论诗"不薄今人爱古人",王安石发挥的"私领域"的成就是通向"公领域"的秩序,显然已向现代迈进了一大步。

3. "仁"与"爱"铸就了现代文明　中国尊重生命是第一要义,吃饱穿暖是第二要义。也就是说"仁"是第一要义,只要做好自己的事情,就能赢得别人的支持和尊重。《老子》:"慈故能勇,俭故能广,不敢为天下先,故能成器长。"中国传统学人先"怀疑"自己,"批判"自己,孔子曰:"己所不欲,勿施于人。"西方科学家做实验也是先怀疑自己的方法是否正确、材料是否可靠,检讨自己的假设是否合理。这些完全成立后,才能转以"批判"前人的立论。现代中国知识分子最缺乏的就是对自我内在的批判,正如王国维说的,今人怀疑一切,但从不怀疑自己立说的根据,缺乏胡适所谓"有一分证据说一分话"的真正的科学的态度。科学家不会相信任何权威,靠的是理性的思维和实证来验证明。权威会约束科学思想的自由成长。

中国人历来把医疗技术看为"仁术",对医德十分看重,培养人才注重道德修养。中国人并非自古即崇尚权威人格,压抑个性的。韩愈《师说》有"弟子不必不如师,师不必贤于弟子";禅宗有"智过其师,方堪传授"。王安石倡导"为己"之学,"为己有余,而天下之势可以为人矣,则不可以不为人"。修齐治平,修齐比治平更为重要,这是中国传统文化中的价值观,传统文化以道德为"第一义"。

现代教育制度使得年轻人无从接触到中国的传统文化,从小学到大学,把所有青少年的精力都消耗在预备考试上面,他们根本没有时间去思考要做什么样的人。

4. 实事求是的精神是科学技术发展的思想基础　戴震(1724—1777),字东原,极端重视闻见之知,"格物穷理",他认为离开了见闻,人将没有知识可言。门捷列夫元素周期表将各种元素特性分列为不同系列,呈现同一系列元素的共同特性和相邻系列之间逐渐演变的现象,是真正科学思考的结果。过去有"地水火风"(西方)或"金木水火土"(中国)之类元素的粗糙分类法,经过实证,它们终于完全被推翻了。19世纪后半叶有机化学出现,化合物的分子结构为人类所了解,从此人类知道怎么利用各种化合物的特殊性质。医药的发展也要求在天然药物以外,找出最有效的化学合成品。迅速发展的生命科学知识使得人类已经能治疗许多过去无法处理的疾病。人类可以人工机械性地制造器官来代替人本来的器官,使用干细胞分裂技术重新培养一个新的器官,但人类的器官无论如何更新,甚至复制一个新的生命,都无法阻止死亡的发生。因为我们还不能完全解读生命,所以我们还无法阻止死亡。

科学是理性的最高结晶,而科学方法则是寻求科学真理的唯一途径,自然科学成为知识有绝对标准,其所得的知识成果是最精确、最具客观性的,客观准则也随着科学的发展而变动。中国学术传统偏重综合,西方则以严密分析见长。我们必须采取综合之中有分析,分析之后再综合,"因人所以知,告其所未知,新发现或新解释。在前人的业绩上去芜存菁",才会产生"真知灼见"。

世界一切文化都是大同小异的,小异的部分不能轻易放过,因为它正是每一文化展现其特色的所在。一切文化是大同的,这是世界文明价值的终极根据;每一文化都有小异,是文化多元必然的归趋。今天世界一切文化都是混合体,都杂有异质的,没有一个文化是单一而纯粹的。20世纪的中国经验是在社会大转变时代,文化认同并没有快捷方式可循,无论是个人还是民族集体,都必须在长期尝试和不断调整的过程中才能找得到适当的方向。所谓"全盘西化"或"全盘本土化"都只能是少数人的主观想象,在现实生活中决无可能出现。

从东西方文化的大同小异而言,建立中西医整合互补的"世界通适现代医学"是可行的。

## 三、中医药技术的现状与奋斗前景

1. 文化的、哲学的思维模式在变革中产生东西方医药技术融合 《周易》几千年来引导着中国人人生智慧的思维,是二元互补相成的辩证关系,指出一切事物无不在变化之中。几千年来民族战争不断,朝代更替,各地人口的血统不断混合,中华民族以中原汉文化为根蒂,不断吸收新的外来胡夷文化,构成了多元的泛中华族群文化。

仔细分析中国古代"阴阳五行""天人合一"与近现代的"宏观平衡""模糊逻辑"和"亚宏观调节""正负反馈""自稳态"之间,其实含义上有异同,但在同的方面,主要是把控度的差别。因而东西方哲学没有绝对的壁垒隔阂,问题的关键出在如何更具有可操作性上。

中国传统医药技术采用数千年前的"阴阳五行""天人合一"作为其理论依据,更由于秦汉建立封建体制和思想禁锢长达到近代,使这些哲学概念固化,至今仍然存在封闭性和较少鉴伪性。固化概念给具体的可操作性带来极大的困难,造成每个医疗工作者凭借自己对固化概念的理解行事,无法规范化和定性定位定量,遂致在某些证间的辨证标准界限不清。中国传统医药技术要现代化,必须从墨守成规的思路中解放出来,吸收消化现代科学哲理的新概念新内容,借鉴现代科学技术一切有用的知识、方法和手段,建立"病证整合中西医结合"的医学体系。

疾病发生的外因,可以来自宏观的宇宙环境与生态条件"四季的"或无常的气候、气温变化以及病原体的不断变异和侵袭;疾病发生的内因,是由于神经-内分泌-免疫系统的回馈与负反馈的"自稳态"调节下维持机体"内环境"的动态平衡,以适应"外环境"变化的机制遭受扰乱或破坏,终于由生理反应变为病理生理反应,而产生疾病。这可能就是对《黄帝内经》所说的"正气存内,邪不可干"的现代解说。所以"扶正固本"的新含义应是维护和加强机体的自稳态和整合调节作用,提高机体适应性调节能力。

杨则民提出"辨证辨病相结合"的学术观点,临床实践应该是检验中国传统医药技术依托的理论和西方医药理论与技术两种思维模式能否统一的根本标准。现代中医临床迫切需求对疾病的全面认识,是自觉地而不是强迫地进行"病证整合互补"。中国传统医疗工作者已经认识到仅从外在症状的变化来认识疾病,虽然是整体的,但不是全面的,特别是对疾病的一些重要的甚至是关键的许多内在变化和病理程度仅靠外在的症状表现是不能发现和把握的。对疾病重要信息的遗漏,造成的将是治疗上的贻误。疾病是外在症状与内在病理密切联系、不可分割的一个整体,科学地判断疗效也应当是从疾病的整体上去把握,既不忽略外在症状,也不能忽略内在病理。毫无疑义,现代中西医临床诊治方法、手段的整合互补,根本上就是两种思维模式的结合。

古代科学家大多从形而上学的方法或者直接的观察得出一些对自然现象的解释,如"象思维"就来源于"天人合一"。中国先民的生活既要服从于自然力量的支配,又要接受社会关系的制约,这两股力量在他们的幻想世界中成为神秘而又神圣的对象,集中表现为对自然和祖先的崇拜。由此,从旧石器时代晚期至新石器时代早期开始出现原始宗教(距今6 000多年),到周代晚期逐渐被道家综合为"天人合一"的理论。"天人合一"至少有两个层次:① 天有神,人有灵魂。原始宗教的祭师与祭祀天地神灵的活动是祈求神灵保佑风调雨顺、五谷丰登、牲畜繁衍,驱邪降魔、人丁兴旺康、泰长寿。② 自然环境与人体内环境有着动态的相关影响的哲学理念,宇宙万物随着年代的推移而不断变化,人体内环境同样随着自然界的变化而变化,不断形成新的适应能力,从而才能生存和发展。前一层次趋向于巫术与宗教的发展,后一层次的哲学概念对自然科学的发展有部分启示和推动作用,属于精华。

"象思维"作为名词至今没有一个定义。我整合了"象思维"学者们的各自看法,归纳出"象思维"大约如下:"有诸内,必形诸外"的信息即表现于外的"象"。望闻问切要取的就是这种形诸外的"象",通过对患者的容颜、步态、神识、言语等的观察,舌象、脉象的诊察,辨证,以"象"为素,以素为候,以候为证,据证言病。此过程的开端是"象",是流转动态整体的"象",医生识证、立法、处方,一整套理法方药思维过程称为"象思维"。《易》《道》所谓"观物取象""象以尽意"全凭每个人的"直觉领悟"能力把握之。我认为"直觉领悟"本身是形而上学的,真正具有"直觉领悟"超常之人实在少之又少。以"象思维"这种哲学概念去探讨临床应用,而不经过科学实验的过程,很难走上现代科学之路。《易经》有一卦"飞龙在天"大吉,如果"亢龙有悔"就不好了。如果至今依然按照纯传统中医技术为产妇接新生儿,母婴双亡率不可能降低,中国人平均寿命也会有所下降,这就是"亢龙有悔"了。科学工作者要有宽广的胸怀,要有抛弃落伍旧技、开创新技术的勇气,在提升科学理论上更上层楼。王永炎先生提出中学"象思维"与西学"概念思维"结合研究的设想值得我们深思与取舍。

2. 我对亲历工作的感悟 国家图书馆文献检索室检索检新、被引和科技成果鉴定会证实了中西医整合互补研究6项新概念新理论,其中值得一提的是中西医互补整合研究慢性胃炎与胃黏膜癌前病变的临床意义(1990—2004年,历时13年),笔者创建"无穷嵌套""阴阳之中复阴阳"整体联系的思维模式和西方现代主流医学以病理学进行互补整合功能态-结构态-代谢态"三维结构"研究思路,由宏观分析至微观分析,再由微观分析回到宏观综合。"无穷嵌套""阴阳之中复阴阳"可用现代语言诠释为:大系统包含小系统,小系统又串小系统,层层相叠,每个层次和另一个层次之间也是互相牵制、互相支撑,没有一个系统能摆脱另一个系统而存在。任何一处的改变都牵一发而动全身,不管是横向的网络还是纵向的重叠,都会因为某一变动而牵动整体动态平衡的全局。这项成果 2006 年 5 月 28 日通过由江苏省科技厅组织的会议鉴定。鉴定委员会有主任委员陈可冀,副主任委员沈自尹、李连达,委员陈士奎、赵伟康、Hui K.K、童瑶[苏科鉴字(2006)第 76 号]。原本 82 岁、德高望重的吴咸中院士也来参加这个会议,5 月 27 日早上他冒着狂风暴雨驱车到北京机场乘坐至无锡的飞机,航班因台风而被取消,他只能又冒着狂风暴雨驱车返还天津,他电话通知了我,表示遗憾歉意,我感动非凡。这位可敬可爱的长辈诚信真挚的人格魅力深深铭刻在我心上!

3. 生命是一部无穷期研究的天书 《吕氏春秋·下贤》"其大无外,其小无内"形容了宇宙的无限无极,事物的性质和差别是相对的、可变的。2013 年 8 月 5 日,《纽约时报》发表了丹尼斯·奥弗比(Dennis Overbye)一篇《星体、黄金、屎壳郎和我们》(*Stars,Gold,Dung Beetles and Us*)文章,勾画了一个新的宇宙观,它不再是物人两分,而是大小、内外套连在一起的庞大系统。外层空间的所有大小星体甚至于太空尘,其构成元素和构成人体的元素一般无二。"哈勃"望远镜抓到了外层空间两个超新星撞击的镜头,这一现象释放了大量的伽马射线。释放的伽马射线从能量转化为物质,一小撮的分量就可以转化为数十倍于太阳的质量。整个大宇宙其实都是由同样的东西组成的,而且能量和质量成为常常互换系统。从人的身体往内看,无论是物理化学系统还是生理系统,都共同构成生物的个体。每个个体,从外表看来都是具体存在的单元,有一定的外延也有一定的内涵。然而,若是从核子内的粒子来看,这个粒子和那个粒子之间有一定的空间,任何物体实际上都是一大串虚空相连的小粒子,而小粒子之间又有似有若无的力场。人体也有很多元素粒子组成,粒子间有许多空间,而不是一个结实具体的单元。而且这些粒子存在的时间有长有短,从能量转变成质量的过程也有一定的方式和时差,都是一个连续不断的排列组合,亦可谓"其大无外,其小无内"。

我从 1988—2006 年一直重视研究人体胃黏膜超微结构与微量元素研究,对胃黏膜、细胞、细胞核和线粒体的微量元素都做了测定。当时我还研究了原子的排列结构,拍了很多照片,可惜没有深入下去,因为我无法从这些粒子参差排列中解释生命与意识的产生。

4. 中国文化的"法"与"义" 我对提出"四季五脏"的同仁的观点不能苟同。中医究竟用"人"体来比拟"天"体,还是用"天"体来比拟"人"体?"天亦有喜怒之气,哀乐之心,与人相副。以类合之,天人一也";"天"与"地"都拟之人,"天者拟之人,故自脐以下,人之阴也","形体有骨肉,当地之厚也。有九窍脉理,当川谷也。血气者,风雨也"。这种观点起于秦汉,其"根本比喻"沿用至今,对此,苏与先生持批评的态度。不能读死书死读书,读而不化是治书者而不是治学者。

章实斋在《原学下》(刘承干校订,1922 年刊为《章氏遗书》)中曾说,"诸子百家之患,起于思而不学;世儒之患,起于学而不思",空言不足以取信于人,一切理论都必须建立在实学的基础之上。中国古代、近代科技只重程序(即所谓法),不讲究直接详细明确的证明(即所谓义),法即技术,义则指原理,故只知其然而不知其所以然。

5. 当下医药界不够理想的现状 中医药技术之义必须进入现代发展。如果至今依然按照纯传统中医技术接产新生儿,母婴双亡率不可能降低,中国人平均寿命也会下降。我们中医界有些"豪情愤青"实在不能停留在 20 世纪三四十年代"中医是整体观诊治人的病,西医是头痛医头、脚痛医脚"老生常谈、毫无长进的水平上了,你们抱残守缺,人家就不发展了?

现代医学也是整体医学,它以神经-内分泌-免疫三大调节系统相关互补调节使人体在疾病过程中成为整体性变化。例如产妇生产时不仅是产道肌肉起作用,这时心脑血管和全身各器官都在配合着活动,机体在瞬息万变中调节着全身各器官使自身尽可能保持着正常生理状态,生产婴儿,万不得已才剖腹产。这种立体式的医疗思维模式使母婴双亡率极度降低,而且预测了婴儿有无遗传性疾病存在的可能性。

盐酸小檗碱,是从中药黄连、黄柏或三颗针中提取的有效成分,具有显著的抑菌作用,现代药理学研究证实黄连素具有显著的抗心力衰竭、抗心律失常、降低胆固醇等作用。据推测,黄连素有可能是继青蒿素之后,又一个可以在国际医药界夺标的项目。又有日本科学家大隅良典的开拓性研究阐明细胞自噬(Autophagy,或称自体吞噬)的分子机制和生理功能:"细胞在缺乏营养和能量供给的饥饿时候,能把自己体内的无用或有害物质自行吃掉以提供自己生存需要的能量,从而维持生命。自噬作用也可能降解潜在的毒性蛋白等体内多余的垃圾物质,而这些物质会阻止细胞凋亡进程。"大隅良典获得2016年的诺贝尔生理学或医学奖。大隅良典的研究是否受到中国道教"辟谷断食"的启迪,不得而知。

总之,中医药技术知识的内涵必须加速理论层面上的研究,并拓宽应用技术研究,已经在有识之士界形成共识,而且切实行动起来了! 我们在反思中精益求精,即《易经》所谓"天行健,君子以自强不息"的道理。如果在这个基础上我们有了更大的突破,那么这个"结晶品",当然是以一个中国本位的文化为主的。

目前全国几乎缺失纯中医医院,城市中医医院为了经济效益,应用西医西药的份额远远地超过了中医中药。更为令人担忧的、触犯民生利益的是中国没有"西医师不得使用中医方法和中药,中医师不得使用西医方法和西药"的严格法规,混淆了人命关天的执业医师处方用药权限的范围。令人瞠目结舌是,全国城镇琳琅满目的"养生堂""足疗馆""按摩所""养生保健品中心"红的、黄的、白的花遍地开,难道这些地方是弘扬中国传统医疗技术的吗? 问题关键是谁给他们批发的营业执照?

6. 当前医药改革的重点应放在人文与自省上    当前科技改革的重点之中的重点是科研管理者和科技工作者的素质和道德重建。在学术上必须坚守"独立人格,自由思想,求实精神,严谨作风",耐得住寂寞,耐得住清贫,一代代年轻学者们一定会对世界各民族的传统医药技术及其依托的理论"去伪存真""去粗存精""精益求精",终于会有包容各民族传统医药精华的相对统一的"世界通适现代医学"建立与发展起来,这是我坚信不疑的方向。

国学大师陈寅恪说"中医有见效之药,无可通之理"。寅恪先生说得简单了一些。笔者认为研究事物变化必须宏观与微观交互为用,注意其中微观的根据,留心其宏观的含义。"道欲通方,而业须专业。"研究无论从什么专业入手都必须通于文化整体,旁通其他,才能免于见树不见林。中国传统医药技术中的科学成分也是在变动中发展的。

中国传统药物的成分、量效、配伍等诸多问题至今没有研究清楚,却大肆宣传"冬令进补",甚至采用近百味药物组方,显然对人体有害无益!

凡有生命力的传统一定是随着时序改变而不断发展的,因而"经方"也不是可以千年不变其疗效的。中药加工规范化、标准化、工业化是中医药现代化刻不容缓的研究课题。将中药材中疗效确切的有效成分进行分离纯化,将有效化合物重新配伍并确定其量比关系进行组方,将是今后中药现代化研究的方向之一,也能为中成药规范化生产奠定基础。

中国传统医药技术由哲学、经验和民俗三者混合而成,发展至今又掺入意识形态,成了强势的"国粹"。中国传统医药要作为一门科学,必须遵守世界通约的一种科学模式进行现代化研究,不断创新和发展。在自然科学的概念中,一是要有比较明确的内涵与外延,二是要有对应的可操作性术语。科学以观察与实验结合作为基本手段,以提出假说和理论作为探索的入口,以严密的逻辑推导和定量化、符号化表述作为其特征。有严密程序的实践,如医学双盲试验作为其可靠性的保证,在探索生命活动的本质规律方面,这一模式是通用的程序,是最方便、最有效、最值得信赖的方法。科学的模式只有一种,形式可以有多种,但基本特征相同。科学没有国界,在科学前是不能加上"国家""民族"有关的定语的。不符合这个基本模式的,就不能叫科学。

7. 我们曾经失去的先机,现在我们应该发奋突起    中国的传统医疗技术,也是累积经验进而归纳出若干病证的特点,也寻到若干可用的草药,但是每一桩都是个案,很少有人能通过个案总结出一个通论,像张仲景《伤寒论》那样的思考其实是不多的。明朝李时珍(1518—1593)所著的《本草纲目》和瑞典林奈(Cart von Linne,1707—1778,创立对植物分类"双名命名制")的《自然系统》相比,就有很大的差距。林奈的植物科目的分类奠定了后世植物演化谱系研究的基础。南宋宋慈(1186—1249)所著的《洗冤集录》、清代王任清(1763—1831)所著的《医林改错》竟然没有受到医疗界的深度重视与研究,失去了进入现代科技的机会,我为此扼腕痛惜之。

临床医师知识的来源有两个:一是来自阅读大量古今中外的文献,对文献要仔细体味,从文献与文献比较中体味,深思判断是非优短,你才会有所启发,千万不要"从古文献中来回到古文献中去,这是治书的方法,而不是治学的方法";二是来自临床实践,临床医师从事的实践是人命关天的,一定要高度仔细地进行望触叩听和望问闻切采集疾病证据,不能有丝毫疏忽。由于中国现行的医学教育制度和方式有问题,临床医师对医技的熟悉程度是欠缺的,而医技工作者对临床的熟悉程度也是欠缺的,我们有世界一流的仪器设备,但是培养不出世界一流的软件人才。临床医师与医技工作者要整合互补。临床实践的经验要反复仔细与文献知识比较,有思才会有所得,有所启发,有所创造,有所发明。这是真正的治学的方法!

"读古人的书,一方面要知道古人聪明到怎样,一方面也要知道古人傻到怎样。"这是胡适的话,非常耐人寻味,颇有哲理。古人与今人,由于时空的关系,对不断变化的自然界、劳动生产力和生态环境的认知能力适应能力是不同的,古人对药物性味的认识是通过嗅觉、味觉来判断的,四气五味是原始的化学测知方法,这在当时是非常聪明的,但到科技非常昌明的现代再沿用这套方法就显得有些傻了。真正的科学是不断更新、不断发展的。再加上胡适的另一句话"大胆假设,小心求证",确实是做学问和科学研究的至理名言。

东西方医学工作者团结起来共同努力奋斗,萃取全世界各民族传统医药技术之精华,扬弃其陈腐,在比较研究中形成相对统一的理论与技能,同途同归或殊途同归创建"世界通适现代医学",这也是我们中国医药界义不容辞的担当。

# 我从肝胆胰急腹症疾病研究
# 走上中西医结合之路

**崔乃强**
天津市南开医院

崔乃强
天津市南开医院

·············【简　介】·············

崔乃强，男，生于 1945 年 12 月。国家名老中医，吴咸中院士弟子。主任医师，教授，博士研究生导师。天津市中西医结合急腹症研究所第一副所长，南开医院业务副院长、外科首席主任，天津市人民政府授衔专家，享受国务院政府特殊津贴。现任中国中西医结合学会普通外科专业委员会主任委员，国家中医药管理局中药研究专家委员会委员和国家科委新技术成果评审委员会委员；兼任天津医科大学和天津中医药大学外科学教授。曾留学日本和德国，在我国腹部外科尤其是肝胆胰疾病的复杂手术与治疗领域有重要学术地位。

每个人都有自己的理想和追求。我自幼的理想是做一名医生，而之后的时光就是为成为一名医生的志向、成为好医生的企盼去努力的。

## 一、我的家庭

在日本投降（1945年）的那个阴历年除夕前3天，我出生在一个知识家庭中。我的父母都是清朝末年出生，家住天津市河北区十字街一带的老天津人。

我的父母十分注重子女培养，"诗书传家，乐善好施"是家里的座右铭。大哥崔乃颖的青年时代是在耀华中学度过的。他爱憎分明，热爱祖国，热爱共产党，是一位进步的热血青年。1950年他以优异成绩考入燕京大学（后与北京大学合并）西方语言文学系，1955年毕业。在校期间他就和同学一起翻译了一部马克·吐温的中篇小说集——《神秘的访问》。他酷爱读书，每当假期回到天津，一件重要的事情就是买书。当时劝业场旁边有一个天祥商场，二楼的一个角落就是一个卖旧书的书店。大哥和店员们似乎很熟，只要一去总有店员拿出几摞书供他挑选，他也总是能在那里消磨一整天。我作为他的尾巴总是在旧书里找几本《海底两万里》《三个火枪手》《海狼》之类的书坐在地上看，这对我今后的个人修养产生了极大影响。大哥是一位优秀的教师和多产作家，他最后一部书是2005年出版的《南京大屠杀》，时年77岁。大哥82岁去世。二哥崔乃杰是一位全国著名危重病急救医学专家，1956年作为第一届毕业生毕业于天津医学院。他聪颖勤奋，敏而好学，有良好的个人修养。他主要学术贡献是中西医结合危重病的基础与临床研究，是1980—2000年国内最著名的学术带头人之一。二哥对我一生的学术影响最大。崔乃杰在上大学期间常给报纸写科普文章，每每都刊登在《新生晚报》上，他将这些文章剪报集为一册，存留至今，文章的稿费累积下来也是一笔"不菲"的收入。这样，我也渐渐萌生了要做一名医生的信念。大姐崔乃玲（后因与同学同名改名为崔静茹）主修地理，因出色的工作成绩成为全国优秀教师。二姐崔乃丽毕业于南开大学生物系，后在美国加州大学。三哥崔乃斌学习物理，是我家兄弟姐妹中最聪明的一个，在青少年时代对我帮助最大，毕业后是天津农学院的物理系教授。妹妹崔乃敏在天津科技翻译出版公司、华中大学出版社做编辑，组织出版了大量书籍，其中《中西医结合专著》一套九部对中西医结合界有极大影响。虽然他们不曾直接对我学术有帮助，但是都在"诗书传家"的家风指引下，在如何做人、做事、做学问上影响了我，使我锲而不舍地在中西医结合道路上不断前进。我的爱人马文彦是我大学同学，她基础扎实、为人诚恳、做事认真。毕业后，她和我一起在"五七干校"里劳动锻炼，之后又一起来到在天津市西郊区杨柳青医院工作8年，我们生活上艰苦奋斗，学习上互相帮助，工作上互相支持，都成为杨柳青医院的骨干。1978年我被录取为吴咸中院士中西医结合普通外科硕士研究生后，她一个人承担了家庭的重任，全力帮助我学习、工作，一点都不给我增加负担，这也使我深刻理解了"一个成功的男人身后一定有一位出色的女人"的含义。她在1981年调动到天津市职业病防治院职业中毒科，凭着扎实的功底、认真的工作、出色的成绩得到大家认可，成为中毒科主任医师和学会的秘书。

## 二、我的大学

我是1963年考入天津医学院医疗系的。那时"三年自然灾害"刚刚结束，国家提出全面建设社会主义时期的恢复与发展国民经济的总方针，即"调整、巩固、充实、提高"八字方针。为提高教学质量，培养更多高水平的优秀人才，天津医学院在1962年招收了第一届学制为6年的医学生，我们是第二届。6年学制在当时全国医学院校来说是极少的。这几届学生中涌现出了众多的学术界著名专家和领导层的精英，其中有前天津医科大学校长、国际抗癌联盟（UICC）常务理事、中国抗癌协会理事长郝希山院士，原天津市卫生防病中心主任、国际结核病学会主席王撷秀教授，前天津医科大学总医院副院长、天津市内分泌内科专家邱明才教授，美国哈佛大学终身教授蔡文仪，中国针灸学会脑病科学专业委员会主任委员韩景献教授等。还有一大批活跃在国内各学科的知名专家，如神经外科杨玉山、只达石教授，放射学家张云亭、白人驹教授，感染免疫专家宋诗铎教授等均在此列。

1966年"文化大革命"开始了。1967年我和几个要好的同学以促进医院"文化大革命"的名义来到天津医科大学总医院，这一段收获颇大，也是我真正从医的开始。总医院外科许树朴医生是二哥崔乃杰的同班同学，是吴咸中主任的助手，也是我市研究中西医结合急腹症最早的医生之一。他对我帮助很大，是我中西医结合第一个启蒙老师。正是这期间，我对阑尾炎、肠梗阻、溃疡病穿孔等急腹症的诊断和中西医结合治疗有了初步理解。我印象最深刻的是一个胆道蛔虫病患者，腹痛不已，恶心呕吐，呕吐物中还有蛔虫。许主任用针取穴迎香透四白，不消1分钟，孩子不哭了，然后告诉我再配合中药安蛔和驱蛔方能巩固疗效。在目睹了中医的神奇疗效之后，我立志学习中医，探索中医的奥秘。1968年，当时中苏关系因珍宝岛事件使两国和两党之间的意识形态矛盾迅速升级，全国大专院校向"三线"疏散，天津医学院的师生被疏散到河北承德地区的几个县。在那里我们一边和贫下中农搞好"三同"，一边上山采药，为当地群众治病、送医上门。我也把在医院学习的那点东西都用上了，使我的针灸技术得到很大提高。

## 三、我的中西医结合之路

1. 起步（1970—1978年）　1970年我正式离校被分配到坐落于杨柳青镇的天津市西青区第二防治院外科。杨柳青是天津市西郊区的首府，位于天津市的西南，环抱市区的南开区、红桥区和河西区，距天津中心城区仅15公里。由于受历史行政区域划分（天津专区）的影响，周边的静海县、大城县、永清县、霸县等人口都有到杨柳青就医的习惯，人们往往到了杨柳青就不再想去市内医院了，因此门诊与住院患者很多。天津市西青区第二防治院的前身是天津专区医院，1969年天津专区撤销，改为廊坊地区迁至廊坊时，天津专区医院也随之而去，成为以后的石油管道局医院，在其旧址建立了新的天津市西青区第二防治院。医院有良好的基础，内外儿妇科俱全，眼耳鼻喉口腔齐备，在本地区影响很大。各科主任大多是响应毛泽东主席"6.26指示"来自天津市各大医院的主任、副主任或技术骨干。外科主任是来自天津市南开医院外科的医生杨大春。杨主任是四川人，抗美援朝时投笔从戎，在志愿军中当军医。战后杨主任复员来到有部队医院血统的南开医院（原为某部后勤医院）任政工干事。杨大春为人谦和，聪敏好学，加之参军之前有很好的文化知识基础，很快成为南开医院的骨干外科医生。还有一位也是南开医院来的外科医生杨玉峰，他1965年毕业于河北医学院，为人敦厚，专攻骨科。来自南开医院的还有1948年毕业于北大医学院而后担任南开医院医务科长的张锡鹏主任、妇产科刘文清主任等。这些医生为使天津市西青区第二防治院开展中西医结合占尽先机。外科是典型的区县级医院外科,患者数量众多,收治病种庞杂,没有二级分科,胸、骨、泌尿、普通外科都在一起。对我来说不仅是一种挑战,也是一种机遇。在各位同事,尤其是杨大春主任和杨玉峰医生的直接帮助和指导下,我们几个刚从医学院毕业的学生逐渐完成了低年资外科医生的训练,逐步成熟起来。由于离市内近,恰好早上6点53分从天津西站有一趟火车南下,7点23分到杨柳青有一站,下午5点30分有一趟回天津的火车,那时医院的医生大多利用火车上、下班。我们年轻医生们都住在医院,无论值班与否,也无论哪科患者,有患者就都起来治病。开始时外伤、上肢骨折整复、小夹板固定,后来是阑尾炎、嵌顿疝、肠梗阻。那时我们都是自己先给患者做麻醉(腰麻或区域阻滞麻醉)之后刷手上台,请一位护士或内科医生看守患者,就这样,胆子越来越大。之后连续出现的两件事,使我认识了如何成为一名好医生。一天晚上,一位30多岁的女性患者右下腹痛,但不发热,没有典型阑尾炎症状,我带着患者做立位腹部X线透视(都是自己做),这时患者忽然瘫倒在地,我马上意识到自己的鲁莽——一定是一位内出血的患者,险些出了大事。腹腔穿刺证实了我的诊断——子宫外孕。我和一位医生一起完成了手术,患者转危为安。又有一位六十几岁的溃疡病穿孔患者,患者和家属都不同意手术治疗。我采用了半卧位、胃肠减压、针刺的中西医结合方法治疗,患者经过了"闭孔期""腹内感染期"和"修瘢期"三期迅速得以康复。这两个病例使我意识到要想使自己锻炼成为一名高水平的外科医生,不能只靠手术,还要重视基础知识的学习,掌握更多相关学科的知识,同时也认识到中医学的博大精深和中西医结合急腹症的伟大成果。我的中西医结合之路就由此起步。

2. 研究生教育(1978—1988年) 1978年"文化大革命"结束了,为尽快培养人才,追回失去的10年损失,国家开始恢复研究生考试制度。1978年1月10日,教育部发出《关于高等学校1978年研究生招生工作安排意见》,决定将1977、1978两年招收研究生工作合并进行,统称为1978届研究生,报考年龄放宽到40岁,没有学历要求。此次招生开创了中国同等学历考研制度,报考人数63 500人,录取10 708人。天津医学院共设置大约20个专业,其中有我热衷的腹部外科,导师是我仰慕已久的吴咸中教授。吴教授是著名的外科学家、中国中西医结合事业的开拓者和奠基人,在他的领导下中西医结合急腹症在国内不断深入并得到了国内外同行的认可。我毫不迟疑地报了名,这时距离考试只有3个月的时间。应试科目有政治、外语和专业(外科)。由于杨大春主任和杨玉峰大夫平时的指导,对于专业我并不生疏。我在报考外科的28名考生中非常幸运地成为胜利者。和我一起考入吴院长研究生的是来自天津医院的孔棣医生。因为是"文革"后恢复研究生考试的第一批学生,吴院长根据我们的知识水平在外科专业课、病理、病理生理、药理、中医学基础、方剂、医学英语、日本语等课程都安排了专门教师为我们讲课、做指导,使我们较为系统地弥补了"文革"期间缺失的知识,为我们在学术上腾飞奠定了坚实的基础。

天津市南开医院是一家以腹部外科为主要专业方向的综合性中西医结合医院,谓之为"大专科,小综合",吴咸中教授是学科带头人和该院院长。在这里,我得到了系统外科知识的学习和实践。郑显理、鲁焕章和罗连城主任从胃肠外科、肝胆胰腺外科给了我充分的指导,使我临床水平有了很大提高。1983年,为研究活血化瘀药在外科中的应用,在吴院长和赵连根研究员的指导下,我以"活血化瘀药对术后血液流变学影响"为题,完成了我的硕士学位论文。该项研究发现腹部手术后血液黏度显著增加,其中全血黏度、红细胞电泳和红细胞变形能力下降以及纤维蛋白原增加是其主要原因。活血化瘀药能一定程度减轻这种改变,从而对术后高凝状态和血栓形成的预防有积极作用。1984年我以优异的成绩通过博士研究生入学考试,开始攻读博士学位。1985年,在吴院长的安排下,我到日本神户大学第一外科学习,师从著名胰腺外科专家、当时日本消化病器外科主席斋藤洋一教授。神户大学第一外科实力雄厚,日本肠内肠外营养学会主席大柳治正教授刚从美国回来,协助斋藤教授处理科内事务并分管科学研究。我来到日本后,就在大柳教授的一个小组中做课题——内毒素对肝血流及肝线粒体呼吸的影响。在这个课题中,我学习了电磁血流量计、组织血流量计的使用方法,摸索了不同剂量的内毒素对肝血流量的影响,掌握了离体肝灌流方法、超速离心机的应用、线粒体和微粒体分离技术、肝线粒体呼吸功能测定、肝微粒体细胞色素P450测定等技术。6个月的时间很快过去了,我带着巨大的收获满载而归。这一经历使我完成了从单纯临床型向临床研究型发展过程,懂得了什么是临床研究,什么是科学研究,怎样查阅资料、提出假说和科学设计,如何做数据处理和统计学应用,如何讨论实验结果和书写论文等,对我进一步提升中西医结合研究能力奠定了坚实的基础。

从日本回国后,我在郑显理和鲁焕章教授的指导下开始了紧张的临床工作。经历了住院医师、总住院医师(1983—1985年)、主治医师(1986年)、副主任医师(1988年)到1991年主任医师的锻炼,逐渐成为能独立解决腹部外科重大疾病和疑难疾病的外科医生。1988年我以"中药对梗阻性黄疸的保肝利胆作用"为题,在细胞分子水平上研究了胆道不同梗阻程度对肝功能的影响及中药利胆消黄作用,发现中药茵陈蒿汤对梗阻性黄疸肝有较好的保肝利胆作用,但完全性胆道梗阻患者应用利胆中药可能加重肝功能进一步损害,而利胆中药对不全性胆道梗阻和解除胆道梗阻后才能发挥有效的保肝利胆作用。这一发现在临床有较大指导价值,改变了过去"有黄就利胆"的临床治疗常规。记得1991年晋升主任医师时,天津市卫生系统为推出新人、培养新生力量,特别请天津市各学科专家对入选的青年才俊进行选拔。当时由于年限不够、资历不足而破格晋升共3人,其中有肿瘤医院的郝希山、市防病中心的王缵秀和我。评委们要求我们用英文汇报工作,英文答辩。最后评委们对我的工作还算满意,顺利通过了答辩。

3. 锻炼中成长(1991—2002年)  1991年,取得临床主任医师资质和获得博士学位后,我来到当时联邦德国巴伐利亚纽伦堡大学的Kronach医院外科学习临床,师从当时德国结直肠外科学会主席D. R. Hager教授。外科医生每天早上7点准时来到科室的会诊室,首先是值班医生交班,报告前一天和夜间发生的事情,然后是疑难和危重疾病讨论,放射科主任、ICU主任、麻醉科主任都参加讨论。交班会由一位副主任主持,大家自由发言。记得有一位腹痛患者腹部CT被诊断为"肠梗阻",当时我认为其气液平跨度太大,早已超越肠管的宽度,以结肠穿孔可能性大。大家一起哄,由Hager作证人,打了一箱啤酒的赌,最后手术证实是结肠憩室穿孔。Hager教授原来是美国结直肠学会副主席,学识渊博、学风严谨,有良好的外科操作技能技巧。他的手术很少使用钝性分离,手术时,一把剪刀从组织间隙剪下去,几乎不出血,看到的是白色的组织间隙,干净漂亮。他对中国很友好,手把手传授手术技巧,因为我通过德国临时执业医师考试,有手术资质,学习起来更是大有收获。从德国回国后由于郑显理主任因身体原因不能担任主任工作,我接替了以肝胆胰为主的第二外科,并在我的科室开始实行德国Kronach医院交班方式和病例讨论的方法。在晨会上,主管医生从新入院患者汇报到疑难病例分析,从影像学诊断到手术方法确定都进行深入讨论,保证了医疗安全,并使科室业务水平很快得以提升,以后这种方式又推广至南开医院的外科每个科室。

随着中西医结合治疗急腹症临床和基础研究的理论体系逐渐成熟,并通过大量临床实践探寻急腹症和重症腹部外科疾病中西医结合新的点,我把中西医结合急腹症的研究逐渐转向严重影响人类健康的疑难和危重性腹部外科疾病,主要包括重症胆道感染、重症急性胰腺炎、复杂性肠梗阻和重症急腹症、大手术所致的器官衰竭等。我在理论研究上重点研究阳明腑实证及其变证在急腹症发病中的作用,在治法上重点研究通里攻下、活血化瘀、清热解毒、理气开郁等法作用机制和相互作用,这些研究内容体现出中西医结合急腹症的研究进入一个高层次水平。1990 年吴咸中教授总结并发表了"在高层次上发展中西医结合的思路和方法"一文,对高层次中西医结合提出三项标准:① 采用先进的诊断技术,做出明确的定位、定性及定量诊断。② 采用中西医结合治疗,取得优于单用西医或中医的治疗效果。③ 通过临床及实验室指标的动态观察或实验研究,能说明其疗愈机制。

在吴咸中教授的指导下,鲁焕章、胡家石等率先采用十二指肠镜开展内窥镜鼻胆管引流(ENBD)和十二指肠乳头括约肌切开术(EST)加用中药清热利胆、通里攻下治疗当时条件下病死率极高的急性梗阻性化脓性胆管炎(AOSC),使病死率从 $10\%\sim20\%$ 降至 $2.8\%$,发现 AOSC 导致胆源性和肠源性脓毒症,而中药清热利胆、通里攻下则可同时解决这两种病因,从而提高了治愈率,降低了病死率。这一理论在国内外产生巨大影响,该项研究堪称高层次中西医结合的开篇之作,指明了 1990 年之后的中西医结合急腹症之路。

在吴咸中高层次下开展中西医结合的思想指导下,并在吴院士的亲自指导下,我主持完成了天津市科委"九五"重点攻关项目"严重腹内感染所致 MODS 状态的神经-内分泌-免疫网络变化"一题。这是我首次主持的重点科研项目,也是我初出茅庐小练兵的临床和科学研究的一次腾飞。直至现在,严重腹内感染所导致的全身炎症反应综合征/多器官功能障碍综合征(SIRS/MODS)也是外科危重病领域最受关注的临床难题。中医药在急腹症和 MODS 的防治中取得了良好效果,多种中药复方、单方或有效成分在急腹症和 MODS 的治疗、脏腑功能保护等方面取得了很好的疗效,其确切的疗效显示了广阔的前景。我们的研究发现,重症腹内感染引起正常肠道保护机制破坏,肠道细菌和内毒素易位通过诱生大量细胞因子、炎性介质,激活补体、凝血纤溶系统的级联反应,导致炎症反应无限度放大形成 SIRS/MODS。抗炎因子的陆续发现和研究又使代偿性抗炎反应综合征(CARS)和混合性抗炎反应综合征(MARS)的概念得到重视,并认为过度 SIRS 和 CARS 是促成严重腹内感染 MODS 发病的基础。神经-内分泌系统与免疫系统在结构和功能上具有双向信息传递回路,应激反应引起的下丘脑-垂体-内分泌腺轴活化释放的多种神经肽、激素和交感神经释放的神经递质,在调节免疫细胞炎症反应、MODS 的发病中具有重要作用。

以大承气汤为代表的下法具有荡涤肠胃、攻实祛瘀、泻热逐邪的功效,在严重腹内感染和 MODS 治疗临床和基础研究中已取得了大量经验。该项研究发现从临床和基础研究两方面对神经内分泌系统如 HPA 轴激素、甲状腺激素、GH、PRL、CGRP、胃肠道激素如 SP 和免疫系统功能如 Th 细胞亚群、促炎/抗炎性细胞因子、炎性介质水平以及细胞内转录因子和多种信号分子的变化规律;神经内分泌激素和肽类与免疫细胞的相互作用;中药大承气颗粒及其有效成分如大黄素等的作用等方面进行了较全面和深入的研究。临床和基础研究所观察的指标已远远超出原标书水平,其中严重腹内感染患者 Th 细胞亚群改变、HPA 轴激素改变、LPS 单核细胞 TLR4 受体和 NF-$\kappa$B 改变、信号分子 CaMK II 等在 LPS 诱导细胞活化中的作用等均系国内首次报道。此研究对严重腹内感染 MODS 形成的病理生理机制有了更加深入的理解,进一步证实了通里攻下法在治疗腹内感染所致 MODS 中的重要价值,对临床 MODS 患者的中西医结合规范化治疗和深入研究提供了有力依据。这一研究成果受到同行认可并荣获天津市科学技术进步奖一等奖。

腹部大手术和重症急腹症,如重症急性胰腺炎、腹部大手术及重症急腹症所致多器官功能衰竭(MODS)研究,获得了阶段性成果,荣获国家科学技术进步奖二等奖,确立了中国中西医结合急腹症治疗的学术地位。同时,在吴院士的指导下,在同事们的鼓励和支持下,我从一名普通的外科医生成为分管科研的副院长,我也成为吴院士的有力助手和学术骨干。2001 年在吴院士的举荐下,我当选为中国中西医结合学会普通外科专业委员会的主任委员。这使我更有机会接触到了国内中西医结合外科专家,如上海龙华医院的朱培庭教授、北京中医药大学的李乃卿教授、大连医科大学的关凤林教授、黑龙江 201 医院的李乃民教授、华西医科大学的蒋俊明教授等。这些同道在学术上都是作风严谨、学识渊博的大家,和他们一起使我开拓了眼界,学习了各家中西医结合的丰富经验。

4. 大数据循证医学下的中西医结合(2003—) 自 2000 年以来,大数据和循证医学方法广泛应用于急腹症研究,我应用通里攻下法针对急腹症中最难以攻克的课题——重症急性胰腺炎和重症急腹症所致的多器官功能衰竭等进行了多中心、对照、盲法、安慰剂的临床 RCT 研究。为进一步研究重症急性胰腺炎的自然病程及中西医结合对这一病程的干预规律,我组织了国内 5 家三级甲等医院承担了一项国家支撑项目"中西医结合治疗重症急性胰腺炎"。研究结果表明重症急性胰腺炎一般经历三个病理过程:急性炎性反应期(初期、结胸里实期)、全身感染期(进展期)和恢复期。急性炎性反应期是第一期,指自发病起至发病 1 周左右,临床上常可出现休克、ARDS、急性胃肠功能衰竭、急性肾功能衰竭、胰性脑病等并发症。中医见证上具备中焦气血郁闭、肝气横逆及脾、结胸里实,多有少阳阳明合病的临床特征,如寒热往来、胸胁苦满、默默不欲饮、心烦喜呕等与腹部痞满、燥实。该期大多数患者发病后 24 h 内出现程度不一的胰周、小网膜囊、膈下、肠间甚至胸腔炎症性反应和积液。全身感染期是第二期(也称进展期、热毒炽盛期),一般于发病 1 周左右开始,可持续 1 周到 12 个月左右,甚至更长,以胰腺、胰周或相关部位积液和/或组织坏死性感染所致的腹腔脓毒症、感染性 MODS 为其主要临床表现。中医见证为瘀久化热、热腐成脓、毒热炽盛,临床上可出现热深厥深、热入心包甚至亡阴亡阳。此间患者多极度衰竭,气血津液俱亏。应用中西医结合分期辨证施治,在全身炎性反应期重用通里攻下,可以保护肠屏障,减少肺损害的发生,由此可大大改变初期阶段的高病死率状态,并且由于肠屏障得到了保护,减少了细菌与内毒素移位,从而降低了肠源性感染和肠源性 MODS 的发生,使患者不经过病程长、病死率高的进展期,直接进入恢复期,此即重症急性胰腺炎的"跨期治疗"。对已经发生腹内感染的 SAP 患者,我们又开展了中药-内镜联合微创治疗,使疗程进一步缩短,疗效进一步提高。这一经验我们编入了《全国中西医结合治疗 SAP 临床指南(2014)》,在全国形成了很大影响。2015 年中华消化学会联合中华急诊学会、中华外科学会和中西医结合普通外科学会在上海召开了 SAP 高端论坛,通里攻下的概念与治疗成果得到认可,写入全国联合建议中。该项成果获得 2013 年中国中西医结合学会科学技术奖二等奖和天津市科学技术进步奖二等奖。

2008 年我和我的团队承担了国家 973 项目"基于大肠腑实证肺与大肠相表里理论中'由肠及肺'的脏腑传变机制研究",我们发现:① 重症急腹症和严重腹内感染具有中医大肠腑实证的临床特征,并有很高的急性肺损害发生率。② 腹腔淋巴系统是阳明腑实证导致急性肺损害的一条重要途径。③ 通里攻下药物可明显减少急性肺损害的程度。④ 模型动物腹腔淋巴引流液静脉注射可导致健康动物急性肺损害的发生。研究提示在急危重症中广泛存在着机体严重的免疫失衡,通里攻下法应用能纠正失衡的免疫状态,从而减少抗炎性代偿综合征(CARS)的发生率,提高治愈率。这一阶段的研究证明了大肠腑实证肺与大肠相表里、由肠及肺的科学内涵和表里相关路径,再次证明了通里攻下法的荡涤胃肠、上清于肺的"全身效应"。这一研究获得 2016 年中国中西医结合学会科学技术奖一等奖。

## 四、后继有人,不断前进

我自 1994 年成为硕士研究生导师、1996 年成为博士研究生导师以来,大力培养热衷于中西医结合的青年才俊。迄今为止,我招收了硕士研究生 60 余名、博士研究生 34 名,培养了全国各地中西医结合外科学术骨干 100 余名。在工作中他们崭露头角,成为中西医结合外科的中坚力量。他们当中有在卫计委做分管业务的副主任,有在三甲医院做分管业务的副院长和更多的主任、副主任,并成为博士研究生导师、硕士研究生导师和中西医结合专业委员会的主任委员、副主任委员、常委。长江后浪推前浪,他们的成功使中西医结合事业后继有人,也使我们看到中西医结合事业必将兴旺发达,结出累累硕果。

# 从急腹症研究走上
# 中西医结合之路

**齐清会**
大连医科大学附属第一医院

······················ 【简　介】 ······················

　　齐清会,男,1947 年 1 月 28 日出生,二级教授、博士研究生导师、博士后流动站指导教师。1970 年毕业于大连医学院,1982 年获天津医科大学中西医结合硕士学位,并留在天津医科大学总医院外科工作。1989 年获中西医结合博士学位,1991 年 1 月在美国费城 HAHNEMAMN 大学做博士后研究,2 年后回国。2003 年调至大连医科大学工作。曾任第五届国务院学位委员会中西医结合学科评议组成员,第一届中国医师协会理事,中国中西医结合学会常务理事,中国中西医结合学会普通外科专业委员会副主任,辽宁省中西医结合学会副会长,《中国中西医结合外科杂志》《中国中西医结合杂志》《华人消化杂志》等 10 余个杂志的副主编、常务编委和编委。已培养出医学硕士 54 名,博士 20 名。在国内外公开发表学术论文 170 余篇,编写医学专著 11 部。

1973 年我在遵义医学院附属医院外科中西医结合急腹症病房进行外科轮转培训。当时中西医结合急腹症病房治疗的病种有胆道系统结石、泌尿系统结石、急性肠梗阻、急性胰腺炎、急性阑尾炎、胆道蛔虫病和溃疡病急性穿孔 7 种急腹症。

刚到急腹症病房,我首先参观了展览室,那里摆放了老师们用中药胆道排石汤结合总攻疗法排出的几百个大大小小的胆石标本,一下子就被中西医结合治疗胆石症的疗效所折服。当时我是最年轻的住院医师,每天都带着兴趣和希望跟着老师抱着电针仪查看患者,还常常和患者家属一起淘洗大便查找结石,每当看到患者排出了结石都特别高兴,赶紧向上级老师汇报。1974 年我有幸参加了原卫生部举办、遵义医学院承办的中西医结合治疗急腹症进修班,通过较系统学习,认识到中国的医药学是个伟大的宝库。怀着强烈的使命感和责任感,我从那时就开始下定决心走中西医结合之路,正式加入了中西医结合的队伍。

1979 年我考取了天津医科大学吴咸中教授的硕士生,来到了天津南开医院进行中西医结合治疗急腹症的研究。在临床学习和工作中我看到胆道排石汤和针刺日月、期门穴能有效地治疗胆道疾病,但机制还不完全清楚,以往的文献也有较多的动物实验的结果,但很难应用于临床,于是导师让我着眼于临床深入研究中药和针刺治疗胆道疾病的机制。

## 一、中西医结合治疗胆石症的研究

在选题时,我拟以临床胆石症患者为对象,研究常用的胆道排石汤对胆石症患者胆汁流量和胆汁成分的影响,针刺日月、期门穴对胆囊收缩功能和 Oddi 括约肌功能的影响。

研究工作一开始就遇到了难题。市场上买不到既能阻断胆流又能将胆汁回输到十二指肠,不阻断胆汁肝肠循环的气囊"T"型管。我去天津机械厂请老华侨工程师设计模具,到天津乳胶厂做了 2 个月的乳胶工人,在工人师傅的热情帮助下,终于制作出理想的气囊"T"型管。针刺日月、期门穴对胆囊收缩功能的测定实验也出现了转机,南开医院当时引进了日本最先进的 B 超检测仪,为胆囊体积的测定提供了很好的手段。

1982 年我顺利通过了硕士研究生论文答辩,公开发表了 2 篇文章,第一篇发表在《天津医药》杂志上,题目是"利胆理气中药和针刺日月、期门穴对胆囊体积和胆汁流量的影响",第二篇发表在《中国中西医结合杂志》上,题目是"利胆理气中药和针刺日月、期门穴对人 Oddi 括约肌功能的影响"。

## 二、腹部外科胃阴虚证的研究

研究中医某些证型的本质是中西医结合深入研究的重要方面。胃阴虚证在腹部外科患者中较常发生,正确的认识和治疗胃阴虚证是提高手术成功率和减少并发症的重要环节。我把博士研究生的研究目标定在腹部外科患者胃阴虚证的机制和中西医结合治疗上。在吴咸中院士的指导下,我们利用红外线光谱仪等先进的仪器测定了舌表面温度、舌血流量和机体的细胞免疫和体液免疫、血浆内毒素及激素等物质的含量,观察了胃黏膜光镜和电镜表现等变化。结果显示,腹部外科胃阴虚证患者的血浆内毒素水平高于正常,细胞免疫功能受损,出现了异常免疫病理反应;舌温、舌表面 pH 值和舌表面电导指数下降;舌血液灌注率减少;血浆黏度增加,血沉加快,血纤维蛋白原浓度上升;血中 T3、T4 浓度降低,rT3 增高,呈典型的"低 T3 综合征"表现;24 h 尿中 17-KS 和 17-OHCS 排出量减少,血中胃泌素含量减低,VIP 含量增多;胰腺外分泌功能低下,胃黏膜有不同程度的形态学损伤,光镜下显示轻度变性或呈慢性胃炎,电镜下胃黏膜细胞的线粒体、粗面内质网损伤,壁细胞、主细胞和 G 细胞呈变性改变。胃阴虚证患者服用中药养阴益胃汤后上述各项指标均恢复正常,患者的症状得到明显改善。胃阴虚证研究的实践使我进一步开拓了中西医结合研究的视野,增强了继续走中西医结合道路的决心。

### 三、中西医结合治疗重型胰腺炎

回顾一下,体会最深的是中西医结合治疗重型胰腺炎。它进一步开拓了我的思路,更加树立了我用中西医结合的方法治疗危重疾病的信心。

重型胰腺炎,即急性出血坏死性胰腺炎,发病急,病情重,变化快,预后差,是危重的外科病。如何攻克这一危重症是腹部外科领域的重要课题。

在阅读了国内外大量文献的基础上,我们又对急性胰腺炎的发病过程进行了认真的分析,认识到急性胰腺炎初期的病理变化主要是胰酶的激活、酶血症与大量细胞因子、炎性介质的产生引起过强的炎症反应和免疫反应,治疗的方法不能仅局限在胰腺手术上。另外,在发病的初期,往往胰腺坏死的界限尚未完全清楚,手术非但不能切除坏死组织,只能带来更严重的创伤。所以,我们不跟随风行一时的早期手术风潮。同时,我们还根据重型胰腺炎发病过程中的中医证候进行了研究,将重型胰腺炎分为初期、进展期和恢复期。初期往往表现为严重的腹膜炎、肠麻痹,符合中医的里实证,所以我们在疾病初期采用通里攻下方法进行治疗。因患者已禁食并行胃肠减压,中药很难经口进入,我们就用大承气汤(大黄、芒硝、枳实、厚朴)保留灌肠的方法,当胃肠运动、吸收功能稍有恢复后即改用大承气汤胃管注入。通里攻下药物的应用,使很多重型胰腺炎患者可度过初期的急性炎症反应过程,避免了手术带来的严重创伤。由于早期使用通里攻下药物,肠道中细菌的生态平衡得以保护,减少了肠源性内毒素血症的发生。

在重型胰腺炎发病后的 7~10 天,有些患者往往出现口渴、咽干、脉数、舌红、苔黄等证候,说明已进入了进展期。其主要的表现是胰腺及胰周组织严重的感染,为实热证,有的患者用大量广谱抗生素亦不能控制感染。此期我们采用清热解毒,佐以通里攻下的方法,应用清胰承气汤(柴胡、黄芩、木香、川楝子、延胡索、枳实、厚朴、大黄),每日 2 剂,早晚分服,很多患者的感染得到有效的控制。

在严重的感染被控制后,患者进入了恢复期。由于大量使用抗生素和苦寒药物及手术的打击,患者往往会出现脾胃虚弱证象,主要的表现有食欲下降、腹胀、便溏、体虚无力,更严重者可出现胃阴虚证,消化系统、内分泌系统及心血管系统可有不同程度的功能低下。这一阶段我们重点采用健脾和胃的方法,主要应用香砂六君子汤加减(党参、白术、茯苓、砂仁、木香、白豆蔻、甘草)口服,患者明显加快恢复。

通过对重型胰腺炎采用分期、分阶段进行辨证论治,配合及时手术的中西医结合治疗方法治疗 145 例重型胰腺炎,结果令人鼓舞。与同期纯西医手术治疗重型胰腺炎 29 例(对照组)相比较,病死率明显下降(分别为 16.6% 和 27.6%,$P<0.05$)。我们还对两组患者的体温、白细胞计数、呼吸功能、血氧分压、血糖和血浆内毒素水平进行了监测。结果显示,中西

医结合治疗重型胰腺炎的患者比同期西医手术治疗的对照组有明显改善,从病理生理的科学角度说明了中西医结合方法治疗重型胰腺炎不但可行而且疗效更佳,证实了中西医结合疗法不但能治疗慢性疾病,也能有效地治疗急性、重症疾病。

## 四、中药和针刺对胃肠运动功能影响的研究

1. 通里攻下法治疗胃肠运动障碍疾病研究 胃肠运动障碍性疾病是临床常见病,目前尚无很好的治疗手段。大承气汤源自张仲景的《伤寒论》,传统用来治疗"痞、满、燥、实、坚"的阳明腑实证。胃肠运动障碍性疾病属中医的"痞、满"证。为发掘古方大承气汤的科学内涵,开发有效、副作用少、廉价的促胃肠动力药,我们应用现代医学研究方法从临床到基础,从整体水平与器官、组织水平到细胞、分子水平,对大承气汤治疗胃肠动力障碍性疾病的疗效和机制进行了系统的研究。

临床研究:我们选择腹部手术后胃肠运动功能障碍、多器官功能障碍综合征(MODS)胃肠麻痹、习惯性便秘、糖尿病胃轻瘫、功能性消化不良等胃肠运动障碍性疾病的患者,除观察临床疗效和常用的胃肠运动功能指标的变化外,还应用先进的胃肠灌注测压、体表胃电图、呼氢色谱口盲传输试验、放免测定血清消化道激素与细胞因子、炎性介质等方法,对大承气汤治疗胃肠运动功能障碍疾病的临床疗效和机制进行研究。

基础研究:我们以细菌性腹膜炎 MODS 所致的胃肠运动障碍 Wistar 大鼠为对象,深入探讨大承气汤体内作用靶点和药效物质基础。我们先在整体和器官水平观察灌服大承气汤后胃肠通过指数和肠管周径变化、胃肠在体肌电的频率和幅度,测定离体胃肠肌条组织收缩功能,在实验动物体内肯定大承气汤的疗效;然后以与胃肠运动密切相关的胃肠神经- ICC -平滑肌网络三个基本要素——肠神经系统、Cajal 间质细胞(ICC)和平滑肌细胞为研究对象,应用免疫荧光双重染色标记、共聚焦显微镜观测、细胞膜片钳技术和免疫电镜、透射电镜检测等技术,观察胃肠运动障碍大鼠小肠 ICC、肠神经系统、平滑肌细胞损伤和大承气汤的修复作用;再以"肠神经- ICC -平滑肌细胞网络"为研究对象,应用小肠组织 ICC 标记、神经递质免疫荧光双重染色、共聚焦显微镜检测和三维重建成像等技术,从形态学和细胞间通讯角度,探讨大承气汤修复胃肠运动障碍的大鼠肠神经- ICC -平滑肌细胞网络损伤机制。

动物实验还进行了大承气汤血清药理学和药效成分的研究。我们选用了大承气汤的君药大黄的有效成分大黄素和佐药厚朴的有效成分厚朴酚,观察了对胃肠平滑肌细胞和 ICC 的作用。

临床研究结果显示:大承气汤可有效治疗手术后肠麻痹、多器官功能障碍综合征胃肠麻痹、习惯性便秘、糖尿病胃轻瘫、功能性消化不良等胃肠运动障碍性疾病,且价廉、无明显副作用。大承气汤通过减少血中炎性介质、细胞因子,增加胃动素、胃泌素,纠正患者胃电节律紊乱,增加胃电幅度,增加胃肠移动运动复合波Ⅲ期频率和幅度,减少逆蠕动,缩短口-盲传输时间等方式,有效治疗胃肠运动障碍性疾病。

动物实验揭示:大承气汤在胃肠组织水平、胃肠平滑肌细胞、Cajal 间质细胞、神经- ICC -平滑肌网络等多靶点,以多种方式增强胃肠运动。其中包括:① 增加胃肠平滑肌肌条的收缩能力。② 增加胃肠平滑肌细胞内 IP3、钙离子浓度,促进 G 蛋白偶联钙敏感性调节,改善平滑肌细胞收缩功能。③ 减轻胃肠起搏细胞(ICC)细胞器和细胞核损伤,增加 ICC 内钙离

子浓度,促进钙震荡,增加 ICC 膜电位,激活 ICC 的电压依赖性钾离子电流,来改善 ICC 功能。④ 修复胃肠神经- ICC -平滑肌网络损伤,恢复胃肠神经- ICC -平滑肌网络间的细胞通讯传导系统功能,促进胃肠运动功能的恢复。

本研究从临床到基础,从整体、器官、组织水平到细胞和分子水平较深入地研究了大承气汤治疗胃肠运动功能的机制,使古方大承气汤有了更深的科学内涵,为大承气汤的开发提供了理论依据,为胃肠运动功能障碍性疾病的治疗提供了一种有效、廉价的治疗方法。

2. 香砂六君子汤和针刺足三里穴修复脾气虚证肠神经- ICC -平滑肌网络损伤的研究中西医结合临床发现脾气虚证患者存在明显的胃肠运动功能障碍,补益方香砂六君子汤和针刺足阳明胃经足三里等穴可纠正胃肠运动功能障碍,有效治疗脾气虚证,但详细机制还不清楚。

最近的研究证明胃肠神经- ICC -平滑肌网络信号转导通路与胃肠运动密切相关。那么,临床常见的脾气虚证肠神经- ICC -平滑肌网络结构和功能是否也发生变化? 香砂六君子汤和针刺足三里穴是否通过修复肠神经- ICC -平滑肌网络结构损伤和改善其功能来治疗脾气虚证?

我们的临床研究结果显示,香砂六君子汤可纠正脾气虚证患者胃电图和消化道激素的异常,针刺足阳明胃经足三里穴可增加胃电幅度,提高胃电图正常波比例,促进胃排空,从而有效治疗脾气虚证。动物实验结果显示,香砂六君子汤可通过纠正脾气虚证大鼠下丘脑、胃、小肠和结肠的胃肠肽信号传导异常和胃肠平滑肌细胞胃肠肽受体信号接收障碍,修复肠神经- ICC -平滑肌网络间信号转导通路损伤,纠正胃电波异常,改善胃体起搏区及胃窦平滑肌收缩的异常,协调胃肠运动,有效治疗脾气虚证;针刺足三里、天枢穴可改善脾气虚证大鼠免疫功能低下,抑制胃肠组织炎性细胞浸润,修复肠神经- ICC -平滑肌网络损伤,改善脾气虚证大鼠内脏高敏症,提高摄食量,有效治疗脾气虚证。

基因测序结果显示,针刺脾气虚证组大鼠足三里穴后同针刺前基因表达具有显著差别。对差异基因进行分析后显示,共 8 条信号通路与脂类代谢有关,7 条与多糖代谢有关,3 条与激素、酶等代谢有关,2 条与细胞内转运等相关,1 条与细胞增殖、分化等相关。

本研究结果提示,香砂六君子汤和针刺足三里穴可通过作用在机体多靶点上协调胃肠运动,有效治疗脾气虚证,为香砂六君子汤和针刺足阳明胃经足三里等穴治疗脾气虚证提供了理论依据。

中西医结合成功的研究经历使我更加坚定走中西医结合道路的信心。随着细胞信息科学的发展,我们又把中西医结合的研究扩大到中药的某些有效成分对平滑肌细胞运动信号转导领域,进一步拓宽了中西医结合研究的范围。21 世纪为中西医结合的发展带来了机遇和挑战,让我们在老一辈中西医结合专家敬业、刻苦、奉献精神的鼓舞下,为中西医结合事业的发展,为人类的健康事业做出更大的贡献。

# 中西医结合永远
# 激励我前进

**吴伟康**
中山大学中西医结合研究所
中山大学附属第三医院

·········· 【简　介】··········

　　吴伟康，男，中山大学中西医结合研究所所长，中山大学附属第三医院主任医师，教授（二级），博士研究生导师。中国中西医结合学会原副会长，广东省中西医结合学会名誉会长。国务院政府特殊津贴专家，国医大师邓铁涛先生嫡传弟子（国家认定）。美国密歇根大学安娜堡分校附属医院老年病科、贝勒医学院老年医学中心高级访问学者。主持国家自然科学基金课题8项、"973"中医专项课题1项、"211"工程重点项目1个，发表论文300余篇，其中SCI论文32篇。获科技成果奖13项，其中国家科学技术进步奖二等奖1项（排名第5）、教育部提名国家科学技术奖自然科学奖一等奖（排名第1）1项、广东省科学技术奖一等奖（排名第1）1项。培养博士后、博士、硕士共计70余人。

　　1983年中山医学院研究生毕业，获医学硕士学位。历任中山医科大学助教、讲师、副教授，1992年开始担任硕士研究生导师，1994年12月被破格晋升为教授，1996年2月起担任博士生导师。1997—1999年先后赴美国加州大学洛杉矶分校东西方医学中心、密歇根大学安娜堡分校附属医院老年病科、贝勒医学院老年医学中心等美国高校研修；先后公派赴德国、英国、芬兰、日本、澳大利亚、加拿大等国高校进行学术交流。受聘于中国中医科学院、广州中医药大学、南方医科大学、香港浸会大学、澳门科技大学、广东省中医院、广东省人民医院等大学、医疗科研机构,担任客座教授、特聘教授、博士研究生导师。

主要从事中西医结合防治冠心病、高血压、中风后遗症、失眠、痛风及肿瘤等心脑血管病的中西医结合防治研究,对中医经典古方——四逆汤防治心肌缺血、心力衰竭、动脉粥样硬化等常见心血管病的作用及机制进行了较系统、深入的研究,其领导的团队是公认的国内中西医结合研究《伤寒论》四个中心之一。2002—2006年期间在国医大师邓铁涛教授的悉心指导下,对"痰瘀相关"理论与胸痹(冠心病)证治进行了深入探讨,撰写的"邓铁涛教授'痰瘀相关'理论与胸痹(冠心病)证治"的论文被编入《名师与高徒》一书,2005年由中南大学出版社出版。


## 一、中西医结合启蒙

"文化大革命"前夜,1966年暮春,当时我作为一名医科实习生在重庆市远郊的綦江县人民医院(现重庆市綦江区)内科实习。一天下午,科主任通知科里全体医生参加全院的学术活动,一位来自重庆医学院病理解剖学教研室的匡调元老师要给大家做一场很新颖的学术报告——"八纲"之病理解剖学基础初探。这个题目立刻引起了我的关注。因为在此之前,我在1964年第12期《中医杂志》上看到了一篇我从未阅读过的好文章——"八纲"的病理生理学基础初探,激发起极大兴趣。文章的作者是广州中山医学院的侯灿(后来我成为他的硕士研究生),这篇文章让我很感震动,很受启发,世上还有如此睿智的学者,他用现代西医理论对几千年前古老中医的科学内涵做出了与其他学者不一样的、符合逻辑的诠释,那些观点在当时令人耳目一新,至今仍颇具启发性,使我对临床的一些问题多了一个视角。例如,发热(热证)是十分常见的临床症状,如果从西医的角度看,它是各种病因引起体温调定点上移,导致体温异常升高,但侯教授从能量代谢的角度对中医"八纲"中的热证与寒证进行了原创性的理论探讨,并进行了初步的实验验证。侯教授认为寒证、热证可能是热量不足或热量过剩,是机体在特定条件下的一种典型反应状态,其后不少学者在此基础上进行了大量的临床和实验研究,证明侯氏理论是正确的。侯灿教授的"八纲"之病理生理学基础的观点也引起了国外学者的广泛关注,被日本、意大利、加拿大等国的杂志翻译刊行,十多个国家的高校、科研院所邀请侯教授前往讲学、交流。这是我国医学界最早从现代医学的角度对中医寒证、热证所做的创新性阐释,对学界的影响是十分广泛、深刻的。毫无疑义,它有力地助推了20世纪50年代初起的中西医结合学术思潮,让不少学者惊喜地发现在现代医学与传统医学之间竟然还有一个令人遐思的学术"田园"。


## 二、名师指导中西医结合,科研结硕果

1980年"文革"已经结束,第三批研究生招生工作开始。受侯灿教授活跃的、富于创新性学术思想的启迪,我决定报考中山医学院病理生理学专业硕士研究生,导师侯灿教授。

1980 年 8 月我收到了来中山医学院的研究生录取通知书,开始了新的人生征途。研究生学习期间,侯灿教授治学严谨,思路活跃,特别是他对中西医结合的执着追求,潜移默化地感染了我。中山医学院(后更名中山医科大学,并由邓小平先生题写校名)是西医背景很强的西医院校,侯教授顶着来自校内外对中医、中西医结合的偏见,迎难而上,以他对中医、中西医结合的真知灼见进行了广泛的学术交流,赢得了国内外同行的尊敬和认同,并深刻地影响了我专业研究的方向。1983 年我研究生毕业后留校任教,侯教授为了给我提供博采众长的学习机会,他不断写信、打电话或在学术会议等场合把我介绍给众多的中西医结合界的前辈,让我有非常难得的学习机会。我至今还清楚地记得 1982 年侯教授介绍我去上海拜访邝安堃教授,一位内分泌、中西医结合跨界的学术翘楚。老人年逾八旬,头发花白,略显稀疏,但精神矍铄,思路清晰,十分健谈,他对中国发展中西医结合的思路、方法提出了自己前瞻性的观点。谈话间他反复提到"做学术,不要只做人家做过的事情",特别是他提到"你导师侯灿教授提出的'八纲'寒、热证的病理生理学基础的观点很新颖,还没有其他人提出来过"。此后我在广州先后见到了从北京、石家庄来广州开会的陈可冀老师、李恩老师;在暨南大学李楚杰老师的家中请教了他中药、针刺退热机制的研究;在广州中医药大学王建华教授的家中请教了中药改善脾胃虚寒、动力不足的问题;在天津吴咸中老师的办公室请教了他承气汤解决急腹症发热的问题;在上海的中西医结合学术会议上请教了沈自尹老师肾阳不足、中药干预虚寒的问题。

以上学者都是中国医学界,特别是中西医结合界的大家,他们为民众的福祉,为国家医学事业的发展,不避艰险,不辞辛劳,甚至忍辱负重,初心不改,在中西两大医学体系间探索最优的诊疗方案,创新性地构建新的理论体系,以造福人类。60 年弹指一挥间,他们的辛劳付出铸就了令人钦佩的辉煌成就,陈可冀院士的活血化瘀防治冠心病、吴咸中院士的通里攻下治疗急腹症、沈自尹院士肾本质的研究、王建华教授脾虚证的研究、李恩教授"肾主骨生髓"的研究、侯灿教授"八纲"病理生理学基础研究、李楚杰教授中药针刺退热机制的研究等,已载入中国中西医结合医学的史册并激励年轻医学工作者在中西医结合道路上大胆探索,砥砺前行。作为第一代中西医结合专家,他们不懈追求,开创了具有中国特色的医学体系——中西医结合。如今他们多半已进入耄耋之年,有的已经辞世,但他们给后人留下的精神财富将永世留馨。

在前辈们奋斗精神的感召下,从研究生时代起我就立志要奉献于中国中西医结合事业。我的研究生选题是受到导师亲身经历的一件事情的启发,"文革"期间,侯教授下乡巡回医疗,他用针刺足三里快速地解除农民兄弟腹痛的经历触发了我的灵感,经过思考并征得导师的同意,我决定选研针刺足三里防治外源性糖皮质激素对肾上腺皮质的反馈抑制。我顺利通过答辩,并在毕业前夕把论文发表在当时国内有相当影响力的《新医学》1983 年第 5 期上。1980 年中山医学院招收了 26 名研究生,到 1983 年毕业时仅有 2 名研究生的学位论文正式发表,我是其中一位。这篇论文也是我在中西医结合领域发表的第一篇论文,为解决激素临床应用产生的副作用提供了新思路,1998 年获广东省中医药科技成果一等奖。从那时起我的研究领域虽有多次调整,从内分泌到神经、免疫到心血管,但我的中西医结合方向始终未变。为了确保可持续的中西医结合研究,在 1985 年定职讲师后我开始筹划科研基金申请。1988 年年底、1989 年年初我先后申报了两份科研基金标书,一份投国家自然科学基金,另一份投国家中医药管理局。1989 年国庆以后从中山医科大学科技处传来好消息,两个基金课题均中标了：国家自然科学基金课题面上课题当时资助总额人民币 3 万，研究四逆汤抗应激损伤，保护心肌的作用；另一份是国家中医药管理局重点课题，资助总额 5 万，研究四逆汤抗心肌缺血的效应及机制。30 年前教授级专家要申请到国家自然科学基金课题都十分困难，何况一个讲师在同一年度里同时获得国家自然科学基金课题及省部级重点课题资助！我顿时精神大振，今后中西医结合科研有了初步的资金保障，坚定了我沿中西医结合道路继续走下去的信心。从 1989 年开始到 2009 年退休为止，我以负责人的身份主持了 8 项国家自然科学基金的课题、1 项"211 工程"重点项目、1 项国家"973"中医药专项课题、1 项广东省自然科学重点课题，以及 20 余项部省厅局级课题；发表了 300 余篇学术论文，其中 SCI 论文 32 篇，出版教材 52 部，其中主编、副主编 27 部；培养硕士 31 人，博士 33 人，博士后 15 人，以及中医师带徒学员 2 人，共计 81 人；获科技成果奖 15 项，其中广东省科学技术奖一等奖是广东省中医药领域第 1 个一等奖。1998 年我获得了国务院政府特殊津贴，此后又获得第一届邓铁涛中医医学奖和第五届柯麟医学奖，以及南粤优秀教师称号。以上成绩均源于导师的指导和众多的中西医结合界前辈们的教诲。

### 三、拜中医泰斗邓铁涛为师

我是西医出身，但我认为传承、弘扬中医学是做好中西医结合的前提，由此产生了拜老中医为师，补上我中医短板的念头。2001 年底，我向邓铁涛老先生的儿子，时任广州中医药大学基础医学院院长的邓中炎教授表达了我的拜师愿望，邓中炎教授回家征求邓老的意见，邓老欣然应允。此后在国家中医药管理局、广东省中医药管理局、中山大学、广州中医药大学的支持下，我成为国家第三批师带徒学员，导师为邓铁涛老先生。时年我 56 岁，是当年全国学员中唯一职称最高、年龄最大、来自西医的学员，一时间在业界传为佳话，2003 年 8 月《羊城晚报》为此做了报道，有关详情被收入《中华昆仑》一书中。在邓老的指导下我对中医的认识得到了空前提高，使我更加坚定地认识到中西医结合的根本使命就是要传承、弘扬、创新发展中医药。在我的专业经历中有三个关键性导师，除著名中西医结合学者侯灿教授、中医泰斗邓铁涛大师之外，还有一位是美国密歇根大学安娜堡分校附属医院老年医学研究所所长、全美老年医学会会长 Halter 教授。在密歇根大学作高级访问学者期间，Halter 教授的知识渊博、为人谦和、思维缜密给我留下了非常深刻的印象。2005 年 Halter 教授应邀访问中山大学中西医结合研究所，给我们的学科发展和研究工作提出了十分宝贵的意见，从西医的角度助推了我们的中西医结合工作。我正是站在这些巨人的肩膀上扩大了眼界，坚定了信念，活跃了思路，增加了学识。

如今我已届七旬，"七十而从心所欲，不逾矩"，虽已是从心所欲之年，但仍初心不改，目标不移，不悔中西医结合之路，让我的学生们继续进行接力赛。如今我培养的学生已有 8 名成为所在大学或大学附属医院的教授和博士研究生导师，有些还是广东省珠江学者、医学领军人才或广东省"杰青"，让我欣慰的是他们都在各自从事的专业领域积极地为中西医结合事业的发展贡献着力量。

# 我如何走上中西医<br>结合之路

**李佃贵**<br>河北省中医院

················· 【简 介】 ·················

　　李佃贵,男,1950 年出生,1965 年 10 月参加中西医临床工作,至今 50 余年。教授,主任医师,博士研究生导师。全国劳动模范,国医大师,首届全国中医药高等学校教学名师,省管优秀专家,国务院政府特殊津贴专家,省突出贡献专家,省首届十二大名中医,国家第三、四、五、六批老中医药专家学术经验继承指导老师。

　　先后担任中华中医药学会常委兼脾胃病分会副主任委员、河北省中西医结合学会会长、河北省中医药学会副会长、河北省中医药文化交流协会会长等 49 个社会、学术兼职。曾任第十届省人大代表,第六、七、八、十届省政协委员,国家教育部高校设置评议委员会专家,国家科技部、卫生健康委科技评审专家。先后荣获中国医师奖、全国郭春园式的好医生、全国首届中医药传承特别贡献奖、省优秀教师、省优秀政协委员等多项荣誉称号。担任《世界中西医结合杂志》等 17 家专业刊物的总编、编委及审稿专家。

## 一、早年从医，衷中参西

我自幼酷爱医学，13岁时利用业余时间，于张家口市蔚县南留庄公社卫生院跟随当地名医李思琴老师学习，在临床实践中运用"一根针、一把草"为患者解除痛苦，这更加让我坚定了系统学习中医的信念。1970年，我如愿地考入河北新医大学中医系，在家乡的临床实践中，我意识到学好中医必须要从读经典开始，所以努力钻研中医经典书籍，除此之外还意识到学习西医、进行中西医结合的重要性和必要性。1973年，我毕业后留校从事中医内科临床教学和医疗工作，将自己所学中医与西医知识相结合运用于临床实践中，取得了满意的效果。1983年，我被任命为河北省中医院副院长兼中医内科教研室主任。但医生还是我的主要职业，医生的天职就是治病救人，而医术水平的高低往往关系到患者的生死。中医和西医各有特点，也各有不足，只有相互结合，取长补短，才能更好地服务于临床。当时我白天忙工作，晚上看书，研究继承中医基础理论，深入学习西医知识。1983年我由助教被破格晋升为副教授，成为当时全国最年轻的医学副教授之一。

## 二、现代医学，中西并重

从青少年开始，我就一直在中西医结合这条路上不停地探索。2006年，我被推选为河北省中西医结合学会会长，使我对中西医结合工作有了更新的认识和体会。我认为中西医并非相斥，换个角度、换个思路，中西医可以相吸。中医和西医有着共同的目标，就是人的健康；他们的研究对象是人体和人的疾病；如何预防、诊断和治疗疾病，维护人类的健康，是他们共同的目标。疾病谱是日益更新的，其速度远远超过人类和社会的发展速度，在这种形势下，中医和西医有必要联起手来，对付共同的敌人，完成同一个任务。

与西医不同的是，中医有着自己的医学体系，是独立于西医之外的医学科学。中医认识疾病是整体的、宏观的、抽象的，而且其技术难以掌握和传播，不利于学科发展。西医刚好相反，其认识疾病是局部的、微观的、具体的，技术易于掌握和传播，利于学科的发展，但太细有可能迷失方向。治疗上中医注重整体功能的康复，对生化等微观指标关心不足；西医只注重局部形态及微观指标的最大限度恢复，而不注重局部是否与整体相适合。

方法论上，整体、宏观、模糊和动态正好与局部、微观、具体和静止相互补。中医辨证讲究相对值，西医诊病要求绝对值。中医长于治疗，西医长于诊断，中医在没有诊断的情况下就可以治疗，西医在诊断确立后可能无法治疗。中医用主动疗法多，西医偏向于被动疗法。中医讲究中庸，西医追求极限。中医治病个体化，西医擅长标准化治疗。西医单兵作战，中医多法联合。西医只重治疗，中医重视防、治、养相结合。中、西医各自的缺点刚好可以通过对方的优点得到互补，所以中西医结合是发展传统医学、顺应时代的一种学术间的融合与体现。

中西医结合并非"中西医凑合"，并非是单纯的中药西药并用，而是必须将中医的基本理论、西医的基础知识、中西医结合的思路方法相统一，三者缺一不可。

中医讲究"辨证论治，四诊合参"，要合理地去运用西医检查技术，用它们来辅助中医进行诊治疾病。比如胃病，需要胃镜检查才能够诊断清晰，这其实可以归属于中医的"望诊"。

再比如心脏不适,需要心电图诊断,这又可以归于"切诊"。我们应该以西医为用,将现代医学技术纳入到中医四诊,扩大四诊范围。

西医理论,除继承外,更多的是认识和实践上的新突破,因此西医理论越是现代者越先进。而中医理论方面,主要靠继承与发展,中医传统学说罕有过否定,所以中医正统理论越长久者,其历史价值也就越高,即所谓"经典"。

## 三、传承创新,首提"浊毒"

在临床上,我对脾胃病方面的基础理论进行验证,数十年来观察了大量临床病例进行分析研究,我发现很多脾胃病患者胃脘胀痛、纳呆、舌苔黄腻、脉弦滑,用中医传统理论进行辨证论治常常收不到良好的效果。结合当代生态环境的恶化,我提出了"浊毒"。

按照浊毒学说,人体除风、寒、暑、湿、燥、火六淫之外,还有浊毒之邪。浊与清对立而统一,浊是病理现象;毒既是药物的一种功能,也是一种病理。浊能生痰、生热、生火,而热、火都能转变为毒。胃者,水谷气血之海也,以降为和,与脾相表里,是人体的消化中枢。浊毒既是病理产物又是致病因素,脾宜干燥,湿邪会影响脾胃,湿而化浊,浊再变毒,就会出现各种疾病症状。

胃病浊毒证,尤其常见于慢性萎缩性胃炎,伴或不伴肠上皮化生、不典型增生,有各自特异的胃镜像。慢性萎缩性胃炎是临床难治性消化道疾病之一,其伴发的肠上皮化生和不典型增生被称为胃癌的癌前病变。慢性萎缩性胃炎是消化系统常见疾病之一,是指胃黏膜表面反复受到损害后胃的固有腺体数目减少甚至消失,黏膜肌层常见增厚的病理改变。由于腺体萎缩或消失,胃黏膜有不同程度的变薄,并常伴有肠上皮化生、炎性反应增生和异型增生。早在1978年世界卫生组织(WHO)就将慢性萎缩性胃炎列为胃癌的癌前状态,在此基础上伴发的肠上皮化生和不典型增生则被视为胃癌前病变,癌变率高达10%~40%。萎缩性胃炎的形成有一个漫长的过程,治疗也很漫长,西医运用抑酸、杀菌、保护胃黏膜的治疗方法与药物,效果不明显,可以说西医并无特效的治疗方法。我在临床中,以中西医相结合的思路,总结出慢性萎缩性胃炎的治疗分四个步骤:第一步疏肝和胃,第二步活血化瘀,第三步化浊解毒,第四步健脾和胃。我应用中药将中医功效与现代药理相结合,并拟定了具体的系列化浊毒方药。

疾病的生成与情绪有很大关系,生气、郁闷会导致肝气不畅,肝气不畅会导致气滞血瘀,气滞血瘀则易浊毒侵犯,浊毒侵犯最终导致萎缩性胃炎、肠上皮化生或不典型异型增生。采用"化浊解毒法"治疗萎缩性胃炎,可防止萎缩性胃炎癌变,消除肠化增生,截断癌变的渠道。后期治疗用健脾和胃法,因为脾为后天之本、气血生化之源,气血功能正常了,抵抗力上来了,患者自然会很快痊愈。

"浊毒理论"除运用于治疗萎缩性胃炎以外,在肝硬化的运用中疗效也十分显著。肝炎—肝纤维化—肝硬化—肝腹水,是肝病发展的几个阶段。根据肝脏的生理和病理特点,我总结出肝脏"最喜条达,最恶抑郁;最喜疏降,最恶上亢;最喜柔润,最恶燥热;最喜涵养,最恶湿困"的基本特征,发现浊、毒、虚是导致肝硬化的重要因素。浊邪在肝硬化的发展中,不仅是病理产物,还是致病的原因。我根据疾病不同的发展阶段辨证施治,大胆将浊毒理论运用到肝硬化的治疗上,确立了软肝化坚法、化浊解毒法、活血养血治疗原则,并将"化浊"作为治疗肝硬化之大法。患者只要坚持治疗,即可缓解病痛,延长寿命,最重要的是可阻断肝硬化向肝癌发展。

中医看病是辨证论治,只要同属浊毒证型,内外妇儿各科疾病都可用化浊解毒法治疗,甚至恶性肿瘤也适用,这符合中医异病同治、同病异治的思想。目前,浊毒理论已经得到了中医药行业老专家们的认可,就连西医医生也很认同。我希望浊毒理论不仅指导河北省中医院的临床工作,还能推广到全国,供广临床医生参考应用。下一步,我们还将进行开发性研究,最终研制出一种适用于浊毒证的中成药,以方便患者服用。

## 四、治病救人,造福患者

我常对学生们说,患者离不开医生,医生也离不开患者。从某种意义上讲,患者是医生学习摸索、积累经验、创新提高的源泉。所以,从医 50 多年来,为了最大限度地方便患者,我每次门诊的时间总会往后延迟,上午的门诊到下午两三点才结束,已是最寻常之事。

近年来,由于医疗不正之风和药价虚高等原因,看病难、看病贵成了老百姓反映强烈的焦点问题。为此,在我的倡导下,省中医院充分发挥中医药自身优势,推行了多项措施,开展了一些价廉质优的传统中医服务项目,出台了惠民举措,降低了医疗费用,取得了很好的社会效果。

石家庄市一位老干部被确诊为萎缩性胃炎并伴有不典型增生后,多家医院表示无能为力,老人心理负担非常沉重,最后我运用疏肝和胃、化浊解毒等方法予以调治,半年后老人再做胃镜检查,癌前病变竟然全部消失,萎缩性胃炎也变为浅表性胃炎,这个结果让老人一下子就振奋了。还有一位 30 多岁的女患者,患肝硬化腹水并伴有子宫结核,曾去西医医院住院治疗,效果不明显。我当时详细诊断病情,运用软肝散结、健脾利湿法进行中药调理,1 个多月后患者腹水消失。

江苏无锡肖姓患者患有浅表性胃窦炎伴重度不典型增生及中度肠化生,因为脾肾两虚全身出现严重浮肿现象,患者痛不欲生,在最绝望之时从朋友那里听说了我,便千里迢迢慕名来到省中医院,在我及我科临床大夫 4 个月的精心治疗下,病情得到了很大的好转。后经胃镜复查与病理诊断,患者胃窦炎不典型增生及肠化生均转为轻度,全身浮肿消失。出院时患者非常激动,他将一幅写着"一箭双雕治顽疾,医精德高显神奇"的锦旗亲自送到了我的手中,以表达其感激之情。

浊毒理论治疗脾胃病的神奇疗效不仅吸引国内患者前来就诊,甚至连国外患者也闻讯来华求医。印度尼西亚一位男子患萎缩性胃炎多年,在本国多方医治不见效果,通过媒体了解到中医治疗萎缩性胃炎效果好,于是来到中国,费尽周折找到了我。我仔细查看其病历、了解病史,并根据患者的舌苔、脉象等症状,运用化浊解毒理论,确立了一套科学、有效的中西医结合治疗方案。经过 1 个多月的治疗,这位印度尼西亚患者多年胃疼、胃胀的症状消失了,做胃镜显示萎缩性胃炎明显好转。他高兴地说:"中西医结合治疗很神奇,我回国后一定会介绍给身边的朋友们。"

## 五、立书著作,发扬"浊毒"

目前,《中医浊毒论》《胃癌浊毒论》《肝癌浊毒论》《结肠癌浊毒论》《肝纤维化浊毒论》《溃疡性结肠炎浊毒论》《消化性溃疡浊毒论》《肾病浊毒论》《代谢性疾病浊毒论》9 部代表专著由人民卫生出版社等国家级出版社出版,路志正国医大师亲自为该书题名,王永炎、吴以岭 2 位院士与路志正、孙光荣、张大宁、李士懋 4 位国医大师作序。

我申请国家专利 2 项;发表、指导撰写论文 400 余篇,其中核心期刊 200 余篇;承担省部级等科研课题 30 余项;获各类科技奖 30 余项,其中中华中医药学会科学技术进步奖二等奖 3 项、三等奖 1 项,河北省科学技术进步奖二等奖 1 项、三等奖 6 项;编撰医学著作 40 余部,主编《中医内科学》等中医高等院校教材 10 余部,其中《实用中医肝胆学》针对中医肝胆学的范畴、渊源、发展以及临床常见的发病机制、诊断方法、辨证施治等各类问题进行了系统深刻的阐述,大胆打破了传统理论界限,提出诸多新理论、新观点,丰富了中医肝胆病学的内容,在国内外均属首创;拟定出治疗肝病的 10 种方剂,研制出复肝丹、珍黄丹、利胆化石丹等多个中成药制剂,治疗乙肝、肝硬化、胆结石等多种肝病达到国内先进水平,得到了大家的认可。

正是因为"浊毒理论"被大家认可并熟知,才能有国家中医药管理局浊毒证重点研究室和省浊毒证重点实验室等相继成立。以浊毒理论为基础,省中医院脾胃病科被评为国家卫生健康委临床重点专科、国家中医药管理局重点专科与重点学科。国家的大力支持、河北省相关领导的大力关怀,给医院的发展、"浊毒理论"的传播提供了非常大、非常好的平台。

## 六、教书育人,桃李满园

作为一名教授、博士生导师,我认为治学育人必须医德、医技并重,注重通过实践操作和启发思维来达到教学目的。从开始带学生,我就给学生们立了四条基本原则——"讲医德,读经典,重临床,练好字"。

我常说:作为一名医务工作者,医德是第一位,没有普救天下苍生的崇高品德,技术再精湛也称不上是"大医"。话是这么说的,我也是带头这么做的。我还严格要求学生认真学习经典著作,背诵经文,并要搞懂搞透。在精心研读中医经典著作的基础上,更要重视临床,中医的重心应该在临床,"熟读王叔和,不如临证多",疗效才是中医的生命。事无巨细,我还要求学生练好字,告诫学生字如其人,一个人写的字往往能反应这个人的素质和境界,写一手好字对中医来说其意义更加重要,这是对患者的尊重,是对生命的敬畏。我要求每位学生每天都要抽出一个小时左右的时间练写正楷字,抄方必须要工整清楚。

如今,我的学生、弟子遍及省内外,91 名硕士生、31 名博士生及万余名中医本科生中产生了博士生导师 6 名、硕士生导师 16 名、国务院政府特殊津贴专家 6 名、河北省名中医 8 名、省管优秀专家 8 名、学科带头人 12 名、全国及省优秀中医临床人才 18 人、国家老中医药专家学术经验继承人 12 人、河北省高层次帮带对象 5 名,为中医药事业的传承做出了贡献。

## 七、中西结合,沉思未来

中西两种医学各自沿着自己的轨迹发展到近代,尽管西医的实验研究有着巨大的先进之处,当魏尔啸的细胞病理学开创历史新纪元的时候,在揭开疾病微观奥秘的欣喜之中,"超微观"、只见树木不见森林的弊端也在悄悄孕育。人们的思路由微观到超微观,由细胞到细胞核、线粒体、核糖核酸,却忽视了所有这一切都不能脱离整体调节作用的客观事实。这一倾向一直发展到 20 世纪 30 年代,西方医学便不可避免地发出了头痛医头、脚痛医脚的致命伤。于是在西方医学的营垒里,便相继出现了巴甫洛夫的神经反射学说等。他们的研究和观点旨在使西方医学由局部再回到全身,由微观再兼顾到宏观。而整体观念、宏观的辨证思维却正是中医的基本思想。

再看中医的近代发展史,虽然不像西医那样显明,但隐约中也可看到有识之士试图把认识由宏观移向微观的尝试。吴又可的"戾气说",王清任的"解剖学",唐宗海、张锡纯的"中西汇通",都是这一尝试的具体表现。

综观中西医近百年动态,双方已各自开始了针对自身缺陷的纠偏。一切事物,但凡发展,都是以逐步纠偏、逐步完善为前提的,这也是事物发展的必然规律。

近年来西方世界掀起了中医热,虽然临床治疗的需要也是其原因,但是更深层的含义则是西方已开始向中医借鉴,欲取其精华而用之。可以断言,蕴藏在中医宝库中的整体观点、天人相应观点等当是西医首先掘取的内容,然后加以实验研究,在短期内为我所用,力图出现西医学术的再腾飞。而中医发展到今天,在尊重古人取得的辉煌成果的同时,也必须要主动借鉴、吸纳当今世界的一切先进的科技成果,才能不断创新发展,正所谓"中体西用",才能"创新中医"。而中西医的相互结合,相互补充是中医伟大复兴的重要一步。

中西医结合工作任重道远,我认为从事这项工作,要有"敢为人先"的胆识,要有"兼容天下"的胸怀,要有"格物致知"的精神,更要有"融会贯通"的智慧!

未来中医、中西医结合将会是个什么样子? 中医和西医怎么结合? 结合什么? 靠什么结合? 结合到什么程度? 都是我们应该深思的问题。下面,我谈一下个人对中西医结合的几点思考。

1. 中医研究与研究中医相结合　研究中医和中医研究是两个截然不同的概念,两者有着本质的区别。中医研究是指在中医基本理论指导之下,即以中医的思维来对中医进行研究,中医的特点在于它对人体系统信息的分析和调整。研究中医是用西医的思维模式和方法来研究中医,力求将中医科学化、标准化。其重点是借用现在先进的科学手段来验证中医。研究中医只是西医对中医一种无谓的验证,而基于中医基础理论之上的中医研究才能使中医有所发展。

浊毒理论的思维是对中医理论的研究,是在继承基础上的创新,而不是用现代医学去验证中医,或在西医体系的基础上进行构建。

2. 中医科学化与科学中医化相结合　有人说研究人类健康的科学就是医学,那么医学首先应该是科学,所以提出医学科学化,力求医学客观化、标准化。中医也是如此,要中医科学化。那么所有的科学研究最终目的是什么呢? 是为了人类更好地生存! 而医学是一切学科中与人类健康关系最密切的学科,所有的科学成果都应为医学服务,即科学医学化。而中医里充满了丰富的哲学思维,它对多种科学均有普遍的借鉴意义,钱学森曾说过:"中医现代化是医学发展的正道,而且最终会引起科学体系的改造—科学革命。"所以说科学中医化应该是当今医学界乃至科技界的一个重要命题。

3. 辨证论治与消除病因相结合　中医更注重对人体疾病发展的某一阶段总体表现的把握,即对证的研究。如对高血压的治疗,中医在对患者现阶段疾病具体表现的基础之上辨证治疗,或平肝潜阳,或健脾祛痰,使患者的症状得到明显改善,生活质量也得以提高。而西医多是先找到病因,然后去除病因。这种方法固然有一定的优点,但是也有弊端,比如西医对慢性胃炎及消化性溃疡等疾病的治疗,根除幽门螺杆菌是其最主要的治疗方法,但是好多患者的胃痛、胃胀等症状改善并不明显,并且有些患者不能耐受杀菌药的副作用而症状加重。

4. 调动疗法与对抗治疗相结合　中医正气调动疗法恰恰是强调人体自身免疫力的高低是决定人体患病与否的关键要素,即所谓"邪之所凑,其气必虚""正气存内,邪不可干",认为在疾病的治疗中,首先应该是增强机体的免疫力,即正气,以抵御和祛除疾病。而对抗性治疗是西医的特征性治疗,即当发现人体的某项指标超出正常范围时,就马上采用药物进行干预,使之恢复到正常范围,如西医的抗菌杀毒疗法。它的弊端是忽视了人体自身对疾病的抵抗能力。

5. 治病人与治病相结合　所谓治病人是指在治疗疾病的时候把人作为一个整体来考虑,而所谓治病是指将治疗重点着眼于患者所患的疾病,而忽略了人自身的整体性。西医主要注重于治病,中医更注重的是治病人。

6. 治未病与治已病相结合　治未病是指采取预防或治疗手段,防止疾病发生、发展的方法,是中医治则学说的基本法则,是中医药学的核心理念之一,也是中医预防保健的重要理论基础和准则。而治已病,顾名思义,就是指在机体已经产生病理信息的基础上对疾病进行治疗。目前我们的医疗行为主要进行的就是这项工作。

一旦机体发出了病理信息,患者感觉不适了,我们的医疗行为才开始介入,这不仅影响了患者的生活质量,而且不利于疾病的治疗,同时也是对医疗资源的极大浪费。

我们以浊毒理论对胃癌前病变的研究其本质就是治未病,治肠化生、异型增生就是治已病。我们希望借助现代医学生理和病理知识、胃镜下和病理的动态观察,来阐明它的发病机制,并探索出防治本病的最佳中药方剂,并以此充实中医的基础理论。

7. 形象思维与逻辑思维相结合　形象思维就是利用直观现象和表象解决问题的思维。形象思维也运用判断、概念、推理这些逻辑思维形式,但这些概念、判断、推理又是寓于形象之中。逻辑思维是人们在认识的过程中借助概念、判断、推理等思维形式能动地反映客观现实的认识过程。逻辑思维讲究绝对,而形象思维更讲究平衡,这是两者本质的区别,也是中西医思维的本质区别。在整理事实方面,西医侧重逻辑思维方法,而中医侧重非逻辑思维;中医学的发展形成依赖形象思维,西医主要以逻辑思维为主。在获取事实方面,西医在近代以后越来越偏重实验,运用观察则偏重借助于仪器的间接观察;中医基本上没有近代科学意义上的实验,观察则全部依赖于直接观察,同时中医还运用了一些非理性方法来获取事实。在形成理论方面,西医采取公理化方法,而中医则采取思维模型方法;西医注重分析还原,中医注重整体过程;西医擅长以结构来说明功能,中医则惯于从关系中把握功能。这些都是中西医在思维方式上的巨大差异。

医疗实践证明,两种思维都有一定的局限性,只有两者结合,才能更好地探索和把握医学规律,推动医学的不断发展。

8. 健康医学与疾病医学相结合　"健康医学"是以健康为核心,关注的焦点是人的健康,是怎么让人更好地生活。"疾病医学"是生物医学,它的核心是疾病,关注的焦点是看病、找病、治病。

西医学把疾病完全看作是"恶"的体现,努力去发展能对之直接对抗和补充的替代性物质手段,以期实现其征服疾病和消灭疾病的医学目的。比如对癌症的治疗,西医拿手的就是切、割、换。割掉就等于消除了病因,可在临床上常常看到,很多手术后的患者生活质量并无明显提高,甚至死亡。而中医学是"健康医学",是以人的生存健康为出发点和落脚点的。它不去割掉肿瘤,而是让人与瘤长期共存,它虽然没有消除疾病,但是却使患者的生活质量得到了明显的提高。归根到底这还是治病与治患者的关系。当然无论是抛开疾病谈健康,还是罔顾生命只治病,都不是一种正确的医学思维,只有两者结合,才能有利于患者,有利于医学发展。

9. 生命科学与物质科学相结合  物质科学主要包括物理学和化学,致力于研究物质的微观结构及其相互作用规律。生命科学是研究生命现象、生命活动的本质、特征和发生、发展规律,以及各种生物之间和生物与环境之间相互关系的科学。现代西医对病理的分析,目前已达到分子水平(如对遗传基因的研究)。由于西医以物质的粒子层次为基础,所以它治病就着眼于人体的生理,侧重于人体的生理结构,是从人体的生理结构入手来解决疾病过程中人体的功能和代谢异常等问题。中医更注重人是一个有机的整体,借助于思辨的力量,从整体上把握人的生命的本质。因此,中西医的结合归根结底应该是物质科学思维和生命科学的结合!

10. 个性与共性相结合  人们总是认为只有找到共性的、客观的规律才能揭示生命的秘密,中医更注重个体差异性,中医临床有不可重复性,主观性、随机性太强,这就要求我们要突破对抗性治疗的束缚,重视调解自愈治疗,重视个性化治疗,重视不同学说和流派,走调节自愈、个性与共性并重之路。

11. 宏观辨证与微观辨证相结合  宏观辨证是当前中医最常用的辨证论治形式,它是建立在望闻问切的基础上,概括性高,容易把握事物的共性,着重运用运动的、整体的观点去认识人和疾病的关系,故在宏观、定性、动态方面的研究有独到之处,基本把握了疾病的本质。

微观辨证是在临床搜集辨证素材中引进现代科学,特别是现代医学的先进技术,在较深入的层次上微观地认识机体的结构、代谢和功能特点,简言之,是用微观指标认识与辨别"证"。

从科学观和方法论的角度看,兼顾整体与局部、综合与分化、微观与宏观的统一,是认识事物本质的正确方向,只有将宏观辨证与微观辨证相融合,才能更准确地把握"证"的本质。

"路漫漫其修远兮,吾将上下而求索",值此中华民族伟大复兴、"中国梦"实现的关键时机,我的"梦"就是为中西医结合工作贡献自己的全部力量,推动中西医结合事业的快速发展,为我国乃至全世界人民的健康做出新的、更大的贡献。

# 农村医疗启蒙使我走上
# 中西医结合外科之路

**田玉芝**
河北医科大学第三医院

················ 【简　介】 ················

　　田玉芝,女,1952年12月生于河北蔚县,1973年12月毕业于河北新医大学新医系,1992年9月河北医科大学硕士研究生班毕业。中共党员,河北医科大学第三医院普通外科主任,主任医师,教授,硕士研究生导师。2013年被聘为邢台医专第二附属医院院长助理、肝胆胃肠腺体外科主任。曾任石家庄市中西医结合学会副秘书长;先后担任河北省中西医结合学会普通外科专业委员会主任委员,河北省中西医结合学会理事会常务理事,河北省医师协会常务委员,中国中西医结合学会普通外科基层委员会副主任委员及中西医结合学会普通外科专业委员会委员,中国中医药高等教育学会临床教育研究会外科分会常务理事。

　　承担国家科技支撑计划课题及省级科研项目6项,在国内外学术刊物和杂志发表论文论著40余篇,参与医学专业著作及大学统编规划教材编写6部。获得教育部中国高校科学技术进步奖二等奖和河北省卫生厅科学技术进步奖三等奖5项。2004年以来,先后被聘为《中华现代外科学杂志》常务编委和《中华临床与卫生》《中华中西医临床》杂志编委委员。

　　1997年以来,培养硕士研究生16名,分布在全国各地医疗、教学及科研工作第一线。

## 一、毛主席的"6.26指示"使我走上中西医结合之路

**1. 农村缺医少药是我立志的启蒙点** 小时候，母亲患上了支气管炎、肺心病，开始舍不得花钱治病，后来病重变卖东西治病时，请不到医生又无力住院治疗。那年，我13岁，刚刚上初中一年级，只好辍学照看母亲，买些青霉素类药品和注射器等，模仿着医生的动作给母亲打针。尤其是母亲临终前的那一天，我打电话20多次，又求人去卫生所、卫生院及县医院等走遍附近的沟沟坎坎近百里路，竟然没请到一个医生出诊来治病，心里特别失望！1965年的腊月十六凌晨5点，母亲突然吐出了黄色脓痰约100 mL，面色发绀，极为痛苦。在掏拭口中黏痰时我被母亲咬伤了食指，这个牙痕永远铭刻在我的心上。从此我萌生了立志当一名好医生的念头。

**2. 毛主席的"6.26指示"使我梦想成真** 为落实毛主席的"6.26指示"，县卫生局举办第一批"赤脚医生培训班"，我积极报名，经村党委会选送，我加入了赤脚医生队伍。经过6个月理论培训和3个月实习，1966年10月，村党支部研究决定建立医务室，并给我50元人民币做启动资金。我记得用15元钱买了一个出诊药箱，用1.8元买了3支体温计，用3元买个听诊器，剩余的钱备了些常用药品与器材，开始了我的医学生涯。我边劳动、边学习、边行医，在干中学习，遇到问题请教老师，大病重病送医院，小病不出村，特殊情况想出特殊的招，从而也赢得了村民们的信赖，全村人大病小病都来找我，就连猪出现难产、鸡鸭被狗咬伤清创缝合也来找我处理。1966年10月至1970年10月卫生室利滚利达到了2 300多元人民币的总金额，自种、自采、自制中草药72种，加之购买的部分，药斗里常备药材有100余种，开展项目有打针输液、西药、中草药、理疗以及针灸拔罐，外科清创缝合、体表小肿瘤切除及妇科的刮宫、上环、接生等都能干。领导多次送我到县、地级医院短期学习，参加了张家口医专附属医院举办的张家口地区战备医疗培训班学习。我们的卫生室还培养8个卫生员（一个生产队一个卫生员），他们的任务是帮我种植、采集加工中药材，负责本生产队的疫情预防宣传工作及实战战备工作实施。

**3. 蔚县人民送我上大学** 由于我们村的医疗卫生保健工作成绩比较突出，我多次被评选为出席县、地区及河北省的学毛著积极分子先进典型、劳动模范，1967年至1970年也多次出席县、地区、省学毛著巡回报告会。1969年3月2日我加入了中国共产党。1970年11月18日上午11点，在张家口地区举办的活学活用毛主席著作先进代表大会上报告完毕，我刚刚走下讲台，县委书记老崔同志把我叫到门口说："小田子，今天表现不错，蔚县人民给你个奖赏，送你上大学！河北新医大学！继续深造！"我高兴得差点蹦起来。书记说："哎！别光高兴，你的担子可不轻啊！决不能辜负党和蔚县人民对你的期望啊！"我说："决不会的！请您看行动！"书记又说："好吧，你现在收拾一下东西，我让小车送你回去，先办理一下相关手续，还有十多天时间，将村里工作及家里事情安排一下去上学吧。"1970年11月30日，我们来到张家口的同学被乡村、县、地市领导和群众敲锣打鼓送上了火车，到了石家庄站，河北新医大学的老师和同学们挂着条幅打着标语，敲锣打鼓迎接我们。我被分到了新医系（后来改名为医学系），并担任新医系支部委员及学生会干部。

在校期间，我对工作认真负责，学习刻苦勤奋，方法灵活，成绩优秀，受到老师和同学的好评，尤其是一次我的同学（少数民族）生小孩难产，一只小脚丫先露出，紧急情况下我在校

医室为她接生后送往医院,此事轰动全校。

4. 非常幸运,中西医结合外科工作中我受到良好熏陶 1974年3月2日我毕业留校来到河北新医大学第三附属医院普通外科报到,非常幸运,河北省搞中西医结合外科工作最出色的两位专家毕庚年教授和李乐天教授,一位是外科主任,一位是老主任,我在他们的指教与熏陶下工作。1988年我定在肝胆胰外科临床工作,一直从事着中西医结合治疗上消化道出血、急慢性肠梗阻、急性重症胆胰疾病等四大急腹症,以及四肢血管血栓形成的救治等,均获得了非常满意的疗效。

## 二、主要研究方向"中西医结合辨证施治对外科急危重症性疾病防治的影响"

以"全心全意为患者服务"为宗旨,我将"生命所系,性命相托"的崇高医学事业作为自己的毕生追求和奋斗目标,敬业奉献,矢志不移。

40多年来,我在普通外科、腹部胃肠外科、肝胆胰外科及周围血管外科的临床医疗、教学及科研工作中,取得显著成效。2000年我为患者施行"肝三叶切除术",此为国内首例,并开展了"肝内二、三级胆管成形取石术",对胰十二指肠切除术方法新改进做了大胆探索和尝试,近年来进行了腹腔镜的临床应用与研究。同时,我对胃肠外科、肝胆胰外科的常见病、多发病和疑难病症的基础理论、临床实践及手术操作技能等进行了潜心研究,掌握国内外本专业科研前沿技术的新进展、新方法和新疗法,积累了丰富的临床经验。此外,我还对中医中药、中西医结合治疗肝胆胰胃肠疾病及其肿瘤、周围血管疾病和围手术期处理医学等方面均有独到见解,并研发了中医药"溃疡宁胶囊",治疗胃十二指肠溃疡病,对幽门螺杆菌转阴有效。我采用"温里攻下法",对外科范畴重症医学、四大急腹症治疗效果均占优势,如重症急性胰腺炎、急性梗阻性胆管炎、各种类型急性肠梗阻及其手术后的治疗等,取得了良好的临床效果。

自1997年被晋升为主任医师、教授以来,我的主要实验研究成果及论文发表有:① 溃疡宁胶囊治疗胃十二指肠溃疡病的临床研究,溃疡宁胶囊对大鼠实验性胃黏膜损伤的保护作用的研究,溃疡宁胶囊对大鼠幽门螺杆菌感染性胃溃疡的疗效及对体外幽门螺杆菌抑菌作用的实验研究。② 尿癌实验"康—田试剂"定性试验在临床应用的研究。③ 中医中药"温里攻下法"——胰炎合剂治疗急性重症胰腺炎的临床研究及实验研究相关研究发表的论文有《胰炎合剂治疗大鼠急性坏死性胰腺炎细胞凋亡水平的研究》《胰炎合剂治疗大鼠急性坏死性胰腺炎中细胞凋亡及p53基因的研究》《胰炎合剂治疗大鼠急性坏死性胰腺炎细胞核因子-$\kappa$B的研究》《胰炎合剂治疗大鼠急性坏死性胰腺炎肺损伤NF-$\kappa$B活性的研究》《胰炎合剂抑制大鼠重症急性胰腺炎肠道细菌移位的实验研究》《胰炎合剂对重症急性坏死性胰腺炎大鼠血清白细胞介素-6的影响》《胰炎合剂对大鼠重症急性胰腺炎肠屏障影响的实验研究》《GM-CSF在急性坏死性胰腺炎肺损伤中的作用及药物干预实验》《胰炎合剂中反佐药对急性坏死性胰腺炎大鼠的作用》等。④ 致炎因子和抗炎因子与急性胰腺炎肺损伤的相关因素及药物干预的实验。⑤ 高脂血症与急性胰腺炎的相关性研究,重症高脂血症性急性胰腺炎临床特征分析,中药对高脂血症性重症急性胰腺炎大鼠肠黏膜通透性及三酰甘油的影响。⑥ 中西医结合对外科围手术期医学的研究等,2018年底即将出版一部《中西医结合普通外科围手术期医学》专著。

我参与编写的著作及医学教材主要有:《现代瘢痕治疗学》,1998 年 11 月版和 2005 年 11 月版,人民卫生出版社出版;《临床消化病学》,1999 年 5 月,天津科学技术出版社出版;《新世纪全国高等中医药院校规划教材·中西医结合外科学》,2005 年 7 月,中国中医药出版社出版;《实用中西医结合外科学》,2010 年,科学技术文献出版社出版;《西医外科学》,2011 年。

外科疾病的急症、重症及疑难病症病因复杂,病情变化迅速,多与感染有关。感染可由局部性到全身性,病理变化即局部组织细胞变性、崩解、坏死,大量细菌毒素等炎性介质可导致的全身性瀑布式级联反应,继而出现低蛋白血症、营养不良、组织代谢功能障碍,导致主要脏器功能障碍与衰竭。采用"中西医整合疗法"(即中西医结合辨证辨病施治)能够减少并发症,提高治愈率,降低死亡率。应用中医中药"温里攻下法"在控制病势的发展方面能起到关键性的作用。实践证明,只要能够正确、及时地明确诊断、辨证辨病、全面评估、抓住要害、找准突破点、方法得当、合理用药和及时把握手术良机,患者就会获救并按着生理规律治愈。

1. 对急性重症胰腺炎的研究  我通常在西医规范治疗的基础上加用中医药"温里攻下辨证施治"的方剂"胰炎合剂"。患者入院后及时服用(或胃管注入)"胰炎合剂" 200 mL,服药 3~5 小时均可出现排便,一般排便 4~5 次后能迅速减轻全身性及局部组织病理变化持续加重,阻断炎性介质导致的全身性瀑布式级联反应发生,3~5 天腹痛、腹胀及腹水明显减轻,5~10 天肺损伤、胸腔积液及各项化验指标均获逆转或接近正常值,逐步使腹腔大量渗液吸收,同时减少由胰腺组织坏死导致的系列并发症,一般 3 周左右均可痊愈出院。如胆源性胰腺炎有胆道结石者 3 周可实施胆道取石手术。我们曾对 28 例高脂血症性急性胰腺炎患者应用"胰炎合剂"疗效观察,用药剂量方法与急性胰腺炎相同,入院时多数为乳糜血,血清三酰甘油平均值>11.3 mmol/L,大多数 TG>22.6 mmol/L,结果显示,中药"胰炎合剂"可使血清三酰甘油值迅速下降作用。多数患者在服药 72~96 小时左右血清三酰甘油可下降至 5.65 mmol/L~3.71 mmol/L 或以下。一些患者由于细胞因子等炎症介质释放后发生全身性瀑布式级联反应,这种反应多为不可逆的过程,使得我们感到束手无策。临床实践证明,早期使用中药,采用中西医整合的方法医治重症急性胰腺炎,血淀粉酶及血三酰甘油可迅速降低,而能由源头阻断炎性介质导致的全身性瀑布式级联反应发生,提高治愈率,减少治疗费用,减少死亡率。

2. 对急性肠梗阻的临床研究  我们采用"中西医整合疗法"治疗肺炎引起的肠梗阻及其并发症,效果满意,缩短了住院时间及治愈时间,提高了治愈率,降低了死亡率。该方法的应用为防治急腹症等急危重症救治提供了思路与策略,是普通外科领域的急危重症和疑难杂病有效的救治方案。

回顾 2014 年 5 月至 2016 年 10 月,我们在邢台医专第二附属医院收治的 23 例肺部感染合并肠梗阻患者,其中男 11 例,女 12 例,年龄 37~95 岁,平均 75.7 岁;并发嵌顿疝 5 例、急性阑尾炎 2 例、急性胆囊炎胆囊增大 3 例、肝脓肿 1 例、急性呼吸窘迫综合征(ARDS)4 例、多器官功能障碍综合征(MODS)1 例,均有低蛋白血症及营养不良;伴有糖尿病者 19 例,伴慢性肺心病者 8 例、慢性脑病后遗症者 3 例,脑出血脑外伤后遗症植物人者 2 例,伴有下肢骨折者 4 例,有习惯性便秘史者 17 例,晚期肿瘤(肺癌 2 例、贲门癌肺转移 1 例)者 3 例。结果 23 例患者的无死亡,且均预期痊愈出院,住院时间 2~3 周,平均住院日 18 天。

"肺与大肠经相表里",肺与大肠同属金,肺属阴在内,大肠为阳在外。肺主气;大肠为传导运化水谷,传导糟粕。正因肺与大肠相表里,所以大肠经的邪气容易进入肺经,肺经的邪气也可以表现在大肠经上。

现代研究表明,当肺部炎性渗出物严重充塞肺泡腔时,血液中的气体不易从肺排出,使得气体分压增高。此时,血液中溶解的气体和肠道内鼓胀着的气体必将向压力较低的肠道黏膜下层弥散,并可形成肠道气泡。这使患者不仅伴有腹胀、纳呆、便秘等严重肠道疾病,甚至出现肠梗阻。换而言之,即肺炎时细菌毒素、低蛋白血症及肠壁水肿等多种因素对肠道功能产生影响,导致肠麻痹功能障碍;这种变化反过来又加重肺部感染,加重糖尿病,出现多种并发症,直至各脏器功能衰竭。该病涉及多病种、多脏器、多学科,病情变化快,死亡率高,处理棘手。

对于该病,要抓主要矛盾和矛盾的主要方面,及时诊断,对病情全面评估,抓住要害,找准突破点,把握手术时机,方法得当,合理用药。为此,我提出了"多维组合设计中西医整合疗法",中医中药温里攻下辨证施治是关键,肺经、大肠经以通达为顺,其突破点是通泻大便,营养支持控制合理,祛邪扶正疗效才能保证。同时,强调一个"早"字,早发现、早诊断、早治疗、早用中医中药,改善肠功能屏障,把握病情发展的每个环节,避免肠梗阻及其并发症的发生。

其基础治疗包括:① 胃减压,禁食水。② 补液纠正水电解质平衡失调。③ 营养支持。④ 有效应用抗生素等。

其中医中药的辨证施治包括:① 温里攻下。② 活血化瘀。③ 宣肺化湿。④ 扶正补气。⑤ 滋阴健脾等。

常用中药(根据病症变化加减配伍):柴胡10克,茵陈15克,金钱草15克,党参12克,焦白术12克,川楝子15克,枳壳20克,厚朴12克,莱菔子30克,鱼腥草30克,桔梗15克,茯苓12克,甘草12克,炒杏仁15克,败酱草30克,黄芪30克,生龙骨30克,生牡蛎30克,当归12克,川芎12克,红花12克,桃仁12克,香附12克,肉桂12克,黄连10克,吴茱萸12克,佩兰30克,藿香30克,大黄12克(后下),芒硝20克(冲入)。

以上是我这些年来对外科疾病治疗中,研究中医中药"温里攻下法"的一点体会,临床实践证明的确有效,但更深层的理论性机制的探讨有待于进一步研究。


## 三、人生感悟

1. 苦难是人生的财富　小时候目睹母亲因无法医治离开我们的经历,成为激励我自强不息、不断进取的强大动力。

2. 厚德载物,天道酬勤　父辈的影响、老师的教诲、各级领导的关怀、特殊境遇的磨炼铸造了我坚韧不拔的意志和品格。我热爱我的中西医结合外科事业,创新与传承才是发扬中华医学的宗旨。人民培养成长的医生,不管工作中遇到什么艰难险阻或世道变迁,都要能站到患者与群众利益的一方去思考和处理问题,不辜负人民的期待,愿为医疗事业的科学发展出谋划策、添砖加瓦,贡献自己全部智慧和力量。

天道酬勤,有耕耘就会有收获,只要不懈努力,最大限度地完善充实自己,千方百计地提高自己的竞争实力,就会实现美好的愿望。我这一生奋斗虽然没有可喜可贺的成就,但确实能体现毛主席"6.26指示"的含义。

3. 实践出真知,勤奋增智慧  医学这门科学就是在实践中不断经验积累的一门科学,中西医结合是医学发展的必然趋势,中西医结合外科专业要着眼于未来发展,抓住前瞻性、方向性的课题,大胆探索、研究与创新,敢于打破常规,走前人没有走过的路。只有在实践中增进创新能力与睿智,才能弘扬中医学的精髓,丰富发扬光大,促进中西医结合外科医学基础研究及临床应用研究的传承与发展。

# 继承发扬中医学　走中西医结合创新路

**高长玉**

河北医科大学第二医院

【简　介】

　　高长玉,男,1951年生。1975年毕业于河北医学院,现任河北医科大学第二医院神经内科教授、主任医师、硕士研究生导师、中西医结合脑血病科主任。中国中西医结合学会神经科专业委员会主任委员,河北省中西医结合学会常务理事、副秘书长、神经科专业委员会主任委员。河北省名中医,河北省有突出贡献中青年专家,第四批河北省老中医药专家学术经验继承工作指导老师,获"全国中西医结合优秀中青年科技工作者"称号(1998)、中国"中西医结合贡献奖"(2001)、河北"中西医结合创业奖"(2002),"中西医结合心脑血管病杂志"编委。发表论文60多篇,著作5部,获河北省科技进步一等奖1项、三等奖2项,河北省卫生厅医学科学技术进步奖一等奖3项。

## 一、大学学习奠定了中西医结合医学理论基础

1972年4月,我怀着激动的心情迈进了河北新医大学(现河北医科大学)的校门,被分配到中医系,走上了学习中医学的道路。开始的入学教育、政治学习、劳动锻炼,使我们树立了又红又专的思想。我是一名党员,又被任命为大班副班长,上进心比较强。我自己深深懂得,将来要当一名医生,必须学好中医学才能胜任将来的工作,因此学习比较刻苦。河北新医大学设立三个系,医学系、中医系和药学系,从学校的名字就可以看出蕴藏了中西医结合的内涵。当时中医系的课程设置中医和西医的比例是2∶1,三分之二的时间学习中医,三分之一的时间学习西医。对我来说,中西医都是一张白纸,都让我感到很新鲜。尤其是先学习中医,这为自己的中医理论知识打下了坚实的基础。后一阶段的西医学习,我也感到非常重要。可以说,大学的生涯给我打下了坚实的中西医结合理论基础。

## 二、响应党的号召,服从组织分配,走中西医结合之路

大学即将毕业,毕业教育号召我们响应党的号召,服从国家分配。当时我自己和大多数同学的心情一样,坚决服从组织分配,但毕业宣布我被留校了,一点思想准备没有。虽然是留校了,但我也不知道到什么岗位。开学了,我被分配到学校的第二附属医院神经内科。神经内科是西医科室,上学时没有见习也没有实习过,当时自己的毕业证写的是中医系毕业,专业对口应当到中医科。在这种思想的支配下,我向组织提出了自己的想法,调到中医科。没有想到二院书记回答:中医到神经内科搞中西医结合,大有作为。就这样,我走上了神经内科工作岗位。可以说,响应党的号召,服从组织分配,使我走上了中西医结合之路。

## 三、临床工作使我坚定了中西医结合的信心

初到神经内科,面对大量的神经内科患者,自己一片茫然。我很幸运,神经内科德高望重的毛俊雄主任不但是西医著名专家,而且响应组织的号召脱产学习中医2年,可以说是名副其实的中西医结合专家。毛俊雄亲自带我查房、示教,神经内科的老师们个个对我热情帮助,我天天都能学到西医知识。我深深懂得,搞中西医结合要具备两套医学本领,才能搞好。幸好,神经内科每年举办一期神经内科进修学习班,每周2次有授课,我积极参加学习。一年的时间,我基本掌握了神经内科常见病的诊疗知识,能够对神经系统常见疾病进行诊断处理。此后,我和西医大夫一样分管患者,病房值班、急诊值班。临床上,毛俊雄主任指导我对某些疾病进行中药治疗,经过积累,我们总结了脑炎、脑梗死、脑出血、蛛网膜下腔出血、头痛等疾病的诊疗经验,并在年会上和杂志上发表了文章,体会到了中西医结合的长处,使我坚定了中西医结合的信心。多年来,我和西医大夫一样学习、成长,同时继续中西医结合探索。1985年,我做总住院医师,1986年被晋升为主治医师、助教,1993年被晋升为副主任医师,1994年被晋升为副教授,1997年被晋升为中西医结合主任医师,1998年被晋升为教授,在中西医结合的道路上继续前进。

## 四、科研工作明确了中西医结合方向

1990 年,我参加了李春岩院士领导的吉兰-巴雷综合征(GBS)的科学研究工作,加强了自己的科研意识。我主要负责神经电生理的研究,确定肌电图和神经传导速度的正常值,对大量 GBS 患者开展肌电图和神经传导速度的测定,对结果总结分析,并与病理结果相对照,总结出了轴索性 GBS 的电生理诊断标准。在李春岩院士的带领下,对 GBS 的研究获得了河北省科学技术进步奖一等奖。

吉兰-巴雷综合征研究取得的成果给我很大的启示,搞好中西医结合也必须开展中西医结合研究。对于如何开展中西医结合临床研究,我查阅文献,系统学习了中西医结合临床发展思路,一是辨病与辨证相结合,二是宏观辨证与微观辨证相结合。

从发展史来看:20 世纪 50 年代末到 60 年代的中西医结合科研以临床实验性描述研究为主,西医诊断,中医药治疗或联合用药,按西医指标观察疗效;1958 年以前,中医临床研究侧重于单验方研究。辨证论治虽被广泛运用,但没有被科学地研究过。辨证论治的科学研究开始于 1958 年,那时候第一批西学中班学员毕业,并开始了对中医学的科研工作。20 世纪 60—70 年代开始采用西医诊断,临床上辨证分型治疗的方式,并开展实验研究,这种科研模式至 20 世纪 80 年代初一直是中西医结合科研的主体,在针麻和经络研究、慢性支气管炎研究、血液病研究、急腹症研究、肿瘤研究、骨折研究等领域中得到体现。多年来,在临床上病证结合模式取得了很大成绩。西医辨病、中医辨证取得了很多疾病的中医辨证论治的经验,在临床上发挥了很大作用。

宏观是中医的宏观,微观是西医的微观。从发展史来看,以血瘀证和藏象生理学及证候实质研究为代表的基础理论研究和诊法研究起源于 20 世纪 70 年代,而在 20 世纪 80 年代得到迅速发展,取得了很多成果,如"肾阳虚证的下丘脑-垂体-甲状腺、性腺、肾上腺皮质轴功能的对比观察""性激素在男性冠心病、高血压、糖尿病等疾病中的变化和中医虚证(肾虚)的联系以及应用不同的中医治疗方法的效果""肾虚证 β 肾上腺素受体 M 胆碱受体环核苷酸系统的关系及某些滋阴助阳药的调整作用""中医'肾主耳'理论的实验研究""补肾法对老年男性下丘脑-垂体-性腺轴作用的临床和实验研究""'脾主运化'的实验研究和健脾益气法则的作用探讨""脾虚型重症肌无力临床及实验研究""脾虚型萎缩性胃炎临床及实验研究""重症肌无力脾虚证型的辨证论治、疗效和治疗机制研究""劳倦饥饱致脾虚动物模型研究""心气虚的实质及生脉散对左心室功能作用的研究""心气虚证的临床辨证规律及党参、黄芪治疗作用研究""肝阳上亢证的研究""肝瘀气滞血瘀临床和实验研究""阴阳气血辨证研究""阴阳计量辨证模型与辨识软件系统""瘀血与衰老的关系——衡法Ⅱ号抗衰老的临床和实验研究""血瘀证证型研究""高原低氧环境与气虚、血瘀证关系的研究及高原中药防治气虚、血瘀证疗效分析""中医气血理论指导冠心病治疗的临床及实验研究""气血相关理论及其在冠心病治疗中的作用"等。这些研究主要采用了生化、免疫、电生理、微循环、阻抗血流图、血液流变学、细胞分光、微量元素、病理形态等手段,从而大大扩展了中医诊断的思路和视野,获得了许多有益的资料。中医诊断的宏观研究与微观研究相结合,总结传统的诊法经验与延伸、扩展诊法手段,尽可能地使病情资料客观化与高度重视医生的主观思辨能力、中医学的整体观念,即宏观与微观、主观与客观、定性与定量、传统诊法与现代科技手段的结合,是中医诊断学研究的趋势、方向和出路。微观辨证的深入研究找到了许多有关的病理改变指标，为中医辨证提供了一定的客观依据，可以利用西医的微观指标作为辨证的参考指标，特别是在无证可辨的情况下，微观辨证发挥了关键的作用。

从临床实践中我体会到，辨病与辨证相结合的辨病若采用西医的病，辨病会显得比较笼统。每一种病都有其发生、发展、高峰、恢复等阶段，所以，西医的辨病应该向纵深发展，进行分期与分型。

宏观辨证与微观辨证相结合，微观指标在临床上应用受到限制，作为研究可以进行许多微观指标的检测，而在临床上很难做到大量微观指标的测定。另外，微观指标普遍存在着特异性不强的问题，往往一个证可以出现许多方面的病理改变，数十项指标都有可能出现异常，而这些指标在其他证中同样也可以出现。因此，应客观地看待各种微观指标在整个病理变化中所处的地位。客观地讲，应该把各项微观指标综合起来看待所反映的病理状态。综合的病理状态有时很难用简单的词语概括，所以可以利用分期分型来概括代表当前的病理状态。

在综合辨病与辨证相结合、宏观辨证与微观辨证相结合认识的基础上，我感到中西医结合临床思路需要发展，即辨病分期分型要与中医辨证相结合。分期能够反应疾病的动态演变，反映病情不同阶段的病理生理特点。分型能够反映病情程度的病理生理特征。所以，分期分型能够综合反应疾病的微观的病理变化和各种微观指标，避免了微观指标检测的不足。分期分型既体现了辨病又体现了微观辨证。中医的证是对疾病某一阶段的病理性概括，与分期分型所反映的当前的病理变化相对应。将辨病分期分型与中医辨证相结合是一个比较好的结合点。思路明确了，中西医结合又有了方向。

2002年，我被批准为河北医科大学第二医院神经内科硕士生导师，有资格招收神经内科研究生，同年我又创立了河北省中西医结合神经病学研究室，这些资源给我开展中西医结合科研提供了有利条件。从此，我搭建了神经内科疾病分期分型与中医辨证相结合的科研平台，开展了中西医结合的临床研究。通过分析中西医结合在神经系统疾病的优势，我感觉西医的病与中医的病容易结合的一是脑血管病与中风，二是周围神经肌肉疾病与痿病。于是，我带领研究生开展了这些方面的临床研究。我们主要研究的课题有：吉兰-巴雷综合征(GBS)分期分型与中医辨证的相关性研究、吉兰-巴雷综合征急性期湿热证与神经-内分泌-免疫调节网络的关系研究、多发性肌炎分期分型及其微观指标与中医辨证的相关性研究、糖尿病周围神经病中医证候辨证与客观指标相关性研究、进行性肌营养不良症中医病性证素与血清酶的关系、运动神经元病分期分型与中医辨证的相关性研究、吉兰-巴雷综合征分期辨证治疗研究、病毒性脑炎分期分型与中医辨证相关性研究、蛛网膜下腔出血分期分型与中医证候相关性研究、脑出血分期分型与中医证素的相关性研究、脑梗死分期与中医病位证素的关系研究、脑梗死分期与中医病位证素的关系研究、进展性卒中临床分型与中医辨证的相关性研究、分期辨证治疗脑出血的临床研究、分期辨证治疗脑梗死的临床研究、脑出血患者急性期舌象和血液流变学研究、急性前循环梗死分期分型主证辨证研究、后循环梗死分期分型与主证关系的研究、前循环脑梗死恢复阶段分期分型辨主证研究、短暂性脑缺血发作分型与中医证候的相关性研究、2型糖尿病合并脑梗死急性期中医证候分布研究、益气活血法预防缺血性进展性脑卒中的临床研究等。通过大量的临床研究我们发现，神经系统疾病的分期分型与中医辨证有明显的相关性，西医疾病的分期分型及其相应的微观指标可以作为中医辨证的参考值指标。同时，疾病的分期分型及其相应的微观指标的变化又可以作为中药疗效的客观依据及其疗效的部分机制。如果按照辨病分期分型与中医辨证相结合的临床思路发展,可以形成"寻找规律,提高疗效,阐明机制,创新理论"的科研程序,创造出高水平、标志性的科研成果。

我们通过辨病分期分型与中医辨证相结合研究平台,总结发表了数十篇论文,培养了20多名中西医结合研究生,获得了多项卫生厅、中医药管理局和河北省科学技术进步奖。

多年来,我一直走在中西医结合的道路上,在中西医结合神经科领域做了一些工作,先后被中国中西医结合学会授予"全国中西医结合优秀中青年科技工作者""中西医结合贡献奖",河北中西医结合学会授予"中西医结合创业奖"。2016年我被评为河北省名中医,当选为中国中西医结合学会神经科专业委员会主任委员,被医院任命为中西医结合脑血管病科主任。我深感责任重大,更要刻苦学习,努力工作,培养好中西医结合人才,为中西医结合事业而奋斗。

## 五、几点体会

1. 搞中西医结合,必须相信中医,相信中西医结合,坚定中西医结合信心。

2. 中西医结合人才要系统掌握中医和西医两种医学知识和技术,只有具备了两种医学知识的人才能产生高水平的中西医结合思路,深入开展中西医结合工作。

3. 疗效是根本,科研是动力。提高疗效是中西医结合的立足之本,要建立中西医结合临床基地,深入开展临床研究,提高诊治疾病的能力。同时要建立中西医结合实验室,深入开展基础研究,阐明中医证候的现代机制及中药的疗效机制,明确发展目标,创造出高水平的科研成果。

## 六、建议

中西医结合人才需要系统掌握中医和西医两种医学知识和技术,需要付出巨大的努力和一定的时间才能实现,希望有关部门给以政策上的倾斜和鼓励。西医三甲大医院具有丰富的临床资源、设备资源、科研资源,有利于开展高水平的中西医结合工作,建议在西医三甲大医院建立中西医结合专科或在西医科室成立中西医结合小组,明确发展目标,创造出高水平的科研成果,加速中西医结合的发展,希望各级领导给以支持。

# 在中西医结合的
# 道路上砥砺前行

**梁晓春**

北京协和医院中医科

·················【简 介】·················

梁晓春,女,1956年生,北京协和医院中医科主任、教授、博士研究生导师。

1978年毕业于北京中医学院,1987年毕业于中国协和医科大学研究生院,获硕士学位。毕业至今在北京协和医院中医科工作。先后于1993年和1997年被破格晋升为副教授、教授及博士生导师。1999—2000年在美国德州大学健康科学中心做访问学者。1995年至今先后任北京协和医院中医科副主任及主任。2016年获"中华医药贡献奖";2015年获"北京协和医学院教学名师";2015年获"首都健康卫士"称号;2014年获"全国优秀科技工作者"称号;2010年获北京协和医院科研先进个人一等奖;2007年获"全国杰出女中医师"称号;2006年获北京市卫生系统先进个人;2005年获"北京首届群众喜爱的中青年名中医"称号。

以中西医结合治疗糖尿病及其慢性并发症等为科研方向。先后承担国家自然科学基金等课题等18项,发表论文200余篇,主编专著20多部。获中国中西医结合学会、北京市科技成果等9项。任中国中西医结合学会常务理事;曾任第一、第二届中国中西医结合学会内分泌专业委员会副主任委员;北京中西医结合学会糖尿病专业委员会主任委员;《中国临床医生》《环球中医药》副主编,《中国中西医结合杂志》《中国中西医结合急救杂志》编委。

1978 年我毕业于北京中医学院中医系,1987 年毕业于中国协和医科大学研究生院。在这医学的两所最高殿堂,我系统地学习了中西医的基础知识,毕业后又有幸得到祝谌予和郭赛珊两位名师的指导和培养,为自己后来走上中西医结合的道路奠定了良好的基础。

## 一、导师引进门

在北京协和医院这个大熔炉中,我得到了严格的训练,先后在西医内科和中医各专业组进行轮转,几年的时间下来,不仅学习了老师们临诊的思维方式和宝贵的临床经验,更重要的是学习了老一辈协和人"严谨、求精、勤奋、奉献"的协和精神。轮转结束后我被协和名医、第一届中西医结合学会副理事长祝谌予教授选为助手和学生(当时有焦艺萍和我两人),从此侍诊案侧,亲身感受老师对事业的执着和对患者的关爱,聆听老师的谆谆教诲,目睹老师中西医结合的疗效,学到了许多书本上和课堂里学不到的东西。祝谌予教授早年受业于北京四大名医施今墨先生,后又东渡日本学习西医,毕生倡导中西医结合,遵经而不唯经,师古而不泥古,既守古人法度,又有创新精神。祝老经常教导我们,他山之石可以攻玉,中西医各有所长,各有所短,治病应该中西合璧,扬长避短,更好地为患者服务。他对胃肠病的治疗是在宏观辨证使用经方的基础上结合现代医学检测技术及中药药理微观辨病用药,如慢性萎缩性胃炎,即在辨证的基础上加用能够促进胃黏膜增生的活血化瘀药物及药理研究证实能够抑制幽门螺杆菌的药物。对于妇科月经不调他则根据月经生理周期制定不同的治疗方案,月经前半周期使用补肾养血以促进卵泡成熟,月经后半周期采取疏肝活血以期月事按时而至。早在 1980 年祝老在临床治疗大量糖尿病患者的基础上,和郭赛珊教授总结出了糖尿病辨证分型标准和施治方药,得到国内同行的认可及采用,直到 1993 年原卫生部颁布了临床研究指导原则。祝老重视临床,勤于实践,在临床发现糖尿病患者多有舌质紫暗、舌下静脉曲张等血瘀证的表现,首先提出活血化瘀治疗糖尿病,创立了益气养阴活血方。20 世纪 90 年代初他又提出痰瘀互阻是糖尿病慢性并发症的主要发病机制,为糖尿病理论的学术创新及规范糖尿病的中医治疗起到了积极的推动作用。1985 年我考取了祝老的研究生,在祝老和郭老两位导师的指导下,进行糖尿病血瘀证研究,发现糖尿病患者在临床血瘀证出现之前就有血液流变学等指标的异常。为此,祝老提出临床治疗糖尿病要及早应用活血化瘀药,意在"未病先防"。进一步的研究发现糖尿病有血管病变者比无血管病变者血液流变性异常及血栓素 B2 水平增高更为显著,因此,祝老强调治疗上要加强活血化瘀的力度,加用水蛭、全蝎等破瘀药,为的是"既病防变"。同时我还对祝老治疗糖尿病的益气养阴活血方进行了临床观察,结果发现该方在改善糖尿病患者气阴两虚血瘀证的同时,患者血糖、血液流变学、血小板聚集、甲皱微循环等客观指标也得到了改善。可以说,这就是我最初的中西医结合临床研究工作。

## 二、修行靠自身

通过这段时间临床及研究的经历,我坚定了继续从事中西医结合的信心和决心。为了解本专业的研究状况,我认真查阅国内外文献,不断拓宽研究思路,努力站在本学科的前沿,及时捕捉中西医的结合点。经过大量的文献检索及古籍研究,我把重点聚集在糖尿病周围神经病变,先后获得了国家自然科学基金、北京市自然科学基金及行业专项基金等课题资助。

传统中医学认为,消渴病以阴虚为本,燥热为标,消渴日久,肾阴亏损,阴虚燥热,煎熬津液,血黏成瘀,瘀血阻络而成"筋痹"或"血痹"。我们在临床中发现多数糖尿病周围神经病变患者以足凉、麻、痛为其主要表现,于是就着手对糖尿病周围神经病变患者的中医证候特征进行观察与分析,结果发现,随着病程的延长,阴阳两虚兼血瘀证的比例逐渐升高,Logistic回归分析也显示阴阳两虚证与消渴病病程显著正相关,阴阳两虚血瘀证及阴阳两虚痰瘀互结证与 SSR 也呈现着正相关。这符合中医病久及肾,阴损及阳的理论。于是,我们认为:消渴日久,阴损及阳,肾阳虚损,温煦失司,气血不能通达四肢,肌肉筋脉失于濡养,为糖尿病周围神经病变的主要发病机制,肢体麻木、疼痛、温凉感觉异常等为其主要临床特征。由此我们提出糖尿病周围神经病变患者以肾虚血瘀、寒凝筋脉为其主要证型,研制了具有补肾活血、温筋通脉功用的筋脉通胶囊(由菟丝子、女贞子、桂枝、水蛭、延胡索等组成)。我们采用随机双盲对照试验,发现用筋脉通治疗后,患者中医症状总分与神经功能评分明显下降,神经系统症状减轻,神经体征改善,SSR 上肢波幅和尺神经运动波幅明显增高,正中神经、尺神经、腓神经的感觉和运动神经传导速度、波幅及末端潜伏期等神经电生理指标明显好转。尤为重要的是,患者肢体麻、凉及痛等症状减轻或消失,提高了患者生存质量,且未发现肝、肾功能及血尿常规的异常。

从临床到科研,再从科研到临床,回顾我们研究糖尿病周围神经病变的过程就是如此。现代医学认为糖尿病周围神经病变的发生是多因素共同作用的结果。接下来我们就从糖尿病周围神经病变发生的相关机制入手,对筋脉通的作用机制进行了探讨,通过体内与体外研究,从多元醇代谢、糖基化终产物(AGEs)形成、氧化应激、内质网应激、炎症损伤、神经营养因子、自噬及凋亡等途径,探索了筋脉通治疗糖尿病周围神经病变的作用机制。研究证实筋脉通能够降低糖尿病大鼠坐骨神经和糖尿病周围神经病变患者红细胞醛糖还原酶活性,减轻山梨醇的蓄积,并能够减低糖尿病大鼠坐骨神经蛋白 AGEs 的形成,且能下调 AGEs 受体 mRNA 的表达。同时筋脉通还可以改善血液流变性,有利于神经组织血供;能够减轻内质网应激损伤,抑制炎症途径,调节神经营养因子及其受体的表达;能够调节自噬途径,抑制细胞凋亡,促进周围神经组织损伤的修复与再生。一个理想的药物应该是作用于与其发病机制相关的多靶点的制剂,筋脉通就是既符合中医理论又能多靶点调节的治疗糖尿病周围神经病变的中药复方制剂。

接着我们采用中药有效组分配伍的研究方法,选择筋脉通组方中的君药菟丝子、臣药水蛭以及佐药桂枝成分中的单体槲皮素、水蛭素和桂皮醛为实验药物进行研究,以阐明其作用机制并揭示中药复方筋脉通防治糖尿病周围神经的物质基础。结果表明,槲皮素、水蛭素、桂皮醛可分别作用于清除活性氧、抑制 NF-$\kappa$B 通路、上调 Nrf-2/HO-1 通路三个环节,能够抑制雪旺细胞凋亡,而三个单体组合成复方在抑制 NF-$\kappa$B 通路方面比三个不同单体作用更强,具有统计学意义,为中药处方配伍提供了客观依据。以上研究先后完成了 2 项国家自然科学基金、2 项北京市自然科学基金及 1 项国家中医药管理局基金课题;其研究成果在国内外期刊发表论文 50 余篇,其中 26 篇被 PubMed 收录,10 篇被 SCI 收录;培养博士研究生 9 人、硕士研究生 5 人，获得中国中西医结合学会科学技术奖二等奖及北京市科学技术奖三等奖各 1 项；多次在国内外学术会议上报告，交流研究成果，还撰写了中国中西医结合学会内分泌专业委员会组织制定的 2 型糖尿病周围神经病变的诊疗规范。

## 三、研究无止境

糖尿病周围神经病变（DPN）是多因素共同作用的结果，临床治疗首先要从源头抓起，保护胰岛 B 细胞，严格控制血糖及血脂等代谢指标，及早阻断引起周围神经病变的危险因素。其次，要重视中间过程，抗氧化应激。高糖引起线粒体中超氧阴离子生成过多，引发组织细胞发生氧化应激，贯穿糖尿病慢性并发症发生发展的始终。再次，要重视神经修复再生。不管是何种致病因子，最终的结果都是引起神经元或神经纤维的变性和坏死，因此保护神经细胞，促进其修复再生都将是糖尿病周围神经病变治疗的十分重要的方面。不过周围神经的修复再生同样是多因素共济调节的复杂过程，所需的微环境也非单一因子的作用，而是多因子、多因素联合作用的生物共济环。从某种意义上来讲，中药单药及复方制剂多靶点调节，在促进神经修复再生时较单一靶点的西药更具优势，可能会提供更接近神经生理需求或修复再生的微环境，但是也必须看到目前中药研究存在的问题。

1. 有关中药对 DPN 影响的多数研究仅限于单一指标的测定及机制的推测。

2. 有关中药对于神经修复和再生的作用与周围环境因素，包括细胞外基质和细胞因子复杂的相互作用，自身信号转导通路中各个环节的相互联系都不得而知，且研究甚少。

3. 中药在体内作用到达靶器官浓度与实验浓度不尽相同；体外培养的细胞独立生存于人工培养环境中，与体内环境相比仍有较大差异，实验研究有效，并不能说明临床有效。

4. 中药的剂型不同、活性成分不明，质量难以控制，尤其是中药复方药物之间的相互作用，使得作用机制的研究难以深入。

总之，对于中药促进糖尿病周围神经修复再生的作用机制及临床应用还有很长的路要走，有待于今后深入的研究与探讨。

## 四、任重而道远

习近平主席在澳大利亚墨尔本理工大学中医孔子学院授牌仪式的讲话中指出："中医药学凝聚着深邃的哲学智慧和中华民族几千年的健康养生理念及其实践经验，是中国古代科学的瑰宝，也是打开中华文明宝库的钥匙。中医药以人为本，崇尚和谐，注重人文关怀，倡导大医精诚的职业道德，深刻体现了中华民族的认知方式和价值取向，是我国文化软实力的重要体现。繁荣发展中医药文化，有助于弘扬中华文化，推进文化强国建设，增强中华民族凝聚力。"《中华人民共和国中医药法》提出："加强中西医结合研究，促进中医药理论和技术方法的继承和创新"。陈竺院士多次讲道："东西方两种认知力量的汇聚是现代医学向更高境界提升和发展的必然趋势。"任何事物都不可能脱离时代和社会环境而超然存在，社会和自然发展规律就是物竞天择，适者生存。我们的祖先早已为我们树立了光辉的榜样，从洋金花的引进到华佗的麻沸散，从金元时代"古方今病不相能"思潮到金元四大家的学术争鸣，从王清任推出的《医林改错》到西学东渐的中西汇通，貌似"离经叛道"

或"标新立异",但却在不同层次上发展了中医。作为中西医结合工作者,有责任把老一辈开创的中西医结合事业发扬光大。我们既要勤求古训,又要融汇新知,融西贯中,承前启后,积极探索,开拓进取,让蕴藏在中医学宝库中的精华得以充分发扬,使之在和现代医学结合的过程中进一步创新和发展。

# 我对血瘀证与活血化瘀理论的中西医结合研究

**王 阶**
中国中医科学院广安门医院

······· 【简 介】 ·······

　　王阶，男，汉族，1956年出生。中共党员，主任医师，医学博士，博士研究生导师，中国中医科学院首席研究员，享受国务院政府特殊津贴，第十三届全国政协委员，全国五一劳动奖章获得者。现任中国中医科学院广安门医院党委书记、院长，兼任国务院学位委员会中西医结合学科评议组召集人，第五届中央保健会诊专家，中华中医药学会副会长，国家药典委员会中医药专业委员会主任委员，国家食品药品监督管理局新药审评专家，中华中医药学会心血管病专业委员会主任委员，中华医学会理事，中国药学会理事，中国医院协会理事，中国中西医结合学会常务理事。

## 一、走上中西医结合之路

1986年我入京求学，报考中国中医研究院陈可冀院士的博士研究生，从事中西医结合心血管临床研究。入院后，我学习了很多中西医结合的新理论和新方法。通过查阅陈老师发表的论著，耳濡目染其严谨的科学思想和治学态度，深刻感悟其中西医结合思想。其间，陈老师帮我拟定了血瘀证和活血化瘀方向的研究课题。在导师的指导下，我选择了从临床症状、体征和客观指标入手，通过计算和统计分析来表现中医的证候内涵。1988年，我完成了博士论文，制定了中医最早的证候客观定量方法和标准之一，将研究论文"血瘀证诊断标准的研究"发表于《中西医结合杂志》，并因此在血瘀证研究的国际会议上做了大会报告。我先后参加了1986年、1988年和1990年中西医结合学会血瘀证诊断标准的制定工作，进一步加深了对血瘀证客观化和标准化的理解。

1991年，通过分析前期研究结果，结合临床实践，我们在电子计算机多因素回归的基础上，又加入了判别分析的内容，利用计算机对血瘀证进行判别分析，开拓了新的领域。1992年，我的研究论文"血瘀证诊断的前瞻性研究"，对血瘀证的诊断记分做了检验和修改，该论文作为中西医结合学会推荐论文参加了中国科学技术协会首届全国青年大会。在这次会议上，我作为中医和中西医结合的代表，在人民大会堂受到了江泽民总书记的接见，给自己数年的研究做了一个肯定。

其后，我相继进行了冠心病血瘀证逐步回归分析、瘀血腹诊的临床研究等。在客观标准的活血化瘀研究之下，我结合中医传统理论特色，将益气活血、理气活血、养血活血、温阳活血、养阴活血和化痰活血等中医治法纳入研究，从而丰富了血瘀证和活血化瘀理论。2003年，我获得了陈可冀老师领衔的国家科学技术进步奖一等奖（排名第4）。通过对血瘀证和活血化瘀的逐步深入研究，我深化了在中西医结合领域的工作，同时这也为我以后研究病证结合、证候演变及制定诊疗规范等奠定了基础。由此，中西医结合的历史必然性已然凸显，我也随之走上了中西医结合之路。

## 二、深化中西医结合认识

早在1913年毛主席就提出"医道中西，各有所长"。1955年全国首批"西医学习中医研究班"开学，中医和西医之间就开始了理论和技术上的结合。1958年毛主席在关于举办"西医离职学习中医班"的批示中指出"中国医药学是一个伟大的宝库，应当努力发掘，加以提高"，肯定了中医药的重要地位，并于该批示中首次提出"中西结合"。由此，中西医结合开始蓬勃发展，并于1961年至1965年相继在《中医杂志》发表中西医结合治疗青光眼、急腹症及骨折的文章。至党的十一届三中全会后，全国中医、中西医结合工作会议明确提出"中医、西医、中西医结合三支力量共同发展，长期并存"的方针，至此中西医结合发展至巅峰。但是，随着中西医医学理念的碰撞，中西医结合逐渐萎缩，至1985年中西医结合又归并到中医学中。尽管中西医结合之路颠簸曲折，但其崛起和发展具有历史必然性，也是促进今后医学发展的主要动力和方向。1990年后中医药行业成为院士的几位大家，如陈可冀、沈自尹、吴咸中、诺贝尔奖得主屠呦呦，都是当年西学中班的学员。这不仅印证了毛主席的预言——"如能在 1958 年每个省、市、自治区各办一个 70～80 人的西医离职学习班,以两年为期,则在 1960 年冬或 1961 年春,我们就有大约 2 000 名这样的中西结合的高级医生,其中可能出几个高明的理论家",同时也表明了中西医结合成为未来医学主流的趋势。

中西医结合是历史的选择,更是未来医学发展的中坚力量。通过认识中西医结合的发展历程,结合多年科研工作和临床实践的亲身参与,我感悟中西医结合的曲折发展,同时又对其未来发展的趋势充满信心。

首先,中华人民共和国成立以来初期为克服缺医少药的困难,社会开始关注中医,第一次全国卫生会议提出"团结中西医"工作的方针。这是中西医结合产生的社会背景,也是历史选择了中西医结合。

其次,面对西医理念和科学技术的迅速发展和强势挑战,无论是中医还是中西医结合都避免不了受到质疑和打击。在这样的历史条件下,中西医结合想要生存和发展,必须证实自身价值,并寻求一条独具特色而又不可替代的发展道路。

再次,通过将现代医学检测技术和科学实验方法运用于传统中医研究中,中医在一定程度上实现了自身价值的展现,并逐步探讨新的中西医结合方法。这是当今时代下中西医结合的重生,也为未来中西医结合的前进和发展奠定了基础和方向。

最后,目前中西医结合已逐渐受到全国,乃至全世界的认同。2009 年《国务院关于扶持和促进中医药事业发展的若干意见》提出"发挥各自优势,促进中西医结合"。2016 年,全国卫生与健康大会重申"坚持中西医并重",既体现了对中医药发展政策的一贯性,也赋予了"中西医并重"新的内涵。由此,中西医结合作为一种新的中国符号和国策,已然以全新的姿态面向全世界。凭借着中医独特的理论优势、西医先进的诊疗技术和综合的临床疗效,中西医结合正作为一种新的医学体系逐渐走出国门,面向全人类。不少国外求学者纷至沓来,学习中医理论和中西医结合方法,促进了现代医学的发展和"走出去,请进来"的文化交流。

## 三、获得中西医结合研究成果

在中西医结合的大趋势下,基于前期血瘀证客观化和规范化的研究基础,我对冠心病进行了进一步地深化研究,创立了基于证候要素的冠心病辨证的病证结合新体系,首次确立了冠心病的证候演变规律,并最终形成了冠心病心绞痛介入前后中医诊疗指南。

1. 制定血瘀证诊断标准  1988 年,基于计算机多因素回归分析,我制定出血瘀证的定量诊断标准记分表。它以一种定量的形式表现症状体征和理化检查,因而相比我国早期的标准而言,更加直观和便于统计分析。同时,该血瘀证标准的诊断项目较日本相应标准更加完善,它同时纳入了症状、体征和客观指标,因而更符合临床实践,便于实际运用。此后,运用判别分析的方法,该诊断记分表在临床上得以验证,并做了进一步的完善和修订。为了延续和深化血瘀证的研究,我又运用逐步回归分析法对冠心病血瘀证进行了深入研究,将中医传统的益气活血、理气活血、养血活血等治法与客观标准的活血化瘀研究相结合。至此,血瘀证的诊断标准得以确立并获得 2003 年度国家科学技术进步奖一等奖。

2. 创立基于证候要素的冠心病病证结合的辨证新体系  证是基于症状、体征等综合外在表现归纳出来的一种抽象概念,辨证论治是中医理论的基本特点,也是中医取得临床疗效的重要前提。目前有关冠心病中医证候的定义并不统一,有些证候仅包含一个病理因素,但大多数证候同时涵盖了多个因素,因此这在一定程度上增加了辨证方法和证候规范的难度,也阻碍了病证结合模式的发展。有鉴于此,基于2004年王永炎院士提出的"证候要素"的概念,本团队参加国家"973"计划《冠心病心绞痛病证结合的诊断标准与疗效评价体系研究》,首次将"证候要素"引入冠心病的辨证体系中,明确提出冠心病证候要素的概念,并先后发表相关论文75篇。

本课题组在分析5 099例冠心病心绞痛的文献病例的基础上,通过对1 069例经冠脉造影证实的冠心病临床病例进行分析,创新性地采用"7+1"研究方法,综合最大似然法、专家咨询、对应相关、熵关联度、多元线性回归、判别分析方法等多种统计学算法,最终确定出冠心病心绞痛的8个证候要素(包括血瘀证、气虚证、阴虚证、痰浊证、气滞证、阳虚证、寒凝证、热蕴证)和6个主要证候要素组合(包括气虚血瘀证、气阴两虚证、痰瘀互阻证、气滞血瘀证、痰阻热蕴证、阳虚寒凝证),进而构建了《冠心病心绞痛病证结合证候要素诊断量表》和《冠心病心绞痛病证结合证候诊断量表》。为了进一步验证该诊断量表,我们对1 000名冠心病心绞痛患者进行分析,通过对比1990年冠心病中医辨证标准,绘制ROC曲线,结果发现运用本课题组诊断量表有较高的准确性(ROC曲线面积分别为0.91和0.82)。此外,我们将量表应用在15家中医院332名中医院住院医师的培训中,3个月证候诊断准确率由62%提高到85%;应用在10家西医院283名住院医师,3个月证候诊断准确率由15%提高到71%。相比1980年和1990年的冠心病中医辨证标准,该量表在病例筛选、统计算法和条目量化上表现出独特的优势。该研究采用的是大规模多中心方法,以冠脉造影确诊病例为基础,运用证候要素,结合多种算法和专家经验以综合筛选条目,并进一步对条目进行量化。因此,该量表更适合在西医院和住院医师群体中推广,一方面能增加诊断的准确率;另一方面它简明、实用,更容易推广。此外,该研究建立了一套系统、完整的证候诊断量表研制方法,亦能为今后其他疾病的证候诊断规范化提供思路和方向。

3. 明确冠心病介入后证候演变规律及诊疗指南　中医证候具有时间性和空间性的特点,不同的病理阶段、不同的病变部位和发病人群,证候都有不同。故而中医临床一直重视因时、因地、因人制宜,强调动态变化和平衡。在冠心病的发生发展过程中,其证候也存在这样的动态时空特征,因此有必要对冠心病证候的演变规律进行研究。按照冠心病病证结合证治体系的要求,我们采用生存分析和连续重复测量的方法,对202例冠心病心绞痛患者介入前后835例次多个时点的信息进行系统分析,明确了冠心病心绞痛介入前后证候演变规律以及中药干预的影响。

(1) 相比介入前,介入治疗后1周到4周冠心病患者的胸痛、胸闷症状能明显减轻,但倦怠乏力、气短、口干、五心烦热等症状却显著增加。介入治疗12周后,患者胸痛、胸闷和畏寒的症状较介入后1周和4周增加。

(2) 介入术后与术前相比,随着时间的延长,实性证候比例呈现先减少后增加的趋势,但虚性证候比例却显著增加。

(3) 介入治疗后初期,患者证素组合较为简单;但随着时间推移,该证素组合有向复杂方向转化的趋势。

(4) 中药治疗不仅能降低实性证候(血瘀、寒凝)发生频数和减少证候积分,还能降低后期虚性证候(气虚、阳虚、阴虚)发生频数并减少积分。同时,中药可以起到降低后期炎症因子水平、抑制血小板活化,以及改善心功能指标的作用,从而使证候要素组合朝着简单化方向发展。

通过以上对冠心病心绞痛介入前后中医证候演变规律的研究,结合多种算法和综合评价的方法,我们最终形成了《冠心病心绞痛介入前后中医诊疗指南》。

## 四、展望中西医结合发展

中西医结合已经被提升到国家政策的高度,其未来发展也必定是大势所趋。现代医学的发展需要中西医结合,中西医结合也必然是未来医学的象征。但是,就目前中西医结合的发展进程来看,它仍然处在初期,其概念和性质仍需得到更多学术界和社会人士的关注和认可。尽管中西医结合的双重诊断和治疗已现雏形,但目前中西医结合方法仍然以中医和西医机械的结合为主,缺乏较为系统的理论体系。此外,中西医结合医疗机构的数量和质量也难以满足当今人民群众的就诊需求,许多地区的医疗水平依然较低,难以达到优质的中西医结合的诊疗模式。有鉴于此,为促进中西医结合的稳步向上发展,我有以下几点建议。

1. 将中西医结合融入国家发展战略,坚持中西医并重,推进中西医结合,建立中西医互补的卫生医疗服务体系,协调发展中西医,全方位、全周期保障人民健康,进行总体布局和规划,创造中国的新医学新药学。

2. 界定中西结合概念和范畴,建立完善的中西医结合基础理论体系。中西医结合绝非简单的中医加西医、中药加西药,抑或西医检查加中药调理,而应是组织医疗机构、医学院校的中西医结合专家,深入研究两者在形成和发展过程中的思维方式、对象内容和观察方法,梳理异同点,汲取两者之长融会贯通。另外,中西医结合治疗的优势互补及增效减毒作用已被多年临床和研究证实,因此,凝练其临床优势,推广其实践运用是当前需要解决的问题。

3. 总结和创新中西医结合研究方法,运用中医药理论,结合现代科学实验技术,深入对接传统经验与社会需求,总结出适宜的研究方法,获得成果推动转化,获得诺贝尔奖的青蒿素研究就是这方面成功的代表。

4. 制定医院管理和人才培养相应政策,按照中西医结合人才的成长规律,建立以本科教育为规模、研究生教育为高端的专业培养模式,鼓励高级西医学习中医,名中医深入进行科学研究,以此完善高层次人才培养体系。

另外,中西医结合医院的规范化建设与发展、中西医结合医师考评制度的强化,都需政府扶持,从而提高诊疗水平,满足人民群众中西医结合诊疗服务的需求。

# 莫愁前路无知己

## ——我的中西医结合心路

**蔡定芳**
复旦大学附属中山医院

············· 【 简 介 】 ·············

蔡定芳,男,1956年11月生于上海,1988年毕业于南京中医学院(现南京中医药大学)获博士学位。现任复旦大学附属中山医院中西医结合主任,教授,博士研究生导师。上海中医药大学附属曙光医院神经内科主任教授。全国百名优秀中青年医学科技之星,国家中医药管理局优秀中医临床人才,上海市领军人才,上海市名中医。中国中西医结合学会常务理事,中国医师协会中西医结合医师分会副会长,上海市医师协会中西医结合医师分会会长,上海市中西医结合学会副会长。留学日本德岛大学、富山医科药科大学。长期从事中医/中西医结合内科与神经内科临床与科学研究。发表学术论文300多篇,主编《恽铁樵全集》《陆渊雷全集》《姜春华全集》《沈自尹全集》《南山书屋医论》等15部。获国家与省部级科学成果奖6项。

## 一、名师铺路

1974 年甲寅秋月，我毕业于温州卫生学校。求学期间授课的刘家骅老师见我勤奋刻苦，曰：温州三院许国华先生理论临床俱精，汝可问业。癸丑暑期，余偷业观诊于国华老。时值酷暑，诊室若市，又无电扇，师怒曰：热，离去！我知趣离去一米，旋即近。如此数日。师问：何人？答：习医学生。师喜：坐！抄方。遂每日上午侍诊，下午病房会诊，学业大进。假期毕，许师曰：温州二医章肖峰先生造诣精深，私交笃厚，子宜师之。然章公必汝熟诵《伤寒杂病论》而后教。如是，余华盖山麓故居苦读大论，昼夜不辍者三月。许老携余拜谒章师，遵嘱背诵太阳之为病，脉浮，头项强痛而恶寒……师大喜曰：孺子可教！肖峰先生幼承庭训，苦读四书五经，年十六随先师祖来峰公习岐黄术，临证辨脉识病言必归经旨，处方遣药丝丝入扣，屡用达方，活人无数：辄以仲景苓桂术甘汤治梅尼埃病起则头眩身为振振摇者，真武汤治功能性子宫出血崩漏，黄土汤治上消化道出血便黑面白，桂枝加芍药汤治急性阑尾炎腹痛拒按，张元素桂苓甘露饮治尿崩症口渴小便不利，刘河间防风通圣散治皮肌炎肌痛皮疹，李东垣清暑益气汤治壮火食气，张景岳金水六君煎治慢性阻塞性肺气肿痰盛咳喘，易思兰畅卫舒中汤治肺郁寸脉独沉，薛生白青附金丹治肝硬化脾虚鼓胀，高士宗顿咳方治小儿百日咳，陈修园消水圣愈汤治肾病水肿……学术悉本先祖而发挥焉。《丹溪心法》单味大黄茶煎治头痛如破法，先生师其法，辄以单味大黄 60 克酒炒三次浓茶调服治疗蛛网膜下腔出血，疗效颇佳。尝谓：一人而系一世之安危者，必重其权而专任之；一物而系一人之死生者，当大其服而独用之。先父晚年专注佛学，自号河间居士，尝谓我心便是佛，人心贵实，火心贵通。讲经释疑，传薪布道，人称佛学造诣不下医学。先生尝谓：名家之所偏即是名家之所长。《千金》《外台》方大药众然杂而不乱，《临证指南》方小药简但法度深严，丹溪重阴谓阴常不足阳常有余，景岳崇阳言人之大宝只此一息真阳，魏玉横鉴香燥之弊而创一贯煎，王清任力辟中风之非而制补阳还五。取其所长补其所短，乃为上医。师以先师祖《河间医话》示余曰：师之所学尽在此书，子其精读，深望焉！遂知师之所学悉本隐庵修园而于叶氏《指南》尤多妙悟。先师耳提面命，严格要求，扎实中医理论素养由此修成，理法方药丝丝入扣的临床诊疗特点亦由此而成雏形。余《论升降学说》在恩师指导下独立完成，时年 18 岁。卒业后余留恩师所在温州第二人民医院工作，遵师训白昼临症夜晚苦读，上至《内》《难》《伤寒》《金匮》《神农本草》，下及《千金》《外台》宋元明清各家学说，涉猎深浅，各有所得。1979 年己未秋，我考取浙江中医学院硕士学位研究生，研究方向为经典著作继承。导师徐荣斋教授治学严谨，为人谦厚，经典研究功底深邃，于《黄帝内经》尤多建树，著作等身，名震医坛。三年寒窗，通读历代医籍，博大精深中国医学体系由此深烙心灵。王国维《人间词话》治学三境界云：昨夜西风凋碧树，独上高楼，望尽天涯路；为伊消得人憔悴，衣带渐宽终不悔；众里寻她千百度，蓦然回首，那人却在灯火阑珊处。荣斋先生尝以此勉励我学习要刻苦勤奋，使我受益终身。硕士学位论文《论内经治则学说的三个基点及其对后世的影响》分篇发表在《上海中医药杂志》《浙江中医学院学报》《吉林中医药》等，收获的喜悦是激励我发奋学习的强大动力。1986 年丙寅春，我考取南京中医学院博士学位研究生，研究方向为温病卫气营血辨证规律，导师孟澍江教授乃国内温病大家，家学渊源，学验俱丰。孟师尝谓：戴北山《广瘟疫论》风寒汗不厌早时疫汗不厌迟，伤寒下不厌迟时疫下不厌早之语道破千古伤寒瘟疫天机。于是我幡然醒悟温疫辨证论治体系不仅与伤寒异与温热亦截然不同,《论温病学四次突变》《温疫病学的学术体系探讨》《温疫学派研究》等是我此期代表力作。其间良好的实验室训练,为我此后的中西结合实验研究打下坚实基础。

## 二、大师指路

姜春华老师指引我走上中西医结合之路。

我有阅读杂志的习惯。1970 年全国正式出版发行的中医杂志并不多,我能读到的大约有 20 多种。我每天如饥似渴地阅读这些中医期刊。通过杂志,我神交了冉雪峰、岳美中、赵锡武、姜春华、黄文东、金寿山、裘沛然、李聪甫、张海峰、邹云翔等名医大家。其中,对我产生重大影响的是姜春华老师。我几乎阅读了姜春华教授的所有文章与著作,为姜老的渊博学识与大胆创新的气魄深深折服。经姜老学生武义俞桴医生引荐,1981 年辛酉夏月我拜识了姜春华老师。次年硕士研究生毕业,姜老是我硕士学位论文的评阅人,对论文赞誉有加。鸿雁频传遂成忘年之交,余愿追随骥尾,姜老曰:免拜师礼,侍诊一日。1983 年癸亥夏,余于上海枫林路中山医院中医门诊跟师抄方一天。是晚,师徒亦酌亦论,其乐融融。姜老曰:学习中医务必钻进去跳出来。这一教诲影响了我的一生。发展中国医学关键在于既要老老实实"钻进去",又要敢字当头"跳出来",敢于离经叛道,立志创新。"跳出来"有两方面内容:一是对中医学中一些不正确的理论敢于澄清,予以推翻,对一些原来中医治疗效果欠理想的疾病敢于补充,予以发明;二是运用现代科学的成就与方法对中医的精华予以研究,阐明其科学原理。他认为温病必须早期治疗,快速控制病原,必要时可以早期截断卫、气、营、血的传变,而不必因循等待。他根据自己的实践经验,根据温病以热毒为主的特点,提倡"重用清热解毒""早用苦寒泄下""不失时机地清营凉血"……使温病不再传变下去,从而使疾病不再发展,早期治愈。这一观点得到了不少临床单位的验证,证明行之有效,确可减少流行性乙型脑炎、肺炎、流行性出血热等病的病死率。他还把"扭转截断"的观点用于治疗一些其他疾病,也取得了很好疗效,如用"止咳方"(百部、马勃、南天竹子)治愈咳嗽,用"定喘方"(金福花、全瓜蒌、佛耳草、老鹤草、碧桃干、合欢皮、防风)治疗哮喘,用"头痛方"(川芎、白芷、细辛、蔓荆子、全蝎)治头痛,他用这些有效的经验方,结合辨证加减,提高了中医治疗这些疾病的效果。姜老主张中西医结合,提倡中医也要学习西医,他说:"只要立足中医,吸收西医的东西起帮助作用,就能做到西为中用,古为今用。"姜老对一些现代医学较难治疗的疾病勇于探索,走前人未走过的路。如治肝硬化,他辨病结合辨证,认为病在藏血之肝而非疏泄之肝,重用活血化瘀,取得较好疗效;治疗肝硬化腹水,他用巴漆丸加峻下逐水汤剂以攻为主,少佐补益,收到满意疗效。

用现代实验语言阐释中国医学科学理论,是上海恽铁樵中西汇通学派的学术核心。开山鼻祖恽铁樵、中流砥柱陆渊雷、三关主帅姜春华、科学大师沈自尹毕生为此奋斗探索。姜春华教授一脉相承恽铁樵、陆渊雷中西汇通学术思想,设计领导实施肾的研究、舌诊研究、活血化瘀研究三个著名现代科学实验攻关课题,龙宫索珠,虎穴探子,实现恽铁樵、陆渊雷未竟事业。姜春华教授带领他的学生沈自尹教授等对肾阳虚证进行了为时半个世纪的艰难科学实验探索。本项目基础与临床结合,中医与西医结合,现代与传统结合,哲学与科学结合,采用各年代当时最先进的科学手段与方法,研究逐步深入,循序渐进:① 根据中医理论制定证候诊断标准。② 据此标准严格选择入组病例。③ 多指标、多途径、多方法科学地筛选该证候的特异现代医学指标。④ 根据这些科学指标研制证候动物模型。⑤ 在证候模型上开展先进而科学的符合中医原理的方药疗效与机制研究。⑥ 将归纳的科学理论指导临床实践，提高中医防病治病能力。

《肾的研究》被日本两次翻译出版广为发行；累计发表相关学术论文（含 SCI）200 多篇，专著 6 部，2010 年肾阳虚证神经内分泌学基础与临床应用获国家科学技术进步二等奖。

20 世纪 60 年代初，姜春华带领学生陈泽霖等组成舌诊研究课题组，在全国率先开展中医舌诊现代科学实验研究，影响深远。开展舌诊研究之初，围绕研究舌诊还是研究脉诊，课题组进行多次认真讨论。在原上海第一医学院科研处领导下，姜春华邀请上海著名中医专家进行专题讨论。专家们对 20 位患者的舌象脉象进行会诊并记录结果。对比分析专家意见发现，舌象变化的判断基本一致，只是在舌苔或舌质颜色的深淡描述上有轻度差异，而脉象的描述差异很大，很少有 3 人完全相同的判断。因此，姜春华最后决定研究舌诊。由姜春华领衔，陈泽霖主攻，在广泛临床观察总结的基础上，中医舌诊的现代科学研究展开来，尤其是对病理舌象的形成及其科学机制所进行的解剖、病理、生化等多方面的研究，取得了显著成绩。1983 年中国中西医结合学会设立"四诊研究专业委员会"，陈泽霖教授担任首届主任委员。舌诊研究经过近半个世纪的积累，取得重大进展。《舌诊研究》获全国科技大会重大成果奖，《正常人舌象研究》《舌苔的电子显微镜研究》《青紫舌的综合研究》《中医舌诊客观化研究》等多项成果获原卫生部科技奖项，受到国内外学者的重视和一致好评。活血化瘀是中医临床常用治法，疗效突出。姜春华课题组紧密结合临床，从生理、生化、病理、药理、免疫等各方面阐明活血化瘀的科学本质，影响深远。

1985 年我报考南京中医学院博士研究生，姜老写推荐信给我报考的导师孟澍江教授，字里行间透露出对我的殷切期望。戊辰冬卒业，姜老推荐我追随沈自尹教授。按姜老指点我拜访上海平江路沈老师府邸，热情接待之情没齿不敢相忘。沈老师递 more 烟问：侬感兴趣伐？其实我会吸烟，由于紧张连忙说不会不会。师母沏茶，我品不出是什么茶叶，但感到非常非常清香浓郁。以后 30 年间我品过很多很多香茗，总也觉得不如师母的这杯茶好喝；吸过很多很多香烟，但一看到 more 烟，总有一份别样的感情。经过一番高难度的中西医结合研究思路交谈（与其说是交谈倒不如说是面试），沈老师欣然接受了我的就职请求。沈老师儒雅、严谨、大家风范，沈师母慈祥和蔼，至今仍深深铭刻在我的脑海。这次拜访改变了我的一生，使我从此正式走上中西医结合的道路。

## 三、院士带路

追随沈自尹院士从事中西医结合研究至今有 30 个年头了。

20 世纪 80 年代末到 90 年代初，中西医结合肾本质课题进入难度较大的下丘脑研究阶段。沈老师带领我们课题组全体人员夜以继日地艰苦攻关。我们当时的技术还未能达到探索下丘脑的形态与功能的水平。为此，沈老师派我两渡日本，留学日本德岛大学与日本富山大学，学习神经解剖与神经药理。学成归国，在沈老师指导下我从事肾阳虚与下丘脑室旁核内在联系的研究。我们的实验证实补肾药物能有效改善皮质酮大鼠下丘脑室旁核-垂体-肾上腺皮质形态与功能，进而将肾阳虚证定位于下丘脑。其间我们发表了许多重要文章，如

《新生期大鼠皮下注射谷氨酸单钠后下丘脑-垂体-肾上腺-胸腺轴的改变》《外源性糖皮质激素对下丘脑-垂体-肾上腺-胸腺轴的影响》《补肾健脾活血三类复方对下丘脑-垂体-肾上腺-胸腺轴及 CRH 基因表达的影响》《仙灵脾减轻外源性糖皮质激素抑制神经内分泌免疫作用的临床与实验研究》等。在沈老师的精心培养下，我的学术水平得到快速提高。1993 年我被上海医科大学确定为沈自尹老师的学术接班人，同年获"全国百名优秀中青年医学科技之星"称号，受到原卫生部的表彰。1995 年我被破格晋升为上海医科大学正高，1996 年我受聘担任博士研究生导师，1997 年首批入选上海市卫生系统百人计划。在沈老师的指导下，我带领团队进军中西医结合神经病学临床与实验研究领域。

帕金森病(Parkinson disease，PD)是常见的神经系统退行性疾病。国际领域认为帕金森病研究难点有三，一是病因不明，二是病程的进行性进展无法阻止，三是对长期服用左旋多巴制剂出现的疗效递减与运动异常缺乏有效对策与措施。我们通过认真分析认为：帕金森病病因探索不是中医研究强项，延缓变性减慢帕金森病病程进行性进展以及改善帕金森病运动异常是中医优势。因此，我们近 30 年的帕金森病研究总体策略是：在现代医学抗帕金森病治疗的基础上，采用中医中药延缓帕金森病病程进展。在国家"十一五"科技支撑项目、上海市三年行动计划等课题资助下，我们开展了补肾养肝方药延缓帕金森病病程进展的随机双盲多中心安慰剂对照大样本临床研究。结果表明：补肾养肝方药可以有效延缓早中期帕金森病病程进展。在国家自然科学金的资助下，我们进一步研究了补肾养肝方药延缓帕金森病病程进展的可能机制。我们在研制 6 羟多巴-帕金森病大鼠模型、MPTP-帕金森病小鼠模型、MPP$^+$ SH-SY5Y-帕金森病细胞模型的基础上，观察补肾养肝方药及单味肉苁蓉及其有效成分对行为学、酪氨酸羟化酶、酪氨酸羟化酶 mRNA、黑质致密部多巴胺能神经元数量、α-突触核蛋白表达、脑纹状体酪氨酸羟化酶阳性纤维表达以及黑质 TH 神经元数量、帕金森病细胞模型的细胞生存率与 GADD153 基因与蛋白表达、TH 与小胶质细胞特异表达补体 C3 受体、胶质细胞源性神经营养因子受体 a1 等。结果表明，补肾养肝方药对上述研究指标均有不同程度的改善作用，提示养肝熄风方药能有效延缓帕金森病的神经变性，并与左旋多巴具有协同作用，可减轻长期应用左旋多巴引起的运动并发症。通过研究，我们明确将帕金森病定位于中医肝肾，病机是肝肾不足，治疗策略是补肾养肝，代表方剂是地黄饮子，有效药物是肉苁蓉及其提取物。同时，我们制定了帕金森病肝肾不足的诊断标准。国际著名神经病学专家、Parkin 基因发现者水野美邦教授一针见血地指出 21 世纪帕金森病的研究重点是"如何缓减帕金森病病程的进行性进展"。我国中西医结合帕金森病研究应该沿着这一国际目标不懈努力："让向前开动的火车慢下来"。

急性缺血性脑卒中是全球性疑难高危疾病。近 30 年来，我的团队在风中脑络经典中医理论指导下，在多个国家自然科学基金及上海市卫计委中西医结合重点病种建设等项目的支持下，组织中国医师协会中西医结合分会神经病学专家委员会专家制定《中国急性缺血性脑卒中中西医结合诊治推荐意见》，采用随机双盲多中心安慰剂对照观察加减小续命汤治疗急性缺血性脑卒中的临床疗效，结果表明治疗组发病第 90 天改良 Rankin0～2 级患者为 59.2%，优于安慰剂组 56.2%，提示祛风通络方药可以提高急性缺血性脑卒中临床结局指标(待发表)。在此基础上，我们开展祛风通络及其演变方药治疗急性缺血性脑卒中临床疗效的神经血管单元保护作用及其机制研究，结果如下。

1. 祛风通络及其演变方药可以有效保护急性局灶性脑缺血动物神经损伤；减小神经功

能缺损评分;减小梗死体积;改善血脑屏障;保护神经元;保护胶质细胞;保护血管内皮;改善神经血管单元生存微环境。

2. 祛风通络及其演变方药可能通过调控 STAT3 信号通路,抑制急性脑缺血损伤状态的星形胶质细胞活化,保护胶质细胞。

3. 祛风通络及其演变方药可能通过 HGB1/TLR4/NF-$\kappa$B 信号通路,抑制急性脑缺血损伤状态的多种炎性因子活性与表达,保护血管内皮。

4. 祛风通络及其演变方药可能通过线粒体 P53 通路,抑制急性脑缺血损伤状态的兴奋性氨基酸毒性反应,保护神经元。

5. 祛风通络及其演变方药可能通过 IL-6、IL1$\beta$ 及其相关受体,加强神经—血管—胶质交互对话,改善急性脑缺血损伤状态的神经血管单元生存微环境。这可能是祛风通络及其演变方药对急性脑缺血损伤神经保护的核心机制。

本项目共发表论文 82 篇,SCI 收录 10 篇,出版相关论著 1 部,培养硕士、博士研究生 20 余名,成果被全国 20 余家单位推广应用,提高了急性缺血性脑卒中的临床诊疗救治水平,促进了我院的国家卫计委脑卒中筛查防治高级中心项目以及上海市脑卒中救治中心项目的建设,产生了良好的社会效益。该项目获 2017 年上海中医药科技奖一等奖。

## 四、未来之路

中国中西医结合医学走过了艰难而漫长的道路,取得了举世瞩目的成绩。中国医学曾经为中华民族的医疗保健做出了极其重要的贡献,但是随着鸦片战争的隆隆炮声,西方医学开始以如潮之势涌入中国,迅猛发展的西方医学已远非 170 年前刚进入中国时可比。在经历了惊心动魄的中西文化、中西医学交流之后,中华民族灿烂的传统中医学只有在新时代的医学交流、文化交流的更新中,只有在合理汲取全人类文明新成果的过程中才能获得新生。

在研究层次不断深入的同时,我们深刻认识到中医学缺乏对人体形态结构方面的科学认识,整个中医学是建立在没有形态的功能变化之上。不解决中医缺乏形态学的问题,难以想象会有真正意义上的中国医学或中国中西医结合医学。未来的中西医结合之路应该重视功能辨证与形态辨证相结合。功能辨证是指以中医学生理活动为依据的临床症状辨证,形态辨证是指以西医学正常解剖为依据的病理结构辨证。功能辨证与形态辨证相结合是指将传统中医的证候辨证方法与现代西医的病理形态变化结合起来,在针对中国医学功能变化处方的基础上,再联合西方医学的形态病理用药。例如,根据功能辨证属"肝气郁结"者,在用柴胡疏肝饮等方的基础上,应该进一步做形态辨证:若属于肝细胞肿胀坏死等,要加麻黄、桑叶、泽泻等(假设);若属于胆囊炎性改变等,则应加桂枝、防风、山茱萸(假设);若属于肝纤维化改变者,则应加地龙、蝉蜕、防风等(假设);若属于肝细胞癌,则应加雷公藤、大黄、白术等(假设)……

西方医学尝到重视形态的甜头,细胞病理学的问世,将诊断、治疗牢牢扣在形态变化之上,使临床千变万化的外在表现都成为有形可征;细菌、病毒、微生物的发现,有效地控制了危害人类的天花、鼠疫、霍乱等烈性传染病;微循环的阐明,使休克治疗得以突破性发展;器官移植、基因转录……无不深深得益于形态结构的研究。中医学则吃尽忽视形态的苦头,始终在变动的无形态基础的功能状态上游移。莫愁前路无知己,天下谁人不识君,愿与中西医结合同道共勉。

# 我从事肾脏病研究的
# 中西医结合之路

**李 平**
中日友好医院

·············· 【简 介】 ··············

李平,女,1956年12月生。中日友好医院关节炎与风湿病重点实验室主任、药物药理研究室主任、主任医师、研究员,免疫炎性疾病北京市重点实验室主任。分别在日本新潟大学医学部和中国中医研究院研究生部获得西医和中医学博士学位。北京中医药大学和中国协和医科大学博士生导师,北京市中西医结合学会肾病专业委员会名誉主任委员,世界中医药学会联合会肾病专业委员会副会长,中国中药协会肾病中药发展研究专业委员会主任委员。

先后主持承担了国家973、国际合作重点项目、国家自然基金重大研究计划项目等国家及省部级科研课题20余项。以第一完成人获得各级科学技术进步奖11项;获国家发明专利5项。在国内外期刊及学术会议上发表论文300余篇,其中SCI收录60余篇;撰写学术著作10部。获国家留学归国成就奖;国家中央机关优秀女科技工作者、国家首届杰出女中医师等荣誉。原卫生部有突出贡献的中青年专家,获国务院政府特殊津贴;获"十一五"国家科技计划执行突出贡献奖。多次被评为原卫生部直属机关优秀共产党员;2017年获全国三八红旗手称号。

作为恢复高考后的第一批大学生,一个偶然的机会使我迈进了北京中医学院(现北京中医药大学),成为一名中医工作者。一晃 40 年过去了,我从对中医的迷茫和困惑到热爱中医,热爱中西医结合事业。十几年来,我在自己的工作岗位上取得了一些成绩,今年被评为全国三八红旗手,曾获得国家留学归国成就奖、国家"十一五"执行计划突出贡献奖、原卫生部有突出贡献的中青年专家和中央机关优秀女科技工作者等荣誉称号。这一切都归功于我的中西医结合之路……

## 一、走上中西医结合之路

"文化大革命"十年期间,我在动荡中度过了小学和中学。高中毕业后,我被分配到北京铁路分局丰台机务段,成了一名内燃机车实习副司机。改革开放恢复高考使我有机会考大学,1978 年初我幸运地通过了高考,被调剂到北京中医学院中医系,成了一名中医 1977 届的学生。我和同学们一样踌躇满志,非常珍惜这来之不易的机会。

1. 国内外研究生学习为中西医结合打下了坚实基础  我在紧张的读书中度过了 5 年的大学生活,寒假、暑假几乎都在学校里读书,我们课程设置有中医和西医两部分,我们有一部分同学都是买西医院校的教科书来学习。1982 年底大学毕业后,我被分配到我家附近的北京市宣武区中医医院。填报志愿时,我写了对《伤寒论》感兴趣,被内科主任王学义挑选做了徒弟。他常对我说:"学好《伤寒论》,看病不用问。"我开始反复通读《伤寒论》原文,但是临证过程中,还是常常遇到一些不能解决的难题。尤其是看到患有疑难杂症患者那期待的目光,我深深体会"患之所苦,病疾多;医之所苦,病道少",从而坚定了我继续深造的决心。1986年初我考取了著名中医肾病专家、中国中医研究院研究生部时振声教授的硕士研究生,开启了我对慢性肾脏病治疗方法的探索之路,并成为我一生的事业。而时值我儿子刚出生 2 个月,家庭和学业都是我难以割舍的。

时振声教授出身于中医世家,幼承家训,家学渊源,得到了其父——我国著名中医学家时逸人教授的口传心授、耳提面命,在中医学理论和临床方面奠定了坚实的基础。其后,时振声教授考入青岛医学院,系统地学习了现代医学。时老坚持以中医为主的中西医结合,在医疗实践中发挥两医之长,对慢性肾脏病的治愈率既优于中医治疗,又高于西医疗效。我跟师在西苑医院肾病科出门诊,时老的患者最多,耳闻目染,使我得到了时老师治肾病的一些真传,至今受益无穷。为了拓展现代医学对肾脏病的诊断知识和治疗方法,时老师让我去北京大学第一附属医院(以下简称"北大医院")肾脏内科学习。北大医院肾内科在我们国内肾脏病界具有深厚的临床积淀,在北大医院学习期间,我不仅仅参加他们的主任查房,还参加他们英语临床病理讨论,我把每一个临床问题都认真地记下来,晚上再查书学习。我还帮助进修医生写英文病例摘要,从此,结识了一批西医肾病界同仁。

研究生毕业后,我留在中医研究院研究生部,从事教学工作。由于当时英语教师缺乏,我便主动承担了研究生英语教学。我一边学习,一边教课,那是一段富有挑战性的经历。2年后我参加了 WHO 出国进修考试,本意想去欧美,由于中医背景服从分配获原卫生部笹川医学奖学金资助去日本进修学习。日本厚生省规定中医师不能取得临床进修允许,因此日本中医学协会为我联系到日本新潟大学肾脏病研究所,师从所长清水不二雄教授,进行"中药柴苓汤治疗实验性肾炎的机制研究"。从英语到日语,从临床到动物实验,从中医到西医,白天做实验,晚上读书,我克服一个又一个的困难。1 年的进修紧张而又充实,我以第一作者完成了 1 篇英文论文,并取得了一批实验数据,获得了日本教授的高度评价,也改变了日本同事对中医的看法。

1993 年回国后,我被晋升为副主任医师,并得到国家教委和国家中医药管理局留学归国启动基金的资助。我一边在研究生部继续教研究生英语,一边在解放军总医院陈香美院士的实验室进行"中药治疗实验性肾炎"的研究工作。陈院士要求大家周末上班,每天晚上加班到 11 点钟,一天当作两天过。如果说在北大医院肾科,我受到了"三基""三严"作风的影响,在解放军总医院肾科我又受到拼搏进取精神的熏陶。这一切使一个原本平平庸庸的我,增添了努力向上的动力。

1994 年,中国中医研究院落实教育部培养跨世纪人才培养计划,招收在职博士研究生,经过时老师推荐和书面考试,我作为首批在职人员攻读时振声教授的博士研究生。1997 年7 月,我完成了博士论文答辩,在中国中医研究院获得中医内科临床博士学位。1998 年初,时振声教授不幸去世,我一直感谢恩师对我治学做人上的帮助指导。

笹川医学奖学金制度执行 5 年后,中国原卫生部和日中医学协会又建立了一个新的人才培养制度:从每年归国的 100 名笹川奖学金研修生中选拔 10 人作为特别研究者再次去日本进修学习。1996 年经日本教授推荐,国家原卫生部选拔我作为第五期笹川医学奖学金特别研究员,再次回到新潟大学肾脏病研究所工作。在日本教授的一再挽留下,1999 年 5 月我在日本新潟大学完成了医学博士学位。这段经历为我从事中西医结合肾脏病科学研究奠定了基础。1999 年 6 月我被中日友好医院肾内科引进,晋升为研究员。

我在中国中医研究院取得的中医内科博士学位和日本新潟大学获得的西医学博士学位开启了我日后的中西医结合之路。回想 1977 年恢复高考,本意想学理工科,结果却意外地进入北京中医学院,40 年来跌宕起伏,我和中医结下了不解之缘。由服从分配到热爱中医,由尊崇西医到西为中用、中西医结合,通过科研工作,发展中医学,通过中医临床,我深感中医学的博大精深。

2. 临床实践中的肾病研究  初到中日友好医院肾内科工作时,病房里有一个来自内蒙古的系统性红斑狼疮患者高热不退,处于昏睡状态,家人很焦急。主管医生找到我,问"中医是否想想办法"。我根据患者有往来寒热的特点,给他用了小柴胡汤加减,很快热退病情好转,患者出院后一直把我当作"救命恩人",给我介绍了一批内蒙古患者。中医药治疗肾病效果明显,找我看病的患者逐渐多了起来,曾经的肾内科住院患者都要求找我吃中药。当我看到一度绝望的患者经中医治疗有了好转,带着满意的微笑和我道别时,我深为自己是一个中医大夫感到欣慰。中医临证给了我一丝成就感,使我找到了自身价值。慢性肾脏病作为难治性疾病,现代医学治疗常常遇到一些瓶颈问题。我们用中医中药能够弥补西医的不足,使患者摆脱困扰,这使我萌发了研发治疗慢性肾脏病中药的念头。

2001 年 7 月中日友好医院领导班子决定,安排我担任中日友好医院临床医学研究所副所长兼中西医结合与药物药理室主任,每周在肾内科出一次门诊。当时研究所科研项目很少,主要靠技术人员为医院做些临床检测项目。我负责的这个室是中西医结合和药物药理两室合一,有 2 个比我年资高的研究人员和 5 个技术人员,全是女同志。常言说"三个女人一台戏",我刚刚接手,药理组和药化组就因为装修打了起来。我这个从临床来的主任,如何带领大家求生存?怎样才能变被动为主动?化消极为积极?我只有选择申请国家科研基金,带领大家做科研,改变现状。起初我想尽办法了解基金的申请渠道,研究如何写标书。我从日本归国 3 年半后,获得第一个国家自然基金项目资助是与解放军总医院高干病房肾科程庆砾主任合作"柴胡皂甙-d 肽导向药物防治肾小管间质损伤的研究"。程教授利用噬菌体肽库淘选出一个血管内皮黏附分子 1(ICAM-1)小肽,认为可以靶向性结合到病变的肾组织。我们用脂质体包裹临床有治疗意义的中药单体并与 ICAM-1 小肽结合,试图靶向性治疗慢性肾脏病。这份标书我写了 5 个月,也是我中的第一个国家自然基金。十几年来,我主要围绕中药治疗慢性肾脏病的作用机制和临床疗效评价开展研究工作,我注意和国内外学者合作,拓展我们的研究思路,建立了自己的科研团队。

## 二、我的研究方向和主要学术成绩

随着人们生活习惯的改变,进入 21 世纪以来,中国已经成为全球糖尿病第一大国,作为糖尿病的主要并发症——糖尿病肾病在全球患病率高、危害严重,现代医学缺乏有效的治疗办法,已经成为发达国家和我国发达地区血液透析的首位原因。

我带领研究团队,针对现代医学的瓶颈问题——糖尿病肾病早期隐袭起病,不易发现;临床大量蛋白尿疾病进展迅速,为普通肾脏病的 14 倍;中医药在防治糖尿病肾病上具有明显的优势和特色,然而缺乏循证医学的证据,中医辨证的物质基础不清楚,中药配伍机制和作用机制不明确,我于 2004 年与清华大学罗国安教授、加拿大马尼托巴大学巩跃文教授合作,开展了中医药治疗糖尿病肾病的系统生物学研究,2005 年获国家 973 课题资助。

1. 我们首次创建定量代谢组学研究方法　我们发现了糖尿病肾病"病-证"相关的代谢标志物;运用蛋白质组学和代谢组学方法,发现糖尿病肾病早期疾病相关新的生物标志物;首次提出整合生物标志物体系,用于疾病的早期诊断和证候学研究。

(1)建立定量代谢组学研究方法用于糖尿病肾病研究,发现了"病-证"相关的代谢标志物:首先,我们借鉴循证医学方法,梳理近 30 年以来的文献及回顾性病例研究,建立了糖尿病肾病的中医证型数据库,对糖尿病肾病的中医辨证方法进行了德尔菲法的专家问卷调查,同时开展横断面病例研究,运用聚类分析、主成分分析、最大似然法的因子分子及典型相关分析等方法,证实了糖尿病肾病从气阴两虚到阴阳两虚最终发展到气血阴阳俱虚的过程,而血瘀贯穿整个病程。

2005 年我们课题组首先提出了整合全景模式(代谢指纹谱)和特写模式(多通路目标代谢物定量测定)的定量代谢组学研究策略,并被安捷伦公司采纳,开发推出系列配套仪器,已成为具有广泛共识的临床代谢组学研究范式。以糖尿病肾病患者血液样本为示范,我们分别建立了整体代谢指纹谱分析、7 大类百余种磷脂定性与定量分析、15 种脂肪酸定量分析、21 种嘌呤嘧啶相关代谢物定量分析和 8 种硫醇氨基酸定量分析的系列方法,发现随着糖尿病肾病的进展,磷脂类代谢物呈下降趋势,嘌呤/嘧啶核苷类代谢物呈上升趋势。在病理恶化进程(病)和阴虚向阳虚转化(证)的过程中,两类代谢标志物的变化趋势具有良好相关性,进一步分析发现了糖尿病肾病"病-证"相关的代谢标志物。研究发现糖尿病肾病阴虚证代表性代谢标志物是一些磷脂类的物质,如 PE750、PG747 和 PC802 等;糖尿病肾病阳虚证代表性代谢标志物是肌苷、肌酐、胸苷、腺苷、胞嘧啶、胸腺嘧啶、同型半胱氨酸和 S 腺苷同型半胱氨酸等。我们首次在国际上报道:肌苷不仅仅作为一个糖尿病肾病阳虚证的代谢标志物,还可作为糖尿病肾病早期诊断的潜在标志物。

(2)利用系统生物学方法,发现了糖尿病肾病疾病相关新的生物标志物;结合西医理化指标、中医证候积分和系统生物学发现,创建了糖尿病肾病整合生物标志物体系:我们运用比较蛋白组学方法对自发性2型糖尿病肾病模型OLETF和同源正常大鼠LETO肾皮质的分析发现22个差异位点。经过基因测序,我们指认出7个有意义的功能蛋白。经过在细胞、不同动物模型和糖尿病肾病患者肾组织的反复验证,我们首次发现并在国际上报道了QDPR、ETFβ等4个早期肾损伤的生物标志物在糖尿病肾病发病中的作用。

在上述研究的基础上,我们课题组将整体表征与局部特征整合、定性分析与定量测定整合、多层面指标体系的整合和聚焦,针对糖尿病肾病这样多系统复杂疾病,将临床检查的理化指标、中医辨证分型症状与基因、蛋白、代谢标志物进行整合,建立了一个糖尿病肾病早期诊断的整合生物标志物体系。

2.利用4种经典糖尿病肾病动物模型  我们运用系统生物学方法阐述益气活血法组方中药的作用机制和整体效应;进而,利用化学物质组学方法和体外实验研究分析复方中药的协同作用和单味药物的有效成分。

(1)用4种经典糖尿病肾病动物模型,运用系统生物学方法阐述复方中药益气活血法的作用机制:我们对已故名老中医时振声教授治疗糖尿病肾病的经验进行了系统的分析和整理,分别在北京和上海举行南北地域糖尿病和肾病专家座谈会,并对有代表性的13个省市30多家医院中医主任医师进行了问卷访谈,组成具有"益气柔肝,活血通络"功效的复方中药——糖肾方。我们利用自发性2型糖尿病肾病OLETF大鼠和db/db小鼠模型,单侧肾切加链脲佐菌素诱导的糖尿病肾病大鼠和高脂饲料喂养合并STZ诱导的糖尿病肾病大鼠模型,证实了复方中药(糖肾方)改善糖尿病所致肝、肾、消化系统等病变的作用机制,从基因组学、蛋白质组学和代谢组学研究入手,阐释复方中药的整体作用机制。

柴黄益肾颗粒是我根据在日本研究柴苓汤的体会,结合国内名老中医治疗慢性肾脏病蛋白尿的经验,在国家中医药管理局新药研发基金的资助下,自主研发的有效治疗蛋白尿的复方中药制剂,并于2008年获得国家食品药品监督管理局颁发的新药临床批件,其具有"益气疏肝,活血利水"之功效。我们首次报道柴黄益肾颗粒具有显著减轻糖尿病肾脏和肝脏病理损害的作用,下调microRNA21表达,抑制NF-κB信号通路驱动的炎症反应和TGF-β/Smads介导的纤维化是其治疗糖尿病肝肾损害的共同核心分子机制。代谢组学和脂质组学证实,柴黄益肾颗粒能有效抑制糖尿病肾病状态下肾脏中尿毒素、葡萄糖苷酸等有机毒素的异常升高,上调磷脂特别是鞘磷脂的水平。该部分工作从分子和代谢角度极大丰富了益气活血法治疗糖尿病肾病的科学内涵。

(2)利用化学物质组学方法和体外实验研究,分析复方中药的协同作用和单味药物的有效成分,发现补气中药和活血中药治疗糖尿病肾病的作用机制:在复方中药体内动物实验研究的基础上,我们课题组提出化学物质组学(Chemomics)研究策略用于中药方剂活性组分跟踪与配伍评价,在中医药理论和复杂性科学理论的指导下,确定一定的适应证(功能主治)并建立可行的评价模型和参数,有系统、分层次、逐步优化分析有效化学物质组中各成分的相互关系,保留最小有效成分群,并为此发展了一系列基于色谱、质谱及其联用技术的新技术新方法。其中所建立的挥发性离子对色谱——串联质谱方法实现了全部22种蛋白质氨基酸的非衍生化同时定量测定,被质谱学国际权威Fred W. McLafferty教授评价为"It is a major breakthrough in the amino acids measurement techniques"。我们运用该技术确认了补气活血中药的有效组分和成分,补气中药黄芪中毛蕊异黄酮苷具有抗炎和氧化应激作用,益气活血中药具有抗纤维化作用,为糖尿病肾病的治疗和有效药物研发提供了科学依据。

3. 首次基于临床系统生物学与循证医学相结合的方法,评价了复方中药治疗糖尿病肾病的临床疗效,提出了中医药治疗复杂疾病的综合疗效评价模式

(1)运用循证医学方法开展了复方中药治疗糖尿病肾病的多中心、随机双盲、安慰剂平行对照临床试验,在国际上发表:2007年9月至2009年12月间,课题组在北京、上海、河北等地6家三甲医院开展了多中心、随机双盲、安慰剂平行对照临床试验(注册号:ChiCTR-TRC-10000843。中日友好医院伦理号:2006-059),共纳入180例气阴两虚夹瘀型2型糖尿病肾病(符合 Mogenson 分期Ⅲ期和Ⅳ期)患者,随机分为中药组和安慰剂对照组。中药组为西医常规治疗加中药,安慰剂组为西医常规治疗加安慰剂,实验用药均由江阴天江药业有限公司提供中药配方颗粒,共计给药24周。结果表明:在大量蛋白尿西医没有办法的情况下,中药抑制了尿蛋白排泄,改善了肾小球的率过滤。此工作得到国际同行认可,相关论文在 *Plos one* 杂志发表。

(2)运用代谢组学方法评价了复方中药治疗糖尿病肾病临床疗效,部分解释了中医辨证论治的物质基础,提出基于系统生物学的综合疗效评价模式:在复方中药治疗糖尿病肾病临床疗效评价循证医学研究的基础上,我们利用代谢组学方法对糖尿病肾病患者治疗前、治疗3个月、治疗6个月和正常人血液代谢物进行了分析,结果表明,中药治疗后代谢物轨迹发生了改变,整体代谢效应向正常转化。我们进一步利用定量代谢组学的方法研究了中药治疗后的靶标效应,发现中药治疗后磷脂类代谢物逐渐升高,向正常转化,嘌呤/嘧啶类代谢物逐渐下降。

## 三、感悟与建议

"业精于勤,荒于嬉;行成于思,毁于随"是我多年来的座右铭。掌握好英语为我打开了国际交流的大门,使我有更多的机会和可能接触到国际上一些知名专家教授,与他们交流合作开阔了我的眼界,也使我看到了我们的局限性和不足。

"善待他人,包容宽厚"是我为人处世的原则,从而在我成长的过程中得到同志们的帮助,也没有因为斤斤计较而浪费时间。与患者交流沟通,积累临床经验;与年轻人交流沟通,不断捕捉新的信息,发现新的问题是我们科技创新的动力。

借鉴现代科学研究成果,传承与发展中医药事业是时代赋予我们的使命,中西医结合取长补短是时代的要求。我们应当消除门户偏见,避免故步自封,为中西医结合事业发展只争朝夕、努力奋斗!

# 从卫生员到名中医

## ——我的中西医结合之路

凌昌全
第二军医大学附属长海医院

·········· 【简 介】 ··········

凌昌全,男,1957年7月出生,安徽怀宁人,主任医师,教授,博士研究生导师。现任第二军医大学附属长海医院中医医院院长、中国人民解放军中医肿瘤研究所所长,中国中西医结合学会副会长、上海市中西医结合学会会长、中国康复医学会肿瘤康复专业委员会主任委员,上海市医学领军人才,上海市名中医,军队中医药"国医名师",享受国务院政府特殊津贴,国务院学位委员会第七届学科评议组副组长(中西医结合专业),*Journal of Integrative Medicine* 执行主编。国家自然科学基金杰出青年项目获得者,全国中西医结合优秀中青年科技工作者。作为全军第一个中西医结合专业的博士生导师,自1998年以来,培养了一批高素质的中医药人才,迄今已经博士后出站5名,毕业博士研究生41名、硕士研究生62名。

我本人从一位戍边战士、基层卫生员，一步一个脚印，成长为军队中医药"国医名师"、军队"科技银星"、上海市名中医、上海市医学领军人才。这一路坎坷曲折却也一帆风顺的历程，虽有个人对中医药事业的热爱、自强不息的精神、踏实肯干的作风，以及对探索中西医结合防治肿瘤之路的执着，更是离不开党和部队的培养。本人每一步成长都是领导支持、同事帮助、团队齐心努力的结果。

## 一、自强不息夯根基

1974年，响应党的号召，17岁的我高中毕业后应征入伍，新兵连训练一结束就被派往位于新疆天山脚下的某部卫生员培训班学习，开始接触一些粗浅的中医药知识。卫生员培训结束后的一天，一位连长突然高热不退，换了好几种抗生素都不见效。初出茅庐的我根据已经掌握的中医药知识，配了几味中药，仅3天时间，连长的高热退尽了。从此，我就与中医结下了深深的情缘，我开始在工作中用一根根银针、一把把草药为部队指战员服务。1978年，我以优异的成绩考入上海中医学院医疗系，进行了系统的中西医学习。大学毕业后我又回到原部队工作。在戈壁滩上解放军第546医院，我与医院几名老一辈的中医工作者一起，东奔西走，艰苦创业，建立起了国防科工委系统第一个具有独立护理单元、25张床位的中医病区，受到科工委各级领导的高度赞扬。1986年秋天，我再次考入上海中医学院攻读硕士学位和博士学位，1992年毕业成为全军第一个中西医结合专业博士学位获得者。

硕士期间，我师从著名中医肿瘤专家刘嘉湘教授，在认真学习刘教授丰富理论知识和临床经验的基础上，通过对1 200多例肺癌患者的临床疗效和作用机制的研究，发现69%的肺癌患者表现为气阴两虚，并在国际上首次发现益气养阴方能明显降低对肺腺癌的诱发率。这一论文在世界中西医结合大会上受到高度关注，并被翻译成多国文字在医学刊物上发表。其后主持研制的"减毒一号"，又名"四生汤"，曾获雅加达国际中医药最新成就展览会"金奖"。硕士毕业后，我又拜师国内著名中西医结合专家赵伟康教授攻读博士学位。值得一提的是，攻读博士学位期间，在校领导的支持下，作为一种尝试，我和徐列明、翟道荡三位被送到上海外国语大学全脱产培训一年，打下了很好的英语基础，为后来的学业进步、事业发展创造了优越的条件。

## 二、抓住机遇建学科

毕业后我被第二军医大学附属长海医院作为人才引进，1992年被破格晋升为副教授、副主任医师，1994年又被破格晋升为教授、主任医师，1995年开始担任长海医院中医科主任。面对一个无病房、无课题、无成果的"三无科室"，为了实现学科建设的腾飞，我带领全科同志在充分调研的基础上，立足高起点，依托医院肝胆外科的传统优势，确立了以中西医结合防治肝癌为龙头的发展方向，并以科研为突破口，促进学科医教研的全面发展。在科室同仁的共同努力下，科室在短短十多年的时间里实现了"多级跳"，1995年被批准为中西医结合临床硕士授权学科，1996年建成首批上海市综合性医院示范中医科，1998年被批准为中西医结合临床博士授权学科，2000年初步建成上海市中医防治肝癌特色专科。良好的开端为学科跨越式发展奠定了坚实的基础，"十五"期间，学科建设实现了质的飞跃，2001年建成了"全军中医内科中心",并相继跻身国家教育部中西医结合临床重点学科建设单位和国家中医药管理局中医内科（肿瘤）重点学科建设单位,入选国家"211"重点学科建设,建成国家中医药管理局中药介入三级实验室和中医肿瘤二级实验室。2003 年创办专业学术期刊《中西医结合学报》,被美国国家医学图书馆收录索引。进入"十一五",学科建设更是大踏步前进,2006 年,在"全军中医内科中心"学科建设取得优良成绩的基础上,我们建成"中国人民解放军中医肿瘤研究所",为中医学科的发展带来新的动力。全所上下齐心协力,励精图治,于 2007 年顺利进入国家重点学科二期建设和国家"211"重点学科三期建设,2009 年入选军队"530"重点学科。

一连串荣誉闪耀的背后,是我们团队在确立目标后十几年如一日拼搏在医教研一线上的艰辛。勤奋和创新是这支团队共有的特征,一个个荣誉的获得是对我们努力奋斗的最好褒奖。经过多年的努力,当年的中医科已经建成长海医院中医医院,成为集教学、临床、科研为一体,拥有中医经典教研室、中医基础教研室、中药方剂教研室、针灸推拿教研室、中西医结合病房、中西医结合学报编辑部、中西医结合实验室、中医肿瘤研究所等部门,共有教职员工两百余人,其中 71.20% 拥有硕士以上学历的大家庭。学科先后承担国家、军队和省部级各类科研项目 174 项,获得包括国家科学技术进步奖二等奖、上海市科学技术进步奖一等奖等高级别奖项 20 多项,获批专利授权 30 项,发表 SCI 论文 120 余篇（单篇最高 IF 16.658 分）,单篇最高被引 163 次。

## 三、中西合璧攻难题

众所周知,"肝炎—肝硬化—肝癌"是肝病恶化三部曲,因此控制慢性肝炎、肝硬化等疾病发展,是预防肝癌发生的重要举措。为了体现中医"治未病"、防病于未然的优势,我与启东肝癌防治研究所"肝癌早诊早治示范基地"合作,在启东乡镇开展大样本的临床流行病学调查,并在上万例临床数据的基础上,带领攻关团队研制出疏肝健脾、方便携带、药食两用的"甘枣宁"颗粒。经上千例实验证实,"甘枣宁"颗粒能逆转肝细胞脂肪性变,延缓肝硬化结节形成。我们在对亚硝胺诱导的动物肝癌模型观察中发现,单纯亚硝胺诱癌组大鼠在 12 周有 20% 出现肝硬化,16 周 100% 出现结节性肝硬化,40% 并发癌变。而甘枣宁预防组出现肝硬化、癌变结节的时间均延迟于亚硝胺诱导组,在第 20 周单纯诱癌组肝癌发生率为 100%,甘枣宁预防组仅为 80%。此项研究给肝癌提供了"未病先防"的措施,将使得众多的肝病患者能够从中获益。

术后复发是影响肝癌手术治疗远期疗效的最主要因素之一,而目前无论中医还是西医均无统一规范的术后防治方案。我依据多年的临床经验提出:在小肝癌术后肿瘤负荷极低这一特殊阶段,因中医药相对较低的毒副作用和更为全面的作用机制,用以预防复发效果可能较肝动脉介入治疗更有优势。在此理论的指导下,研究所将预防肝癌复发的多种中医药方法加以整合,形成了一整套综合方案,迄今该方案已用于小肝癌术后预防复发近 10 年。2006 年 9 月,该小肝癌术后预防复发方案列入"十一五"国家科技支撑计划开展多中心前瞻性随机对照研究。我们从全国收治肝癌较多的 5 家三级甲等医院招募筛选肝癌术后患者 1 125 例,最终纳入 379 例,随访 10 年。结果显示,该方案与常用的肝动脉化疗栓塞术（TACE）对照组比较,术后复发风险降低 30.5%;术后 1、3、5 年复发率为 17.7%、43.5%、54.4%,显著低于对照组的 28.8%、54%、69.6%。在此基础上我们形成了 2 个临床路径和 1 份指南,在全国 50 余家大型医院推广应用。

肝癌的低切除率和高复发率决定了对不能手术及手术后复发患者治疗方法的探讨成为肝癌研究的重要课题。对于中期肝癌(单发肿瘤直径>5 cm,包括单发巨块型肝癌;多发肿瘤数目>3 个,最大直径>3 cm),TACE 是国际巴塞罗那临床肝癌(Barcelona clinic liver cancer, BCLC)指南唯一推荐的治疗手段,在国内外应用较为广泛,但其延长生存的确切作用尚存在国际争议。为解决这一问题,我们率先提出用中药替代化疗药物,将 TACE 更新为肝动脉中药栓塞(Transarterial herboembolization, TAHE),可望在控制肿瘤进展的同时降低 TACE 的毒副作用。我们进一步牵头组织了以华蟾素注射液替代阿霉素,比较 TAHE 与 TACE 对中期肝癌疗效的多中心前瞻性随机对照研究(临床试验注册号 ChiCTR-TRC-10001057)。招募中期肝癌患者 899 例,最终纳入 408 例。结果显示,TAHE 组的疾病控制率(Disease control rate, DCR)为 78.3%,TACE 对照组为 77.1%,两者差异无统计学意义。但对于肿瘤直径大于 10 cm 的单发巨块型肝癌患者或 HBsAg 阳性患者,TAHE 的客观缓解率显著优于 TACE(48.4% vs 20.0%, $P=0.028$);TAHE 的 DCR 也优于 TACE(80.6% vs 64.0%, $P=0.046$);而 TAHE 组术后肝功能异常等毒副作用发生率及程度显著低于 TACE 组。相关研究发表在国际消化病顶级刊物 *Gut* 和 *Evid Based Complement Alternat Med* 等专业杂志,并以此形成临床路径 1 项,相关成果在 40 多家医院推广应用。

晚期肝癌迄今缺乏有效的治疗手段,BCLC 指南唯一推荐靶向药物索拉非尼治疗晚期肝癌,但国际上有医学机构研究证实该药仅比安慰剂延长约 3 个月的中位生存时间,对多数患者无效,且有手足综合征、腹泻、高血压、肝功能损害等诸多副作用,价格非常昂贵,远远超出我国绝大部分患者的经济承受能力,因此亟须发挥中医药特色,研发晚期肝癌有效中药。首先项目组对长海医院、上海市中医医院等 282 例晚期肝癌的回顾性研究显示,相比最佳支持治疗,解毒颗粒能将中位生存时间由 4.0 个月延长至 6.2 个月,疗效与索拉非尼相近。项目组进一步组织实施了解毒颗粒与索拉非尼对晚期肝癌疗效比较的多中心前瞻性队列研究,纳入患者 385 例。结果显示,两种药物治疗后的中位无进展生存时间(Progression free survival, PFS)差异无统计学意义(2.97 vs 2.40 个月),但解毒颗粒的不良的反应发生率及程度显著低于索拉非尼(皮疹 1.9% vs 11.0%, $P=0.0011$;疲乏 5.6% vs 15.2%, $P=0.0059$;厌食 3.7% vs 13.4%, $P=0.0025$),且经济费用仅为索拉非尼的 1/50。该研究申报专利 1 项,发表文章 19 篇,相关成果已在全国 170 多家医院推广应用。

长期以来,"中医药只能对晚期肿瘤进行调理"的传统观念严重制约了中西医结合防治肿瘤优势的充分发挥。本人结合中医基础理论知识和多年的临床实践,提出了"癌毒为恶性肿瘤之本""中西医结合应该也完全可以贯穿于肿瘤防治全过程"的系列学术观点,提出了针对癌毒的肝癌中西医结合防治原则:对于肝炎后肝硬化等肝癌高危者,当中药为主,健脾扶正,防毒于未然;肝癌发作,当中西并举,以毒攻毒,杀成形之毒;肝癌根治术后,则以中医为主,扶正解毒,驱复燃之毒;在肝癌反复治疗中,又须中西医配合,刚柔相济,减毒法之毒;迨至肝癌晚期,尚可中西医、饮食、营养等多元并举,对症治疗,缓致命之毒。上述学术观点,我们也正在通过一系列科学研究,进行全面的论证。

## 四、不拘一格育英才

作为一名从基层成长起来的中医药工作者,我深感学科的发展离不开优秀的人才,中西医结合事业的传承更离不开合格的接班人,因此在工作中特别重视对人才的培养。自1995年以来,我就开始指导中西医结合专业的硕士生,后又相继将学科建成博士点、博士后流动工作站,并成为全军第一个中西医结合专业的博士生导师。20多年来我培养了110多名硕士、博士毕业生,他们中已有20多人走上了科室主任的岗位,有4人被列入上海市青年科技启明星人才培养计划,3人被列入上海市优秀青年医学人才培养计划,2人是同济大学中医大师传承人才培养计划首期学员,他们正在成为军队和地方中西医结合事业的中坚力量。

2004年,随着军队院校编制体制的调整,原第一军医大学中医学专业交由第二军医大学建设,建设我军特色中医药人才培养体系的任务迫在眉睫,我被任命为中医系主任。在与兄弟院校多方论证的基础上,我提出院校教育与中医师承教育相结合的中医人才培养模式,结合中医传统"拜师"文化,推行师承制教育,让大师熏陶学子;设立"中医临床教学门诊",由名中医带学员把脉查体、处方用药,实现"早临床,多临床,反复临床";同时坚持开展导师接待日活动,用师德文化为学子"导向、导学、导心",从和谐师生关系入手,优化教学效果。一系列新型中医人才培养模式获得了国家教育部和解放军总部的充分认可。2011年7月,中医系成为全国首家获批开设中医专业8年制教育的单位,使中医学历培养贯通为本硕博"一条龙"。同时,我们大胆与地方名校合作办学,开创了军地联合培养体系,使中医人才培养实现人文社科、自然科学、现代院校教育、中医传统师承教育的完美融合。可以预见,未来10年,全军和上海大医院三分之一以上的中医科主任都将是第二军医大学中医系毕业生。

作为全军唯一的中医药外训教学基地主官,在学校的正确领导下,依靠专家教授的集体智慧,通过开设1年和半年制培训、暑期夏令营等活动,我们先后对50余个国家数百名外军学员教授中医,培训中医临床技能。许多学员学成回国后,成为传播中医文化的友好使者。多年来,我们先后高质量完成一系列外军留学生的中医培训任务,不仅促进了我军的军事外交工作,而且推动了我国中医药事业走向世界的步伐。

40余年的风雨历程,我从一名基层卫生员,到入选上海市卫生系统"百名跨世纪优秀学科带头人"和"上海市优秀学科带头人",获"全国中西医结合优秀中青年科技工作者"称号,并获得国家杰出青年基金资助;2004年又被上海市卫生局、人事局增补为"上海市名中医",成为上海滩上最年轻的名中医;2007年入选军队"国医名师",获得解放军总后勤部"科技银星"称号。如今担任着全国中西医结合学会副会长、上海市中西医结合学会会长等学术职务和中国康复医学会肿瘤康复专业委员会主任委员,头顶上被冠以诸多光环,但我最喜欢的还是第二军医大学"教授＋老师"这一称呼,它无关名利,将一直陪伴我体验着临床的充实、科研的惊喜和育人的快乐。

# 临床实践 善于思考
# 走中西医结合创新之路

**姚树坤**
中日友好医院

### 【简 介】

姚树坤，男，生于 1957 年 12 月。医学博士，主任医师，教授，博士研究生导师。中日友好医院副院长，北京大学医学部、北京协和医学院消化内科专业、北京中医药大学中西医结合临床专业博士生导师。兼任中国中西医结合学会副会长、消化系统疾病专业委员会副主任委员，中国医师协会消化病分会副会长，中华中医药学会肝胆病专业委员会副主任委员，北京市中西医结合学会副会长、肝病专业委员会主任委员。

擅长中西医结合诊治疑难疾病。主攻方向：① 慢性肝病：酒精性肝病，非酒精性脂肪性肝病，肝纤维化，肝硬化，自身免疫性肝病等。② 功能性和动力障碍性胃肠病：功能性消化不良，反流性食管炎，顽固性便秘，顽固性嗳气和肠易激综合征等。以项目负责人承担国家"十一五""十二五"科技支撑计划和科技重大专项课题、"十三五"重点研发计划项目、国家自然科学基金等 19 项。培养博士研究生 45 名，硕士研究生 40 名。以第一或通讯作者发表学术论文 230 篇，SCI 论文 30 篇。主编著作 4 部，参编著作 6 部。曾获省部级科学技术进步奖一等奖 1 项、二等奖 3 项、三等奖 6 项，曾被评为有突出贡献的中青年专家，享受国务院政府特殊津贴。

## 一、成长经历

1. **童年——博观广阅，文化熏陶**　我生长于河北省安平县的普通农村家庭，上小学时正值"文化大革命"，"破四旧"把"孔融让梨"之类的语文课本都收缴了，只有少部分自编教材，内涵甚少。当时农村条件简陋，没有图书馆，获取好书十分困难。所幸我的邻居收藏了许多珍贵的书籍，如《中华活页文选》，其中有较多的司马迁著作等各类古籍节选。那时的古籍没有翻译，只有部分字句的简单注释，年幼的自己理解能力有限，只能通过反复阅读以加深理解。自此，我对传统文化知识以及古文著作产生了浓厚兴趣。开卷有益，广泛的阅读为后来学习中医经典打下了良好的文言文基础，也使我更容易理解传统文化的思维方法。

2. **少年——幼承庭训，志趣向医**　范仲淹有言"不为良相，便为良医"，我大概十二三岁时便牢记了这句名言，对医生这个职业有所向往。那个年代，医生在农村是被人们称作"先生"，是非常受人尊敬的职业。我的祖辈中有学中医的人，我父亲对传统中医和现代医学也有所了解。每当我看到周围的医生为患者诊治疾病，解决痛楚，受到患者的尊敬和感激时，便对医生职业充满崇高的敬意和无限的向往。于是在学习古文的同时，我也读了一些中医经典著作，印象比较深的有《雷公药性赋》《濒湖脉学》和《神农本草经》。当时年幼，读书过程中常有不明之处，经常请教村里的医生，包括我的祖辈、父亲。他们看我小小年纪竟对中医有如此浓厚兴趣，便毫不吝啬地指点，使我受益匪浅。

3. **高中——初步实践，躬行中医**　高中阶段，我的语文老师自学了针灸，平时同学生病了，老师都使用针灸给同学们治疗，效果非常不错。由于我学习成绩比较好，和老师的关系也不错，所以从那时便开始跟着老师学习扎针，偶尔也尝试着开几个小药方，从此便开始了对中医的初步实践。

4. **乡村医生——一线执医，四年磨炼**　1974年初我高中毕业，那时还没有恢复高考，我毫不犹豫回到了农村老家，成为一名赤脚医生。由于上学期间成绩优异，又有医学基础，回村里后我很受重视，被公认为是学医的好苗子。于是，在年长的村医前辈们的带领和指导下，我一边学徒，一边从业，以中医为主，也兼习西医。我求知欲强，师傅也愿意指导我，"学而时习之"，随着不断提高进步，一些疑难复杂的患者也开始陆续找我看病。

中药方面，我学习得深入而全面。因为当时我的中药师傅是从省医药总公司退休回来的老药师，从中药的采集、收购到识别、加工、炮制都是师傅亲自教我上手，很快我就可以独当一面了。更值得一提的是，那时对中医基本功要求严格，大夫摸脉看舌后，要先说出病情症状，说得与实际相符，患者才会放心让你开方抓药；如果说出的病情与实际不符，患者出门就会把处方扔掉。所以在我看来，摸脉看舌是中医的童子功，绝对不是现在某些中医不摸脉不看舌苔，先开检查再开药，或者看舌切脉虚应之类。

在当"赤脚医生"（乡村医生）这段宝贵时间里，我受益匪浅，也为后来的中西医结合之路打下了坚实的基础。

5. **河北新医大学——中西医结合，扎实基础**　1977年下半年全国恢复高考后，我参加了高考并以第一志愿顺利被录取进入河北新医大学（现为河北医科大学）医学系学习。1978年3月入学后，我开始系统学习中西医课程，包括中医的四大基础与中医内、外、妇、儿、针灸等科，以及西医的基础与临床全部课程，培养模式和现在的中西医结合专业相似。那时候几乎没有任何娱乐活动,所有时间都用在了专业学习上,所以河北医大这5年给我的中医、西医都打下了坚实的基础,可以说是我中西医结合的摇篮。

6. 河北医科大学第四医院——中西医结合,广泛实践 1982年12月毕业后,我以本专业第一,所有考试科目平均分95.4分的成绩,被分配到河北医科大学第四附属医院,成为一名内科大夫。那时的内科学分科没有现在这么细,内科常见病疑难病都要收治。起初是大内科的培训轮转,与现在不同,第一年先轮转相关科室,比如放射科、检验科、外科等,那时我在普外科轮转还做过几十台外科手术包括胃大部切除术等。第二年回到内科,轮转2年。到了第四年,我做了整整1年大内科住院总医师。当时大内科120多张床位,所有专科(呼吸、心血管、消化等)都在一起,大内科住院总就我一个人,这一年每天24小时365天吃住都在医院,那时没有ICU,晚上、节假日遇到危重患者或者突发情况都要靠自己带领住院医师和进修医师抢救,所有涉及内科的会诊,还有急会诊、手术室急会诊都要及时处理,还有带教进修大夫和刚毕业住院医师的临床工作,负责全内科所有医生的排班等一些行政工作。

在临床实践中,我遇到问题先独立思考,尽自己最大努力解决,把疑难危重患者抢救都当作锻炼提高自己的机会,把辛苦、劳累、付出都当作人生宝贵财富。我对自己的要求非常严苛,尤其是在临床诊断治疗上,无论中医还是西医,别人解决不了的问题,自己一定要想办法解决,从不依赖上级医师,临床技能和临床思维进步非常快。另外,我分别在1984年和1989年脱产2年做了大内科本科生的带教老师,这期间所有大内科讲课由我承担,然后带学生去床边见习,找典型的患者,从问病史、查体、诊断、鉴别诊断到治疗用药,一步步指导学生写病历,培养临床思维,既有临床教学查房,又有疑难病例讨论。教学相长,两轮下来,我基本上把大内科的所有常见病又都深入学习了两遍,对整个大内科疾病都有了更深的掌握。

此后,1987年4月到1988年3月,我到日本大阪大学医学部微生物病研究所研修1年,主攻的方向是肠道感染的发病机制,重点是对肠毒素的提纯分析和致病机制研究,和老师合作发表了几篇英文论文。回国后,我被晋升为内科主治医师,于1992年10月和1995年7月又被破格晋升为副高和正高。那时候医院破格晋升副高的只有4位,破格晋升正高的只有2位,要在临床、教学和科研方面非常勤奋努力才能做到的。

在我晋升正高以后,几乎每天晚上都会去病房,对于重症或者疑难复杂的患者,直接指导下级医师抢救治疗。我把这些看成是积累临床经验提升专业水平的最佳机会。我最深体会是,一份付出,才有一分收获。只有专业出色,才能得到同行和患者的尊重。在医院最早实行专家门诊时,当时正高挂号费是14元(当时普通职工工资100元左右),我和另一位老中医刘亚娴教授的门诊挂号量是全医院最多的。那时不允许限号,我印象中最多的一次是47个号,从上午八点看到下午两点半。

到了1996年1月,39岁的我被医科大学任命为副院长,成为当时最年轻的副院长,并兼任医院学术委员会和学位委员会主任。

在这期间,我也申报了中西医结合相关的科研课题。在20世纪90年代初有了开发中成药的意识,于是我在1996年开始依托药厂,研制4种中成药,主要用于治疗脂肪肝、酒精肝、肝纤维化和肝癌。我开发中成药的思路主要来源于临床实践,针对一种肝病的主要证型遣方用药,逐渐固定处方,必须经过长期临床实践证实有确切疗效才去开发中成药,并非通过单纯靠主观臆断的组方,未经临床实践就去开发。

近些年来学科过度分化,在住培制度实施之前,很多医学生毕业分配直接到了专科,造成知识能力局限于专科领域。有些人惊讶,我作为一个消化科大夫,为什么对其他专科疾病的掌握也这么好? 这和我在大内科的综合历练是分不开的。

7. 管理岗位——良医良"相",大道归一　1999 年 10 月,我被提升为河北省卫生厅副厅长,但一直坚持做业务,几乎雷打不动地坚持每周二下午和周三上午出两次专家门诊,周六上午回病房,前两个小时查房,后两个小时指导研究生。在教学查房过程中我经常对研究生、年轻大夫进行提问和针对性指导,尤其强调要重视病理、生理等基础知识,基础知识犹如大厦之根基,基础牢固,临床方能得心应手。

在省卫生厅我主管科教工作,主要任务是医学人才培养和学科建设。第一年内我跑遍全省 140 多家单位去调研,在深入掌握一线情况的基础上,提出了"一个主线,两项改革,三项工程,四项重要工作"的科教工作思路,召开了全省的科教大会,对后来几年的科技教育工作起到了重大推动作用。尤其是对青年骨干的培养,每年从市级医院挑选工作 5 年以上的优秀人才,分别送到上海医科大学、北京医科大学附属医院进修 1 年。同时我启动了重点专科建设。在这个过程中,我体会到,管理和看病是一样的,"不为良相,即为良医"也是这个道理。管理上,有了症状——也就是社会问题,就要寻找病因——产生问题的根源,中医就叫"审证求因";然后针对病因和发病机制——也就是问题的根源,去制定政策、制定文件,然后执行;进而监督执行情况,评价效果、效益,再不断地改进提高。

## 二、不忘初心——中西医结合

现在常常说"不忘初心",而我的初心就是走中西医结合之路,发展中国的新医学,但是这条道路任重而道远。

1. 中西医的特点和区别　中医来自经验医学,很多理论是通过经验累积总结出来的,其特点包括:第一,体系以功能为主,无论八纲辨证、脏腑辨证还是六经辨证等,都以功能作为基础。第二,形象思维,取象比类、司外揣内。第三,整体观念,把人看作一个整体。

西医则来自实验医学,很多理论是通过实验得出来的,其特点包括:第一,以形态结构为基础,基础课是解剖学、组织胚胎学、病理学等。第二,以逻辑思维来寻找疾病的因果关系。第三,重细节、重局部,如某个指标高低的意义、某个脏器发生的变化等需要研究得比较清楚。

从思维方法上看,综合和分析是反向的两种思维方法。形式逻辑里推理包括归纳和演绎,归纳是由特殊到一般,演绎是由一般到特殊。"综合、分析"就是辩证逻辑中"归纳、演绎"的高级表述。中医更多是运用综合的方法,通过望闻问切搜集患者各方面的信息,再综合起来辨证施治。西医则更多是运用分析的方法,分析每一项理化检查指标的意义,对疾病进行分型、分期、分级。

2. 中西医结合的维度　中西医结合是多个维度的。从关注点上看,中医重功能,西医重结构,中西医结合是结构和功能的统一。从思维方法上看,中医重综合,西医重分析,中西医结合是综合和分析方法的统一。从理念上看,中医重整体,西医重局部,中西医结合是整体和局部的统一。这些也是中西医结合的优势。

3. 中西医结合的三个层次　我认为中西医结合分为三个层次,低层次比较容易达到,做到高层次则非常难。

最低的层次——Collaberation，即协同。比如一个住院患者，西医应用了西医的治疗方法，再请一个中医提供中医的治疗方法，此时在一个患者身上中医西医的方法都用上了，也就是两种不同医学手段的协同治疗。

第二个层次——Combination，即结合。这是指以西医或中医为主，对另外一种医学有所了解和运用，但只是简单地运用，并没有真正地融合起来。比如"西学中"，西医学点中医知识，会用一些简单的方子或者中成药。当然"西学中"的前辈中也有造诣很高的人，如吴咸中、陈可冀等都是"西学中"的大师级人物。或者"中学西"，中医学点西医知识，对西医的常见病有所了解，但不深入。做到了第二个层面就可以取得较好的临床疗效。

最高层次——Integration，即融合或整合。即中医与西医在一位医生身上完全融为一体，在理论上融会贯通，在临床上优势互用，在疗效上一加一大于二。理论上融会贯通是指当谈到中医的一个证的时候，能知道其在西医的代谢、功能、结构方面发生了哪些变化；当谈到西医的一个病的时候，也能知道这个病在中医里哪几个证型最常见，如何辨证施治。我在临床看病的时候，先用西医的思维方法做出疾病诊断，再通过中医的望闻问切、理法方药开出药方，既能够针对中医的病因病机，又能够针对西医的病因和发病机制。在临床上优势互用是指哪个治疗手段有优势，就以哪个为主进行治疗。有些病西医治疗效果非常好，比如十二指肠溃疡，质子泵抑制剂（proton pump inhibitors，PPIs）就能使大多数患者缓解症状，中药则很难做到。再如幽门螺杆菌感染，目前还没有中药能根治的证据。但同时很多病中医也非常有优势，比如肝脏病、肾脏病、风湿病等，目前没有效果理想的西药，即使有效果较好的西药，也会出现依赖或者抵抗等问题。当发生了依赖和抵抗等问题，中药仍然可以解决，中医的优势就体现出来了。中西医真正融合的时候，疗效上一加一大于二，也就真正显示出了中西医结合的优势。

4. 我的中西医结合之路　我用西医治病的时候，也充分运用中医的思维方法，尤其是中医的整体观念。举个例子，一位腹痛的患者，拍腹部平片发现了输尿管结石，进行了碎石，之后出现腹胀、恶心，当找我就诊时发现了腹水伴肾功能异常，我认为一侧输尿管结石（梗阻）既不会出现腹水，也不会出现肾功异常，所以怀疑两侧输尿管都有问题，嘱患者拍了腹部CT，发现两侧输尿管梗阻，此时我考虑到肿瘤压迫所致，并且高度怀疑胃癌，于是让患者做了胃镜结合病理报告最终确诊为低分化胃癌腹腔转移。很多情况下患者出现胃的症状、肠道的症状，做胃镜、肠镜后并没有发现明显病变，但医生还是开了针对胃肠道的药物，却没有疗效，实际上根本不是胃肠本身病变，而是肝脏、胰腺或者其他系统比如甲状腺的病变。因此，中医的整体思维对我的西医方面帮助非常大。

因为有扎实的西医基础，我使用中医中药时更加得心应手。对于胃部不适的患者，我会通过辨证后开出有效的中药方。但是如果胃部不适是幽门螺旋杆菌感染相关性胃炎引起的，单用中药未必解决问题，应用西药四联疗法根除幽门螺旋杆菌就十分必要。再者，通过查体和辅助检查，排除癌症、胰腺炎等急重症也是很重要的。如果这个消化道症状是其他系统病引起的，如心脏病、糖尿病、甲状腺病等，在西医临床知识指导下我能更准确地即针对性开出辅助检查，尽快做出诊断。深厚的西医基础让我能对疾病的性质有一个明确的判断，什么时候中药可以解决，什么时候必须借助西药，什么时候中药西药同时使用，以取得理想疗效。

### 三、"三大方法"论与系统生物学——中西医结合的桥梁

在 20 世纪,科学界形成了"三大方法"论,即控制论、信息论和系统论,并在此基础上产生了系统生物学。

1. 控制论　控制论是研究各类系统的调节和控制规律的科学,它研究生物体和机器以及各种不同基质系统的通讯和控制的过程,探讨它们共同具有的信息交换、反馈调节、自组织、自适应的原理和改善系统行为,使系统稳定运行的机制,从而形成了一套适用于各门学科的概念、模型、原理和方法。

人体是一个开放的自组织、自调节、自稳定生物系统,它不断地与外界环境(自然系统和社会系统)进行着物质、能量和信息的交换,依靠体内多系统之间的调节、适应来达到一种自稳定的健康状态。人们摄入的食物、吸入的氧气即为从外界获得的物质,而能量就蕴藏在食物和氧气之中,进入体内通过能量代谢而产生。信息即生物信息,也是蕴藏于机体生命过程的各种分子生物学和生物化学代谢反应之中,通过医学研究去认识并解读出来。

控制论和医学的关系非常密切,常用的理论和方法包括黑箱理论、白箱理论和灰箱理论。中西医结合医学是"整体医学时代"的产物,多运用黑箱理论,虽然看不到体内的器官,但可以通过外在的表现司外揣内、以象测脏,比如通过舌苔脉象推测体内的脏腑功能变化,也可以投进信号(如中药、针灸)进行干预,然后根据反馈出来的信号(如症状、舌脉变化)推测黑箱内的结构和功能(藏象学说)。西医学是"分析科学时代"的产物,理论上采用白箱理论,但疾病在不同的阶段发生的改变及其机制尚未阐明,实际上运用得更多的是灰箱理论。

2. 信息论　从信息论的观点来看,"生物全息律从本质上揭示了生物机体的部分与整体间的全息关系,部分即整体,整体即部分……从潜在信息的角度来看,细胞、枝节、叶片都包含着同整体相同的信息"。生物体每个细胞核内的 DNA 是该生物全部生命信息的储存库,近年来的克隆技术利用动物的一个体细胞就可复制一个完整生物体的过程即是成功利用生物全息技术的典型范例。中医学通过舌苔脉象来辨证论治实际上就是生物全息论在古代的发现和成功应用。

3. 系统论　系统论要求我们把事物当作一个整体或系统来研究,并用数学模型去描述和确定系统的结构和行为。它提出了系统观点、动态观点和等级观点,指出复杂事物功能远大于其组成因果链中各环节的简单总和,认为一切生命都处于积极运动状态,有机体作为一个系统能够保持动态稳定是系统向环境充分开放,获得物质、能量、信息交换的结果。系统论强调整体与局部、局部与局部、系统本身与外部环境之间互为依存、相互影响和制约的关系,具有目的性、动态性、有序性三大基本特征。系统论的基本思想方法,就是把所研究和处理的对象当作一个系统,分析系统的结构和功能,研究系统、要素、环境三者的相互关系和变化的规律性。人体正是一个复杂的开放的生物系统,由呼吸、循环、消化等多个子系统组成,各子系统之间在神经、内分泌调解下相互联系、相互影响而协调工作。

古人讲"上医医国,中医医人,下医医病",较高水平的中医把人看作一个整体,通过阴阳、五行相生相克理论来阐述脏腑之间的相互影响,通过望闻问切、四诊合参统筹全身各系统、各器官的变化进行辨证,通过理(病因、病机)法(治则、治法)方药进行施治,当针对一个证治疗有效时,和这个证相关的各系统疾病就会同时缓解。

4. **系统生物学**　系统生物学（Systems Biology）是研究一个生物系统中所有组成成分（基因、mRNA、蛋白质等）的构成以及在特定条件下这些组分间的相互关系，并分析生物系统在一定时间内的动力学过程。

系统生物学的灵魂是整合，包括系统内不同功能的构成要素（基因、mRNA、蛋白质、生物小分子等）的整合，从基因到细胞、到组织、到器官、到个体的各个层次的整合；研究思路和方法的整合，学科的整合（"湿"——实验室内的研究；"干"——计算机模拟和理论分析）。网络药理学也是基于系统生物学的理论，选取特定信号节点，进行多靶点药物分子设计的新学科。网络药理学强调对信号通路的多途径多靶点调节，尤其在中药单体化合物筛选中可提高新药研发成功率。

系统生物学的基础是信息。生命系统是具有等级次序的信息流，根据分子生物学中心法则，基因激活后被转录成 mRNA，然后在 tRNA 和核糖体的共同作用下，在粗面内质网上合成蛋白质，蛋白质相互作用组成信号通路网络，这些网络组成细胞，细胞再组成组织器官以及系统，然后再由多系统构成人体，所有的生命活动都贯穿着信息流。

系统生物学是一门实验科学，它的钥匙是干涉，在控制论中提到的黑箱理论的工具就是干涉。中医中药研究应用的往往是系统的、定向的、高通量的干涉和分析，因为即使只有一个单体药物进入人体，也会影响多个信号通路的活动。

5. **大发现时代的"生命组学"**　生命组学是以组学的策略、技术和思路研究生命体发育、组成、代谢和疾病等规律的一门综合性学科，包括基因组学、转录组学、蛋白质组学、代谢组学等系列的组学范畴。近年来表型组学和微生物组日益受到关注。

根据系统生物学的观点，当我们应用组学技术时，一定要高度重视组学时序性，从基因的激活到转录，到蛋白质的修饰，再到生化代谢，都是一个动态过程。

6. **系统医学**　当系统生物学用于疾病的诊断、治疗，用于维护健康时，就产生了系统医学。

系统医学需要重视过程与环节，重视分层理论。首先，人体的不同状态如健康状态、亚健康状态以及疾病状态，组学的变化是不同的；其次，即使是同一疾病，不同的类型、不同的程度、不同的阶段，其组学变化都是有差异的，所以在收集生物样本做科学研究设计时，一定要在分层的条件下去找规律。

系统医学需要重视综合医学模式，即生物-社会-心理医学模式，社会环境、心理因素等在疾病的发生发展中起着重要作用，所以临床医学应该以三大方法论作为理论指导，充分运用系统生物学的思路与方法。

系统医学研究需要多个维度的思考，包括宏观和微观的结合，整体与器官系统、细胞与生物分子的结合，健康和疾病状态的比较，疾病不同阶段的差异的对比，才能找到动态变化规律。在宏观方面，要特别强调整体观，系统生物学的观点认为人体内系统之间是相互联系、相互影响的，如消化道的症状除与消化系统的器官相关外，还与神经、内分泌等多系统、多器官相关。在微观方面，实验室检测指标越来越丰富，影像学水平越来越精细，需要将宏观和微观密切结合，以达到优势互补、全面准确认识疾病的目的。

看待疾病与健康，需要从三个层面去认识，即结构、功能和代谢。通过 X 线、超声、CT、MRI 和内镜等影像学手段和病理组织学等来认识疾病的结构变化；通过专科功能检查如心电图、超声心动图、胃肠动力检查等手段了解其功能变化；通过实验室资料以及相关的组学技术了解其代谢变化。结构是功能的基础,物质代谢是本质,功能异常引起症状。要综合分析以上资料,从而为诊断疾病提供线索。

近年来我在中西医结合之路上充分应用三大方法论与系统生物学,多维度、动态地去认识疾病,抓住本质,遵循规律,向着中西医结合的最高层面——Integration,即融合或整合的方向不断攀登。

我认为,中西医结合之路任重而道远,在理论上的融会贯通是结合的基础,三大方法论和系统生物学是结合的桥梁,精于思考与勤奋实践是结合的必由之路。做一位优秀的医生需要三大要素,即高尚的医德、精湛的技术和高超的艺术。在此引用《言医选评》序中的几句名言作为结语:"学不贯今古,识不通天人,才不近仙,心不近佛者,宁耕田织布,取衣食耳,断不可作医以误世。医固神圣之业,非后世读书未成,生计未就,择术而居之具也。是必慧有夙因,念有专习,穷致天人之理,精思竭虑于古今之书,而后可言医。"

# 走在新时代继往开来的中西医结合道路上

**蔡 辉**
中国人民解放军南京总医院

·········· 【 简 介 】 ··········

蔡辉,男,1959 年 4 月生,江苏启东人。医学博士,中西医结合博士后(1999 年—2001 年在河北医科大学师从李恩教授)。中国人民解放军南京总医院中西医结合科主任,主任医师,教授,博士研究生导师。中国中西医结合学会基础理论研究专业委员会副主任委员、常务委员;中华中医药学会综合医院中医药工作委员会常务委员;中国微循环学会理事;江苏省中西医结合学会活血化瘀专业委员会主任委员、荣誉主任委员;全军中医药学会风湿病专业委员会副主任委员;全军中医药学会内科专业委员会常务委员。2011 年于中国中西医结合学会成立三十年大会上获"第二届中西医结合贡献奖";2013 年入选南京市卫生局编录《百年金陵中医》;2014 年评选为江苏省百姓信任的医疗专家。培养硕士研究生 30 名、博士研究生 4 名、博士后 4 名,承担南京大学医学院 8 年制教学 20 余年。先后承担及参与指导国家中医药管理局重点专病建设项目、国家自然科学基金及医院各类课题 10 余项。以第一作者在统计源期刊发表学术论文 100 余篇,主编《新编风湿病学》《新编风湿病诊断标准》《新编类风湿关节炎手册》《类风湿关节炎治疗与调养》《李恩中西医结合学术思想研究》等学术专著 15 部。获中国中西医结合学会科学技术奖二等奖 2 项;中华中医药学会科学技术奖二等奖 1 项;军队医疗成果二等奖 2 项。荣立个人三等功 2 次。

## 一、初入中医之门

1977 年 10 月,国家恢复高考,1978 年 12 月,十一届三中全会吹响了改革开放的号角,拉开了伟大时代的序幕。作为那个时代的幸运儿,我考上了南京中医学院,1978 年 3 月进入学校中医系中医专业,正式开启了我的中医生涯。之所以说正式,是因为之前我还做过一段时间的赤脚医生。在参加高考以前,在那个火红的时代,受《红雨》《春苗》影片中青年社员红雨、妇女队长春苗这样的赤脚医生影响,我跟随父辈在乡下做赤脚医生,这段经历尽管短暂,也亲手种植栽培中草药,亲自给患者针灸、煎药、打针、输液,既用到中医的方法也有用到西医的手段。也正是那段经历,坚定了自己作为医生的梦想。大学 5 年我系统学习了中医学的基础理论如中药学、方剂学、四大经典、各家学说等,师从中医名家陈亦人、周筱斋等。记得《伤寒论》的考试,陈亦人先生把我叫到办公室,当面给了我 99 分的成绩。除了这些大师级的名中医,我也跟随多位当时的中青年中医们临证侍诊。这些当年的中青年中医们,现在有好几位已经是国医大师了,比如周仲瑛、徐景藩、干祖望、夏贵成、朱良春等。毕业实习期间带教我的刘沈林老师也已经荣获"全国名中医"称号。

## 二、中西医结合之路

1. 毕业分配进入西医院　1982 年 12 月,我大学毕业,服从分配进入南京军区总医院(后来更名南京军区南京总医院),穿上军装,成了一名军医。按照医院规定,我需要系统完成为时 5 年的大学后训练。当时第一站就是心肾科,我跟着当时的心肾科主任,后来的工程院院士黎磊石教授。刚刚参加工作的兴奋很快就被临床繁重的工作学习任务给冲淡了,这让我认识到自己大学 5 年所学的西医知识已经不够用,而中医经典在这里似乎没有用武之地。所幸上级医师的正规严格带教,自己主观上的刻苦好学,我很快胜任了在一家大型综合性西医院的工作,经过内、外、妇、儿各科轮转后回到自己的科室——中医科。这是一家西医院的中医科,首任科主任是由西医的大内科主任徐采教授兼任,徐采主任是《内科学报》(《中华内科杂志》前身)总编辑。当时的主任于德勇教授也是"西学中"出身。1985 年我跟随当时医院专家室成员沙星垣名老中医抄方。在这样的环境中耳濡目染,让我这个中医逐渐开始思考和对比中西医学之间的差距。西医诊断明确,且经得起时间和实践的推敲,疑难病症的诊断和治疗方案往往都是专家会诊的结果,条理清晰,逻辑缜密。而中医缺乏西医的这些优势,但是有时候却能起到意想不到的效果,发挥出乎意料的疗效,只是这些效果并不稳定,有时效果很好,有时效果不是很好。

2. 初步感受中西医结合的魅力　那段时间,有条件的单位都在想办法从中药中寻找有效成分。我们科一直是主攻风湿免疫类疾病的,也在尝试使用雷公藤及其有效成分。经过几年的努力,我们科找到了一些规律,发现了一些有效成分确实可以明显缓解类风湿关节炎,但是受限于客观条件,没有继续做更深入的研究。于是,于德勇教授就把雷公藤可能抑制肾小球肾炎的免疫机制与黎磊石教授探讨,黎磊石教授雷厉风行,迅速展开研究,很快就发现,雷公藤对于某些类型的肾小球肾炎确实是安全有效的。而雷公藤用于肾小球肾炎的研究也成为黎磊石教授肾脏病研究成果的一个重要组成部分,参与该课题的很多研究人员后来都称为医学大家,比如刘志红院士、侯凡凡院士。这些亲眼所见的事实也让我产生了很多疑惑,一方面,中医学在临床中的阵地越来越萎缩,另一方面,中医药现代化的成果却逐步得到广泛认可,无论是青蒿素还是亚砷酸。

3. 继续深造走上中西医结合道路　带着这些疑惑,我考取了上海中医学院的研究生,历时 6 年,完成硕士、博士学业,获得中医内科学博士学位,硕士、博士均师从上海中医药大学附属曙光医院终身教授胡婉英老师。胡老师毕业于上海第二医科大学,也是“西学中”的中西医结合专家。我的博士后研究跟随中西医结合的开拓者、河北医科大学李恩教授,成为河北省第一个进站博士后。也正是在跟随李恩老师期间,我接触了大量国内中西医结合领域孜孜以求、不倦探索的学者们。在与他们的学习交流中,我越来越清晰地认识到,只有依靠中西医结合才是中医未来的发展方向。这一认识从我当时发表的论文可以看得出来。我在攻读硕士学位期间提出“引入微观方法发展中医学”,在攻读博士学位期间提出“专病微观辨证”“新世纪中医学的发展走向”,在博士后研究工作期间提出“让中医学格物致知重新崛起”“中医学的优势与特色”“中医临床医学现代化的发展战略”“引进缺血预适应机制弘扬针灸优势”等观点与见解。

## 三、认识与经受中医学面临的四大考验

现代医学的冲击,市场经济的考验,医疗制度的改革,自身畏惧的心理是中医学在新的发展阶段面临的四大考验。现代医学借助现代科学的发展,在人类认识疾病方面取得一个又一个伟大的成就。现代医学的每一个进步都对中医学产生了巨大的冲击。市场经济的发展则是直接导致中医学生存危机的外在因素。中医药治疗的廉价特性或许成为限制中医学在市场经济条件下发展的致命因素。医疗制度的改革将分级诊疗、规范化培训、职业化管理、医药分开等作为主要手段,虽然中医学在医改中受到高度重视和特别保护,但是中医学自身的特点导致其本身与分级诊疗、规范化培训等格格不入。可能由于以上原因,中医从业者大多存在自身畏惧的心理,这种自身畏惧导致中医从业者要么纷纷逃离中医而全盘西化,要么就是抱残守缺,敝帚自珍。

## 四、中西医结合的必然性

鸦片战争之后,中医学一统天下的局面逐渐被打破。《南京条约》《望厦条约》等不平等条约的签订,客观上促使西方医学大规模向中国渗透。最早的中西医结合思想开始萌芽。唐宗海《中医汇通医书五种》、朱沛文《华洋藏象约纂》、张锡纯《医学衷中参西录》等代表作,标志着早期中西医开始汇通。1912 年汪大燮等卫生官员首次正式提出议案,要求取缔中医学。之后余岩等人提出《废止旧医以扫除医事卫生之障碍案》,使摧残消灭中医的活动达到高潮。

中华人民共和国建立后,确定了中西医结合方式的卫生行政方针,建立了中医研究院,

中医学院相继成立,"西学中"模式大规模推广,中西医结合得到空前的发展机遇。20 世纪 60 年代之后,一系列优秀的中西医结合成果诞生。吴咸中的中西医结合治疗急腹症,尚天裕的中西医结合治疗骨折,陈可冀的活血化瘀防治冠心病,沈自尹的"肾实质"研究,屠呦呦的青蒿素发现和提取,张亭栋的治疗急性早幼粒细胞性白血病有效药物三氧化二砷的研究,李恩教授的"肾-骨-髓-血-脑"一体论的理论与实践等都代表了当时中西医结合的最新成果。

随着医学实践的不断深入、不断积累,我越来越有紧迫感,越来越认识到辨证论治是中医学的基本理论内核,中医学的崛起离不开这一理论内核的发展。只有把握了这一理论内核,中医学才有可能具有学科的遗传学特征,生生不息,代代相传,适者生存,优胜劣汰。上述一系列优秀的中西医结合成果,其中沈自尹教授提出的"微观辨证"概念给了我们很多启发。

## 五、提出"专病微观辨证"

1. 宏观辨证 《素问·阴阳应象大论》有"治病必求于本"的记载。《素问·标本病传论》云:"知标本者,万举万当;不知标本,是谓妄行。"《素问·至真要大论》云:"标本之道,要而博,小而大,可以言一而知百病之害。"《素问·通评虚实论》有"邪气盛则实,精气夺则虚"的记载,宜"实则泻之,虚则补之"。《素问·至真要大论》有"寒者热之,热者寒之,微者逆之,甚者从之"及"热因热用,寒因寒用,塞因塞用,通因通用"等关于"逆者正治,从者反治"的详尽论述。可以这样认为,宏观辨证从这里开始。

关于宏观辨证,明代周之干(1508—1586,字慎斋)的《慎斋遗书》称为"辨证施治"。明代张景岳(1563—1640,又名张介宾,字会卿)的《景岳全书》称为"诊病施治"。清代章楠(生于 18 世纪,卒于 19 世纪,字虚谷)在《医门棒喝》中首次提出"辨证论治"四字,"可知景岳先生不明六气变化之理,辨证论治岂能善哉"(《医门棒喝·初集·卷二·论景岳书》)。

宏观辨证的基本原则是"治病求本",其实践方法主要采取"同病异治"或"异病同治"两种形式,以实现"证同治亦同,证异治亦异"的境界。辨证的着眼点不是"病"而是"证"。

2. 专病微观辨证的提出 把握了中医学的辨证论治未必就能发展中医学,中医学发展的实践不断证明,仅仅把握中医学的辨证论治对中医学的发展是远远不够的。中医学的发展进程中尤其需要补充辨证论治本身缺少或不具有的东西。

沈自尹教授 1959 年从 6 种不同疾病入手(如功能性子宫出血、支气管哮喘、红斑狼疮、冠心病等),发现某个阶段都有相同的肾虚症状,都可以用补肾调整阴阳的方法而提高疗效,是"异病同治"。"异病"既然可以"同治",这些不同疾病之间一定有其共同的物质基础——"肾"的本质,于是沈教授在 1985 年提出"微观辨证和辨证微观化"。

当中医学的合理内核——辨证论治遇到现代科学包括现代医学挑战时,人们首先从科技发展规律、自然观的发展阶段中寻找答案。由于中医学发展进程中缺少形而上学自然观这一阶段,而这一阶段主要使用微观分析方法,其方法自然就可能被引入辨证论治内核之中。此时中医学辨证论治(宏观辨证)的形式发展为微观辨证,而现代医学是以疾病为认识对象,它与辨证论治甚至与微观辨证都存在内容与形式的不一致。要使中医学认识对象不断逼近客观对象,当引入现代医学这一现存成果,我们认为,疾病诊断也可整合到辨证论治之中。

我认为,专病微观辨证至少应包括辨病(主要是现代医学的诊断)、微观(更先进的诊疗手段)、辨证(来源于宏观辨证可高于宏观辨证)三方面统一的内涵,名之曰"专病微观辨证"。

如果说微观辨证是用微观指标认识与辨别证,辨证微观化是探寻各种证的微观标准,那么专病微观辨证是用更先进的微观指标认识与辨别具体疾病的证,专病微观辨证化则是探寻各个具体疾病各种证更先进的微观标准。

1996 年 8 月 2 日世界权威杂志《科学》以"古老的中医学又放出了异彩"为题介绍了砒霜治疗白血病这一研究成果。该研究针对单一急性早幼粒细胞性白血病,较之民间用于淋巴结核、皮肤癌等点滴经验,针对性更强,疗效更确切,并更便于观察总结。这无疑也是一次创新,又体现了专病特性,即是具体疾病,而不是中医所指的病的概念(症状诊断)。从"以毒攻毒"的朴素原理发展到以诱导急性早幼粒细胞分化,促进癌细胞凋亡这个目前认为较深层次的机制去说服国际学术界,它是宏观到微观的一次成功探索,可以说明其微观特性。从复方到单味中药砒霜,又到化学纯三氧化二砷,结构从复杂到简单再简单,认识层次从初浅到深入再深入,无疑是一次飞跃,这里可透视出辨证特性,它来源于宏观辨证却又高于宏观辨证。专病、微观、辨证有机的结合,使古老的中医学重放异彩。

3. **专病微观辨证的理论依据**  专病微观辨证的提出绝非偶然。清代周学海《读医随笔·评释类》曰:"治病必求其本。所谓本者,有万病之公本,有各病之专本。治病者当求各病专本,而对治之,方称精切。"

"治病求本"应当寻找诊治具体疾病的个性特殊性。例如,治疗"寒热往来,胸胁苦满,默默不欲饮食,心烦喜呕"等为主要表现的少阳病主证的小柴胡汤,对于邪踞少阳、枢机不利有独到的和解枢机及助正达邪作用,而对于邪入半表半里、正邪相争的疟疾来说显得有点单薄不胜,如果方中加入常山、槟榔等祛邪截疟之品,并稍加化裁,就会显示出针对性强、收效快的优点。《医宗金鉴》就有柴胡截疟饮,《杨氏家藏方》也有截疟七宝饮的记载。小柴胡汤(《伤寒杂病论》)组方:柴胡、黄芩、人参、甘草、生姜、大枣、半夏。柴胡截疟饮(《医宗金鉴》)组方:小柴胡汤加常山、槟榔、乌梅、桃仁。有学者从常山根中分离得到两个新化合物,分别为常山碱(febrifugine)、异常山碱(isofebrifugine)。常山碱为无色针状晶体(乙醇),异常山碱为棱形晶体(甲醇),二者的分子式均为 $C_{16}H_{19}O_3N_3$,常山碱的抗疟疾活性是奎宁的 100 倍,异常山碱的抗疟疾活性与奎宁相当。

辨证论治从治病求本(宏观辨证的产生)到各病专本(各病宏观辨证的形成)到专病微观辨证假说,中医学治病求本的发展是否定之否定的波浪式向前发展的。

## 六、专病微观辨证的实践

中医学应用藤类药物治疗风湿病由来已久。《本草汇言》云:"凡藤蔓之属,皆可通经入络。"雷公藤治疗类风湿关节炎获得肯定疗效。当时认为循环免疫复合物沉积在滑膜是类风湿关节炎发病的病理基础,雷公藤可能通过抑制该途径发挥治疗作用。借鉴雷公藤治疗类风湿关节炎的成功经验,那么,同样是循环免疫复合物沉积在肾脏的肾小球肾炎是不是也能用雷公藤来治疗呢? 这个假说就是由我院于德勇教授和黎磊石教授提出的。后来的研究表明,口服单方对微小病变型肾病、紫癜及狼疮性肾炎疗效肯定。该经验中,从专病角度针对类风湿关节炎与肾小球肾炎;微观角度是循环免疫复合物的沉积(关节滑膜,肾小球基底膜);辨证角度借鉴了中医学"取类比象"思想。

关于类风湿关节炎与血瘀证的系列研究,从专病角度,我们始终把握类风湿关节炎这个明确的疾病,在微观角度,我们从类风湿关节炎的多个指标入手,包括免疫学指标、炎症指标,也包括脂代谢异常指标等。通过多年的研究,我们发现,类风湿关节炎存在脂代谢的异常,这种脂代谢的异常是类风湿关节炎心血管疾病的独立危险因素。从辨证角度,我们根据中医学同病异治与异病同治的原则,对比了动脉粥样硬化脂代谢异常与类风湿关节炎脂代谢异常之间的异同,最终发现类风湿关节炎可以导致脂代谢高度异常,这种异常的脂代谢可以加重类风湿关节炎血瘀证特征,从而为异病同治提供了新的思路。也正是基于类风湿关节炎血瘀证的认识,我们尝试从多种活血化瘀药物中寻找有效代表成分治疗类风湿关节炎血瘀证,发现了诸如三七总皂苷、姜黄素、青藤碱等一系列有效药物成分,取得了多项研究成果并用于临床。

抓住专病这个关键,微观与辨证就变得有的放矢。我们科室提出以"南总特色的中西医结合道路"作为科室发展的指引。作为综合医院的中医学科,临床与科研工作主要围绕风湿免疫类疾病和心脑血管病方向开展工作。临床方面,经过 16 年的发展,门诊量从不到 1 万人次/年,发展到现在 11 万人次/年。医疗毛收入从不足 72 万元/年,到目前突破 1 亿元/年。科研工作方面,围绕中医治疗类风湿关节炎、中药治疗充血性心力衰竭的临床和作用机制研究等方面,获得各类基金 30 余项,发表论文 300 余篇,编著专著 15 部,获得解放军医疗成果奖、解放军科学技术奖、中国中西医结合学会科学技术奖、中华中医药学会科学技术奖、华夏医学科技奖等多个奖项。我们科室先后成为南京军区中西医结合中心、全军中医药工作先进单位、全国综合医院中医药工作示范单位、国家中医药管理局中西医结合风湿病重点专病建设项目单位。

## 七、继往开来

专病微观辨证的提出是对微观辨证思想的发展,是立足于辨证论治而不局限于辨证论治的否定之否定。专病思想在中医学发展历程中从来都受到高度重视,中医学只有在专病的范畴里探讨微观辨证才能获得进一步的发展。我的老师李恩教授曾提出:"中西医结合医学是一门研究中医和西医在形成和发展过程中的思维方式、对象内容、观察方法,比较二者的异同点,吸取二者之长,融会贯通,创建医学理论新体系,服务于人类健康和疾病防治的整体医学。"认为中西医结合是建立在一个医学理论新体系之下的整体医学。我提出"辨证论治是中医学理论内核""专病微观辨证"这一思想也可以看作是这个"医学理论新体系"形成过程中的一点探索。

党的十九大做出"坚持中西医并重,传承发展中医药事业"的重要部署,充分体现了以习近平同志为核心的党中央对中医药发展的高度重视,为广大中医药人在新时代推动中医药振兴发展提供了依据,指明了方向。2018 年,适逢毛泽东主席批示"中国医药学是一个伟大的宝库,应当努力发掘,加以提高"这一指示 60 周年之际。我们要把学习贯彻党的十九大精神与做好继承发扬的继往开来工作结合起来,切实用习近平新时代中国特色社会主义思想武装头脑、指导实践、推动工作。相信只有中西医结合才能不断满足人民群众多样化、多方面、多层次服务的需求,为增强人民群众健康福祉做出更多贡献。

# 历史的使命使我走上
# 中西医结合之路

**杜惠兰**
河北中医学院中西医结合研究所

·············· 【简 介】 ··············

杜惠兰,女,1960年出生,医学博士,二级教授,主任医师,博士研究生导师,河北中医学院副院长。1982年、1988年、1993年分别毕业于河北医学院、天津中医学院和成都中医学院,获医学学士、硕士、博士学位。师承著名中医妇科专家顾小痴、哈荔田和国医大师刘敏如教授。先后在石家庄铁路医院、天津中医学院第一附属医院、河北医科大学、河北中医学院工作,历任中西医结合医院院长、系主任、院长、研究所副所长及所长、教研室主任、大学副院长。在日本做访问学者一年,进修西医妇产科。担任中国中西医结合学会常务理事、妇产科专业委员会和教育工作委员会副主任委员;中华中医药学会妇科分会副主任委员;世界中医药学会联合会妇科专业委员会副会长;河北省中西医结合学会副会长等职。河北省名中医,享受国务院政府特殊津贴,教学名师及优秀教师,全国首届杰出女中医师,第六批全国老中医药专家学术经验继承指导老师,国家中医药管理局和省重点学科、一流学科带头人,省中西医结合生殖疾病协同创新中心负责人。主持国家及省部级课题23项,发表论文173篇,出版著作44部(主编16部),获省部级二等奖2项、三等奖7项,制定6项指南。主编教材4部、副主编5部。培养硕士45名、博士22名。

## 一、从事中西医结合工作的机缘

1993 年我博士毕业分配到河北中医学院中西医结合系中医临床教研室。中西医结合系从 1992 年招收中西医结合专业学生,我们的教学任务是负责全校中医、针灸推拿、中西医结合、护理和临床医学专业及成人教育的中医妇科学、中西医结合妇产科学、妇产科学、中医妇科护理、妇产科护理的教学。1993 年底接到通知到石家庄市妇产医院进修半年,这也是我第三次进修(第一次在天津中心妇产医院,第二次在成都市第三医院),为日后开展中西医结合妇产科临床、教学和研究奠定了基础。1994 年下半年要讲授中西医结合妇产科学,教研室主任把这个任务交给了我。当时有位西医出身的老师负责产科部分,我负责总论和妇科部分。尽管后来我在一些场合讲过那次授课是失败的(因为没有进行师资培训),但那是我从事中西医结合教育教学的开始,自此我开始思索、研究中西医结合临床教学。

1995 年 5 月河北中医学院与河北医学院合并为河北医科大学,中、西医临床和教师之间的合作与交流更加便利和充分。1995 年我担任中西医结合医院院长,1996 年担任中西医结合系主任,2001—2017 年担任中西医结合学院院长,进行了为期 20 多年的中西医结合教育教学管理、研究和实践;1999 年担任中西医结合临床(妇科)硕士研究生导师,2001 年担任博士研究生导师,开始了中西医结合妇科的临床与基础研究。

## 二、完善中西医结合教育管理机构和培养体系

自从担任系主任后,我感觉自己对中西医结合了解太少,于是主动学习,包括国家相关政策、中西医结合历史和现状,参加各种中西医结合会议,包括历次中西医结合教育会议,调研并分析了全国中西医结合教育的情况。20 世纪 80 年代,医疗市场对中西医结合人才的需求开始增大,1988 年始福建、河北等中医学院开展了全日制中西医结合 3 年制教育;1992 年后泸州医学院、湖南中医学院等先后开设了中西医结合 5 年制本科教育。可以说,中西医结合院校教育是应社会需求而诞生。由于办学历史短暂,很多院校将中西医结合专业放在其他系或学院管理,没有专门的管理机构。

我认为,开展中西医结合教育最重要的是要有专门的管理机构作为组织保障。我校领导非常重视,在 1993 年建系的基础上,2001 年成立了全国首家公立的中西医结合学院。我们对教研室进行了重新设置,取消了原来的中医临床教研室和西医临床教研室,成立了中西医结合内、外、妇、儿和诊断学教研室等,将中、西医教师放在同一个教研室开展教研活动,极大便利了中西医结合教学研究工作的开展。

在教育体系方面,我校在当时已招收中西医结合专业 3 年制学生的基础上,2002 年招收中西医临床医学专业 5 年制本科学生,再加上 1999 年招收的 7 年制临床专业(中西医结合方向)、中西医结合一级博士点和硕士点(1998 年)以及中西医结合博士后科研流动站(1999 年),我校的中西医结合学历教育培养层次更加齐全,为从事中西医结合教育研究提供了良好的平台。

## 三、探索中西医结合教育教学规律和人才培养模式

中西医结合院校教育的办学初期,多数院校采用"两个基础,两个临床"的教学模式,但我们很快就意识到,这种中、西医分离模式培养出的学生与中医学专业无异,只是中、西医课程的比例不同,培养的人才没有中西医结合特色。

从我国中西医结合发展历程来看,取得突破性成就及大量成熟经验和成果者主要在于临床,临床专业课是引导学生走中西医结合道路最好的途径。

因此,中西医结合临床教学对培养中西医结合人才尤为重要。1988年,我国中西医结合教育家李恩教授在官办有困难的情况下,以河北省中西医结合研究会的名义创办了我国第一所民办的中西医结合学院——河北中西医结合学院,提出和实践"两个基础,一个临床""先西后中"的医学教育模式,为后来国办的中西医结合教育提供了参考,并在河北省进一步实践,得到了传承和发展,提供了一个典范。

我们认为,"两个基础,一个临床"(中医基础、西医基础课程分别讲,中、西医临床课程合在一起讲)教学模式能充分反映目前我国中西医结合临床学科的现状,体现中西医结合的特色与优势,使学生在校期间就能掌握已相对成熟的中西医结合诊治疾病的思维和技能,避免日后自己探索"结合"而浪费数十年时间,我校从1994年实行这种模式。要实施"一个临床"模式,就涉及培养方案、教材建设、师资培养、临床教学基地、教学方法的改革等方面的问题。

1. 建立并完善中西医临床医学专业人才培养方案及课程体系 中西医结合专业学生要掌握中、西医两套基础理论、专业知识和临床技能,如果照搬中医和临床医学专业的课程设置,其课程必定多于这两个专业,而在校时间有限,势必陷入相当于甚或达不到两个专科水平的窘境,也会增加学生的学业负担;另外,当时的课程设置中,中医基础课程之间、西医基础课程之间、中医与西医临床课程之间的某些教学内容均有重复之处。有必要精心设置课程,构建中西医结合专业人才培养方案及课程体系。

我们按照"两个基础,一个临床"的教学模式,建立由"公共课程""中医基础课程""西医基础课程""中西医结合临床课程"四个模块组成的课程体系。临床课程将中、西医临床课程合二为一,同时进行教学内容的优化设计;对基础课程进行整合,如将系统解剖学和局部解剖学合为正常人体解剖学,将内经选读放在中医基础后讲解,将伤寒论、金匮要略、温病学合并为仲景杂病学、外感温病学,等等。在此基础上,压缩必修课学时,给学生释放更多时间。在满足专业体系核心课程的基础上,增加一些对拓展学生知识结构、培养学生综合素养有益的选修课程,收效良好。

2. 教材建设 没有一套较成熟、系统的中西医结合临床课教材,则不能实施"一个临床"教学。20世纪90年代初许多院校如福建、湖南、河北、广东、成都等都编写了中西医结合临床课教材,但因多是院校自编,教材内容或知识点的公允性难于保证。1996年李恩教授组织全国182名著名中西医结合专家编写的《中国中西医结合临床全书》,虽然内容十分丰富(11门学科),是大型参考书,但未独立分册,不便于教学使用。

2002年6月,在湖北宜昌召开的全国医学院校中医、中西医结合第四届教育教学研讨会上,来自14所高校的20多位专家对教材问题达成了共识,会议决定在全国范围内组织专家

编写中西医结合5年制本科临床教材,推举我校负责教材编写会议。我们向全国78所院校发出通知,收到23所大学123位专家学者申请10门课程主编的标书,并定于2002年8月17日—19日在河北承德召开教材编写会议。我和王彦田副校长多次向国家中医药管理局、中国中西医结合学会汇报,并希望编写成规划教材,引起有关部门的高度重视。8月初接到国家中医药管理局电话通知,说决定编写一套全国中西医结合规划教材。8月9日,国家中医药管理局在北京组织召开了"新世纪全国高等中医药院校中西医结合专业规划教材座谈会",我作为院校代表参加了会议。会议决定采取政府指导、学会主办、学校联办、出版社协办的组织方式,编写一套"新世纪全国高等医学教育中西医结合临床医学专业规划教材(第一版)"。我校随即取消了"承德会议",将78所院校通讯录及123份申报标书移交给中国中医药出版社,并协助出版社撰写了中西医结合33门课程的教学目标。2003年7月20日在北京召开了"新世纪全国高等中医药院校中西医结合临床医学专业规划教材预备会",决定编写"新世纪全国高等中医药院校中西医结合临床医学专业规划教材",我作为院校代表出席会议。可以说中西医结合规划教材的建设对培养中西医结合人才、促进中西医结合教育事业的发展发挥了重要的作用。我不仅参与设计和启动这套规划教材,还负责组织我校这套教材的编写工作,我本人也作为第一版《中西医结合妇产科学》教材的副主编,第二版、第三版主编亲自参与了教材编写。

对中西医结合专业中医、西医基础课程重新构建整合,并将中西医结合基础研究成果编入教材,编写一套具有中西医结合特色的中西医基础课程教材也势在必行。2005年12月24日我参加了在北京召开的"新世纪全国医学院校中西医结合基础课程规划教材目录讨论会",参与了中西医结合基础课程教材编写的启动工作。

3. 师资队伍建设　中西医结合师资队伍的知识结构和综合素质直接影响着中西医结合教育的教学质量。中西医兼通及掌握所讲授课程中医、西医、中西医结合研究的最新进展和动态是对从事中西医结合临床教学师资的基本要求。当时中西医结合临床课教师的出身以中医和西医为主,难以胜任"一个临床"教学工作,即使是中西医结合专业研究生毕业留校任教人员,由于缺乏教学和临床实践经验,短期内也难以胜任。因此,许多院校不得不放弃"一个临床"的教学模式。从表面上看,"教学模式"决定了课程设置、教材建设和师资结构,但实质上中西医结合临床师资队伍的知识结构制约着教学模式的认定,进而影响到课程设置和教材的选择。我们把师资队伍建设放到优先发展的战略地位。在学校领导的支持下,采取了以下措施。

(1) 完善中西医结合教学机构,加强中、西医教师之间学习、交流:将教研室调整为中西医结合内、外、妇、儿、诊断学教研室,在教研活动时中、西医教师之间相互学习、交流;组织中、西医教师之间相互听课,使中、西医教师的知识结构在交流的过程中不断改善。在此基础上,鼓励中医出身的教师逐步承担西医课程,西医出身的教师逐渐讲授部分中医课程,为中西医结合临床教学实施做过渡准备。

(2) 举办中西医结合临床课师资培训班:2004年5月至2006年7月,在学校领导和相关部门的大力支持和配合下,我们对中西医结合学院和各附属医院部分中医、西医临床课教师进行培训(400余名)。培训班设"西学中"和"中学西"两类,分两个阶段进行。第一阶段为理论课学习阶段,主要讲授中西医基础课、临床课及知名专家中西医结合专题讲座;第二阶段为临床实践阶段。这个培训改善了教师的知识结构。2013年我们又在全国举办了"中西医结合临床高级师资研修班",培训课程包括中西医结合内、外、妇、儿和传染病学,来自全国的近 200 名从事中西医结合教育的教师参加了培训。

(3) 充分利用合校优势,组建中西医结合专业学科群:由于"两个基础"教学的师资主要在基础医学院和中医学院,部分临床课的师资在各附属医院,经学校批准,由中西医结合学院牵头,从基础医学院、中医学院和 6 所附属医院中抽调 50 多名副教授以上教师,与我院原有师资共同组建了"中西医结合专业学科群",专门进行中西医结合教育教学研究,并承担中西医结合专业两个基础和一个临床的教学任务和临床见习、实习带教任务。

(4) 多途径引进和培养人才,提高教师队伍的整体水平:引进知识结构合理的高学历高层次人才,鼓励在职提高学历层次,西医人员拜名老中医为师,鼓励外出进修学习等多措并举,改善教师队伍的学源结构、学历结构和知识结构,促进师资队伍整体水平的提高。

(5) 组织副高以上教师进行中西医结合专题讲座,促进学术交流:加强教师授课基本功训练,组织交流授课经验和技巧,每年举办青年教师授课竞赛,提高教师的授课水平和技能。有两名教师分别在第三届、第四届"中医药社杯"全国高等中医药院校教师发展论坛暨青年教师教学基本功竞赛中荣获一等奖,一名获"2017 年全国医学影像专业教师教学基本功竞赛"本科组第一名。

通过以上措施,使 85% 以上的教师能够胜任"一个临床"的教学工作,保障了中西医结合"一个临床"教学模式的顺利实施。

4. 教育教学改革　中西医结合教育教学实施过程中会遇到很多问题,如:怎样突出中西医结合专业特点,培养学生的临床诊治思维,使学生具备设计最佳治疗方案的能力? 如何在教学中培养学生的创新意识、创新思维以及思辨能力和解决临床实际问题的能力? 如何强化实践能力的培养,使学生掌握临床技能,更好更快地适应临床工作? ……带着这些问题,我和学院的教师一起,围绕中西医结合"教育体系""培养模式""培养目标""教育教学规律""课程建设""师资队伍""教学方法改革""学生能力培养"等多个热点领域进行了研究和探索,共申报各级各类教改课题 64 项,杂志及会议发表教改论文 160 多篇。我本人进行教改课题研究 10 项,发表教改论文 20 多篇,获河北省教学成果一等奖 1 项,其他奖 4 项。

在中西医结合临床课的授课过程中,我们实施教学方法灵活化(案例教学、床旁教学、互动教学、PBL 教学、启发式教学等),教学场所多样化(课堂教学、临床技能实验中心或模拟医院、临床教学基地、课间见习、随师临诊、社会实践、义诊咨询、参加科研课题研究等场所)和教学手段现代化(根据不同的授课内容,有多媒体课件、微课、慕课、教学录像、模型示教、教学挂图、网络教学等),以提高教学效果。

此外,积极为学生提供第二课堂参与机会。如学生组织成立了"中西医结合学社",从新生入学后就开展系列专家讲座,如"什么是中西医结合?""中西医结合的历史和现状""五十年来中西医结合研究的成果介绍""中西医结合研究思路方法""中西药物联合应用注意事项"以及中西医结合在临床各科的研究进展。学社下设内、外、妇、儿等小组,与相应教研室结成教学互动小组,一起开展活动,弥补课堂教学的不足,调动教师和学生两方面的积极性,学生学习兴趣日渐浓厚,为今后从事中西医结合事业奠定了良好的基础。

5. 强化实践和创新,培养中西医结合卓越人才　一是进行实践教学改革,减少理论课时,增加实践教学内容;二是规范教师的临床操作技能,参考执业医师考试要求等定期对学院教师培训;三是我们学院启动了"实践·育人·成才"工程,构建了多维的实践育人系统。

为实现"早临床、多临床、反复临床",我们对大一到大三学生进行系列临床技能培训,每年进行中西医结合临床技能大赛,夯实了临床操作基本功,为提升后期临床教学、毕业实习的质量奠定了良好的基础。此外,我们还在临床课教学中每周六安排见习,强化临床,并加强毕业实习的管理。

只具备中西医知识和技能还不能满足中西医结合事业发展需要。我们根据培养目标,将素质教育分为身心素质、道德素质、专业素质和人文素质四个模块,有针对性、分阶段地引导大学生不断充实、完善自我,逐步提高综合素质,注重培养专业技能、科研能力、创新能力、沟通能力、信息管理能力、终生学习能力、分析问题和解决问题能力、团队协作能力、生涯管理能力等。一方面要求教师在授课中传授中西医结合研究和诊治思路与方法,让学生早接触临床,遇到问题独立思索;另一方面,通过聘请著名中西医结合专家及成功人士给学生讲怎样创业成才的报告,使学生们了解事业的成功不是一蹴而就,需要具备各种素质和能力。此外,我们还鼓励学生参加各种社团组织,为自己提供各种参与及锻炼机会。

中西医结合医学本身就具有明显的创新性,在培养学生创新能力方面,我们采取了以下措施:一是通过课堂授课介绍学科前沿知识,启迪其创新意识;二是通过课外各种专家讲座,拓展学生知识领域;三是从第二学年开始,给学生进行科研讲座和训练,以"大学生创新实践训练计划""本科生创新性实验项目"为依托,开展各种形式的科研训练,增强其创新主体意识,使创新精神、能力、人格都得到了培养和提高。

## 四、加强中西医结合教育内涵建设,提高人才培养质量

中西医结合教育体系已经建立,如何提高教育质量受到中西医结合界乃至整个医学界的高度关注。为提高人才培养质量,我们开展了以下工作。

1. 加强制度和组织建设 学院制定中西医结合临床教学相关管理制度和办法18项,教学相关办事流程图17个,内容涉及教学各个领域和环节,为专业建设提供了制度保障。聘请由15位全国中西医结合知名专家组成"中西医结合教育专家咨询委员会",以及由21全国中西医结合教育知名专家组成"中西医临床医学专业论证委员会",为专业的健康发展提供了组织保障。

2. 加强质量工程建设 一是搭建了中西医结合多维的教学研究平台,获批了省级品牌特色专业(中西医临床医学专业)、省级本科教育创新高地(中西医结合教育创新高地)、省级专业综合改革试点(中西医临床医学专业)、省级实验教学示范中心(中西医结合实验教学中心)、校级教学团队(中西医结合临床)、国家中医药管理局重点学科(中西医结合基础、中西医结合临床)、河北省重点学科(中西医结合)、河北省一流学科(中西医结合临床)、河北省重点实验室(中西医结合肝肾病证重点实验室)以及河北省中西医结合生殖疾病协同创新中心,为师生从事中西医结合教育教学研究及科学研究提供了平台。

二是建设精品课程。我们将中西医结合临床核心课程的《中西医结合内科学》《中西医结合外科学》《中西医结合妇产科学》《中西医结合儿科学》等建成省级精品课程,促进了教学质量的提升。我们体会到,学科积累对精品课程建设至关重要,学科的厚重度直接影响着课程的成熟度。

3. 制定中西医结合教育标准 为建立健全中西结合教育质量保障体系,我们于2012年、

2014 年分别申报了"河北省高等学校专业综合改革试点——中西医临床医学专业"项目、河北省教育厅"基于本科医学教育标准的中西医临床专业评价体系的研究"项目(No.2015GJJG110)，采用文献研究和专家咨询的方法，经过 4 轮德尔菲法专家咨询(全国 18 个单位的 40 名中西医结合教育专家)、9 轮修改和统稿，形成中西医临床医学专业相关标准(10 项)初稿。之后，我们邀请中国中西医结合学会、教育部高等学校中西医结合类教学指导委员会、中国中西医结合学会教育工作委员会、国务院中西医结合学科评议组部分成员以及长期从事中西医结合教育教学研究的 24 位专家对"10 项标准"进行了会议论证。与会专家一致认为，10 项标准涵盖了中西医临床医学专业教育教学的基本过程，对加强中西医临床医学专业内涵建设、保障教学质量和人才培养质量、促进中西医结合教育的发展将发挥重要的作用。此后，我们又联合 7 所高校申报了中国中西医结合学会 8 项中西医临床医学专业团体标准，我本人也作为教指委委员参与了由北京中医药大学牵头，由教育部中西医结合类教学指导委员会制定的《本科医学教育标准——中西医临床医学专业》。中西医结合本科教育标准的制定，对中西医结合教育事业的科学发展具有重要意义。

## 五、加强行业交流，促进全国中西医结合教育事业发展

1. 建立健全学术组织，开展学术交流　中西医结合教育历史较短，尤其是在起步阶段，各院校遇到的问题较多，迫切需要相互交流。中国中西医结合学会成立了教育工作委员会，主任委员李恩教授于 1998 年 7 月在石家庄召开了"首届全国中西医结合教育体系研讨会"，会议围绕培养目标、课程设置等进行研讨，确定了中西医结合"两个基础，一个临床"的教学模式。

此后，许多院校自发组织了"全国医学院校中医、中西医结合教学改革协作组"(后更名为"全国高等医学院校中医、中西医结合教育研究会")，围绕中西医结合教育方面存在的问题每年开展学术交流，十分活跃。其第一届于 1999 年在扬州召开(扬州大学承办)，第二届于 2000 年在泸州(泸州医学院承办)召开，第三届于 2001 年在内蒙古(内蒙古医学院承办)召开，第四届于 2002 年在宜昌召开(三峡大学承办)，会议决定全国协作编写中西医结合 5 年制本科临床课教材(见前面"建材建设")。可以认为，宜昌会议为完善中西医结合教材建设起到了积极的推动作用。第五届会议于 2004 年在银川召开(宁夏医学院承办)，重点对中西医结合基础教材建设进行了讨论，同时提出"全国医学院校中医、中西医结合教学改革协作组"是应中西医结合教育发展需求而自发产生的"民间组织"，这种组织形式过于松散，建议由河北医科大学牵头寻求"组织"。经过请示中国中西医结合学会陈可冀会长、陈世奎副会长，2004 年 11 月 10 日我以"全国医学院校中医、中西医结合教学改革协作组"名义(河北医科大学代章)给中国中西医结合学会提交了"关于成立中西医结合教育专业委员会的建议"，后经学会反馈，此建议未能通过。第六届会议于 2005 年在长春召开(吉林大学承办)，会议决定编写中西医结合基础教材，成立"全国高等医学院校中医、中西医结合教育研究会"，选举产生了 1 个主任委员单位、10 个副主任委员单位和 19 个委员单位，我校被推举为主任委员单位。会议继续委托我找"组织"。第七届会议于 2007 年在广州召开(暨南大学承办)。其间我与时任教育工作委员会主委的尤昭玲教授进行了多次沟通，决定将"全国高等医学院校中医、中西医结合教育研究会"合并入"中国中西医结合学会教育工作委员会"，

2008 年在长沙(湖南中医药大学承办)两个学会合并举行会议。此后,2010 年在承德(河北医科大学承办)、2011 年在武夷山(福建中医药大学承办)、2012 年在合肥(安徽中医药大学承办)、2013 年在上海(上海中医药大学承办)、2014 年在北戴河(河北中医学院承办)。2013年河北中医学院与河北医科大学分立,中西医结合学院整建制划归到河北中医学院,我又担任河北中医学院中西医结合学院院长)、2015 年在长沙(湖南中医药大学承办)、2016 年在广州(南方医科大学承办)、2017 年在大连(大连医科大学承办)多次开会。可以说,全国开展中西医结合教育院校之间频繁、热烈的交流,不仅促使各院校中西医结合教育日趋成熟,也促进了我国整个中西医结合教育事业的发展。我本人也利用每次全国中西医结合教育年会的机会,围绕制约中西医结合教育的关键或热点问题大会交流,受益良多。

为促进中西医结合国际交流,我们于 2015 年 9 月 25 日在西班牙巴塞罗那举办了国际中西医结合高峰论坛,我做了"中西医结合教育工作的成就与展望"的主旨报告,扩大了中西医结合教育在国外的影响;继之又于 2016 年 8 月 20 日—21 日在英国曼彻斯特举办了第四次国际传统与现代生殖医学大会,增进了世界各国中西医学术团体之间的了解、合作和交流。

2. 呼吁政府解决制约中西医结合教育的瓶颈问题

(1) 执业医师执业范围问题:2006 年,一些已经毕业的中西医结合专业的学生陆续向我反映,一直在西医临床科室工作的医师突然被告知属于"执业错位"而不让在原科室工作,只允许他们从业岗位为中医院、中西医结合医院或西医院的中医科、中西医结合科,致使许多在西医院已经从事多年临床工作的中西医结合医师被迫离开了原有工作岗位,其中包括博士、硕士学位的高层次人才。2007 年广州会议上,一些院校也反映此事,以往中西医结合专业学生因生源好、就业率高而受到社会各层次的高度认可和青睐,但近 2 年却出现该专业学生就业时无医院"敢"接收的尴尬局面。由此造成的不良连锁反应是中西医结合专业学生就业困难,引起中西医结合临床人才"高位截瘫"。为此,我们认真学习了《执业医师法》,咨询了国家、省、市医政管理部门,并围绕中西医结合执业医师的知识结构、能力、执业范围等进行了调研和专家问卷调查。调查结果显示,高校培养的中西医结合人才的知识结构能满足中、西医临床工作的需求,中西医结合执业医师资格考试内容基本涵盖了临床和中医执业医师资格考试范围,50 年来中西医结合事业发展的实践证明了中西医结合执业范围和场地应更宽泛。我们并对中西医结合医师面临执业困境的原因进行了分析,向国家相关部门提出了建议。撰写的论证报告"关于中西医结合医师的执业困境与建议"于 2008 年 12 月在广州举行的中国医师协会中西医结合医师分会第二届学术论坛上进行了大会发言,并上报给中国中西医结合学会,由温建民教授作为两会议案提交。

(2) 中西医结合专业名称问题:高校中西医结合本科教育已经开办了 20 多年,但中西医结合专业(本科)名称问题始终没有解决。2001 年教育部计划外目录设置了"中西医临床医学专业",2012 年教育部颁发的《普通高等学校本科专业目录和专业介绍》中,设有"100601K中西医临床医学",这两次设置中西医结合本科专业目录均未提及"结合"。《中华人民共和国中医药法》于 2017 年 7 月 1 日实施,李恩教授提议,借学习贯彻《中医药法》的东风,向国家相关部门提出咱们行业专家的建议。我们征求了全国 33 家单位 42 位从事中西医结合教育的专家和管理人员的意见并达成共识,将以下建议提交到教育部、国家中医药管理局和国家卫计委相关部门:① 创设"中西医结合临床医学"学科目录,取代现有的"中西医临床医学"专业名称。② 夯实本科教育基础,扩大高层次人才培养规模。③ 鼓励西医学习中医,把"西医学习中医班"纳入全国中医药院校教育体系。参加"西学中班"的人员,毕业后经过论文答辩合格者授予相应学位。④ 鉴于目前中西医结合执业医师考试内容已经涵盖了中医、临床医学执业医师考试的核心内容,建议对获得中西医结合执业医师资格的医师,允许其在中医临床和西医临床各科室开展医疗工作,并在执业医师法中明确。

我们希望通过中西医结合专家和管理人员的呼吁,能够使制约中西医结合发展的问题得以解决。

以上是我作为一名中西医结合教育管理和研究工作者为中西医结合教育事业所做的点滴工作。我本人的专业是中医妇科学,从 1993 年开始从事中西医结合妇产科学的教学、临床和科研工作,在专业方面所做的工作不在此赘述。

衷心感谢中西医结合教育的前驱者李恩教授,他于 1988 年创建了全国第一所民办的中西医结合学院,担任第一任中西医结合教育工作委员会主任委员,他为中西医结合事业矢志不移的奋斗精神始终激励着我们;感谢我的前任系主任(中西医结合系第一任系主任、中西医结合医院第一任院长)、《中西医结合内科学》第一版规划教材主编、著名肾病专家赵玉庸教授,在我任中西医结合系主任和中西医结合学院院长期间给予的支持和帮助;感谢河北医科大学和河北中医学院的校领导给予我工作上的大力支持;更感谢与我一起攻坚克难,为中西医结合教育事业拼搏奋进、不懈努力的中西医结合系及历任中西医结合学院领导班子成员。文章里涉及的时期:1995 年以前是河北中医学院,1995 至 2013 年 7 月是河北医科大学,2013 年 8 月之后是河北中医学院阶段的工作。

# 路在结合　志在发展

**陆付耳**

华中科技大学同济医学院中西医结合研究所

·············【简　介】·············

　　陆付耳，男，生于 1961 年。医学博士，二级教授，主任医师，博士研究生导师，华中学者。现任华中科技大学同济医学院中西医结合研究所副所长、中西医结合系主任，附属同济医院中医学教研室主任。担任中国中西医结合学会理事，中国中西医结合学会内分泌专业委员会常务委员、虚证与老年医学专业委员会副主任委员、科研院所工作委员会副主任委员，中华中医药学会综合医院中医药工作委员会副主任委员，中国医师协会中西医结合分会副会长，湖北省中西医结合学会副会长，湖北省中西医结合学会内分泌专业委员会主任委员，湖北省中医药学会常务理事，湖北省中医药学会综合医院中医药工作委员会主任委员、内分泌专业委员会副主任委员。《中国中西医结合杂志》编委，主编教育部《面向 21 世纪课程教材·基础中医学》《全国高等医药院校规划教材·中医学》和国家医学电子书包《中医学》。先后主持并完成国家 863 课题、国家自然科学基金课题和部省级招标课题等 16 项，有 7 项科研成果获部省级科技奖。发表科技论文 328 篇，其中 SCI 收录 46 篇；SCI 论文被引用 433 次。获首届武汉市和湖北省中青年知名中医称号；被宝钢教育基金会评为优秀教师；享受国务院政府特殊津贴。

## 一、慈母教诲，选择临床医学之业

1961年我出生在江西省都昌县新妙湖畔的一个小村庄，那时正值我国"三年困难时期"，我家更是生活艰难，吃饭、穿衣、居住每一件都是极尽简陋，勉强维持生存。家乡虽然有绿水青山、良田阡陌，颇有鱼米之乡的风景，但是从小给我留下的体验就是饥饿与疾病。先天不足与后天失养的我，体弱多病，自然少不了与医生打交道。听母亲讲，我小时候生过几场大病。

第一次大病是在我2岁时，患了上吐下泻的病，严重脱水，当时在农村没有输液条件，病情非常危急，以至于身为家乡名中医的三外公看见我当时的危重症状而惊吓得双手颤抖不停。后来还是在三外公和另外一名中医的共同诊治下，针灸与汤药并施，得以化险为夷。

第二次大病是在我5岁时，患上麻疹后肺炎，咳喘不停，呼吸困难，母亲说我那时口唇舌头都是发紫发黑的，喘气声之粗连隔壁邻居都能听到。因为根据当地的习俗，麻疹患儿多数不去医院治疗，一般都是请一位善于看麻疹的医师到家里来看，因而家里也是请了一位公社卫生院的医生到家里给我看病，那位江医生也是中医，给我打了一针退热针，同时开了几副中药汤剂，我也慢慢好起来了。

第三次大病是在我12岁时，那时我正在读初中一年级，发热持续几日，退热之后家人发现我的眼睛黄了，于是母亲和二哥带我去公社卫生院找一位胡医生看病，诊断为急性黄疸型肝炎。胡医生虽然是江西医学院毕业的西医大夫，但是他善于用中药治病，我非常清楚地记得，除了开始时每天服用几颗肝浸膏胶囊外，主要是采用中药治疗。大概吃了二十几剂中药后，我的症状全部好转，后来在母亲的坚持下，希望再多吃点中药可以"拔除病根"，硬是又服了10余剂中药。就那样，单纯应用中药，肝炎也治好了。因此，从小的耳濡目染和自己的亲身体验，使我对中医药的疗效深信不疑，中医药不仅可以调理身体，更可以神奇地治病救人。

我生长在农村，受教育也在农村。自己的父母兄弟和亲朋好友都是地道的农民，他们勤劳善良，淳朴谦让，这些优秀的传统品德深刻地影响了我的一生。家里虽然一贫如洗，多数时候是有一顿没一顿地艰难度日，但是没有上过一天学的母亲却目光远大，靠自己辛苦劳作，节衣缩食，坚持送兄长和我上学。在农村的小学和中学，自己接触到最多的人就是教师。家人和自己生病了，能够给予帮助的就是医生。虽然自己整个小学和中学阶段正值"文化大革命"，没有学到扎实的基础知识，但是非常仰慕教师渊博的知识和高尚的风范，老师的形象在自己的心目中自然而然地树起了人生的标杆。我也非常仰慕医生精湛的技术和善良的品德，医生妙手回春的神奇魅力在自己的心灵深处种下了奋斗成才的种子。1978年我参加高考，在填报志愿时，母亲和兄长建议我选择的专业就两个——要么是师范，要么是医学，最后录取的是江西医学院九江分院临床医学专业。

1. 迈进了医学的大门　1978年是我国历史发生重大转折的一年，是中华民族历史发展进程中具有重要里程碑意义的一年。彪炳千秋的党的十一届三中全会隆重召开，重新确立了解放思想、实事求是的思想路线，实行改革开放的伟大决策，将党和国家的工作重心转移到经济建设中来。那一年，全国科学大会也隆重召开，邓小平同志在讲话中提到"四个现代化的关键是科学技术现代化""知识分子是工人阶级的一部分""科学技术是生产力"，这些时代强音，振聋发聩，如一声惊雷，唤醒了中华大地；如一缕春风，给我国的科技教育事业带来了勃勃生机！大学校园，长期被压抑的师生求知欲被空前激发，教师废寝忘食地授业解惑，学生心无旁骛地发奋读书，一派好学风！我庆幸生活在那个时代的自己能通过高考上大学，非常珍惜来之不易的学习机会，刻苦地学习医学各门课程。学校开设了医学英语课程，而我的小学和中学时代都没有学过英语，英文的 26 个字母还读得荒腔走板，非常吃力，英语显然成为自己的短板。当时正值改革开放之初，我们迫切需要学习世界最前沿的知识和技术，不懂外语显然是不行的。我下了很大的决心要学好英语，但是当时的学习条件很差，开始用的课本还是老师找来的油墨刻印本，后来才有正式的医学英语教材，那时很难买到英语的辅导学习读物。我找学过英语的朋友，要来他们的中学英语课本，自己补习中学英语。入学半年之后，我的英语就赶上了城里来的学过英语的同学的水平，期末英语考试居然考了个满分。其他各门功课，我都是同样认真地学习。虽然我的专业是学制为 3 年的专科，但是那时所用的只有恢复高考后首次出版的医学本科教材，由于学时所限，老师只能挑选教材中最重要最基本的部分课堂讲授，而我自己给自己加码，除了认真掌握老师传授的知识以外，对于本科课本的知识及相关内容都自觉认真学习，不管是否需要考试，我都毫不松懈地学习。

由于医学专科主要是培养面向基层的实用型医学人才，虽然我学的主要是现代医学课程，可那时基层医疗工作需要的中医学课程也安排了不少的课时，共有 220 学时之多，并且还是按照中医基础、中药、方剂、针灸、中医内科、中医妇科和中医儿科等分门别类地系统讲授，比医学本科所学的中医学课程还要多得多。由于我从小就受到中医药的熏陶和亲身体验，相比于其他同学，我对待中医药知识和西医药知识一样充满着兴趣和热情，这也为我后来选择中西医结合专业作为终身事业打下了基础。

在完成了全部理论课程之后，我被安排在江西医学院第二附属医院、江西省妇幼保健院和江西省儿童医院进行毕业实习，我非常庆幸自己能在医疗技术先进的省级大医院实习。在大医院不仅见到的病种多，对实习生的病历书写和体格检查的要求规范，而且跟随教授、主任查房时学到的知识和诊治疑难病的思路使自己获益终生。当年的床边教学情景依旧清晰，令我非常好奇并终生难忘的是普外科主任李建业教授查房，他除了亲自给患者做规范的腹部体格检查，还一定要看看患者的舌象，摸摸患者的脉象，有时还亲自给患者开中药处方。一位德高望重的外科教授还如此重视中医药，此情此景至今让我惊叹不已，也给我后来从事中西医结合事业增添了信心。

2. 中西医结合的启蒙——基层医疗实践 1981 年 10 月我毕业分配在都昌县汪墩乡卫生院工作。在农村基层医疗机构当医生，不仅不分内、外、妇、儿科，患者来了就要给予诊治，而且还要能够应用中医药治病。在临床工作中，我发现西医药对一些慢性退行性疾病和功能性疾病疗效常不够满意，而应用中医药却有优势。在农村，中医药有广泛的群众基础，有时患者来求诊，直接就对医生说要开几剂中药治疗或调理。在卫生院当医生，如果不能应用中医药治病，那将是很尴尬的事情。初到汪墩乡卫生院工作时，很多东西要学，要适应医疗检查设备不够完善的实际情况，很多疾病只能靠经验给予临床诊断就要开展诊疗，要分清轻重缓急，在疾病没有得到明确诊断之前就要给予有效的治疗或转院等处置。我由于医学基础知识比较扎实，加上实习时在综合性大医院接受了系统而严谨的临床思维训练，所以很快就适应了基层的医疗工作，尤其是在应用中医药这方面迈出了勇敢的步伐。至今还记得第一次开中医汤药处方时的忐忑不安：有一位患者进食时不小心被鱼骨刺伤了咽部，虽然鱼刺已经取出，可是局部吞咽时疼痛难忍，服用消炎西药已经一个多月还没有好转，特来找我就诊要求用中药治疗。我从来没有单独开过中药汤剂处方,心中不是很有底气,但是既然患者强烈要求,也只能勉为其难地开方试试。根据中药和方剂的基本知识,我小心翼翼地给患者开了个玄麦甘桔汤加威灵仙共3剂汤药,用了很保守的剂量,但心中还是没有底,担心处方不当给患者带来不适。出乎意料,该方效果却出奇地好,3剂而愈。患者十分高兴,我更是倍受鼓舞,也认识到中医药确实具有神奇的魅力。此后,我更加努力学习中医药知识,对于很多疾病能够应用中医或中西医结合治疗,效果显著提高,因而在当地渐渐有了好医生的名声。由于在卫生院化验尿常规还是比较方便,应用中医药治疗肾脏病可以观察治疗效果,因而我对此悉心钻研比较多,在中西医结合治疗肾脏病方面积累了一定的经验。

在基层工作4年,其中包括1年进修外科,还当了1年卫生院院长,自己在临床工作方面取得了进展。但是由于当地基层的医疗条件所限,医疗技术难以再提高,我渴求获得更先进的医学技术和更前沿的医学进展,因此下定决心,还是要考研究生。由于工作繁忙,不可能请假复习,只能是白天忙于临床工作,夜晚自己刻苦学习,希望自己将来在医学领域有所作为。

3. 感谢母爱塑造了我博爱医德 回顾自己的学医和业医的生涯,母亲对我的影响至深。母亲是个极为善良的农村妇女,又是一个有高远志向的伟大女性!母亲的慈悲善良,为我修身济世树立了人生的榜样,塑造了我善良博爱的医德;母亲的勤劳坚韧,给了我为治病救人而刻苦学习与努力钻研的动力,使自己的医疗技术不断提高。2012年10月母亲90岁生日,我满怀深情地写了一首诗《敬贺母亲九十寿诞》:"婺星辉映福满堂,慈母寿诞喜盈门。历尽千辛支家栋,遍尝万苦育儿孙。屈辱磨炼盘石志,饥寒再造钢铁身。手推乾坤挥汗雨,肩挑日月踏霜晨。陋室犹存高远志,逆境更做清白人。博爱春风沐百户,贤德美名传千村。善心动天天神佑,义举助人人情真。南山祝寿颂期颐,东海献瑞福禄深!"

## 二、恩师引领,走上结合医学之路

1985年,我考上了同济医科大学中西医结合临床的硕士研究生。从基层卫生院来到久负盛名的同济医科大学攻读硕士学位研究生,特别是能成为我国著名的中西医结合专家李鸣真、叶望云教授的研究生,我感到非常荣幸。在这个现代医学的殿堂能系统学习最前沿的知识,能经常得到老师的专业指导和教诲,能开展中西医结合的实验研究,这是我人生的幸运。

在江西医学院九江分院,我比较系统地学习了西医的知识,也学了一定的中医知识。在基层卫生院,通过进一步自学和请教当地的中医,我也能够做到用中西医两种疗法治病,有时还取得不错的效果。但是对为什么要开展中西医结合诊治?如何有机结合?为什么中西医结合会取得比单纯西医和单纯中医更好的效果?中医药治病的作用机制在哪里?这些是我在基层无法回答的问题,也是我没有认真想过的问题,直到有一次听了李鸣真教授的讲课,我才豁然开朗。李老师说,中西医结合临床要找到互补点才能叫有机结合,否则就是叠加。有机结合才能产生1+1>2的效果,随意叠加不能产生好的效果。中西医结合开展实验研究,主要内容就是探索中医药的作用机制,要用现代科学包括现代医学去阐明中医药的作用机制。恩师的引导使我拨开迷雾,让我对中西医结合的基本内涵、研究内容和发展方向有了一个比较清晰的轮廓。

陈可冀院士曾在他的中西医结合回忆录中提到,周恩来总理曾说过"中医好,西医好,中西医结合更好"。我想周总理所表述的就是人民群众发自内心的声音。我曾作为一位患者,作为中西医结合的医疗对象,感同身受,完全认同周总理的这一理念。抱着对中西医结合的浓厚兴趣,自己从患者变成了中西医结合的从业者,实现了角色的根本转变。中西医结合究竟应该怎么搞?探讨越多,认识越多,疑问也就越多。多少次激烈争论,多少次闭目静思,多少次现场调查,多少次叩问心扉。纵然采用最前沿的理论模型,纵然引述最深奥的古代经典,都难以冰释疑问。峰回路转,柳暗花明,大道至简,我最终还是觉得恩师李鸣真教授当初对中西医结合临床与实验研究的认识言简意赅:中西医结合临床就是要实现比单纯中医和单纯西医更优的治疗效果,中西医结合实验研究就是要阐明取得优效的作用机制。

李老师临床长于急腹症和妇科疾病的治疗,对温病造诣很深,主要研究方向是清热解毒法内涵的研究。恩师带领的团队对清热解毒的代表方"热毒清"(由古方五味消毒饮化裁而来)抗感染的作用机制进行了系统的研究,研究表明"热毒清"不仅可以抗菌、抗病毒,还可以增强免疫功能。"热毒清"不仅可以解除细菌崩解后所释放内毒素之毒,还可以抑制过度释放的炎性细胞因子和氧自由基等,从而解除机体产生的内源性之毒。"热毒清"不仅可以祛除病邪,还可以对机体组织和细胞产生保护作用。这些作用机制的阐明,使我们对清热解毒法抗感染的内涵有了清晰的认识,也为正确合理应用清热解毒法治疗感染性疾病奠定了基础。

李老师经常教导我,作为一名中西医结合的科技工作者,搞科研、做学问是必须要做好的,但是中西医结合临床实践同样非常重要。如果临床做不好,科研也就没有了源头活水。做好了扎实的临床实践,获得了确切的临床效果,做科研也就有了坚实的基础。因而,李老师要求我们一定要重视临床。跟师临床,老师始终要求我们学生要在中医的思维下进行辨证论治,理法方药丝丝入扣。正是得益于老师的教诲和严格要求,我一直都非常重视中医临床基本功的训练,为自己后来从事中西医结合医疗、教学和科研工作打下了比较扎实的基础。

我研究生毕业后留校在附属同济医院工作。在这个现代化的综合性大医院,医疗资源丰富,患者多,病种多,在一般医院认为非常少见的病种,在这里也能经常见到。老师要求我们对所有的病历都要进行中西医的双重诊断,西医诊断疾病,中医辨析证候。对于西医诊断一定要严格按照临床逻辑思维进行,力求对任何一个病例都要诊断明确。至今,我们中西医结合学科的病历依然沿用这样的双重诊断模式,不仅对日常临床工作非常实用,而且更增强了医疗质量安全。

老师李鸣真教授带领的团队对于清热解毒法内涵的研究《清热解毒法抗感染的应用基础研究》获得中国中西医结合学会科学技术奖一等奖,还获得中国中西医结合贡献奖。李鸣真教授不仅学术成就巨大,而且培养了一大批优秀人才。这里录用我2010年2月所作的一首诗《敬贺恩师李鸣真教授八十华诞》:"松柏品质梅花情,桃李满园天下行。学贯中西施仁术,技融古今更创新。清热解毒赋新义,扶正祛邪显精英。毅力睿智创基业,德艺双馨世人倾。"这首诗真实地反映了李老师的为人与治学。

### 三、继往开来,拓展清热解毒之新

对于清热解毒法抗感染的阶段性研究成果,随着对其转化应用研究的完成——清热解毒的代表方"热毒清"已经开发成为国家中药新药金叶败毒颗粒,如何深入推进清热解毒法的研究,我曾颇费周折地冥思苦想过一番。

1993 年 1 月我受原卫生部派遣去德国明斯特大学动脉硬化研究所进修学习,主要从事高脂血症形成机制中脂蛋白代谢的分子生物学和分子遗传学研究,1997 年 5 月以优等成绩获博士学位后回国。回国后开展什么样的研究?记得史蒂夫·乔布斯有一个很著名的演讲,大意是说:你个人以往的经历,也就是生命中的点点滴滴,都会在未来的生命里,以某种方式串联起来;这些串联起来的点滴会带给你自信,使你远离平凡,变得与众不同。这个演讲于我有深刻的反响与共鸣。出国前我跟随导师的研究思路,重点研究清热解毒法抗感染的作用机制,尤其在探索清热解毒方药抗过氧化损伤和保护细胞器等方面取得了进展。出国后我主要研究胰岛素抵抗病理过程中脂蛋白代谢紊乱的分子生物学机制,首次发现调节HDL 代谢的关键酶 CETP 基因的若干突变位点 38C、Q165U、A373P、R451Q 和 I405V,并阐明其各自对 HDL 和血脂其他成分的影响。出国前后的研究方向看似完全不同,但是经过系统检索和反复思考,我还是找到了将两者连接起来的切入点。急性感染性疾病和慢性代谢紊乱性疾病在发病机制上不可逾越的鸿沟,可以通过炎症反应来链接,只不过前者为急性显性炎性反应,后者为慢性低度炎性反应。随着对慢性代谢紊乱性疾病发病机制的深入研究,发现慢性低度炎症状态是胰岛素抵抗和 2 型糖尿病的重要病理基础,而这种慢性低度炎症既不能用抗生素也不适合用 NSAIDS 类药物控制,但是清热解毒类中药凭其确切的抗炎作用是可以用来治疗慢性炎症的,这方面还得到古往今来很多中医药人临床经验的佐证,肥胖、2 型糖尿病、高血压病和动脉粥样硬化性心脏病等代谢紊乱性疾病的阶段病程中或综合治疗措施中都有应用清热解毒药获效的临床实践。药王孙思邈就曾用黄连丸治疗消渴,药圣李时珍用酒蒸黄连治疗消渴,这些前贤用药经验一直延续至今。在这些文献报道和前期积累的基础上,我提出了"糖尿病从毒论治"的观点,强调"热毒"存在于糖尿病的发病全过程中,并且对糖尿病的发生发展和并发症的形成产生重要影响,清热解毒法应作为中医辨证论治糖尿病综合疗法基础上的重要治法。这些理论探讨,不仅有动物实验的基础,更有临床疗效的提高。那么,黄连及其有效成分小檗碱治疗 2 型糖尿病的机制如何?检索文献,当时有很多关于黄连类制剂和小檗碱治疗 2 型糖尿病降糖调脂的临床报道,但是几乎没有涉及黄连与小檗碱降糖作用机制的研究文献。我带领我的团队开始了系列研究,在此也由衷感激国家自然科学基金委员会的连续资助,使我们对黄连与小檗碱的降糖作用机制有了比较清晰的认识。我们从清热解毒法的代表方黄连解毒汤、单味药黄连及有效成分小檗碱三个不同层次,系统地验证了其改善胰岛素抵抗、纠正糖和脂肪代谢紊乱的功效,阐明了清热解毒法作为 2 型糖尿病重要治法之一的合理性。我们的研究证明,小檗碱能有效改善胰岛素抵抗,具有抗炎性细胞因子、抗炎症信号通路相关分子、抗氧化应激和抗内质网应激等效应,从而阐明了小檗碱改善胰岛素抵抗的具体分子机制。研究还发现,小檗碱无论在离体原代细胞或胰岛素分泌细胞株 HIT－T15,还是在小鼠体内实验,均具有直接促进胰岛 beta 细胞分泌胰岛素的作用;进而发现其电生理机制主要在于抑制胰岛 beta 细胞 ATP 敏感性钾通道和电压依赖性钾通道,而温和地激活钙通道,从而提高胰岛 beta 细胞内游离钙水平,促进胰岛素分泌。小檗碱促进胰岛素分泌的研究结果,后来被美国、加拿大和韩国等国际同行证实并广泛引用。对小檗碱既能改善胰岛素抵抗,又能促进胰岛素分泌的功效,我们对其糖尿病双重治疗效应的分子机制做了进一步探索,发现小檗碱具有葡萄糖激酶激动剂样的功效,还能调节肝细胞核因子的表达。小檗碱对胰岛 beta 细胞具有保护作用,具有抗胰岛 beta 细胞凋亡的功效。研究还发现小檗碱主要通过增强 PPARgamma、LPL 活性等环节降低三酰甘油和游离脂肪酸,提升血浆高密度脂蛋白水平。小檗碱降糖调脂作用机制的阐明,结束了我国临床应用小檗碱治疗 2 型糖尿病已 20 多年却并不清楚其基本作用机制的历史。

　　黄连及其有效成分小檗碱具有降糖调脂功效,这些功效是作为某些清热解毒中药的特殊性,还是具有清热解毒法的代表性? 我们对此进行了进一步研究。我们应用清热解毒中药马齿苋及其有效部位干预胰岛素抵抗大鼠取得了满意的调脂、改善糖耐量的效果。我们还发现大黄素能有效改善非酒精性脂肪肝大鼠血浆脂质构成和肝组织脂肪变性的程度,其机制与改善胰岛素抵抗和促进 PPARalpha 的表达密切相关。后来很多其他清热解毒中药也被发现具有降糖调脂的功效,只是根据我们的实验和临床观察,以黄连及其有效成分小檗碱的降糖调脂作用为最强。马齿苋和大黄等众多清热解毒中药改善胰岛素抵抗功效的发现,更加丰富了清热解毒法作为重要治法干预 2 型糖尿病的科学依据。

　　清热解毒法从治疗急性感染性疾病,发展到治疗以胰岛素抵抗为基础的一系列代谢紊乱性疾病,既有长期临床实践的基础,也是不断探索创新的结果。回顾自己的工作经历,我深刻地体会到,创新源于基础积累,发展则需持续创新。

# 中西医结合之路的
# 感悟与体会

**陈志强**
河北中医学院附属医院

## 【简　介】

陈志强,男,1962年1月生,中国农工党党员,汉族,山西人,天津中医药大学中医内科学专业毕业,医学博士,博士后,二级教授,主任医师,博士研究生导师,河北中医学院附属医院(河北省中医院)副院长。享受国务院政府特殊津贴,河北省省管优秀专家,河北省有突出贡献中青年专家。中国中医科学院首批特聘客座研究员。河北省中青年骨干教师,河北省中医教学名师。第六批全国中医药专家继承工作指导老师,第四批河北省老中医药专家继承工作指导老师,第四批河北省中医优秀临床人才项目指导老师。国家重点学科和重点专科学科带头人。河北省政府参事。河北省第十一届人大代表,河北省第十一届政协委员。中国农工民主党中央委员会委员、河北省委会常委、石家庄市委会副主委。从事医教研工作30余年,致力于慢性肾脏疾病中西医结合诊治的研究,发表学术论文200余篇,主编和参编并出版学术专著及国家级规划教材等17部,完成国家级和省部级等科研项目20余项,先后获得省部级科学技术进步奖、科学技术奖和全国优秀科技图书奖12项,培养出博士后4人、博士18人、硕士50余人。目前主持国家自然科学基金项目1项、河北省重大资助项目1项。

2017 年中国共产党第十九次全国人民代表大会召开,十九大报告做出"坚持中西医并重,传承发展中医药事业"的重要部署,充分体现了以习近平同志为核心的党中央对中医药发展的高度重视,为我们在新时代推动中医药振兴发展提供了依据,指明了方向。作为中西医结合医疗工作者,我们应该继承中医药的传统优势,中西医并重,尽己所能,开拓我国中西医结合的新局面。应我国著名中西医结合学家李恩教授的邀请,谈谈我是怎样走上中西医结合之路以及对中西医结合感悟与体会。

## 一、走上中西医结合之路的历程

1978 年,恢复高考的第二年,也是全国统考的第一年,我作为应届高中生参加了这年的高考并有幸被录取。我原本的志愿是理科院校,却阴差阳错地被医学院校的中医专业录取了。也许是刚恢复高考的缘故吧,学校的课程设置并不完善,我们虽然就读的是中医专业,然课程设置却是中西医各半。在那个崇尚"书呆子"的年代,不论是中医,还是西医,大家都是如饥似渴地拼命学习,因此大多数同学都是以优异的成绩毕业的。毕业后我成了一名大学教师。因当时教师资源短缺,我先后讲过《中医基础理论》《中医诊断学》《中药学》和《方剂学》等多门课程,教学相长,几年的教学生涯为我以后专业的发展打下了扎实的中医理论功底。另外当时学校有规定,中医专业教师必须上临床,因此毕业后我并没有脱离临床。毕业前我就是在西医综合医院实习的,轮转了西医的内、外、妇、儿各科,毕业后临床工作虽然是在中医科,但因是西医综合医院的中医科,临床的诊治工作是中西医并用。所以从上大学到工作 10 余年间,我虽然学的是中医,干的是中医,却始终没有脱离了现代医学,这在潜移默化中为我以后从事中西医结合专业奠定了良好基础。

1988 年因工作调动我进入了河北中医学院,从事中医经典著作的教学工作。为了讲好每堂课,我翻阅了大量古代文献,因此 5 年的《黄帝内经》教学工作使我对中医学有了更深层次的认识和理解,深深地体会到了中医学的博大精深。在此期间我完成了自己的第一部专著《黄帝内经通释》,本书在 1995 年获得全国优秀科技图书二等奖。同时我参加了《中医历代名著集成》的编写工作,这套书在 1997 年获全国优秀科技图书三等奖暨科技进步三等奖(科技著作类)。

中医学植根于临床,单纯的教学工作常使我碰到许多问题因找不到满意的答案而困惑。因此于 1993 年我考取了天津中医学院(现天津中医药大学)中医内科学的研究生,该校研究生教学的特点是既重视中医经典著作的学习,同时又非常重视现代实验学研究的培养,所以我们的学位论文已涉及当时国内外研究领域中最前沿的东西,如细胞生物学、分子生物学等内容,为此我还专门到了当时的湖南医科大学去学习,也经常到南开大学生物系、化学系去请教。从硕士到博士的 6 年间,我虽然就读的是中医内科学,然附属医院的病房管理仍然是中西医并用。我师从于我国著名中医肾脏病学家黄文政教授,黄老师不仅有深厚的中医理论功底、精湛的中医临床技术,而且还具有扎实的现代医学理论功底和高超的西医诊疗水平,跟师 6 年使我的中西医理论和临床技能以及科研能力有了长足的进步。另外,就读研究生期间,还有幸得到了我国著名的中西医结合学家吴咸中院士和张伯礼院士无私的帮助和指导。我的硕士论文和博士论文得到了吴老的亲自指点,而张老师不仅给我们亲授科研方法和思路,更是把我纳入了他的研究团队,使我的科研能力进一步得到提升。我 2 次获得了

"天津市高校王克昌特等奖学金",也是当时天津中医学院有史以来第一个获此殊荣的学生,参加的科研项目也获得2项天津市科学技术进步奖二等奖。因此,硕、博学习使我对中西医结合内涵有了进一步的认识和理解,同时也产生了浓厚的兴趣。为此我博士毕业后进入到河北医科大学中西医结合基础学(国家重点学科)博士后流动站,在我国著名的中西医结合学家李恩教授和我国著名中医肾病学家赵玉庸教授辛勤的指导下,经过2年的努力完成了我的博士后研究工作(因科研成绩突出,后被河北省政府评为河北省优秀博士后,并得到时任省长的亲自授奖),出站后就留在了河北医科大学中西医结合研究所(国家重点学科单位),任常务副所长,亦由此开始中西医结合的科研工作与教学工作一样成了我的主要任务,同时又在附属中医院(河北省中医院、当时河北医科大学的第一临床医学院)从事临床工作。因科研和教学工作成绩突出,2002年,我被河北医科大学聘为中西医结合专业的博士生导师、博士后指导教师,成为国家重点学科的学术带头人。我就是这样走向中西医结合之路的,可以说是从懵懂到清晰,从被动到主动,选择了中西医结合这条路。

## 二、中西医结合研究的方向和取得的业绩

作为一名中西医结合专业的大学教师,从1999年被河北医科大学聘为中西医结合专业硕士生导师到2002年被聘为博士生导师和博士后合作导师以来,每年我除了要完成中西医结合专业本科生和本硕连读生的教学任务外,还要完成硕士生、博士生的教学和论文指导工作,以及博士后的指导工作。到目前为止,我已培养出硕士50余名、博士18名、博士后4名。不同层次的教学要求,使我对高等医学院校中西医结合专业的教育有了全方位的了解和认识,也积累了一定的经验,有了一点自己的体会,也形成了一些学生乐意接受的教学方法。因教学工作成绩突出,我连续3次参加了全国中医药行业高等教育"十一五""十二五"和"十三五"国家规划教材(即新世纪第一版、第二版和第三版)《中西医结合内科学》的编写工作,从"十一五"的编委,到"十二五""十三五"连续两任的第一主编,我与全国30余位编委专家通力合作,把中西医结合最新的科研成果和成熟的临床技术以及公认的新观点等更新到国家规划教材中,力争使我们这套教材更全面、更新颖、更完善,帮助中西医结合专业的学生和从业者对中西医结合有更高的认识。如我提出的中西医结合诊治内科疾病的思维模式得到大家的普遍赞同,写入了"十三五"规划教材。该思维模式以现代医学内科疾病为切入点,根据其病因及发病机制、病理改变及临床表现和各种检查结果,运用中医理论进行分析,不仅仅局限于辨证论治,更要明确该病全过程的中医的基本病理机制,制订出基本治疗方案,并根据疾病发展过程出现的变证,制定出相应的治疗方药,建立完整的辨病辨证论治相结合的理法方药体系,并将其与现代医学的诊疗方案有机地结合起来,取其各自所长,避其各自所短,充分发挥中西医的各自优势,用于临床疾病的诊断和治疗,实现真正意义上的中西医结合。依据此种方法开展临床工作,才能使从业者将中西医结合的疗效发挥到最大。

没有科研支撑的临床不会有创新,博士后出站后我把"慢性肾脏疾病中西医结合诊治的研究"作为我的主要研究方向。以临床实践经验为依托,我将糖尿病肾病、慢性肾衰竭和肾病综合征3种临床上常见的病种作为主攻方向。针对糖尿病肾病的病理特点和临床特征,我们提出了"气阴两虚,瘀血阻络"为其基本病机,"益气养阴,化瘀通络"为基本治疗方案,为此我们开展了多中心、大样本、随机对照的临床疗效观察(河北省重点项目,国家"十一五"支

撑项目),在西医常规治疗的基础上,应用益气养阴、化瘀消症通络的方药(随症加减)进行干预。结果显示:该方案可以显著降低蛋白尿,保护肾功能,改善临床症状,减少终点事件的发生。因为"瘀血阻络"贯穿于糖尿病肾病的全过程,我们又开展"化瘀通络中药"的基础研究(得到 2 项国家自然基金、1 项河北省自然基金、1 项教育部博士点基金等项目的资助),结果显示化瘀通络中药具有类 RAS 系统阻断剂的作用,调节 RAS 系统失衡;具有减少足细胞裂孔膜蛋白的丢失,保护肾小球滤过膜电荷屏障和分子屏障的作用,以及对细胞因子和多种通路的干预调节的作用。该系列研究获得中国中西医结合学会科学技术奖二等奖、三等奖各 1 项,中华中医药学会科学技术奖二等奖 1 项。根据慢性肾衰竭的临床特征,我们提出了"脾肾阳虚,湿浊壅滞(三焦),瘀血阻络"为其基本病机,"健脾补肾,祛湿泄浊,化瘀通络"为其基本治疗方案。为此我们开展了多中心、大样本、随机对照的临床疗效观察(河北省重点资助项目),在西医支持疗法的基础上,应用健脾补肾、祛湿泄浊、化瘀通络方药随症加减对慢性肾衰竭早、中期进行干预,结果显示该方案具有降低血肌酐、尿素氮,阻止和延缓肾功能衰竭的进展,改善临床症状等作用。基础研究(2 项省级项目资助)证实该基本方案可以改善和延缓肾脏的病理损害。尤其是针对"湿浊壅滞三焦"是慢性肾衰竭主要病理改变,以及湿浊之邪重浊黏滞,一般祛湿泄浊法难以祛除的病理特点,我们提出了"祛湿泄浊,三焦同治"的治疗思想,即以宣通上焦、转运中焦、泄利下焦之品合用,三焦同治,促进气化,使得湿浊易除,三焦通调。这一新观点使得临床疗效明显提升,该项目系列研究获河北省科学技术进步奖二等奖。根据肾病综合征的临床特征,我们提出了"脾肾气阳两虚,水湿瘀血阻滞"是其基本病机,"健脾补肾(益气温阳),祛湿利水,活血化瘀"为其基本治疗方案,并随其病程出现的变证以及激素的应用,做出相应的加减(此诊疗思路已写入"十三五"规划教材)。长期的临床疗效观察显示该方案单独或联合西药对症治疗都有相对稳定可靠的疗效。因膜性肾病是引起肾病综合征的主要病理类型之一,尤其是华北地区肾病综合征患者中几乎有近 2/3 是膜性肾病,为此我们开展了"膜性肾病的临床疗效观察与基础研究"(获河北省优秀项目的资助)。

为了掌握国内外学术动态和最新进展,不断提高自己学术水平,我长期坚持参与国内外不同层次的专业学术学会议,与此同时自己的专业能力和学术水平也得到同行的认可。现我兼任中国中西医结合学会理事、基础理论研究专业委员会常委、科研院所工作委员会常委,河北中西医结合学会副会长、肾病专业委员会副主委,中华中医药学会肾病分会副主委,河北中医药学会常委、内科专业委员会副主委、肾病专业委员会主委,世界中医药学会联合会肾病专业委员会常务理事,中国民族医药学会肾病分会副会长,中国中医研究促进会肾病分会副会长,河北临床医学工程学会副理事长等多项学术职务;同时兼任国家自然基金项目评审专家、国家基本药物评审专家、国家重大新药创制药物评审专家、国家科学技术奖评审专家、中华医学会科学技术奖评审专家、中国中西医结合学会科学技术奖评审专家、中华中医药学会科学技术奖评审专家、河北省以及全国多省科学技术奖评审专家等职务,并任《中国中西医结合肾病杂志》《现代药物与临床》《中华中医药杂志》《现代中西医结合杂志》《中西医结合学报》《河北中医》《疑难病杂志》等杂志编委及审稿专家。

## 三、对中西医结合的感悟与体会

中西医结合是一个有诸多未知的尚未成熟的却充满活力、具有光明前景的学科。对于它的内涵可谓是仁者见仁,智者见智,但有一点是肯定的,它是一个目前以及未来最能解决临床难题的学科。从毛泽东主席倡导中西医结合开始至今,已经走过60多个春秋。不论是基础研究,还是临床探索,已经取得了丰硕的成果。屠呦呦教授诺贝尔奖的获得更是举世瞩目,她不仅实现了中国自然科学诺贝尔奖零的突破,更是给予了我们这些为中西医结合事业奋斗的人们莫大的鼓舞和无比的自信。然中西医结合走向成熟还需一个漫长的历程,需要我们一代又一代的继续努力。

中西医结合研究包括基础研究和临床研究。其基础研究主要是应用现代科学理论和技术去探求中医药理论的真正内涵,去发现更多的具有指导临床和应用于临床的科研成果,然中西医结合的基础研究始终不能脱离临床,临床疗效是基础研究的源泉。其临床研究主要是在不断寻找中西医结合的最佳诊疗途径和方法。"病证结合"的诊疗模式是目前临床上普通应用的一种模式,然大多并用者多,结合者少。要实现真正的结合,切入点的选择尤其重要。所以我认为应该以现代医学的疾病作为切入点与主体,根据其病因及发病机制、病理改变以及临床表现和各种检查结果,运用中医药理论对其进行分析,明确该病全过程的中医发病规律,即该病的中医基本病理机制(我称之为主体病机),提出假说,制定出相应的治疗该病的基本治法方药;同时根据疾病发展的不同阶段出现的不同合并症或并发症(分析其病机,可称之为客体病机),本着急则治其标的原则,制定出相应的治疗方案。通过临床的不断验证和完善,最终建立一个针对该病的辨病辨证论治的理法方药体系。通过这种诊疗模式所得的结果可能会给基础研究更大的启发和更可靠的思路,因为中西医结合的基础研究永远根植于临床!

在这种诊疗思想的指导下,我们经过多年的反复验证,创立了肾病综合征、糖尿病肾病和慢性肾衰的诊疗方案,并本着"急则治其标"的原则,在疾病发病过程中根据发现的合并症或并发症从而修正治疗方案,因此临床疗效得到了进一步提升。以此带教,也使得实习生和年轻医生很快掌握相关疾病的理法方药,快速进入临床状态。在这种临床诊疗思维模式的引导下,我们先后获得多项国家级和省部级科研项目的资助。

回首我30多年的中西医结合之路,有时光匆匆,也有长路漫漫,有鲜花伴随,也有荆棘丛生,有初探杏林之妙的喜悦,也有面对复杂病情的无奈与懵懂,一直未变的是为患者解除疾苦的初心,是对中西医结合前景的憧憬,是面对困难不言败的决心,也是自我勉励的恒心。在中西医结合探索的道路上,唯有心怀对传统中医的敬畏、对现代西医的怀疑,对二者有着深刻的认识,从中西医两方面考虑问题,才能抓住问题的本质,做好二者的结合,才能得出"1+1>2"的结论,才能把握中西医结合的实质,取得更好的临床疗效。

## 四、对中西医结合的展望

毛泽东主席曾在《讲堂录》笔记中写道:"医道中西,各有所长。中言气脉,西言实验。然言气脉者,理太微妙,常人难识,故常失之虚。言实验者,求专质而气则离矣,故常失其本。则二者又各有所偏矣。"毛主席在关于"西医离职学习中医班"的批示中指出:"中国医药学是一个伟大的宝库,应当努力发掘,加以提高。"回顾我30多年的工作经验,从初入医门的懵懂者,到把中西医结合运用到临床的医务工作者,深感中西医结合的道路任重而道远。在学习的道路上永无止境,唯怀敬畏之心,怀疑精神,夯实基础,灵活运用,才能促进中西医结合的发展与进步。

近来,习近平总书记提出"坚持中西医并重,推动中医药与西医药相互补充、协调发展,是我国卫生与健康事业的显著优势",为中西医结合工作指明了方向。我国"一带一路"战略的深入实施以及国际上对中医药价值越来越认可,给中医药在世界范围内发展带来了重大机遇。中西医结合前景广阔,未来会造福全人类。作为中西医结合接班人的青年一代,要把握机遇,勇于接受挑战,努力开拓我国中西医结合医学的新局面。

结语:面对书中各位尊长前辈,吾之所得,微不足道,只有望其项背,自感惭愧。然恩师之命,不敢不从,只好斗胆,造次数语。才疏学浅,感悟寥寥,也许可能,偶有几得,以期后生,有所借鉴。

# 勇于实践　不断探索
## 立足创新
### ——我的中西医结合之路

**杨明会**
中国人民解放军总医院中医院

·········· 【简　介】··········

　　杨明会，男，1962年出生。现任中国人民解放军总医院中医院院长、全军中医研究所所长，教授，主任医师，博士研究生导师，博士后合作导师，专业技术2级，享受国务院政府特殊津贴。兼任世界中医药学会联合会脑病专业委员会副会长，世界中医药学会联合会中药上市后再评价专业委员会副会长，第五届中华中医药学会副会长，解放军中医药学会会长，国务院学位委员会学科评议组成员，全国博士后管委会专家组召集人，国家科学技术奖评审专家，国家自然科学基金专家评审组成员，中国中西医结合学会常务理事，北京中医药学会副会长，北京市中西医结合学会副会长等职。先后获全国优秀科技工作者，中央组织部万人计划百千万工程领军人才，军队杰出专业技术人才奖，军队国医名师，总后优秀中青年技术专家，第三届中国医师奖等荣誉。荣立个人二等功2次，被誉为新一代"全军中医药专家的领头雁"。

我是一个普通的医生,从事中西医结合工作近 40 年,一直信守为人民服务的宗旨,精研中医经典,涉猎中、西医诸多学科,经过多年不断的理论探索和临床磨炼,取得了一些成绩,赢得了广大患者的信任和爱戴。回顾我的从医之路,可谓是万分感慨。

## 一、步入医学殿堂

我出生于 1962 年,刚懂事就目睹了缺医少药给老百姓健康带来的巨大困扰,就连最简单的感冒发热都得不到及时的医治。受家庭环境的熏陶,我从小就萌生了从医治病救人的念想。1979 年,我如愿以偿考取了河北中医学院。

基础学习阶段,我系统地学习了中医基础理论。"衡阳会议"之前,河北中医学院隶属于河北医科大学管辖,西医师资力量雄厚,培训课程完整,我们这一届学生较好地掌握了西医的基础理论和基本技能。在临床学习阶段,我不仅细心揣摩中医老师如何望闻问切,如何辨证组方,同时也系统学习了西医诊治疾病的原则,这些都为后来顺利的走向中西医结合之路打下了坚实的基础。

大学毕业后,我参军到部队,成为一名军医,在基层部队值班时遇到的几个典型病例更加坚定了我踏上中西医结合之路的信念。

某天值夜班时,一位部队年轻女家属突然右下腹疼痛,已经被初步诊断为阑尾炎,准备转院行手术治疗,当时常规测量了血压,发现血压只有 80/45 mmHg,这时我提高了警惕,心想阑尾炎引起血压下降的极其罕见,而宫外孕腹痛出血发生血压下降的却十分常见,我及时提醒了上级医生,果不其然,这个患者最后确诊为宫外孕,紧急手术治疗后顺利康复出院。一个简单的西医鉴别诊断,在一瞬间可能就挽救了一条生命。

又有一次,一个年轻战士诉心前区刺痛,一线医生初步判断是心绞痛、可疑心梗。我想,这么年轻的患者,心梗的发生概率还是较小,还是先听诊一下心肺再说。结果患者左肺呼吸音消失,我想这肯定不能用心梗来解释,最有可能的诊断是气胸。胸部 X 线检查证实了我的判断,经过胸腔闭式引流,小战士很快就治愈了。由此可见,西医最简单的一些检查方法可以第一时间给我们提供真实的临床资料,让我们对疾病做出快速的判断,避免误诊、漏诊的发生。

这些急诊病例深深触动了我,中医不是万能的,需要和西医检查诊疗手段有效地配合,才能救治患者,这更坚定了我的中西医结合之路。

## 二、中西医结合路上不断探索前行

一转眼在中国人民解放军总医院工作已 25 载,我有幸先后跟随全军名老中医赵冠英教授,拜王永炎、陈可冀、张伯礼等院士跟师学徒,对如何运用中西医结合的方法读经典、做临床、搞好科研有了更加深刻的认识,同时也在长期的医疗实践中取得了丰富经验。

1. 补肾活血法治疗帕金森病,喜获国家科学技术进步奖二等奖　帕金森病(PD)一直是医学未解的难题,通过替代疗法治疗该病也不能根治,往往药量逐渐加大而疗效却越来越差、副作用越来越多。在翻阅了大量的中医古籍文献、现代临床和基础研究资料后,又经过反复临床实践,我发现运用补肾活血法可以明显改善患者的症状和生活质量。再前后历经20 余年的不断实践和摸索,以及不断临床总结和动物实验证实,我突破了中医关于帕金森病(主症：震颤,肌强直,姿势异常,运动迟缓)"诸风掉眩,皆属于肝"的传统认识,创新性地提出该病"病位在脑,其根在肾,肾精亏虚,脑络受损,瘀血阻络"是帕金森病根本病机的观点,丰富了中医脑病理论。在临床治疗上,我采用补肾活血法治疗该病,使患者运动障碍症状、症状波动以及异动症等得到明显改善,汗多、便秘、排尿障碍等运动并发症和非运动并发症的发生明显减少;并通过提高患者脑内 DA 水平、降低患者静息状态下肱二头肌和股四头肌的肌张力,在日常生活能力、睡眠状况、认知力、情感、躯体不适等多方面提高了患者的生存质量。同时,我带领的团队还在国内率先运用活体脑内微透析技术与高效液相色谱分析化学技术,通过动物实验研究了中药对脑复杂功能过程中的化学调控规律,为探讨中药疗效机制提供了科学依据,在开展老年脑病的中医药研究方面达到国内领先水平。该成果获国家科学技术进步奖二等奖,得到了国内外业界的广泛认可。

2. 揭示中药十八反"反"与"不反"内涵,获国家科学技术进步奖一等奖 中药安全性一直是受到高度重视的普遍问题,但是因为中药的成分复杂,中药的安全性研究一直没有实质性突破。早在读书时期,我就对中药的"十八反"产生了兴趣。"十八反"虽属于配伍禁忌,但自古以来在同方配伍、临床医案中屡见不鲜,且屡获良效,而在现代临床实践中亦不乏其例,如名医蒲辅周老先生、国医大师朱良春、四川名医林国通、山西名医李可等,应用"十八反"涉及的药物均取得了确切疗效。经过多年的临床实践,以及与药物毒理学专家的相互学习借鉴交流,我们终于率先实证了中药配伍的经典理论、中药十八反"反"与"不反"的内涵,从物质成分和药物代谢酶角度揭示了中药配伍"反"与"不反"的本质,从离子通道和儿茶酚胺调节角度阐释了中药寒热配伍及其减毒增效的科学内涵,促进了中医药理论的创新发展。该成果获2013年国家科学技术进步奖一等奖。

3. 凉血活血法治疗放射性肺损伤,荣获军队医疗成果二等奖 放射性肺损伤是放疗过程中常见的并发症之一,临床常见且危害很大,难以早期发现,严重影响患者的生存质量。中医药治疗放射性肺损伤有独特优势。经过近 20 年的临床实践与科学研究,我带领学术团队,以中医理论为指导,吸收现代病理学研究成果,从放射性肺损伤的中医理论、临床治疗及其疗效机制等方面展开了全面深入的研究,提出了放射性肺损伤"早期热伤肺络,后期瘀阻肺络,早期应用凉血解毒及活血化瘀药物治疗可以取得更好的疗效"新理论,将中医证候诊断学的方法运用于实验研究,将基础研究与临床研究、现代病理学观察与中医证候诊断方法有机结合,深化了中医学对放射性肺损伤发病机制的认识。该研究成果 2008 年荣获了军队医疗成果二等奖。

4. 深入研究老年病,开发新药制剂 随着全球老龄化问题越来越严重,我们一直以老年病为研究重点,积极开展中医药防治老年病的研究,较早提出"气虚肾虚血瘀"是老年病的共同病理基础,并运用益气补肾活血法治疗老年病取得了丰硕成果。我们率先开展老年人免疫功能紊乱的早期诊断,进行了老年病气虚肾虚证与免疫功能紊乱的细胞、分子生物免疫学基础研究,揭示了老年病气虚肾虚证与免疫功能紊乱的相关性,及补肾活血法的作用机制。其研究成果 2007 年获国家科学技术进步奖二等奖,并开发了具有广泛应用前景和良好效果的中药制剂"复方芪蓉颗粒",该制剂 2008 年获军队非标制剂批号,临床上应用广泛。

近年来我们共收获国家"十五""十一五"科技支撑计划、国家"973"计划、国家自然科学基金、军队重大专项、军队中医药专项等 27 项课题;获得国家科学技术进步奖一等奖、二等奖,中华中医药学会科学技术一等奖,军队医疗成果二等奖等 7 项奖项;发表论文 310 余篇,主编《四物汤现代研究与应用》《中医例案分析》《常见病中西医最新诊疗进展》等医学专著 9 部；招收和培养博士后 9 名、博士研究生 31 名、硕士研究生 42 名。之所以能够取得这么多的成绩，我认为必须刻苦钻研，真正做到"活到老、学到老"，全身心投入中西医的临床与科研，付出比常人更多的辛勤和汗水，才有可能达成。

## 三、坚定不移走好中西医结合之路

多年的临床经验告诉我，要想坚定不移地走好中西医结合之路，必须既要重视中医"审证求因""辨人识体"的整体辨证论治观念，又要结合西医的微观辨证，充分利用好现代科技手段研究和发展中医，才能提高临床疗效，才能找到与外界交流的共同语言。

1. 不管中医西医，能看好病的就是好医生　中医和西医治疗疾病的出发点不同，最终的目的相同，但是中医更重视整体观念，治的是"生病的人"，是帮助患者调整体内的失衡，最终使阴阳得以平衡，调动人体积极抗病因素，身体自然就可以抵抗外邪战胜疾病；西医治的是"人生的病"，是通过利用外援来治疗疾病，表面上看缓解了症状，实际上还是要等患者自身积聚起能量去克服疾病。因此说，在老百姓眼里，不管中医西医，能看好病的就是好医生，在临床实践中应该合理开展中西医结合的治疗，互相补充，这样才能获得更高的疗效。

习近平总书记教导我们："当前，中医药振兴发展迎来天时、地利、人和的大好时机，希望广大中医药工作者增强民族自信，勇攀医学高峰，深入发掘中医药宝库中的精华，充分发挥中医药的独特优势，推进中医药现代化，推动中医药走向世界。"我们一定要牢记习总书记嘱托，为百姓排忧解难，充分利用这大好时机，在实践中不断总结成功的经验，适应现代医疗的要求，培养自己的学生努力成为优秀的"能看好病"的临床医生。

2. 倡导中医的整体辨证和西医的微观辨证相结合　中医和西医是自成体系的两种医学，临床需处理好体与用、主与次的关系，而不是简单地以西医诊断加中药治疗或中药加西药，而是要将中医的整体辨证同西医的微观辨证结合起来，各取所长，避其所短，既提高疗效，又避免误诊失治。中西医结合不是中医西医化，不能用简单的还原论的方法来研究中医。如果用还原论的方法，就算你观察得再仔细、指标再先进，哪怕应用的都是分子生物学手段，也不能准确地阐明中医学理论的真谛。现代科学的快速发展掀起了一波又一波的"指标"热潮，从各种免疫球蛋白和淋巴细胞亚群，到现在的基因组学、蛋白组学等，大量的中西医结合基础研究让人眼花缭乱，虽然积累了大量的资料，但是没有几项研究真正在理论上获得了重大进展，更不要说是突破。不是说不需要分析的方法和手段，问题是必须与整体研究相结合，进行综合的研究。中医学是一门经验医学，但更是一门朴素的整体医学；而西医在过去的发展过程中主要是一门实验医学。医学的发展趋势以及医学模式的改变，要求我们的研究不仅建立在生物学个体的基础上，还要重视心理、社会因素的影响，强调个体差异，建立起立足于现代自然科学和社会科学之上的新型整体医学，而中西医结合可以将现代科学微观化的优势和中医学整体化的理念有机地统一起来。我们研究团队的"对中药安全性关键技术研究与应用"获得的国家科学技术进步奖一等奖，"补肾活血理论在治疗帕金森病中的应用""补血方药对血虚证的基础与应用研究"获得了 2 个二等奖，都是将两者结合得比较好的典范。这种结合要求研究者不但要有扎实的现代科学的基础，更要具备较高水平的中医理论的造诣。这就要求我们中西医结合工作者必须认真学习中医理论，努力提高自己的中医素养。

3. 原创的中医的理论与现代科技的结合是高效诊治疾病的发展方向　当前,科学技术革命已成为一种势不可挡的伟大历史洪流席卷全世界,知识大爆炸对有着五千年璀璨历史的中国文化也带来重大的冲击和挑战。中医药学也与时俱进,在与现代科学技术渗透、交流、融合的过程中,不论在病因学,还是在诊断、治疗学方面,都得到了长足进步与快速发展。例如,显微镜发现了细菌、病毒、支原体等病原微生物,丰富了中医外邪致病理论;现代影像学技术可以鉴别颅内血管出血和栓塞,细化了中医"中风"诊断的内涵;随光学、磁学、电子学技术发展应运而生的中医经穴磁疗、中药离子导入等拓展了中医的治疗方法;运用现代科技对中药剂型的改革也颇见成效,中药注射剂、气雾剂、口服液、颗粒冲剂等不断被开发创新,朝着现代化方向迈进。屠呦呦的青蒿素研究荣获诺贝尔奖就是原创的中医理论与现代科技相结合的光辉典范。

当今中医人必须面对现代医学的广泛应用,吸收现代医学知识,勇于实践,不断探索,创新中医理论,才能适应社会需要,成为优秀的医生。中医事业要想蓬勃发展,必须敞开自己的胸怀,伸开自己的臂膀,与西方医学比肩共进,还需要我们在西医为主流的大环境下付出更多的艰辛。

总之,一个学科的发展,不仅需要有自己的医疗技术特色,还要不断地培养特色人才,组建技术队伍,搭建学术平台。中国人民解放军总医院中医院,之所以能在短短十几年时间,从一个不为人知的小科室发展成为中医院,在医疗、保健、科研、教学几个方面都大踏步前进,跨越式发展,成为"中西医结合老年病国家重点学科""全军中医研究所""全国综合医院中医药工作示范单位""中西医结合临床博士学位授权单位""全军中医师承研究生集中教学单位",形成以博士后培养为标志,博士、硕士培养为重点,师承研究生培养为拓展的中医药高层次人才培养体系,正是因为有着一支技术过硬的队伍,在学科带头人的指引下,坚定不移地走中西医结合的特色之路,才得以开创了一片崭新的天地。

# 不忘初心　风雨兼程
## 传承发展
### ——我的中西医结合之路

**林　谦**
北京中医药大学东方医院

·············【简　介】·············

林谦,女,医学博士,主任医师,教授,博士生导师,享受国务院政府特殊津贴。1985年毕业于北京中医学院(现北京中医药大学),获学士学位,1987—1991年师从廖家桢教授攻读研究生,获临床医学博士学位。现任北京中医药大学东方医院副院长,中国中西医结合学会常务理事,中国中医药研究促进会中西医结合心血管病预防与康复委员会主任委员,中国中西医结合学会心血管病专业委员会副主任委员,中华中医药学会心血管病专业委员会副主任委员,世界中医药学会联合会介入专业委员会副会长,北京中西医结合学会青年工作委员会主任委员,国家中医药管理局心血管重点专科全国协作组组长,国家中医药管理局中西医结合临床重点学科带头人。获全国卫生系统先进个人、全国百名杰出女中医师、北京市高等学校教学名师等称号。牵头组织制定国家中医药管理局心血管重点专科15个中医诊疗方案及临床路径。全国中医医院等级医院评审标准、大型中医医院巡查标准制定核心专家,WHO"ICD-11"传统医学国际疾病中医心血管病制定专家,《中医病症分类与代码》等4项国家标准编写及审定专家。

30余年来致力于中医气血理论治疗心血管疾病的

临床与基础研究,主持及承担省部级以上课题 32 项,其中国家级课题 13 项,包括中医药行业专项、科技基础性工作专项、"973"子课题、科技支撑计划、国家自然基金等;获省部级科技奖励 8 项,其中第一完成人 6 项,获国家专利第一发明人 2 项;以第一作者及通信作者发表国内外核心期刊论文 80 余篇,主编、副主编专著 6 部;培养硕士 38 名、博士 21 名。

指引我走上中西医结合之路的是我的恩师、中西医结合事业的开创者之一——廖家桢教授。

我 1980 年考入北京中医学院(现北京中医药大学),1985 年本科毕业后被分配到北京中医药大学东直门医院内科,开始住院医师轮转,心内科是我轮转的第二个科室,在这里遇到了我终身事业的领路人——廖家桢老师。我还清楚地记得第一次见到廖先生是一次科内大查房,廖先生娴熟地望、触、叩、听,动作既标准又漂亮,对西医诊断、鉴别诊断的分析思维清晰,逻辑性极强,有如醍醐灌顶。而最让我吃惊的是他对患者中医病因病机的阐述和处方用药的精到,让我第一次感悟到一个好的临床医生是可以将中西医诊疗集于一身,临床实践中中西医结合可以这样完美!现在想来那大概是我对中西医结合最懵懂的憧憬,正是这份憧憬让我 1987 年顺利地考上了北京中医学院中西医结合临床专业,师从廖先生,从此走上了中西医结合之路。

廖家桢教授率先应用中医气血理论指导心血管疾病的治疗,在气血关系中强调气对血的统帅、推动作用。他在 20 世纪 70 年代即提出冠心病心绞痛的基本病机是"气虚血瘀",气虚为本,血瘀为标,治疗应益气活血化瘀,遣方用药时益气与活血化瘀并用,但重用补气药物。我博士研究生期间的主要研究就是在中医气血理论指导下,开展补气药物党参治疗冠心病心绞痛的临床及基础研究。研究表明单味党参(水煮醇沉口服液,相当生药量 60 g/d,疗程 4 周)服药后缓解心绞痛有效率达 60%,动态心电图(Holter)监测"缺血总负荷"明显减少($P<0.05$),同时明显降低血小板黏附率、血小板聚集率,提高 5 分钟解聚率,促进前列环素($PGI_2$)的合成,提高血浆 6-酮-前列腺素 $F_{1\alpha}$($6-keto-PGF_{1\alpha}$)含量,调节前列环素/血栓素 $A_2$($PGI_2/TXA_2$),提高 $6-keto-PGF_{1\alpha}/TXB_2$;心绞痛是血瘀证的主要临床表现,而血小板功能被认为是血瘀证的特异性理化指标,研究结果显示临床仅重用单味补气药物而对血瘀证候有明显的改善,从一定程度印证了"气为血帅""气行血行"理论的正确性。30 多年过去了,大量的心血管临床数据和实践已证实了冠心病的基本病机是"气虚血瘀",并已成为行业的共识。

廖家桢教授 1981 年 7 月于《中医杂志》发表《浅谈以"证"为纲,开展中西医结合研究》一文,将"证候"和"疾病"比喻为"纲"和"目"的关系,以"纲"提领"目",以证候研究带动疾病的研究,倡导将中医的"证"和现代疾病相结合的病证结合研究思维模式,受到全国广泛重视。他致力于在中医气血理论指导下应用现代科学技术阐释心血管疾病"心气虚证"的科学内涵。30 多年来我们团队对心血管疾病心气虚证进行了系统深入的临床及基础研究,以心气虚证实质为证候研究的切入点,开展心气虚证的现代生物学基础研究。研究结果发现,心气虚证与心脏舒缩功能、血小板功能、能量代谢、免疫调节等功能障碍密切相关,而补气药物以及补气药物与活血化瘀药物配伍则具有多层次、多靶点的整体调节作用。2013 年"心血管疾病心气虚证的基础研究"获中国中西医结合学会科学技术奖一等奖。

廖家桢教授 1991 年 3 月受组织委派与德国合作,创建了德国魁茨汀中医医院(KOETZTING TCM CLINIC),医院拥有 80 张住院病床,他深厚的中医功底及融汇中西的能力再次展现了中西医结合的优势,并因此赢得了德国医生的尊重。我 1991 年 9 月博士毕业后也在廖先生力荐下派往德国魁茨汀中医医院,针对纷沓而至的各种西医无法解决的疑难顽症,我们采用中药、针灸、推拿按摩、气功、外敷、穴位离子导入等中医综合治疗的方法,在短时间内取得了让德国西医同行惊叹的临床疗效,不但赢得了德国西医同行的认可,也使医院成为唯一获得德国医疗保险认可的中医医院,并深受德国患者的欢迎,最长时预约住院要等 1 年。德国魁茨汀中医医院建院至今已 20 余年,仍是欧洲乃至世界唯一一家拥有住院病房的真正意义的中医医院,是中医药走向世界的成功典范。

1998 年我应德国德累斯顿心脏中心之邀再次赴德国。当时德国广泛应用经皮冠状动脉腔内血管成形术(PTCA)治疗冠心病,但 PTCA 术后再狭窄的发生率可高达 50%,因此该中心主动提出希望合作探索中医药防治再狭窄的临床研究。我们搜集了很多西医学关于再狭窄发生机制以及中医药领域的相关研究的资料,发现介入治疗导致血管内皮损伤是引发一系列病理变化的重要启动因素,而当时国内的防治多为活血化瘀。鉴于内皮损伤是介入术后修复的关键环节,因此廖先生大胆地提出"介入后如能早期应用中医药治疗快速修复损伤则可能防治再狭窄的发生从而改善预后"的假说,创新性地将中医创伤修复理论引入到介入术后防治中,并拟"益气凉血生肌方"。遗憾的是当研究方案、治疗药物一切准备就绪,第二次提交德累斯顿心脏中心伦理委员会讨论时,恰逢欧洲发生服用大量中药减肥药致患者肾衰死亡的病例,因担心中药的肾毒性伦理委员会未批准该项临床研究。

2001 年我回国后,获得国家中医药管理局基金课题资助,继续开展了该方案的随机对照临床研究。该研究共纳入 100 例 PCI 术后患者,随机分为 2 组,对照组采用西医规范治疗,治疗组在规范治疗的基础上于术后当天服用"益气凉血生肌方",疗程 8 周,平均随访 14 个月。研究结果显示,与对照组比较,加服"益气凉血生肌方"可明显降低远期联合心血管事件的发生率($P<0.05$)。该研究成果获得中华中医药学会科学技术进步奖三等奖,并广泛用于临床,形成了我院心内科的中西医结合特色。

在德国工作期间印象最深的是一位慢性心衰的住院患者,他因反复发作严重心衰,西药治疗无效而被认为只能心脏移植,廖先生详细辨证后认为其病机为气虚血瘀水停,在西药强心利尿治疗的基础上,中医治以益气活血利水,同时重用补气药物黄芪达 120 g 而获显效,病情得以稳定控制而免于手术,让我乃至德国医师认识到中医不是只能治疗轻症,在治疗心血管疾病重症如难治性心衰仍然有很好的临床疗效。中医药在改善慢性心衰患者生存质量方面具有独特的优势,但缺乏有效的评价手段,将生存质量评价引入中医药治疗慢性心衰领域,研制能够体现中医特色以及中医药治疗优势的生存质量量表将能更好地评价中医药的疗效。因此,2005 年我主持了首都医学科技发展基金课题"慢性心衰中西医结合生存质量量表的研制",我们遵循国际通用的原则及方法,其理论结构模型涵盖了生理、社会、心理三大生存质量测评内容,于全国 12 家医院进行了 359 例初表的临床测评,采用 7 种统计学方法筛选条目,形成中西医结合正式量表,包括了明尼苏达心衰量表的大部分条目,且加入了能够体现中医特色的心衰相关条目,并进行了 120 例临床测评及与 SF-36 量表(健康调查简表)、明尼苏达心衰量表的对比评价研究,经考评量表具有较好的信度、效度和反应度,临床操作可行,实用性强,能够更好地体现中医治疗优势,更准确地评价中医治疗疗效,并在全国 17 家三级甲等医院中推广应用,被 2008 年度国家中医药行业科研专项课题"慢性心衰社区普适中医诊治方案研究"作为主要疗效评价指标采用,产生了较好的社会效益。该研究 2012 年获北京市科学技术进步奖三等奖及中华医学会科技奖三等奖,也是该年度中华医学会唯一一个获奖的中医药项目。

在德国时,魁茨汀中医医院开设了一所中医学校,举办西医学习中医班。在和廖先生共同讲授的过程中,我发现廖先生的讲课很适合西医医师的思维,他善于把繁杂的中医辨证降阶降维处理,以辨别证候要素为基础,同时注重病证结合,抓住疾病的中医基本病机或核心病机,针对临床具体病例,理论联系实际,因此西医医师易于理解便于掌握,快速培养了上百名"西学中"的德国医生。这大概来源于他作为一名"西学中"专家的切身体会,由此我经常在思考针对"西学中"人员的教学应有别于传统的中医院校的教学模式,而基于证候要素的辨证方法可能更适合西医医师掌握。慢性心衰是中医药治疗的优势病种,有很好的临床疗效,中西医结合治疗不失为最优方案,但很多就诊于社区及综合医院的患者未能接受中西医结合的治疗,因此,我想到应制定一个普适性的中医方案推广中西医结合的治疗。2008 年我作为负责人之一牵头了中医药行业专项"慢性心衰社区普适中医诊治方案研究",该项目传承廖家桢教授学术思想,应用气血理论指导心衰治疗,针对慢性心衰气虚、血瘀、水饮、阳虚等主要证候要素,拟定各个证候要素相对应的基本方,临证时依据诊断规范,对患者进行个体化辨证,辨别中医证候要素,根据证候要素的不同,选择与之相对应的基本方,组成治疗复方。经全国 7 家三甲中医医院 220 例随机、双盲、安慰剂平行对照临床试验初步验证,可显著提高患者的心功能(EF 49% vs 44%),改善患者的生活质量(量表积分 45.61 vs 40)。该方案既考虑了疾病的特异性,又解决了辨证的复杂性和灵活性,且便于临床操作使用,尤其适用于西医医院及基层医院推广。

近年来随着循证医学的开展,越来越多的临床研究证实抗心律失常药物存在致心律失常的副作用,甚至导致总死亡率升高,室性期前收缩等心律失常的临床治疗面临两难境地。与此同时,中医药治疗改善症状明显,且副作用少,因此有很好的应用前景。我们的临床观察发现,快速性心律失常患者中医证候多在气虚血瘀的基础上,痰热证候较为突出,即表现为心悸心烦、口干口苦、怕热喜凉、大便秘结、舌红苔黄腻等,由此提出气虚血瘀、痰热扰心可能是快速性心律失常的基本病机,治疗宜益气活血、清心化痰,并传承名老中医临证经验,拟定了我院的协定处方"益气复脉方"(党参、黄连、半夏、丹参、鬼箭羽等),用于治疗室性或房性早搏、阵发性房颤等,取得了较好的临床疗效,进而获得北京市学技术委员会"十病十药"资助,研发医院制剂"参连复脉颗粒"。药效学研究显示该药对氯化钙致小鼠心律失常、乌头碱致大鼠心律失常、硅巴因致豚鼠心律失常以及大鼠心肌缺血再灌注损伤致心律失常均有明显的抑制作用,并已获得国家发明专利,显示了良好的应用前景。

我作为北京中医药大学与国家中医药管理局重点学科带头人,在传承老一辈中西医结合专家的学术思想的基础上,坚持本学科的特色和发展方向,坚持以中医气血理论为指导,以现代微创技术为支撑,以疑难重大疾病为突破,以提高临床疗效为核心,探索扶正与祛邪、整体与局部、内治与外治、中医与西医有机结合的临床治疗新模式,学科特色鲜明,成果突出,建设期间承担国家级课题 35 项,获得国家科学技术进步奖二等奖 1 项、省部级科学技术进步奖 7 项、国家发明专利 7 项,发表国内核心期刊论文 319 篇、SCI 论文 18 篇,出版教材、论著 20 部,在全国重点学科验收中被评为优秀学科。

在我成长的道路上，我还有幸得到多位中西医结合前辈的指导和提携，陈可冀院士、谢竹藩教授、王宝恩教授、谢锦玉教授、王永炎院士在我长达一天的博士学位答辩中（教育部试点首批直攻博专业博士培养，答辩上午半天为主治医师临床技能考核，下午半天为论文答辩）所给予我的耳提面命、谆谆教诲时至今日仍犹在耳畔，他们对临床的审慎、对科研的探究、对中西医结合的执着深深地感染着我，引领着我努力成为像他们那样的人！特别是陈可冀院士，可以说从那时起一直看着我成长，在我感到迷茫、在我遇到困难，特别是廖先生不在后，他总是能为我指引方向，虽然我不是他的入室弟子，但在我心里他一直是我的精神导师！

还有著名的药理学家周金黄教授，他是中西医结合研究中药药理的开拓者，我曾有幸参与他主编的《中药药理与临床》一书的编写，当时他已80多岁的高龄，却亲自审定稿件，亲笔书信予我，极端认真地讨论书稿的内容，全然没有大师的高高在上，让我一介晚辈感激不尽，他治学之严谨、学识之渊博更是让我受教良多！

回顾自己30年的中西医结合之路，是敬爱的廖先生手把手地把我带入门，是陈可冀院士等中西医结合大家指引着我，这条路我会用我的毕生去探索，并努力带领更多的后学一起坚持不懈地走下去。

# 我走上针灸研究的
# 中西医结合之路

**王艳君**
河北中医学院附属医院（河北
省中医院）

【简　介】

王艳君，女，1962 年 5 月生，主任医师，二级教授，
医学博士，中西医结合博士后。1985 年毕业于河北中
医学院留校任教。1998 年毕业于上海中医药大学，获
博士学位，2001 年河北医科大学中西医结合博士后流
动站出站。2002 年起任河北省中医院副院长。

全国首届杰出女中医师，河北省省管优秀专家，河
北省有突出贡献中青年专家，河北省好中医；河北省针
灸学会副会长，河北省中西医结合学会副会长。从事
针灸教学科研临床工作 32 年，撰写论文百余篇，著作
20 部。获得各级科研奖 10 项，在中西医结合教学上倡
导遵循中医经典，遵循教学规律，重在培养中医信念坚
定、医学知识全面的中医学人才，使他们成为具备良好
的人文、科学和职业素养，最终达到知识、能力、素质的
协调发展。在中西医结合的科研探索中坚持继承不泥
古、创新不离宗的原则，强调从临床应用出发，实现中
医学的创新发展。在中西医结合的临床实践注重辨病
辨证相结合，针药并用综合施治，彰显中医学的临床
魅力。

## 一、通过什么方式从事中西医结合工作

我是 1985 年毕业于河北中医学院中医系,留校任教,担任河北中医学院针灸系教师。我从事中西医结合工作分为三个阶段:一是 1985—1993 年,主要是从事以针灸学教学为主的中西医结合教学工作;二是 1993—2001 年,主要是从事以针灸科研为主的中西医结合科研工作;三是从 2001 年起,主要是从事以临床为主的中西医结合临床工作。

第一阶段 1985—1993 年,我主要是从事以针灸学教学为主的中西医结合教学工作。在此期间,我担任河北中医学院针灸系教师,讲授《刺法灸法学》《针灸学》《针灸治疗学》《子午流注》等课程。教学中,我遵循教学规律,依据教学大纲,认真备课,同时注重引入现代医学在针灸领域的研究成果丰富教学内容,如在讲授《刺法灸法学》时,结合不同刺法灸法的现代研究成果让学生掌握其内涵和作用机制,在讲授《针灸学》《针灸治疗学》时结合不同病症,强调辨证与辨病相结合,尤其注意疾病的诊断与鉴别诊断,在讲授《子午流注》课程时,引入现代时间医学概念,强调子午流注与时间医学的结合。在教学过程中,我注重传授知识,激发学生的学习热情,鼓励他们主动学习,拓展知识,使他们成为具备良好的人文、科学和职业素养,最终达到知识、能力、素质的协调发展的中医人才。

第二阶段 1993—2001 年,我主要是从事以针灸科研为主的中西医结合科研工作。1993 年我考入上海中医药大学,师从刘炎教授攻读硕士学位研究生,主要从事不同针刺手法的客观化研究,之后师从李鼎教授攻读博士学位研究生,主要开展清代以来中日针灸文献的研究,1999 年进入河北医科大学中西医结合博士后流动站,师从李恩教授进行中西医结合治疗骨质疏松的实验研究。在求学的过程中,我深知要想使中医学发扬光大,必须坚持走中西医结合的道路。中医学博大精深,需要我们认真继承,准确把握,但同时必须结合现代医学的研究思路与方法,阐释中医学的科学内涵以及内在机制,只有这样才能使中医学走出国门,走向世界,为全球人类的健康提供服务。因此,我在中西医结合的科研探索中坚持继承不泥古、创新不离宗的原则,强调从临床应用出发,实现中医学的创新发展。

第三阶段是从 2001 年起,我主要从事以临床为主的中西医结合临床科研教学工作。针灸是中医学的瑰宝,针刺之道,源于岐黄,达之四海,由于其简、便、效、廉的治疗特色,广为患者接受。同时针灸临床面临许多困境,如针灸阵地萎缩、针灸人才不足等。近 16 年以来,在临床带教和临床工作中,我深刻体会到作为一名针灸医生,必须注重中医经典的学习,注重名老中医经验的继承,注重结合现代医学成果,带教过程中培养学生以中医思维为主线,中西医结合综合施治的治疗理念。近年来我带领团队开展了针灸治疗优势病种的临床研究,在学习经典的基础之上,师承燕赵高氏针灸学术流派,在省内 10 余家单位开展调督系列针法治疗中风、面瘫、失眠、痹病、眩晕、头痛、小儿高热、小儿食积、小儿咳嗽、痛经、月经不调、慢性荨麻疹、慢性阻塞性肺疾病、肺纤维化等的临床研究,形成了"基于燕赵高氏针灸学术思想传承"的针灸治疗优势病种的系列研究成果。

回顾 32 年的中西医结合之路,我体会到 8 年的教学工作让我形成了严谨的中西医结合的教学思维,8 年的科研工作奠定了我继承不泥古、创新不离宗的中西医结合科研思维,16 年的临床实践让我懂得必须注重中医经典的学习,注重名老中医经验的继承,注重结合现代医学成果,才能成为一名合格的中西医结合的临床医生。我从事中西医结合工作尽管可以

划分三个阶段,但是始终坚持应用中西医结合的理论与实践,从事教学、科研、临床工作,收获了系列科研成果,指导临床实践,疗效确切,深受师生、患者好评,也获得同行的认可。我坚信只有注重辨病辨证相结合、针药并用综合施治的原则,才能彰显中医临床疗效的魅力。

## 二、调督调和脾胃并重学术思想的内涵与实践

1. 理论基础　调督系列针法源于我对燕赵高氏针灸学术思想的研究和凝练,经过临床实践,治疗多种针灸优势病种效果显著。燕赵高氏针灸学术流派是以高季培老师为创始人、高玉瑃教授作为传承人的包含特色针灸学术思想和调督系列针法内容的老中医经验的汇集。高季培(1908—1987),早年师从京津名医肖龙友、郭眉臣、王春园,尽得其传,擅长采用针灸治疗中风等内外妇儿病症,疗效显著,初显调督调脾胃的学术观点。其女儿高玉瑃教授承袭父业,于1960年起从事针灸教学及临床工作,总结高季培先生针法,形成"燕赵高氏针法"的基本内涵。近30年,在高玉瑃教授的指导下,我和十几位针灸医生一起总结其治疗针灸优势疾病的经验,形成"燕赵高氏治疗优势疾病针法方案",如此形成调督调和脾胃并重的学术思想、燕赵高氏特色针法、针灸优势病种治疗方案的丰富内容。

督,本义为观察、审察,《说文解字》"督,察也",引申为总督、统率之义。滑伯仁《十四经发挥》言:"督之为言都也,行背部之中行,为阳脉之都纲。"督脉主干行于背部正中,入属于脑。"脑为元神之府""头为诸阳之会",因此,督脉有督领全身阳气、统率诸阳经的作用。《素问·骨空论》曰:"督脉者……合少阴上股内后廉,贯脊属肾,与太阳起于目内眦,上额交巅上,入络脑……挟脊抵腰中,入循膂络肾……其少腹直上者,贯脐中央,上贯心……"根据其循行可见督脉与冲、任相互交通,下起于胞中,上及于头脑,前贯心,后贯脊。且督脉又归于髓海,故正如王冰所说:"以其督领经脉之海也。"督脉不仅是"阳脉之都纲",还为"经脉之海",总领诸经,为十二经之纲领及动力,调节阴阳,是全身经络、脏腑气血转输的枢纽。在其循行分布过程中督脉与各阳经多有相交会的穴位,如手足阳经与督脉交会于大椎穴,阳维脉交会于督脉的风府穴、哑门穴,还与足厥阴肝经于颠顶交会于百会穴,带脉约束诸纵行经脉从督脉(第二腰椎)分出,基于督脉的循行规律,本经腧穴主要用于治疗神志病、头部、腰骶病证及相应内脏疾病。此为督脉对穴的配伍应用提供了理论依据。《庄子·内篇·养生主》曰:"缘督以为经,可以保身,可以全生,可以养亲,可以尽年。"因此以督脉腧穴为主,选穴组方可以治疗诸多疾病。

临床实践中,除了重视调理督脉之外,还需重视调和脾胃。脾胃居于中土,是气血生化之源和后天之本,疾病的发生多责于脾胃,脾胃不和则百病始生,而调理脾胃可补益气血,扶正祛邪,治愈疾病。《素问·五脏别论》中记载,"脾为中央土,以灌四傍";李东垣在《脾胃论》中指出"脾胃之气既伤,而元气亦不能充,而诸病之所由生也",故在治疗疾病时以"补土"著称。由此可见,调理脾胃在促进疾病恢复的过程中起着十分重要的作用。而在治疗内伤杂病时,尤其是一些慢性、顽固性、难治性疾病及某些疾病的后期,也要特别注重调和脾胃,补益气血。正如明代王纶在《明医杂著》中所云:"外感法仲景,内伤法东垣。"对于外感疾病与内伤杂病的病因病机不同,所以治疗原则与方法也不同,故在实际治疗中需要认真鉴别,以免做出错误的辨证与治疗,因此外感疾病慎补脾胃。外感疾病是由风、寒、暑、湿、疫疠之气等外邪引起的,故治疗外感病,尤其是在外感病的初期时,首先要祛邪解表,应根据外邪的

致病特点选用外邪易侵袭的脏腑及脏腑相表里的经络穴位进行治疗,以驱邪外出,通腑治本。

2. 临床研究

(1) 调督安神针法治疗失眠的疗效观察:"调督安神针法"在选穴方面,以调督为主,选择百会、神庭等调理督脉,镇静安神;选择神门、太冲、太溪等原穴,滋水涵木,调和心神,以达阴平阳秘、心神安定的作用;选择中脘、天枢、阴陵泉等穴,健脾和胃,治病求本,发挥"胃和神安"的功效。在针刺手法方面,注重下针次序必与气机相合,出针区分补泻,手法轻重有别。研究结果表明:① 采用调督安神针法进行治疗,以口服艾司唑仑作为对照,结果表明调督安神针法治疗失眠,可有效降低匹兹堡睡眠质量指数的总积分及各项积分,效果优于艾司唑仑;在口服艾司唑仑的基础上结合调督安神针法治疗围绝经期失眠,能有效降低匹兹堡睡眠质量指数的各项积分,在缩短入睡时间、改善睡眠障碍等方面优于艾司唑仑。② 从不同证型失眠观察调督安神针法治疗失眠的疗效,结果提示调督安神针法治疗心脾两虚型失眠,在睡眠时间、睡眠效率等单项积分上优于肝火扰心型失眠;且在口服归脾汤的基础上,配合调督安神针法可有效降低心脾两虚型失眠的匹兹堡睡眠质量指数的积分,效果优于单纯口服归脾汤。因此采用调督安神针法治疗失眠,其疗效优于普通针刺和艾司唑仑;对心脾两虚型失眠疗效更佳,值得临床推广应用。

(2) "调督和胃针法"治疗面瘫的临床研究:调督和胃针法治疗选取穴位:百会、大椎、承泣、四白、地仓、丝竹空、颧髎、颊车、迎香、牵正、合谷、足三里、解溪、中脘、天枢等腧穴。方法:病程在 1 周内,面部穴位浅刺,1 周后采用平补平泻的手法;两组患者均接受西药基础治疗;日常生活护理避免感受风寒,保持充足睡眠,急性期使用热毛巾热敷患侧,保持心情愉快;每日治疗 1 次,每次留针 20 分钟,10 分钟行针 1 次,每周治疗 6 次,休息 1 天,2 周为一疗程;分别于治疗前与治疗 2 周、4 周、6 周观察面瘫患者 House-Brackmann(H - B)面神经功能评价分级量表的分级情况。结果:疗程结束后两组 House-Brackmann(H - B)面神经功能评价分级量表情况均较治疗前有明显变化,调督和胃针法治疗面瘫有较好的临床疗效且不易发生面瘫联动症及倒错等后遗症、并发症。

(3) 调督针法结合康复训练治疗中风后运动功能障碍疗效观察:调督针法治疗中风的特色是肢体穴位双侧同取,分期论治,随证变化;调督针法强调进针有序及出针有法。调督针法取穴:① 百会、神庭、风府、大椎、命门;双神门、太冲、太溪;双心俞、肝俞、肾俞、督俞、脾俞。② 双肩髃、曲池、外关、合谷、环跳、风市、足三里、阳陵泉、解溪、昆仑。方法:① 传统针刺组选取传统针刺法,取患侧肩髃、曲池、外关、合谷、风市、足三里、阴陵泉、绝骨等;调督针法组取上述穴位双侧,并在此基础上加百会、神庭、风府、神门、太冲、太溪、心俞、肝俞、肾俞等进行治疗。② 两组每日 1 次,每周治疗 5 次,休息 2 天。③ 采用 Fugl-Meyer 运动功能评分(FMA)、改良的 Barthel 指数(MBI)、神经功能缺损评分(NDS)及修订的 Ashworth 痉挛评定量表为指标,分别于治疗前、治疗 2 周后、治疗 4 周后进行疗效评定。结果:治疗 4 周后,调督针法组 FMA、MBI、NDS 评分及修订的 Ashworth 评分显著优于传统针刺组,表明与传统针刺法相比,调督针法能显著改善脑梗死患者的运动功能,提高日常生活活动能力。

## 三、研究的方向和取得的业绩

作为"十二五"国家中医药管理局中西医结合重点学科后备学科带头人,"十三五"国家中医药管理局康复能力建设项目学科带头人,我先后承担了国家中医药管理局课题和省级、厅级课题 15 项,获省部级奖 2 项、厅局级奖 8 项。2014—2016 年立项课题"燕赵高氏针灸学术思想研究"(河北省中医药管理局,编号 2014038)、"调督安神针法治疗失眠的疗效观察"(河北省中医药管理局,编号 2015011)、"择时针刺对原发性高血压病(非杓型)的降压作用和昼夜节律的影响"(河北省财政厅,编号 361025)、"调督通脑针法治疗针灸优势病种的临床研究"(河北省科技厅,编号 14277706D)、"逆针灸对大学生血压昼夜节律影响的临床观察"(河北省中医药管理局,编号 2017054)、"调督安神针法治疗失眠的疗效观察"和"阳明论治针法治疗周围性面神经麻痹的疗效观察"获得 2015 年、2016 年河北省中医药学会科学技术奖一等奖。2014—2017 年我发表中文核心论文 25 篇,参编著作主编 3 部、副主编 2 部,参编全国高等医药院校规划教材副主编 2 部。

## 四、感悟与建议

1. 坚持中医理论自信,注重继承工作  中医理论博大精深,要想做好中西医结合工作,首先要坚持中医理论的自信,重视中医经典的学习,注重名老中医经验的继承,只有这样才能达到认真继承的目的。

2. 走中西医结合之路,做好科研创新  中西医结合的科研工作要在传承的基础上创新,通过临床实践,文献挖掘,总结提炼科学问题,借鉴现代医学的思路与方法,揭示内在规律和机制,坚持走中西医结合之路,注重中医学术的创新。

3. 以临床实践为基础,促进教学科研  中医学是一门实践性很强的学科,临床实践对于教学和科研至关重要,临床实践一定要在中医理论指导下,用中医的思维解决临床实际,同时结合现代医学对疾病的认识,重视中西并重、传统中医思维与现代诊断和治疗的结合,体现辨病与辨证的结合、中医特色治疗技术与现代医学手段的结合,实现以临床疗效为基础,凝练科学问题,借鉴现代医学的研究手段和方法,阐释治疗的机制,将这些临床和科研的成果融入教学中,达到以临床实践为基础,促进教学科研发展的目标。

# 为攻克肿瘤堡垒走上
# 中西医结合之路

**冯威健**
首都医科大学附属复兴医院

················ 【简　介】 ················

冯威健，男，1962 年 6 月生。医学博士，二级教授，主任医师，硕士研究生导师。1983 年本科毕业于河北医科大学，1986 年硕士研究生毕业于中国中医科学院，1992 年在日本东邦大学获医学博士学位，1998 年完成在日本金泽大学的博士后研究工作。曾任河北医科大学肿瘤医院、北京健宫医院、北京世纪坛医院、北京复兴医院肿瘤内科主任。平安医院副院长。世界华人肿瘤医师协会副会长兼胸部肿瘤专业委员会副主任委员，中国抗衰老学会血栓防治专业委员会副主任委员，中国抗癌协会肿瘤微创治疗专业委员会常委兼影像技术分会副主任委员，世界疼痛医师协会中国分会常委兼癌痛专业委员会副主任委员，中国医师协会疼痛医师分会常委，中国临床肿瘤学会（CSCO）理事，中国老年学会肿瘤专业委员会常委兼微创专业委员会秘书长。

还担任中国抗癌协会介入专业委员会委员、抗肿瘤药物专业委员会委员，中国药理学会肿瘤药物专业委员会委员，中国生物医学工程学会靶向治疗专业委员会委员，北京医学会心身医学专业委员会委员、肿瘤介入专业委员会委员，北京中西医结合学会肿瘤专业委员会委员，北京中医药学会肿瘤专业委员会常委，河北省中西医结合学会肿瘤专业委员会主任委员。

在肿瘤治疗策略上,首倡国际标准化的"分类-分期-综治"(ICD - TNM - MDT)诊疗模式;在肿瘤治疗技术上,发明导向器辅助准实时 CT 引导精准穿刺技术、化学刀化学消融肿瘤内破坏术、肿瘤一站式快速诊疗方案、超声鸡尾酒疗法。擅长肿瘤微创介入靶向治疗,射频、氩氦靶向消融、导管精准介入、肿瘤无创超声敏化治疗和分子靶向精准药物治疗以及中西医结合综合治疗;在肺癌射频消融、肝癌栓塞消融以及肿瘤无创超声敏化治疗、癌痛的治疗等方面是知名专家,具有较高的造诣。

完成教育部留学回国人员科研启动基金、人事部优秀人才基金、河北省科学技术厅基金、北京市卫生局首都医学发展科研基金、北京市科学技术委员会首都临床特色基金的科研。出版论著 20 余部,发表论文 130 余篇。获得多项科技进步奖、优秀论文奖、专利金奖。

## 一、父辈教诲,选择新医为奋斗目标

我祖籍河北石家庄,1962 年出生在北京的一个医学世家。父亲毕业于白求恩医科大学,抗美援朝后转业到地方从事内科临床,母亲是新中国培养出的第一批湘雅护士。20 世纪 50 年代后期,二老均接受了"西学中"教育,与中西医结合医学和护理结下不解之缘。我生长在医院后院,耳濡目染,经络人是曾经的玩具,十几岁就看着家里的医书背诵汤头歌诀,故自幼心头就埋下了治病救人的种子,立志学医!

1978 年,正值"文革"后恢复高考的第一年。当时我在石家庄市第八中学读高一,由于学习成绩突出,被学校选中作为当年的在校生参加了第一次全国统一高考,竟然一考过线。当时父母不在身边,在选择录取专业的时候,我自己做主选择了当时全国唯一的一所以"新医"命名的医科大学——河北新医大学,被中医学系录取,学习中西医临床医学。父亲专门来信鼓励我说中西医结合医学是未来的方向,这又极大地坚定了我学习中西医临床医学的信心。

基础理论学习时印象最深的是生化课李恩教授的讲课,深入浅出、哲理深刻,把我们带入了中西医结合理论的神圣殿堂。临床实习时我们来到附属第四医院,也就是我后来工作的河北省肿瘤医院。使我记忆犹新,对我后来人生的专业方向影响最大的一件事是,带教老师、省肿瘤研究所所长侯俊教授对同学们说:"多么希望将来你们中间出几名中西医结合肿瘤的专家。"当时,我私下里对同学说,我要从事这个专业,未来的目标是去拿诺贝尔小金人(其实奥斯卡才是小金人)。

临床实习时我来到了广安门医院。当我知道这里的肿瘤专业在全国中西医结合肿瘤学中名列前茅时,我下决心要考取广安门医院肿瘤科的硕士研究生。

## 二、确立方向,专攻肿瘤取得系列成绩

1. 中西医结合临床专业,为我打开了攻克肿瘤学堡垒的大门 1983 年,我本科毕业考取了原卫生部中医研究院中西医结合肿瘤临床硕士研究生,师从我国著名的肿瘤专家余桂清、段凤舞、张代钊 3 位教授,成为当时我国中西医结合肿瘤界最高学府、继首批硕士研究生

李佩文（中西医结合肿瘤专家、中日友好医院肿瘤科主任）之后的第二批硕士研究生，从而确定了我今后从事肿瘤临床研究的专业方向。

基础理论课学习时，陈可冀院士、李连达院士等著名中西医结合专家亲自授课，为我打下了坚实的理论基础。特别是跟随北京中医药大学黄启柱教授学习日语，为我后来日本留学打好了语言基础。

临床课题研究，我跟随导师张代钊教授，来到了刚刚成立的中日友好医院，确立研究课题是扶正解毒方剂对放疗增敏减毒的研究。关于基础实验研究，我们建立了放射损伤动物模型，给药、照射、观察结果、统计数据。至于临床研究，我则每天门诊、交班、查房、管患者，跟随张代钊教授、李佩文老师学习中西医结合治疗肿瘤的各种方法，跟随放疗科钟毓斌主任学习放疗技术，周一早晨参加首任院长辛育龄教授主持的院例会，周三下午参加孙燕教授组织的北京市肿瘤疑难病例讨论……在度过 3 年的研究生生涯后，我以优秀论文一等奖的成绩完成了毕业答辩，并获得当年中华肿瘤学会优秀论文二等奖，发表在《中国放射肿瘤学杂志》的创刊号上。

2. 回母校从事肿瘤临床，东渡留学研究中药获突破　1986 年，我硕士毕业参加工作回到了母校——河北医科大学第四医院（河北省肿瘤医院），经过住院医轮转培训后，来到肿瘤内科从事临床。1988 年职称制度改革后，我成为首批由硕士研究生晋升的主治医师。

1989 年，医院选派我参加原卫生部首批全国外语统考，以优异的成绩考取公派医学奖学金，东渡日本研修，来到著名的日本国家癌症中心。这次又是师从 3 位著名肿瘤学家：肿瘤药物学家池川哲郎教授，肿瘤内科专家安达勇教授，肿瘤介入治疗专家高安贤一教授。

我每天 7 点来到病房参加安达教授的肿瘤内科临床病理讨论，上午跟随高安教授学习肿瘤放射介入和影像引导穿刺技术，下午跟随池川教授从事抗癌中药的基础研究。在 3 位教授的精心指导下，我一年之内分别在这三个领域的国际杂志各发表 1 篇研究论文，同时考取了东邦大学肿瘤学藏本新一郎教授的博士研究生。

池川教授对中国非常友好，几乎每年都要来中国访问，对中国留学生非常关照，特意安排我研究中药瑞香狼毒的抗癌成分。我从生药学、药物化学、药理学多个角度，研究发现了瑞香狼毒新的抗癌成分，该研究报告发表在日本的学会和国际杂志。1991 年，日本的著名报纸《朝日新闻》曾以"中国植物有抗癌作用"为题给予报道，被《人民日报》《参考消息》转载。

1992 年，我通过博士毕业论文答辩，获得了日本东邦大学第一位来自中国大陆的医学博士学位，并谢绝了导师的高薪挽留，回到祖国，晋升了副教授，那年我 30 岁。

回国后在艰苦的条件下，我创建了临床药理研究室，在国家教育部留学回国人员科研启动基金的资助下，继续开展了抗癌中药的研究；临床上开发研制肿瘤诊疗的设备，先后获得国家专利金奖、省级科技进步奖。1994 年我获得首届河北省十大杰出青年称号和河北省劳动模范称号，受到省政府的嘉奖。

1995 年，经过省高教高职评委会答辩评审，我被破格晋升为肿瘤学教授、主任医师，成为当时国内临床最年轻的正高职称专家。

此时，日本的导师在科研上遇到了瓶颈，希望我赴日做博士后研究。为了继续完成科研任务，我再次来到了日本，在金泽大学生命科学院从事博士后研究。在博士课题研究的基础之上，我对瑞香狼毒的抗癌成分进行了深入研究，研究出新的作用靶点，系列研究论文发表在国际杂志，完成了日本政府下达的科研任务。同时，我又对抗肿瘤食用菌多糖进行了研究,确定了日本生活中的美味食材食用菌具有抗肿瘤作用,并多次参加日本电视台普及食用菌以及蘑菇多糖的讲座,为抗肿瘤食用菌的研究和推广做出了成绩。我们的研究团队在日本被称为"蘑菇博士研究组"。

3. 中医学的自然医学思想的启发,成就了肿瘤"化学消融之父" 在博士后基础研究的业余时间,我时刻关注着肿瘤临床的最新方向——肿瘤的局部消融治疗技术。当时,日本学者在世界上首次发明了酒精注射和醋酸注射治疗,利用化学药物杀伤癌细胞治疗肝癌的技术,领先世界。

借助于以前在国立癌症中心掌握的放射介入技术,特别是经皮穿刺技术,我系统地学习了肿瘤酒精消融技术和微波消融技术,并对药物杀灭肿瘤的化学消融技术的开发产生了浓厚的兴趣。

我研究中医学善于使用动植物等天然产物作为药材,自己一直在思索能不能从人的身体内找到一种直接杀死癌细胞的物质。我注意到日本人喜欢直接食用生鱼片,而在中国人们则先用微波炉将鱼肉加热后再食用,受这种差异性的启发,我特意从医院胃镜室要来一些检查后准备丢弃的胃液,开始了对细胞培养的癌细胞的杀伤实验。在我即将归国之前,我终于弄明白,原来生物体胃壁主细胞分泌的胃酸也就是盐酸是消化液中破坏蛋白质的最佳成分,属于内源性化学消融剂,于是提出肿瘤化学消融的新概念,并决心带着该项成果归国,应用于中国的临床。

1998年,我完成博士后研究回国,继续研究盐酸的抗肿瘤作用,完成了最佳药物浓度和抗肿瘤作用的实验研究,获得了国家发明专利,申请了国际专利。在获得首都医学发展科研基金的课题后,我开始了经皮治疗肝癌的临床研究。

为了准确地把穿刺针插入到肿瘤的中心,我利用在日本学到的 CT 引导技术的基础上,经过技术革新,发明了一次性使用导向器,并应用在 CT 引导穿刺上,首次将传统的非实时徒手穿刺技术发展成导向器辅助的准实时穿刺引导技术,进而将这一技术发展成为 3D"非打印"引导技术,具有精准、快速、简便的特点,获得多项国家发明专利。

接着我又发明了套管注射技术,利用只有头发丝粗细的注射针(微米针)穿刺到肿瘤内部,将少量的胃液的成分注射到肝癌组织的内部,利用盐酸直接酸化癌细胞蛋白的作用凝固杀死癌细胞,肿瘤的包膜可以阻止药物的扩散,很好地保护了周围正常组织,疗效和安全性均优于物理消融。

2005年,经皮盐酸注射疗法消融原发灶肝癌的论文在国际杂志公开发表,世界上首次出现将人体自身成分用于治疗癌症的方法,这一由中国学者发明的震撼性成果,疗效和安全性大大超过日本学者发明的酒精、醋酸注射疗法。兴奋之余,我给这个疗法起了一个很响亮的名字"化学刀",从此业内人士把我戏称为"化学刀之父"。

4. CT 引导靶向消融肿瘤,成为消融治疗肺癌第一人 在我满载科研成果归国的时候,我觉得作为一名临床医生更应该把最新的治疗肿瘤实用技术和设备带回国内。于是,我用科研经费为科室购买了一台日本生产的最新微波消融治疗设备。

利用国内临床病例资源,我马上开始了微波消融治疗肿瘤的研究。我首先将经皮微波治疗用于治疗肝癌,第一批治疗的患者中,有的已经达到治愈,至今健康地生活了近 20 年。

在看到肺癌的发病和死亡率逐年增加,成为第一大癌症,而在世界上经皮消融治疗肺癌只有我的日本老师成功地做过一例时,我们的科研小组在大量动物实验的基础上,在国际上率先把微波消融应用于治疗早期肺癌，并在国际上第一个发表了具有里程碑意义的大宗临床研究的论文，获得了省级科技奖。至今，在国内肺癌微波消融的学术会议上回顾这一技术时，人们总要提到我们团队所做的世界上第一篇大宗肺癌微波消融的临床研究论文。

2004年，我们的临床科研又向国际通用的经皮射频消融治疗技术发起了攻关。配合国内工程技术专家，我们研制出自适应适形射频消融技术，可以替代手术，成为恶性肿瘤的最佳的局部微创治疗方法之一。在获得首都临床特色基金科研课题后，我们开始了CT引导下经皮穿刺射频消融及瘤内注射治疗早期肺癌的临床研究，发表了大宗病历的前瞻性研究报告，为早期肺癌的非手术消融治疗的推广应用提供了基础数据。

5. 快速解决方案，使早期肺癌能够在1小时内确诊并被消灭  针对肺癌发病率和死亡率不断上升，先进诊断技术的应用后，早期肺结节及肺肿瘤病例增多，而大部分患者从诊断到治疗要经历较长的时间，既耽误治疗，又带来很大的精神压力。为此，我们在CT引导下经皮穿刺射频消融及瘤内注射技术的基础上，引入套管活检和快速印片细胞诊断技术。临床上针对肺部结节病变高度怀疑恶性肿瘤的患者，我们能够经皮穿刺微创诊疗，在1小时之内，从穿刺活检常规诊断，到快速诊断，快速消融原位灭活肿瘤及注射抗肿瘤药物防止淋巴和血行转移，并能够与常规的分期手术和放疗、化疗综合治疗方案完全对接，不仅大大提高治愈率和生存率，还能够快速完成诊疗，并发症较低。该研究课题获得北京市科学技术委员会的首都临床特色基金项目立项，多篇研究报告发表在核心期刊。这一肿瘤治疗新技术有望成为早期肺癌的标准治疗技术之一。

## 三、中西融汇，创立具有中国特色的肿瘤学新体系

1. 局部与全身并重、传统与现代互伍  现代医学体系中，作为独立的临床学科，肿瘤学具有与传统的内、外、妇、儿学科不同的特色。肿瘤性疾病以病变部位分类，根据病变的组织病理类型，经过分期诊断后，针对不同病期，分别给予手术、放疗、介入、化疗、姑息等综合治疗，这就需要肿瘤专科医生具有广泛的肿瘤学知识作为战略决策的基础，同时还应该具备独当一面的专业技术技能。

中医学对肿瘤的诊疗具有独到的方法，其未病思想、整体思维、自然理念、心身合一、辨证施治、绿色治疗等理论体系与诊疗技术需要与现代医学体系有机整合，形成具有中国特色的肿瘤学新体系。

2. 分类-分期-综治（ICD-TNM-MDT）是肿瘤诊疗战略轴心  恶性肿瘤是人体组织发生的恶性新生物（Malignant neoplasm/tumor，Cancer），分为上皮细胞癌（Carcinoma）和间叶组织肉瘤（Sarcoma）。国际疾病分类（International classification of diseases，ICD）尤其强调按照恶性肿瘤发生规律分类进行诊断，包括病变的部位、病因、病理和功能（如症状、分期、分级、转归等）。

肿瘤疾病的诊疗具有方法多、疗程长、费用高、治疗次数多等特点，不同时期的主要诊断是否正确，对医疗、预后等的影响较大。ICD分类中强调本次住院治疗的主要问题是主要诊断的内容，这就要求正确的肿瘤诊断中至少要包括病因病位的C编码、病理类型的M编码以及治疗方式的Z编码，这不仅是指导临床诊断的最高标准，直接影响着治疗方案的决策，同时还被国内外用于医疗保险付费的重要指标。

肿瘤的分期诊断,遵循国际抗癌联盟的 TNM 分期法,在病理及影像学上明确原发肿瘤(T)、淋巴结转移(N)、远处转移(M),并以此明确诊断和分期,这是决定治疗方案的基础。

肿瘤的多学科综合治疗(MDT 综治),根据不同的分期,选择综合治疗方案。早期肿瘤以治愈为目标,选用局部手术为主,可以选择经皮消融、介入栓塞、放射外科等非手术局部治疗方法;中期肿瘤则以缓解为主争取治愈为目标,选用放疗、介入为主,配合化疗;晚期以缓解病情和提高生活质量为目标,选择化疗为主,靶向治疗,全程中西医结合综合治疗。

上述肿瘤的分类-分期-综治(ICD-TNM-MDT)的治疗理念将成为肿瘤诊疗策略的轴心。

3. 微创低毒的绿色治疗是肿瘤诊疗技术的方向 目前,肿瘤治疗的常规手段包括被称为"三驾马车"的手术、放疗和化疗。手术虽然可以在直视下将早期肿瘤完整切除而达到治愈的效果,但是手术创伤大且难以做到无瘤切除,导致机体创伤、肿瘤转移、残留复发。为此,在影像的引导下,微创穿刺肿瘤,利用温热能量或者天然成分杀伤肿瘤的微创消融疗法成为未来替代手术的肿瘤局部治疗的方向。放射治疗虽然可以无创杀伤肿瘤细胞,而经过正常人体组织导致的放射损伤也令人担心,将放射线聚焦后立体照射或者将放射粒子植入肿瘤内部的内照射方式,可以大大提高肿瘤组织的照射剂量,降低对周围组织器官的损害。这种微创低毒的绿色疗法是未来肿瘤诊疗的方向。

中西医结合医学引领肿瘤医学的方向,大有可为。

# 做中西医结合事业的
# 接班人

**陈海龙**

大连医科大学附属第一医院

········· 【简 介】 ·········

陈海龙,男,1962年8月生。医学博士,博士研究
生导师,博士后合作导师,国家二级教授,辽宁省特聘
教授,大连医科大学附属第一医院普外科教授。

1987年毕业于白求恩医科大学获得学士学位,
1990年于大连医科大学获硕士学位,1996年于天津医
科大学获博士学位。2008年于美国芝加哥伊利诺伊理
工大学获公共管理硕士学位(MPA)。

2000年3月至2003年5月任大连医科大学附属
第一医院院长助理、副院长,2003年5月至2014年6
月任大连市卫生局副局长,2014年6月至2017年12
月任大连市卫生和计划生育委员会副主任,2017年12
月任至今大连市政协人口资源环境委员会主任。

国务院学位委员会第五届、第六届中西医结合学
科评议组成员,辽宁省政府学位委员会学科评议组成
员,中国中西医结合学会普通外科专业委员会常委,辽
宁省中西医结合学会副会长,大连市中西医结合学会
会长。第七届大连市科学技术协会常委,大连市医师
协会副会长。2001年获国务院政府特殊津贴。首批辽
宁省特聘教授入选者,首批辽宁省"百千万人才工程"
百人计划入选者,辽宁省普通高等学校优秀中青年骨
干教师。大连医科大学国家重点学科——中西医结合

临床学科带头人和辽宁省高等院校中西医结合创新团队学科带头人。国家中医药管理局中医药重点学科建设专家委员会委员。首届人民卫生出版社中医药专家委员会委员。《中国医师进修杂志》副总编,《中国中西医结合外科杂志》《世界华人消化杂志》《疑难病杂志》等多部杂志的常务编委和编委。

先后主持国家自然科学基金课题 7 项,辽宁省科学技术委员会课题 4 项,辽宁省高等院校创新团队项目 1 项,辽宁省教育委员会课题 3 项,大连市科学技术委员会课题 3 项。先后获得国家教育部、中国中西医结合学会、辽宁省政府科学技术进步奖 13 项。参加编写专著 12 部,主编和副主编全国规划教材 6 部。在国内外医学杂志发表学术论文 148 篇。培养博士研究生 22 名、硕士研究生 44 名,指导博士后 3 名。

## 一、走上中西医结合道路

2002 年应《中国中西医结合杂志》之邀,我为"我与中西医结合"栏目写了一篇文章,题目是"做中西医结合事业的接班人",发表在《中国中西医结合杂志》上[2002,22(12):933 - 934],表达了我走上中西医结合道路的感受和体会,现选录在此,作为我此文的第一部分。

1. 走上中西医结合道路　1987 年我大学毕业,带着朦胧的印象,考入大连医科大学攻读中西医结合外科研究生,师从周俊元和关凤林教授。通过基础课和临床实践我才明白,老师们是会应用中医方法治疗外科疾病的外科医生,知道了中西医结合方法对外科急腹症有着独特的功效,特别是中西医结合治疗胆石症、急性胰腺炎等的效果是单纯西医疗法所不能比拟的,也知道了中西医结合治疗外科急腹症和腹内感染等常用的中医方法是通里攻下法、清热解毒法、活血化瘀法等,还知道了通里攻下法的经典名方大承气汤是出自于汉代医家张仲景的《伤寒论》等。从此,我以浓厚的兴趣开始学习中医基础知识,学习理、法、方、药,学习中医方法与西医方法的结合应用,并学习中西医结合的科研思路和方法。在老师们的指导下,我完成了硕士论文《清下方防治梗阻性黄疸时内毒素血症的临床研究》。当我通过论文答辩获得硕士学位,当我的第一篇中西医结合论文在《中国中西医结合杂志》上发表的时候,我的心情是多么激动不已。

2. 热爱中西医结合事业　1990 年我硕士毕业后留校到附属第一医院,一直从事中西医结合外科的医疗、教学和科研工作。大连医科大学是较早开展中西医结合治疗急腹症的单位之一,有一批像周俊元、裴德凯、郭培良、关凤林等在全国较有影响的中西医结合专家,积累了丰富的经验。这是我能够迅速成长的肥沃土壤和坚实基础。就像久旱的大地迎来了甘霖,就像饥饿的人找到了面包,我开始发奋学习中医基础理论,研读《伤寒论》原著,汲取中西医结合研究成果,利用老师的经验和研究成果对急性胆道感染、胆石症、急性胰腺炎等进行治疗研究和深入的实验研究。在病床边,在图书馆,在实验室,我不知熬过了多少个日日夜夜。开始时我是从通里攻下法防治肠源性内毒素血症入手。临床上许多急腹症,特别是急性胆管炎、急性胰腺炎的发生发展过程中,常出现中医的阳明腑实证证候,同时伴有血液中内毒素含量的升高;阳明腑实证时"痞、满、燥、实"的病机就是邪热与胃肠糟粕相结而成燥屎,腑气不通,肠道菌群紊乱,细菌过度繁殖,肠源性内毒素血症产生。肠源性内毒素血症与阳明腑实证互为因果,进一步的实验证实内毒素血症是阳明腑实证过程中发生热、惊、厥、闭、脱及其脏器衰竭之主要原因;大承气汤是著名医家张仲景《伤寒论》治疗阳明腑实证的经典名方,其破痞除满,荡涤实热,能迅速降低肠源性内毒素水平,有着很好的临床疗效。该研究获 1995 年国家教委科技进步二等奖。

1993 年我为攻读博士学位考入天津医科大学,有幸成为吴咸中院士的学生,得以在中西医结合道路上继续深造。在天津,吴咸中老师、郑显理老师等是中西医结合事业的开拓者,他们对中西医结合事业的执着追求和远见卓识,他们的敏锐思维和睿智头脑,他们的严谨学风和人格魅力让我从心底里感叹和佩服;也让我对中西医结合事业有了更加深入的理解,更增强了对中西医结合事业的信心和决心。在老师们的指导下我开始进行肠道屏障在多器官功能不全综合征(MODS)中的发病学意义及中医学通里攻下法防治作用的研究,应用多种先进技术和方法对内毒素血症、细菌移位、细胞因子连锁反应、肠道屏障损伤、肠道微生态改变等进行了深入和系统研究,提出了中西医结合保护肠道屏障,减少内毒素血症和细菌移位进而防治 MODS 的新观点。对中西医结合治疗内毒素血症我提出了"拮抗、中和、排除、抑菌、稳膜、防害"的治疗措施和"菌毒并治,清下兼施,辨证论治,内外结合"的治疗法则,受到了全国同行专家的高度评价。

3. 中西医结合之路矢志不渝　走上中西医结合道路是我人生的重大转折,天津 3 年的学习是我人生成长和进步的重要阶段。我对人生的理解和我对中西医结合的理解不可分别而论,而且是不断拓展,与时俱进。我是中西医结合事业的后来者,不敢说对她有深刻的理解,但我是中西医结合事业的忠实追随者,对于走中西医结合之路矢志不渝。十几年来的努力,有了一定的收获。除了前述的论文、著作、课题和科研奖励外,我还获得全国和辽宁省青年岗位能手的光荣称号及辽宁省青年科技奖二等奖。现在我已经是中西医结合临床学科博士研究生导师,还当选为中国中西医结合学会急腹症专业委员会副主任委员。这些都要归功于老师们对我的培养和教育,归功于中西医结合这个事业给我的激励和鼓舞。我感到自己肩上的担子很重,自己的责任很大,但我浑身充满了力量。不管前进的路上有多少坎坷和困难,我都没有理由居功自傲,止步不前;没有理由不发奋学习,刻苦工作;没有理由不砥砺进取,顽强拼搏。"路漫漫其修远兮,吾将上下而求索"。

时光如白驹过隙。一转眼十几年过去了,回头看看走过的路,盘点一下取得的成绩,不管大与小都是刻苦钻研的结果,都是奋斗的足迹,自己没有虚度年华,没有蹉跎岁月,心里感觉人生很充实;再看看大连医科大学中西医结合学科的发展进步更是令人惊喜,国家教育部重点学科、一级学科博士点、博士后科研工作站、国家临床重点专科、国家中医药管理局重点专科、辽宁省高校中西医结合外科疑难危重病重点实验室、辽宁省科技厅中西医结合重型急腹症重点实验室等喜讯频传,硕果累累,令人瞩目。自己能够几十年如一日,坚持中西医结合研究并能为中西医结合事业做出一点贡献也感到很光荣和自豪。但这些成绩的取得是老一辈中西医结合专家打下坚实基础的结果,是几代人戮力同心、砥砺进取的结果,是全国兄弟单位无私帮助、大力支持的结果。多年来,我的恩师吴咸中院士一直给予这个学科以及我个人巨大的支持和厚爱,我内心充满了无限的感激之情。2014 年吴咸中院士来大连参加全国中西医结合普通外科学术会议时教导我:"海纳百川,有容乃大;追求卓越,志在必得。"这是对我的关怀和厚爱,是极大的鼓励和鞭策。我将一如既往,奋勇拼搏,持之以恒,矢志不渝地坚持中西医结合研究工作,争取为中西医结合事业做出新的更大的贡献。

## 二、中西医结合研究要坚持不懈持之以恒

阳明腑实证是著名医家张仲景《伤寒论》中的一个主要部分,是临床常见的中医症候群,可以出现在包括急腹症在内的多种疾病过程中,具有发病急、病情重、变化快、并发症多的特点,如不及时诊治,常可引起休克、弥散性血管内凝血(DIC)、急性呼吸窘迫综合征(ARDS)甚至多器官功能衰竭(MOF)而危及生命。

长期以来,广大中西医结合工作者对急腹症的研究取得了重要突破,备受瞩目,但对阳明腑实证的研究进展缓慢,对其真正的本质及其客观病理基础所知甚少。是什么共同环节导致数十种疾病都能产生阳明腑实证的表现?抓住这一共同环节,也就抓住了此证的本质,就能达到异病同治的目的。为了体现病证结合的中西医结合的特色和学术思想,我们以急腹症为代表病种对阳明腑实证本质进行了多年的临床与基础研究,提出了阳明腑实证证型、定义、对经典医论的解析和证候的深入阐明,发现阳明腑实证时肠道屏障功能破坏造成肠源性内毒素血症和细菌移位,阳明腑实证与内毒素血症(ETM)互为因果,形成恶性循环;提出了内毒素血症可能就是阳明腑实证的本质;阐述了机体单核-巨噬细胞系统活化产生过度炎症反应释放多种炎性介质和炎性细胞因子(Cytokines)在阳明腑实证的病理生理过程中具有重要作用。在研究中我们还对阳明腑实证与全身性炎症反应综合征(SIRS)的关系,炎症介质的表达和调控规律,核转录因子 NF－κB 在炎症反应信号传导中的作用,"肺与大肠相表里"理论在阳明腑实证发病机制中的作用进行了深入的研究和探讨。

在治疗上,运用中医"通里攻下""活血化瘀"和"清热解毒"的理论,应用大承气汤、茵陈蒿承气汤、清胰汤、清胆汤等对阳明腑实证时的肠道屏障有很好的防护作用,对 MODS 的治疗取得了很好的临床疗效。

"六腑以通为用,不通则痛"。阳明腑实证时应用下法,证候相符,确能攻伐大邪,遏止燎原之势。近年来,随着阳明腑实证时肠道屏障以及肠源性 ETM 和细菌移位研究的不断深入,大承气汤呈现出泻实逐瘀,荡涤肠道细菌和内毒素,缩小肠道内毒素池,减轻过氧化损伤,阻断炎症连锁反应,保护器官功能等疗效,进一步证实了其"釜底抽薪,急下存阴"的功效理论。

中医、西医、微创等不同治疗方法的有机配合,将是一种很好的中西医结合方式,必将优势互补、相得益彰,为临床上保护肠屏障,防治 MODS 提供有效方法。为在临床上对阳明腑实证进行治疗和预防提供确切的依据和理论基础,从而使中医学"异病同治""以通为用"的理论得到发扬,推动中西医结合医学向更高层次发展,我们把 20 多年来 6 项国家自然科学基金课题的研究成果进行整理、分类、归纳,编写成《阳明腑实证与急腹症现代研究与应用》,于 2016 年 1 月由人民卫生出版社出版。这部专著,是国内第一部体现了病证结合思想的关于急腹症时阳明腑实证现代研究与临床应用的中西医结合专著,是我们多年来致力于中西医结合急腹症的基础研究和临床实践工作,积累的丰富的临床资料和研究成果。

我最尊敬的恩师、我国著名中西医结合专家、中国工程院院士、"国医大师"吴咸中教授不仅给予关心和鼓励,还欣然为本书作序,令我受宠若惊,感激不尽!在此,我把吴院士作的序辑录如下作为我此文的第三部分。

## 三、吴咸中院士为专著所作之序

陈海龙是我的一位优秀博士生,毕业后在大连医科大学工作,始终保持着密切的联系。去年我到大连休养,他就向我介绍他正带着一批研究生和青年医师总结撰写一本关于阳明腑实证方面的专著,他是想把他带领的科研团队所做的工作进行总结,主要是与外科急腹症及腹内感染等相关的阳明腑实证,进行分门别类的总结、归纳、筛选、提炼,编辑成一本内容充实的专集。

经过两年多的不懈努力,现已成稿,书名为《阳明腑实证与急腹症——基础与临床研究》,即将付梓,邀我作序,我欣然接受。

我用了部分时间浏览了全书的内容,也较深入地阅读了几个有特色的章节,深感本书中西医结合特色鲜明,内容丰富系统全面,是一部可读性、实用性很强,理论和实践水平较高的中西医结合专著。

全书共19章,主要内容是围绕胆胰急腹症所致阳明腑实证的发病机制这个主题,把近年来急腹症研究中有关肠道屏障损伤、内毒素血症和细菌移位、炎症介质连锁反应、多器官功能不全综合征等热点和难点问题有机联系起来,并应用中西医结合方法进行防治研究。书中各部分独立成章,某些重点专门论述,各章又紧密联系、相辅相成。全书条理清晰,层次分明;分析透彻,深入浅出。

本书内容丰富,体例新颖。既有实验研究发现、有临床经验总结归纳,又有专题评论及文献综述。它不是简单的论文结集,而是在深思熟虑基础上的匠心独运,是凝聚着大量智慧和辛勤汗水的系统学术总结,是较充分地展示了6项国家自然科学基金项目的研究成果和科研工作的总结报告。

陈海龙和他的团队长期工作在临床和科研第一线,对胆胰急腹症时阳明腑实证的发病机制、病理生理、病机演变及治疗转归有着比较深刻的理解和体会;另外他们能及时跟踪国内外最新研究进展,掌握前沿理论和最新科学信息,在研究手段和方法上不俗套、不落伍,比较先进而实用。

本书在中西医结合思路和方法上,"师古而不泥古",注意发展创新。全书按照老一代中西医结合学者"以法为突破口,抓法求理"的原则为指导,深入系统地探究中医以"通里攻下法"为主,以"活血化瘀""清热解毒"等为辅的中医治疗方法,是防治阳明腑实证的理论基础;深入系统地探究了清下兼施、菌毒并治,因势利导、相得益彰的全新理念和思维方式。

纵观全书,本书较好地体现了基础与临床相结合、机制探讨与实践应用相结合、分析诊断与防治相结合,始终贯穿病证结合与中西医相结合的研究思路与方法,是一部颇具中西医结合特色,具有较强科学性、实用性和创新性的研究成果型专著。

该书中对阳明腑实证的发病机制的研究,在技术手段和方法学方面有较大创新,特别是在肠道生物学屏障、从中西医结合角度对肠源性内毒素血症发生机制的研究,用正交设计法研究清、下、活三类中药的交互作用,应用"肺与大肠相表里"理论研究急性胰腺炎肺损伤的发病机制以及对阳明腑实证本质的探讨等方面都具有很强的创新性和重要学术价值。这些方面的研究为中医学理论与中西医结合研究提供了新的认识与新的研究思维,对于推动中西医结合医学向更高层次发展有着重要意义。

值得一提的是,陈海龙作为我和大连医科大学共同培养的研究生,1996 年于天津医科大学获得博士学位。他一直坚持中西医结合的临床、科研、教学和学科建设工作,对中西医结合事业信念坚定,矢志不渝,坚持不懈,持之以恒,博士研究生毕业后不久就获得一项国家自然科学基金青年基金资助,以后又 3 次获得该基金的面上项目资助,还获得一项国家自然科学基金重大研究计划资助项目。时至今日,收获颇丰。他在国内外发表学术论文 130 余篇,主编、参编学术专著和中西医结合统编教材 10 余部,获得国家教育部、中国中西医结合学会及省市科学技术进步奖 12 项。我为他所取得的学术成绩感到满意,我也为我们的中西医结合事业有这样的追随者和后来人而欣喜和高兴!

祝愿海龙教授和他的团队能砥砺进取,不负众望,再接再厉,为中西医结合事业做出新的更大的贡献!

## 四、中西医结合大有可为的实践感悟

思路决定出路。回顾我和我的团队之所以取得了一点点成绩,有一点点成功的经验和体会,那就是选准方向不动摇,一步一个脚印走下去,边实践,边总结,边总结,边前进。

我们在学科多年经验传承的基础上,结合自己的工作实际,选定了急腹症的中西医结合研究,由表及里,由浅入深,透过现象抓本质。我们充分利用现代科技的先进技术和方法,从发病机制的研究入手,以肠道屏障的损伤为突破口,以单核-巨噬系统的过度活化及相关信号通路的激活所致的过度的炎症反应为主线,从器官、组织、细胞、分子等不同层面对阳明腑实证进行深入系统研究以揭示阳明腑实证的本质及其导致 MODS 的病理机制;并在"抓法求理,以法为突破口"的思想指导下,深入阐明以中医通里攻下法为主,辅以活血化瘀、清热解毒法防治阳明腑实证及其引起 MODS 的有效性和作用机制,旨在使中医学"异病同治""以通为用"的理论得到发扬。

1. 国家自然科学基金提供的平台和条件  我们课题组先后申请、获得了 7 项国家自然科学基金课题和另外 10 余项省市级课题,为我们的课题研究提供了很好的平台和条件。7 项国家自然科学基金课题分别是:①《阳明腑实症本质的探讨》(1990—1994)。②《肠道屏障在 MODS 中的发病学意义及中药治疗学研究》(1997—2000)。③《急性胰腺炎时肺损伤的发病机制及中药治疗学研究》(2003—2005)。④《单核巨噬细胞系统活化在阳明腑实证所致 MODS 发病机制中的作用及通里攻下法防治作用的研究》(2007—2009)。⑤《"肺与大肠相表里"理论在急性胰腺炎肺损伤发病机制中的作用》(2010—2012)。⑥《PPARγ 和 ANGPTL4 基因表达在急性胰腺炎肺损伤发病机制中的作用及清胰汤的干预作用》(2012—2015)。⑦《STM1/orail-SOCE 通路调控急性胰腺炎时肺微血管内皮细胞损伤机制及清胰汤干预作用》(2016—2020)。

这些项目前后连贯,相辅相成,既有机联系,又各有侧重,体现了课题研究的整体性、连续性和逐步深入的特点。7 个国家自然科学基金资助项目的研究成果培育了今天的一部专著,可谓是水到渠成,顺理成章。

2. 取得的成果和创新  通过以上的研究,我们取得了系列发现和创新:① 制备和使用 4 种动物模型,为阳明腑实证的发病机制和中西医结合防治研究提供平台。② 肠源性 ETM 是阳明腑实证时多器官功能衰竭发生和发展的"扳击",肠道屏障的损伤和破坏是阳明腑实证时发生肠源性内毒素血症和细菌移位的重要原因。③ 机体单核巨噬细胞系统活化,多形核中性粒细胞黏附、聚集、脱颗粒产生呼吸爆发,导致机体过度的炎症细胞因子连锁反应和毒性网络,是阳明腑实证引起 MODS 的重要途径。④ 细胞凋亡和凋亡基因调控在阳明腑实证发病机制中的作用。⑤ 肺表面活性物质相关蛋白 A(SPA)、分泌性磷脂酶 A2-Ⅱ(sPLA2-Ⅱ)水通道蛋白-1(AQP-1)和窖蛋白-1(Caveolin-1)在重症胰腺炎所致大鼠阳明腑实证时肺组织的表达和功能。⑥ 通里攻下法保护肠道屏障防治阳明腑实证时肠源性ETM 和细菌移位的中医理论是"釜底抽薪,急下存阴"。中西医结合保护肠道屏障,防治阳明腑实证所致 MODS 的原则是祛邪扶正、菌毒并治、清下兼施、辨证论治和内外结合。⑦ 中西医结合治疗阳明腑实证效果显著。通里攻下法防治阳明腑实证所致 MODS 的机制主要是防止过氧化损伤;排除肠道内细菌和内毒素;调整肠道细菌微生态,增加定植抗力,缩小肠道内毒素池;从基因分子水平对引起阳明腑实证的炎性细胞因子和炎症介质的信号通路产生影响,进而对其基因表达进行有效调控,阻断炎性细胞因子的炎症介质的连锁反应和毒性网络;全面保护肠-肝-肺轴功能,改善重要脏器功能和提高机体免疫力。因而,中西医结合治疗可以在多环节、多层次、全方位地对 SIRS 进行有效调控,减少或减轻阳明腑实证时机体 MODS 的发生和发展。

3. 西医辨病,中医辨证　选择急腹症研究阳明腑实证最能体现病症结合的中西医结合研究的特色,是把二者紧密结合起来又比较适用于中西医结合疗法的一个具有示范意义的学术高地。

经过几代人多年的深入研究和反复实践,我们已取得了多项科技成果并已在临床上得以推广应用,显著地提高了临床治疗效果,获得多项国家教育部、中国中西医结合学会和省市科学技术进步奖,同时培养了一批年富力强、具有开拓和创新精神的中青年学术带头人和学术团队。

回顾中西医结合事业的发展历程,重温老一辈中西医结合专家的学术思想,学习他们的理论研究和实践经验,我深刻地认识到,要想真正在中西医结合事业上有所作为,就一定要有"咬定青山不放松"的意志和持之以恒的决心,就一定要有吃苦耐劳、艰苦奋斗的精神和毅力。因此,经过多年的不懈努力和拼搏,我们才取得了一点点成绩。

我的体会是,坚持中西医结合要矢志不渝,锲而不舍;坚持中西医结合可以创造业绩,成就梦想;中西医结合研究前景广阔,大有可为。

# 从中医防治心血管疾病研究走上中西医结合之路

**刘勤社**
陕西中医药大学

························【简　介】························

　　刘勤社,男,汉族,1963年4月出生,陕西周至人,1984年12月加入中国共产党,1985年7月参加工作,研究生学历。中西医结合临床内科专业主任医师,教授。享受国务院政府特殊津贴,陕西省有突出贡献专家,陕西省第十二届人大常委会委员、教科文卫委员会委员。现任陕西中医药大学党委书记。

　　1990年7月在陕西中医学院研究生毕业获得医学硕士学位之后,长期从事中西医结合防治心血管疾病临床医疗及科学研究工作,先后担任陕西省人民医院院长,陕西省中医药研究院、陕西省中医医院院长、党委书记等职务。兼任中国中西医结合学会常务理事,陕西省中西医结合学会副会长。

　　从事中西医结合内科医疗、科研、教学工作30年,主要研究方向是中医药防治心血管病的临床及药理研究。先后主持国家自然科学基金项目1项,国家"十一五"支撑计划项目子课题1项,陕西省重大科技专项课题及一般项目近10项。荣获陕西省科学技术进步奖二等奖1项、三等奖3项,出版《常见病的中西医治疗丛书》《民间简易疗法》15部,发表学术论文40余篇。

1958 年 10 月 11 日,毛泽东主席做出重要指示,号召"西医学习中医",一批优秀的青年西医医生开始走上"西学中"、中西医结合之路。近 60 年来,我国的中西医结合医学已经发展形成了一套较为完整而又独特的理论与实践体系,获得了一系列具有较大国际影响和原创价值的高水平成果,涌现出了一大批国内外知名的专家,为世界医学的进步和中国卫生与健康事业的发展做出了重要贡献。

## 一、从中医走上中西医结合之路

1980 年,我考入了陕西中医学院,本科五年学习中医,毕业后留校从事临床医疗和教学工作。1987 年,我考取本校中西医结合临床内科专业硕士研究生,跟随导师——中西医结合心血管病专家王朝宏教授开展中医药防治心血管病研究。王朝宏教授 1948 年毕业于上海国防医学院(第二军医大学前身),曾在西安一家市级医院从事临床医药工作多年。在毛主席号召西医学习中医之后,他作为陕西首批选派的"西学中"学员离职学习中医,学习结束后即调任陕西中医学院从事中西医结合内科临床教学与科研工作,牵头创立了陕西中医学院中西医结合专业,成为陕西中医学院最早一批中西医结合内科主任医师、教授,中国中西医学会常务理事。1985 年,陕西中医学院开设了中西医结合临床内科专业,并招收硕士研究生,主要研究中医药防治心血管病,包括冠心病、心绞痛、心梗、心衰、病毒性心肌炎等。由于我是中医专业的本科毕业生,导师和学校为我们设定课程重点是加强西医药基础理论学习,尤其是与心血管系统相关的解剖、生理、病理、药理,强化心血管病临床诊疗技能锻炼,再加上研究生教育阶段的通识课程学习,为我们之后长期开展中西医结合研究打下了坚实的基础。在选定研究生毕业论文研究课题时,导师王朝宏教授精心为我们不同年级、不同基础和特长的学生讨论选定研究项目,我与导师、师兄弟同学充分沟通,选定应用导师治疗慢性心衰的临床经验方药心复宁 4 号进行动物实验研究,主要观察心复宁 4 号注射液对家兔实验性心衰的影响,除观测血流动力学指标外,重点检测心钠素指标在用药前后的变化,评价心复宁 4 号方药的抗心衰效应。1990 年 6 月,毕业论文答辩时,导师邀请到当时在西苑医院工作的陈可冀研究员担任答辩专家委员会主任,我们 3 位同学怀着忐忑不安的心情顺利通过了毕业答辩,陈可冀老师严谨的学风、平和的态度为我们留下了深刻的印象,也为我个人毕业之后长期坚定地走中西医结合研究之路明确了方向和目标。

1. 充分发挥综合医院有利条件　1990 年 7 月,研究生毕业之后,我被分配到设立在陕西省人民医院的陕西省中西医结合研究所工作,研究所的创始人、负责人、学术带头人是王志义主任医师,他是陕西省第二位中国中西医结合学会常务理事。王志义主任医师 20 世纪50 年代毕业于山东医学院,之后参加西学中班,长期在陕西省人民医院从事中西医结合防治心、脑、周围血管病及血瘀证与活血化瘀研究,是省里有重要影响的高级医疗保健专家。他从 20 世纪 80 年代中期开始多方争取支持,在省人民医院创立了陕西省中西医结合研究所,旨在利用西医大医院的病源、设备、技术优势开展中西医结合研究,在大型西医综合医院构建中西医结合研究体系,建设中西医结合人才队伍和研究团队,出一批中西医结合成果。研究所一创立,很快吸纳了多位来自中国中医研究院、西安医科大学、陕西中医学院的研究生,包括中医、西医、药学专业的毕业生。研究所有自己的实验室,配有较为先进的检查检测仪器设备,可以开展血液流变学、生化学检测和血管功能检查;研究所还有医院中医科门诊和病房,可以将临床应用和基础研究及时结合起来,还可以到西医临床科室开展合作研究。省人民医院的院长、科长、科主任有不少人都有"西学中"的经历,结合意识较强,也为中西医结合在医院各科室开展合作提供了方便。良好的中西医结合研究平台和发展氛围为我们开展中西医结合研究工作提供了有力的支持,我们围绕心、脑、周围血管病血瘀证开展活血化瘀研究,对心、脑、周围血管病血瘀证患者按照其血液流变学异常浓、稠、黏等不同特点分型诊断、分类治疗,通过4年多的时间,对400多例患者的长期观察研究和总结,完成了"血瘀证客观化分型诊断及其治疗研究",获得1997年陕西省科学技术进步奖。

2. 把科研成果转化为产品　取得初步成果之后,我们继续扩大深入研究,将多年临床研究有效的方药进行新药研发,与制药企业合作申报中药新药。2002年我们研发的"活血胶囊"获得国家新药生产批准文号。2004年"活血胶囊"的研制获陕西省科学技术进步奖,该药上市应用十多年来安全性、有效性良好,企业效益稳定增长,我们也应用活血胶囊不断深化研究,继续申报陕西省重大科技专项、国家科技支撑计划项目和国家自然科学基金项目,累计得到了数百万科研经费的支持。随着研究工作不断深入,研究团队也不断扩大,我从1998年作为西安交通大学医学院中西医结合专业硕士研究生导师,指导近20个研究生,到2015年调任陕西中医药大学又开始招录带教中医药大学研究生,在我先后工作的陕西省人民医院、陕西省中医药研究院、陕西中医药大学等都建立了中西医结合研究平台和团队,包括围绕项目研究需要与第四军医大学、西北大学紧密合作,构建更广泛的中西医结合协作研究体系。

## 二、感悟与建议

回顾我国中西医结合医学发展的这60年,结合我个人从事中西医结合研究30年的体会,正是毛泽东主席、周恩来总理这一代党和国家领导人高瞻远瞩,号召西医学习中医,成就了中西医结合医学的发展,造就了一大批高水平的中西医结合专家,从陈可冀院士血瘀证与活血化瘀研究首获国家科学技术进步奖一等奖到屠呦呦研究员荣获诺贝尔奖,中西医结合展现出了强大的活力,为全人类医疗卫生事业做出了巨大贡献。

1. 传承是基础,创新是目的　回顾中西结合60年的发展历程,我深刻体会到中医药学的博大精深,中西医结合根植于中医,受益于中医理论的指导,借助于西医及先进科学技术的有力支撑,形成了独具中医特色和结合优势的全新医学体系,既有传承又有创新,既发展完善了中医理论,又规范提高了临床疗效及科学研究水平。中西医结合医学将中国几千年的传统中医药学与传入中国100多年的西方医学有机结合,形成了我国不同于世界其他国家的独特医疗卫生体系,中医、西医、中西医结合三支力量并存,互相交流合作,融会贯通,共同为人类健康服务。中西医结合既促进了中医科技进步,也促进了西医的发展转化,促进了中医药走向世界。

2. 中西医结合创新首先在思路与方法　结合我个人的成长历程,我也深刻地感受到中西医结合的思路方法一直引导着我们的成长,从1987年上中西医结合专业研究生开始,无论是做临床医生、搞科研还是从事管理,很多工作的思路方法都源于中西医结合。1990年我在陕西省人民医院中西医结合研究所工作,1991年下半年医院安排我到西医心内科轮转半年。刚到心内科时,心内科医护人员认为我是学中医的,也只能来学习学习,不能独立值班应对病危重症,2 周后因为科室医生不足,老主任试探着问我可否承担独立值班任务,我答应试试。很快他们发现我可以独当一面,有人不解地问我,中医医生怎么会使用西医的监护设备、掌握西医诊疗先进技术,我淡定地回答说我是中西医结合医师。逐渐对心内科各项业务和人员熟悉之后,我很快开始开展中西结合科研工作,对所有住院患者进行血液流变学检测,以此作为观察血瘀证的客观指标,之后设立临床研究课题对照观察中药和西药的疗效及血液流变学理化指标变化,结果表明中药脉络宁注射液对冠心病心绞痛患者在具备与西药同等临床疗效的同时,可以更好地改善血液流变性,而血液流变学指标的显著改善又可减少心绞痛的复发,血液流变学指标与血瘀证候密切相关,无论是不同类型、不同程度的患者,还是同一患者治疗前、后不同阶段,血液流变学指标均可作为血瘀证的诊断和疗效评价指标。以上述研究内容为基础,我争取了省里科研基金,发表了一系列论文,获得了省级科技奖项,参加项目研究的西医专家也都分享了成果奖励,很多西医专业人员也都愿意参加中西医结合研究,并与我们开展合作。

3. 开展科研合作,优势互补　受此情况启发,在 1994 年 7 月召开的全国中西医结合管理学术研讨会上,我提出在大型西医综合医院建立辐射到西医各科室的中西医结合研究体系的构想,以解决中西医结合研究机构条件不足的问题。我们持续与很多西医专业科室合作研究,包括主动与西安医科大学、第四军医大学、西北大学广泛合作,不断壮大中西医结合研究队伍。1998 年 1 月,我担任了省人民医院院级领导并兼省中西医结合研究所所长,当时中西结合研究所虽然人员仅 20 多人,但完成的论文和获得的科技成果占全院的 20%～30%,研究所一度成为省人民医院的科研重点机构。我 1995 年 5 月当选中西医结合学会青年理事,1997 年入选常务理事,1998 年 10 月在北京参加纪念毛主席"10.11"批示大会,荣获全国中西医结合优秀科技工作者,研究所也被评为全国中西医结合先进单位,这些荣誉的获得主要得益于我们长期坚持走中西医结合之路。

4. 坚定中西医结合方向,克服困难,着眼创新　在从事中西医结合研究的 30 年里,我经历了从担任陕西省人民医院院长、陕西省中医药研究院院长、党委书记,到现在任陕西中医药大学党委书记,无论在哪个岗位,都旗帜鲜明地坚持中西医结合研究方向,团结广大中医、西医、中西医结合科技工作者,充分发挥各方面的技术和资源优势广泛开展协作合作研究,力争使中西结合研究达到更高的水平。

目前中医药研究面临三个瓶颈问题:一是临床研究不够规范;二是中药治病的物质基础有效成分研究不够清楚;三是中医治疗的作用机制不够清晰。这些问题既影响中医药自身的发展,也影响国内外主流医学对中医的认可,影响中医药走向世界。

针对上述情况,我近 10 年来开展研究重点,对原来已经研发上市的中药制剂进行深化研究,包括组织和参与多中心临床研究,在建立中药有效成分辨识技术的基础上,筛选有效成分,围绕有效成分可能的作用机制深化研究。目前正在开展的国家科技支撑计划、国科金项目主要围绕益气活血方药"活血胶囊"防治动脉粥样硬化的有效成分及其作用机制进行系统研究,指导带教的西安交通大学、陕西中医药大学研究生都在这些研究课题上取得了较好的学术论文成果,我个人也在中西医结合研究实践中不断凝练出明确的研究方向,为今后的研究提升奠定了更好的基础。

30 年的中西医结合研究实践,使我对中西医结合有了更深刻的理解。毛主席 60 年前号召西医学习中医、造就一大批高水平的中西医结合大家,使中国的医疗卫生事业发展令世界瞩目。进入新时代,中西医结合医学发展面临新的机遇和挑战,国家加快中医药振兴发展,进一步促进中西医结合,中西医结合工作者应该把握好机遇,充分调动中医、西医、医学药学与生命科学相关的各项技术领域的科技工作者,共同谋划新时代的中西医结合医学的发展,共同促进人类卫生与健康事业的科学发展。

# 我从"中学西"走上
# 中西医结合之路

**李显筑**
黑龙江中医药大学

·················【简　介】·················

李显筑,男,1963年12月出生,国务院政府特殊津
贴获得者,博士研究生导师,二级教授。1980年开始在
黑龙江中医学院(现黑龙江中医药大学)学习,先后获
得中医学学士学位、《金匮要略》硕士学位、中医内科学
博士学位。1991年作为笹川医学奖学金研修生,赴日
本名古屋大学医学部病院第三内科代谢病研究室研
修。历任黑龙江省中西医结合研究所所长,黑龙江省
中医药科学院副院长。现任中国中西医结合学会副会
长,黑龙江省中西医结合学会会长。长期从事内分泌
代谢病临床研究,获得20余项科技成果。学术兼职:
国家科学技术奖评审专家,国家食品药品监督管理总
局药品审评中心专家咨询委员会委员,中国中西医结
合学会内分泌专业委员会副主任委员,中华中医药学
会内分泌分会副主任委员,世界中医药学会联合会代
谢病专业委员会副会长,中国医师协会中西医结合分
会内分泌与代谢病专家工作委员会副主任。

## 一、中医院校的教育背景将自己带上中西医结合之路

我是典型的"中学西"人员，从 1980 年起，接受的中医学教育是 5 年本科、3 年硕士、3 年博士，在 11 年的学习中，逐步建立了中医学思维；1991 年留学日本，从事内分泌疾病临床研究，在名古屋大学医学部代谢病研究室，师从世界著名糖尿病专家坂本信夫教授，学习当代世界前沿的西医代谢病治疗方法。其实，在 5＋3＋3 的学历中，西医学的课程也占了全部医学课程的半数，所以从严格意义上讲，我接受的中医院校教育，实际上是中西医各半院校教育。

在本科学习中，对于貌似很科学的西医学课程和富含中华传统文化特色的中医学，我坚持能做到不偏不倚，兼收并蓄。为了学业上的继续深造，最终还是要有个取舍，于是硕士研究生时我报考了中医特色浓郁的《金匮要略》专业，导师是龙江医派杰出代表吴惟康教授，跟随导师研究小儿咳喘病。在黑龙江省，普遍存在滥用静脉输液现象，儿科更是如此。北方冬季寒冷，小儿咳喘多是感冒风寒而致，失治误治则可入里化热。那时我就深深体会到，面对病情多变的小儿呼吸系统疾病，最实用和有效的就是中西医结合疗法，但有一点，用中药就要掌握中医病机，最起码的要区分寒热虚实。有的中医医生，分配到临床后，不分青红皂白一头扎入西医输液大军中去，面对小儿咳喘病，寒热不分，一概使用抗生素，伤了阳气，留住寒痰，一有风吹草动，病情反复发作。

博士研究生我考取了中医内科专业，师从全国著名中医内科专家栗德林教授，研究糖尿病并发症。糖尿病作为当代最常见的慢性病之一，严重危害人类身心健康，特别是其诸多的慢性并发症，一时间中西医学束手无策，教科书直接告知"不可逆转"。其实无论是哪种疾病，医生对其都有一个陌生、熟悉、攻克的过程，"言不可治者，未得其术也"。在长期的临床实践中，临床医生们总结出一套行之有效的中西医结合疗法，治疗糖尿病慢性并发症时缩短了疗程，提高了疗效，减轻了患者痛苦。利用胰岛素和口服降糖西药控制高血糖，具有起效快的优势，运用中医药辨证治疗，可有效控制甚至临床治愈一些糖尿病慢性并发症。在总结这些有效方法时，医生们发现一个规律，即在运用传统中医辨证方法的同时融入西医学的病理学、生理学和治疗学元素，并以此为依据，产生结合医学思维，可以创新法、立新方、保疗效。

## 二、前途光明、道路曲折的中西医结合事业

"中西医结合医学给全世界人民的医疗保健做出了不可磨灭的贡献，不管决策者相信与否，承认与否，支持与否，扶持与否，这么多年来中西医结合医学一直独自在缝隙中生长着，在挤压中壮大着，默默无闻，甘于奉献。"这些话语，是我经常讲给学生们听的，也是说来安慰自己的。

要么去当西医，做行业老大，要么去当中医，做中医学的传承人，自己为何走上中西医结合的艰辛道路呢？这一切都源自对医学的理解。医学是用来治病救人的，在治疗某些疾病时如果中西医结合的疗效优于单纯的西医疗法或者中医疗法，为何不使用中西医结合的方法呢！于是我开始关注中西医结合医学，总结中西医结合疗效优势的规律，并且开始触碰中医学传统观念的禁区，那就是在思维层面开展中西医结合。

中西医结合肩负着重大的历史使命，一方面是成绩斐然，"在医疗体系中的作用不断增

大;在临床实践中的优势不断显现;在学术研究中的成果不断增多;在学术活动中的影响不断增加;在国际领域中的交流不断扩大",另一方面却存在着中西医结合政策多变性和中西医结合队伍后继乏人的窘境。自从有了中西医结合的概念,就开始有了对中西医结合的争议,时至今日仍存在对中医学和中西医结合医学学科发展的误读。身为中西医结合队伍的一员,我们要关注中西医结合的前途,思考中西医结合的发展途径。我认为,中西医结合能够长期存在并不断进步有其必然性,中西医结合医学在夹缝中发展,在争议中前进,有目共睹的良好专病疗效和层出不穷的高水平科研成果是支撑中西医结合不衰的源泉与动力。与中医学和西医学相比,中西医结合学形成的年限太短,就像是过去常提到的"社会主义初级阶段",需要长期巩固发展。一些中医、中西医结合临床医生,对中西医两种不同医学体系如何拿捏没有把握,摸着石头过河。的确,如果不理清中西医结合临床思维方法,容易失去中医学辨证论治的优势,盲目结合,非但没有提高临床疗效,反倒容易颠倒寒热、错乱虚实。我十分尊敬老一辈中西医结合专家学者,他们都有个共性,那就是勇于创新。不论是"中学西"人员还是"西学中"人员,都要时刻想着创新,想着取中西医二者之长提高临床疗效。

## 三、建立结合医学思维,努力提高临床疗效

如何使中西医学二者结合相得益彰,提高中西医结合治疗专病的疗效水平呢?我认为在众多的方法中,建立正确的结合医学思维是有效途径。

中医学术的发展需要有一批具有创新思维的医学家。其中,结合医学的出现,有力地促进了中医学术的发展。我十分推崇近代医家张锡纯,其代表著作为《医学衷中参西录》。他在中西医汇通中,从理论到临床,从中药到西药,都进行了大胆尝试。我之所以推崇张锡纯,首先是因为其方其法多有创新,创新不是刻意标新立异,在临床上使用张锡纯的方药每每是效如桴鼓,遇到《医学衷中参西录》后,总有相遇恨晚的感觉。张锡纯是典型的"中学西"型中医大家,深厚的中医功底加上他善于接受新知的治学态度,是他取得成功的关键,学习了西医学知识并没有淡化中医学辨证思维方法,而是触动辨证的灵感,创立了许多不朽的名方名法。中医学赖以生存的前提是临床疗效,提高临床疗效离不开《黄帝内经》《难经》和仲景学说。中医学又是发展的,李东垣的脾胃学说是对中医学的发展;叶天士的卫气营血辨证法和络病学说是对中医学的发展;当代医学家运用活血化瘀法治疗急慢性疾病同样是对中医学的发展。这其中,中西医结合的方法和从事中西医结合的工作者是功不可没的。

中西医结合事业的发展需要临床研究和基础研究并进,我们可以从不同角度、不同方面创新发展中医学。例如,我在开展中医药治疗糖尿病周围神经病变的临床研究时,发现现有的辨证分型方法不能全面反映该疾病的证候特点和其病机的发展变化,因此,我根据西医学对糖尿病周围神经病变的认识,结合叶天士的络病学说,提出糖尿病周围神经病变新的辨证分型假说"皮肉脉筋骨局部深浅分型辨证法"。其意义在于,一是有利于认识糖尿病周围神经病变在四肢由浅入深、由此及彼的传变规律;二是是对糖尿病并发症的三型辨证分型法或三消分型法的补充,从而更切合实际地揭示出该病在四肢局部的病机变化。以"皮肉脉筋骨局部深浅分型辨证法"辨治糖尿病周围神经病变,既是对中医络病理论的继承与发展,又对临床实践有提纲挈领的指导意义。

如何让中西医结合人员建立结合医学思维,这是中西医结合领域的重大课题。中西医

结合人员必须具备学术的高水平,以及对中西医学知识的兼容,并且有足够的信心将中西医两个医学体系结合起来。中华人民共和国成立以后的西医学习中医人员是中西医结合的中流砥柱,国家应当有计划地、刻不容缓地传承他们的学术思想,特别要总结他们的结合医学思维方式。建立结合医学思维要找准结合点,要有一批临床医家为此不懈探索、观察、总结、推广。中西医结合人员具备中西医两个医学体系学习背景,因此有可能从病因学、病理生理学、发病学、治疗学、药学等不同领域、不同层次开展中西医结合。中西医结合队伍中也有一批"中学西"人员,要正确引导他们继续学经典、做临床、跟名师,与此同时,积极开展中西医结合,使得这些人既具有传统中医学辨证施治的本领,又具有开放包容的学术胸怀,勇于创新学术,融汇中西。

## 四、对中西医结合事业前途的思考

在团结、服务、安慰、鼓励中西医结合医学工作者方面,必须提到的是中国中西医结合学会。经过学会历届领导费尽心思、奔走呼号、无私奉献、默默忍受,终于换来我国中西医结合事业的一缕曙光。作为全国中西医结合医学工作者的一员,我发自内心为他们点赞!

同时,我又存在很多疑惑,仅仅靠一个行业学会,在发展中西医结合事业上到底能发挥多大作用?许许多多中西医结合人经常在议论、在思考、在疑惑:全社会到底能不能理直气壮地支持中西医结合?中西医结合会把中医结合没了吗?中医学、西医学、中西医结合医学能否作为三支力量,长期共存?中西医结合学科能否与中医、西医享受同一个政策与待遇?"西学中"培养出一批业务精英,他们取得的累累硕果得到肯定了吗?为何全面停止"西学中"的人才培养模式,导致中西医结合事业后继乏人?这一切疑问是我们这一代"中学西"的中西医结合人员的疑问,更是老一代"西学中"老前辈们的疑问,我希望这种疑问早点结束,希望老一辈中西医结合医学工作者能够亲眼看到中西医结合事业获得公正的待遇。

中西医结合事业是伟大而又艰巨的,中西医结合人员既要默默无闻、踏踏实实做学问,又要奔走呼号,唤起国家重视、社会重视、行业重视。我们应当学习老一辈中西医结合专家学者的敬业精神、奉献精神,团结一致,务必使在学术上极具活力的、在疗效上为人类健康事业做出过巨大贡献的中西医结合事业更加辉煌!

# 中道为纲西学为目
# 实现中西医结合

**李伯淳**

中华文化复兴研究院

【简 介】

李伯淳，男，1964年出生于"火神菩萨"中医名医之家，毕业于成都中医药大学中医专业。现为国家科技部中医药发展战略研究课题组成员、中华文化复兴研究院院长、国际天灾研究会会长、中华文化复兴系列活动组委会主任、"新坐标·新起点"系列活动组委会主任等。著有《中西医打擂》《大医道术概论》《康寿超级成功术》《中华大道简介》《神秘的天机》等专著，主编《中医发展战略》《中华文化与21世纪》《大善行动》等。

1983年开始应用中医治愈食管癌、白血病、偏瘫等疑难病，1992年任海南中华传统医药研究所门诊部主任，1998年在北京开设疑难病门诊专治癌症等疑难病，并开展《易经》《论语》《道德经》等专题公益讲座。1999年倡导并主持中华文化复兴系列活动，活动自创办以来已主办600余场免费的专题系列讲座、研讨会。

2001年，策划并执笔《中华文化复兴宣言》。

十多年来，积极地为祖国中医及中华文化发展向党中央、国务院、全国人大、全国政协、有关部委大量提出了建言献策，成为中华文化复兴的倡导者和实践者。

我出生于中医世家,从小多病,中西医的疗效对比伴随我成长,提高着我的认识。如此使我从小学中医,希望为人治病解除痛苦。然而我学医多年,治病多年后,发现许多时候我不但无法为患者解除痛苦,反而使我更加迷惘。西医进入中国,引起中医百年抗争,产生了百年的中西医结合探索。观今天中国之患者,"不死于病而死于中西医之争"。京城四大名医之一孔伯华曾给毛泽东写了一封信,信中写道:"医之活人,何分中西。"1998年我去医从文,组织中华文化复兴系列活动,因此有机会在医学、科学、哲学方面向良师益友请教。1998年至2003年期间,我有幸能常去中医泰斗吕炳奎的家中,近距离向吕老请教。2003年至2012年期间我又能同国家科技部中医发展地位课题组长贾谦共同呼吁振兴中医。这些使我学习了许多医学、科学、哲学、文化方面的知识,由此对人类新时代建立新的医学体系做了更多的思考。

现在临床上中西医方法的并用不是中西医基础理论的结合,只是技术的简单相加而已。正如李约瑟博士说:"中医和西医在技术上结合比较容易,但是使两种医学哲学取得统一,恐怕是极为困难的。"所以,中西医要真正结合成人类的新医学,就需要有新哲学和新文化作为基础。

## 一、科学—哲学—文化:中西医差异的根本

约翰·霍根于1996年出版《科学的终结》,在短短的一年之间在世界上就产生了巨大影响。该书共分为10章,各章的标题都以"××的终结"为名。作者在最后得出了"科学(尤其是纯科学)已经终结,伟大而又激动人心的科学发现时代已一去不复返了"的结论,并宣布了科学的"死刑"。

系统论、控制论和信息论是20世纪40年代先后创立并获得迅猛发展的系统理论的三门分支学科,虽然它们仅有半个多世纪,但在系统科学领域中已合称"老三论"。耗散结构论、协同论、突变论是20世纪70年代以来陆续确立并获得极快进展的三门系统理论的分支学科,合称"新三论"。混沌论、分形论、弧子论合称新新三论(分形论、超循环论、混沌论)。

中医、西医就犹如以中西文化为土壤,分别生长出来的科学大树上的丰硕果实,因此需要对生长果实的树和土壤环境进行研究,才更有助深入了解两种果实的特性。

中医和西医是两个不同的医学体系,中医学的"系统思维"和西医学的"分析思维"有着本质的区别。过去的分析思维科学方法无法研究中医,系统科学的一些方法较为接近中医的方法,故目前用复杂性研究法、系统科学来研究人体、生命、疾病等得出了许多同中医相似的结论。

## 二、不确定性与确定性终结

1998年8月5日普利高津在《确定性的终结——时间、混沌与新自然法则》中文版序中写道:西方科学和西方哲学一贯强调主体与客体之间的二元性,这与注重天人合一的中国哲学相悖。

此书所阐述的结果把现代科学拉近中国哲学。自组织的宇宙也是"自发"的世界,它表达一种与西方科学的经典还原论不同的整体自然观。我们愈益接近两种文化传统的交汇点。我们必须保留已证明相当成功的西方科学的分析观点,同时必须重新表述把自然的自发性和创造性囊括在内的自然法则。本书的雄心正是以一种广大读者易于接受的方式阐述

这一综合。

在 20 世纪末，我们并非面对科学的终结，而是目睹新科学的萌生。我衷心希望，中国青年一代科学家能为创建这一新科学做出贡献。

普利高津的科学思想代表了一种不同于经典科学传统的新的思想，在爱因斯坦、玻尔之后，把对经典科学传统的批判推向了一个新阶段。

## 三、由精确到模糊

西医在临床治疗上，极为重视各种生化指标与各种检测数据，甚至力求精确。然而，人体是很复杂的，疾病变化更是受环境、气候、饮食、情绪、药物等许多复杂因素的影响，因此力求精确指标数据是根本不可能，这正是我们要认识到确定性的终结，非常适用于指导今天的医学临床和科研。

西医学的精确指标和诊断使人们信服，中医的模糊不清让人们难明。因此，人们往往研究中医的首要任务是想将中医精确化、量化、标准化、规范化，然而不知当前世界科学界正在进行一次由精确到模糊的变革和发展。

中医学理论的优势是"整体系统观"，在"宏观整体上清楚，微观局部上模糊"。西医学理论的优势是"分析还原论"，在"微观局部上清楚，宏观整体上模糊"。

如果我们用系统科学的新方法来分析《黄帝内经》《神农本草经》《伤寒论》时就不难发现，由于中医是以有生命的活人为研究对象，注重天人相应、表里相关的整体观念，所以在中医古代经典著作中关于治病、药物机制等就自然存在并较完善。

人的健康、疾病是超复杂系统，参数和变量甚多，各种因素相互交错，系统很复杂，它的模糊性也很明显。中医观察人吃饭多、吃饭香、食欲好等，这些都是很模糊的概念和判断，不可能精确。

中医学采用了模糊的思维方法，研究人体生命活动复杂系统所具有的模糊性、不可直观性。其用以表知里的、知其外必有其内的认知和研究方法，与现代控制论的"黑箱"方法，更为高级，能获取比用"还原分析"（即打开"黑箱"来观察分析）方法所无法获悉的信息。

"模糊"是人类感知万物，获取知识，思维推理，决策实施的重要特征。"模糊"比"精确"所拥有的信息容量更大，内涵更丰富，更符合客观世界，特别是更符合人体、生命、疾病的认识和研究。

## 四、传统中医学是超复杂性科学

当今西方科学出现的系统科学、复杂性研究，越来越靠近中华传统科学。中医的天地人组成最大的系统，有许多系统科学最新成果都能在中医中找到相似的内容，所以世界级学者有许多论述。

美国学者 R. A.尤利坦在 1975 年《美国物理学杂志》发表文章就认为："现代自然科学思想大厦不是西方的私产，也不只是亚里士多德、欧几里得、哥白尼和牛顿的领地，这座盛誉的建筑物也属于老子、邹衍、沈括和朱熹。我们不能说中国本土的科学倘若独立发展下来将会演化成什么样子，但是，我们可以说，当今科学发展的某些方向所显露出来的统一整体的世界观的特征并非同中国传统无关。完整的理解宇宙有机体的统一性、自然性、有序性、和谐性和相关性是中国自然哲学和科学千年的探索目标。"

日本医师会长武见太郎在 1979 年也指出："中医对疾病的观察远比西医学优越，它具有西医书上所从无记述的观察方法。""中医学对人体的认识主要从动力学方面掌握，而从脏器解剖学角度或功能角度观察、认识固然显得薄弱，但是将人类个体作为有机整体来认识，这无疑是中医学的优越方面。"

李约瑟博士在《中国科学传统的贫困与成就》一文中指出："中国人以他们特殊天才发展起了中国的医学，这种发展所循的道路和欧洲的迥然不同，其差别之大可能超过了任何其他领域。"

比利时物理学家、"耗散结构"理论的创始人普利高津则认为：中国学术着重于研究整体性和自发性，研究协调与协同。中医学更着眼于自组织世界的描述。

我国著名学者傅景华发表在《中国中医药信息杂志》的《现代自然科学正孕育着一场空前的根本性的变革》文章中说："中医学是过程的科学，而不是结构的科学，是演化的科学，而不是存在的科学。中医学的基本原理与未来科学革命的方向是相通的。中医学立足于自然与人的生命过程及其各种方式的相互作用，这一具有普遍意义的科学思想方法，带给未来科学的启示和贡献将是难以估量的。"

我认为随着中华文化的复兴，中华医道也会复兴。《科学的终结》所说只是西方经典科学的发展受到巨大的阻碍，中华传统科学正在迎来一个飞速发展的时代，将会出现一批世界级的伟大科学家。所以著名科学家卡普拉在《物理学之道》一书中说：神秘主义者了解"道"的根本，而不是它的枝节；科学家则了解它的枝节，而不是它的根本。

很显然只有了解了道的根本，才能把握住事物的本质，只了解道的枝节，也就只能了解道的局部现象。医学之道当然应把握人疾病的根本，方能应用好的方法来防治。

## 五、医学前沿中看中医

2003 年"非典"在整个世界都引起了恐慌。人们用了很先进的仪器和设备来研究"非典"产生的原因、"非典"对人的影响，以及"非典"什么时候会结束等。"非典"结束到现在 10 年了，西方医学至今仍说不清楚"非典"是怎么产生的。有人说是果子狸将病传给人的。广东人吃果子狸吃了很多年，过去没有产生"非典"病毒，为什么偏偏到了 2003 年才产生"非典"病毒，众说不一。在"非典"期间，我们用中医经典《黄帝内经》的"五运六气"方法，预测出"非典"什么时候会结束。我们 4 月 26 日明确指出到了 5 月 22 日，"非典"就会结束。我们上书中央，吴仪副总理将其转到原卫生部，由国家中医药管理局组织专家研究中医预测"非典"的方法，得出的结论是中医的理论可以预测出"非典"何时结束，并用我们预测的时间指导全国抗"非典"时间安排。

2005 年禽流感盛行，WHO 对全世界发布信息说，人患禽流感随时会爆发，一旦爆发，会死掉 500 万至 1.5 亿人。在当时国内、国际紧张的情况下，我组织专家预测出人患禽流感不可能爆发，果然没爆发。预测后我们立刻上书原卫生部，原卫生部后来给我们发来了感谢函。

对于艾滋病，目前来讲，临床疗效较好的就是"鸡尾酒疗法"，它的有效率达 40%，但是其副作用巨大。许多患者服后出现呕吐、恶心、疼痛等症状。张好良大夫用中医药治艾滋病近千人,平均 3 个月就能取得满意效果,停了药长时间未见复发。

人类已经破译了人体基因密码。我认为:科学把细胞认识清楚了,把基因认识清楚了,将是为西医挖掘好了坟墓。基因是影响人的,基因是控制人的。那么,基因受什么控制? 基因受什么影响? 我通过进行检测环境与疾病的关系,明确指出:环境是造成基因突变的主要因素之一。日本生物学家、医学家村上和雄写了两本书,一本书名是《生命的暗号》,另一本书名为《人生的暗号》。书中明确指出:基因将受环境和思维的影响。西方的医学理论从人体开始进行解剖,认识到脏腑器官,然后认识到组织结构与细胞,认识到细胞质、细胞核、细胞里面的染色体、基因,越来越微观,很细致、很细小的,也就是说我们是从整体一直纵向地认识到底了,但是,并没有把我们的疾病认识清楚。最近的医学界已经出现环境基因学说,即基因所处的内环境、外环境对基因的影响。

## 六、中西方哲学差异与中西医

中西医的不同,是由于中西哲学的不同,而中西医的根分别是中西方的哲学。因此,对中西方哲学的对比能更好地认识清中西医之源头活水。这也是要创立新的医学的基础。

中国哲学的智慧即使关乎宇宙、自然、社会,最后也必得要落实到人生的层面,因此,它是一种以宇宙、自然、社会为背景的生命智慧。中国哲学虽然没有演绎出精确的自然科学和社会科学,却始终保持着一种强烈的整体意识和浓浓的人文情怀,把人本身,把对人的心灵的认识,把人、人的心灵与自然、社会的和谐相处放在至高无上的地位。

西方的经典科学观是以机械唯物论和还原论为思想基础的,重视科学过程中的量化和可重复。这种思想更适用于对非生命物质的研究,因为孤立的、静止的、部分的、离体的方法都能使生命消失,因此用来研究人生命现象是很不适合的。生命现象是自然态的、多变的、整体的、不可重复的,中医的辩证唯物论和整体观具有这样的特点,所以也是研究人体疾病的重要手段。

李约瑟曾讲:"中医和西医在技术层面的结合是容易的,在哲学方面不易结合。"因为西医是一套机械的思维、逻辑的推导,实验室里认识的、简单性的科学认识手段。而中医是一套以辩证思维、黑箱理论、混沌理论、复杂性科学为主体的认识思维和哲学思想。因此,两者在结合的时候是有很大距离的。但是,我们要认识到,两者的区别正在此。机械的、分析性的、局部的,认识问题越准确越缺乏整体宏观的认识;认识问题越准确、越精确,甚至是越脱离事物的本质。因此,它必须是回到辨证的、整体的、天人合一的角度来看待医学、看待人体、看待疾病。所以说,我认为新的医学模式一定是以中医为主体、西医为辅助而发展形成;将会扭转目前的以西医为主体、中医做辅助的局面,扭转这样的认识、这样的理论、这样的思维、这样的治疗,就一定会实现如"信息理论"创建人维纳所讲的:"如果用阴阳五行学说可以解开人体组织、器官、细胞、分子的难题,那么,西学东渐以来,西医将一点一点被中医同化,世界上将不存在西医。"

## 七、世界新的医学模式

我认为世界新的医学,首先都具备当今世界总体的知识总括和有新的哲学思想为指导、新的宇宙观为统领,这样才能够构建。

《黄帝内经·素问·著至教论》中写道:"愿得受树天之度,四时阴阳合之,别星辰与日月光,以彰经术,后世益明,上通神农,著至教,疑于二皇。帝曰:善!无失之,此皆阴阳表里上下雌雄相输应也,而道上知天文,下知地理,中知人事,可以长久,以教众庶,亦不疑殆。医道论篇,可传后世,可以为宝。"可见,不明天之变化、星辰日月的规律是无法成为高水平的大医,也无法通天地人,中国古代的日月星辰、四时、天度的规律的坐标系不是今天哥白尼之后的宇宙坐标系,而是中国古代自有的坐标系。

中国古代天文计算采用的是赤道坐标,以赤道二十八宿为准研究日、月、五星的运动;西方则按黄道坐标,即所谓黄道十二宫。这是两种不同的坐标系。现代天文学研究证明,赤道坐标优于黄道坐标,现代天文学已经用赤道坐标系统替代黄道坐标系统。然而,除了在天文上使用赤道坐标系以外,其他学科都不使用,其理由是赤道坐标系是以地球为中心的宇宙观,自哥白尼"日心说"宇宙观出现后,中国"浑天"宇宙观也就被认为落后而否定了。实践证明,中国传统的宇宙观干支纪历的周期里的时间表,在当今甚至未来会有巨大的价值。

中医要大量地吸纳现代与传统的科学成果、技术、设备应用到自身当中,首先是要以中国传统的中医哲学、文化为纲领的特性下来指导和应用。比如我们生病到医院去做胃镜、B超、CT检查,我们的身体某个部位有器质性的变化、占位性的病变等,再做细胞分析。我们可以不只是看局部细胞分析,还应该看病灶部位表现出来的阴阳虚实等中医特征的变化。比如用胃镜去看胃里有没有出血点,胃溃疡有没有溃烂部位及部位大小,这是西医常用的方法。我们还可以用中医的理论来指导,应用胃镜进入一个人的胃里,看一个人溃疡面所分泌出的液体是稠、稀,颜色是黑是红、是鲜是暗,是属于中医分类的阳证还是阴证、虚证还是实证。如果这样来看,胃镜就不只是西医的设备,仍可以把它纳入现代中医的设备。再如,我们用CT也可以是中医的望诊的延续,用阴阳虚实的分类分析现代生化检测的报告,更有助于了解局部的疾病。西医必须在认识论和方法论上有大的变革才能走出目前的困境,即从认识论由原来的局部转变到整体观和局部结合,方法由原来的机械思维变到辩证思维。我曾提出以"中道为纲、西学为目"创新人类的新文化,我们也应该以中医之道来统领现代西医学之目,创新出人类新医学。

中西医结合应以《易》科学为哲学基础来指导理论与临床,以中国传统的"浑天说"等宇宙观为认识基础,以气化理论为功能结构变化基础,以经络学为人体内外通道基础条件,以和谐目标为应用治疗手段,总之以"中道为纲,西学为目"实现中西医结合的和谐医学。

中西医结合要以中医为主导融合西医,形成人类的新医学——和谐医学。

# 中西医结合学科建设的探索与实践

**施建蓉**
上海中医药大学

······················ 【 简　介 】 ·····················

　　施建蓉,女,生于 1964 年 9 月,上海中医药大学中西
医结合专业博士,教授,博士研究生导师。美国 University
of Maryland 访问学者。中国中西医结合学会第七届
理事会常务理事、副秘书长,教育工作委员会副主任委
员;第七届教育部高等学校教学指导委员会中西医结
合类专业教学指导委员会副主任委员;上海市中西医
结合学会第七届理事会副会长。国家中医药管理局
"十二五"中医药重点学科——中西医结合基础学科负
责人。中华中医药学会翻译分会主任委员。主要从事
中西医结合基础研究、生理教学等工作。

上海中医药大学是最早成立中西医结合学科的院校之一，是中西医结合学科的重要建设基地之一。20世纪50年代建校之初，王玉润、吴翰香、王吉庚等老中医就提倡并带头实践学习应用西医知识发展中医事业，成为中医人发展中西医结合的开拓者；赵伟康、徐长生、王大增等首批中西医结合工作者，在阴虚火旺本质、天花粉引产、急腹症研究等方面的开创性研究成果，奠定了本学科高水平的发展起点。上海中医药大学的中西医结合学科在全国中医院校中首批获得硕士、博士学位授予权和设立博士后流动站，在国内较早开设中西医临床本科、本硕连读专业，为社会输送了一大批高质量的中西医结合人才。

2005年11月，上海中医药大学启动"名师工作室"项目，学校为了促进和提升中西医结合学科的建设水平，成立赵伟康名师工作室，以"中西医结合教学与科研经验传承"为主要任务，为后学者在中西医结合基础教学和科研领域开展工作提供经验及指导，通过传承实践促进上海中医药大学的中西医结合学科发展。

## 一、中西医结合基础学科建设中的探索

1. 形成管理核心，建立管理体系　在学科办、基础医学院等部门的指导下，上海中医药大学成立了中西医结合基础学科建设核心小组，由涵盖基础医学院、科技实验中心与教学实验中心的10位教授、副教授组成，并聘请学科前辈赵伟康教授、严振国教授为顾问。

工作室以中西医结合基础学科的建设提高作为重点工作之一，制定了学科建设的总体目标，确立本学科三个主要研究方向为：中医药抗衰老理论及防治疑难疾病的基础研究、中医传统理论的现代科学研究和经穴的组织解剖学及针灸的作用机制研究。在大家共同努力下，工作室2008年申报了上海市教委第五期重点学科建设并获得资助。在上海市教委重点学科建设过程中，原有研究方向继续深入发展，新生长点的形成与培育已露端倪。学科人才队伍构成在学历、年龄以及知识结构上有较大改观。结合学科实际，工作室订立了年度工作规划；建立了学科学术交流例会制度；每年安排人才培养计划；制定了学科内奖励规定等。

2. 组建人才梯队，培养学科骨干　人才资源是学科建设最重要的战略资源。学科确立了建设目标：建立一支年龄、学历、知识结构相对比较合理的中西医结合基础学科科研、教学梯队，使学科成为一个充满活力与可持续发展的科研团队。秉承此建设目标，我们以招聘方式吸纳了一批来自国家重点实验室和重点大学的博士与博士后人员，并以学科建设经费为资助，通过打擂台方式，选送了本校十多位优秀中青年骨干教师至海外对口研究机构深造。通过学校"杏林学者"的遴选活动，以优秀中青年骨干教师积极参加市教委"曙光计划""晨光计划"的竞选，学科各个研究方向上的后备学术带头人已趋于成熟。学科定期组织学术活动，也积极支持已经取得一定研究成果的科研、教学人员参加国际学术交流活动。

3. 聚焦学术方向，提升科研水平　随着学科建设的推进，科学研究取得了的阶段性研究结果，其中"中医药抗衰老理论及防治疑难疾病的基础研究"方向，以中医肾虚衰老理论为指导，主要从器官、组织、细胞、基因表达调控与蛋白组学等水平研究衰老机体心脑功能退化的机制，及中医药的延缓作用。"中医传统理论的现代科学研究"方向，以中医"藏象"学说、"体质"学说、"疫病"学说为根据，发现与建立了数个新学科生长点，以代谢组学、蛋白质组学、表观遗传学、分子病原生物学的现代理论和技术，获得了经典中医方药对内分泌系统，对外周感觉器官影响与调节过程、体质调节过程、抗结核过程、抗细菌毒力作用、抗细菌耐药等作

用,从多个环节初步揭示了中医方药可能的治疗作用靶标。"经穴的组织解剖学及针灸的作用机制研究"方向,继续开展经穴的组织解剖学及针灸的作用机制研究。

围绕上述研究方向,学科内共进行了 5 次科研招标,共有 96 人次申报,共立项 51 项。通过学科内科研项目的进行,提高了学科成员科研能力和水平,培养研究生 50 余名。学科人员作为第一完成者获上海市中西医结合奖一、二、三等奖,学科人员中标国家自然科学基金项目逐年增加。学科人员发表科研论文有大幅增加,为学科建设前同期的 4 倍。

4. 辐射本科教学,促进课程改革　赵伟康教授亲自参与指导了"探索性医学综合实验"课程,并连续 3 年参加 360 多名 7 年制及部分 5 年制学生"探索性综合实验"的讲课、开题及答辩。课程开设中,我们建立了以基础医学院、中药学院、针灸推拿学院、研究所及科技实验中心等主要教学科研骨干组成的导师库,指导学生接触科研,培养学生的科学素养及动手能力。在此课程的基础上,学生再参加"上海市大学生科技创新项目",使得校参加项目学生的数量和质量大幅提高,获上海市教委持续项目资助。此课程已被评为上海市精品课程,相关内容获上海市第九届教育科学研究成果奖。

根据中医院校课程设置过多、发挥学生的综合创新能力不够的现状,我们以护理学、药学、营养学等非医专业的医学基础课为试点,结合课程建设,开展学科内课程整合。在教学处和基础医学院的协调下,我们将解剖、组胚、生理学整合成"正常人体学"课程,将病理学与病理生理学、病原学与免疫学、遗传学等整合成"疾病学基础"课程等,通过课程建设,为学校构建了合理的、针对非医类专业学生的医学基础课程。在此基础上,《正常人体学》和《疾病学基础》成为人民卫生出版社"十二五"规划教材。

经过几年的持续努力建设,到 2012 年,中西医结合基础学科 5 年内获各级科技成果奖10 余项,共承担科研项目 82 项。其中国家级科研课题共 19 项,包括国家自然科学基金项目16 项、其他国家级科研课题 3 项;省部级科研课题共 34 项。其所获资助总经费约 1 000 万元。2012 年中西医结合基础学科成为国家中医药管理局重点学科。

## 二、中西医结合一级学科建设的收获

在 2012 年教育部学位与研究生教育发展中心组织的全国第三轮一级学科评估中,上海中医药大学的中西医结合一级学科位列全国第三。其时,学校的中西医结合二级学科——临床学科为国家中医药管理局重点学科,与中西医结合基础学科一起构成了中西医结合一级学科。

2012 年起上海市教委先后启动了上海高等学校一流学科建设、创新能力提升计划竞争性引导项目等,要求按照"国家急需、世界一流"的要求,围绕学科和平台建设的总体目标,通过深层次协同创新体制机制改革和创新,开展重大科学研究、协同攻关和咨询研究等,形成学科新的增长点,增强学科持续创新能力。在此轮上海市的学科建设中,上海中医药大学的中西医结合学科分别在一级学科层面获得上海高校一流学科、上海高校高原学科建设项目支持。

1. 创新管理机制,整合基础临床

(1) 成立了校级中西医结合一流学科建设管理机制:中西医结合一级学科建设,涉及大学本部和各家附属医院的相关科室,如何有效推进建设?——有效的管理是基础。在前期学科建设经验的基础上,学校成立了学科建设委员会,由校党政领导、相关院领导、学校部分职能处室负责人等组成,负责审议学科提出的中西医结合一流学科发展规划、经费预算与决算报告以及运行和管理过程中重大事项的建议和议案,负责对该一流学科完成建设目标情况进行考核,负责各方向重要人员的聘用与考核,同时也是该一流学科建设成效和目标实现的监督和监察机构。

时任上海中医药大学校长、中国中西医结合学会会长的陈凯先院士对中西医结合学科的建设高度关注,亲自指导,在学校学科建设委员会框架下,明确了由施建蓉副校长牵头中西医结合学科建设相关事宜,基础医学院是中西医结合一流学科建设的主要组织管理者。

(2) 组建了临床和基础相结合的研究团队:中西医结合一级学科建设依托上海中医药大学各附属医院及上海市中医药研究院有关研究所,聚集临床和基础两方面人员,以项目为纽带,聘请国内知名学者为学术顾问,整合中、西医两种医学体系的优势,形成一个多功能支撑的分子医学和结合医学以及转化医学为一体的综合研究平台。

在中西医结合学科创新基金的招标过程中,我们强调双 PI 制度:要求创新基金项目应围绕资助领域进行整体设计,应当有临床研究与基础研究两个以上部门或课题组组建研究队伍,开展系统深入的创新性研究;项目实行双课题组长负责制,双课题组长在领域内应具有代表性和影响力。通过这样的准入门槛,一方面保证了经费投入后的产出,另一方面从体制上加强了基础与临床之间的合作,此为本学科建设在体制机制上探索与创新的一大亮点。

(3) 进一步完善学科协同创新的管理运行机制:根据国家卫生发展规划和上海市发展战略的重大需求,针对中西医结合防治疑难病症的优势和特色,依托一流学科的建设,我们将传统中医药优势与现代科学的先进技术结合,与国际著名医学中心合作,以病例、标本资源的共享等方式,汇集一批国际一流的现代医学人才投入到中西医结合科学研究之中,推动中医药的集成、创新和国际化带领学科走向国际学术前沿。根据"开放、流动、联合、竞争"的原则,中西医结合一级学科建设按照顶层设计、项目落实、目标考核进行管理。

2. 引进领军人才,打造学科团队　　中西医结合学科建设的过程,也是人才培养的过程。在学科建设期间,校中西医结合学科引进国家杰出青年科学基金获得者 1 名,新增上海高校特聘教授(东方学者)跟踪计划人选、青年东方学者、上海市浦江计划人选、上海市领军人才、上海千人计划专家、上海市海外名师、上海市青年英才扬帆计划等人才项目资助。研究生培养方面,每年度学科多名研究生获上海市优秀毕业生称号,10 多名研究生获国家奖学金。我们承办了 2013 年全国中西医结合教学工作会议,并做大会主旨报告介绍我校中西医结合教学实践。学科骨干主编多门基础课程和临床课程的原卫生部及国家中医药管理局规划教材,在全国中西医类教材占有重要地位,为社会输送了一大批在海内外具有较高影响力和学术声望的中青年学者,学科毕业生形成了中西医学科服务社会的一线骨干力量。

近年来,本学科涌现出一批在海内外具有较高影响力和学术声望的专家学者,先后担任中国中西医结合学会会长、中华医学会副会长、上海市医学会会长、上海市中西医结合学会会长等。本学科自 20 世纪 50 年代末创建以来始终领衔这门新兴学科的发展,涌现出如赵伟康、匡调元、严振国、王大增等国内老一代中西医结合研究先驱,历经半个多世纪,业已形成一支传承有序、特色鲜明的学科队伍,在全国中西医结合学术界位居前列。

3. 聚焦研究方向,收获丰硕成果　　在学科建设期间,其主要工作重点在聚焦研究方向,培养创新团队。如病毒性肝炎中西医结合防治研究及其团队建设,以国家科技重大专项为抓手,开展慢性乙型肝炎中西医结合诊疗优化方案的研究及其中医药治疗的免疫调节机制研究。心血管病中西医结合防治研究及其团队建设,开展慢性心力衰竭中西医结合诊疗优化方案研究及其中医药治疗的多靶点作用机制研究。脑病的中西医结合防治研究及其团队建设,以入选原卫生部脑卒中筛查与防治基地为抓手,积极开展中风筛查与防治,制定全国中西医结合治疗急性缺血性卒中专家共识,建立中西医结合防治急性缺血性卒中数据库。中西医结合防治恶性肿瘤的机制研究及其团队建设,以原卫生部国家临床重点专科为依托,开展中药介入治疗恶性肿瘤的临床疗效评价、诊疗标准规范、新型介入制剂开发研究,以及中医药防治幽门螺杆菌相关性胃癌、中医药防治大肠癌多药耐药的研究。中医药延缓衰老的基础研究组建了多专业参与的青年团队,发表了具有中医内涵的 SCI 论文;以国家"973"计划中医理论专项为导向,开展了"肾开窍于耳""心主血脉"等中医藏象理论的现代研究。中药抗病毒及结核耐药的机制研究及其团队建设,承担了科技重大专项"十二五"计划——重大传染病防治。针药复合麻醉优选方案和临床疗效评价研究及其团队,以国家"973"计划课题等重大研究项目为抓手,开展针药复合麻醉优选方案和临床疗效评价的研究,保持针药复合麻醉研究领域的国内领先地位,并进一步在针药复合麻醉自主呼吸状态下的心、肺、脑、腔镜等大型手术方面产生有国际影响的相关成果。

上海中医药大学中西医结合学科在 2012—2015 年度获得科技部"863"及重大专项课题 4 项,国家自然科学基金项目 109 项,省部级科研课题 136 项,总经费达 1.7 亿元;发表 IF≥5.0 的 SCI 论文达到 20 余篇;在高原学科建设期间,授权专利达到 70 项,其中发明专利 30 项;新增科研奖项 5 项,其中包括上海市科学技术奖二等奖 2 项;中西医结合学科建设致力于采用现代生命科学理论、技术,阐明中医学对生命现象的独特认识,开展中医学与现代医学两种医学体系的相互渗透与相互结合研究,并立足于中医学对疾病防治规律的丰富实践,充实和重构中西医结合的知识体系,提高临床疗效,推动医学理论创新。

4. 总结前辈业绩实现薪火传承  我们正在组织拍摄并将正式出版《上海中西医结合名家访谈》,以留存上海中西医结合前辈大家的访谈影像资料,总结继承他们多年中西医结合科研、教学、临床实践的经验。该项目已完成上海中医药大学中西医结合专家赵伟康教授、匡调元教授、严振国教授、邱佳信教授和王大增教授的访谈,还有复旦大学的中西医结合专家沈自尹院士、曹小定教授、俞瑾教授、李超荆教授、秦万章教授,上海交通大学医学院的王崇行教授,原第二军医大学的张家庆教授等。各位先生均为耄耋之年,长期致力于中西医结合的实践和探索,为本学科的发展做出了卓越的贡献,他们的学术探索和思考为后学者留下了弥足珍贵的历史经验。

经过 10 余年的持续努力,上海中医药大学的中西医结合学科 2017 年 12 月在教育部公布的第四轮学科评估中获得 A+的历史最好成绩,位居全国首列。

总结这 10 余年中西医结合学科建设的经验体会,援引上海中医药大学校长徐建光教授为《上海中西医结合名家访谈》的致辞作为本文的总结:

传承了几千年的中医是人类文化史上的璀璨瑰宝;发展了几百年的"西医"是促进人类社会进步的文明利器。处在时空交汇点上的中华民族,理应肩负起贯通古今、融汇中西,使两种医学体系珠联璧合、相得益彰的历史责任。

自 20 世纪 50 年代始,在中国医学界就出现了这样一批医学工作者,他们责无旁贷地担起了这个重任,开创了"中西医结合"这样一个研究领域。地处浦江之滨的上海更是领风气之先,成为这个领域的铸鼎重镇。

这里所记录的访谈,是这批探索者的历史回忆,有他们历经的艰辛,有他们挥洒的心血,有他们跋涉的足迹,有他们收获的成功,更有他们对"中西医结合"这份开创性事业的执着和期待。

抚今追昔,我们为先行者留下一片值得回味的往事追忆;继往开来,我们为后来者提供一份足可借鉴的辉煌业绩。

# 从"肾-骨-耳-糖尿病"相关性研究走上中西医结合之路

**李瑞玉**

邢台医学高等专科学校第二附属医院中西医结合研究所

●●●●●●●●●【 简　介 】●●●●●●●●●

　　李瑞玉,男,教授,主任中医师,1965年4月出生于河北省广宗县,1981年参军于中国人民解放军海军37897部队卫生队,毕业于河北医科大学,医学硕士。现任邢台医学高等专科学校第二附属医院中西医结合研究所常务副所长,河北省中医药防治糖尿病耳聋重点研究室主任,河北省中医药科技咨询与评审专家,第五批河北省老中医药专家学术经验继承工作指导老师,邢台市第一批老中医药学术经验继承指导老师,邢台市市管优秀专家。享受国务院政府特殊津贴。《中国组织工程研究杂志》《现代中西医结合杂志》《中华现代耳鼻咽喉科杂志》《中华耳科学杂志》《国际中西医结合杂志》等杂志编委及审稿专家。河北省中西医结合学会理事,河北省针灸学会理事,世界中医药学会联合会糖尿病专业委员会理事,河北省中西医结合学会骨质疏松专业委员会常务委员,河北省中西医结合学会活血化瘀专业委员会常务委员,中医耳鼻喉国际论坛专家委员会常务委员。

　　从事中医、中西医结合临床、科研和教学工作,致力于中西医结合防治糖尿病耳聋研究,主持和参与国家自然基金和省、市(厅)科研课题多项,提出"肾-骨-耳-糖尿病"一体论科学假说,以第一完成人获河北省科学技术进步奖 5 项、中华人民共和国知识产权局发明专利 1 项,先后以第一作者或通讯作者发表论文 196 篇,其中在 SCI、EI、ISTP 收录 69 篇。主编《肾与糖尿病古今论》《中医诊疗学》《肾与糖尿病耳聋中西医结合研究》,参编著作 4 部。在《人民日报(海外版)》发表"中西医结合应走怎样发展之路"。

我国目前有中医学、西医学和中西医结合医学。中西医结合医学是在"中西医并重""中西医并存"条件下产生的,从理论上讲,中西医结合医学是吸取二者之长的整体医学,但真正结合,无论在实践上还是在理论上,找到"金标准"结合点,还是有较大困难。因为中医、西医是两种不同的医学体系,把不同体系医学结合起来,找到结合点和落脚点,是没有过多经验可以借鉴的。实践是检验真理的唯一标准,只有通过实践,让实践结合的结果去说话,况且,中西医结合这一伟大事业本身就是一个不断探索、不断实践、不断总结的过程。我在中西医结合的路上走过了 37 年,回顾这一道路历程,总结一点经验,谈一点感受。

## 一、中西医结合之路的第一步

我从事中西医结合之路的第一步,可以说是在我的父亲影响下迈出的。我的父亲 1961 年毕业于河北医学院邯郸分院医疗专业,毕业后分到县防治院工作。我记得小时候父亲经常下乡,为当地老百姓看病。那时农村的医疗卫生条件非常差,经济落后,许多老百姓看不起病,父亲利用业余时间学习中医和一些中药经验方,给患者开一些价廉的中药验方,并多次参加河北省卫生厅、邢台地区卫生局组织的西医学习中医培训班。记得有个慢性肠炎患者,经多次西医治疗反复发作,不能治愈,那时候父亲初步掌握中医辨证论治,患者口中作渴,喘而无汗,舌红苔黄,脉数,给这个患者开了葛根黄芩黄连汤。

中医学认为,体内湿热之邪旺盛会引起腹泻;清阳下陷,清浊不分也会引起腹泻。葛根芩连汤中葛根的用量最大,为主药,其味甘、辛,性凉,能解肌退热、升发脾胃清阳之气而止泻;黄芩、黄连味苦,性寒,能清热燥湿止泻;甘草甘缓和中,并协调诸药。诸药相配,共成清热止泻之剂。同时配合痢特灵口服,口服 1 周,患者症状缓解,半个月就痊愈了。后来父亲多次用中西医结合疗法治疗肝硬化腹水等疑难病症,收到了显著疗效。这样更加坚定父亲学习中医信心,经常把中医基础理论、中医学、方剂学、脉学,尤其是四部经典等相关中医书籍自学到深夜,即使下乡,还带上部分书籍。由于父亲刻苦、执着学习中医,当时政策允许,父亲毅然将西医改为中医主治医师,调至广宗县医院中医科工作,晋升为副主任中医师。可以说父亲后半生一直从事他热爱的中医、中西医结合工作和事业。现在虽然父亲不在,但他的音容笑貌,我依然清晰记得;他读过的书、用红笔圈过的重点、留下的笔记,我依然保存和经常拜读;他走过的中医、中西医结合之路,我一直在走,一直在坚持。可以说,父亲的学习精神、实践精神、对患者负责任的精神永远是我学习的榜样,是父亲让我走上中西医结合之路的第一步。

在 20 世纪 80 年代,我有幸结识河北医科大学中西医结合研究所博士生导师李恩教授。当时李老师正在开展关于中西医结合肾本质扩展研究,开始中医肾本质的内涵与现代医学关系的系统研究,包括"肾主骨"与佝偻病和骨质疏松发病及补肾方药治疗关系,"肾主骨生髓,髓生血"与肾性贫血和肾性高血压发病关系等,可以说是中西医的高层次结合。多次跟师学习,我深受启发。李恩老师的思想给我以启迪,尤其在中医肾本质研究中有关"肾主骨生髓,髓生血,髓通脑,脑为髓之海"的"肾-骨-髓-血-脑"一体论相关疾病基础和实验研究,包括我做研究生课题时,使我在糖尿病耳聋研究过程中产生"肾-骨-耳-糖尿病"一体论的科学假说,为我在今后中西医结合防治糖尿病耳聋研究中奠定了基础。

## 二、方向、探索、成绩

1. 方向　糖尿病是目前国内外重要研究课题,引起多种并发症,包括视网膜病变、肾病、高血压、神经系统病变等。但糖尿病引起耳聋和其他并发症比较而言,研究和报道尚少。也就是说,糖尿病引起听力下降早期容易被忽视,临床观察中,糖尿病听力下降引起我们重视,认为是糖尿病早期并发症表现,而早期变化,不仅对糖尿病自身影响,可能是对其他并发症早期防治的具有重要意义,中医有治未病,"既病防变""未病先防"理论依据。

因此,我将糖尿病及糖尿病耳聋作为研究方向。方向确定后,下一步如何研究? 从哪里研究? 我记得李恩老师在《中医肾藏象理论传承与现代研究》中写道:中医藏象学研究,以中医学形象思维思辨学为指导,以中医基础理论为"体",以现代科学技术和方法为用,以临床疾病为切入点,"法"求"理"。创新而不离宗,应在继承的基础上得到发展和创新。肾藏象在五行生克占重要研究位置,肾为"先天之本""肾开窍于耳""肾主骨"等理论依据,当年通过临床观察糖尿病患者,发现他们存在不同程度的肾虚证,另外,中医肾脏应包含现代西医学肾脏概念,因此,在探讨思路中,我选择以肾与糖尿病为研究切入点。

2. 探索　研究初步探索分三个阶段。

第一阶段,总结糖尿病相关文献依据。对于"肾主骨"和肾虚与糖尿病及并发症的关系,肾虚是形成"肾主骨"功能下降的重要因素,而"肾主骨"功能不足又是继发其他并发症的相关原因,可以说糖尿病发病与肾虚有密切相关性。《济生方》有记载:"消渴之疾,皆起于肾。"《儒门事亲·刘完素三消论》描述:"夫消渴者,多变聋者,疮癣、痤痱之类。"杨士瀛《仁斋直指方》云:"肾水不竭,安有所消渴哉。"《景岳全书·消渴篇》说:"凡治消渴之法……若因真水不足,则悉属阴虚,无论上、中、下,急宜治肾。"如果是肾阴亏虚,会导致胃的阴液不足,另外肺胃燥热、耗亏津液,时间长了也一定影响及胃。《圣济总录·消渴》"原其本则一,推其标有三"指的就是这个意思。消渴病气耗阴伤,容易引起脏腑、经络气血等多方面的病理变化,肾阴亏虚,水不能涵木,精血也不能上乘于耳目,便能够引起耳聋、雀盲、白内障等疾患。国内张辉的报告"糖尿病腰膝酸软和肾虚密切相关""糖尿病兼证定量分析肾虚复杂组合相关性",谭从娥的研究"肾虚证与糖尿病家族遗传特征关系""肾虚证的分布特征及其基因表达谱与一个糖尿病家系研究",秦乐的"2型糖尿病肾虚证基因表达谱研究"等,从多角度证明了肾虚证与糖尿病密切关系。

第二阶段,寻找古代文献与现代研究结合点。上述文献初步证实了肾虚与糖尿病存在密切关系,根据中医辨证论治原则,补肾是中医药组方依据,那么,补肾治疗肾虚糖尿病机制是什么? 补肾对"肾主骨"功能与胰岛素又是什么关系? 有文献研究发现,骨骼是一种内分泌器官,骨骼参与能量代谢,基因和细胞实验提示骨钙素可促进胰岛B细胞增殖,增加分泌胰岛素和瘦素。总而言之,该研究报告提示,骨骼是一种内分泌器官,成骨细胞分泌骨钙素参与糖脂代谢,负反馈作用于胰岛 B 细胞,对胰岛素分泌具有调节作用。沈自尹院士根据"肾主骨"理论,通过以药测证,发现肾虚证大鼠模型存在神经-内分泌-免疫以及神经-内分泌-骨代谢两大基因调控路线的紊乱,补肾能纠正该网络功能低下。我们认为补肾能促进肾虚糖尿病患者成骨细胞增殖分化分泌骨钙素作用,推测补肾治疗糖尿病的机制包含对骨钙素分泌胰岛素的作用。于是,我对糖尿病耳聋防治提出"肾-骨-糖尿病-耳"一体论科学假说:肾虚糖尿病耳聋→补肾→成骨细胞→骨钙素→增强胰岛细胞中胰岛素的表达→降低血糖→改善听力。

古代没有记载消渴与骨钙素关系,现代研究肾虚与糖尿病、骨钙素关系报道也不多,把肾虚糖尿病与骨钙素作为结合点,古代和现代都没有提出与深入研究,那么就具备创新。嫁接创新有时可能产生颠覆性的成果,因此,我用这种创新思维模式作为中西医结合研究糖尿病的突破口。

第三阶段,临床实践与研究。补肾治疗糖尿病有了初步理论基础,但糖尿病耳聋机制的依据,可能是由于糖尿病血糖增高促使糖尿病患者胶原蛋白的非酶性糖化,出现基底膜的糖蛋白合成增加,造成内耳血管壁增厚及管腔出现狭窄。我的课题以糖尿病耳聋为切入点,通过降糖防聋方配伍,主要研究了降糖防聋方对糖尿病耳聋的临床疗效及安全性。

关于"肾主骨"与糖尿病耳聋的关系我做了以下研究:糖尿病耳聋不同证型患者的骨密度;糖尿病对听力及耳蜗形态学结构的影响;补肾防聋方体外高糖成骨细胞骨钙素分泌的变化;降糖防聋方治疗糖尿病的机理;降糖防聋方对糖尿病性耳聋动物模型胰岛细胞中胰岛素的表达,验证其补肾降糖机制通路;"肾开窍于耳"与糖尿病耳聋的关系;总结降糖防聋方对糖尿病耳聋动物模型听力的影响等。

3. 成绩  糖尿病耳聋的相关研究从初始到现在历经 20 多年,发表中西医结合相关研究论文 30 余篇,包括 SCI、EI、ISTP 等收录多篇论文,其部分学术观点得到国内外同行重视和引证,中国中医科学院博士学位论文、北京中医药大学硕士学位论文、中国人民解放军总医院等曾在核心期刊引用我们的研究观点;其研究结果多次获河北省科学技术进步奖;提出"肾-骨-糖尿病-耳"一体论科学假说,研制防聋方,证明了组方的有序性;初步证实补肾方药通过骨代谢提高成骨细胞骨钙素分泌、调节胰岛 B 细胞防治糖尿病及耳聋;以肾主骨、糖尿病与骨钙素、辨证施治为防治原则,三者结合起来,体现整体观、现代观、辨证观,为中西医结合防治糖尿病耳聋理论和实践发展提供了一个启发性的典范,也可以说为中医肾本质的研究方面提供了一个范例,具有理论和实践上的创新性。中西医结合之难,在于其内涵和外延的哲理。以"肾"与"骨钙素"为切入点,对糖尿病耳聋机制进行研究,虽然取得了上述成绩,但对揭示其"本质"规律还任重而道远。我相信,只要我们脚踏实地、瞄准方向,总结规律,增加信心,将来在中西医结合糖尿病耳聋防治道路上一定会柳暗花明又一村。

## 三、感悟与体会

回顾近 37 年在中西医结合事业工作、探索的历程,既有艰辛的奋斗,又有自认为是成功带来的喜悦,初步总结几点感悟,愿与同道共享。

1. 坚持不懈,持之以恒  "在科学上没有平坦的大道,只有不畏劳苦沿着陡峭山路攀登的人,才有希望达到光辉的顶点"。中西医结合医学是一个学科,同时也是一个伟大的事业,在结合的道路上,不断总结经验,要有所发现、有所创新。

医学是一门实践性很强的学科,既有技术又有艺术,既有自然又有人文,在中西医结合实践过程中,一定会有这样或那样的困难,"志不强,智不坚","精诚至,金石开"。因此,要有坚持不懈、持之以恒的决心。在此,把王国维《人间词话》关于人生三境界引用下来,希望对中西医结合道路探索上医务人员给所启迪:"古今之成大事业、大学问者,必经过三种之境界:'昨夜西风凋碧树,独上高楼,望尽天涯路',此第一境也;'衣带渐宽终不悔,为伊消得人憔悴',此第二境也;'众里寻他千百度,蓦然回首,那人却在灯火阑珊处',此第三境也。"20 世纪德国著名哲学家、现象学奠基人埃德蒙德·胡塞尔警示人们:我们切勿为了时代而放弃永恒!

2. 汗水加"悟性" "天才等于百分之九十九的汗水加百分之一的灵感"。在中西医结合之路上,付出艰辛劳动是肯定的,但付出艰辛劳动不一定都能取得成功,成功的发现是汗水和悟性灵感相加。正像屠呦呦科研团队在发现青蒿素一样,经过 191 次实验,可以说失败是多次的,成功只有一次,而成功关键点是在付出大量汗水之后的悟性灵感。其悟性灵感来自东晋名医葛洪《肘后备急方》这部古代医方著作记载,"青蒿一握,水一升渍,绞取汁,尽服之"。此条记载让屠呦呦联想到在以往实验中可能因为高温提取破坏了青蒿的有效成分,于是改用低温乙醚提取,改进了提取工艺,富集了青蒿的抗疟成分,并最终于 1972 年发现了青蒿素。2015 年度的诺贝尔生理学或医学奖,在某种意义来说,是汗水加悟性的灵感成就了这一中西医结合成果,也可以说机遇永远留给有准备头脑的人。因此,在中西医结合之路上,不仅需要汗水,更需要"悟性"。

3. 好奇心与创新 中西医结合医学和中医、西医相比较而言,应该算一门新的学科,新的学科应具有新的生命力,新的生命力可以说给创新带来更多机遇与挑战,但创新与好奇心有极其密切关系。

中西医结合事业需要创新,而中西医结合创新首先应培养和树立良好好奇心和兴趣。"兴趣是最好老师"。18 世纪英国文坛巨匠塞缪尔曾说,好奇心是智慧富有活力的、最持久、最可靠的特征之一。好奇心更是科学研究的原动力。创新是一个民族进步的灵魂,是一个国家兴旺发达不竭的动力,每一次重要的发明和发现都是因为创新,而每一次创新都与"好奇心"有密切关系。正像纪录片《创新之路》所讲:"每一次重要的发明和发现都是因为创新,创新带来什么? 是创造,也是颠覆,是开辟的新路,是丰裕的果实,是国家繁盛,也是人类的进步。他们拥有好奇,又探索好奇,他们忍受孤独,又享受孤独,他们向往财富,又创造财富,他们承接文明,又提升文明,他们是点点繁星,明亮夜空,他们用非凡创造力成就永无止境的创新之路。"中西医结合工作者要抓住历史带给我们的机遇,把好奇心与创新结合起来,争取中西医结合更大创新、更多发现,让中华中医药瑰宝通过中西医结合再现历史辉煌,服务和贡献给全人类。

4. 开放包容,多学科交叉与引入 科学的本质是批判,交流的本质是质疑。在中西医结合事业科学探索过程中,可能出现不以人意志为转移的变化,出现这样或那样偏差,甚至出现与设计的结果不一致或者认为是"错误"结论。这是科学研究所允许的,科学探索应该允许有价值的失败。只要认真去做了,虽然结果是失败的,但许多阴性结果也是有意义的结果,也是非常宝贵的经验。如果把中医、西医、中西医结合三者比较,那中西医结合还是一棵小树,小树在成长过程中需要许多条件,要给予足够的空间和宽容与包容,鼓励创新,允许失败。习近平主席在瑞士日内瓦会见 WHO 陈冯富珍总干事时指出:"我们要继承好、发展好、利用好传统医学,用开放包容的心态促进传统医学和现代医学更好融合。"

另外,在中西医结合的道路上,应鼓励多学科交叉与引入,多元化文化吸收,包括佛教、道教、基督教(神学)、天主教等,因为这些都与中医学文化联系密切,从某种意义讲这些文化也都有相通之处,社会科学与自然科学在某些意义上也是相通的。中医学本身有文化,除了自然、技术、哲学、艺术等,还包括现在的人工智能、意识科学、中医"气"与气功的科学关系、人体特异功能、特异思维潜力开发等,这些都是中西医结合发展需要的。也可以用中医体系吸收或改造西医,如诺贝尔奖获得者 L.鲍林(L.Pauling)就提出了他所谓的正分子医学(Ortho-Molecular Medicine),他认为人之所以生病,是由于体内化学分子的构成失调。这不就是人体功能状态的概念吗? 中西医结合发展,在思维上要跳出单纯的医学框架,著名病理学家魏尔啸说:"医学,本质上是社会科学。"把社会科学与人永远联系在一起,相信中西医结合事业会有一个美好的明天,结合医学将给人类健康带来更加美好的前景。

## 四、感悟与建议

1. **人才培养**  半个世纪的中西医结合发展和总结证明了中西医结合事业是可行的,前途是光明的。因此,可以在国家层面继续开展西医学习中医、中医学习西医高层次培训班,不仅要理论结合、实践层面上结合,还要理论与实践高层次相结合。

2. **学术经验继承**  根据原人事部、国务院学位委员会、教育部、原卫生部、国家中医药管理局《全国老中医药专家学术经验继承工作管理规定(试行)》精神,我国制定了全国老中医药专家学术经验继承工作实施方案,虽然指导老师包含中医、中药、中西医结合、民族医药专家,但真正遴选的中西医结合指导老师和学生的比例非常少,因此,应制定全国中西医结合老专家学术经验继承工作实施方案,增加中西医结合指导专家和继承人,让中西医结合事业后继有人。

3. **教育体制**  目前,教育部只有"中西医临床医学专业",没有中西医结合医学专业,因此,建议将中西医结合医学专业纳入教育部学科目录内。只有在教育体制上使中西医结合医学成为"有源之水""有本之木",培养中西医结合医学高级人才才能得到保证。

作为从事中西医结合医学的晚辈,我们决心传承老一辈的科学精神,以他们的事业心和历史责任感为榜样,使中西医结合医学事业发扬光大,为未来医学做出贡献。

# 兼容并包　中西并举

## ——我的中西医结合之路

**何清湖**

湖南中医药大学

【 简　介 】

何清湖,男,1965 年 11 月生,湖南耒阳人,二级教授,博士研究生导师,享受国务院政府特殊津贴专家。现任湖南中医药大学副校长,湖南省政协常委,中国教育部中西医结合专业类教学指导委员会副主任委员,中国中西医结合学会教育工作委员会主任委员,中华中医药学会治未病分会主任委员,湖南省重点学科中西医结合临床学科带头人,国家中医药管理局中医男科学重点学科带头人,湖南省中医药文化研究基地首席专家等。首创中医亚健康学科体系,力推湖湘中医文化,促进中西医结合教育,被行业誉为中西医结合教育学家;长期致力于中西医结合、中医药文化、中医亚健康学等不同领域的教学、临床和科研工作,主持和参与国家及省厅科研、教学课题 30 余项,主编学术著作200 余部,发表学术论文 200 余篇。主要代表作有《中华医书集成》《中西医结合外科学》《中西医结合思路与方法》《中西医结合男科学》《湖湘中医文化》《马王堆养生大讲堂》《中医治未病》《中医亚健康学系列教材》和《国家卫生和计划生育委员会“十三五”规划教材·中西医结合外科学临床研究》等。

1980年，得益于自幼读书学习的刻苦，14岁的我便及早步入象牙塔——考入了当时的湖南中医学院（现湖南中医药大学），同年长一些的哥哥姐姐们一起成了中医学领域的一名大学生。彼时的我，刚过总角，未及弱冠，虽然读书还算用功，但总还是个懵懵懂懂的半大孩子，自幼未曾出过远门，到长沙省会还是第一次，新鲜的环境、丰富的校园生活让我目不暇接。我对医学最初的印象也不过是儿时生病咽下的家乡土郎中开药熬成的汤汤水水，但是，凭着一直以来刻苦钻研的学习习惯，在大学5年接受了6门中医主干课程及4门西医基础课程的系统学习后，中医学独特的思维方式和博大精深的理论知识已烙印在我思想深处，同时我也具备了基本的现代医学知识。大学期间，随着1982年4月份"衡阳会议"的召开，明确了"中医、西医、中西医结合三支力量都要大力发展、长期并存"的基本院校建设方针，"中西医结合"一词第一次传入我的耳中，却并未激发更多的思想火花，当时的我作为一名初涉医门的学子，尚处于被动接受的机械学习阶段。

1985年本科学习结束，既然学了医学，我自然想做医生。但事与愿违，由于当时国家发展百废待兴，医学事业更是举步维艰，急需大批专业人才做好中医药学的继承、整理工作。于是作为本届成绩名列前茅的学生，我被学校分配在了湖南省中医药研究院"中医药情报研究室"。"情报研究室"听起来神秘而高深，实际上就是最初的文献研究室，在此工作的主要内容就是搜集、研究、整理和分析中医乃至整个医学领域一切古今中外、方方面面的文献和讯息，并据此形成文章、撰写报告。当时物质条件匮乏，信息设备落后，文献的研究全凭手写笔录，但借此高强度的工作系统强化训练了我的文笔，同时广泛地汲取古今医学文献知识极大地开拓了我在医学领域的视野。在进一步夯实中医学专业的同时，我对各类现代医学的技术知识也日益熟谙。

1987年，在工作近2年的时候，本着追求学术进步和学历提升的目的，我参加了硕士入学考试，以全省第一的成绩成为"湖湘中医五老"之一李聪甫老的研究生，至此开始追随李老展开《中医各家学说》的研究与学习，同时在临床开始跟诊见习。这种边学习边实践的形式，不仅促进了我对于中医药学的研习得以跨越理论与实践的沟壑，同时也促使自己进一步得到了系统的医学临床锻炼。

1989年硕士研究生毕业后，我被留在了国医大师孙光荣教授担当主任的文献研究所，协助孙老从事文献研究工作，在工作的过程中全面掌握了目录、版本、校勘、训诂等古代文献整理和研究技巧，同时在中医各家学说的研究专长基础上对中医学术流派进行了较深入的探索，参与了《中医方剂大辞典》的编撰工作，主编了《美容本草》《止痛本草》等著作。可以说，这些年的学习和工作是本人中医学学术认识提升、实践能力提高的重要阶段，为未来在医学领域的长足进步奠定了较扎实的基础。基于多年的积累，2年后我与孙老共同完成了《中医药时代》（后更名为《中医药导报》）这一学术期刊的创办。期刊创办后，稿件纷沓而至，各类医学内容层出不穷，由此，我对中医学、西医学乃至中西医结合医学的认识开始逐步明晰，尤其对于中西医结合医学产生了浓厚的探索欲望。

1993年，为进一步满足自己对医学领域不断探索的学术需求，我考取了上海中医药大学和湖南中医学院联合培养的博士，成为上海名中医、外科专家陆德铭教授（顾伯华学术继承人之一）及湖南名中医、外科专家谭新华教授的学生，正式跟随两位老师从事中西医结合外科临床的学习研究与临床实践。为期3年的博士学习是我正式步入中西医结合医学之路的滥觞，也是从理论学习、实验研究和临床实践三个方面展开中西医结合学习的重要经历。

与此同时,我依然发挥之前的专业所长,充分利用课余时间参与中国古代文献的整理工作,参与了《传世藏书》的编撰工作,担任总主编助理及分册(医部)主编,并随后作为总主编完成了《中华传世医书》的编撰工作。这些工作及学习的积累,成为我未来中西医结合医学之路不可或缺的学术财富。1996 年博士毕业以后,一开始我被湖南中医学院第一附属医院聘为临床医师,承担一线临床工作和中西医结合教学任务。其后,源于我在教学竞赛中的突出表现,在 1997 年底我被湖南中医学院聘到教务处从事教学管理工作,1998 年 5 月被聘为基础课部副主任。随着中西医结合医学事业在国内的不断发展,我校也开始筹建中西医结合系,而我有幸参与到了筹建工作中。至此之后,我的中西医结合医学之路开始与我校中西医结合专业乃至全国中西医结合事业的发展紧密联系起来,其大致分为以下三个阶段。

## 一、构建专业规划教材,撰写审定专业目录

20 世纪 90 年代以来,许多医学院校、中医院校也逐步开展中西医结合本科教育,但培养模式、课程体系特别是教学内容方面尚无规范与标准,对中西医结合人才培养质量造成了一定影响。同时,中西医结合临床需要规范、标准的中西医结合诊疗规范指导;中西医结合执业医师、中西医结合中级技术资格考试等也需要规范、公认的国家规划教材作为考试蓝本。这时,中西医临床医学专业规划教材的编纂显得尤为重要。

中西医临床医学专业规划教材建设的主体是临床教材,如何体现中西医临床教材的特点和特色,是判断这次教材建设水平与质量的一个重要因素。我认为:突出中西医临床教材的特点和特色,应在以下几方面下功夫。

1. 充分认识到病证结合是中西医结合临床的主体思维模式,应该将病证结合的思维模式贯穿于临床教材的始终。

2. 正确认识中、西医两种医学体系在基础理论与临床诊疗方面的异同、优劣,以辨证的思维方法评价中西两种医学体系,做到优势互补。

3. 充分反映中西医结合所取得的最新成果,同时又要实事求是,认识到中西医结合研究在不同学科、不同疾病发展的不平衡性。2005 年,我作为总协调人,召集全国 40 多所西医药院校和中医药院校 200 余名中西医结合专家共同完成了我国第一版中西医结合规划教材,这是中西医结合高等本科教育事业发展过程中具有里程碑式意义的事件,标志着中西医结合教育由零散走向规范。

对于基础课程教材的编写,我认为:基础课程教材建设的思路应该与教学模式相一致,尊重学科发展的现状,既要有先进性,突出特点特色,又不能理想化,过分强调超前。充分考虑课程的设置是否能支撑中西医结合临床这个主体,中医学基础(包括四大经典)、西医学基础应该让学生系统掌握,保持学科知识的完整性。中医学基础教材应该有本专业特点,其主体内容应该在系统、完整介绍中医学的基本理论、基础知识的同时,充分反映现代中西医结合基础理论相应的研究成果;西医学基础教材应该根据专业教学要求的不同,在知识的深度与广度方面,区分中医学专业和临床学专业,也可考虑西医学基础教材课程内容的重组与改革。2006 年,由中国中西医结合学会教育工作委员会组织,中国中医药出版社协助,我作为总策划的全国第一版中西医临床医学专业行业规划教材第二阶段的基础课程教材编纂工作启动,2008 年出版投入教学使用。中西医结合临床教材及基础教材的编写,系统构建了中

西医结合教材体系,这是学科建设成果的重要体现。

2000年,教育部回复人大代表、政协委员,中西医临床医学暂不作为专业,可在7年制中医学专业试办中西医临床医学方向,各校可自主成立中西医结合系(学院),中西医结合高等教育事业得到国家政策支持;2002年,教育部批准泸州医学院、河北医科大学、湖南中医学院等部分院校在专业目录外设置中西医临床医学专业;2003年,中西医临床医学专业作为目录外专业获教育部批准办学。正是在全国中西医临床医学专业迅速发展的大好形势下,我校将筹建中西医结合学院的任务提上议事日程,并决定由我来具体负责筹建工作。历经时间的反复考验和锤炼,2012年国家教育部第四次修订本科专业目录时,明确把"中西医临床医学"作为国家教育本科专业。我执笔了中西医临床医学专业目录的制定,并参与了最后的审定工作。专业目录的制定进一步明确了中西医临床医学专业的专业名称、学制、培养目标与要求、主干学科、课程体系等,促进了中西医临床医学专业本科教育的规范办学。这是中西医结合教育史上的一个历史性时刻,"中西医临床医学"专业正式得到了国家教育部的支持,从而为培养中西医结合专业本科人才起到了极大的推动作用。

## 二、构建人才培养模式,创新教学课程体系

由于中西医结合高等本科教育是新生事物,无经验可循,在探讨中西医结合高等本科教育培养模式问题上,不同的专家有不同的主张,一直存在争议。在教学实践过程中,我与大学多名专家一起在全国率先提出"一体两翼"的中西医结合医学培养模式,即"两个基础,一个临床"的培养模式和课程体系设置——中医基础和西医基础课程分别由中医、西医讲,临床课程中、西医结合在一起讲,要求临床课程教师用"一张嘴"说话。"两个基础,一个临床"的培养模式的优点在于"一个临床"能充分反映中西医结合临床学科发展的现状,使中、西医的"病证结合,优势互补"融入教学之中,体现中西医临床结合的特色与优势;"两个基础"能使中、西医的基础理论得到系统学习,为进一步的中西医结合临床课程学习打好基础。"两个基础,一个临床"的一体两翼的培养模式更适合目前中西医结合发展的现状和水平,现已得到全国同行的认可。

中西医结合事业本身就是一个不断探索的过程,特别需要改革意识和创新精神。实行"两个基础,一个临床"的培养模式,对从事该专业教学教师尤其是临床课程教学教师的理论素养和知识结构提出了许多新的要求和挑战。"一个临床"的教学模式要求从事中西医结合临床课教学的教师,既要懂中医,又要懂西医,还要掌握所讲授课程中医、西医、中西医结合研究的最新进展及动态,将其吸收于教学中。这就要求临床教学教师除了要有较扎实的中、西医学知识和专业能力之外,还要有创新意识,要勇于创新教学方法,改革教学模式。在我等一干教授的探索和推动下,目前湖南中医药大学中西医结合学院的30余位临床专职教师队伍中,大部分具有博士学历,理论素养较高,而且形成了浓厚的科研和创新氛围,教研和科研成果卓著。教师自身具有较好的创新意识和科研素质,自然而然地在其教学过程中会向学生灌输创新思想,培育创新的沃土。

此外,由于医学科学中的现象相当复杂,而且中西医结合过程谬误的来源深远又极多,故思维方法与技术方法的作用同样显得特别重要。我认为:一个学科的不断创新,关键在于其思路与方法的不断创新,"工欲善其事,必先利其器";一个专业人才的培养,尤其是高层

次研究生的培养,不仅要传授本学科的专业基础知识和专业技能,更要授之以"渔",传其"道"而解其"惑",为中西医结合专业的学生以后从事中西医结合临床诊疗、科学研究提供思路和方法学的启迪。早在 1996 年,"中西医结合思路与方法"课程便首次在湖南中医学院中西医结合本科班开设,先后由我及凌锡森教授、雷磊教授主讲。作为一门指导性课程,中西医结合思路与方法旨在通过对中西医学模式方法和中西医结合的内涵和外延、中西医结合研究与实践的指导性原则和基本方法的介绍,让学生掌握中西医结合的思维方法和技术方法,增强其专业兴趣和专业意识。课堂教学中着重回答以下 5 个问题:① 科学地阐释中西医结合的基本概念。② 说明中西医结合的可能性和必然性。③ 从宏观角度指出中西医结合的基本原则。④ 详细地分析中西医结合各分支学科的具体研究思路与方法。⑤ 展示中西医结合事业发展的前景。课程所使用的教材《中西医结合思路与方法》为我主编。现在这门课程已成为深受学生欢迎和好评的一门必修课,通过学习不仅有效地提升了学生的学科理论水平,更激发了他们的学科创新思维和科研能力。

　　课程的改革与创新是我国当今改革教育培养创新性人才的基础和核心。为了提升学生的创新素质,我校中西医结合学院在教学过程中,除了完善优化必修课程的设置外,还开设了"中医科研设计与统计方法"等创新性课程。中医科研设计与统计方法旨在通过对中医药科研设计基本方法的介绍,让学生从本科阶段起就掌握科研创新的基本原则和方法,充实其科研创新的基本素质,激发其创新灵感。这些专业特色浓厚的创新课程的设置,为学生创新素质的培养提供了时空条件和知识、技能、方法的准备。在培养高素质创新性人才的思想指导下,学院积极拓开教学时空,充分开辟第二课堂,发展和完善"课堂教学—校园文化和科技活动—多种社会实践"三位一体的培养途径,给学生创造一种全方位培养创新能力的氛围、环境和机会。通过优化课程体系设置、开设创新素质课程、开辟第二课堂等多措并举,我校培养了一大批具有创新意识的中西医结合人才,有力地促进了学科的建设和发展。

## 三、紧密结合实际实践,构建特色二级学科

　　在我看来,中西医结合的思维,不仅仅是两种医学结合的思想,更蕴含着中医学的整体医学观和兼容并包的学科构建思想。在这样的思想影响下,我提出了具有特色的中西医结合男科学和中医亚健康学。在中西医结合男科的学科建设方面,我认为中西医结合男科的临床研究思路可从以下几方面着手:① 病证结合,探索男科疾病的辨治规律与诊疗体系。② 微观辨证,促使中西医结合男科更加丰富与深入。③ 基础研究,使中医男科的病因从抽象到具体,从宏观到微观。④ 药理研究,更加科学地阐释有效治法和方药的男科病的治疗作用机制。⑤ 病证研究,为部分男科病中医治法的创新提供理论依据。

　　2008 年,由中华中医药学会亚健康分会和湖南中医药大学合作,在中和亚健康服务中心和中国中医药出版社的大力支持下,我作为总主编,组织百名余专家、学者编纂了中医亚健康学系列教材,系统构建了中医亚健康学的理论体系。在中西医结合思维的指导下,中医亚健康学的构建不仅充分突出了中医学特色与优势,更进一步加强了中医与现代医学的理论与技术的相互交叉融合,满足了快速发展的亚健康市场需求,学科建设与产业发展形成相互促进,相互推动的良性循环。

### 四、我的感悟

20 多年致力于中西医结合医学学科发展及高等教育体系构建的探索与研究，我亲历了中西医结合教育由零散走向规范的里程碑式发展，一路走来，有过疑惑与不解，却从未有过退缩和怯懦。我知道：医学的发展永无止境，对生命的探索、对健康的追求、与疾病的斡旋是一条没有尽头的求索之路。在这条路上，我们不能瞻前顾后，不能顾此失彼，更不能心胸狭隘、故步自封。我常说：中医学先贤前辈如果生活在这个时代，也肯定会把西医学好，因为面对医学问题，没有孰优孰劣，只有兼容并包、中西并举，才能集合一切力量带给全人类幸福安康。我想，这些应该就是我决心走中西医结合之路的真正动因，也希望所有步入医学之门的同道学者能摒弃门户之见，用包容宽宏的姿态拥抱两种医学，为人类的繁衍生息打造更好的明天。

# 从中医肾本质内涵开展以方测证的研究

**武密山**

河北中医学院

························【简　介】························

　　武密山,男,1966 年生,1987 年毕业于河北中医学院。医学博士,博士研究生导师,河北中医学院研究生学院副院长,河北中医学院方剂学教研室主任,教授,主任医师,九三学社社员,国家自然科学基金委员会医学科学领域学科评审组会议评审专家,国家科学技术奖励评审专家,河北省自然科学基金评审专家,河北省卫生和计划生育委员会中医医师证考官,《解放军医学杂志》理事会成员,《中国组织工程研究与临床康复》杂志社执行编委、审稿专家,《中西医结合学报》杂志社审稿专家,《河北中医》杂志社审稿专家、编委。河北省高等学校教师高级任职资格评委会评委,河北省中西医结合学会第六届理事会常务理事,河北中医学院学术委员会委员,《河北中医学院学报》编辑委员会委员,河北中医学院教育指导委员会委员,河北中医学院学位评定委员会委员,河北省研究生教育指导委员会医学分委员会委员。发表"中国科学引文数据库(CSCD)来源期刊"和核心期刊论文 60 多篇,主编普通高等教育"十三五"规划教材、全国高等医学院校中医药类系列教材《方剂学》教材,获得河北省科学技术进步奖三等奖。《黄帝内经理论传承与现代研究》副主编。

## 一、通过"肾本质研究"从事了中西医结合工作

1995 年怀着对中西医结合美好前景的向往,我成为李恩教授"肾本质"研究的博士研究生,2005 年又到日本富山大学和汉医药学综合研究所(Institute of Natural Medicine University of Toyama)化学应用专业留学,多年来围绕"肾本质研究",参加过国家自然科学基金资助项目 2 项(39422001,30920005)、国家科委"九五"重点攻关课题(969060501)、国家中医药管理局课题(96F004)。目前,课题研究团队围绕中药归经(the channel-tropism of herbal drugs)和肾通于脑(the kidney communicating to the brain)独立主持完成了国家自然科学基金资助项目 2 项(30472200,81073074),结果表明:"肾本质"是"肾、骨、髓、血、脑"相关,"肾"不局限在内分泌各种激素及骨组织局部的细胞因子方面,中枢神经系统(central nervous system,CNS)存在雌激素受体(estrogen receptor,ER),CNS 是雌激素的靶器官,下丘脑是 ER 重要靶器官,ER 在下丘脑主要分布于视上核、室旁核、视前区和腹内侧核等核团,ER 两种亚型 ER α/β 在靶器官分布以及与外源性雌激素亲和力差异导致效应存在差别。下丘脑是神经和内分泌网络调节的交汇点,脊髓是脑与周围神经间的通路,背根神经节(Darsal root ganglin,DRG)是重要的初级感觉神经元,均是参与骨代谢神经肽的区域。以上研究成果丰富了"肾-骨-髓-血-脑"一体论假说(该成果获得 2007 年度中华中医药学会科学技术奖二等奖),证明雌激素和雌激素受体介导的信号传导("肾")、神经系统(脑、髓)、骨代谢之间密切相关。通过"神经、内分泌、生殖、骨骼系统"之间的联系,揭示了中医"肾"科学内涵,这与《素问·阴阳应象大论》"肾主骨生髓",《灵枢·经脉》"人始生,先成精,精成而脑髓生",《灵枢·海论》"脑为髓之海"的理论相吻合;并且揭示了骨骼和大脑之间有一种此前未知的"信号通路",与哥伦比亚大学医学中心的研究人员(2017 年 3 月 Nature 杂志)发现相吻合,即骨骼是一个内分泌器官。骨细胞分泌的 Lipocalin-2(LCN2)蛋白,不仅能够诱导胰岛素分泌,而且可以穿过血脑屏障(Blood-brain barrier,BBB),作用于下丘脑的黑皮质素 4 受体(MC4R),并激活 MC4R 依赖性的厌食通路,而抑制食欲,这一发现不仅证明了骨骼的内分泌功能,而且揭示了骨骼和大脑之间有一种此前未知的"信号通路",骨骼和大脑之间不是"鸡犬之声相闻,老死不相往来"。

## 二、研究的方向和取得的业绩

1. 中药归经与细胞信号传导通路相关性的探索　中药归经指药物对机体某一部分的选择性作用。归是指药物药效的归属;经是建立在脏腑、经络之上的功能单位,是药效作用的部位,不能单纯认为是经络。归经是药物对机体某经络、某脏腑、某靶点的特殊选择性作用,中药归某经,也称谓走、入、行某经,"归、入、走、行"等描述,表达了古人在长期临床实践中,体会到药物"从给药到发生药效"的整个动态过程,包括各个作用环节的趋向性。归经研究方法如下:① 利用原子吸收光谱技术,观察中药微量元素和脏腑的亲和性。② 利用药物动力学技术,观察中药有效成分在体内脏器分布。③ 将中药"归经与受体"结合,研究组织特异性转录因子调节靶基因的转录。取得的业绩如下:建立了中药归经库,对淫羊藿、牛膝、骨碎补、补骨脂、川续断,用高通量筛选分离提取技术提取成分淫羊藿苷、牛膝蜕皮甾酮、柚

皮苷、补骨脂素、川续断皂苷 Ⅵ 等,按照"靶向亲和性化合物—靶器官—受体—靶基因"的思路,采用动物模型、细胞培养和血清药理学方法,制备 OB - OC 共育体系,从 BMSCs 靶向诱导分化、OB 增殖、OC 活性以及雌激素受体等途径,对其促进细胞信号传导通路进行了有益的研究。

2."肾通于脑"的探索　中医学的"肾"的概念,与西医说的"肾"是两个不同的概念,中医学的"肾虚"与西医的"肾功能障碍"也是两回事,二者不能混淆,更不能画等号。肾藏精包括脑、脊髓、骨髓等神经系统,主生长发育包括下丘脑、垂体、甲状腺、甲状旁腺、肾上腺、性腺等内分泌功能,主生殖包括睾丸、卵巢等遗传功能,肾主水包括肾脏、膀胱等泌尿系统,肾主纳气包括胸腺、细胞免疫、体液免疫等免疫系统,肾精生髓化血包括促红细胞生成素等造血功能,肾是先天之本包括清除自由基、抑制自由基的脂质过氧化损伤等抗衰老作用,肾主骨包括降钙素、甲状腺旁腺素、$1,25(OH)_2D_3$ 等钙调节激素等方面的功能。肾虚的实质是多器官、多系统功能失调与低下的病理生理学概念。肾虚表现为垂体、甲状腺、甲状旁腺、肾上腺、睾丸、卵巢等腺体呈退行性病变,下丘脑-垂体-肾上腺皮质系统、下丘脑-垂体-甲状旁腺系统、下丘脑-垂体-性腺系统功能低下。"肾生髓,脑为髓海"的现代生物学基础是脑内神经元和神经营养因子,脑内神经营养因子减少、神经元大量萎缩造成"髓海不足",发生中风、痴呆等。"补肾填髓"的现代生物学基础是促进神经元细胞能量代谢和利用,激活内源性神经营养因子,抑制神经毒素的生成,促进神经元存活与再生。"肾通于脑"涵盖着神经、内分泌、免疫网络。

关于补肾方药对脑的保护作用,我们通过临床有效的 60 多个复方中选择使用频率靠前的 6 类 31 味中药进行筛选,包括补肾生髓、充脑益智类 7 味,健脾补气、升清阳类 6 味,祛痰化浊、芳香开窍类 5 味,活血化瘀、宣通脑络类 5 味,滋阴潜阳、镇肝息风类 4 味,清热解毒、醒脑开窍类 4 味,应用阿尔茨海默病(Alzheimer disease, AD)模型[分别复制胆碱能功能障碍动物模型、以 β-淀粉样蛋白为基础的动物模型、转基因动物模型、糖基化终末产物(AGEs)代谢紊乱的 AD 模型]、骨质疏松模型、醋酸氢化可的松致小鼠"阳虚"模型、"恐伤肾"模型(遗传实验测定受惊恐孕鼠所生子代鼠的 DNA 和 RNA 和脑微观结构)、"劳倦过度、房室不节"肾阳虚小鼠模型,发现在 5 种模型上均能起拮抗作用的药物是补肾中药山茱萸,在 3 种细胞膜型上能起拮抗作用的有 7 味药,其中山茱萸、何首乌、地黄为补肾药,占 43%。另外,研究还发现 9 种单体或总成分在 8 个相关指标上起作用,其中补肾中药地黄有效部位梓醇、山茱萸有效部位环烯醚萜苷、淫羊藿有效部位总黄酮的效果较好。这些发现进一步丰富了"肾通于脑"的药效物质基础。

### 三、感悟与建议

目前中西医结合的方法是诊断上"病""证"结合,治疗上西药与中药的结合。证是相对短暂不稳定的神经-内分泌-免疫网络异常整合模式。体质则是相对长期稳定的神经-内分泌-免疫网络正常整合模式,是衡量神经-内分泌-免疫网络自稳调节能力的"度"的内在规定性。中医干预的对象是证,是"病的人"。用药目的是扶正祛邪,纠正阴阳偏胜与偏衰,达到阴阳平衡而恢复健康。中医的健康目标模式是"正气存内,邪不可干"的自我稳定的内环境阴阳平衡。无论人的健康还是疾病,都是正邪相争,代偿后阴阳平衡的过程。在治疗、养生保健中，都应努力提高人的自我保健能力，"人体内自有大药"，并不强调以药物去直接对抗致病因子。中医在构成疾病的矛盾双方中重视扶正，中药通过扶正实现调节人体健康，有"正足邪自去"之说。由于中医、西医作为两个医学体系，认识人体疾病的观点和方法都不一样，迄今中西医的结合只是两种医学在同一个患者上的应用而已。

中医学是有别于现代医学的理论体系，具有独特的认识生命的观点和方法。作为古代科学技术的中医学具备实用性，能解决诸多现代医学不能解决的问题，并在一定程度上揭示了人体生命现象的客观规律。现代医学在"人定胜天"理念的指导下，运用非生命的物理化学知识，利用善于"拆零"的技术把人体分解成了系统、器官、组织、细胞、分子等多个层次来研究生命过程，重视局部分析、轻视整体联系，诊断过程只见（着眼点）"病"而不见（着眼点）"人"，治疗多采用"对抗"的方法。中医学在"天人合一"理念的指导下，用意象思维方式，认为人是"活的整体"，是形（肉体）和神（心灵）的统一，在人体统一整体中，起统帅和协调作用的是神（人是唯一可以接受心理暗示的生物，具有高度自组织、自适应、自调节能力），重视于对"身"（物质、能量代谢）和"心"（精神活动）调理和控制的研究，重视宏观的调控，轻视微观的明确清晰，诊断过程不见（着眼点）"具体的病"，只见（着眼点）"不同证候的病的人"，治疗上多采用"调和"的方法。中医、西医各有优势，为了人类的健康，中西医结合医学是将来发展的必然趋势。

在哲学中有"形而上"和"形而下"的概念。"形而上"是抽象的，是宏观思维，不存在于时间、空间的现象，是超自然的存在，是与生俱来的第六感才能感觉到的，属精神范畴。"形而下"是指具体的，是看得见、摸得到的东西或器物，属物质范畴。整体来说中医重视、捕捉"形而上"的气色、脉象、神色等无形的东西，西医看重"形而下"的器官、组织、细胞、基因等有形的东西。形而上的中医需要通过"体验""顿悟"等方法来认识生命过程中"无形"的东西，形而下的西医通过"实验""逻辑"等方法来认识生命过程中"有形"的东西。中西医结合的最终目标可以实现"身体物质与精神意对接"，理由如下：一是物质与精神是可以对接的，因为它们有同一个本原，即"无极"的混沌状态（太极之前的状态）。二是"有形"和"无形"只是两类存在方式，无论有形还是无形都是能量振动频率不同。三是有形（物质）、无形（精神）是可以转化的，如冰—水—蒸汽，中医学认为，无形之气和有形之气，本质都是气。四是人体是有形无形的统一体，健康与疾病虽有区别，但是，从另一个角度来说，是无形与有形之间的能量转化出现了太过与不及，偏离了中庸状态，治疗方法如吃药、针灸等可以调节有形、无形之间的能量转化，实现有形无形的能量中和平衡状态。

数千年来，中医学从古至今，一点"灵犀"在传"意"，医者意也。证就是可以感应的象，"比类取象"常用一种与之跨度很大的事物的"象"做比喻，这种"象"常常是人们比较了解的，可使人们通过体会两种事物"象"的共性，使对比喻的"象"的理解巧妙地转移到要说明的"象"上来。如看到自然界刮风树叶枝干动摇（风性主动）的特性，与患者眩晕欲仆、手足抽搐、震颤等病症都具有动摇的特征，很自然地将二者联系在一起，都归为"风证"范畴（肝阳化风、热极生风、阴虚生风、血虚生风）。这种方式的好处在于，"圣人立象以尽意"（只可心领神会，不可言传身教），可以在不说出被说明的"象"是什么的情况下，也能理解和把握其内涵。《素问·阴阳应象大论》的篇名体现了藏象学说的应象思维，如"上焦如雾，中焦如沤，下焦如渎"，都不是依靠实证得出来的，而是用生命体验与万物对话，跨越了"华以习医，不知脏腑何形"技术上的"难关"。脉象的"弦、滑、沉、涩"等，都是"在心易了，指下难明"的不得已而为之的比喻。扁鹊见齐桓侯"望而知之"的"望神"境界,"釜底抽薪、提壶揭盖、逆流挽舟、增水行舟"的"大匠示人以规矩"的治法,另如植物类的中药,茎中空者(如木通)可以有通达的作用、"诸花皆升"(取"花"为上升之意)、"诸子皆降"(子者植物之果实,历经四季孕育成熟后多回落大地,多有降气、降逆下行之效,如苏子、葶苈子、白芥子、车前子等),处处流露出中医的最高境界意在培养"中医传人(传承者)"的超感知能力。

"客观可检验性"(奥卡姆剃刀理论)原则,目前具有主观规定性和人为的社会约定性,已经习惯将物质(形体)与精神(意念)分割与对立,习惯成自然地将主体与客体分割对立公理化。中医直接体验取"象"的"内求法",重在提高观测者超常感应的素质;西医借助先进仪器设备的实验科学的"外求法"。重在分析物质身体有形结构,二者是鸟儿的双翅、车的两个轮子,相互辅助补充,缺一不可。

时至今日,虽仍不能明确地说出中西医结合医学是什么,但目前可以说它不是什么了。中西医结合医学不是纯粹的科学,也不是单纯的哲学,而是充满了科学和哲学,还涵盖有社会学、人文学、艺术、心理学等。应将患者看作一个具有生理及社会心理需要的整体,而不是只重视其生理或病理变化的局部。科学家们曾经认为,人类基因组计划完成后就能解开生命和疾病的奥秘,人类就能战胜所有疾病,但结果并非如此。因为基因只决定疾病的先天遗传易感性,但多数疾病是环境因素与机体因素交互作用的结果。医学的研究对象是人,人除了自然属性外,还有社会属性和思维属性。换言之,科学研究的对象是静止的(固定的非生命体)和均一的,而医学研究的对象是动态的(活的生命体)和复杂的,而且不允许对其有任何明显的无论是生理的还是心理的伤害。

中西医结合科学家应该具备以下思想:人是唯一能接受暗示的生物,将主观奔放的幻想(含有古人对自然科学"先知"性的探索,浓缩了人类祖先的智慧)所驱使的一种超自然的神秘力量→"用"→"象"→精神,和客观可重复性检验的科学手段有机结合在一起。正如,德国化学家凯库勒苯环的发现得益于一个"蛇梦",这些科学大梦都是在大量实验基础之上,智慧灵感与科学实验"身体物质与精神意念"发生"短路"(道交感应)对接成功。成就"中西医结合梦"应该重视"体用结合""身体物质与精神意念的结合",才能成为"苍生大医"。

# 衣带渐宽终不悔
# 直挂云帆济沧海
## ——中医肾本质的研究引领我
## 走向中西医结合之路

**王悦芬**
首都医科大学附属北京中医
医院

**王悦芬**
首都医科大学附属北京中医
医院

·········· 【 简 介 】 ··········

王悦芬,女,医学博士,主任医师,教授,硕士研究
生导师。1968年12月出生于河北晋州中医世家;1985
年9月至1990年6月在河北中医学院中医系攻读学
士学位;1998年9月至2004年6月河北医科大学攻读
中西医结合硕士、博士学位,师从李恩教授从事中医
"肾"本质研究,其中"肾-骨-髓-血-脑"一体论研究获
河北省科学技术进步奖二等奖;2001年6月至2011年
1月在河北医科大学第四医院肾病科工作;2011年1
月至2014年4月在北京中医药大学东直门医院完成
博士后工作,指导老师高颖教授;2014年5月至今在首
都医科大学附属北京中医医院肾病科工作。曾在北京
大学生命科学院和北京大学第一医院肾内科进修学
习。在国内核心期刊及SCI发表论文50多篇,出版专
著20余部。

社会兼职:中国中药学会肾脏病分会常委,中国
中西医结合学会循证医学专业委员会委员,中国中医
药研究促进会糖尿病专业委员会常委,中国民族医药学
会肾脏病分会理事,中华中医药学会肾脏病分会委员。

时光飞逝，岁月如梭。蓦然回首，轻抚整洁白衣上的些许微皱，我已在医学的道路上执着而坚定地走过了三十载。中医学与现代医学的交相辉映一次次照亮了我的前行之路，让我陶醉其中，乐在其中，尽得滋养，感慨良多。中西医结合医学的独特魅力始终吸引着我，激励着我，鼓舞着我，使我在虔诚的苦读实践与勤勉的笔耕不辍中取得了较为满意和欣慰的成绩，亦收获了太多的惊喜与感动，变得更加自信和成熟，更加坚毅和笃定。我也十分愿意借此机会，不揣浅陋地与各位同道回顾分享我的中西医结合之路，以抛砖引玉，博采众长，共同进步。

## 一、承继家学，幸遇恩师，全面发展

1. 承继家学　1968 年我出生于中医世家，第五代为医。儿时的记忆已变得模糊，但父辈们时常将手中页面泛黄、厚重敦实的中医古籍视若珍宝、反复研读的情景依然历历在目。那时的我，在父辈的耳濡目染与家学的深沉熏陶中，就已对《黄帝内经》"阴阳五行""针灸汤药"等听起来有些高深莫测的名词有了孩童般懵懂的认知与无尽的好奇遐思。

1985 年，我以优异的成绩如愿考入河北中医学院，步入神圣的医学殿堂后，方才领略祖国医药的博大精深和非凡魅力。大学里一位位名家的精彩讲授为我奉上一次又一次的视听盛宴，让我如醉如痴。徜徉于医海，收获的是满满的幸福与享受。一行行勤奋的笔记，一堂堂严谨的实验见证了我奋斗的青春和逐梦的激情；更让我感到欣喜的是，还是中医，让我与心爱的人不期而遇，在共同的追梦路上携手前行。

2. 幸遇恩师　在日复一日的临床实践中，我接触到了更多西方医学的理论，中西医学的争鸣齐放与互学互鉴令我心驰神往，在疾病诊疗过程中的并行不悖与"双剑合璧"亦让人拍案叫绝、叹为观止。每每于华灯初上的夜晚，我扭亮书桌前的台灯，在苦思冥想中感慨中西结合的神韵，又苦于才疏学浅，未可参透全貌，期盼能有名师指点，鞭策前行。

幸运的是能在世纪之交结识河北省乃至全国中西医结合领域的泰斗——李恩教授，并拜其门下，尽得真传，引领我走向中西医结合之路。他在中医"肾本质"研究领域造诣高深，思辨深邃，不落窠臼，启迪后学。在李恩教授的精心指导下，我攻读硕、博期间承担了"肾与智"的关系研究，包括：肾虚智不足模型的建立；肾虚智不足可能机制——肾气化不足衰老标志物晚期糖化终末产物（advanced glycosylation end products，AGEs）蓄积假说；补肾中药益智机制——促进肾的气化功能，减少 AGEs 的蓄积。该研究为肾虚与老年性痴呆的关系及补肾预防老年性痴呆奠定了基础。2006 年，李恩教授及团队"肾-骨-髓-血-脑"一体论研究成果获河北省科学技术进步奖二等奖。

3. 全面发展　近 30 年来，我的工作单位经历了由职工医院到河北医科大学第四医院再到首都医科大学附属北京中医医院的转变，但不变的是我对医学事业的热情与执着。

在河北医科大学第四医院肾内科的工作岁月，绘就了我职业生涯浓墨重彩的一笔。10年工作中，我与同仁们在主任的领导下，秉承奉献、敬业、团结、慎独的精神，让一个起初仅有16 张床位的肾病组，逐步发展建设成为拥有 2 个病区、70 张床位的医院"拳头"科室和省重点学科。其间我们主持了河北医科大学第四医院肾内科实验室的建设，开展了尿红细胞形态及肾脏病特定项目检测，参与了河北医科大学第四医院肾内科血液净化中心（暨河北省血液净化中控中心）现代化的管理和透析质量控制，主抓了河北省四院肾病重点学科建设，见证了科室由小到大、由弱到强的蜕变。课题的研究方向始终围绕着中医肾本质的研究,将中医肾的气化功能与智的关系扩展到临床研究,2010 年"尿毒症透析患者 AGEs 水平及 AGEs 对认知功能的影响研究"荣获河北省科学技术进步奖三等奖。

2014 年,我进入首都医科大学附属北京中医医院肾内科工作,有幸在这个国家中医药管理局重点专科继续从事中西医结合肾脏病治疗和科研教学工作,通过自身的不断学习与临床实践,提出了肾的气化失司、肾失封藏的糖尿病肾病蛋白尿发病假说,申请了北京市自然基金课题"基于高糖记忆对糖尿病肾病足细胞损伤的机制及保肾 2 号方的防治作用机制研究"。

在担任河北医科大学内科学、诊断学理论教学及河北医科大学、首都医科大学中医内科见习、实习、进修、规范化培训等各级各类临床带教工作中,我时刻将理论知识、临床技能、诊疗思维、医德培养及团队精神等有机结合,按照教学大纲及培养目标的要求,注重特色、因材施教,收效显著,荣获河北医科大学第四医院临床带教二等奖、河北医科大学第八届青年教师授课大赛(临床组)三等奖。

多年来,我始终围绕中医肾本质的研究,已在国内外核心期刊以第一作者或通讯作者身份发表高水平论文数十篇,其中 SCI 收录 3 篇,单篇最高影响因子 3.1;参编由国家级出版社出版发行的学术专著 10 余部,其中担任副主编及以上者 4 部。

## 二、继承发展,理论创新,指导临床

1956 年,毛泽东主席做出了"把中医中药的知识和西医西药的知识结合起来,创造中国统一的新医学、新药学"的伟大论断。60 年来老一辈的创新理论和杰出贡献,为中西医结合的深入发展奠定了坚实的基础。

屠呦呦教授获诺贝尔奖后的感言"通过青蒿素的研究经历,深感中西医药各有所长,二者有机结合,优势互补,当具有更大的开发潜力和良好的发展前景"为中西医结合创新发展树立了榜样。屠呦呦成绩的取得陈可冀院士曾总结为以下几个要素:政治催生——毛主席与周总理"523 指示";举国体制——3 000 多位工作人员和几百位科研人员来参与;中医药宝库的启示;研究人员坚守。

作为第三代中西医结合梯队中的一员,我发誓要继承中西医结合成果,更好促进中西医结合快速发展。回忆 20 年从事的研究工作,可以用四个字形容——继承发扬,即继承李恩教授的中医肾本质的研究成果,在国家自然基金课题骨质疏松中医药防治研究基础上,开展了"肾与智的关系的研究"。通过对骨质疏松、老年性痴呆等老年退行性疾病与雌激素关系研究,我明确了肾精与肾气关系,近 5 年,在上述研究成果的基础上,提出了肾精亏虚—气化不足—邪伏募原—肾气不固—封藏失司的慢性肾脏病蛋白尿发病假说,为慢性肾脏病的防治提供了可靠依据。

1. "肾虚智不足"模型的建立　通过对去卵巢大鼠学习记忆的观察,我确立了中医"肾"与"智"的关系,为阿尔茨海默病(Alzheimer's disease, AD)防治研究提供实验基础。课题采用卵巢切除大鼠模型模拟绝经后妇女的状态,给予补肾方药观察其疗效。方法:测定动物血清雌二醇($E_2$);Y-电迷宫检测学习记忆能力;测定海马组织乙酰胆碱(ACh)含量、乙酰胆碱酯酶(AChE)活性;HE 染色观察海马组织形态学变化。结果:去卵巢 18 周,大鼠学习记忆力明显下降;海马组织 ACh 含量下降;海马锥体细胞层、分子层、多形细胞层细胞浓缩,出现大小不同空泡,锥体细胞顶树突消失,细胞排列紊乱,嗜银染色可见神经纤维增粗,大脑皮质颞叶出现老年斑。补肾方能提高血清 $E_2$($P<0.05$),明显提高学习记忆成绩,并能提高海马组织 ACh 含量及 AChE 活性($P<0.05$),对海马神经元的变性具有明显的改善作用。结论:雌激素缺乏可导致的学习记忆能力下降,补肾方对雌激素缺乏所致的学习记忆能力下降具有明显的改善作用,其机制可能是通过提高血清 $E_2$ 水平,从而提高中枢胆碱能神经系统功能实现的。

2. "肾虚智不足"可能机制——肾气化不足,衰老标志物 AGEs 蓄积假说  AGEs 是非酶糖基化反应(Mailland 反应)的终末产物,是指蛋白质、脂质或核酸等大分子在没有酶参与的条件下,自发地与葡萄糖或其他还原单糖反应所生成的稳定的共价物。AGEs 可以和人体的各种组织细胞相结合并破坏这些组织细胞,从而造成对人体的危害。AGEs 加速人体的衰老,引起各种慢性退化性疾病,比如糖尿病、阿尔茨海默病、动脉粥样硬化等,降低 AGEs 可以起到抗衰老和预防各种慢性退化性疾病,已被提出可作为测试老化进程的时钟。AGEs 主要降解机制是机体通过 AGEs 受体(AGER)摄取 AGEs 并将其降解释放出一种小分子可溶性 AGEs(LMW - AGE),或通过细胞外基质中蛋白酶降解 AGEs 成 AGEs 片段。这些 AGEs 降解产物释放入血,由肾脏清除,血组织中 AGEs 含量不仅与高血糖密切相关,更与肾功能异常关系密切。通过对肾虚模型血、尿及脑组织 AGEs 动态变化,确立肾虚智不足与肾气化不利 AGEs 代谢异常间的关系。

采用卵巢切除大鼠模型模拟绝经后妇女的状态,重点观察大鼠大脑皮质、海马、血液和尿液 AGEs 含量及其与学习记忆的关系,并以 AGEs 的特异性抑制剂氨基胍(AG)作为对照,探讨 AGEs 代谢异常在去卵巢大鼠学习记忆中的病理意义及其与学习记忆的关系。结论:脑组织 AGEs 沉积增加是导致去卵巢大鼠神经元变性及学习记忆下降的机制之一;AGEs 可通过增加脑内特定蛋白 Aβ、APP 的生成,加速神经元的变性;氨基胍通过降低 AGEs 在脑中的沉积提高学习记忆,其机制可能是通过增加尿中 AGEs 的含量,减少 AGEs 的形成实现的。

3. 补肾中药益智机制——促进肾的气化功能,减少 AGEs 的蓄积  该研究采用体外和动物实验方法观察补肾中药益智机制。方法:对动物实验卵巢切除大鼠模型给予补肾方药治疗,观察脑组织、血液、尿液 AGEs 变化及其与学习记忆的关系;体外实验通过体外非酶糖化体系的建立,观察补肾中药(怀牛膝、淫羊藿、熟地黄、肉苁蓉、菟丝子、山茱萸)对体外蛋白非酶糖化产物的抑制作用。结论:补肾方药通过增加尿中 AGEs 的含量,减少 AGEs 的形成,降低 AGEs 在脑中的沉积,减少脑内特定蛋白 Aβ、APP 的生成,从而提高学习记忆能力,补肾中药怀牛膝、淫羊藿、熟地黄对体外蛋白非酶糖化产物有直接抑制作用。

4. 肾气化不利—邪伏膜原—肾失封藏糖尿病肾病蛋白尿机制假说  血液透过肾小球毛细血管壁和肾小囊壁进入肾小囊形成原尿,再通过重吸收和分泌作用最后形成尿液。从解剖来看,肾脏为腹膜外器官,肾小球基底膜就是肾小球动脉血与原尿之间的膜,尿液形成后通过与输尿管、膀胱、尿道排出体外,免疫相关的肾小球疾病往往有免疫复合物沉积于肾小球基底膜,代谢相关的糖尿病肾病特点是肾小球基底膜增厚,系膜基质增加。清代医家周学海把"膜原"定义为人体内夹缝之处的间隙,提出"伏邪皆在膜原"说,可见糖尿病肾脏病蛋白尿发病机制与中医讲的"邪伏膜原"的观点一致。

方法：采用链脲佐菌素腹腔注射建立糖尿病肾病大鼠模型,通过观察模型组肾小球 AGEs 含量及与蛋白尿、肾功能的关系,为邪伏膜原—肾失封藏糖尿病肾病蛋白尿机制假说提供依据。结果：模型组大鼠肾质量/体质量、24 h 尿蛋白定量、肾小球 AGEs(GTE - AGEs)、血尿素氮(BUN)、血肌酐(Cr)含量均显著升高,肾小球平均截面积(MGA)、肾小球平均体积(MGV)显著增大,空腹血糖(FBG)及血清和尿中抗-羧甲基赖氨酸 AGEs (CML - AGEs)、荧旋光性 AGEs 含量均显著升高。AGEs 特异性抑制剂氨基胍可通过减少 AGEs 在糖尿病大鼠肾脏的蓄积,降低尿蛋白排泄,减少氧化应激水平及其他间接作用,发挥其对糖尿病肾病的防治作用。

5. 改良保肾方Ⅱ号防治糖尿病肾病的临床及机制研究　目的：观察改良保肾方Ⅱ号(黄芪、熟地黄、生地黄、枸杞子、女贞子、鬼箭羽、刘寄奴、水蛭、丹参、苍术、地骨皮、连翘)对糖尿病肾病患者的临床疗效。方法：将 79 例 2 型糖尿病肾病患者分为治疗组和对照组,两组患者均予基础治疗,即控制饮食、血糖、血压、血脂。在此基础上,治疗组加用改良保肾方Ⅱ号中药汤剂,两组疗程均为 3 个月。观察两组治疗前后中医证候评分、尿蛋白定量、肾小球滤过率、糖化血红蛋白及血脂等指标变化。结果：治疗组总有效率87.50%,对照组总有效率61.54%,两组比较差异有统计学意义。两组治疗后中医证候评分、24 h 尿蛋白定量较治疗前均有下降,但治疗组明显优于对照组(P＜0.05)。两组治疗前后肾小球滤过率无明显差异。两组治疗后糖化血红蛋白、总胆固醇、三酰甘油均较治疗前有显著改善,但组间比较无明显差异。结论：改良保肾方Ⅱ号能够明显降低糖尿病肾病患者的尿蛋白,改善临床症状,治疗糖尿病肾病具有显著疗效。

研究内容：补肾活血方药对糖尿病肾病大鼠肾脏中晚期糖基化终末产物的影响及可能机制。方法：采用链脲佐菌素腹腔注射糖尿病肾病大鼠模型,给予补肾活血方药治疗。结果显示：补肾活血方组 FBG、BUN、Cr、肾质肾质量/体质量、24 h 尿蛋白定量、GTE - AGEs、血清荧旋光性 AGEs 及 CML - AGEs、肾小球 LPO 含量均显著降低,尿荧旋光性 AGEs、尿 CML - AGEs 含量显著升高(P＜0.05),MGA、MGV 显著减小。结论：补肾活血方可通过增加尿液 AGEs 排泄,减少 AGEs 在糖尿病肾病大鼠肾脏的蓄积,降低尿蛋白排泄,减少氧化应激水平,从而发挥其对糖尿病肾病的防治作用。

## 三、新形势、新挑战

习近平总书记曾强调,中医药学是中国古代科学的瑰宝,也是打开中华文明宝库的钥匙。可见,中医药振兴发展迎来天时、地利、人和的大好时机,中西医结合医学的黄金时代的到来也给我们提出了新的问题和挑战——高素质人才的培养。

中西医结合高层次人才如何培养? 中西医结合队伍需掌握中医、西医、中西医三套理论体系,需要选拔高素质人才,需要有相对成熟的培养模式,但由于中西医人才的成长周期较长,目前培养模式不尽相同,为此,给年轻的中西医结合后人提几个要求：精于内功,勤于思考,善于总结,勇于创新。大凡在专业领域有所建树的名家,都是工作中的"有心人"。正所谓"常工只可疗个例,上工才善解群疾",真正的大家往往能在看似庞杂无序、无迹可寻的诊疗数据中寻找规律,在共性中挖掘亮点,在差异中寻求交集,认真总结,发现新知,启迪智慧。懂得将海量的临床数据客观化、规律化、经验化,你真的就成功了一半,也超越了很多人。因此,我时常对科室的年轻大夫讲:每一份成功或遗憾的病例都是一份难得的宝藏,等待你去细细品味,只有一次次地撷取精华,才会一步步地接近经典。创新是进步的灵魂,医学科学的迅猛发展甚至会让我们常常有"洞中方一日,世上已千年"的感慨,正是一次次勇敢的发明和发现才使我们拥有越来越多攻克顽疾的自信与底气。

中西医结合领域有太多的谜团需要我们一一揭示,有太多的难题亟须我们一一破解,有太多的美好未来等待我们一一开创;在茫茫的医学长河中,我只是一朵浪花,但依然渴望激荡出属于自己的那份精彩。回首走过的历程,是"衣带渐宽终不悔"的笃定;展望未来的征途,是"直挂云帆济沧海"的豪情! 以上的交流,可谓班门弄斧,诚惶诚恐,但我衷心地希望能对年轻的同行们有所启发,有所帮助;衷心地期盼能得到大医名师的批评赐教,以便更坚定地走好中西医结合之路。让我们不忘初心,继续前进,在医学这项崇高伟大的事业中埋头奋进、砥砺前行,绽放人生的激情与光彩,成就心中灿烂辉煌的中西医结合之路!

# 导师引领我走上
# 中西医结合之路

**扈国杰**
青岛大学附属医院

········· 【简　介】 ·········

　　扈国杰，女，1970年生于河北保定。1992年毕业于承德医学院中医系，2002年毕业于河北医科大学中西医结合临床专业，师从李佃贵教授、李恩教授。第三批全国老中医药专家学术继承人，师从李佃贵教授。2007年至今在青岛大学附属医院工作，现任中医内科主任。2010年任青岛大学中西医结合专业硕士研究生导师。山东省中医药重点专科学科带头人。2017年获选山东省名中医。获省级科学技术进步奖三等奖2项。山东省中医药学会内科分会、脾胃病分会委员，山东省中西医结合学会消化分会委员。研究领域：消化系统疾病、神经系统疾病的中医治疗，主要从事慢性胃炎、胃食管反流病、慢性肠炎、肠易激综合征、缺血性脑卒中的中医病机及临床应用基础研究。

1987年,我考入承德医学院中医系,母校严谨、朴实、勤奋的学风,老师们谆谆的教诲,为我今后的临床工作打下了良好的基础。1992年我毕业分配至华北石油总医院中医科工作,在临床工作中,亲身体会到中医药的疗效,坚定了我从事中医的信心。经过几年的临床工作,我逐渐发现自己的不足,渴望有继续学习的机会,终于在1999年,我考取了河北医科大学中西医结合临床专业的研究生,开始了我从医道路上的新的攀登。

## 一、导师引领我走上中西医结合之路

1. 中西医结合思想引导者——李恩教授  研究生入学第一天,我聆听了李恩教授关于"医学模式转变及中西医结合的思路与方法"的报告。李恩老师指出,现代医学模式,正在从生物医学模式向生物-心理-社会医学模式转变。生物医学模式,只是强调从各种检查的项目是否偏离了正常值来说明疾病,把疾病仅仅看成是独立于社会行为的实体,没有说明社会、心理和行为在疾病形成中的作用,即使在明确了病因和病理变化时也不是生物医学范围内完全可以解决的。鉴于生物学模式的缺陷,为了适应医学发展的需要,才有人提出了生物-心理-社会医学模式。而中医的理论体系所强调的是整体观、辨证的思想体系,并主张"天人合一",在对疾病诊治认识中,既注意"外感六淫",更重视"内伤七情"。可见,西方医学在发展的今天所追求的目标,正是中医今天所具有的优势。这就从思路与方法上,以及现代医学所研究的内容上,促使中西医结合成为一种独特形式的医学。倘若与现代医学有机地结合起来,在医学领域里,必将独树一帜,在促进整个医学的发展上大放异彩,对人类的保健事业做出更大的贡献!医学模式的转变促使中西医结合理论的形成,这是中医学发展的必然趋势,或说是必然规律。在临床实践中用中西医结合的手段和方法为患者治病,早已成为事实。

听了李恩教授的报告,我感受颇多。首先是敬佩李恩老师渊博的才学和宽广的视野,他站在一个学科的高度上,为中西医结合理论的形成和发展,探索从哲学到实践、从理论到方法的必然。其次,我认识到中西医结合是一门有前途、需要探索的学科,值得我去研究、去学习、去实践。在中西医结合思想的指导下,不断找寻新思路、新方法,以解除患者的病痛,可以更好地为广大人民群众的健康服务。

在研究生学习期间,按照导师李佃贵教授的安排,我跟随李恩教授,在河北医科大学生物化学教研室完成了我的课题实验。在生化教研室1年多的时间里,我被李恩教授为中西医结合事业的奔波忙碌所感动,更为能经常聆听李恩教授的教诲而庆幸。李恩教授注重医学哲学思想的培养,在他的思想影响下,我通过参加学长们的"肾本质"研究的系列课题实验,学习了中西医结合基础的研究基本思路和方法,为我今后的科研工作奠定了基础。

2. 中西医结合实践引导者——李佃贵教授  作为一个从事中医临床工作多年的医生,学习专业知识,提高临床技能,救治更多的患者,是我报考研究生的初衷。有幸李佃贵教授选择了我作为他的学生、他的弟子,把他宝贵的临床经验无私地传授给我。李佃贵教授以扎实的中医理论、勇于创新的临床思维、精湛的诊疗水平,引领我坚定不移地走向中西医结合临床实践的道路。

面对不断变化的疾病谱,运用中西医结合的思路和方法解决临床问题,辨病论治与辨证论治相结合,是中西医结合临床实践中的基本方法。在21世纪之初,随着胃镜检查的开展,慢性萎缩性胃炎的诊断逐渐增多。中医没有慢性萎缩性胃炎之病名,那慢性萎缩性胃炎的中医病机是什么?胃镜像与中医病机有无关系?是不可逆转的癌前病变?中医如何治疗?李佃贵教授解决这一系列与临床密切相关问题的方法就是:从临床观察中来,总结提炼,再回到临床实践中去。李佃贵教授通过大量的病例观察,总结其病机特点,以患者的舌苔、脉象、胃镜像等客观指标为依据,以胃腑喜通喜降的生理特点为指导,逐渐形成"浊毒"致病理论,制定相应的治法方药,从临床中来,回到临床,验之于临床,以化浊解毒法治疗慢性萎缩性胃炎,取得了良好的临床疗效。

通过跟随李佃贵教授出诊,观察到一位位患者的症状、舌脉变化,加之胃镜检查的验证,我亲身体验到李老师治疗慢性萎缩性胃炎的经验及其"浊毒致病"理论的实用性、有效性。我不仅学到了李佃贵教授治病的经验,还学到了他的临床思路——对待不断出现的新病症如何辨证,如何用中医药有效治疗,使我的中医临床水平有了飞跃式的进步。

## 二、发挥中医药预防治疗慢性消化系统疾病的优势

在消化系统疾病的发病过程中,临床医生们多有这样的经验:饮食和情绪是最为常见的诱发因素。作为对症、对因治疗原则来说,如果患者没有症状,我们需要怎样的治疗呢?怎样预防情绪变化对肝胆、胃肠道的影响?中医可以通过"疏肝",减轻肝气郁滞对脾胃的影响,从而起到预防作用。条达肝气,对慢性胆囊炎、慢性胃炎的治疗及预防均有较好效果。

胃食管反流病的发病机制中,抗反流屏障功能减弱,食道下端括约肌松弛、食道下端括约肌静息压下降最为常见。目前,西医常用的治疗药物主要为抑酸药物,而没有针对食道下端括约肌治疗的药物。中医学认为"脾主肌肉",如果通过使用补脾药物加强食道下端括约肌的调节功能,能否达到抗反流的效果?基于这种假设,我设计了中医治疗胃食管反流的临床实验,经过近3年的临床观察,以补脾为主的中药方剂,在没有加用抑酸剂的情况下,能明显减轻患者症状,胃镜表现亦有明显改善。

中医的扶正祛邪、调整阴阳气血平衡、情志致病等理论,在预防消化系统疾病发生及治疗方面具有明显的优势,作为临床医生,发扬这些优势就是彰显中西医结合的优势。

## 三、感悟与建议

作为一名中医科临床医生,如何做好中西医结合临床工作?中医和西医怎样结合?我认为把中医的宏观的、整体的、系统的思维方式,与西医局部的、具体的组织器官或某一系统疾病的诊疗相结合,是中西医结合临床的可行之路。从国际医学进展来看,近几年的诺贝尔医学奖获奖理由方面,都能看到中医理论的影子;在国内,在消化系统疾病治疗方面,越来越多的西医医生意识到情志对疾病的影响,"身心医学"方兴未艾,基于身心同治的治疗方案能明确缓解患者的临床症状。如果我们从中医整体观念、辨证论治的角度出发,撷取中医理论的精华,用中医的理论指导临床思维,中西医结合将会有更为广阔、光明的前景。

# 湘雅医院的中西医结合
# 研究带我成长 20 年

**唐　涛**
中南大学湘雅医院

········· 【简　介】·········

　　唐涛，男，1972 年生于贵州威宁，1997 年毕业于湖南中医学院中医医疗专业（5 年制），2003 年在中南大学湘雅医院中西医结合研究所获得医学博士学位，2007 年在中南大学湘雅医院神经病学研究所完成博士后训练，2009 年 10 月—2010 年 10 月在美国 Henry Ford Hospital 从事访问学者研究。2013 年遴选为博士研究生导师，培养博士研究生 5 位、硕士研究生 16 位。入选教育部新世纪优秀人才资助计划，国家中医药管理局全国老中医药专家学术经验继承人，湖南省高层次卫生人才"225"工程，中南大学"531"人才工程，湖南省普通高校青年骨干教师培养对象。研究兴趣是出血性脑损伤（脑出血、脑外伤）的中西医结合临床与基础。获得 4 项国家自然科学基金、8 项省部级课题的连续资助，获得省部级科学技术进步奖二等奖 1 项、三等奖 3 项，湖南省自然科学优秀论文二等奖 1 项；发表论文 50 余篇，其中 SCI 收录 24 篇；出版专著 3 部。

今年是毛泽东主席批示："中国医药学是一个伟大的宝库，应当努力发掘，加以提高"60周年。虽然相较中西医结合的前辈而言，我仅是一名新兵，但伴随湘雅中西医结合学科的发展和变革，我也走过了人生事业最重要的20年。

湘雅医院中西医结合学科创建于1961年，1984年批准为中西医结合临床专业硕士授权单位，1993年批准为博士授权单位，1989年建立中西医结合研究所，2001年批准为首批湖南省重点建设学科；逐步发展成了中西医结合一级学科博士点、博士后流动站，湖南省中西医结合一级重点学科，国家中医药管理局重点学科，国家中医药管理局肝藏象重点研究室，国家中医药管理局临床重点专科（中医脑病）；2011年成功入选国家临床重点专科——中医脑病重点专科。学科从20世纪80年代初确立以中医肝藏象的病理生理基础与临床为主攻方向，创新性地以"病证结合、临床与实验相结合、医药结合"的三结合为基本思路，制定肝气郁结、肝阳上亢、肝火上炎、肝阳化风、肝血虚5类证候的标准，建立了辅助实验诊断指标，获1999年度国家科学技术进步奖三等奖，曾被陈可冀、刘耕陶院士评价为是我国"中医肝藏象现代研究的基地"。

## 一、如何走上中西医结合之路

1997年，我从湖南中医学院的中医专业考入湘雅医院中西医结合临床专业，开始攻读硕士、博士学位，我的中西医结合生涯也从此起步，所获颇丰，其中原因有以下3点。

1. 得到一群优秀人的言传身教　湘雅医院中西医结合学科的第一代创始人金益强、黎杏群、陈国林教授都尚在其人生收获的重要阶段，李家帮、胡随瑜、梁清华、陈泽奇教授等"西学中"专家均年富力强。我先后跟随梁清华教授、黎杏群教授攻读学位，而湘雅医院中西医结合学科一直坚持导师主导下的集体培养，研究生培养的各个环节、项目开题、学术活动，每位老师均以身作则，给学生展示富有湘雅特色的中西医结合科研、临床思维，开阔了视野，为未来的工作打下了较好的基础。

2. 系列科研项目研究工作的历练　有关肝阳上亢证、肝阳化风证、肝郁脾虚证、肝胆湿热证、肝火证和肝血虚证的系列研究工作，正在国家自然科学基金项目的资助下进行，陈国林教授牵头获得了国家自然科学基金重点项目的资助，胡随瑜教授获得了综合性医院罕有的"十五"攻关的项目。项目的开题、运行和总结我都有幸接触。

3. 学科获得一系列高水平成果和学科平台　学科成为湖南省第一批重点学科，系列工作获得国家科学技术进步奖三等奖，2014年获批了全国名老中医药专家传承工作室建设项目。

作为中医专业学生，我也实现了几点转变。

首先，临床能力适应大型综合性医院中医药服务的需求。大型综合性医院患者相对更多，平均住院日、周转率等临床数据相对要求更高，需要更快的临床节奏；临床思路除了中医的诊断、治疗方案外，也要熟悉现代医学的病理生理、临床指南和重要进展，能与西医同行有顺畅的交流，提高临床疗效；患者病情复杂、危重，需要形成组织多学科协作处理的能力，也提高了在这种背景下的中医诊疗能力。

其次，中西医结合科研能力的形成。在中医藏象研究尚属文献分析、临床经验总结阶段时，湘雅医院中西医结合学科的科研发展已为"为现代藏象研究提供了思路和方法"。由于国家自然科学基金重点项目和"十五"攻关的运行,我们可以接触到以大型流行病学调查结合现代计算分析方法为研究手段,同病异证、异病同证为基本设计方案的脏腑辨证与病理生理学研究模式;同时还开始将现代生物医学进展、研究方法应用于中医药治疗疾病的药效学研究,形成了在中医动态平衡观指导下,关注病理过程中协调机制作用的科研思路,研究内容涉及细胞凋亡、炎症网络和神经再生等前沿领域。

## 二、如何在中西医结合道路成长

2003 年博士毕业留院工作,在前辈的工作基础上,我开始独立开展临床科研工作。临床方面,由于综合性医院中医科的临床多以普内科病种为主,病种杂,导致医生对疾病的掌握相对专科医生缺乏足够的专业性,也妨碍医生个人品牌和专业的发展。结合科室进行专科专病建设的思路,从个人的兴趣和医院、科室的基础考虑,我将临床方向确定在中西医结合神经病/男科疾病,并在我校国家重点学科(神经病学)完成博士后训练。我参与编写了《脑出血的中西医结合临床与基础》等专著,提高了临床能力,入选了全国老中医药专家学术经验继承人,师承我国第一代中西医结合学者黎杏群教授。中医男科是我科的传统专科门诊,经过与科室同仁的共同努力,我们注重特色治疗与行为学指导结合,动静结合,针药结合,在中医药治疗前列腺炎、勃起障碍和男性不育形成了协定处方和院内制剂,也使中医男科门诊量名列同类专科门诊的前茅。

科研方面,我重点围绕中医药促进脑血管病的修复机制进行研究。2004 年在 *Chin Med J* 发表了科室第一篇 SCI 收录文章,获得了自己第一项国家自然科学基金资助,主要从事中西医结合治疗神经系统疾病的临床与基础研究,首次证明脑出血后有内源性神经干细胞活化并参与组织修复,中药可促进神经干细胞增殖、迁移和分化;作为课题负责人,首次证实脑出血组织内存在血管新生,而且有新生血管从周围组织伸入血肿区,并发现益气活血法能干预脑出血后微血管系统重建的精细调控。我也因此荣获多项荣誉。

## 三、几点体会

一路走来,有一些体会愿与大家分享。

1. 幸运地加入一个优秀的团队,能在科研、临床和个人发展方面提供专业支撑和方向指导。

2. 中国的医疗活动中,大部分患者都集中在综合性医院,中医从业人有更多的机会面对危重疑难患者,能与西医同行进行协作,反映中医临床的特色与优势,我们现在也是我院多学科联合门诊的重要成员,在重症肌无力、多系统萎缩、帕金森病和男科疾病的治疗开展协作。但同时在科研能力方面也有更高要求,否则就会面对职业生涯的天花板。

3. 中医背景的医生,要勇敢进入综合性医院、综合性高校,要充分依托所处的平台,开展跨学科协作,加强中西医结合科研、临床和自我培养的思路开拓。

4. 重视中医经典的传承,加强学习心得的交流,努力提高中医药治疗手段的临床疗效。

# 编　后　话

回顾毛泽东主席关于"西医离职学习中医班"的批示及我国开创中西医结合研究 60 年的历史，以及中国中西医结合学会成立走过的 37 年的路程，我国广大中西医结合工作者都做出了不可磨灭的贡献。在这里不得不使我们以敬意的心情追忆和怀念已经仙逝的老一辈中西医结合的开拓者，为中西医结合事业以及在学会所做的杰出工作。如：

**季钟朴教授：**在他生命最后的 20 年，他一直为贯彻落实党中央、国务院制定的中医政策和中西医结合方针而奋斗。他是我国中西医结合学会真正的发起人和领导者，率领中西医结合学会走过艰难的历程。他注重中西医结合人才培养，开展学术交流，倡办《中国中西医结合杂志》，注重中西医结合的普及工作，是我国老一辈中西医结合的领军人。

**邝安堃教授：**20 世纪 50 年代，他在大力开展内分泌研究的同时，用现代科学方法从内分泌角度研究中国传统医学的基础理论和临床实践，走上了中西医结合之路，研究中医阴阳学说和虚证理论，成功地建立了阴虚和阳虚高血压大鼠模型，取得了举世瞩目的成就。1985 年法国政府授予他"骑士勋章"以表彰他在中法医学交流方面所做的贡献。

**祝谌予教授：**他早年拜北京四大名医之一施今墨先生为师学习中医，后又东渡日本，就读于日本金泽医科大学学习西医，把施今墨老师提出的"中医改进的方法，舍借用西医学之生理、病理以相互佐证，实无他途"的学术思想，成为终身实践奋斗的目标。

祝谌予是中医名家、中西医结合专家及社会活动家，曾任中国中西医结合学会副理事长。他首次提出活血化瘀治疗糖尿病，创立了益气养阴活血方。他热心中医教育事业，培养中医药优秀人才，为中西医结合事业做出了重要贡献。

**尚天裕教授：**他是我国中西医结合治疗骨折的创始人和奠基者，著名的骨伤科专家，杰出的中西医结合学者。他无私奉献，忘我工作，不计名利，甘为人梯，既是我们学习的良师，也是我们做人的楷模。

**廖家桢教授：**他是我国著名的中西医结合专家，主要是以中医气血相关理论为指导，应用现代科研方法研究内科心血管疾病的防治，出版了 4 部中西医结合专著。1991 年至 2000 年，他受组织委派与德国合作，创建了德国第一家中医医院，为中医药走向西方世界做出了显著的成绩。

**王今达教授：**他是开拓我国危重病急救医学及中西医结合危重病急救医学新学科的奠基人，创建了我国第一个急救医学研究机构——天津市第一中心医院急性三衰（心、肺、肾）抢救研究室，并创建了我国第一个 ICU 监护病房。他强调急救医学的发展，要走自己的道路——中西医结合。

**张之南教授：**他是血液病学专家，对多种血液病进行临床和基础研究，并研究中医治疗血液病及中药有效成分对血细胞的影响。他主编和参编的血液病学及中西医结合血液病学专著有 11 部，具有丰富的经验。

**边天羽教授：**早在 1963 年他就在天津市南开区医院创建了我国第一个中西医结合皮肤病研究基地——中西医结合皮肤病研究所。边天羽教授是我国中西医结合皮肤病事业的奠基者，创立了独特的中西医结合诊疗皮肤病的完整的学术体系，该学术体系成为治疗皮肤病临床实践的重要理论基础。

另外，还有许多在中西医结合不同领域的学科开拓者，在此很难一一列出。但为了说明我国中西医结合 60 周年所走过的足迹，特把中央电视台《国家记忆》栏目访谈陈士奎教授的发言稿选录作为"附录"附后，可供了解中西医结合的全部历史过程。

# 附录　庆祝我国开创中西医结合研究 60 周年

**陈士奎**

（2017 年 6 月 5 日）

中医药学是中华民族的原创。从开创中西医结合研究到中西医结合（医学）学科的创立，也是中华民族的原创，它们都是中华和合文化哺育的结果，彰显着伟大的中华民族创造精神！中央电视台《国家记忆》栏目组和三多堂传媒公司将我国首创的"中西医结合（医学）"及其创业史、奋斗史、探索史、发展史等载入"国家记忆"，使其成为永远不会忘却的"国家记忆"！非常感动！衷心感谢！

## 一、什么是"中西医结合"？

毛泽东主席 1956 年首先讲道："把中医中药的知识和西医西药的知识结合起来，创造中国统一的新医学、新药学。"这就是"中西医结合"的定义。根据毛泽东主席的上述讲话，按照逻辑学有关"定义"的规则："中西医结合就是综合中西医药学知识，创造新医药学。"

"中西医结合"有三个不同层次的内涵和外延，即经验层次、科学层次、哲学层次。要通过实践（临床实践与科学实验）不断深化认识中西医结合实质和内涵。

## 二、中西医结合产生的背景

### （一）医学背景

自从西方医学传入中国，中国就出现中医、西医两种不同的医学并存，特别是中医药学，无论在西医传入中国之前，还是西医传入中国后，中医药学都是中华民族防治疾病、保障健康的重要医学。而且，中医药学具有独特的理论体系，对于诊疗疾病也有着独特而有效的方法，如辨证论治、针灸、中药、推拿等等，使其成为世界上从古代到现代唯一没有中断传承和应用的传统医学。中西医并存、并用、共同发展，是在中国产生中西医结合研究的得天独厚的基础和前提。

### （二）文化背景

1. 中华和合文化的哺育　中西医结合研究之所以在中国首先产生，本身就是中华和合文化（和谐文化）哺育的结果。特别是中华文化对外来异国或异质文化一向表现"和合"精神，采取的态度一向是礼之、师之、纳之、化之、和合之，"异狄入中国，则中国之"。

```
                                                    ┌─ 中西医结合方针
        中西医结合就是把中医中药的知                    中西医结合医学
        识和西医西药的知识结合起来,                      中西医结合临床医学
        创造中国统一的新医学、新药学                      中西医结合内科学
                    ↑                                  中西医结合外科学
                    │                                  中西医结合妇产科学
              规定语词定义            反映的             中西医结合儿科学
                    ↑              具体事物              ……
                    │                 ↑                中西医结合基础医学
 "中西医                              │                中西医结合生理学
 结合"概 →      内涵  ← 中西医结合 →  外延  →          中西医结合方法(学)
 念反映的                              │                中西医结合临床方法
 事物本质                              │                中西医结合科研方法
                    ↑               明确  ← ┐          中西医结合教学方法
                    │                      │           中西医结合人才
              实质定义                  概念的            中西医结合理论
             (科学定义)                 适用范围           中西医结合学院
                                                        中西医结合系
                                                        中西医结合研究所
        中西医结合就是综                                 └─ ……
        合中西医药学知识,
        创造新医药学
```

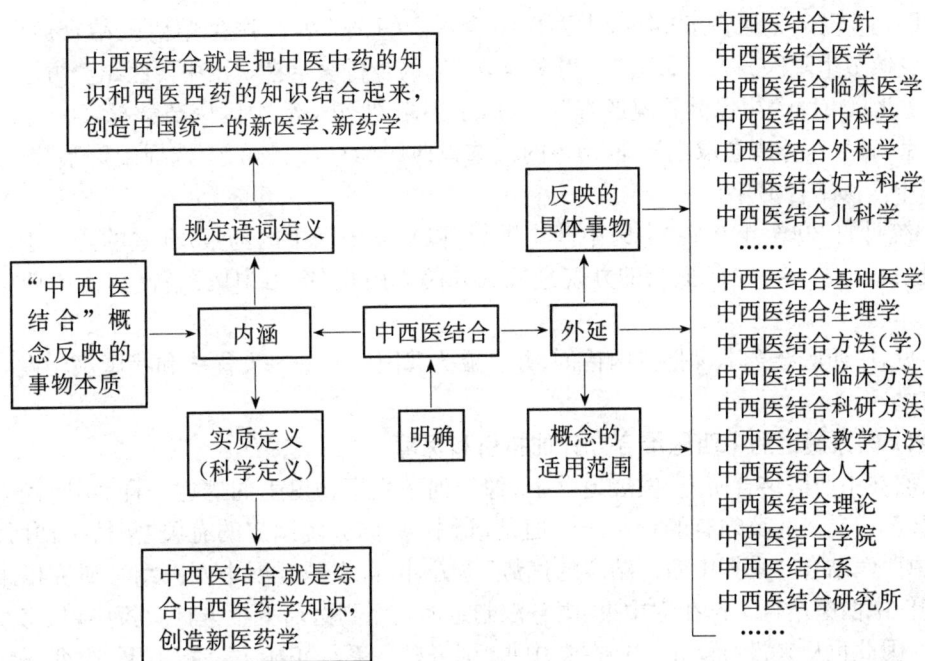

　　2. 东西方文化的交流　　中国开展"中西医结合研究"的时期(20 世纪中叶),恰恰是东西方文化更加广泛交流与交融高速发展的时代。中、西医药学作为东西方文化的组成部分,必然伴随着东西方文化的交流、交融发展而互相交流、交融。所以,中西医结合的产生是东西方文化交融发展的必然结果。中西医结合医学是东西方文化交流、碰撞产生的一个最和谐的音符,是中、西医学最美的和声。

　　**(三) 历史背景**

　　自从西方医学传入中国(约公元 16 世纪中叶)以来,即存在着中、西医药学的相互影响,由于中西医药学的汇聚、碰撞、交流、沟通,约在 17 世纪中叶中国即产生了中西医汇通思想;进而到 19 世纪中叶,在中医界产生了更多的主张中西医汇通的医学家,形成了中国医学史上的中西医汇通派。由于中西医汇通派的主张与中西医结合研究的主张有很多一致性,可以说中西医汇通派的形成,是中西医结合研究的先声或先驱,为中西医结合研究提供了经验、教训和借鉴。同时这也说明了中西医结合研究的历史必然性。

　　**(四) 科学背景**

　　中华人民共和国成立时期(公元 1949 年),是正处于全人类科学技术朝着交叉化、综合化发展的时期,最突出表现于学科的交叉、综合、融合发展,交叉学科(包括边缘学科、综合学科、横断学科等)不断兴起与发展。中西医结合医学研究,正是顺应现代科学技术这一发展趋势应运而生,是属于中医药学与现代医学的互相交叉、渗透、融合而产生的。因此,中西医结合符合当代科学技术的相互交叉、渗透、融合发展的客观规律。

　　**(五) 社会背景—社会需求—中西医结合(医学)发展的社会动力**

　　1."浙江省农村中医药服务需求与利用调查"(俞志新,李水根.中医药管理杂志,2002,4：14)指出村民对中西医结合的态度:83％村民赞成中西医结合,6.3％不赞成中西医结合,4.8％"不清楚",87.6％的人认为中西医结合比单纯中医药治疗更好。村民生病首选看病方

式：中医占5.5％，西医占59.4％，中西医结合占19.1％。农村医生中西医结合运用情况：48.3％乡镇卫生院医务人员回答"用得多"，57.1％的乡村医生喜欢用中西医结合方法。

2. "北京市民养生保健状况调查"（于红，王明皓，罗浩，等.中国医药学报，2004，1：8）显示：北京市民"医疗观念取向"：38.0％的人选择西医治疗，24％的人选择中医治疗，34％的人选择中西医结合治疗。

3. 统计自2007年开展"中医中药中国行"以来，《中国中医药报》刊登的全国中医医院的建设发展专栏，约98％提出的办院经验和办院方向是"突出中医药特色，走中西医结合道路"。

可见，中西医结合不仅是我国首创，并已成为我国医学的一大优势和我国医学发展的重要方向之一。

### （六）国家制定的中西医结合方针的指引和保障

虽然在中西医结合研究、发展道路上，像任何新生事物诞生的遭遇一样，不断经受风吹雨打，甚至遭受一些莫须有的责难……但是，党中央、国务院制定的有关"坚持中西医结合""促进中西医结合""发挥中西医结合的优势"等方针，自中国开展中西医结合研究以来始终没有变！中西医结合工作在党中央、国务院制定的一系列医药卫生方针政策中，从来没有被否定过，因此也从来没有停止过！在党中央、国务院一系列正确方针指引下，中西医结合医学研究由浅入深、由经验层次向科学层次不断发展；我国的中西医结合事业有了中西医结合方针的保障，得到持续发展。所以，党中央、国务院制定的一系列有关中西医结合方针政策，是我国中西医结合事业发展的根本保障。

## 三、我国中西医结合方针的一贯性

1949年10月1日中华人民共和国成立后，于1950年便召开了第一届全国卫生会议，毛泽东主席为这次会议题词："团结新老中西各部分医药卫生工作人员，组成巩固的统一战线，为开展伟大的人民卫生工作而奋斗。"会议把"团结中西医"作为我国三大（面向工农兵、预防为主、团结中西医）卫生工作方针之一。

1954年6月，毛泽东主席为筹备成立中医研究院指示："即时成立中医研究机构，罗致好的中医进行研究，派好的西医学习中医，共同参加研究工作。"于是，中医研究院在1955年12月19日正式成立，并在周恩来总理关怀下，从全国邀请了一批著名中医，由原卫生部举办了全国第一期"西学中"研究班组织一批西医学习中医，共同开展中医药研究。

1954年10月20日《人民日报》在"贯彻对待中医的正确政策"社论中提出："发扬祖国医学遗产的基本问题，就是如何通过认真的学习、研究和实践，逐步使它和现代科学理论相结合的问题，就是要根据现代科学的理论用科学方法来整理中医学的理论和总结它的临床经验，吸取它的精华，去掉它的糟粕，使它逐渐和现代医学科学合流，成为现代医学科学的重要组成部分。"

1956年，毛泽东主席提出"把中医中药的知识和西医西药的知识结合起来，创造中国统一的新医学、新药学"；同年，毛泽东主席在《同音乐家工作者的谈话》中提出"就医学来说，要以西方的近代科学来研究中国的传统医学的规律，发展中国的新医学"。

1958年10月11日，毛泽东主席对原卫生部党组《关于西医学习中医离职班情况、成绩和经验给中央的报告》做了批示：

"尚昆同志：此件很好。卫生部党组的建议在最后一段，即今后举办西医离职学习中医的学习班，由各省、市、自治区党委领导负责办理。我看如能在 1958 年每个省、市、自治区各办一个 70～80 人的西医离职学习班，以两年为期，则 1960 年冬或 1961 年春，我们就有大约 2 000 名这样的中西结合的高级医生，其中可能出几个高明的理论家。此事请与徐运北同志一商，替中央写一个简短的指示，将卫生部的报告转发给地方党委，请他们加以研究，遵照办理。指示中要指出这是一件大事，不可等闲视之。中国医药学是一个伟大的宝库，应当努力发掘，加以提高。指示和附件发出后，可在《人民日报》发表。毛泽东，十月十一日。"

遵照毛泽东主席批示，原卫生部又在北京、上海、天津、成都、武汉、广州举办了 6 个西医离职学习中医研究班。全国各省、市、自治区也相继举办了西医离职学习中医班。据统计，从 1955 年到 1966 年"文化大革命"前，共培养了 4 700 多名西医离职学习中医人员（简称"西学中"人员），从而在中国医药科技人员中出现了"西学中"人员这一专用名词。这一批"西学中"人员成为全国各地、各学科中西医结合研究的开创者，在中国医学史上开拓性地开展了中西医结合研究。正像毛泽东在其批示中所讲"其中可能出几个高明的理论家"，他们当中确实出现了许多运用中西医结合研究方法发掘中医药学伟大宝库，为继承与创新发展中医药学，为全人类健康事业做出了伟大贡献的大家，有的成为院士，有的成为全国或全世界知名的中西医结合专家。其中最令中国人骄傲的就是我国西学中老前辈、著名的药学家屠呦呦教授，她从传统中药青蒿提取出青蒿素的抗疟的杰出研究，为人类健康做出了伟大贡献，荣获了 2015 年诺贝尔生理学或医学奖，实现了中华人民共和国科学家获诺贝尔生理学或医学奖零的突破，显示了毛泽东主席当年"可能出几个高明的理论家"的科学预测。

1958 年 7 月，原卫生部副部长徐运北在"家庭病床"经验交流现场会议的讲话说："我们认为天津的医疗卫生工作……在组织形式上建立与健全了从大医院到基层红十字会员的医疗卫生工作网，初步实现了上下左右结合、中西医结合、医疗机构与群众力量结合……"〔徐运北.多快好省地发展医疗卫生事业，更好地为社会主义建设服务——在"家庭病床"经验交流现场会议上的讲话.医学史与保健组织，1958,2(3)：161-164.〕这是中国医学文献或医学史上第一次出现"中西医结合"概念。

1959 年 1 月 25 日《人民日报》社论"认真贯彻党的中医政策"指出，进一步加强中西医的团结合作，并且把已经证明有效的中医治疗办法和中西医结合的治疗办法加以认真地普及。这是在我国报刊社论中首次采用"中西医结合"概念。

1960 年在原卫生部党组《关于全国西医学习中医经验交流座谈会情况的报告》中"……到处出现了中西医结合、互相尊重、互相学习的融洽景象"。这是在有关文件中第一次运用"中西医结合"概念。"中西医结合"成为我国医学上一个专用术语并广泛应用。

1970 年周恩来总理主持召开了全国中西医结合工作会议，会议肯定了 22 个中西医结合典型。如周总理在会议上讲："对小夹板外固定治疗骨折，我很感兴趣。这是辩证法，它说出了真理：固定与运动，局部与整体，内因与外因，两个积极性都要发挥……"

1976 年原卫生部召开了全国中西医结合工作汇报会。会议制定的《1976—1985 年中西医结合工作十年发展规划》中提出了中西医结合的奋斗目标：以辩证唯物主义思想作指导，团结中西医，应用现代科学的知识和方法，通过广泛实践，把中医中药的知识和西医西药的知识结合起来，逐步提出中西医结合的基本理论，在各个学科都能有所突破，主要学科能初步形成新医学、新药学。

1978年中共中央在转发原卫生部党组《关于认真贯彻党的中医政策，解决中医队伍后继乏人问题的报告》的批示中再次指出："坚持走中西医结合的道路……特别是要为中医创造良好的发展与提高的物质条件，抓紧解决中医队伍后继乏人的问题。要培养一支精通中医理论和有丰富临床实践经验的高水平的中医队伍，造就一支热心于中西医结合工作的西医学习中医的骨干队伍。只有这样，才能加快中西医结合的步伐。"

1980年原卫生部召开了全国中医和中西医结合工作会议，再次重申了党的中医政策和中西医结合方针，强调30年来的经验证明，全面地、正确地贯彻执行党的中医政策和中西医结合方针是发展中医和中西医结合事业的关键。会议明确指出："必须团结依靠中医、西医、中西医结合三支力量。这三支力量都要大力发展，长期并存，发展具有我国特点的新医药学，推动医学科学现代化。"标志着中西医结合已成为我国医学科技队伍中一支重要力量。会议形成的给党中央、国务院的《关于加强中医和中西医结合工作的报告》进一步认为："中华人民共和国成立以来大量的临床实践和科研成果证明，中西医结合是适合我国情况，符合医学发展规律的正确方针。"

1985年6月，中央书记处做出了对卫生工作的决定："根据宪法'发展现代医药和我国传统医药'的规定，要把中医和西医摆在同等重要的地位。一方面，中医药学是我国医疗卫生事业所独具的特点和优势，中医不能丢，必须保存和发展。另一方面，中医必须积极利用先进的科学技术和现代化手段，促进中医药事业的发展。要坚持中西医结合方针，中医、西医互相配合，取长补短，努力发挥各自的优势。"进一步决定"要坚持中西医结合方针"。这一方针是指导我国卫生工作的总方针之一，无论中医、西医、中西医结合都应认真贯彻这一方针。

1988年3月，第七届全国人大全体会议通过的《政府工作报告》中指出："卫生工作要积极贯彻预防为主，中西医结合方针。"明确地把"中西医结合方针"列为我国卫生工作基本方针之一。

1991年，李鹏总理在有24个国家和地区代表参加的国际传统医药大会上，代表中国政府重申："我们的政策是中医与西医并重，中医与西医相结合，传统医学与现代医学相结合。"

1994年，国务院发布了《医疗机构管理条例》。其《医疗机构管理实施细则》第一章第三条医疗机构的类别之"（一）"明确设置有"中西医结合医院"，之"（五）"明确设置有"中西医结合门诊部"。关于下发《医疗机构诊疗科目名录》的通知中"医疗机构诊疗科目名录"设有"中西医结合科"。

1996年第八届全国人大第四次会议通过的《中华人民共和国经济和社会发展"九五"计划和2010年远景目标纲要》提出"继续振兴中医药事业，促进中西医结合"，为经历了近40年的中西医结合医学研究指出了远景发展的目标。

1997年，中华人民共和国成立以来第一次由中共中央、国务院召开的全国卫生工作会议形成的《中共中央、国务院关于卫生改革与发展的决定》，明确提出："要正确处理继承与创新的关系，既要认真继承中医药的特色和优势，又要勇于创新，积极利用现代科学技术，促进中医药理论和实践的发展，实现中医药现代化，更好地保护和增进人民健康。中西医工作者要加强团结，相互学习，相互补充，促进中西医结合。"

2001年第九届全国人大第四次会议通过的《中华人民共和国国民经济和社会发展第十

个五年计划纲要》第十九章第三节提出"大力发展中医药,促进中西医结合"。

2003 年 4 月 7 日,温家宝总理签发"中华人民共和国国务院令",公布了《中华人民共和国中医药条例》,(简称《中医药条例》)。其第三条为:"国家保护、扶持、发展中医药事业,实行中西医并重的方针,鼓励中西医相互学习,相互补充,共同提高,推动中医、西医两种医学体系的有机结合,全面发展我国中医药事业。"其以法规形式,"法令"性地确立国家"实行中西医并重的方针""推动中医、西医两种医学体系的有机结合",而且把它作为"全面发展我国中医药事业"的重要方针政策,为中西医结合研究更进一步明确了方向、道路、目标和历史任务。

2003 年 10 月 14 日中共十六届三中全会通过的《中共中央关于完善社会主义市场经济体制若干问题的决定》中,就深化公共卫生体制改革明确提出"发挥中西医结合的优势"。

由此可见,党中央、国务院在我国卫生工作中,一贯主张中西医结合,强调中西医团结合作。从中华人民共和国成立初期把"团结中西医"列为三大卫生工作方针之一,到 20 世纪 60—80 年代制定"坚持中西医结合方针",到 20 世纪 90 年代进一步明确"促进中西医结合"方针,到 21 世纪初更深刻地提出"推动中医、西医两种医学体系的有机结合""发挥中西医结合的优势",充分表现了我国卫生工作方针中关于"中西医结合"的方针是一脉相承,具有鲜明的一贯性、连续性和毫无动摇性。方针政策的连续性是事业发展的重要保障。正因为有党和国家制定了坚持中西医结合及促进中西医结合等一贯的、连续性的方针政策,才有力地保证了我国中西医结合事业的持续发展。

## 四、党和国家领导人关于中西医结合的论述

### (一) 毛泽东与中西医结合

在中国有关中医药、中西医结合方针政策的制定,以及在中国兴起中西医结合研究等,均与毛泽东的思想和主张直接相关。现简介几个反映毛泽东中西医结合思想的经典论述。

(1) 1913 年,其在《讲堂录》中写道:"医道中西,各有所长。中言气脉,西言实验。然言气脉者,理太微妙,常人难识,故常失之虚。言实验者,专求质而气则离矣,故常失其本。则二者又各有所偏矣。"这是迄今发现毛泽东(时年 20 岁)关于中、学医学最早的评论。

(2) 1928 年,毛泽东在《井冈山的斗争·军事问题》中讲道:"作战一次,就有一批伤兵。由于营养不良、受冻和其他原因,官兵病的很多。医院设在山上,用中西两法治疗,医生药品均缺。"[中共中央毛泽东选集出版委员会.毛泽东选集(一卷本).北京:人民出版社,1964:59-86.]

(3) 1935 年党中央和中央红军经过长征到达陕北,1941 年,陕西著名中医、开明绅士李鼎铭(1881—1947)当选为陕甘宁边区政府副主席。李鼎铭担任边区政府副主席后仍然利用公余时间给大家看病治病。毛泽东在长征途中患过关节炎,到延安后又复发,胳膊抬不起来,吃了不少西药不见效。有人介绍李鼎铭,毛泽东欣然同意。当李鼎铭来到杨家岭窑洞时,毛泽东亲自到门口迎候。经询问病情、诊脉等,他拿出毛笔即开了 4 剂中药。毛泽东服完 4 剂中药,果然病症全部消失。后来,李鼎铭又用按摩疗法治好了毛泽东的胃病,这使毛泽东愈加相信中医。当时,延安卫生界对中西医争论很大。李鼎铭不仅博学中医,又能客观地认识西医,分析它的长处,没有门户之见。有一次,毛泽东问李鼎铭:"现在延安有些西医看不起中医,你看边区的医药卫生事业应如何发展?"李鼎铭说:"中医西医各有所长,只有团

结起来,才能求得进步。"毛泽东深以为是,便说:"你这个办法好,以后中西医一定要结合起来。"从而"中西医一定要结合起来",一直鼓励着我国医药科技工作者努力开展中西医结合研究。(张勃兴.爱国爱党,肝胆相照——纪念李鼎铭先生逝世四十周年.人民日报,1987年12月24日第5版)在毛泽东中西医结合思想影响下,延安最先开展了西医学习的活动,许多西医虚心拜中医为师,如鲁之俊、朱琏就曾拜老中医任作田学习针灸知识。陕甘宁边区政府表彰任作田与鲁之俊团结中西医所取得的成积,授予他们特等模范奖。"中西医一定要结合起来"成为毛泽东关于中西医结合的著名经典论述。

以上例子说明毛泽东是中国中西医结合研究的倡导者。他首先提出的"中国医药学是一个伟大的宝库,应当努力发掘,加以提高"的科学论断,不仅成为中国制定中医药及中西医结合方针的思想和理论基础,并一直鼓舞着中国医学科技工作者积极开展中医药及中西医结合研究。

**(二) 邓小平与中西医结合**

(1) 1957年2月11日,刘少奇、邓小平同志接见了国务院文办主任林枫、张际春与原卫生部副部长徐运北、部长助理郭子化等同志,对中医和中医研究院的工作做了指示。邓小平同志说:"西医学习中医,现在需要一个完整的解释,目前有些西医对学习中医心里不服。首先是中国走什么道路,应该是世界上一切好的东西和中国一切好的东西结合起来,一切好的东西我们都要承认。西医是好的,中医也是我国几千年来证明是好的,现在中西医和我们卫生工作者要明了我们的方向。这就是要花几十年的工夫,整理出完整的中医学,乃是我们奋斗的方向、奋斗的目标。什么人来做这个工作? 要有科学水平的人才行。中医并不是毫无规律毫无标准的,要有懂得中医规律的人来做。西医不懂中医就不能整理,中医掌握了西医知识也可以整理,因此,这个任务不仅是西医的,也是中医的。我们要创造真正结合的条件。整理研究工作,是需要有一定科学水平的,因此也并非每人都可参加。我们反对轻视祖国医学遗产的人,也批判那种认为一切都是外国好的人。但是我们决不否认西医的好处,我们现在要寻找、鼓励、支持一帮人来从事整理研究工作。"〔华仲甫,梁峻.中国中医研究院院史(1955—1995).北京:中医古籍出版社,1995:22.〕邓小平同志的这一指示是十分珍贵的! 他强调"首先是中国走什么道路,应该是世界上一切好的东西和中国一切好的东西结合起来,一切好的东西我们都要承认","我们要创造真正结合的条件"。

(2) 1978年,邓小平代表中共中央亲笔写下中央转发中共原卫生部党组《关于认真贯彻党的中医政策,解决中医队伍后继乏人问题的报告》的批语。

其中明确提出:"中国医药学是一个伟大的宝库,坚持走中西医相结合的道路,创造中国统一的新医学新药学,是伟大领袖毛主席为我们制定的发展我国医药科学技术的正确道路。""要培养一支精通中医理论和有丰富临床实践经验的高水平中医队伍,造就一支热心于中西医结合工作的西医学习中医的骨干队伍。只用这样,才能加快中西医结合的步伐,使我国医学科学技术适应新时期总任务的需要,赶超世界先进水平,更好地为实现我国社会主义的四个现代化服务。"

**(三) 江泽民与中西医结合**

1996年12月9日,江泽民出席自中华人民共和国成立以来由党中央、国务院召开的第一次全国卫生工作会议,并发表重要讲话。讲话在论述"建设有中国特色的社会主义卫生事业,要着重抓好以下几项工作"中讲道:"第三,中西医并重,发展中医药。党和政府历来既重视现代医药又重视我国传统医药。中医药是中华民族优秀传统文化的瑰宝……要正确处理继承和创新的关系,既要认真继承中医药的特色和优势,又要勇于创新,积极利用现代科学技术,促进中医药理论和实践的发展,实现中医药现代化,更好地保护和增进人民健康。中西医工作者要加强团结、相互学习、相互补充,促进中西医结合。"[江泽民.江泽民文选(第一卷).北京:人民出版社,2006:602.]

### (四)胡锦涛与中西医结合

党的十六大召开后,以胡锦涛为总书记的党中央从科学发展观的角度出发,更加重视中医药、民族医药及中西医结合事业的发展。

2003 年 10 月 14 日中共十六届三中全会通过的《中共中央关于完善社会主义市场经济体制若干问题的决定》中,明确提出"发挥中西医结合的优势。"

### (五)习近平与中西医结合

2013 年 8 月 22 日《中国中医药报》头版报道:习近平会见 WHO 总干事陈冯富珍时表示,促进中西医结合及中医药在海外的发展。这句话明确地告诉我们不仅促进中医药在海外的发展,而且要促进中西医结合在海外的发展。这句话意义极其重要和深远,是对我国中西医结合工作者的极大鼓舞!

2017 年 1 月 20 日,《中国中医药》报头版报道:2017 年 1 月 18 日国家主席习近平在日内瓦访问了 WHO 并会见陈冯富珍总干事。习近平表示:"我们要继承好、发展好、利用好传统医学,用开放包容的心态促进传统医学和现代医学更好融合。中国期待世界卫生组织为推动传统医学振兴发展发挥更大作用,为人类健康、改善全球卫生治理做出更大贡献,实现人人享有健康的美好愿望。"

### (六)中国政府历届总理与中西医结合

中国国务院历届总理都坚定不移地贯彻落实中央提出的有关中西医结合方针。

1. 周恩来总理与中西医结合　如前所述,1954 年 6 月,毛泽东为筹备成立中医研究院指示:"即时成立中医研究机构,罗致好的中医进行研究,派好的西医学习中医,共同参加研究工作。"周总理亲自落实毛主席的这一指示,原卫生部中医研究院在 1955 年 12 月正式成立,并在周恩来总理亲自组织安排下,从全国邀请了一批著名中医到中医研究院工作,同时由原卫生部举办了全国第一届西医离职学习中医研究班。

1958 年,林伯渠老患久呃不止,西医治疗效果不理想。周总理亲自参加林老的病案讨论会,建议改用中医方法治疗。根据周总理的建议,章次公老中医把林老的病治愈了。周总理感慨地说:"中医好,西医好,中西医结合更好。"这句话一直是指导中国医学界的至理名言。(马广志.周总理和中医.报刊文摘,2009 年 6 月 12 日第 8 版)

1970 年 11 月 30 日至 1971 年 2 月 12 日,周总理亲自主持在北京召开的全国中西医结合工作会议(包括代表、中草药展览会人员等计 1 000 余人)。会议期间,周总理依次将代表如尚天裕教授、吴咸中教授、曹小定教授等请到主席台上坐在总理身边,向大会汇报其科研成果。如此,周总理听取了 22 个中西医结合典型代表的汇报,为全国树立了 22 个中西医结合工作取得显著成绩的典型,如中西医结合治疗骨折、中西医结合治疗急腹症、中西医结合针麻研究、中西医结合白内障针拨术与针拨套出术等。在周总理的领导下,大会还讨论了《全国中西医结合工作五年规划(草案)》,每次的修改稿都留下了周总理的笔迹。其后周总理又亲自抓中西医结合防治慢性支气管炎、冠心病、青蒿素研究等。

2.李鹏总理与中西医结合　李鹏总理在七届人大一次会议《政府工作报告》中指出"卫生工作要积极贯彻预防为主、中西医结合方针"。在 1991 年召开的有 24 个国家和地区专家、学者、政府官员参加的国际传统医药大会上,李鹏总理代表中国政府重申:"我们的政策是中医与西医并重,中医与西医相结合,传统医学与现代医学相结合。"在 1996 年 12 月由中共中央、国务院召开的全国卫生工作会议上,李鹏总理讲道:"中医药是我国医学科学的重要组成部分,要正确处理继承与发展的关系,善于学习和利用现代科学技术,促进中医理论和实践的发展,在中西医结合上有新的进展。"

3.朱镕基总理与中西医结合　朱镕基总理在国家"十五"规划报告中讲道:"大力发展中医药学,促进中西医结合。"

4.温家宝总理与中西医结合　2003 年 4 月 7 日,温家宝总理签署中华人民共和国国务院 374 号令,颁布了《中华人民共和国中医药条例》。其第三条为:"国家保护、扶持、发展中医药事业,实行中西医并重的方针,鼓励中西医相互学习,相互补充,共同提高,推动中医、西医两种医学体系的有机结合,全面发展我国中医药事业。"

2005 年 3 月 21 日,温家宝总理为《中医杂志》创刊 50 周年题词,明确提出"实行中西医结合,发展传统医药学"。

5.李克强总理与中西医结合　2010 年 4 月 24 日,时任国务院副总理的李克强在中华医学会第 24 次全国会员代表大会开幕式大会报告时强调:"要认真落实党中央、国务院的决策部署,充分发挥医疗卫生工作者的主力军作用,加快医药卫生事业改革与发展,不断提高人民群众健康水平,推进中西医结合。"

2012 年 6 月 7 日,太湖文化论坛中医药文化发展(南昌)高级别会议举行。李克强副总理专门为会议发来贺信,贺信中说:"……希望大家继续坚持中西医并重、中西医结合的方针……"[中国中西医结合杂志,2012,32(8):1013.]

2016 年 2 月 14 日国务院总理李克强主持召开国务院常务会议,会议确定:一要促进中医药和民族医药继承保护与挖掘,抢救濒临失传的珍稀与珍贵古籍文献,强化师承教育,大力培养中医药人才,提高中医药应急救治、防病治病能力。二要促进中西医结合,探索运用现代技术和产业模式加快中医药发展……三要放宽中医药服务准入……四要发展中医药养生保健服务……五要加大中医药投入和政策扶持……李克强总理指出,"近年来,中医药产业持续快速增长,要继续出台一些'打到点子上'的硬措施。进一步探索推动中西医结合、中西医并重,以开放的心态进一步促进中医药发展。"

2016 年 11 月 21 日,由国家卫计委和 WHO 共同主办的第九届全球健康促进大会在上海开幕。李克强总理在大会开幕式上致辞,指出:"倡导互学互鉴,促进传统医学和现代医学融合发展……推动传统医学与现代医学优势互补,为维护人类健康做出新贡献。"

综上所述,"坚持中西医结合方针""促进中西医结合""发挥中西医结合优势""促进中西医结合及中医药在海外发展"等,是我国医药学发展的基本国策之一。

## 五、在中西医结合方针指引下,中国中西医结合事业取得长足发展

### (一)医疗方面

1.多学科、多病种、循证医学研究证明中西医结合防治疾病的效果优于单用西医或单用

中医防治效果。

2. 中西医结合医疗机构建设：

(1) 2006 年《全国中医药统计摘编》：中西医结合医院 211 个，中西医结合门诊部 178 个，中西医结合诊所 8 433 个，中西医结合村卫生室 155 558 个。

(2) 2015 年《全国中医药统计摘编》：中西医结合医院 446 个，中西医结合诊所、卫生所、医务室 7 386 个，中西医结合村卫生室 225 179 个。

**（二）教育方面**

1. 1978 年改革开放以来，我国开始培养中西医结合研究生（包括硕士和博士）。首先是国务院学位委员会制定了中西医结合硕士及博士研究生招生制度，开拓了培养中西医结合高级人才的途径，并为完善中西医结合教育体制和体系奠定了基础。

2. 20 世纪 90 年代以来，高等医学院校开始招收培养中西医结合本科、大专生，从而形成了中西医结合教育体系（大专—本科—硕士研究生—博士研究生教育体系）。目前全国已成立了 2 家中西医结合学院（河北医科大学及湖南中医药大学）；有 60 多家高等医学院校创办了"中西医临床医学"系，招收培养 5 年制的中西医结合本科生和 7 年制本硕连读专业学生。

**（三）科研方面**

1. 创办中西医结合科研机构　我国创办了如下中西医结合科研机构：① 中西医结合研究院：如福建中医药大学、大连医科大学、上海复旦大学等。② 中西医结合研究所：如天津市中西医结合急腹症研究所、中西医结合骨科研究所、中西医结合急救医学研究所、黑龙江省中西医结合研究所，以及附属于高等医学院校的中西医结合研究所，如北京大学第一临床学院、北京中医药大学、华中科技大学同济医学院、中南大学湘雅医院、中山大学、西安医科大学、河北医科大学等均设有中西医结合研究所。③ 中西医结合研究室：遍布于全国各医药院校、各级各类医院、各临床或基础学科等。

2. 取得众多科研成果　20 世纪 60—90 年代，中西医结合科研取得了许多重大成果，被称为中西医结合科研的黄金时代，现举例如下。

(1) 中国中医科学院中药研究所——国际著名药学家屠呦呦教授，从传统中药青蒿中提取青蒿素防治疟疾的研究成果，荣获 2015 年诺贝尔生理学或医学奖，震惊了中国医学界、科学界，震惊了全世界，让全世界都确信了毛泽东的英明论断"中国医药学是一个伟大的宝库"，让全世界都认识到中西医结合研究是挖掘这一伟大宝库的有力手段。正如屠呦呦教授在《我与中西医结合事业》一书中讲道："寻找新结构类型的新抗疟药……这一国际上好几个西方国家共同下大力研究的热门课题之所以在中国、在中国中医研究院获的成功，不是偶然的，是与我们坚持以中医药宝库作为坚强后盾，又有 20 世纪 50 年代以来国家努力培养的'西学中'、中西医结合人才，从而坚信、执着地追求寓于宝库中的精华分不开的，这是中医药的骄傲，也是努力贯彻党的继承发扬祖国医药学遗产政策的胜利！"屠呦呦教授在诺贝尔奖颁奖大会上以"青蒿素：中医药给世界的一份礼物"为题的演讲中强调："学科交叉为研究发现成功提供了准备……从 1959 年到 1962 年，我参加西医学习中医班，系统学习了中医药知识。化学家路易·帕斯特说过'机会垂青有准备的人'。古语说：凡是过去，皆为序曲。然而，序曲就是一种准备。当抗疟项目给我机会的时候，'西学中'的序曲为我从事青蒿素研究提供了良好的准备。"

（2）中国中医科学院西苑医院——国际著名中西医结合医学家、心血管病学专家、国医大师陈可冀院士，是我国第一代中西医结合医学家的杰出代表和我国中西医结合事业的杰出开拓者及奠基人，是培养中西医结合硕士、博士、博士后等高层次中西医结合人才的杰出导师。他是促进国内外中西医结合学术交流的杰出学者，他首先发起举办"世界中西医结合大会"，该会议成为促进国内外中医、中西医结合学术交流和推动中西医结合及中医药走向世界的著名品牌会议。其标志性科研成果——血瘀证与活血化瘀研究，获 2003 年国家科学技术进步奖一等奖。该项研究成果是自中华人民共和国成立以来，中医药及中西医结合界首次荣获的最高奖项，成为开展中西医结合研究、促进中医理论和实践现代化发展的标志性成果，有力证明了中西医结合研究可促进中医药理论和实践的现代化发展。他是"毕生从事中西医结合事业，海枯石烂矢志不渝"的典范和楷模。

（3）北京大学医学部——国际著名生理学家韩济生院士，受传统中医针刺止痛的启示，首先试探性地将针刺止痛运用于手术止痛，不用药物麻醉，而获得手术成功，并逐步扩大临床应用和验证，从而创造了"针刺麻醉"方法。1972 年，美国总统尼克松访华，访华团参观了著名中西医结合胸外科专家辛育龄教授在针麻下成功切除肺叶手术，震惊了美国和全世界，引起美国乃至全世界各国对针刺镇痛和针麻原理的研究，同时形成了全世界的"针灸热""针灸研究热"，促进了针灸疗法走向世界，实现了 1958 年毛泽东与原卫生部中医研究院副院长兼针灸研究所所长朱琏谈话中讲的高瞻远瞩的科学预言："针灸不是土东西，针灸要出国，将来全世界人民都要用他治病的。"黄树则、林士笑主编的《当代中国的卫生事业（下）》载："据 1980 年底统计，全国中西医结合科研成果获奖项目累计 189 个，占医药卫生科研成果奖总数的 15.6%……目前我国在世界医学领域居领先地位的 5 个项目中，就有骨伤科、急腹症、针麻 3 项中西医结合成果。"

韩济生院士在国内率先开展了"针刺镇痛的神经化学原理"研究，证明：针刺促进中枢 5-羟色胺和儿茶酚胺分泌，产生镇痛作用；针刺促进中枢内啡肽、脑啡肽和强啡肽生成和释放，发挥镇痛作用。该研究获 1987 年国家自然科学奖三等奖。他还开展了"中枢八肽胆囊收缩素（CCK-8）决定针刺镇痛和吗啡镇痛的有效性"研究，已知 CCK-8 有对抗吗啡镇痛的作用，该研究发现内啡肽可以促进 CCK-8 的生成和释放，从而使镇痛作用减弱，发展为针刺耐受。动物实验证明：用反义 RNA 或 CCK 抗体降低 CCK 的作用，可以提高针刺镇痛和吗啡镇痛的效果。该研究获 1999 年国家自然科学奖二等奖。

（4）上海瑞金医院——国际著名内分泌学家、我国内分泌学科奠基人、著名中西医结合学者邝安堃教授，本已成为巴黎国立医院住院医师，1933 年又获巴黎大学医学院医学博士学位，但邝安堃却抱着一颗报效祖国的赤子之心和"闯出一条前人没有走过的路"的雄心壮志，毅然回国。20 世纪 50 年代，年近花甲的邝安堃教授响应党中央、毛主席的号召拜上海名中医陈道隆先生为师学习中医后，首先开辟从内分泌角度研究中医学核心理论阴阳学说，是中西医结合研究中医阴阳学说的先驱。他是研制成功中医肾阳虚动物模型的第一人，是开辟中医理论阴阳学说（肾阴虚、肾阴虚）现代动物实验研究的第一人，是我国对中医阴阳学说开展中西医结合研究的第一人。

（5）上海复旦大学华山医院——国际著名中西医结合医学家沈自尹院士，他拜全国著名中医学家姜春华教授为师，师生密切合作，共同首创中医藏象学说的中西医结合研究的"西学中"。沈院士是我国中西医结合事业的主要开拓者、奠基人之一，是开创中西医结合科研的先驱之一,是开创中医理论及中西医结合理论现代科学研究的先锋,国内外著名中西医结合学者。沈自尹院士率领其团队,初始选择的研究方向便瞄准中医药学重大理论之一——藏象学说的中西医结合研究,是运用"下丘脑-垂体-肾上腺轴、性腺轴、甲状腺轴"等研究中医藏象学说"肾本质"和"证"本质"探微索隐"中西医结合研究的开拓者,并在"肾本质"和"证"本质中西医结合"探微索隐"研究过程中,创造了"生理性肾虚""病理性肾虚""隐潜证""微观辨证""宏观辨证与微观辨证相结合"等新理论概念,已在中西医结合学术界推广应用。其领衔的"肾阳虚证的神经内分泌学基础与临床应用"研究,获 2010 年国家科学技术进步奖二等奖,成为我国对中医理论进行中西医结合研究取得重大成果的科研典范。

(6)天津市中西医结合医院(南开医院)——享誉国内外的著名中西医结合外科学家、医学教育家吴咸中院士,他是我国中西医结合诊疗急腹症研究的先驱、创始人和奠基者,是中西医结合普通外科学的学科创始人和学科泰斗,是我国中西医结合事业的主要开拓者之一。50 多年来,吴咸中院士率其团队,以首创和持之以恒地开展中西医结合治疗急腹症临床和基础研究并取得重大成果,著称于国内外。他用自己的全部心血灌浇着、精心培育着中西结合诊治急腹症研究这朵中西医结合科研之花,并结出丰硕成果,成为"我国在世界医学领域居领先地位的 5 个项目"之一。吴咸中院士开展中西医结合科研的特点是以中医学"六腑以通为用""通则不痛""不通则痛"理论为指导,是以中医理论指导中西医结合科研取得卓越成就的典范。如他们团队的"通里攻下法在腹部外科疾病治疗中的应用与基础研究"获 2003 年国家科学技术进步奖二等奖。吴院士勇于突破传统观念,如阑尾炎中西医结合非手术治疗的成功"打破了手术是阑尾炎唯一有效疗法的看法",实现了"要突破根深蒂固的'手术万能'的传统观念"疗效的突破。

(7)中国中医科学院骨伤研究所——著名中西医结合骨伤科专家尚天裕教授为我国中西医结合治疗骨折的创始人之一,中西医结合骨伤学科和中国接骨学(CO 派)的主要原创者和奠基人。中西医结合治疗骨折研究,是受到原卫生部首次中医中药研究成果鉴定会高度评价的全国第一批医学科研成果之一。中西医结合治疗骨折临床与基础理论研究,获原卫生部科学技术进步奖。中西医结合治疗骨折研究最凸出的特点:一是继承和创新发展中医传统的小夹板固定治疗骨折,对小夹板治疗骨折的原理进行了"生物力学"等系统研究;二是运用唯物辩证法指导中西医结合科研,按照对立统一的辩证关系,提出"动静结合""筋骨并治""内外兼治""医患配合"四大新疗法、新理论、新体系,从而打破了西医"广泛固定、完全休息"的传统观念;三是疗效,骨折愈合日期较过去缩短了三分之一,全部疗程缩短了二分之一,95% 以上肢体功能恢复满意,患者少受痛苦,医疗费用很低,骨折病很少发生,骨折不愈合率由过去的 5%~7% 下降至 0.04%,博得国际骨科学界的称赞,成为 1970 年周总理主持的全国中西医结合工作会议上被肯定的 22 个中西医结合典型之一,受到周总理表彰。

(8)天津市第一中心医院、天津市急救医学研究所——王今达教授,为我国中西医结合急救医学研究的领衔创始人、奠基者。他不怕风险,开创我国中西医结合急救医学研究,被学术界称为第一个"敢吃螃蟹"的人。他在国内率先创办了我国第一个急救医学研究机构——"急性三衰抢救研究室",创建了我国第一个 ICU 监护病房,成为我国第一个危重病急救医学及中西医结合急救医学研究基地;1983 年创办了我国第一个急救医学研究所;创办了我国第一份《中国急救医学杂志》(1981 年)、第一份《中国危重病急救医学》杂志(现为《中华危重病急救医学》杂志)、第一份《中西医结合实用临床急救》杂志(现为《中国中西医结合急救杂志》）；他领衔在中国中西医结合学会创建了中西医结合急救医学专业委员会；他是我国运用活血化瘀法（血府逐瘀汤）治疗并治愈 DIC 的第一人；他是借助现代动物实验方法研究中医学"肺与大肠相表里"理论的第一人；其发明的"菌毒并治"治疗多脏器功能障碍综合征，疗效居世界领先水平，获原卫生部科学技术进步奖；他领衔研制开发出国家二类新药"血必净注射液"，是当前治疗脓毒症、急性呼吸窘迫综合征（ARDS）、多脏器功能障碍综合征（MODS）等唯一有效的中药制剂……诸多个"第一"，表现出王今达教授在中西医结合研究中的科学精神、创造精神。

（9）哈尔滨医科大学——著名中西医结合医学家、血液病学家张亭栋教授，为研究中药砒霜治疗急性早幼粒细胞白血病（APL）的原创者和奠基人。他率领团队从收集民间老中医治疗颈部淋巴结核、皮肤癌的验方（含砒霜、蟾酥、轻粉）中，研究、筛选出一味"剧毒"中药砒霜，经院内制剂"癌灵1号"注射剂的临床治疗白血病研究，发现对 APL 疗效最好。之后他研制成功亚砷酸（三氧化二砷）注射液治疗 APL1200 多例，完全缓解率高达 91％以上，取得了显著的临床疗效。张亭栋教授率其团队开创了把古老的传统中药砒霜与现代医学相结合的中西医结合研究治疗癌症的先河，并扭转乾坤，使急性白血病中发病最凶险、后果最致命的急性早幼粒细胞白血病，成为最能被治疗的白血病，并达到世界领先水平，创造出"人间奇迹"！1999 年，亚砷酸注射液被批准为国家二类新药，并生产上市。张亭栋教授荣获 2015 年度"求是杰出科学家奖"。

张亭栋教授与上海血液学研究所著名血液病学家和分子生物学家陈竺院士等合作，对亚砷酸注射液治疗 APL 的机制进行了研究。证明该药能诱导肿瘤细胞线粒体跨膜电位下降，促进病理细胞分化，从而走向凋亡，而对正常细胞不造成损伤。随着亚砷酸治疗白血病机制的阐明，国际公认该项研究成果达到了治疗人类复发型白血病的当代最高水平。

亚砷酸注射剂，已被国际上公认为治疗急性早幼粒细胞白血病的首选药物。用亚砷酸注射剂治疗急性早幼粒细胞白血病的方案已通过美国食品和药品管理局 FDA 批准，在美国大批量生产上市。将传统中药砷剂与西药结合起来治疗 APL，使 APL 患者的"五年无病生存率"从以往的大约 25％跃升至 95％，该中、西药联合治疗方法已成为全世界 APL 的标准疗法，2012 年 1 月 24 日，全美癌症研究基金会（NFCR）宣布：将第 7 届"圣·乔奇癌症研究创新成就奖"授予王振义博士和陈竺博士，以表彰他们在急性早幼粒细胞白血病（APL）的研究所取得的原创性成果及在该研究基础上发展的治 APL 的全新疗法。标志着"中药砷剂与西药结合起来治疗 APL"这一凝聚着中国医学家中西医结合智慧的"全世界 APL 的标准疗法"，作为"中国方案"走向世界，并永久成为"世界记忆"载入史册。

（10）南京军区总医院、全军肾脏病研究所——国际著名肾脏病学家黎磊石教授，为我国现代肾脏病学科的开拓者、中国肾脏病学界的第一位中国工程院院士，同时他又是一位酷爱中医、自学中医、钻研中医药学的"西学中"人。黎磊石院士生前率其精锐团队，运用中医药防治肾脏病的中西医结合研究，最著名的是对雷公藤、大黄、冬虫夏草三味中药防治肾脏病的研究，闪烁着他的中西医结合科研思想、思维和智慧，别具一番风格：一是独树一帜，专注单味中药防治肾脏疾病的深入系统研究，包括中药的生药学、药理、毒理、治疗机制、疗效、副作用等，且绝不"浅尝辄止"，而是"打破砂锅问到底"地"较真"，从整体—组织—细胞—分子水平，进行系列临床试验和实验研究，探求究竟，是极有深度的中西医结合科研；二是独具慧眼，重视借鉴中医药防治疾病的传统经验，"移花接木"开展中西医结合创新研究；三是独具匠心,临床与实验研究紧密结合,运筹帷幄,为我们树立了单味中药的"临床应用研究"与"应用基础(理论)研究"相结合的榜样,被学术界誉称为"临床科学家"的典范,对中西医结合临床科研有着更深的意义和启迪。特别是他给我们留下的劝世箴言:"中西医结合工作包含着各种层次、多种方式,是一项长期而艰巨的工作,但我相信只要从点点滴滴、足踏实地去做,我们终究会创造出中华民族独特的新医学。"

(11)中国人民解放军总医院——陈香美院士,为著名肾脏病学家及中西医结合肾脏病学家、中国工程院院士、解放军总医院肾脏病科主任、解放军肾脏病中心主任、解放军肾脏病重点实验室主任、国家重点基础研究发展规划项目("973"项目)首席科学家、中国中西医结合学会会长。陈院士长期致力于以 IgA 肾病为主的慢性肾脏病和老年肾脏病的基础和临床研究。她领衔的"IgA 肾病中西医结合证治规律与诊疗关键技术的研创及应用"研究项目,从中西医结合角度,首次提出:① IgA 肾病"风邪扰肾、致虚、致瘀、致毒"的致病机制。② IgA 肾病创新理论与中医证候的"益气补肾、化瘀、祛风除湿"等五型分治,以及多种组合的中西医结合序贯方案,并对中医复方(肾华、复方积雪草等)开展国际注册的循证医学研究,疗效优于国际指南推荐方案。她提出"将中西医结合起来,探索出结合中医和西医的优势系统诊断肾病,并进一步指导制定治疗方案,从而减少病患求医负担"。该项科研成果荣获 2017 年国家科学技术进步奖一等奖,为中西医结合、产研结合树立了榜样和典范。尤其是该项科研题目明朗地称为"IgA 肾病中西医结合证治规律与诊疗关键技术的研创及应用",是中华人民共和国成立以来第一个冠名中西医结合,突出"中西医结合证治规律",获得国家科学技术进步奖一等奖者。

(12)河北医科大学中西医结合研究所——李恩教授,为我国著名"西学中"生物化学家、中西医结合医学教育家。作为一位生物化学家,李恩教授从基础走向临床,在中西医结合科研上以疾病为切入点,开辟了中医肾藏象学说的"肾主骨"与佝偻病和骨质疏松、"肾主骨生髓,髓生血"与肾性高血压和肾性贫血、"髓通脑,脑为髓之海"与精神分裂和老年性痴呆、"肾主生殖"与生殖系统和性激素调节、"其华在发"与发长脱发和色素代谢关系等一系列研究,提出了"肾-骨-髓-血-脑"一体论的科学假说,为其他藏象研究提供了一个范例。1983年李恩教授主持召开国内首次研究中西医结合教育的"中西医结合教育体系设想座谈会";1988 年创办全国第一所民办"河北中西医结合学院",提出中西医结合教育的模式为"两个基础(中医基础和西医基础)和一个临床(中西医结合),先西后中的教育体系";1997 年主编出版 700 万字、11 个学科的《中国中西医结合临床全书》,提供了中西医结合临床教材;1998年主持召开"全国首届中西医结合教育体系研讨会"……是致力于中西医结合教育体系的理论与实践研究并做出重大贡献的医学教育家。

(13)季钟朴教授(1913—2002)是我国著名医学教育家、生理学家,杰出的中西医结合学者。他 1937 年毕业于南京中央大学,早在中国革命圣地延安时期,就曾任中国医科大学教育长兼生理教研室主任。1949 年,季钟朴由毛泽东主席任命为哈尔滨医科大学首任校长,兼任生理教研室主任;1954 年调任原卫生部医学教育司司长;1978 年任原卫生部中医研究院院长兼北京中医学院院长。在他的倡导和组织下,成立了中国中西医结合研究会(现为中国中西医结合学会)并任首届理事会理事长,创办了《中西医结合杂志》(现为《中国中西医结合杂志》)并任总编。他为宣传、贯彻、落实党的中医、中西医结合方针政策以及组织全国中医、"西学中"人员继承、发展中医、中西医结合做出了杰出贡献。他用郑板桥的诗"咬定青山不放松,任尔东西南北风"激励中西医结合工作者的教诲,永远坚定着中西医结合科技工作者对中西医结合的信仰、信念、信心!

## 六、《中华人民共和国中医药法》的颁布和实施

2016 年 12 月 25 日,第十二届全国人民代表大会常务委员会第二十五次会议通过了《中华人民共和国中医药法》(以下简称《中医药法》),并于 2017 年 7 月 1 日起实施。

《中医药法》的颁布和实施,是中国中医药发展史上重大里程碑,标志着中国中医药事业走向法制化,在《中医药法》的保驾护航下,中国的中医药事业将更加蓬勃发展。

《中医药法》有关中西医结合的条款,如第三条第三款,国家鼓励中医、西医相互学习,相互补充,协调发展,发挥各自优势,促进中西医结合;第三十六条第二款,国家发展中西医结合教育,培养高层次的中西医结合人才;第三十八条,国家鼓励科研机构、高等学校、医疗机构和药品生产企业等,运用现代科学技术和传统中医药研究方法,开展中医药科学研究,加强中西医结合研究,促进中医药理论和技术方法的继承和创新。

这些条款,不仅为中西医结合事业发展提供了法律保障,标志着中西医结合成为法定概念,更表明"促进中西医结合""国家发展中西医结合教育,培养高层次的中西医结合人才""加强中西医结合研究"等成为国家意志!

我曾参加 2016 年 6 月 24 日在人大办公楼第一会议室,由全国人大法律委员会副主任委员和全国人大常委会法制工作委员会副主任丛斌召开的《中医药法(草案)》征求意见座谈会,当时参加会议者共 12 位,只有我的名字后注有"中西医结合专家"。我深感《中医药法》能设置上述三个有关中西医结合条款的来之不易及重大意义。

相信,在《中医药法》的保驾护航下,中国的中西医结合事业定会再创辉煌,迎来第二个黄金时代!

迄今,我国医药科技工作者,尤其是中医药及中西医结合工作者,为实现这一伟大的中国医药学发展的中国梦,携手合作,开展中医药及中西医结合研究,已艰苦奋斗了 60 年,在临床、科研、教学、管理、学科建设等各方面,尤其在中医药及中西医结合科研方面取得了举世瞩目的成就。

但愿为追求和实现这一伟大的中国医学发展梦的每一位科技工作者,都能像我国中西医结合老前辈那样具有"咬定青山不放松,任尔东西南北风"的奋斗精神,贡献出智慧和力量,牢记国家主席习近平提出的"不忘初心,继续前进"的使命,再创中医药及中西医结合医学研究更加美好壮丽的未来!